Le βeau Livre de la Médecine

Clifford Pickover

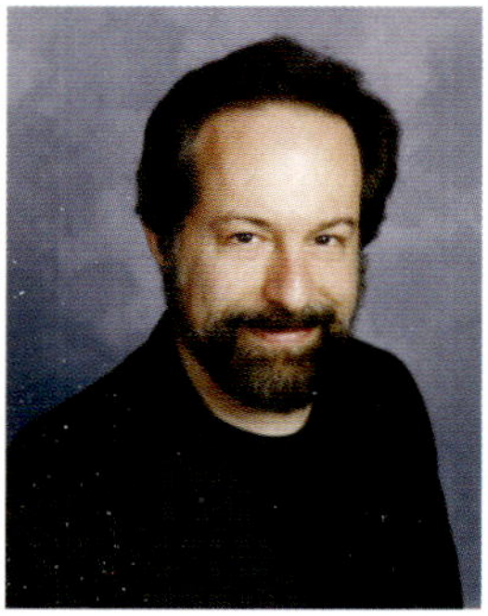

Inventeur prolifique, journaliste à la tête de son propre site Internet aux millions de visiteurs, il est également l'auteur d'une quarantaine d'ouvrages de vulgarisation traduits en de nombreuses langues, sur des sujets allant des mathématiques à la religion, l'art et l'histoire. Il est aussi titulaire d'un doctorat de biochimie et biophysique obtenu à l'université de Yale, et propriétaire de quarante brevets d'invention. Ses recherches ont attiré l'attention de nombreux médias, dont CNN, *Wired* et le *New York Times*.

Traduit de l'anglais (États-Unis) par Jean-Pierre Dedet

Médecin et microbiologiste, actuellement professeur émérite à la faculté de médecine de Montpellier (université Montpellier 1). Il a été professeur des universités et praticien hospitalier à la faculté de médecine et au CHU de Montpellier. Il a également été chef de service à l'Institut Pasteur entre 1972 et 1990. Passionné d'histoire et de microbiologie il est l'auteur de plusieurs ouvrages d'histoire de la médecine. Il est membre de l'Académie des sciences d'Outre-Mer.

Clifford A. Pickover

Le βeau Livre de la Médecine

Des sorciers guérisseurs à la microchirurgie

Traduit de l'anglais (États-Unis) par Jean-Pierre Dedet

DUNOD

L'ouvrage original a été publié en anglais (États-Unis) en 2012
par Sterling Publishing Co., Inc., à New York.

Titre original :
*The Medical Book: From Witch Doctors to Robot Surgeons,
250 Milestones in the History of Medicine*

Maquette de couverture : Elizabeth Mihaltse

ISBN 978-2-100-58926-6

Achevé d'imprimer en Espagne par Gráficas Estella
58926 - (I) - (10) - CSBDM 135 - ARC - GCO
Dépôt légal : octobre 2013

« Les dieux n'ont pas révélé toutes choses aux mortels dès le commencement : c'est en cherchant, avec le temps, que ceux-ci trouvent ce qui est meilleur. »

Xénophane de Colophon, frag. 18, 500 av. J.-C.

« Là où est l'amour des hommes est aussi l'amour de l'art. »

Hippocrate, *Préceptes*, 400 av. J.-C.

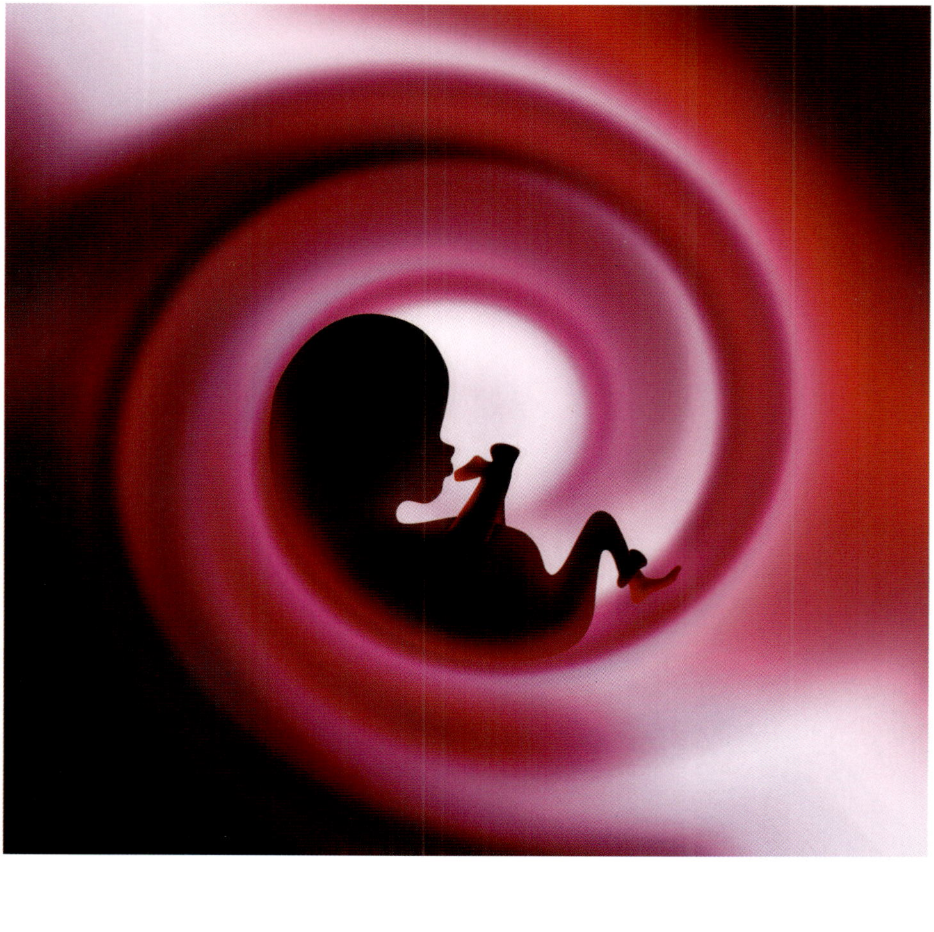

Table des matières

Introduction

Portée de la médecine

Bienvenue dans le *Beau livre de la Médecine*, pour un grand voyage dans l'histoire de la médecine, associant des thèmes éminemment pratiques à d'autres plus anecdotiques, parfois bizarres ou inexplicables. Nous allons rencontrer des sujets allant de la circoncision aux expériences de mort imminente et passerons des sorciers médecins aux robots chirurgiens. Nous vous invitons à découvrir un magnifique aperçu de la richesse de l'histoire de la médecine et des progrès stupéfiants faits par l'humanité depuis l'âge de pierre jusqu'à nos jours.

> « À l'heure de la médecine moderne, les transplantations d'organes sont devenues communes, et les journaux titrent sur les mystères de l'ADN et du génome humain décrypté ; ils prédisent que les secrets de la vie elle-même se profilent à l'horizon. Mais il faudra tout de même quelques milliers d'années pour atteindre ce résultat. Une étape après l'autre… La connaissance médicale de l'humanité a formidablement progressé, depuis le temps où la plus petite coupure faisait planer la menace d'une infection mortelle, où la circulation sanguine était un mystère, où la « cellule » n'était même pas un concept et où l'apparition d'un instrument simple permettant au médecin d'écouter les bruits d'un cœur malade représentait une avancée majeure. »

Chaque entrée du *Beau livre de la Médecine* est courte, seulement quelques paragraphes, un format qui permet au lecteur de passer d'un sujet à l'autre sans avoir à subir trop de verbiages. Vous souhaitez savoir quand les médecins utilisèrent pour la première fois les larves de mouches pour nettoyer les plaies et sauver des vies ? L'entrée « asticothérapie » vous fournira une brève introduction du sujet. L'acupuncture et le sérum de vérité fonctionnent-ils vraiment ? À quand remonte la première chirurgie des yeux ? Sera-t-il possible de congeler l'être humain et de le ressusciter un siècle plus tard ? Quelle est la différence entre la fièvre jaune et la maladie du sommeil ? Nous aborderons ces sujets et beaucoup d'autres plus prometteurs encore dans les pages qui suivent. Le souci de santé est l'une des préoccupations majeures de notre époque et il le sera encore plus dans le futur. Cet ouvrage s'adresse aux étudiants et à leurs parents, aux praticiens de santé et de soin, et même aux passionnés de *Grey's anatomy*, de *Docteur House* et autres séries médicales, présentes, passées et à venir, qui captivent nos cœurs et nos esprits.

Quand des collègues me demandent quelles sont, selon moi, les grandes étapes dans l'histoire de la médecine, je cite généralement trois événements. Le premier concerne la ligature des vaisseaux sanguins qui prévient l'hémorragie durant les interventions chirurgicales, comme l'a mis au point le chirurgien français Ambroise Paré (1510-1590). Pour empêcher l'hémorragie durant les amputations, Paré remplaça la méthode barbare et traditionnelle de cautérisation au fer rouge de la section de membre par une méthode plus douce, la ligature des vaisseaux. Le second événement est l'introduction des méthodes de suppression de la douleur, grâce aux anesthésiques généraux, comme l'éther, attribués à plusieurs médecins américains. La troisième percée fut l'antisepsie appliquée à la chirurgie par le chirurgien britannique Joseph Lister (1827-1912), qui utilisa l'acide carbolique (aujourd'hui appelé phénol) comme moyen de stérilisation des plaies et des instruments chirurgicaux, abaissant ainsi considérablement le taux des infections post-opératoires.

Si je devais encore ajouter deux étapes clés dans ces progrès de la médecine, je citerais d'abord les rayons X, la première approche révolutionnaire pour visualiser l'intérieur du corps humain, mais aussi l'importance de l'intérêt croissant des médecins et des autorités pour la dissection du corps humain, destinée à connaître et enseigner l'anatomie. Et de fait, plusieurs des étapes de cet ouvrage rapportent les descriptions anatomiques de quelques grands savants, tels Léonards de Vinci (1452-1519), Bartolomeo Eustachi (1500-1574), Andreas Vésale (1514-1564), Pietro da Cortona (1596-1669), William Cheselden (1688-1752), Bernhard Siegfried Albinus (1697-1770), William Hunter (1818-1783) et Henry Gray (1827-1861). Afin de maîtriser la dissection et devenir des anatomistes chevronnés, les chirurgiens du passé étaient capables de faire abstraction de leurs sentiments et de leurs émotions vis-à-vis de leurs frères humains. Ainsi, le médecin anglais William Harvey (1578-1657), célèbre pour sa découverte de la circulation sanguine, participa à la dissection de sa sœur et de son père. Au début du XIXe siècle, les besoins en corps étaient si grands, que les anatomistes anglais collaboraient avec les pilleurs de cimetières pour s'assurer un approvisionnement suffisant. Comme je le rapporte plus loin dans cet ouvrage, les historiens d'art Martin Kemp et Marina Wallace écrivent : « la description du corps humain, aussi ostensiblement neutre et technique que soit l'illustration, implique toujours une série de choix, et mobilise invariablement de fortes sensations. Les images historiques de dissections vont des cires multicolores les plus flamboyantes, dans lesquelles les sujets disséqués jouent les rôles d'actrices et d'acteurs de leur propre drame intemporel, jusqu'aux impitoyablement sobres gravures sur bois de la célèbre *Anatomie* de Henry Gray. Toutes les images expriment ce qu'un historien d'art appellerait du 'style' ».

Et l'historien Andrew Cunningham d'écrire : « Le problème qui sous-tend toutes les illustrations des dissections anatomiques est qu'elles sont toutes des idéalisations. Bien sûr, c'est la raison pour laquelle les gravures [et les photographies] sont des tentatives pour résoudre le même problème : mettre en évidence… ce que l'anatomiste veut rendre visible. Car, faire de l'anatomie n'est pas seulement un travail sale… mais difficile : distinguer toutes les structures visibles pour l'œil averti de l'anatomiste n'est pas à la portée de ceux qui ne sont pas encore anatomistes. »

Je dois mentionner que, sur le plan personnel, j'ai souffert depuis l'enfance d'un étrange sentiment d'« anatophilie » (c'est-à-dire d'un grand amour de l'anatomie). Durant mon enfance dans le New Jersey, ma chambre regorgeait de modèles anatomiques du cœur, du cerveau, de la tête, de l'œil et de l'oreille. Les murs étaient couverts d'affiches d'une grande précision montrant des organes. Au collège, je portais seulement des T-shirts anatomiques, figurant des systèmes circulatoires ou des grenouilles disséquées. C'est cette passion pour la compréhension de la biologie et du corps humain qui m'a amené à écrire ce livre.

Enfin, nous noterons qu'avant la théorie microbienne des maladies et l'émergence de la science moderne, une partie significative de la médecine était basée sur la superstition et l'effet placebo. Dans ce domaine, les experts médicaux Arthur et Elaine Shapiro notent : « les trois premières éditions de la *London Pharmacopoeia* publiées au XVIIe siècle, comportaient des drogues aussi inutiles que l'usnée (une mousse récoltée sur le crâne de victimes de mort violente) ou l'emplâtre de Vigo (comprenant chair de vipère, grenouilles vivantes et vers) ». Et même la chère doctoresse Ira Johnson dans le roman de Robert Heilein *Au-delà du crépuscule* admet les limitations de la médecine et l'ubiquité des effets placebo dans l'Amérique rurale vers 1900 : « Je ne leur fais pas beaucoup de bien. Iode, calomel et aspirine, c'est tout ce que nous avons aujourd'hui, en dehors des pilules de sucre. Les seules fois où je suis certaine des résultats c'est quand je fais naître un enfant, j'immobilise un os ou j'ampute une jambe ». Et même aujourd'hui, selon l'Institut de Médecine, moins de la moitié des interventions chirurgicales, des médicaments et des tests ont prouvé leur efficacité.

Objectif et chronologie

Mon objectif en écrivant le *Beau livre de la Médecine* a été de fournir à une large audience un guide bref des étapes, des idées et des découvreurs importants en médecine, selon des entrées suffisamment courtes pour pouvoir être assimilées en quelques minutes. Beaucoup d'entrées m'intéressaient personnellement. Malheureusement, tous les grands évènements n'ont pu être inclus dans cet ouvrage, pour éviter qu'il ne devienne trop volumineux. Aussi, en célébrant les merveilles de la médecine dans cet ouvrage voulu succinct, ai-je été obligé de passer sous silence beaucoup de prodiges de la Médecine. Je pense néanmoins avoir inclus une majorité de ceux qui avaient une signification historique, ou ont eu une forte influence sur la médecine, la société ou la pensée humaine. En 1921, le neurochirurgien anglais Charles Ballance donna un jour une conférence intitulée « Aperçu sur l'histoire de la chirurgie du cerveau », dans laquelle il reconnaissait que cette histoire était si vaste qu'il ne ferait pas l'effort d'essayer de couvrir la totalité du sujet, mais qu'il souhaitait, « tel un voyageur dans les Alpes, saluer quelques sommets et passer ». Nous ferons de même pour ces étapes de la Médecine. Parfois, certaines informations seront répétées, car chaque entrée doit pourvoir être lue isolément. Dans les textes, le lecteur trouvera des caractères gras qui le renvoient vers l'entrée correspondante. Par exemple, *maladie du sommeil* apparaît en gras parce qu'il y a un item *Maladie du sommeil, étiologie* dans l'index. De plus, une courte section « VOIR AUSSI » à la fin du texte de chaque entrée signale la connexion du sujet avec d'autres entrées, permettant au lecteur de traverser le livre dans une quête attrayante de découvertes.

Le *Beau livre de la Médecine* reflète mes propres lacunes intellectuelles. Bien que j'aie essayé d'assimiler autant de domaines de l'histoire de la médecine que j'ai pu, il ne m'a pas été possible d'être compétent partout, et ce livre exprime clairement mes intérêts personnels, mes atouts et mes insuffisances. Je suis responsable du choix des entrées de l'ouvrage, mais aussi de ses erreurs ou maladresses. Ce n'est pas une dissertation exhaustive et académique, mais plutôt un ouvrage de lecture récréative destiné aux étudiants en médecine et en sciences et aux non-initiés curieux d'apprendre et de savoir. Tous commentaires et suggestions de la part des lecteurs seront les bienvenus pour l'amélioration de cet ouvrage que je considère comme un projet ouvert et une œuvre passionnée.

Ce livre est organisé de façon chronologique, chaque année étant associée à une entrée. Beaucoup des dates anciennes de ce livre, en particulier celles des temps avant Jésus-Christ, sont seulement approximatives. Plutôt que de placer le terme *environ* en face de ces dates, je préfère signaler ici au lecteur, une fois pour toute, qu'elles ne sont que des approximations.

Pour la plupart des entrées, j'ai utilisé les dates qui sont associées à une découverte ou à une avancée. Bien sûr, dater une entrée a pu être un choix arbitraire lorsque plus d'une personne ont contribué à la découverte. J'ai souvent utilisé la date la plus précoce associée à la découverte ou l'événement, mais souvent, après m'être informé auprès de collègues et d'autres scientifiques, j'ai décidé de retenir la date à laquelle le concept a acquis une importance caractérisée.

Le célèbre médecin canadien William Osler écrivit un jour : « En science, le mérite revient aux hommes qui ont su convaincre le monde et non à ceux qui ont eu l'idée les premiers ». Lorsque nous examinons avec du recul les découvertes en médecine, nous comprenons souvent que si un scientifique n'avait pas fait une découverte particulière, celle-ci aurait été faite par d'autres dans les mois ou les années qui suivirent. Comme disait Newton, la plupart des scientifiques se tiennent sur les épaules des géants pour voir un peu plus loin sur l'horizon. Souvent, ce sont plusieurs individus qui inventent pratiquement le même appareil, ou qui éclaircissent le même mystère médical, mais, pour des raisons diverses – y compris par pur hasard – l'histoire se souvient seulement du plus célèbre d'entre eux et oublie les autres. Sans doute le temps de telle découverte était-il venu, compte tenu de la connaissance accumulée par l'humanité à l'époque où la découverte fut faite. Nous devons être réticents à croire que les grandes découvertes font partie d'un « kaléidoscope de découvertes » réfléchi sur plusieurs individus en même temps. Mais l'histoire des sciences est remplie d'exemples. Alexander Graham Bell et Elisha Gray, travaillant indépendamment, ont tout de même déposé leur propre brevet de technologie téléphonique le même jour. Comme remarquait le sociologue des sciences Robert Merton, « le génie n'est pas l'unique source d'idées, il est simplement une efficace source d'idées ». Merton suggère aussi que « toutes les découvertes scientifiques sont en principe 'multiples' », c'est-à-dire que la même découverte est souvent faite par plus d'une personne. Parfois, une découverte prend le nom de la personne qui l'a développée, plutôt que celui du découvreur originel. Le grand anatomiste William Hunter se disputait souvent avec son frère pour savoir qui avait le premier fait la découverte, mais tout de même il admettait que « si un homme n'a pas un degré d'enthousiasme et d'amour de l'art tel qu'il devient irrité des oppositions irraisonnées, des empiétements sur ses découvertes ou sa réputation, il deviendra difficilement remarquable en anatomie, ou dans toute autre branche de la connaissance naturelle ». Lorsqu'on demandait à Mark Twain d'expliquer pourquoi de si nombreuses inventions étaient faites indépendamment, il répondait « quand c'est l'époque des bateaux à vapeur, vous utilisez la vapeur ».

Le lecteur doit savoir qu'un nombre élevé de découvertes en physique ont abouti à la mise au point d'un grand nombre d'appareillages médicaux et contribué à réduire la souffrance et à sauver des vies humaines. L'écrivain des sciences John G. Simmons note,

> « La médecine tire la plupart de ses outils d'imagerie pour explorer le corps humain de la physique du XXe siècle. Dans les semaines qui ont suivi leur découverte, en 1895, les mystérieux rayons X de Wilhelm Conrad Röntgen furent appliqués au diagnostic. Des décennies plus tard, l'application pratique de la mécanique quantique donnait naissance à la technologie laser. L'échographie apparut alors qu'on cherchait à mettre au point la détection des sous-marins, le scanner dérivait du développement de l'informatique. La technologie récente la plus significative de la Médecine pour visualiser l'intérieur du corps humain en trois dimensions n'est autre que l'imagerie par résonance magnétique. »

Enfin, je voudrais noter que la guerre et la violence accélèrent souvent la vitesse des découvertes médicales. Par exemple, Galien de Pergame (129-199), médecin des gladiateurs, profitait des horribles blessures qu'il soignait pour apprendre davantage sur l'anatomie humaine. Le chirurgien français Dominique Larrey (1766-1842) observa à la bataille d'Eylau, en Prusse, que la douleur de l'amputation était grandement réduite lorsque les membres étaient très froids, il utilisa alors la neige et la glace pour atténuer la douleur. La Croix Rouge Internationale et le Croissant Rouge doivent leur existence à l'activiste social suisse Henri Dunant (1828-1910), qui avait été choqué par les horreurs dont il avait été témoin à la bataille de Solferino en Italie, en 1859. Vous trouverez ces sujets et bien d'autres dans cet ouvrage.

Dans certaines entrées, des auteurs sont cités, mais pour des raisons de concision, la source de la citation ou la référence de l'auteur ne figurent pas dans l'entrée. Je vous prie d'excuser par avance cette approche pratique ; les références localisées à la fin de l'ouvrage devraient aider à identifier clairement l'identité de l'auteur. Comme les entrées de cet ouvrage ont été ordonnées chronologiquement, n'hésitez pas à utiliser l'index pour rechercher le concept que vous désirez trouver, qui peut être discuté dans une entrée que vous n'aviez pas imaginée.

Pour conclure, notez que les découvertes mentionnées dans cet ouvrage sont parmi les plus exceptionnelles réalisations de l'humanité. La Médecine entretient en moi un état perpétuel d'admiration sur les limites de la biologie et le travail des tissus et cellules – et offre l'espoir que la plupart des ravages horribles, qui pèsent sur la santé de l'humanité, appartiendront un jour au passé.

Note sur l'emploi de « Sorciers médecins »

La première entrée de ce livre est intitulée « Sorciers médecins », une expression qui commença à devenir populaire quand elle fut appliquée aux guérisseurs africains après son emploi par l'auteur britannique Robert Montgomery Martin, dans son *Histoire de l'Afrique du Sud, comprenant le Cap de Bonne Espérance, Maurice et les Seychelles*, publiée en 1836. Bien que ce terme soit parfois aujourd'hui considéré comme péjoratif, je ne l'utilise pas de façon irrespectueuse, mais pour montrer son origine, parce que de nombreux collègues ont souhaité connaître son étymologie. Bien que beaucoup d'auteurs utilisent plus souvent le terme de *chaman*, je trouve la dénomination de *sorciers médecins* mieux adaptée, car *chaman* suggère une grande implication dans la connaissance des esprits, la magie, la divination et le mythe, et privilégie peu les aspects médicaux.

Non responsabilité et remerciements

Les informations fournies dans cet ouvrage ne sauraient être utilisées au cours d'une urgence médicale, ni servir au diagnostic ou au traitement d'une quelconque maladie. Un médecin patenté doit être consulté pour le diagnostic et le traitement de tout état pathologique.

Je remercie Dennis Gordon, Teja Krašek, Jennifer O'Brennan, Melissa K. Carroll, Bryan Plaunt, Sue Ross, Rachel D'Annucci Henriquez et Pete Barnes pour leurs commentaires et suggestions. Je tiens aussi à remercier tout particulièrement l'éditrice de cet ouvrage, Mélanie Madden. Pour ma recherche des grandes étapes et des moments clés de la Médecine, j'ai consulté un large éventail d'excellentes publications et sites Internet de qualité, dont j'ai listé la plus grande partie dans la bibliographie à la fin de cet ouvrage.

10 000 ans av. J.-C.

Sorciers médecins

À la différence de la médecine moderne occidentale, la médecine traditionnelle considère plutôt la maladie comme fondamentalement personnelle. Dans les anciennes cultures tribales, la maladie était souvent considérée comme causée par des forces surnaturelles.

Depuis les temps anciens, des « hommes médecine » (qualifiés de docteurs, chamans ou sangomas, suivant les ethnies) ont en charge la santé de leurs populations ; leurs pratiques incluent des cérémonies, de la petite chirurgie, l'utilisation de sorts et celle des plantes médicinales.

Les pratiques chamaniques, impliquant des guérisseurs apparemment en contact avec le monde des esprits, datent probablement de l'époque paléolithique (âge de la pierre taillée). Un exemple de chamanisme du mésolithique a été découvert en Israël avec la tombe d'une vieille femme datant d'environ 10 000 ans av. J.-C. La qualité de cette femme était attestée par l'étroite association du contenu de la tombe avec la nature et les animaux : arrangement spécial de pierres autour du corps, présence de cinquante carapaces de tortues, d'un pied humain et de restes d'oiseaux, de sangliers, de léopards, de vaches et d'aigles.

De nos jours, dans la grande majorité des sociétés traditionnelles Nguni d'Afrique du Sud, officient des sangomas qui utilisent des plantes médicinales et pratiquent la divination. Plusieurs types de chamans peuvent exister dans une même population : chez les indiens Cuna du Panama, les chamans *abisua* guérissent en chantant, les *inaduledi* traitent par les herbes, et les *nele* se concentrent sur le diagnostic.

Dans de nombreux groupes humains, les chamans ou les sorciers sont censés détenir les qualités jumelles : blesser ou soigner, tuer ou guérir. Là où ils existent, les chamans possèdent souvent une connaissance détaillée des plantes hallucinogènes locales, qu'ils utilisent dans des rituels de guérison et pour communier avec le surnaturel. Au demeurant, dans les personnages du chaman et du sorcier nous pouvons voir les devanciers de nos médecins en blouse blanche, que, tels nos ancêtres, nous créditons de grands pouvoirs.

VOIR AUSSI Trépanation (6 500 ans av. J.-C.), Le *De materia medica* de Dioscoride (70) et Effet placebo (1955).

Deux sorciers médecins de Lassa, Nigéria.

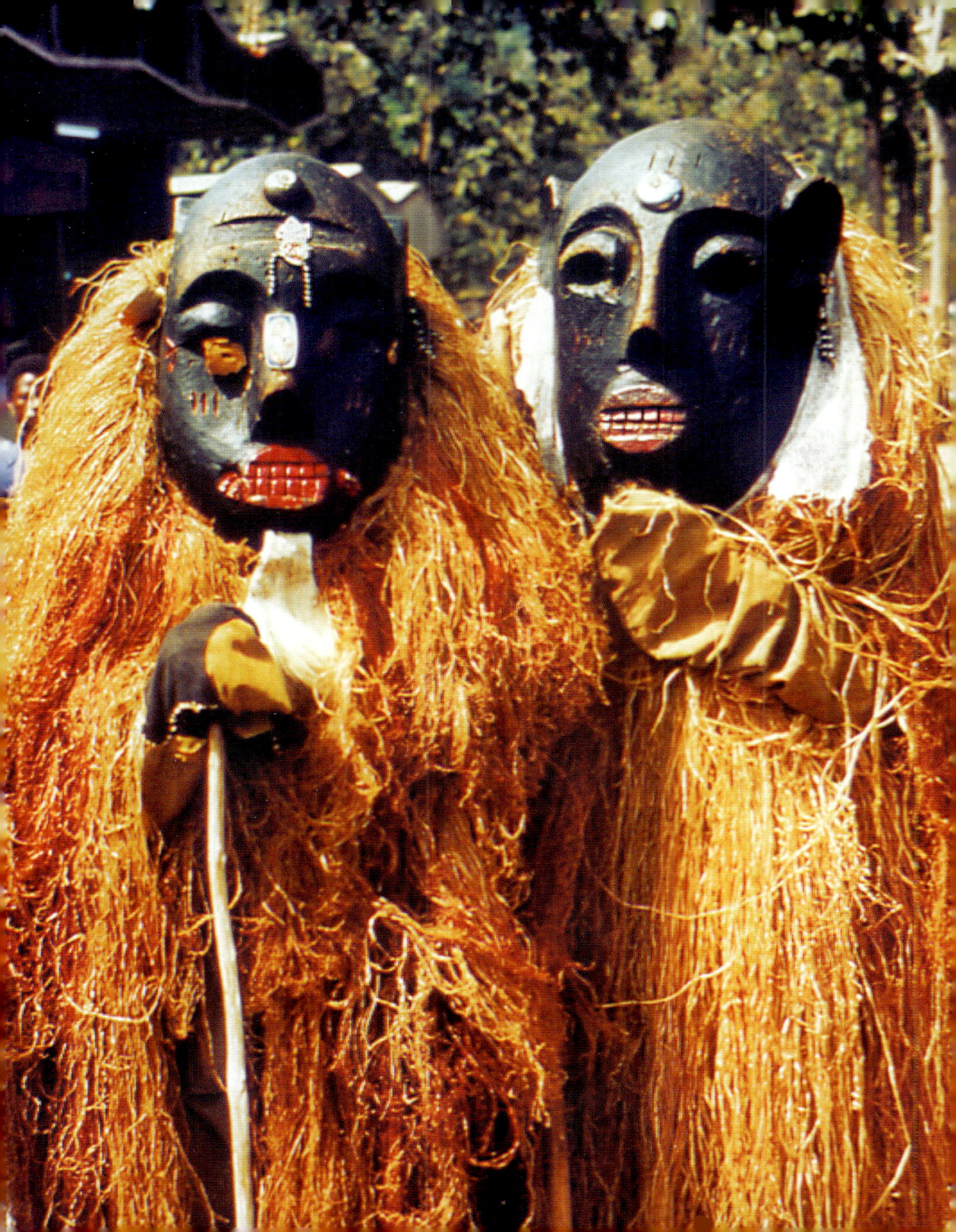

Trépanation

Albucasis (936-1013)

La présence, dans un grand nombre de sites du néolithique (âge de la pierre polie) de crânes présentant des trous délibérément ouverts, conduit à penser qu'un rôle dans les fonctions supérieures a pu être attribué au cerveau, bien avant les grandes civilisations. Et de fait, l'acte de percer un trou dans un crâne humain par découpage et/ou forage, appelé trépanation, était autrefois commun. Les motivations d'une telle pratique demeurent mystérieuses : utilisation du morceau d'os enlevé comme amulette éloignant les esprits maléfiques, traitement des maux de tête sévères ou de l'épilepsie, ou voie de sortie des « mauvais esprits » de la tête ? Il n'est également pas établi si les opérés étaient anesthésiés, avec des feuilles de coca ou de l'alcool, ou non. Dans une sépulture française de 6500 av. J.-C., environ un tiers des 120 crânes préhistoriques trouvés présentent des orifices de trépanation. Beaucoup d'exemples de crânes trépanés montrent une cicatrisation de l'os en bordure du trou, ce qui suggère que les individus aient survécu à ce traitement atroce. Durant le Moyen Âge et au-delà, on pratiqua la trépanation pour tenter de soulager les attaques cérébrales et améliorer les fractures du crâne.

La trépanation a été pratiquée dans le monde entier, en Afrique, dans la Mésoamérique précolombienne et dans de nombreuses parties de l'Europe. Plus de 10 000 crânes trépanés ont été déterrés dans le seul Pérou. Les trous sur les crânes européens ont des tailles allant de quelques centimètres de diamètre à presque la moitié du crâne.

Albucasis, l'un des plus grands chirurgiens musulmans du Moyen Âge, utilisait un trépan pour cette opération, qu'il considérait comme sans risque et pouvant être réalisée par « l'opérateur le plus ignorant et le plus peureux des hommes ». Toutefois, si la dure-mère (membrane externe du cerveau) devient noire, « vous devez savoir que [le patient] est condamné ».

Ces dernières années, un certain nombre d'originaux ont pratiqué des auto-trépanations, pensant que cette pratique faciliterait leur quête spirituelle.

VOIR AUSSI Sorciers médecins (10 000 ans av. J.-C.), Traitement de l'épilepsie (1857) et Chirurgie moderne du cerveau (1879).

Crâne trépané (environ 3500 av. J.-C.) d'une fillette ayant survécu à l'opération, comme en atteste la légère pousse de l'os en bordure du trou (Musée d'Histoire naturelle de Lausanne).

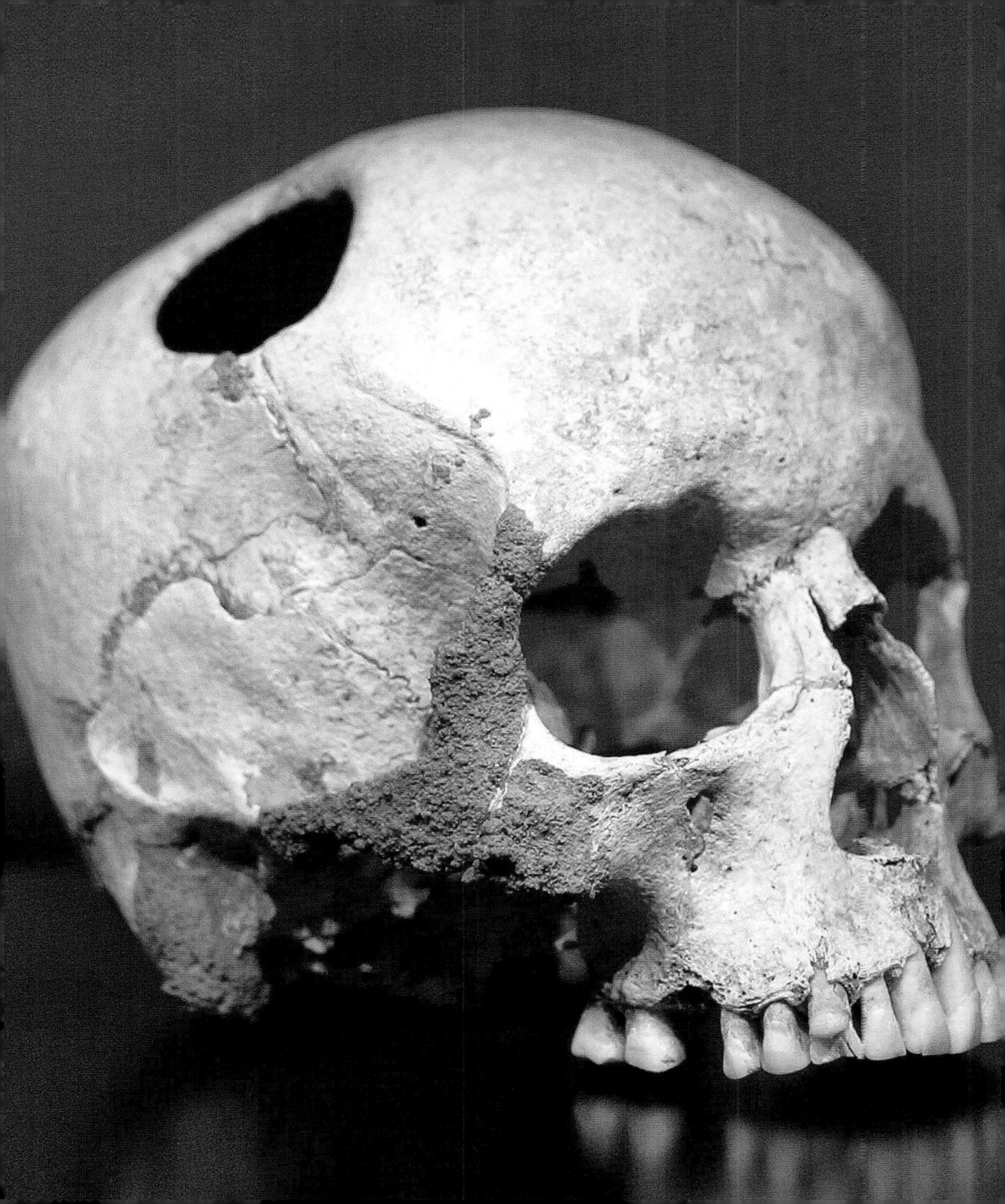

4 000 ans av. J.-C.

Mirage des urines

Un comédien disait : « Je bois trop. La dernière fois que j'ai donné un échantillon d'urine, il y avait une olive dedans. » En fait, l'examen visuel (ou mirage) de l'urine, encore appelé uroscopie, a une histoire à la fois loufoque et sérieuse, qui commence environ 4 000 ans av. J.-C. chez les Sumériens, dont les médecins notaient les analyses d'urine sur des tablettes d'argile. Les textes médicaux sanskrits, environ 100 ans av. J.-C., décrivent au moins vingt différents types d'urine. Dans l'Inde ancienne, les médecins avaient remarqué que les personnes atteintes d'une maladie, aujourd'hui nommée diabète, avaient des urines au goût sucré qui attiraient les fournis.

Les médecins du Moyen Âge élevèrent l'uroscopie au rang d'un art presque magique ; les médecins en robes longues levaient le bocal de verre en forme de vessie contenant l'urine, en le faisant tourner devant les yeux du patient avant d'émettre leur pronostic. Certains médecins allaient même jusqu'à donner un diagnostic sur des urines de patients qu'ils n'avaient jamais vus. Avec le rôle des médecins, l'importance du diagnostic urinaire s'est accrue. À la Renaissance, l'uroscopie fut même utilisée pour dire la bonne aventure et prédire le futur, et, à partir du XVIIe siècle, la pratique de l'uroscopie s'est exagérée au-delà du raisonnable.

Nous savons aujourd'hui que des globules blancs trouvés en abondance dans un échantillon d'urine peuvent être indicatifs d'une infection urinaire. L'hématurie, ou présence de sang dans les urines, oriente vers la présence d'un calcul rénal, ou encore vers un traumatisme du rein ou une tumeur de l'arbre urinaire (qui inclut les reins, les uretères, la vessie, la prostate et l'urètre). Le diabète sucré est la cause majeure de la présence de glucose (sucre) dans les urines. D'autres tests urinaires peuvent être utilisés dans le diagnostic de maladies du foie ou de la thyroïde.

À l'origine, simple fenêtre liquide ouverte sur le fonctionnement interne du corps, l'urine a conduit à l'émergence des laboratoires d'analyses médicales.

VOIR AUSSI Maladies métaboliques congénitales (1902) et « La lapine est morte » (1928).

Médecin mirant un flacon d'urine (1653), par le peintre hollandais Gerrit Dou (1613-1675). Huile sur panneau de chêne.

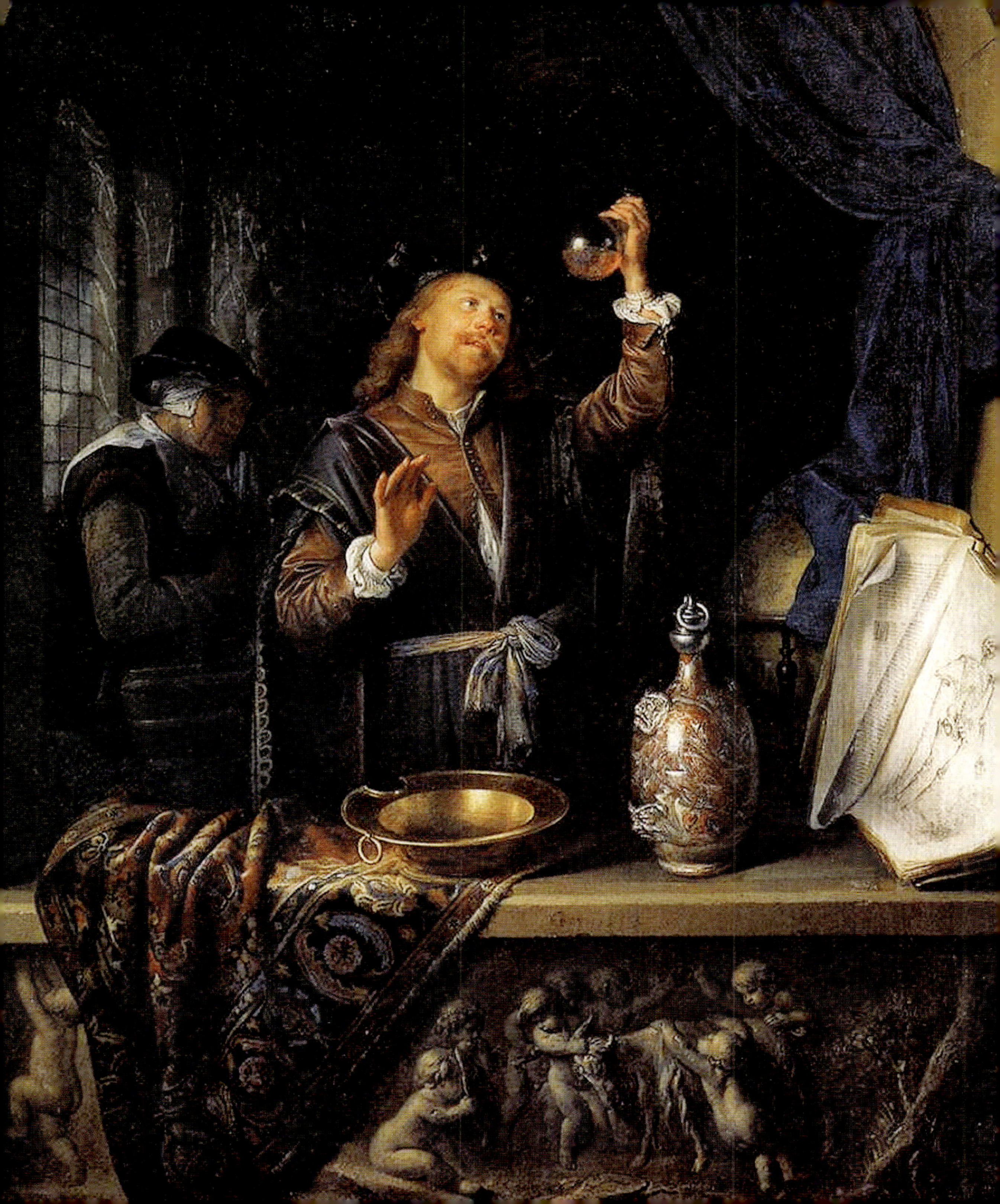

Sutures

Galien de Pergame (129-199), **al-Zahrawi** (936-1013), **Joseph Lister** (1827-1912)

À une époque où les techniques chirurgicales atteignent des sommets de sophistication, il est tentant de minimiser l'avancée que représenta la suture des plaies, même si, avant la découverte de l'antisepsie et de l'asepsie, la suture pouvait être cause de désastre. De nos jours, le succès d'une opération dépend, entre autres, d'une cicatrisation rapide et convenable de la peau, des intestins, des os, des tendons et des autres tissus, sans laquelle une guérison ou une cicatrice acceptable ne peuvent être obtenues.

Une suture chirurgicale nécessite une aiguille et une certaine longueur de fil permettant de lier les bords d'une blessure ou d'une section chirurgicale. La suture a évolué au cours du temps : les aiguilles étaient faites d'os ou de métal, le matériel de suture était constitué de soie ou d'intestins de moutons (catgut). Parfois de grandes fourmis étaient utilisées, dont les mandibules plantées dans les lèvres de la blessure la maintenaient fermée. Dès 3000 av. J.-C., les Égyptiens anciens utilisaient du linge et des tendons animaux pour fermer les blessures. Le médecin gréco-romain du IIe siècle Galien et le chirurgien arabe al-Zahrawi utilisaient du matériel animal pour effectuer des sutures.

Au XIXe siècle, les chirurgiens préféraient cautériser les blessures, un horrible procédé, plutôt que de faire courir au patient le risque de mourir de surinfection. Le chirurgien anglais Joseph Lister se préoccupa du moyen de stériliser le catgut, un matériel de suture que le corps absorbait progressivement.

De nos jours, la plupart des sutures utilisent des fibres de polymères synthétiques absorbables ou non, prémontées sur des aiguilles sans tête, afin de causer le moins de dommage possible aux tissus durant leur traversée. Des liquides adhésifs peuvent aussi être utilisés pour aider à la fermeture des blessures.

VOIR AUSSI Papyrus chirurgical Edwin Smith (1 600 ans av. J.-C.), Chirurgie « raisonnable » de Paré (1545), Greffe de tissus (1597), Antiseptiques (1865), Suture vasculaire (1902), Chirurgie de Halsted (1904), Nanomédecine (1959), Laser (1960) et Chirurgie laparoscopique (1981).

Aiguilles à suturer dites « aiguilles de Reverdin ». Conçues par ce chirurgien français, elles ont révolutionné la pratique chirurgicale à la fin du XIXe siècle. (Conservatoire d'anatomie de la faculté de médecine de Montpellier).

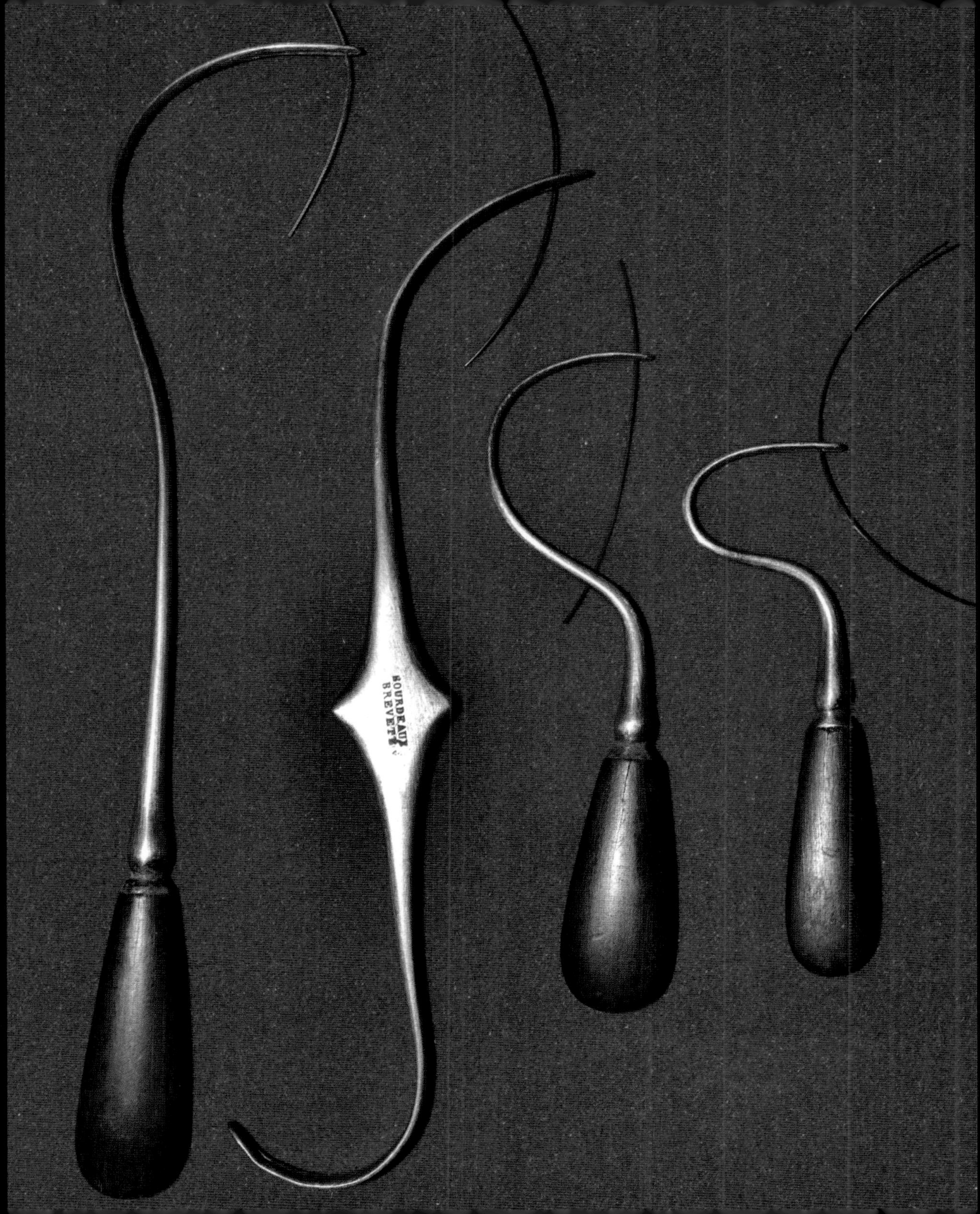
BOURDEAUX
BREVET

Œil de verre

La perte d'un œil, qu'elle soit due à une maladie, une malformation ou un accident, est une expérience fortement chargée d'émotion pour des raisons esthétiques, aussi bien que sociales ou fonctionnelles. Les yeux artificiels ne remplacent pas un regard, mais au moins ils remplissent la cavité orbitaire, et, s'ils sont connectés aux muscles, peuvent imiter les mouvements naturels des yeux. De nos jours, plus de 10 000 personnes perdent un œil chaque année. Bien qu'on les qualifie toujours d'œil de verre, la plupart des yeux artificiels sont à présent faits de plastique.

L'œil artificiel le plus ancien connu date de presque 5 000 ans ; il fut découvert sur le squelette d'une femme de plus de 1,80 m, dans les restes de la « Ville Brûlée », une ancienne cité du sud-est de l'Iran. Cet œil est rond et paraît fait d'un goudron naturel mélangé à de la graisse animale ; sa surface est couverte d'une fine couche d'or gravée d'un iris circulaire et de rayons d'or en soleil. Chez cette femme de haute taille, vraisemblablement une prophétesse, cet œil n'était pas destiné à remplacer un œil réel, mais son éclat devait lui conférer des pouvoirs spéciaux. Des trous de chaque côté de l'œil devaient servir à le tenir en place, et les études microscopiques de la cavité orbitaire ont indiqué qu'il était porté du vivant de cette femme.

En 1579, les Vénitiens inventèrent les premiers yeux artificiels, faits de fines coques de verre, placées derrière les paupières. En 1884, une sphère de verre fut implantée dans la cavité orbitaire pour restaurer le volume perdu. Durant la Seconde Guerre mondiale, les artisans allemands ne purent plus exporter leur production vers les États-Unis, et les techniciens de l'armée américaine commencèrent à équiper les soldats blessés avec des yeux en plastique.

Les chercheurs développent actuellement des implants fixés à la rétine susceptibles d'assurer la vision grâce à des techniques microélectroniques de pointe, qui communiquent avec le nerf optique ou le cortex cérébral visuel.

VOIR AUSSI Le gros orteil de Greville Chester (1 000 ans av. J.-C.), Chirurgie de l'œil (600 ans av. J.-C.) et Classement des nerfs crâniens (1664).

Prothèse orbitaire faite de verre et silicone, utilisée chez un patient après énucléation (ablation chirurgicale) de l'œil droit atteint d'un carcinome (tumeur maligne).

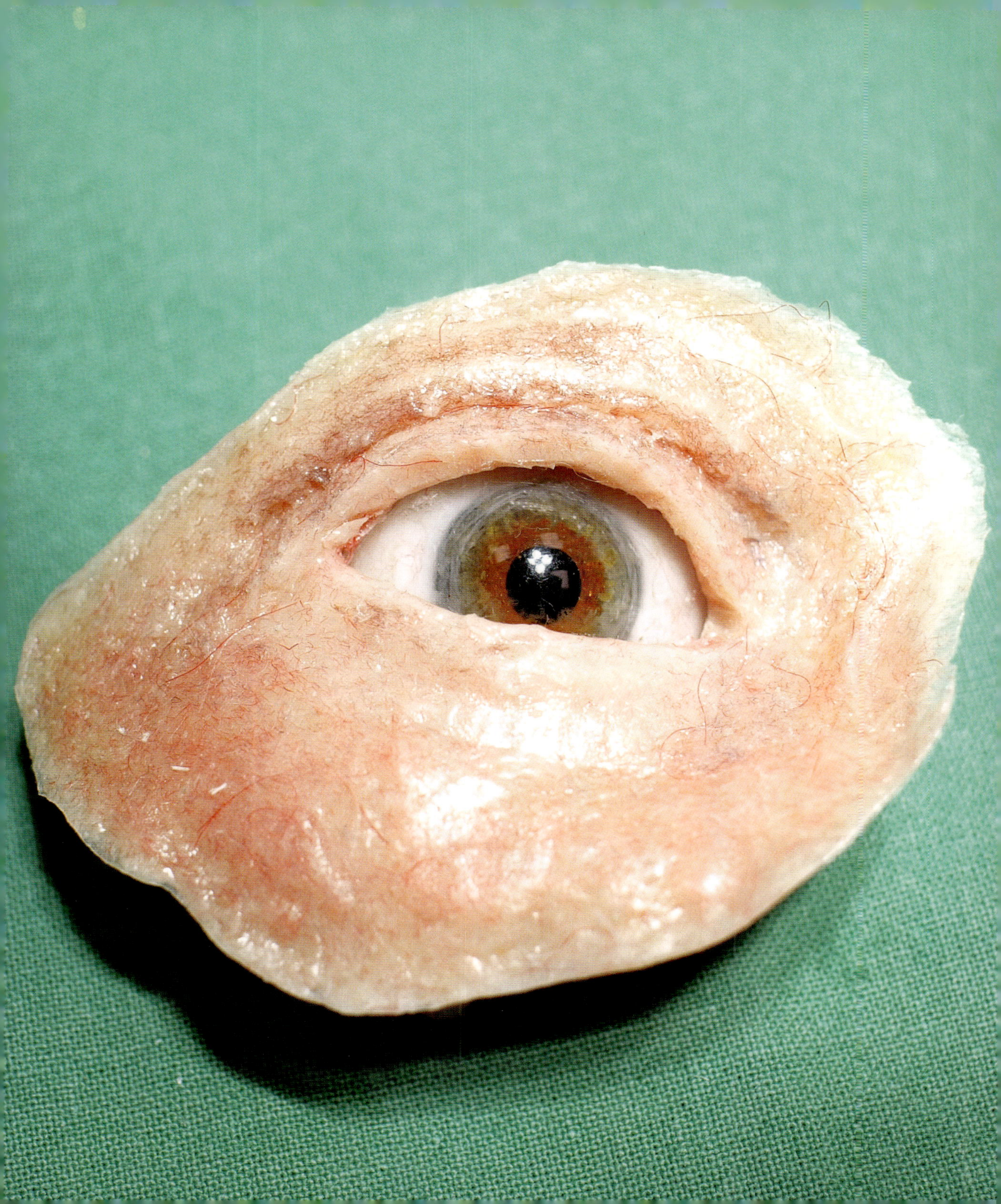

Circoncision

La circoncision est la plus ancienne énigme de l'histoire. Il est beaucoup plus facile d'imaginer la motivation des peintres rupestres du néolithique, que de deviner ce qui a amené les anciens à couper leur sexe ou le sexe de leurs enfants. Il y a déjà des millénaires, bien avant que la médecine et la religion se séparent en deux courants de pensée, l'ablation du prépuce du pénis fut inventée comme une blessure symbolique, un rituel devenu d'une grande puissance.

La pratique de la circoncision chez le mâle consiste à retirer une portion du prépuce du pénis. Plusieurs théories sur ses origines ont été suggérées, comme celles de faciliter l'hygiène, d'augmenter ou de diminuer le plaisir, ou de se différencier des autres groupes sociaux. La plus ancienne représentation de la circoncision figure sur un bas-relief égyptien sculpté d'environ 2400 av. J.-C., avec l'inscription : « tiens-le et ne le laisse pas s'évanouir ». Selon le livre de Jérémie dans la Bible, les Israélites et quelques peuples voisins pratiquaient la circoncision au VIe siècle av. J.-C. ; et dans la Genèse, Dieu dit à Abraham de pratiquer la circoncision en « signe d'alliance » avec lui. Bien qu'elle ne soit pas mentionnée dans le Coran, la circoncision est largement pratiquée dans le monde islamique. En 1442, l'Église catholique a condamné la circoncision comme un péché mortel. Aujourd'hui, environ trente pour cent de la population mâle du monde est circoncise. Bien que des arguments suggèrent que la circoncision de l'homme réduise significativement le risque d'acquisition du virus de l'immunodéficience humaine (VIH) durant le rapport sexuel impliquant pénis et vagin, les sociétés médicales ne recommandent pas la généralisation de la circoncision infantile.

Celui qui entame l'étude de la circoncision doit considérer toutes les sphères de la culture, car dans cette ancienne coutume s'entrecroisent les origines du gouvernement, de la magie, de la religion, de la chirurgie, de l'hygiène, et dernière mais non la moindre, de la culture sexuelle.

VOIR AUSSI Préservatif (1564), Découverte des spermatozoïdes (1678) et Transcriptase inverse et SIDA (1970).

Circoncision pratiquée sur un jeune garçon au Turkestan, Asie centrale (vers 1870). (Illustration extraite de Turkestanskīī al'bom, chast' étnograficheskaia).

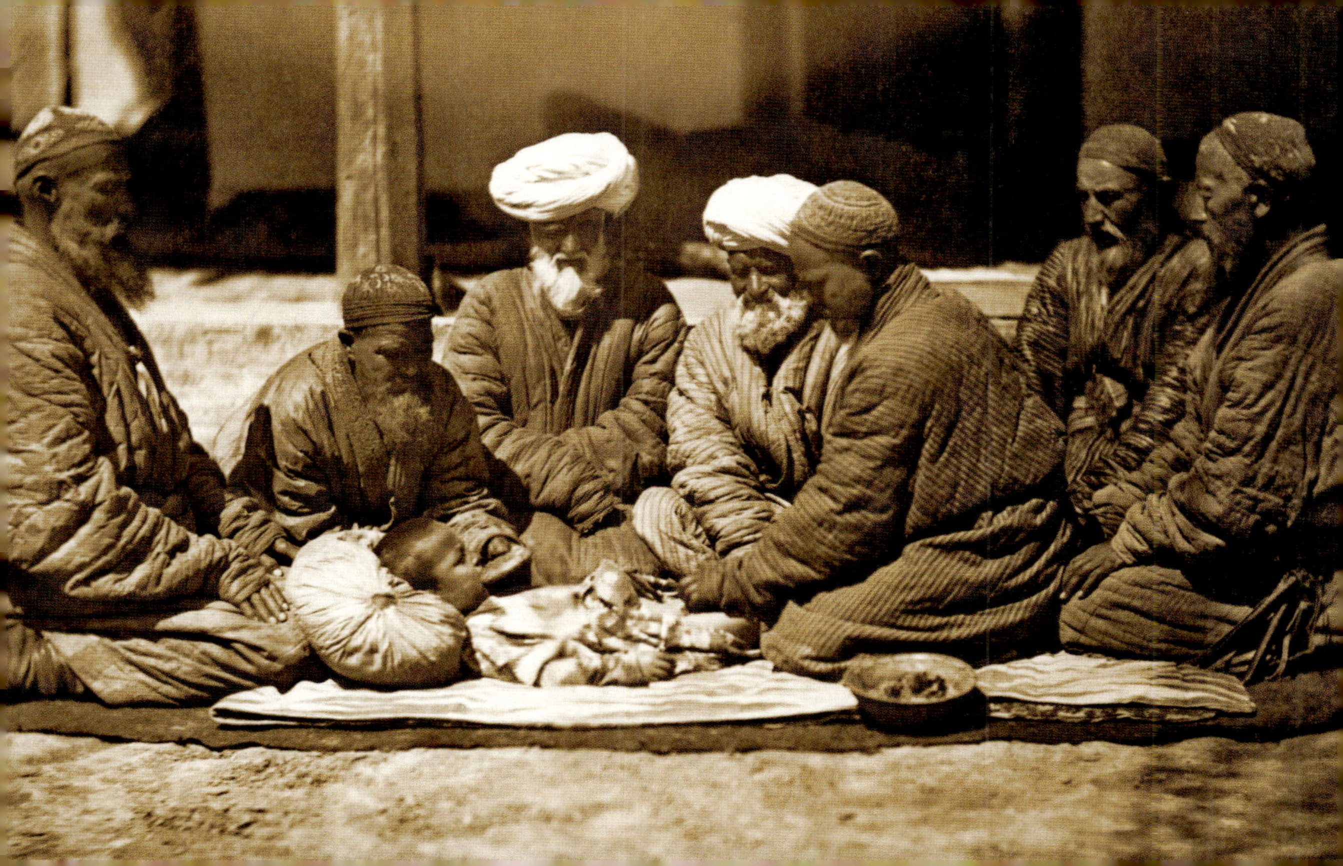

Médecine ayurvédique

L'ayurvéda est un système de médecine traditionnelle du sous-continent indien. Elle puise ses sources dans la période védique de l'Inde, quelques 3 000 ans av. J.-C. Bien que l'ayurvéda ait continuellement évolué, les traités *Charaka Samhita* et *Sushruta Samitha*, et le plus tardif compendium du médecin Bhela, contiennent la plupart de la connaissance ayurvédique en matière de diagnostic, traitement et recommandations de santé. Le mot sanskrit ayurvéda peut se traduire par « connaissance de la vie », et le système est basé sur l'utilisation de plantes (y compris des épices) et d'huiles, les massages, le yoga et la méditation.

Selon la médecine ayurvédique, trois forces vitales appelées *doshas* contrôlent la santé, et un déséquilibre entre elle peut entraîner la maladie. La *vata dosha* contrôlerait la division cellulaire, le cœur et l'esprit ; la *pitta dosha* contrôlerait les hormones et la digestion et la *kapha dosha* concernerait l'immunité et la croissance. Du classement des patients par types de corps dépendent les conduites thérapeutiques, qui incluent exercices respiratoires, massages de la peau avec des huiles aromatiques, et « nettoyage » du corps par des mouvements intestinaux, voire en se faisant vomir.

En Inde, de nos jours, de nombreux collèges délivrent des diplômes de médecine traditionnelle ayurvédique, et une grande partie de la population utilise cette médecine, seule ou en association avec la médecine moderne. Certains exercices ayurvédiques, comme le yoga et la méditation, sont efficaces pour réduire le stress. Bien qu'il existe des signes de l'efficacité de certaines plantes et agents antifongiques dans la guérison des plaies, la présence de métaux toxiques (par exemple plomb, mercure et arsenic) et d'herbes toxiques dans certains traitements ayurvédiques interpellent sur leur innocuité. Davantage de recherches sont nécessaires pour évaluer l'efficacité de nombreuses pratiques ayurvédiques.

VOIR AUSSI Le *Compendium* de l'acupuncture (1601) et Médecine alternative (1796).

Nécessaire ayurvédique de plantes et d'huiles. Shirodhara *est un traitement ayurvédique consistant en un écoulement très lent sur le front du patient, de liquides, comme de l'huile de sésame ou l'huile de lavande.*

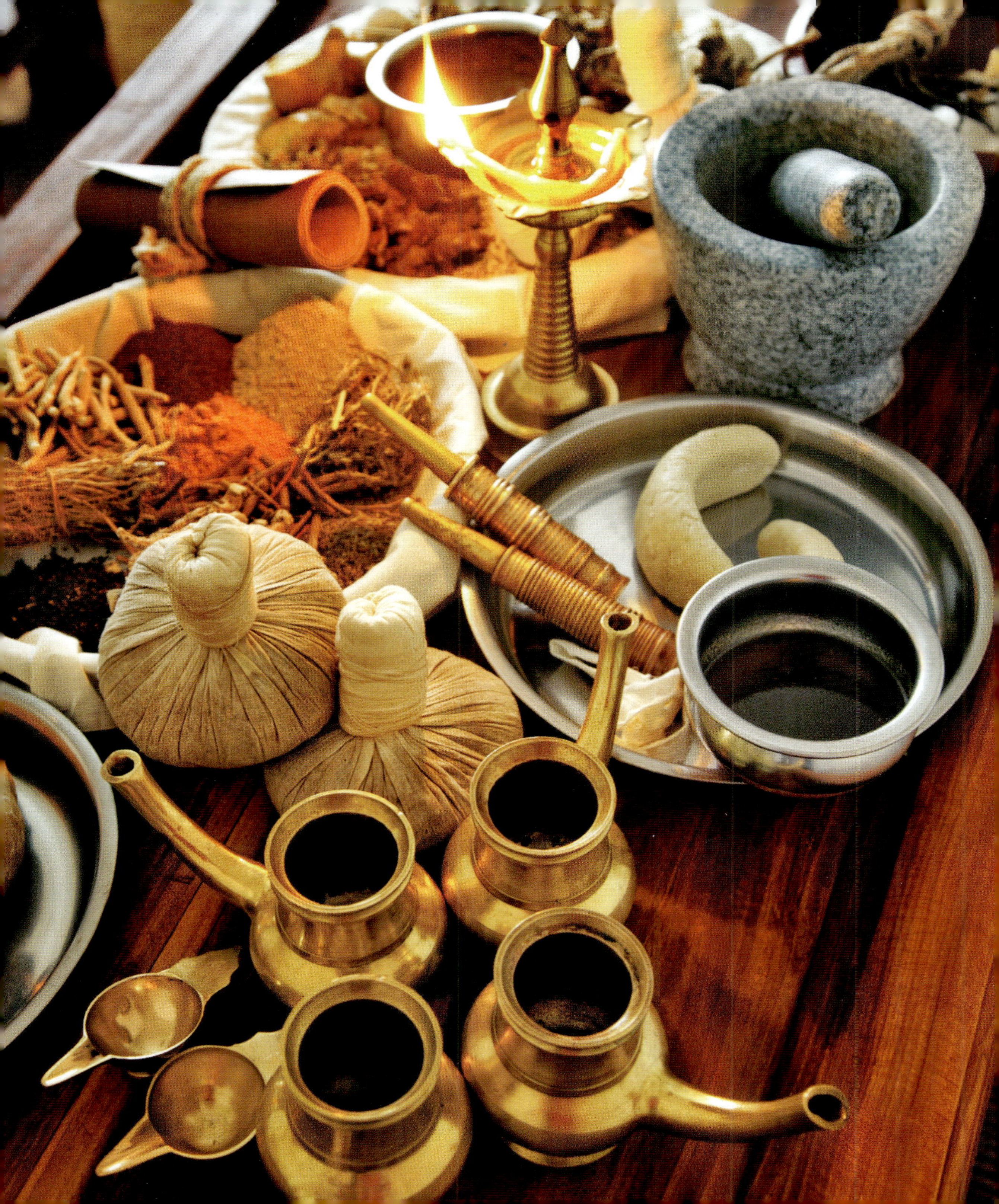

Papyrus chirurgical Edwin Smith

Imhotep (2650-2600 av. J.-C.), **Edwin Smith** (1822-1906), **Georg Moritz Ebers** (1837-1898)

Le papyrus chirurgical Edwin Smith est le document chirurgical le plus ancien au monde. Il fait partie d'un ancien document égyptien écrit aux environs de 1600 av. J.-C. en caractères hiératiques, forme cursive d'écriture de l'ancienne Égypte. Mais il inclut des éléments antérieurs de plus de 1 000 ans. Son texte expose les méthodes pour fermer les blessures par des sutures et l'utilisation du miel pour prévenir les infections. Il contient également la première description connue des sutures crâniennes (bandes de tissus fibreux soudant les os du crâne), la surface du cerveau et le liquide cérébrospinal.

Imhotep, sans doute le premier médecin dans l'histoire connu par son nom, est souvent considéré comme l'auteur du papyrus, mais celui-ci n'a vraisemblablement pas été rédigé par une seule personne. Edwin Smith, un collectionneur d'antiquités américain, acheta le manuscrit en Égypte, en 1862. Mais le manuscrit ne fut pas entièrement traduit avant 1930. Le papyrus chirurgical Edwin Smith diffère du papyrus Ebers (un autre célèbre écrit égyptien d'environ 1550 av. J.-C., acheté par l'égyptologue allemand Georg Ebers en 1873), qui, lui, est davantage peuplé de magie et de superstitions, comme des incantations pour repousser les démons des maladies.

Sur les 48 cas décrits dans le papyrus chirurgical Edwin Smith, 27 concernent les traumatismes de la tête (blessures profondes du cuir chevelu et fractures) et six se rapportent à des traumatismes vertébraux. Le manuscrit répète souvent cette note : « une affection à ne pas traiter », signifiant que son pronostic était sans espoir.

Le cas 25 rapporte par exemple le traitement « de la luxation de la mandibule [maxillaire inférieur],... bouche ouverte, qui ne peut être fermée ; posez vos pouces sur les extrémités des deux [branches montantes] de la mandibule à l'intérieur de la bouche et vos doigts sous son menton, et faites tomber en arrière pour remettre en place ». On ne fait pas mieux aujourd'hui.

VOIR AUSSI Sutures (3 000 ans av. J.-C.), *Huangdi Neijing* (300 ans av. J.-C.), Le *De materia medica* de Dioscoride (70), Chirurgie « raisonnable » de Paré (1545) et Liquide céphalorachidien (1764).

Fragment du papyrus chirurgical Edwin Smith traitant des traumatismes de la face.

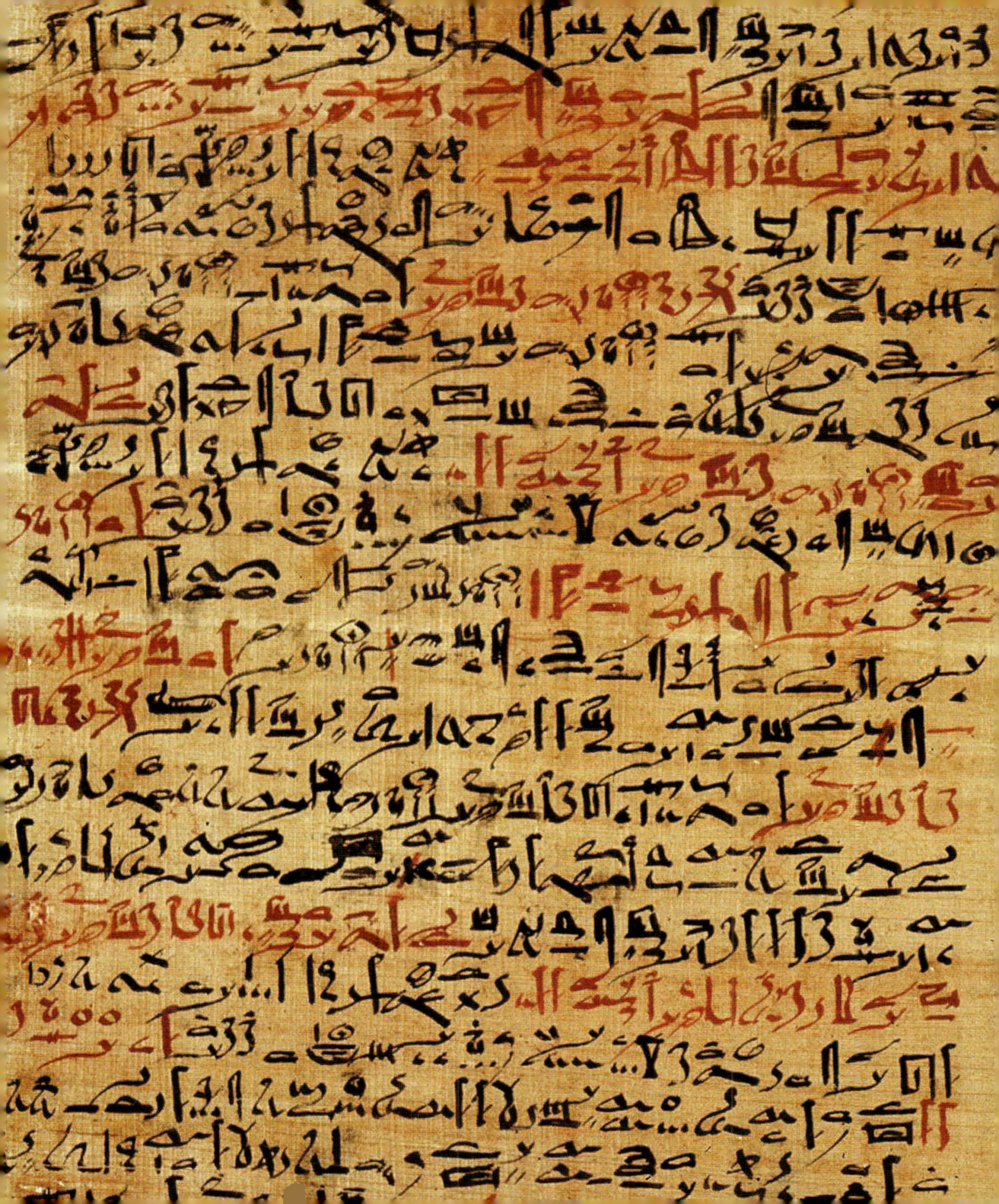

Saignée

Galien de Pergame (129-199), **George Washington** (1732-1799), **William Osler** (1849-1919)

La saignée – prélèvement de sang pratiqué sur un patient pour guérir ou prévenir une maladie – était effectuée à l'aide de lancettes à lames très acérées, de scarificateurs ou de sangsues. Bien qu'inefficace, voire nocive, elle a pourtant été l'une des pratiques médicales les plus courantes des médecins durant plus de 2 000 ans, sans doute en raison de l'absence d'autre traitement valable. Une gravure d'une tombe de l'Égypte ancienne (vers 1500 av. J.-C.) montre l'application de sangsues à un patient. La saignée fut pratiquée à travers les âges sur un territoire géographique très vaste, dans l'Antiquité en Mésopotamie, Égypte et Grèce, chez les Mayas et les Aztèques, et chez les habitants du sous-continent indien (elle figure en particulier dans l'ancienne médecine ayurvédique). Les anciens médecins arabes recommandaient également son utilisation, et, chez les Juifs, le Talmud codifiait les jours de la semaine et du mois propices à la saignée.

La saignée devint progressivement populaire à partir du médecin grec Galien, qui pensait, à la suite d'Hippocrate, que les maladies résultaient d'un déséquilibre entre les quatre humeurs du corps humain. Galien avait établi des recommandations complexes sur la quantité de sang à ponctionner selon l'âge du patient, ses symptômes, ou même selon le temps. En Europe, les barbiers-chirurgiens du Moyen Âge et de la Renaissance continuèrent d'utiliser la saignée pour toutes sortes d'affections. La mort du président George Washington, atteint d'une infection de la gorge, fut accélérée par la considérable quantité de sang qui lui fut prélevée lors d'une saignée. La saignée était encore recommandée dans l'édition de 1923 du traité de pratique médicale du médecin canadien William Osler.

De nos jours, la saignée n'a plus que de rares indications, dans les cas d'hémochromatose, où elle permet de diminuer les taux élevés de fer dans le sang, ou encore dans la polyglobulie, maladie caractérisée par une surabondance de globules rouges du sang.

VOIR AUSSI Serment d'Hippocrate (400 ans av. J.-C.), Écrits galéniques (190), Le poteau des barbiers (1210), Traitement par les sangsues (1825), et Effet placebo (1955).

Manuscrit médiéval figurant la saignée avec un instrument tranchant. Les barbiers-chirurgiens européens du Moyen Âge et de la Renaissance pratiquaient la saignée avec enthousiasme, pour toutes les affections imaginables.

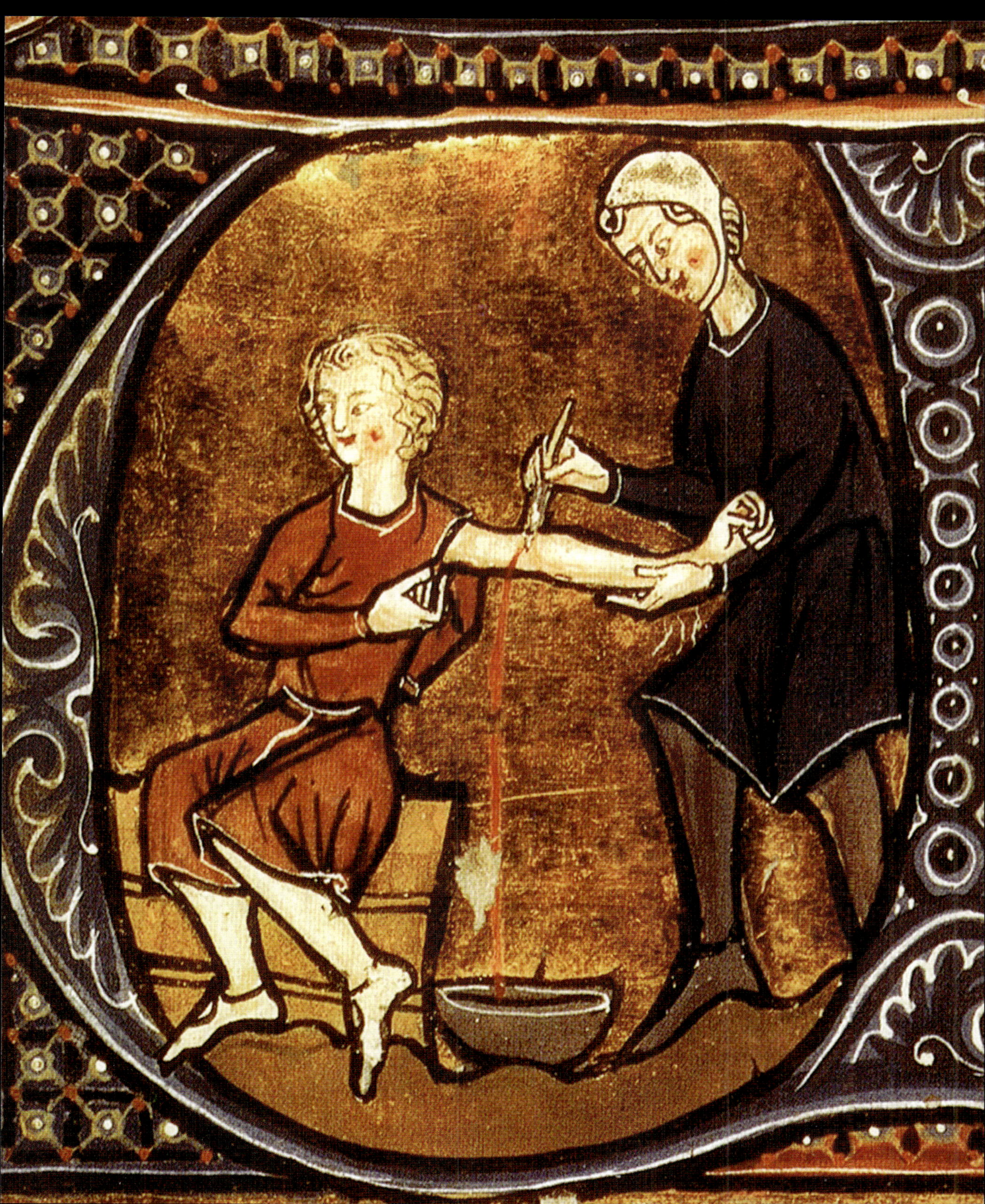

Le gros orteil de Greville Chester

Ambroise Paré (1510-1590), **Greville John Chester** (1830-1892)

Qu'elles aient aidé un aveugle à voir, un sourd à entendre ou un amputé à marcher, les prothèses ont eu une longue histoire avant le capitaine Crochet. Une prothèse est un dispositif qui remplace ou améliore une partie du corps manquante ou endommagée.

Le gros orteil de Greville Chester, du nom de l'égyptologue et collectionneur qui acquit cet objet pour le *British Museum* en 1881, est un gros orteil artificiel fait de linge, cuir, colle et plâtre datant de 1295 à 664 av. J.-C. Des signes montrent que ce gros orteil a été porté du vivant de la personne, et non pas seulement attaché au corps après sa mort, durant la momification. Un autre faux orteil également porté, l'orteil du Caire, a été découvert sur une momie égyptienne datée de 1069 à 664 av. J.-C. ; avec ses trois jointures, il était probablement plus fonctionnel que le gros orteil de Chester.

Au Moyen Âge, les fabricants d'armures confectionnaient des membres artificiels en fer pour les soldats ayant perdu les leurs. Au XVIe siècle, le chirurgien français Ambroise Paré développa une jambe artificielle avec une articulation du genou mobile et un pied flexible grâce à des ressorts. Il inventa aussi une main articulée par des ressorts.

Les jambes de bois et yeux de verre d'autrefois sont devenus de nos jours des appareils bourrés d'ingénierie électromécanique, connectés aux systèmes et communicant, presque intelligemment, avec les nerfs et le cerveau humain. De nouveaux plastiques et matériaux, comme la fibre de carbone, permettent aux prothèses d'être solides et légères. Des membres myo-électriques convertissant les mouvements musculaires en signaux électriques sont également disponibles. La ré-innervation ciblée d'un muscle est une méthode dans laquelle les nerfs qui contrôlaient précédemment les muscles d'un membre amputé sont chirurgicalement re-routés de façon à leur faire contrôler un muscle fonctionnel. La recherche actuelle s'oriente vers des prothèses neurocognitives utilisant directement les influx nerveux ou cérébraux pour commander la prothèse.

VOIR AUSSI Œil de verre (2 800 ans av. J.-C.) et Chirurgie « raisonnable » de Paré (1545).

Prothèse de gros orteil flexible en cuir et bois toujours attachée au pied d'une momie égyptienne de 2 400 ans, dont le gros orteil avait été amputé (Musée du Caire).

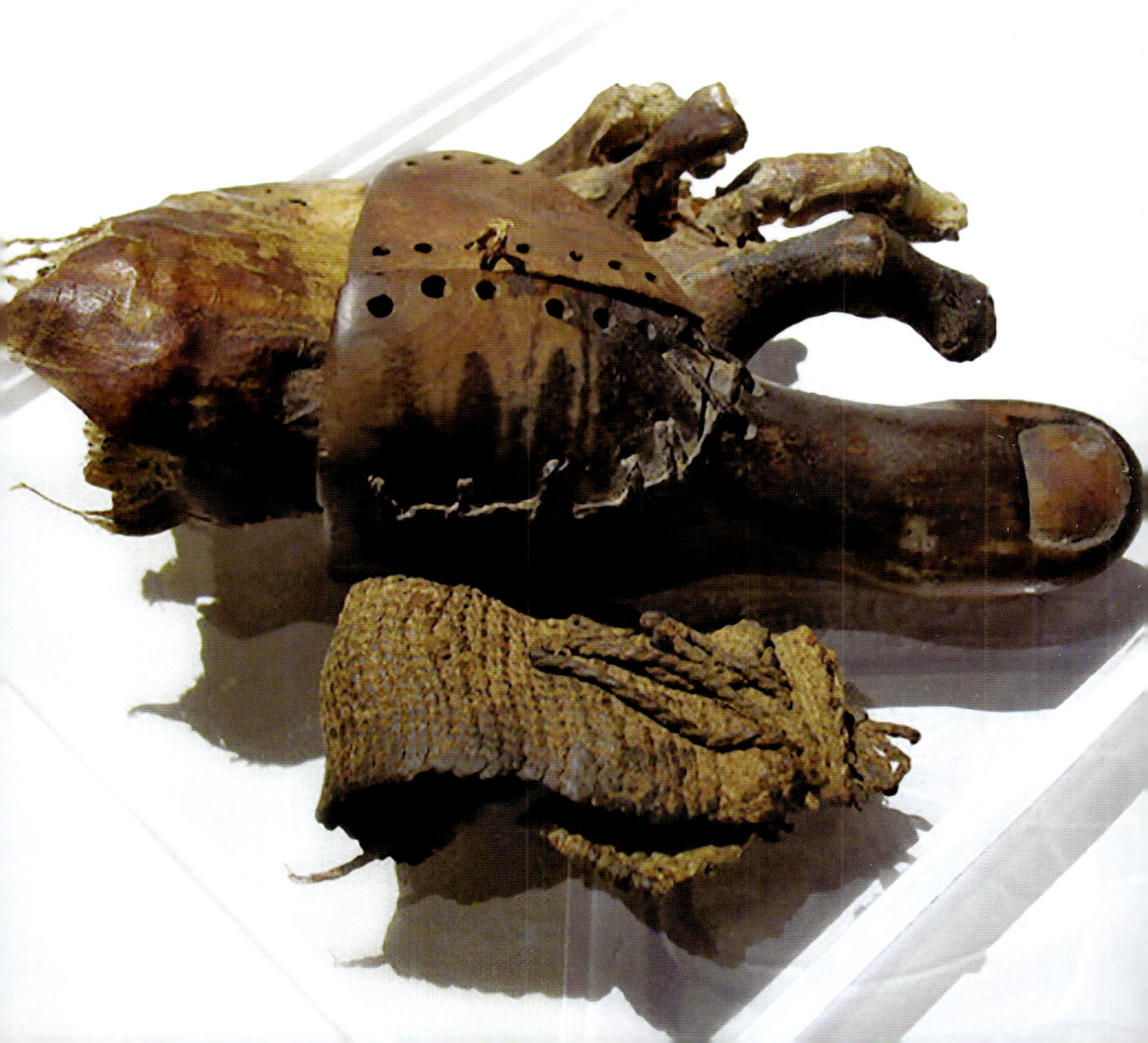

Chirurgie de l'œil

Ali ibn Isa (940-1010), **Ibn al-Haytham** (965-1039), **Ibn al-Nafis** (1213-1288)

Alors que la partie du corps la plus délicate à opérer pour le chirurgien est l'œil, la chirurgie ophtalmologique a été la partie de la médecine la plus en avance dans l'Ancien Monde. La cataracte, une opacification du cristallin de l'œil, est une cause très courante de cécité partielle ou totale. Le traitement chirurgical de la cataracte était connu du médecin indien Sushruta (approximativement en 600 av. J.-C.), qui décrivait son opération dans le *Sushruta Samhita* (« Traité de Sushruta ») : le médecin utilisait une aiguille recourbée pour repousser le cristallin dans l'œil en dehors de la ligne de vision. Bien que l'œil ne puisse alors plus accommoder correctement, cette intervention changeait la vie de ceux dont l'opacification du cristallin était telle qu'elle empêchait le passage de la lumière. Après l'intervention, le médecin imprégnait l'œil de beurre tiède et le bandait. Ce traitement simple de la cataracte semble avoir été utilisé des siècles plus tôt à Babylone. Aujourd'hui, la technique comprend l'ablation du cristallin et son remplacement par une lentille artificielle.

L'ophtalmologie, la spécialité de la médecine concernant l'anatomie et le fonctionnement de l'œil, fut un centre d'intérêt très actif dans la médecine arabo-islamique du Moyen Âge, avec de très nombreux experts, cependant qu'en Europe les oculistes étaient inconnus. De 800 à 1300, le monde islamique ne compta pas moins de 60 spécialistes de l'œil et oculistes renommés, auteurs de carnets et d'ouvrages sur l'ophtalmologie. Parmi eux : Ammar ibn Ali de Mosul (vers 1000) qui utilisait l'aspiration par une seringue pour l'extraction de la cataracte ; Ibn al-Haytham (Alhazen) dont le *Livre d'optique* (1021) traitait de l'anatomie de l'œil et de l'optique ; Ibn al-Nafis, qui écrivit un grand traité d'ophtalmologie intitulé *Le brillant livre d'ophtalmologie expérimentale* ; et Ali ibn Isa, auteur du célèbre ouvrage *Carnet des oculistes*. Durant la période de l'Islam médiéval il fallait avoir une licence pour exercer.

VOIR AUSSI Sutures (3 000 ans av. J.-C.), Œil de verre (2 800 ans av. J.-C.), Médecine ayurvédique (2 000 ans av. J.-C.), Ophtalmoscope (1850), Greffe de cornée (1905) et Laser (1960).

Une illustration du manuscrit arabe Anatomie de l'œil *de al-Mutadibih (environ 1200).*

باللحم حول الطبقة القرنية ولا تغشيها كما تغشي سائر الطبقات بعضها
بعضا لانه لو غشاه كله لمنع البصر من ان ينفذ
وهو على هذا المثال

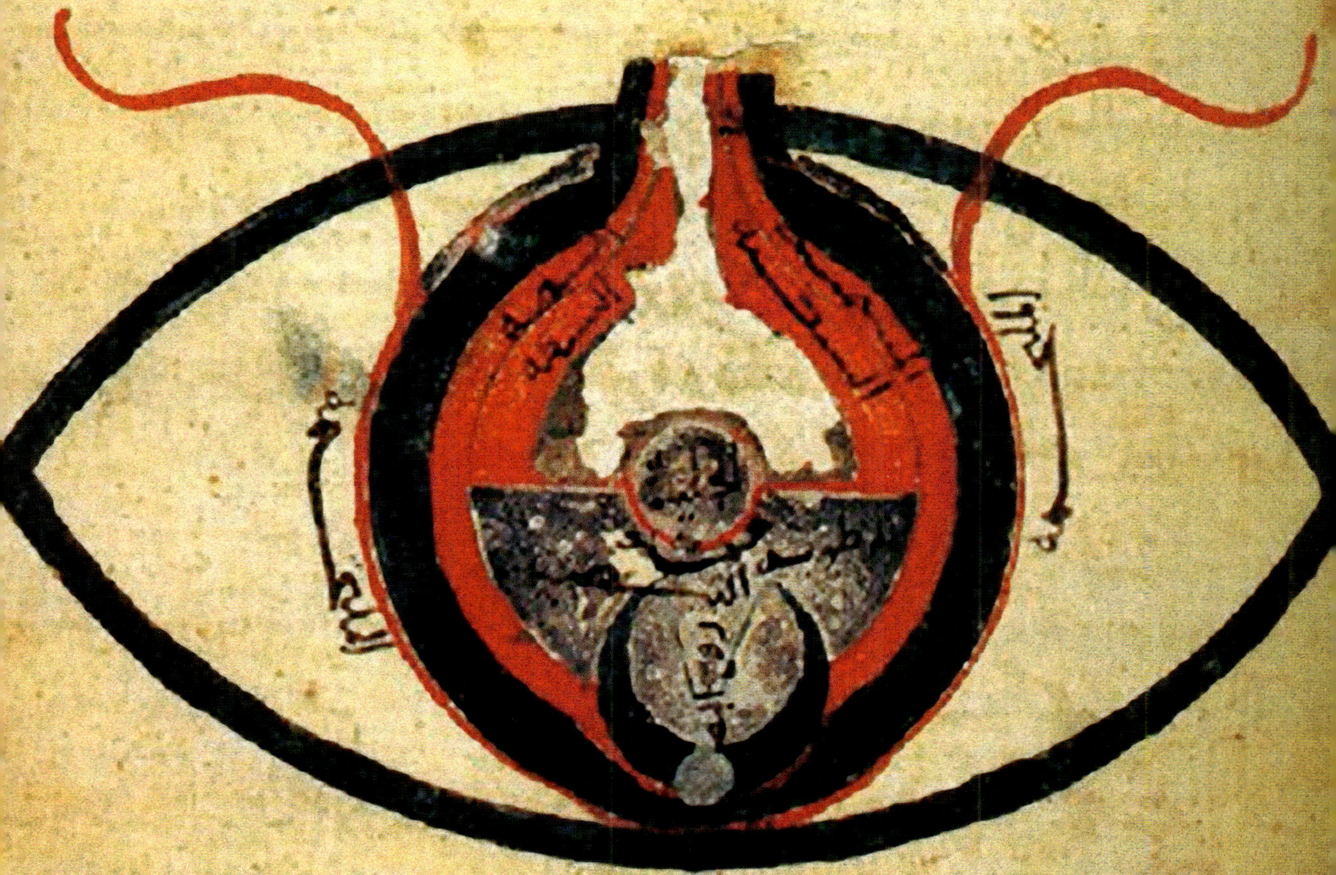

فاما ... بالاخبار عن منافع كل واحد من الرطوبات والطبقات التي وصفنا
... انباتها وكونها ومنشاها ومواضعها وقد كنت تقدمت في اخبارك
الرطوبة الجليدية في وسط العين وان خلفها رطوبة واحدة وثلث طبقات

Systèmes d'égouts

De nombreuses maladies, dont certaines responsables de diarrhées sévères, peuvent être causées par les eaux souillées ; c'est pourquoi le développement de systèmes efficaces d'égouts mérite une entrée dans cet ouvrage. Parmi les maladies liées aux eaux contaminées, certaines sont dues à des bactéries, comme *Campylobacter*, une variété entéropathogène d'*Escherichia coli*, et les leptospires. Les salmonelloses, la shigellose, les fièvres typhoïde et paratyphoïde, la yersiniose et le choléra sont des maladies bactériennes également liées aux eaux usées. D'autres infections de cette origine sont virales, comme les gastroentérites dues aux rotavirus, la poliomyélite (en cours d'éradication dans le monde) et l'hépatite A ; et d'autres encore sont dues à des protozoaires parasites, tels *Cryptosporidium parvum* et *Giardia intestinalis*. Dans certaines villes, les eaux des égouts abritent le développement de larves de moustiques qui transmettent ensuite une encéphalite. Enfin, la méthémoglobinémie (aussi connue sous le nom de syndrome des bébés bleus) survient chez des enfants buvant l'eau de puits chargée en nitrates provenant des fosses septiques.

Ce sujet est daté d'environ 600 ans av. J.-C., époque à laquelle on place classiquement la construction de la *Cloaca Maxima*, le plus grand des égouts construits dans la Rome antique pour drainer les marécages locaux et évacuer les eaux usées vers le Tibre. Toutefois, des systèmes d'égouts plus anciens avaient été construits en Inde ancienne, dans le Moyen-Orient préhistorique et en Crète.

De nos jours, le traitement des eaux d'égouts inclut des systèmes de filtres et une dégradation biologique des eaux usées par des microorganismes, suivie par une désinfection pour réduire le nombre de microorganismes, avant de rejeter l'eau dans l'environnement. Les désinfectants incluent le chlore, la lumière ultraviolette et l'ozone. Des produits chimiques sont parfois utilisés pour réduire les niveaux d'azote et de phosphore.

VOIR AUSSI Un zoo à l'intérieur de nous (1683), Les conditions sanitaires de la population ouvrière de Grande-Bretagne (1842), La poignée de la pompe de Broad Street (1854) et Chloration de l'eau (1910).

Les latrines du fort romain de Housesteads, le long du mur d'Hadrien, dans l'ancienne province romaine de Britannia. Le courant d'eau des citernes adjacentes emportait tout déchet.

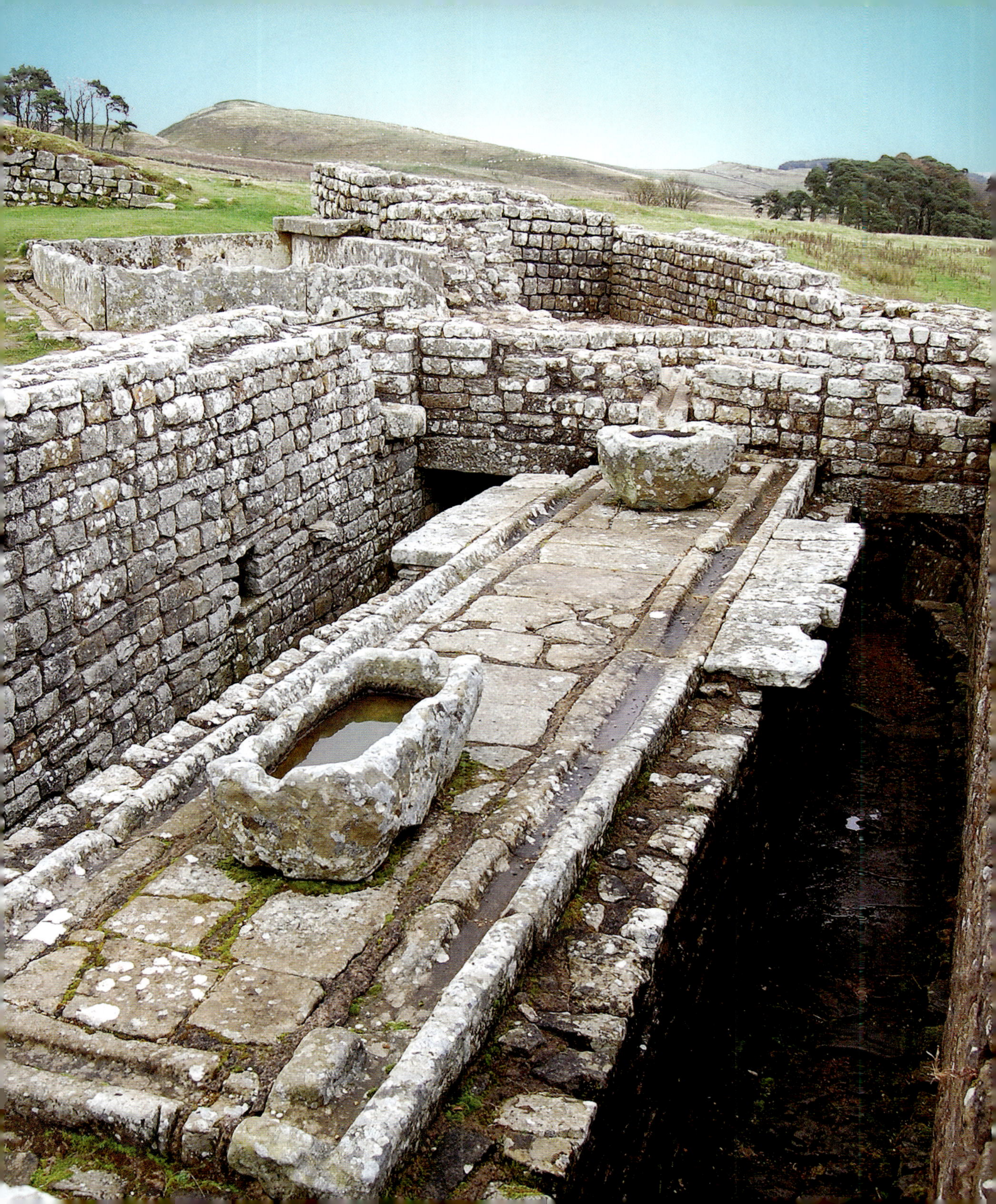

Serment d'Hippocrate

Hippocrate de Cos (460-377 av. J.-C.), **Sun Simiao** (581-682)

Hippocrate de Cos, souvent qualifié de père de la médecine occidentale, est un médecin grec célèbre pour sa remise en question des croyances anciennes sur l'origine surnaturelle des maladies. Le code d'éthique médicale qui porte son nom est encore en usage de nos jours.

Nous savons très peu de choses sur Hippocrate lui-même. Son œuvre écrite, le *Corpus Hippocratum*, a été certainement rédigée par plusieurs auteurs entre 420 et 370 av. J.-C. Selon l'École hippocratique, la maladie était le résultat d'un déséquilibre entre les quatre humeurs : sang, bile noire, bile jaune et phlegme ; et pour rétablir leur équilibre, les médecins proposaient médicaments et régimes alimentaires. L'histoire médicale du patient était considérée comme importante dans sa prise en charge.

Le serment d'Hippocrate, écrit par lui-même et/ou par d'autres Grecs anciens, était adopté par les médecins qui juraient de suivre ses règles éthiques dans leur pratique de la médecine. Dans le serment original, les médecins juraient devant un grand nombre de dieux, de révérer leurs professeurs, respecter la vie privée de leurs patients, les préserver du mal, ne jamais avoir des relations sexuelles avec eux, ni donner de substances mortelles ou causer un avortement en utilisant un pessaire (sorte de suppositoire vaginal).

Quelques centaines d'années après la mort d'Hippocrate, sa doctrine et ses écrits se mêlèrent intimement à ceux de ses successeurs et des autres médecins grecs. Le lien entre tous les ouvrages du Corpus hippocratique se résume par la conviction que santé et maladie sont des phénomènes strictement naturels, dans lesquels les dieux n'ont rien à voir. Avec l'évolution des civilisations au cours des quinze siècles suivants, les centres de la connaissance médicale sont passés successivement des Grecs aux Romains, des Romains aux Musulmans, et des Musulmans à l'Europe médiévale.

Le médecin chinois ancien Sum Simiao est connu pour son texte « Sur la sincérité absolue des grands médecins », équivalent chinois du serment d'Hippocrate.

VOIR AUSSI Avortement (70), Écrits galéniques (190) et Paracelse brûle les livres médicaux (1527).

Fragment du Codex Paneth, *terminé à Bologne en 1326. Sur l'illustration, un démon soufflant de la trompe, métaphore vraisemblable de la maladie, placé sur un texte des aphorismes d'Hippocrate.*

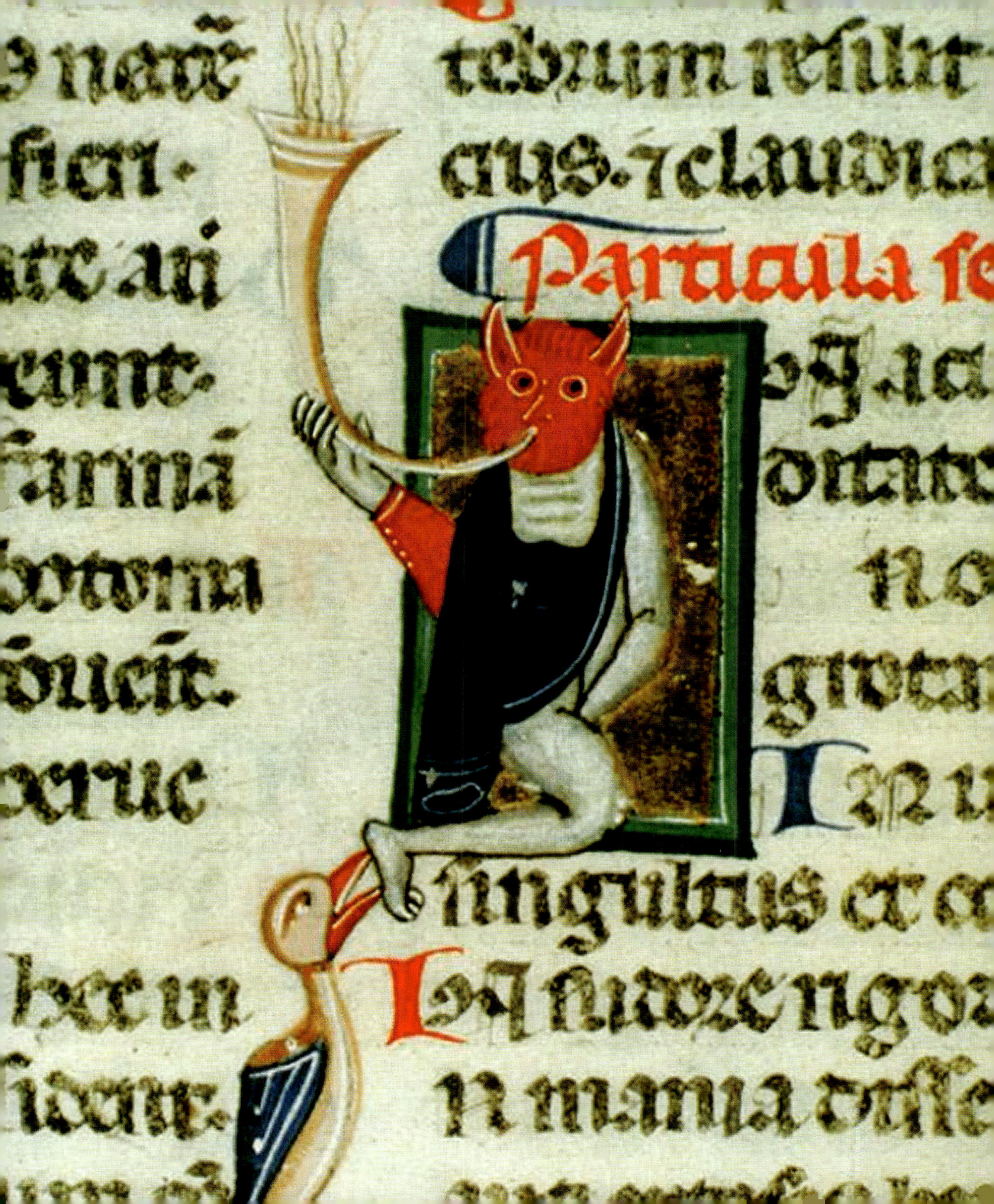

300 ans av. J.-C.

Huangdi Neijing

Le *Huangdi Neijing* (Canon interne de l'empereur Jaune) est le plus ancien et le plus célèbre texte médical classique de Chine, compilé par différents auteurs anonymes aux environs de 300-200 av. J.-C. L'ouvrage contient deux textes principaux, le *Su Wen* (« Questions de base ») et le *Ling Shu* (« Guide spirituel »), de 81 chapitres chacun. Le *Huangdi Neijing* a une place dans l'histoire de la médecine chinoise comparable à celle des écrits d'Hippocrate dans l'ancienne Europe. Mais alors que les progrès scientifiques et l'évolution considérable des paradigmes ont ramené Hippocrate au rang d'initiateur honoré d'une tradition devenue obsolète, au contraire beaucoup de praticiens de médecine traditionnelle chinoise considèrent encore de nos jours le *Su Wen* comme une source précieuse d'inspiration théorique et de connaissance pratique.

Le texte contient les questions posées par le légendaire empereur Jaune, et leurs réponses. Le *Su Wen*, traite des théories médicales et des méthodes diagnostiques, et le *Ling Shu*, de l'acupuncture.

À la différence des textes anciens qui insistent sur l'influence des démons sur la santé, le *Neijing* traite surtout des causes naturelles, comme le régime, l'âge, le style de vie et les émotions. D'autres concepts sont pris en compte, comme le *yin* et le *yang*, mais aussi le *qi* (processus de vie ou « flux » d'énergie).

Selon le *Neijing*, les humains ont cinq « viscères » (cœur, rate, poumon, foie et rein) et six « intestins » (vésicule biliaire, estomac, intestin grêle, gros intestin, vessie et triple point chaud). Le triple point chaud n'a pas de forme anatomique précise, pourtant ceux qui pratiquent l'acupuncture pensent qu'il joue un rôle dans la circulation des fluides. Les différents organes sont reliés par des canaux non visibles, sortes de connexions fonctionnelles dans lesquelles des aiguilles d'acupuncture peuvent être insérées.

Dans le *Neijing*, les parties du corps se voient assigner des tâches spécifiques, avec des rivalités de suprématie des différents organes. Si les organes sont victorieux sur la pensée, il en résulte une mauvaise santé, et parfois même la mort.

VOIR AUSSI Papyrus chirurgical Edwin Smith (1 600 ans av. J.-C.) et Le *Compendium* de l'acupuncture (1601).

Carte d'acupuncture du médecin chinois Hua Shou (1304-1386), publiée dans son Shi si jing fa hui *(« Expression des quatorze méridiens »).*

足太陽膀胱經之圖

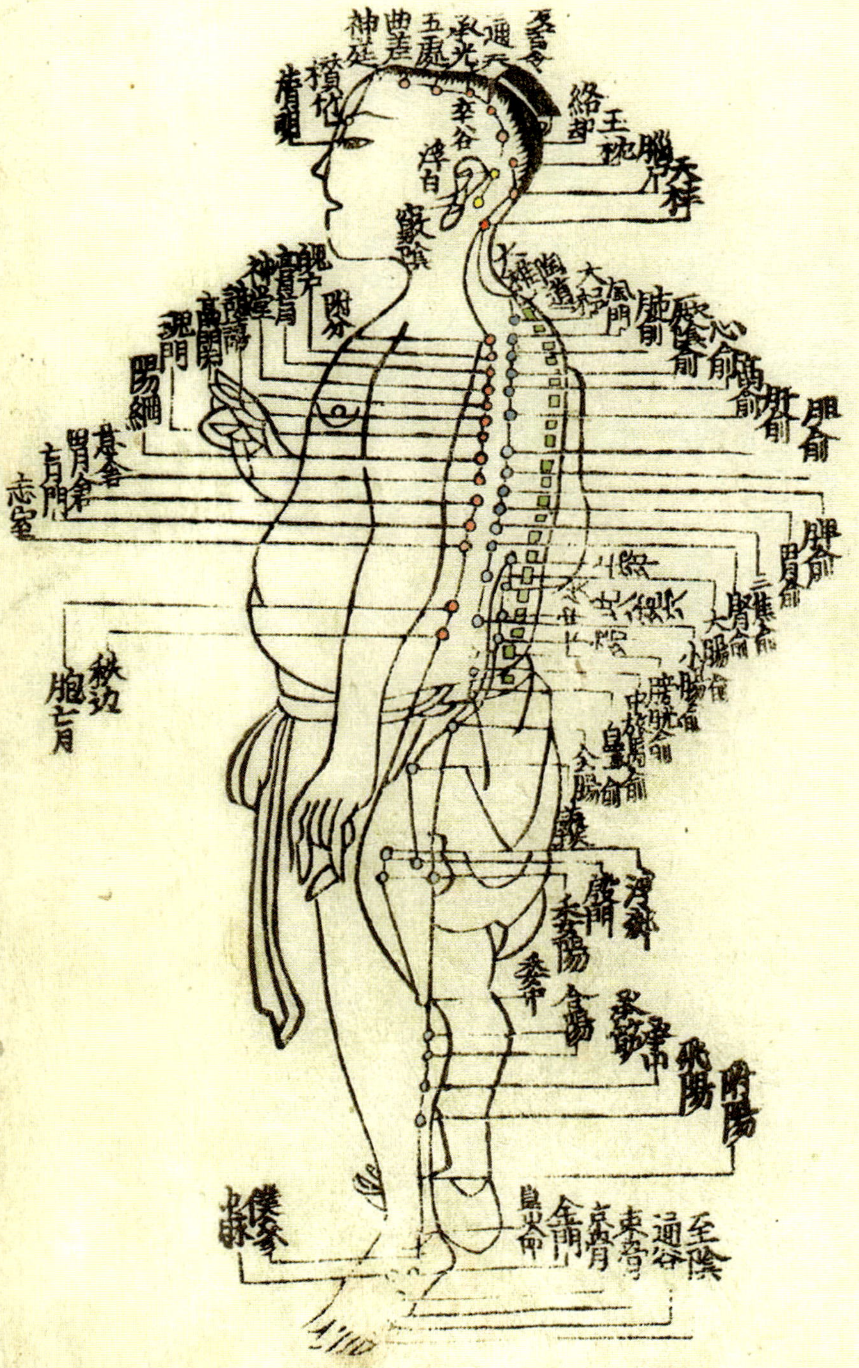

至陰
通天
承光
五處
曲差
神庭
攢竹
睛明
絡却
玉枕
天柱
大杼
風門
肺俞
厥陰俞
心俞
膈俞
肝俞
膽俞
脾俞
胃俞
三焦俞
腎俞
大腸俞
小腸俞
膀胱俞
中膂俞
白環俞
會陽
附分
魄戶
膏肓
神堂
譩譆
膈關
魂門
陽綱
意舍
胃倉
肓門
志室
秩邊
胞肓
承扶
殷門
浮郄
委陽
委中
合陽
承筋
承山
飛陽
跗陽
崑崙
僕參
申脈
金門
京骨
束骨
通谷
至陰

Mithridate et thériaque

Mithridate VI (132 av. J.-C.-63 av. J.-C.), **Néron** (37-68)

Dès l'Antiquité, l'homme a été fasciné par les poisons et effrayé par leurs effets. Par exemple, dans la Grèce et la Rome antiques, le poison était utilisé pour les assassinats et les exécutions officielles, ce qui a stimulé la quête d'un antidote universel. Le mithridate (IIe siècle av. J.-C.) et la thériaque (Ier siècle) furent deux antidotes supposés protecteurs contre une large gamme de poisons. Ils occupèrent une place centrale dans la thérapeutique durant environ deux millénaires. Le nombre et la diversité des ingrédients entrant dans leur composition laissent rêveur. Le mithridate est présumé avoir été créé par Mithridate VI, roi du Pont (l'actuelle Turquie). De peur d'être empoisonné, il perfectionnait sans cesse son mithridate en le testant sur des criminels et des esclaves. Il croyait que ses plus de 45 ingrédients le protégeraient des venins et autres poisons.

Au premier siècle , Andromaque le Vieux, médecin de l'empereur romain Néron, « améliora » le mithridate en ajoutant de la chair de vipère et en augmentant la dose d'opium. Le résultat, appelé thériaque, contenait au moins 64 ingrédients, dont des minéraux, des poisons, de la chair animale, des herbes, des fleurs, des scilles maritimes (ou oignons de mer) et du miel. Avec le temps, la thériaque fut réputée non seulement pour protéger des poisons, mais aussi pour guérir différentes maladies, dont la peste bubonique. Au Moyen Âge, la thériaque contenait parfois plus de 100 ingrédients et nécessitait de vieillir plusieurs années avant d'être utilisée. Elle était encore utilisée en Europe au début du XXe siècle.

Le souci de satisfaire l'attente du public présidait à la fabrication du mithridate et de la thériaque, souci dans lequel on peut voir un ancêtre lointain de la recherche de qualité en médecine.

VOIR AUSSI Le *De materia medica* de Dioscoride (70), Paracelse brûle les livres médicaux (1527), Antitoxines (1890), Étiologie de la peste bubonique (1894), Les remèdes de charlatans (1906) et Effet placebo (1955).

Apothicaire mélangeant une thériaque, illustration extraite de Hortus sanitatis (Jardin de santé)*, 1491, compilé par l'imprimeur Jacob Meydenbach. Notez la référence aux serpents.*

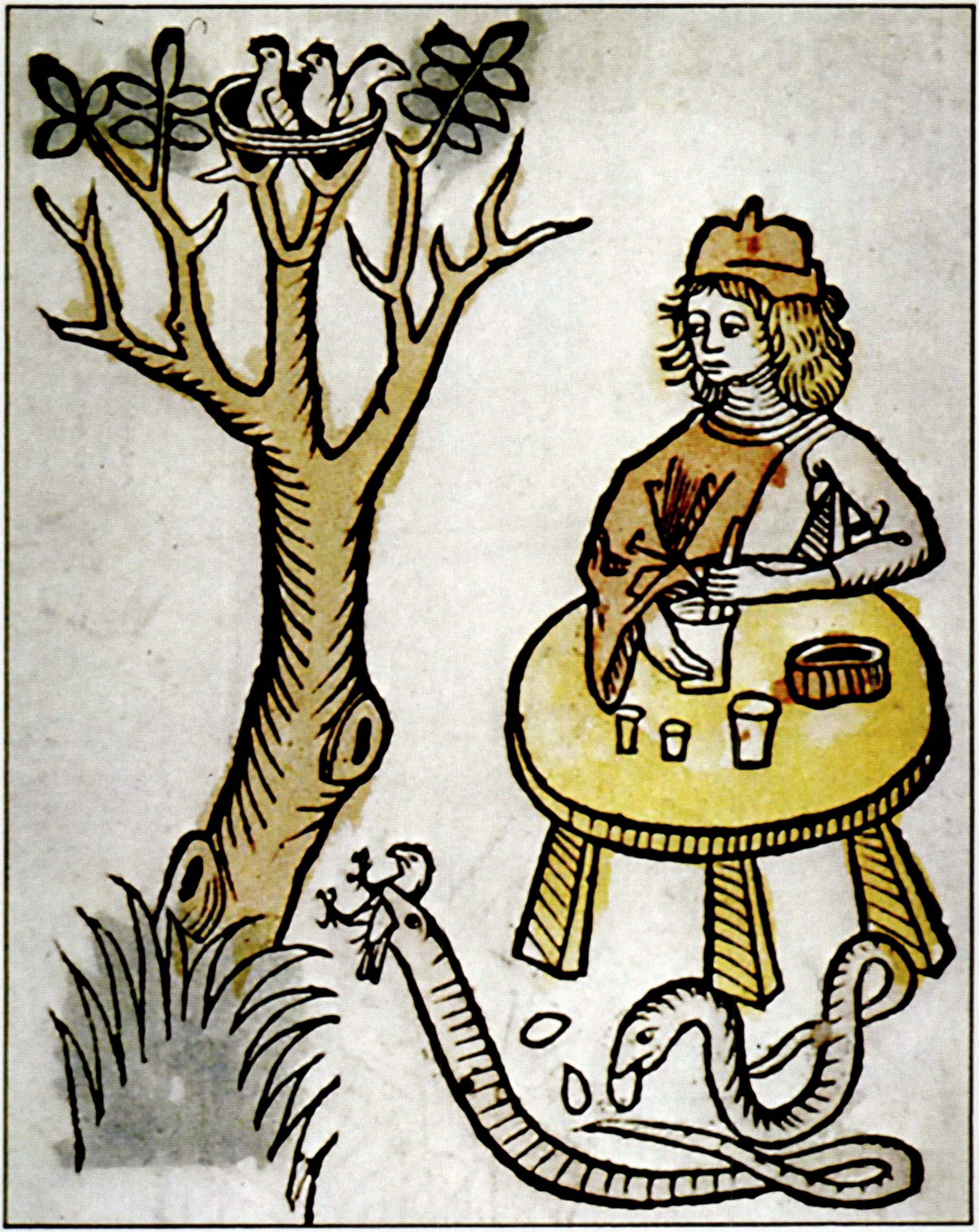

70

Avortement

Pedanius Dioscoride (environ 40-90)

La pratique de l'avortement remonte à des millénaires, avec une grande variété de moyens, pas toujours efficaces, allant de l'utilisation de plantes et de massages vigoureux de l'abdomen, jusqu'à l'introduction d'instruments tranchants. Pour provoquer un avortement, le pharmacologiste grec Dioscoride recommandait, vers 70 de notre ère, le « vin d'avortement », associant trois plantes : hellébore, jus de concombre et scammonée, et Soranus, médecin grec du IIe siècle, une course à cheval ou des sauts très hauts, les talons de la femme devant toucher ses fesses. De nos jours, la suppression d'un embryon ou l'expulsion d'un fœtus de l'utérus se pratiquent de différentes façons. L'avortement médical utilise certains produits. L'aspiration sous vide se fait avec une seringue manuelle ou une pompe électrique. On utilise également la dilatation et le curetage utérin.

L'avortement est un sujet fortement controversé. Certains suggèrent que la destruction d'un œuf fertilisé correspond à l'assassinat d'un être humain. Or, l'idée que l'œuf fertilisé est déjà une personne est un concept récent. Avant 1869, l'Église catholique acceptait l'idée que l'embryon n'était pas une personne avant d'être âgé de 40 jours, moment où l'âme entrait dans l'embryon. Aristote retenait également ce seuil de 40 jours. Si l'embryon jeune était dépourvu d'âme, alors l'avortement précoce ne pouvait être un meurtre. En 1211, le pape Innocent III confirma que l'acquisition de l'âme nécessitait trois à quatre mois. Dans la loi juive, le fœtus devient un être humain à part entière quand sa tête sort de l'utérus. Avant que l'embryon n'ait 40 jours, il est *maya b'alma* ou « eau mère » (Talmud, Yevamoth 69b).

VOIR AUSSI Serment d'Hippocrate (400 ans av. J.-C.), Préservatif (1564), Découverte des spermatozoïdes (1678), Séparation des frères siamois (1689), Césarienne (1882), La stérilisation de Carrie Buck (1927), « La lapine est morte » (1928), Dispositif intra-utérin (1929), Amniocentèse (1952), Pilules contraceptives (1955), Le désastre de la thalidomide (1962) et Premier bébé-éprouvette (1978).

Affiche soviétique de 1925 conseillant aux sages-femmes de ne pas pratiquer d'avortement, et montrant que l'avortement était souvent cause de la mort de la mère. L'affiche soulignait aussi que les sages-femmes qui pratiquaient l'avortement commettaient un crime.

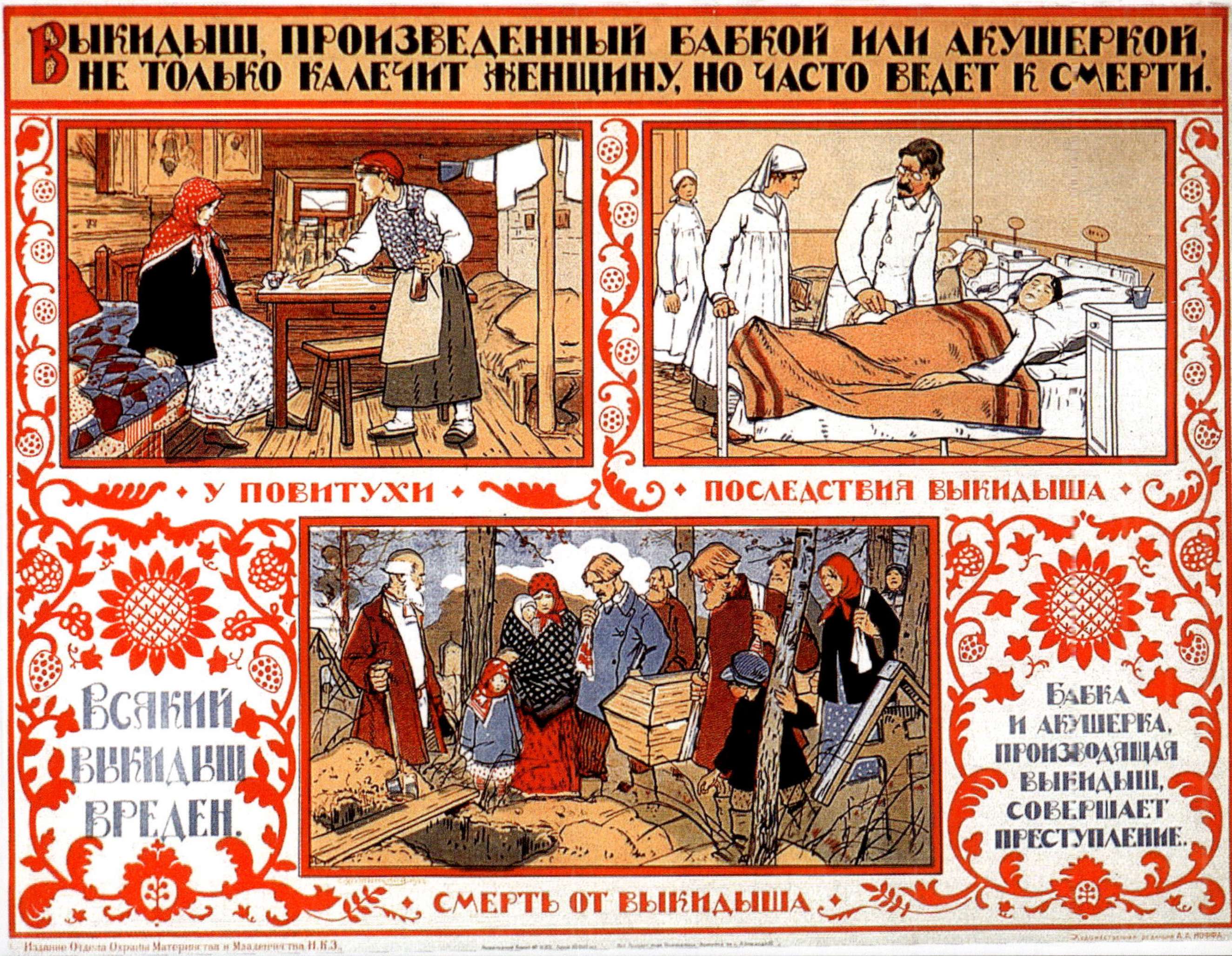
ВЫКИДЫШ, ПРОИЗВЕДЕННЫЙ БАБКОЙ ИЛИ АКУШЕРКОЙ, НЕ ТОЛЬКО КАЛЕЧИТ ЖЕНЩИНУ, НО ЧАСТО ВЕДЕТ К СМЕРТИ.
У ПОВИТУХИ
ПОСЛЕДСТВИЯ ВЫКИДЫША
ВСЯКИЙ ВЫКИДЫШ ВРЕДЕН.
БАБКА И АКУШЕРКА, ПРОИЗВОДЯЩАЯ ВЫКИДЫШ, СОВЕРШАЕТ ПРЕСТУПЛЕНИЕ.
СМЕРТЬ ОТ ВЫКИДЫША
Издание Отдела Охраны Материнства и Младенчества Н.К.З.

70

Le *De materia medica* de Dioscoride

Pedanius Dioscoride (env. 40-90)

L'histoire de la pharmacie (l'art de préparer et de dispenser les médicaments) s'est confondue, durant des millénaires, avec l'histoire de la pharmacognosie, qui étudie les médicaments d'origine naturelle. Au premier siècle de notre ère, le médecin militaire Pedanius Dioscoride se mit en devoir de réunir toute la connaissance existante sur les plantes médicinales et autres substances naturelles connues. Son ouvrage, le *De materia medica* (« À propos de la matière médicale »), est paru vers 70 de notre ère et a été lu et traduit durant 1 500 ans. D'abord conservé et copié par les Arabes, il fut à la base de la pharmacologie islamique, et fut ensuite recopié en latin.

Médecin grec né dans la Turquie d'aujourd'hui, Dioscoride a exercé à Rome sous le règne de Néron. Il fit d'innombrables voyages et décrivit environ 600 plantes dans les cinq volumes de son livre, illustré de dessins soignés. Ses explications, toujours pratiques, incluent les doses et les recettes pour la préparation, ainsi que les instructions pour l'administration aux patients. Ses traitements concernaient les ulcères, les vers ronds, les antidotes de poisons, et bien d'autres indications. La grande nouveauté de l'ouvrage de Dioscoride est la présentation des plantes selon leurs propriétés pharmacologiques, et non selon leur famille botanique. Parmi les extraits présentés, nombre d'entre eux étaient indéniablement actifs, comme ceux de la jusquiame et de la mandragore qui contiennent des alcaloïdes tropaniques et étaient utilisés pour soulager les douleurs ; mais l'emploi de la ciguë, « qui empêche les seins des vierges de devenir trop gros », est moins convaincant. Parmi d'autres superstitions, citons l'emploi des punaises de lit pour traiter le paludisme.

Les médecins modernes prescrivent souvent des drogues tirant leur origine de composés extraits de plantes. Par exemple, l'aspirine qui traite la fièvre, la douleur et l'inflammation, a un principe actif présent dans l'écorce de saule ; la digitale, une fleur commune des jardins, est à l'origine de médicaments contrôlant le rythme cardiaque.

VOIR AUSSI Sorciers médecins (10 000 ans av. J.-C.), *Huangdi Neijing* (300 ans av. J.-C.), Mithridate et thériaque (100 ans av. J.-C.), Digitale (1785), Étiologie du paludisme (1897) et Aspirine (1899).

Page d'une traduction arabe du De materia medica *de Dioscoride (1224).*

فاذا برد العصير فصفه فهذا الشراب موافق لوجع الحلق والجنب والرئتين

والاسر والراقف ولمن به بلغم غليظ في حلقه يصفي اللون ويكثر النوم

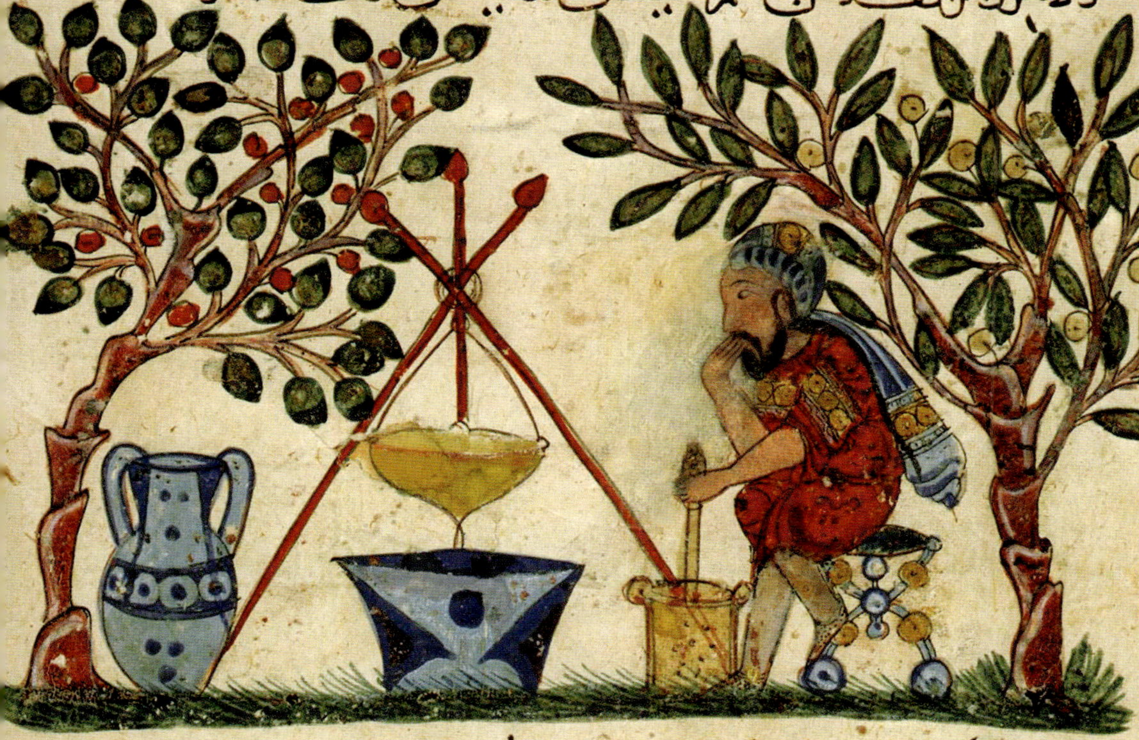

وليس له غايله موافق للمثانه والكلا ه ه ه

صنعه شراب للزكام والسعال

وورم البطن واسترخا المعده خذ مر ربع اوقيه واصول سوسن ثمن اوقيه

وفلفل ابيض ربع وثمن اوقيه دقه جميعا واربطه بخرقه واجعله في ثلثه اقساط شراب

طيب واتركه ثلثه ايام ثم صفه وارفعه في اناء نظيف اشرب منه بعد العشا

190

Les écrits galéniques

Galien de Pergame (129-199)

Mis à part Hippocrate six siècles plus tôt, aucun autre médecin grec n'a eu une influence aussi durable sur la médecine occidentale que Galien. Né au IIe siècle, à l'apogée de l'Empire romain, Galien a dominé ses successeurs pendant plus de dix siècles, par l'ampleur de son savoir médical, ses travaux anatomiques et l'incroyable somme de ses écrits. Selon la tradition, il ne lui fallait parfois pas moins de vingt scribes pour tenir le rythme de ses dictées ! Après la chute de l'Empire romain, l'influence de Galien s'est maintenue dans le monde arabe et dans le Moyen Âge européen, et même au-delà.

Né sur la côte ouest de l'actuelle Turquie, il effectua de nombreux voyages avant de se fixer à Rome. La dissection humaine étant illégale, son importante activité de recherche anatomique reposait sur des dissections animales, de porcs, chiens et singes. Grâce à la vivisection (dissection sur le vivant), il montra, en coupant divers nerfs, que le cerveau contrôlait l'activité musculaire. Pour démontrer que le rein produisait l'urine, il ligatura les uretères et observa le gonflement du rein. En sa qualité de médecin des gladiateurs, il eut à traiter d'horribles blessures qui lui donnèrent un aperçu de l'anatomie humaine. Il devint finalement médecin de l'empereur romain Marc-Aurèle.

Les théories de Galien n'étaient pas toutes fondées. Ayant adhéré à la thèse d'Hippocrate sur la cause de la maladie par déséquilibre des quatre humeurs – sang, bile noire, bile jaune et phlegme – il étendit ce concept au tempérament humain, rattachant par exemple la personnalité mélancolique à un excès de bile noire. Il suggéra également par erreur que le sang veineux était produit et pompé par le foie, alors que le sang artériel provenait du cœur. De même croyait-il que, dans le cœur, le sang passait du côté gauche au côté droit grâce à des pores invisibles.

Pour Galien, la philosophie était une composante essentielle de la formation des médecins.

VOIR AUSSI Serment d'Hippocrate (400 ans av. J.-C.), Le *Continent* d'al-Razi (900), La circulation pulmonaire d'al-Nafis (1242), Paracelse brûle les livres médicaux (1527), *De humani corporis fabrica* (1543) et Système circulatoire (1628).

Les blessures des gladiateurs donnaient l'opportunité à Galien d'explorer l'anatomie des muscles et des organes profonds. « Pollice Verso » *(« Pouces baissés », 1878) par le peintre français Jean-Léon Gérôme (1824-1904).*

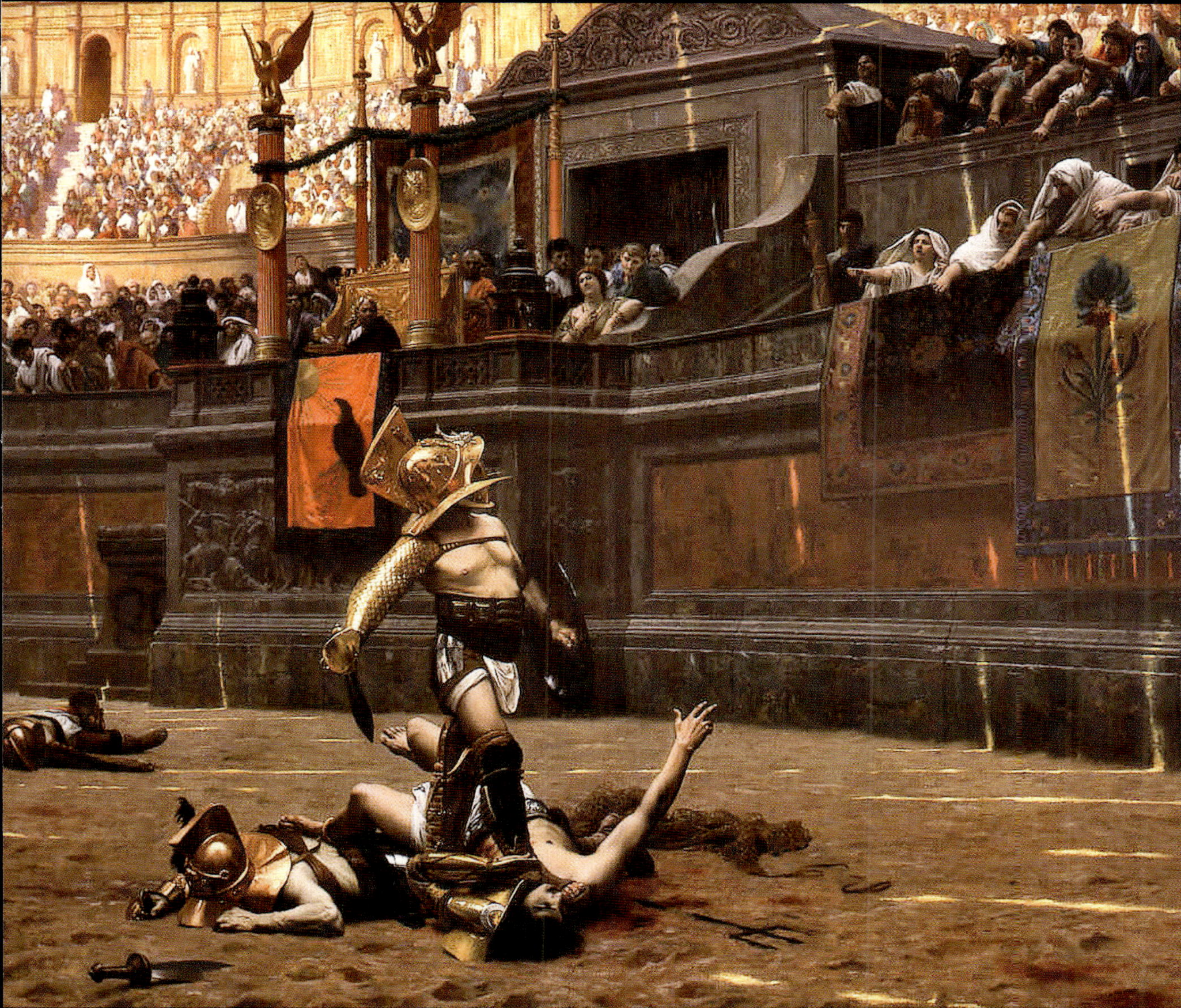

900

Le *Continent* d'al-Razi

Abu Bakr Muhammad ibn Zakariya al-Razi (865-925), **Abu 'Ali al-Husayn ibn 'Abd-Allah Ibn Sina (Avicenne)** (980-1037)

L'un des plus grands médecins du monde islamique, à l'époque médiévale, a été al-Razi, né en Perse (l'actuel Iran) et connu en occident sous le nom de Rhazès. Durant sa vie, il rédigea presque 200 ouvrages, sur des sujets allant de la philosophie à l'alchimie en passant par la médecine. Il est l'auteur du premier traité de pédiatrie et est célèbre pour avoir su différencier la variole de la rougeole. Il fut pratiquement le premier à étudier les lésions du système nerveux et à les corréler aux symptômes cliniques. En plus de ses ouvrages académiques, il écrivit également pour le grand public. À propos de l'éthique médicale il notait : « Le but du médecin est de faire le bien, même à ses ennemis. Notre profession nous interdit de faire du mal à nos semblables. »

Rhazès contredisait les médecins antérieurs célèbres, comme Galien, quand il trouvait qu'ils avaient tort, et il critiquait souvent durement les prophètes et les religions, y compris l'Islam. Selon la légende, il refusa qu'on l'opère de la cataracte, disant « j'ai suffisamment vu du monde ».

Son ouvrage majeur, *Kitab al-hawi fi al-tibb* (« Le Continent », vers 900), est une vaste compilation de ses connaissances médicales et de ses observations. Il a eu une grande influence sur les médecins arabes ultérieurs, y compris le fameux Avicenne, auteur du célèbre « Canon de la médecine ». Le *Kitab al-hawi* fut traduit en latin en 1279, par le médecin juif Faraj ben Salim, puis imprimé en 1486 sous le titre *Liber continens*, ce qui lui assura une large diffusion. L'ouvrage est remarquable non seulement pour sa taille, mais aussi pour ses informations sur des médecins grecs, arabes et indiens, dont les travaux avaient été perdus. Un autre ouvrage de Rhazès ayant exercé une grande influence en Europe, est *Al-tibb al-Mansuri* (« Médecine dédiée à Mansur »), un traité de médecine qui fut l'un des manuels médiévaux les plus lus en Europe.

VOIR AUSSI Serment d'Hippocrate (400 ans av. J.-C.) et *Le Canon de la médecine d'Avicenne* (1025).

Figuration européenne de Rhazès, dans la Collection des Traités médicaux *par Gérard de Crémone (1114-1187). Gérard était un traducteur italien qui alla à Tolède, en Espagne, apprendre l'arabe et traduire de nombreux ouvrages scientifiques arabes.*

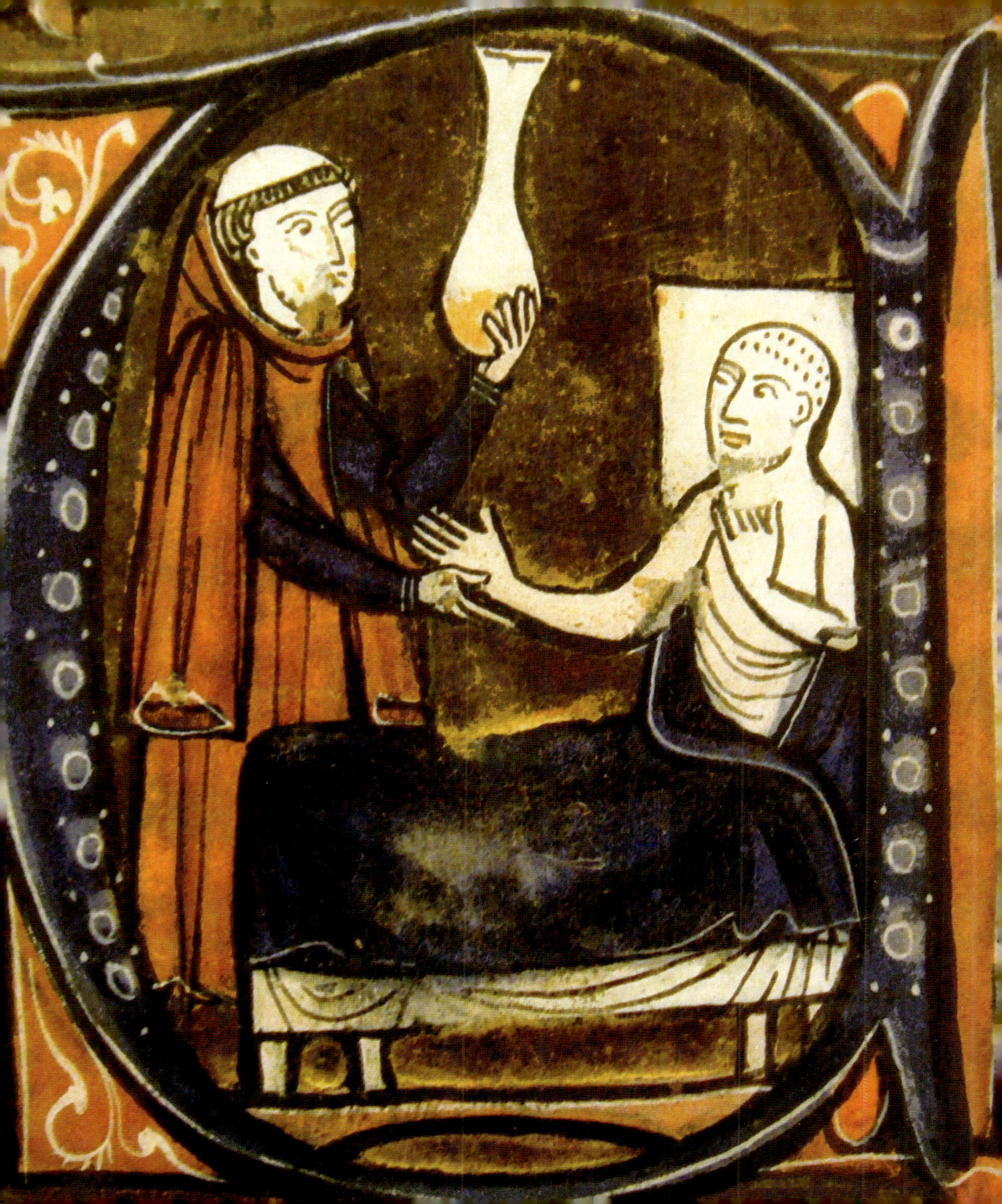

1025

Le Canon de la médecine d'Avicenne

Hippocrate de Cos (460-377 av. J.-C.), **Aristote** (384-322 av. J.-C.), **Galien de Pergame** (129-199), **Abu Bakr Muhammad ibn Zakariya al-Razi** (865-925), **Abu 'Ali al-Husayn ibn 'Abd-Allah Ibn Sina (Avicenne)** (980-1037)

Parmi les médecins arabo-musulmans du Moyen Âge qui ont contribué à préserver et perpétuer les traditions médicales de la Grèce et de Rome, celui qui eut le plus d'influence fut le médecin et philosophe Ibn Sina, connu en Occident sous le nom d'Avicenne. Son œuvre majeure est l'encyclopédie en cinq volumes *Al-Quanum fi al-Tibb* (« Le Canon de la médecine »), achevée en 1025. Cet ouvrage couvre les différents champs de la médecine avec une précision et une minutie grâce auxquelles il a fait autorité et constitué la base de l'enseignement médical durant plus de 700 ans, y compris dans les écoles de médecine d'Europe. Écrit en arabe et traduit ensuite en latin, l'ouvrage était influencé par Hippocrate, Galien et Aristote. Comme Rhazès, son prédécesseur célèbre, Avicenne insistait sur l'importance, en clinique, de l'observation et de l'expérimentation.

Dans le *Canon*, Avicenne envisage la chirurgie du cancer et avance l'origine infectieuse de certaines maladies (en particulier la tuberculose) et l'utilité de l'isolement. Il fut capable de différencier la médiastinite (inflammation des tissus du médiastin, partie centrale du thorax) et la pleurésie (inflammation des membranes limitant la cavité située autour des poumons). Il professait que les tests thérapeutiques devaient utiliser des produits purs et porter sur de nombreux patients, pour juger de l'efficacité médicale du produit et différencier ses effets courants des effets « accidentels ». De plus, il indiquait que les essais thérapeutiques sur l'animal ne pouvaient être extrapolés à l'homme. Avicenne était très intéressé par les états psychiatriques, depuis les hallucinations et la dépression, jusqu'au comportement des victimes ayant subi un choc. Naturellement, le *Canon* contient des erreurs. Par exemple, Avicenne écrit que le cœur possède trois ventricules, au lieu de deux.

VOIR AUSSI Serment d'Hippocrate (400 ans av. J.-C.), Les écrits galéniques (190), Le *Continent* d'al-Razi (900), La circulation pulmonaire d'al-Nafis (1242), Rougeole aux Îles Féroé de Panum (1846) et Essais aléatoires contrôlés (1948).

Les organes internes selon le Canon *d'Avicenne, publié à Ispahan (Iran).*

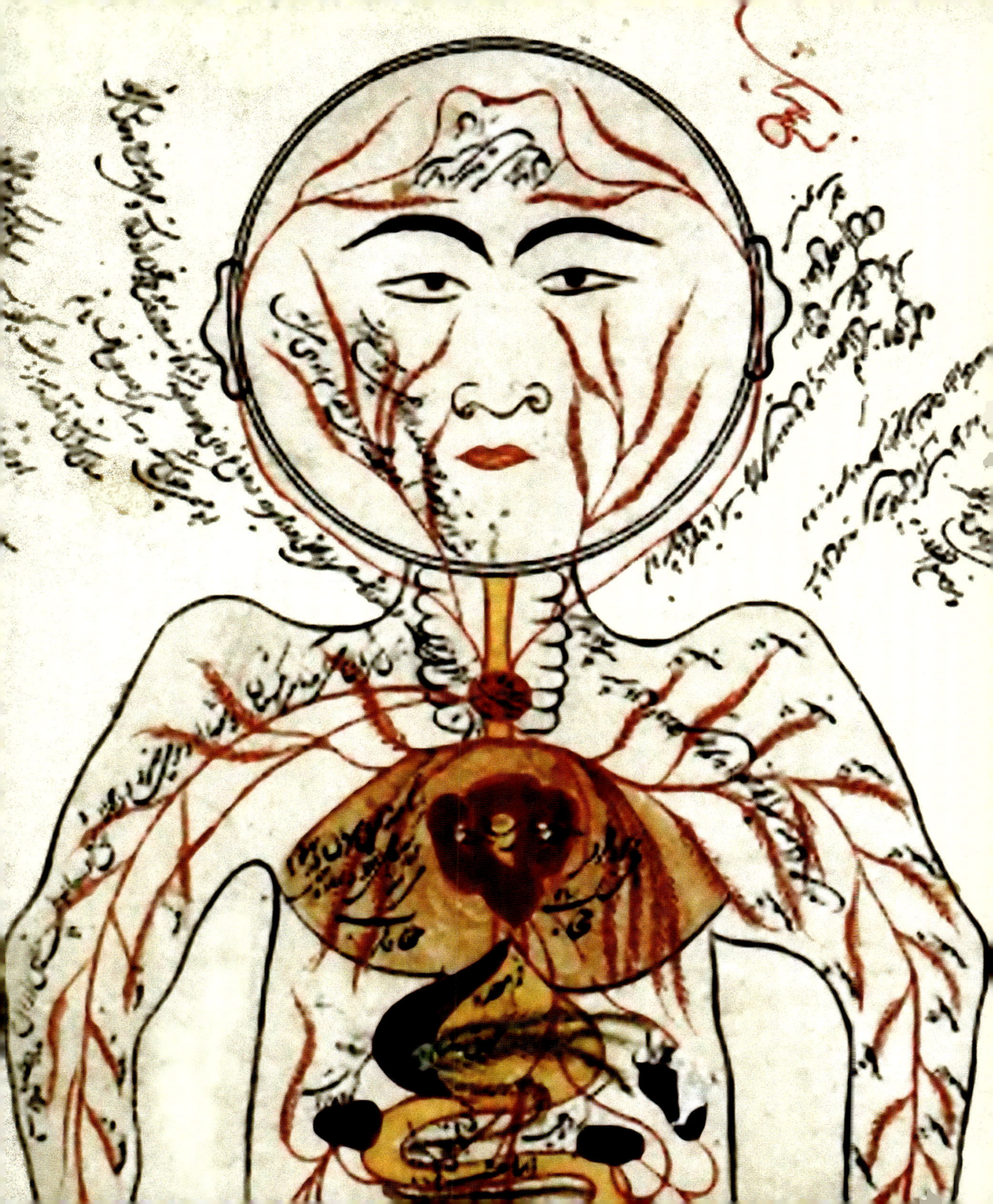

Persécution des médecins juifs

Martin Luther (1483-1546)

La persécution des médecins juifs est un thème récurrent dans l'histoire de la médecine. En Bohême (Europe centrale) en 1161, 86 Juifs furent brûlés vifs par représailles contre leurs médecins accusés d'avoir empoisonné les citoyens. Vers 1348, les Juifs furent rendus responsables de la peste noire en Europe, et un grand nombre d'entre eux furent exterminés, alors que de nombreux Juifs périssaient eux-mêmes de la peste. La faculté de médecine de l'université de Vienne, en 1610, affirmait que la loi juive obligeait ses médecins à empoisonner un Chrétien sur dix. Et le théologien allemand Martin Luther exhortait le peuple à brûler les synagogues, au motif que « si les Juifs pouvaient nous tuer tous, ils seraient heureux de le faire. Ils le font souvent, spécialement ceux qui prétendent être médecins ».

Plusieurs papes, au Moyen Âge, interdirent aux Chrétiens de chercher l'aide des médecins juifs, et plus tard, au XVIIe siècle, le clergé de Hall, au Württemberg, déclarait qu'il valait mieux mourir dans le Christ que guérir grâce à un médecin juif aidé par le diable. En 1938, l'Allemagne révoqua les licences des médecins juifs ; le manque de médecins qui en résulta obligea à réduire de deux ans la durée des études médicales.

Dans les années qui ont précédé la Seconde Guerre mondiale, des quotas limitaient le nombre d'étudiants et de médecins juifs dans les écoles de médecine des États-Unis. Les dossiers d'inscription demandaient la religion, et ceux des Juifs candidats à l'école de Médecine de Yale étaient marqués d'un *H*, pour *Hébreux*. En 1945, le chef de l'Institut de neurologie de l'université de Columbia préféra démissionner plutôt que d'être obligé de renvoyer tous les Juifs de son département.

Et même aujourd'hui, les professionnels de santé juifs sont souvent la cible d'allégations surprenantes. En 1988, un assistant du maire de Chicago accusa les Juifs d'injecter le virus du SIDA aux Afro-américains, et en 1997, un représentant palestinien éminent suggéra que les Israéliens injectaient le même virus du SIDA à des enfants palestiniens.

VOIR AUSSI Étiologie de la peste (1894) et Transcriptase inverse et SIDA (1970).

Illustration d'un médecin, historien et cartographe allemand, Hartmann Schedel (1440-1514), montrant des Juifs brûlés vifs durant la peste noire.

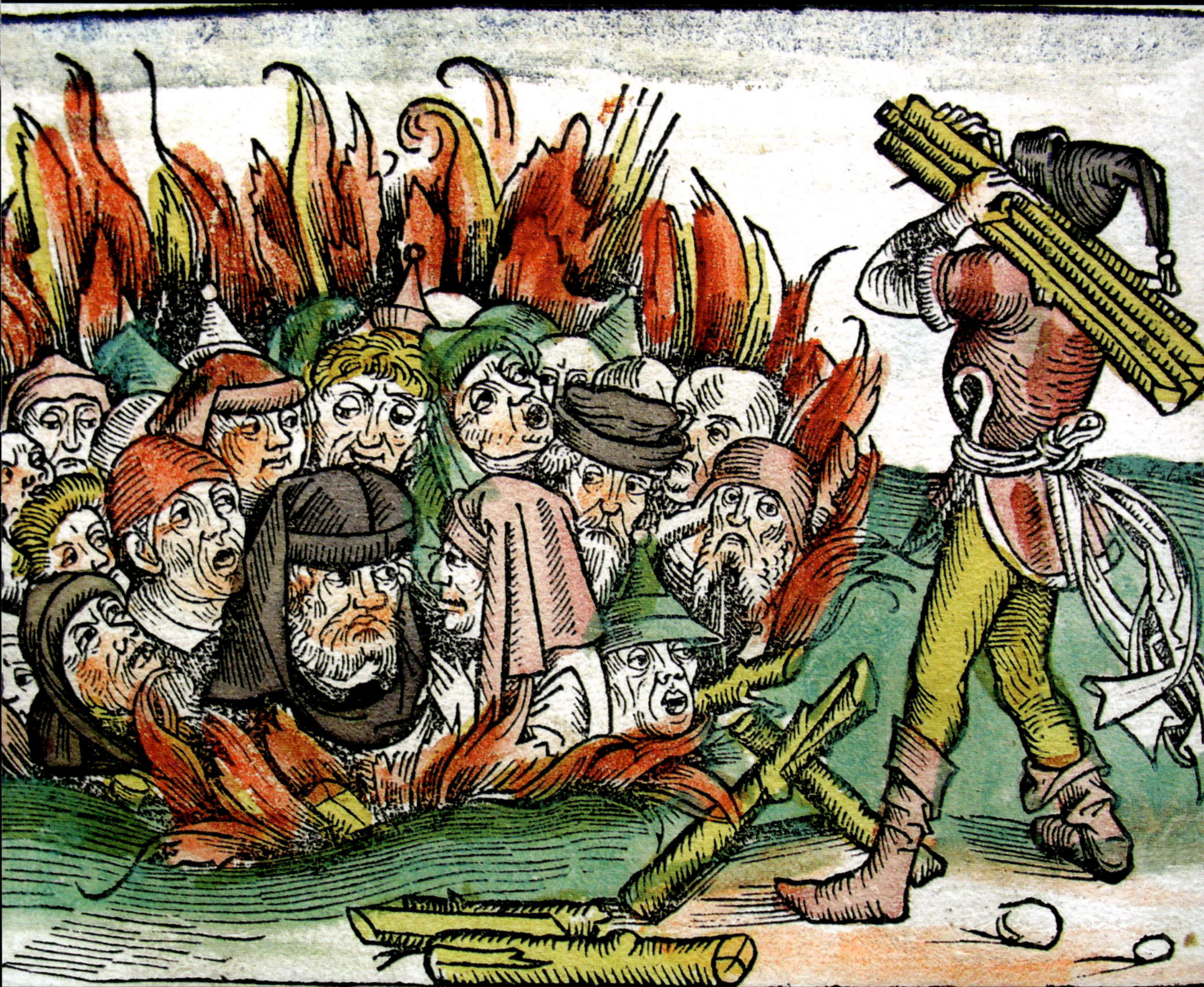

1210

Le poteau des barbiers

Ambroise Paré (1510-1590)

Le poteau des barbiers, à bandes hélicoïdales rouges et blanches, est une enseigne qui fut utilisée durant des siècles pour signaler la boutique des barbiers. Elle date d'une époque où le barbier, en plus de couper les cheveux, arrachait les dents et pratiquait quelques actes chirurgicaux, comme la saignée, ponction de sang supposée améliorer la santé du patient. Les bandages tachés de sang, sommairement lavés, étaient mis à sécher devant la boutique. Les bandes hélicoïdales de l'enseigne symbolisaient peut-être ces bandages blancs et rouges de sang agités par le vent autour d'un support.

En 1096, les barbiers-chirurgiens créèrent en France leur première organisation officielle. Vers 1210, afin de faire la distinction entre chirurgiens académiques et barbiers-chirurgiens, le Collège Saint-Côme et Saint-Damien à Paris préconisa que les premiers portent des robes longues et les seconds des robes courtes. Les barbiers-chirurgiens n'étaient pas tous des praticiens de faible niveau : le plus célèbre chirurgien de la Renaissance, le Français Ambroise Paré, avait commencé sa carrière comme barbier-chirurgien.

En 1540 en Angleterre, les barbiers-chirurgiens et les chirurgiens académiques se réunirent en une seule guilde (la Compagnie unie des barbiers et chirurgiens), mais les deux catégories conservèrent des attributions distinctes. Les barbiers affichaient des poteaux bleus et blancs et n'étaient pas autorisés à pratiquer une chirurgie élaborée, bien qu'ils pussent continuer à arracher les dents et à saigner les patients. Les chirurgiens académiques utilisaient des poteaux à bandes rouges et blanches et ne coupaient pas les cheveux, ni ne lavaient les clients.

Durant la saignée, les clients devaient serrer vigoureusement un bâton pour faire saillir leurs veines, ce qui facilitait l'incision par le barbier et l'écoulement du sang. Des sangsues étaient également appliquées pour saigner les patients. Sur les premières enseignes des barbiers figuraient d'ailleurs une cuvette de cuivre représentant le récipient à sangsues.

VOIR AUSSI Saignée (1 500 ans av. J.-C.), Chirurgie « raisonnable » de Paré (1545), Traitement par les sangsues (1825), Caducée (1902) et Pansement adhésif (1920).

Le poteau à bandes des barbiers date d'une époque où ils pratiquaient des actes chirurgicaux et des saignées. Les bandes rouges représentent sans doute les bandages sanglants.

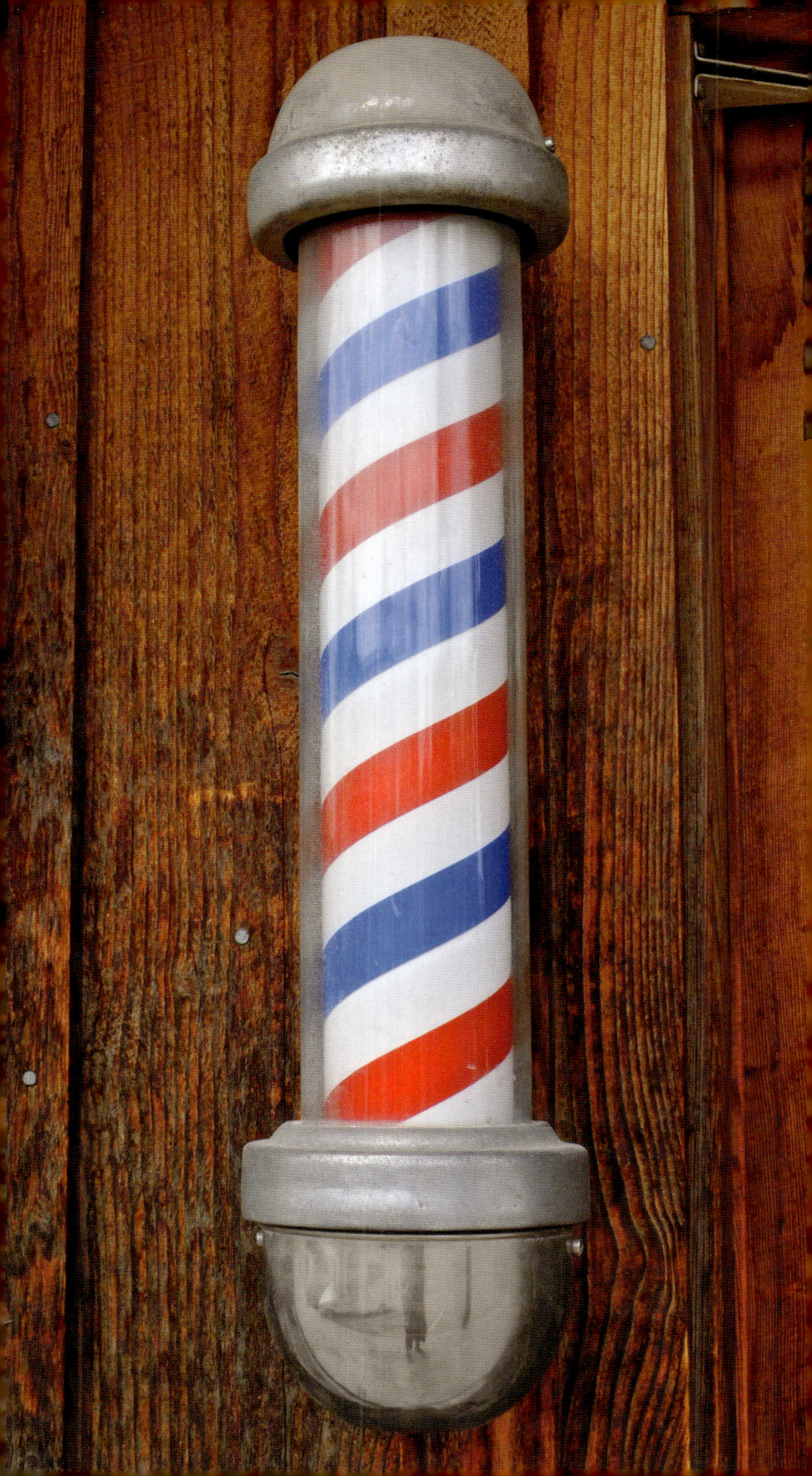

1242

La circulation pulmonaire d'al-Nafis

Abu 'Ali al-Husayn ibn 'Abd-Allah Ibn Sina (Avicenne) (980-1037), **Ala al-Din Abu al-Hassan Ali ibn Abi-Hazm al-Qurashi al-Dimashqi (connu sous le nom de Ibn al-Nafis** ; 1213–1288), **William Harvey** (1578-1657)

Le médecin musulman Ibn al-Nafis, naquit près de Damas, en Syrie, et exerça au Caire, en Égypte. Il est connu pour avoir, le premier, décrit correctement la circulation pulmonaire, c'est-à-dire le trajet du sang entre le cœur et les poumons. Le sang appauvri en oxygène quitte le ventricule droit du cœur et gagne les poumons par les artères pulmonaires. Après oxygénation dans les poumons, le sang revient au cœur par les veines pulmonaires, qui aboutissent à l'oreillette gauche, puis gagne le ventricule gauche avant d'être envoyé dans l'aorte et ensuite distribué au reste du corps.

Préoccupé de ne pas rester tributaire des idées des médecins anciens, al-Nafis écrivait dans son traité de 1242, *Commentaires sur l'anatomie dans le Canon d'Avicenne* : « pour attribuer un rôle à chaque organe, nous devons nécessairement nous baser sur une recherche précise et des observations vérifiées, sans nous soucier de savoir si nous sommes en accord ou non avec l'opinion de nos prédécesseurs ». Ainsi, il refusa l'avis du grec Galien et du persan Avicenne, qui pensaient tous deux que le sang passait d'un côté à l'autre du cœur à travers des pores invisibles de la cloison cardiaque. Al-Nafis était persuadé que ces pores n'existaient pas. À la place, il postula que « le sang de la cavité droite devait gagner le poumon à travers la veine artérielle (l'artère pulmonaire), diffuser à travers la substance du poumon en se mélangeant à l'air, passer par l'artère veineuse (veine pulmonaire) pour atteindre les cavités gauches du cœur, et là former l'esprit vital ». Cette observation décisive, qu'il fit à 29 ans, ne fut contredite qu'en 1628, lorsque le médecin anglais William Harvey publia sa théorie de la circulation continue du sang à travers la totalité du corps.

Al-Nafis écrivit également des notes pour les 300 volumes de l'encyclopédie médicale *Le livre complet de Médecine* dont 80 volumes consacrés aux techniques médicales et chirurgicales furent publiés.

VOIR AUSSI Chirurgie de l'œil (600 ans av. J.-C.), Les écrits galéniques (190), Le *Canon de la Médecine* d'Avicenne (1025), *De humani corporis fabrica* (1543), Système circulatoire (1628), Respiration de Lavoisier (1784) et Dérivation de Blalock-Taussig (1944).

Ibn al-Nafis décrivit la circulation pulmonaire du sang entre le cœur et les poumons. Sur la figure, les artères et les veines pulmonaires, visibles à la partie supérieure du cœur, bifurquent horizontalement vers la droite et la gauche, et pénètrent dans les poumons.

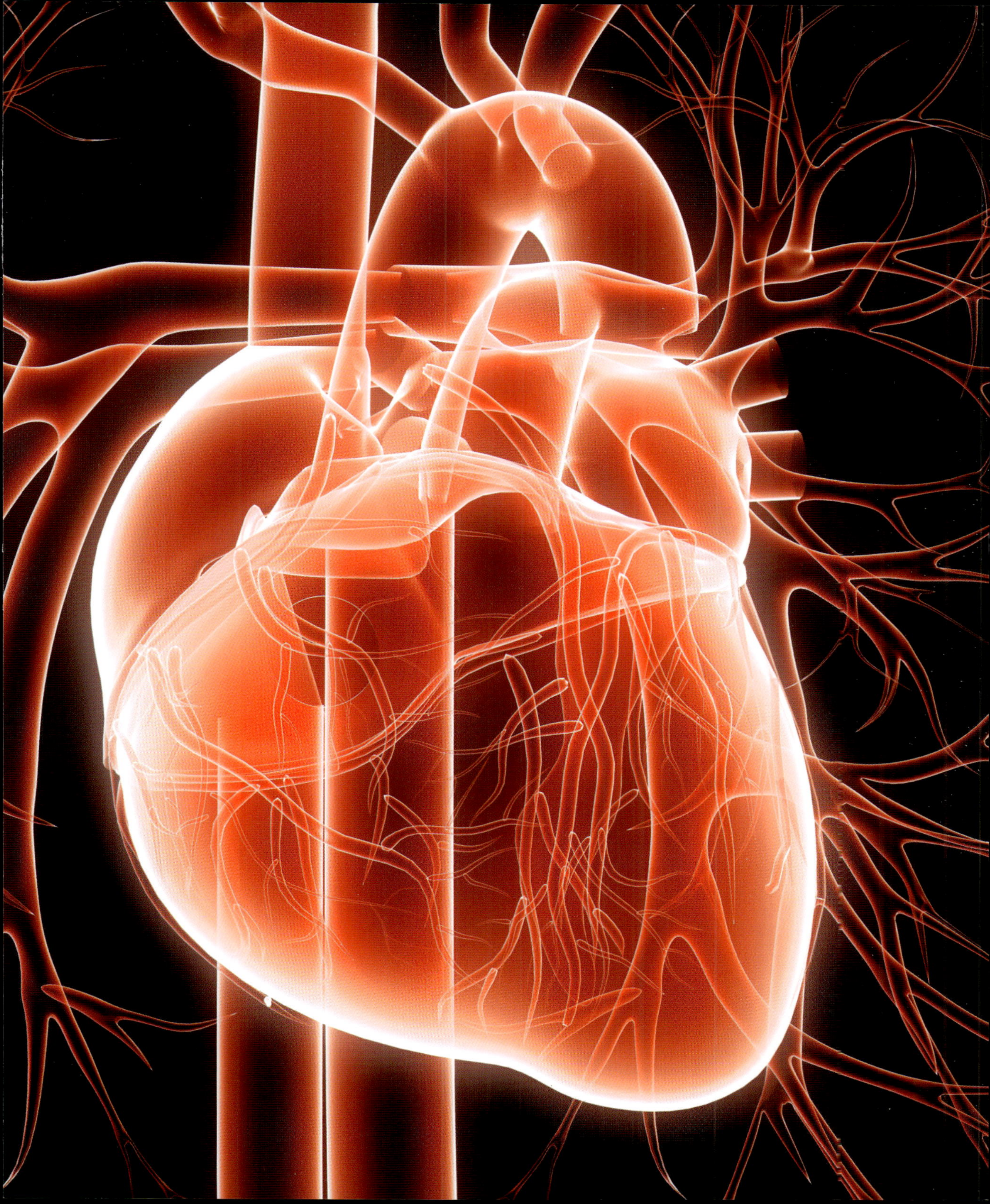

1284

Lunettes

Salvino D'Armate de Florence (1258-1312), **Giambattista della Porta** (1535-1615), **Edward Scarlett** (1677-1743)

L'utilisation de lunettes a eu sans doute une forte influence sur les attitudes face aux handicaps humains. En effet, les lunettes n'ont pas seulement permis aux érudits et aux copistes de continuer leur travail, elles ont également montré qu'une invention humaine pouvait permettre de dépasser certaines limitations physiques.

De nos jours, le terme de *lunettes* fait référence à des verres attachés à une monture pour corriger la vision. Différentes formes de lunettes ont existé au cours de l'histoire, comme le pince-nez, dépourvu de branches et tenant uniquement en pinçant l'arête du nez, le monocle (verre circulaire tenu sur un seul œil) et la lorgnette (lunettes avec poignée).

Les lunettes étaient en usage en Chine à l'époque de Marco Polo, vers 1270, mais elles pourraient avoir été connues plus tôt en Arabie. En 1284, l'Italien Salvino D'Armate devint le plus célèbre fabricant de lunettes d'Europe. Les plus anciennes lunettes étaient faites de verres convexes utilisés pour mieux voir un texte près des yeux, corrigeant l'hypermétropie et la presbytie. Une des plus précoces références à des verres concaves pour corriger la myopie, au cours de laquelle les objets distants apparaissent troubles et les objets rapprochés clairs, est apparue dans *Natural Magic* (1558), sous la plume de l'érudit italien Giambattista della Porta.

Les lunettes étaient alors si coûteuses, qu'elles étaient classées parmi les objets de valeur dans les testaments. Vers 1727, l'opticien britannique Edward Scarlett mit au point le style de lunettes actuelles, tenues par des branches rigides accrochées derrière les oreilles. Le scientifique américain Benjamin Franklin inventa en 1784 les verres à double foyers pour traiter sa combinaison de myopie et de presbytie. De nos jours, beaucoup de verres de lunettes sont élaborés à partir du plastique CR-39 alliant résistance et propriétés optiques remarquables.

VOIR AUSSI *Micrographie* (1665), Ophtalmoscope (1850), Laser (1960) et Implants cochléaires (1977).

La lorgnette est une paire de lunettes avec une poignée, inventée dans les années 1700 par l'opticien anglais George Adams. Certains utilisateurs de lorgnettes n'avaient pas besoin de verre, mais se munissaient de lorgnettes décorées pour être à la mode.

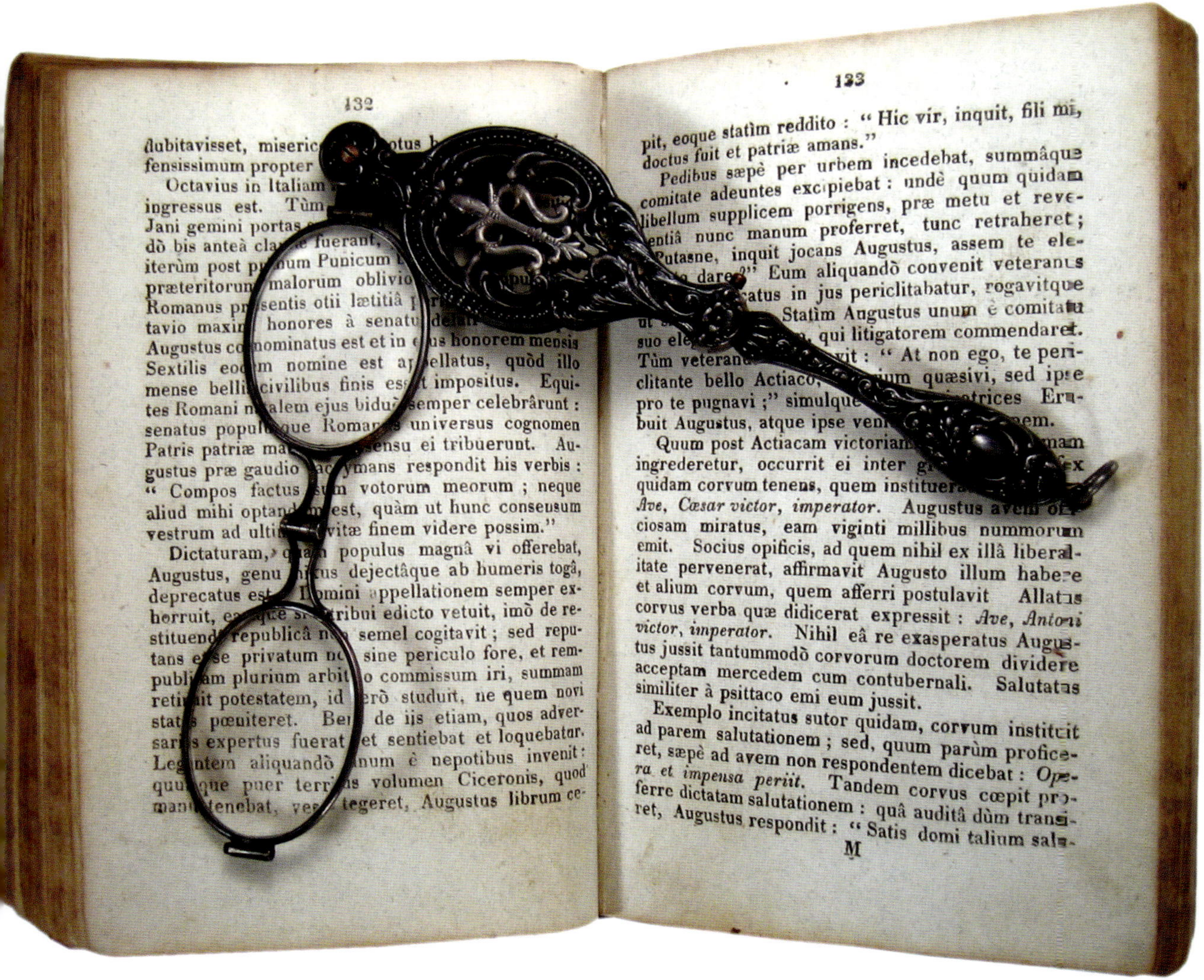

1346

Armes biologiques

Hannibal (248-183 av. J.-C.)

La guerre biologique consiste en l'utilisation d'agents infectieux (bactéries, virus ou champignons) pour éliminer massivement des êtres humains, du bétail ou des plantes. *Bacillus anthracis*, la bactérie responsable du charbon, est l'arme biologique la plus représentative : ses spores résistantes sont faciles à disperser ; le charbon pulmonaire peut tuer 90 % des sujets non traités ; les terroristes eux-mêmes peuvent s'en protéger par la prise préventive d'antibiotiques.

D'autres armes biologiques peuvent être utilisées : *Yersinia pestis* (bactérie responsable de la peste), des virus (comme le virus Ebola) et des toxines (comme la ricine, extraite des grains du ricin, ou la toxine botulinique, produite par la bactérie *Clostridium botulinum*).

La guerre biologique date de plusieurs millénaires. En 184 av. J.-C., les soldats d'Hannibal de Carthage projetaient des pots d'argile remplis de serpents venimeux sur les vaisseaux ennemis. En 1346, les armées Tartares catapultèrent des guerriers morts de la peste par-dessus les murs de Kaffa, une ville de Crimée qu'elles assiégeaient. Aux États-Unis, en 1763, des couvertures ayant enveloppé des varioleux furent offertes sciemment à des chefs Delawares. En 1940, des avions japonais larguèrent au-dessus de la Chine des bombes de céramique pleines de puces porteuses du bacille de la peste.

Les médecins jouent un rôle central dans la réponse à la menace des armes biologiques. Ils doivent assurer une vigilance sur les risques, pouvoir rapidement identifier une attaque et déterminer la réponse appropriée (antibiotiques ou vaccins). De nos jours, des tests de détection d'anticorps dirigés contre divers pathogènes sont disponibles pour rapidement détecter une éventuelle attaque bio-terroriste.

Au XXIe siècle, les armes biologiques constituent une menace grandissante, en raison des progrès des biotechnologies et de la simplification des manipulations génétiques des agents pathogènes. Une attaque biologique réussie pourrait avoir des conséquences plus néfastes qu'une attaque chimique ou même nucléaire, en raison des facilités de dissémination des épidémies.

VOIR AUSSI Antitoxines (1890), Étiologie de la peste bubonique (1894) et Rhume banal (1914).

Un masque à gaz et une tenue de protection. Les médecins jouent un rôle central dans la lutte contre les menaces que représentent les armes chimiques et biologiques.

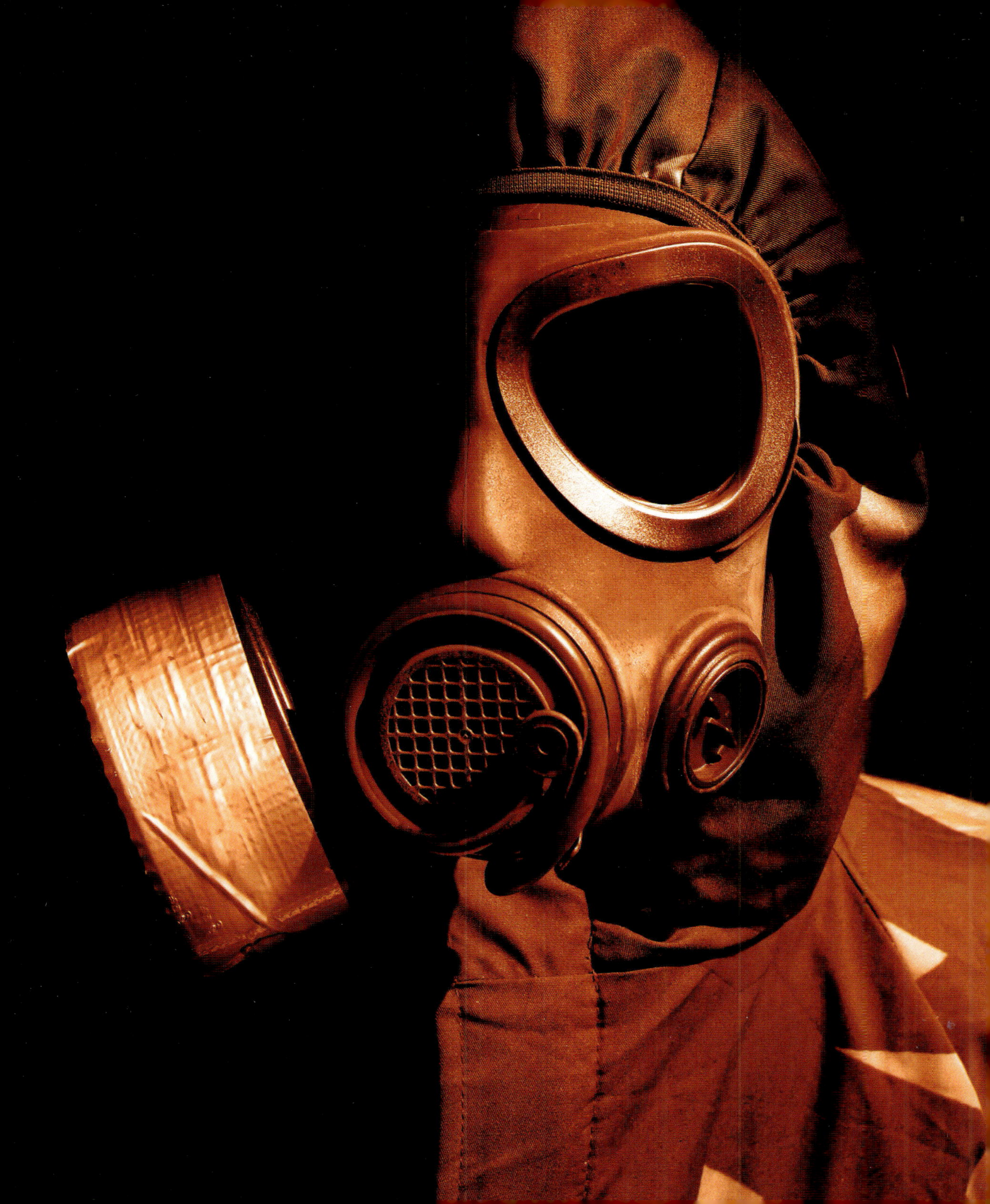

1510

Les dessins anatomiques de Léonard de Vinci

Léonard de Vinci (1452-1519), **Louis d'Aragon** (1475-1519)

Nous connaissons tous Léonard de Vinci, Italien de génie, à la fois artiste et scientifique, surtout célèbre pour ses tableaux *la Joconde* et *la Dernière Cène*. On sait moins que dès 1489, alors qu'il était à Milan, Léonard de Vinci se lança dans un grand projet de *Traité d'Anatomie*, et réalisa un jeu de dessins avec annotations explicatives sur le corps humain. Mais, bien qu'il ait esquissé le plan complet de l'ouvrage, il ne l'acheva pas.

Durant ses études anatomiques pour la réalisation du *Traité*, Léonard de Vinci réalisa l'un des premiers dessins scientifiques d'un fœtus à l'intérieur de l'utérus. Il développa également une méthode révolutionnaire d'injection de cire à l'intérieur des ventricules cérébraux destinée à mieux connaître leurs formes. Sa soif de connaissance l'amena à passer un nombre incalculable de veilles en présence de cadavres dont l'ennuyeuse tendance à la décomposition l'obligeait à travailler aussi rapidement que possible.

Ses carnets de notes sont à la fois magnifiques et grotesques, avec des parties de corps écorchés, des fœtus, et des couples au milieu de leurs ébats sexuels. Des annotations surchargent les dessins, ouvertures sur l'intérieur du cerveau de Léonard de Vinci lui-même au moment où il se demandait comment le fœtus respire ou à quoi servent les testicules.

En 1517, à la fin de sa vie, alors qu'il était partiellement paralysé, Léonard de Vinci montra ses différents croquis anatomiques au Cardinal Louis d'Aragon et à son secrétaire Antonio de Beatis. Celui-ci nota dans son journal : « Léonard a rassemblé un traité spécial d'anatomie avec des démonstrations picturales des membres, tout comme des muscles, nerfs, veines, articulations, intestins, et tout ce qui peut être imaginé dans le corps de l'homme et de la femme, comme personne ne l'avait fait avant lui. »

VOIR AUSSI *De Humani corporis fabrica* (1543), Les chefs d'œuvres d'Eustache retrouvés (1552), Les dessins de Pietro da Cortona (1618), l'*Osteographie* de Cheselden (1733), Les planches anatomiques d'Albinus (1747), L'*Utérus gravide* de Hunter (1774), L'Acte d'Anatomie de 1832 (1832) et L'*Anatomie* de Gray (1858).

Dessin de Léonard de Vinci d'un fœtus dans l'utérus, avec le cordon ombilical visible (1510).

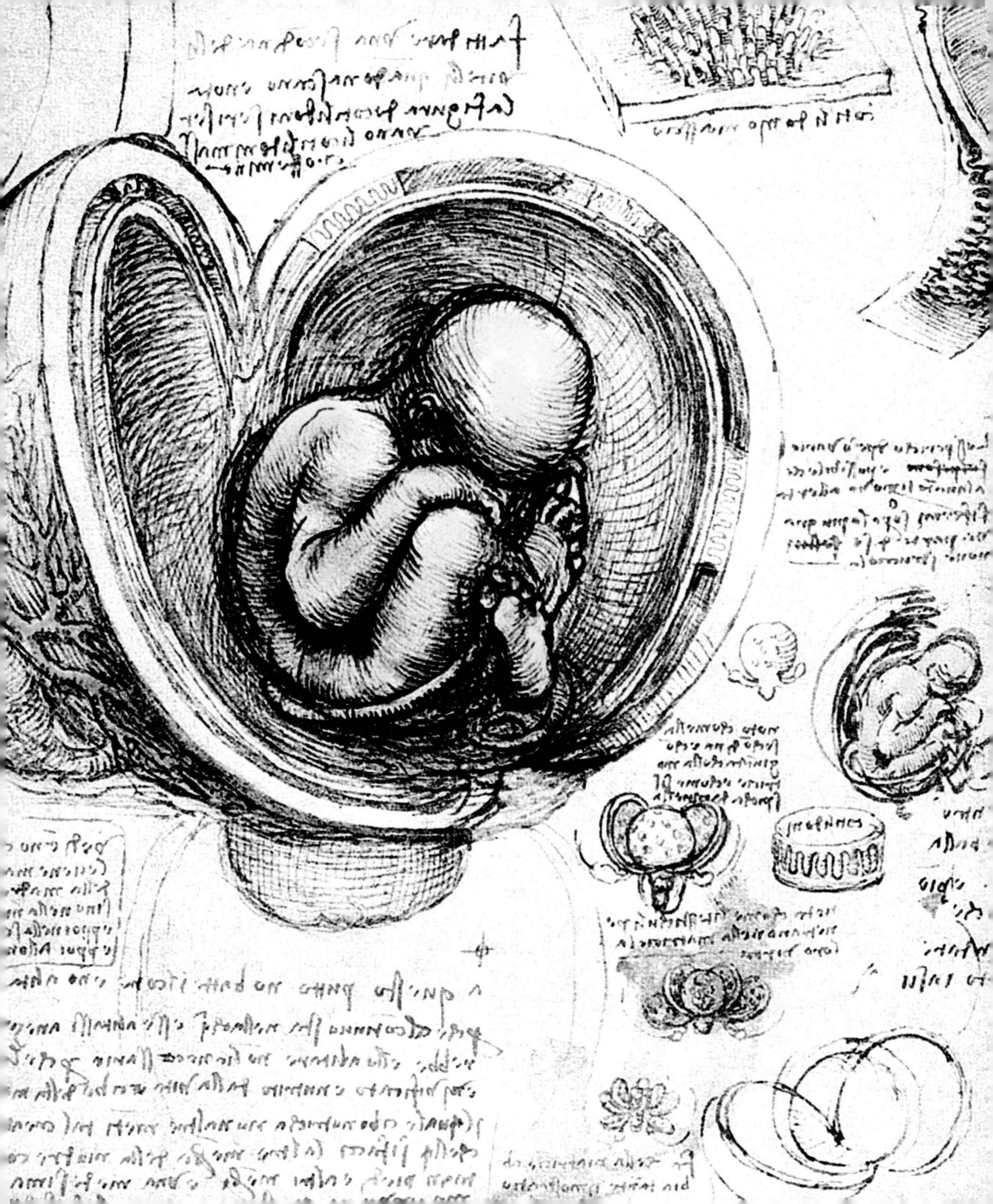

1522

Le Dr Wertt brûlé vif

Percival Willoughby (1632-1669), **John Hunter** (1728-1793), **George III (George William Frederick** ; 1738-1820), **George IV (George Augustus Frederick** ; 1762-1830)

Bien que des maïeuticiens hommes soient devenus nombreux en Occident à partir du XVIIIe siècle, au point que les hommes contrôlent la profession, les interdits qui excluaient l'homme du processus de la naissance ont occupé une place importante dans l'histoire de la médecine. Aucun exemple n'est aussi représentatif que le châtiment du Dr Wertt de Hambourg. En 1522, le docteur Wertt se déguisait en femme pour pouvoir observer le déroulement des accouchements et apprendre à mettre au monde les enfants. Dénoncé par une sage-femme qui l'avait reconnu sous son déguisement, Wertt fut brûlé sur un bûcher devant les autres médecins.

Plusieurs autres histoires peuvent également être citées. En 1646, Francis Rayus de Wells, au Massachussets, fut arrêté pour un crime similaire à Wertt ; par chance il eut seulement une amende de 50 shillings. En 1658, le médecin anglais Percival Willoughby fut appelé en consultation par une sage-femme pour un accouchement difficile ; il fut obligé de tâtonner dans la chambre obscure de la patiente, l'examiner toute couverte et sortir à nouveau à tâtons pour discuter à l'extérieur de la situation avec la sage-femme. John Hunter, chirurgien écossais considéré comme le plus compétent de son époque, dut rester assis dans une pièce voisine pendant que Mme Stevens accouchait la femme de George III, roi d'Angleterre et mettait au monde George IV.

Le désengagement des maris du processus de la naissance est commun à beaucoup de cultures. Par exemple, à Lukonor, une île du Pacifique sud, lorsque les femmes entrent en travail, les hommes les quittent durant un mois pour vivre entre eux. Mais il existe également des cas d'engagement masculin. Chez les tribus Huichol du Mexique un cordon est noué autour des testicules du mari ; et durant l'accouchement, la femme tire le cordon à chaque contraction pour que le mari participe à sa douleur.

VOIR AUSSI Forceps obstétrical (1580), Les lapins de Mary Toft (1726), *L'utérus gravide* de Hunter (1774) et Maïeutique moderne (1925).

Femme accouchant sur une chaise de naissance, par le médecin allemand Eucharius Rösslin (1470-1526). Son livre sur la naissance, Der Rosengarten *(Le jardin rose), publié en 1513, devint le texte médical de référence pour les sages-femmes.*

Rosegarten

Das vierd Capitel sagt wie
sich ein yede fraw/iñ/vor/vnd nach der geburt haltē soll
vnd wie man ir in harter geburt zů hilff kommen soll.

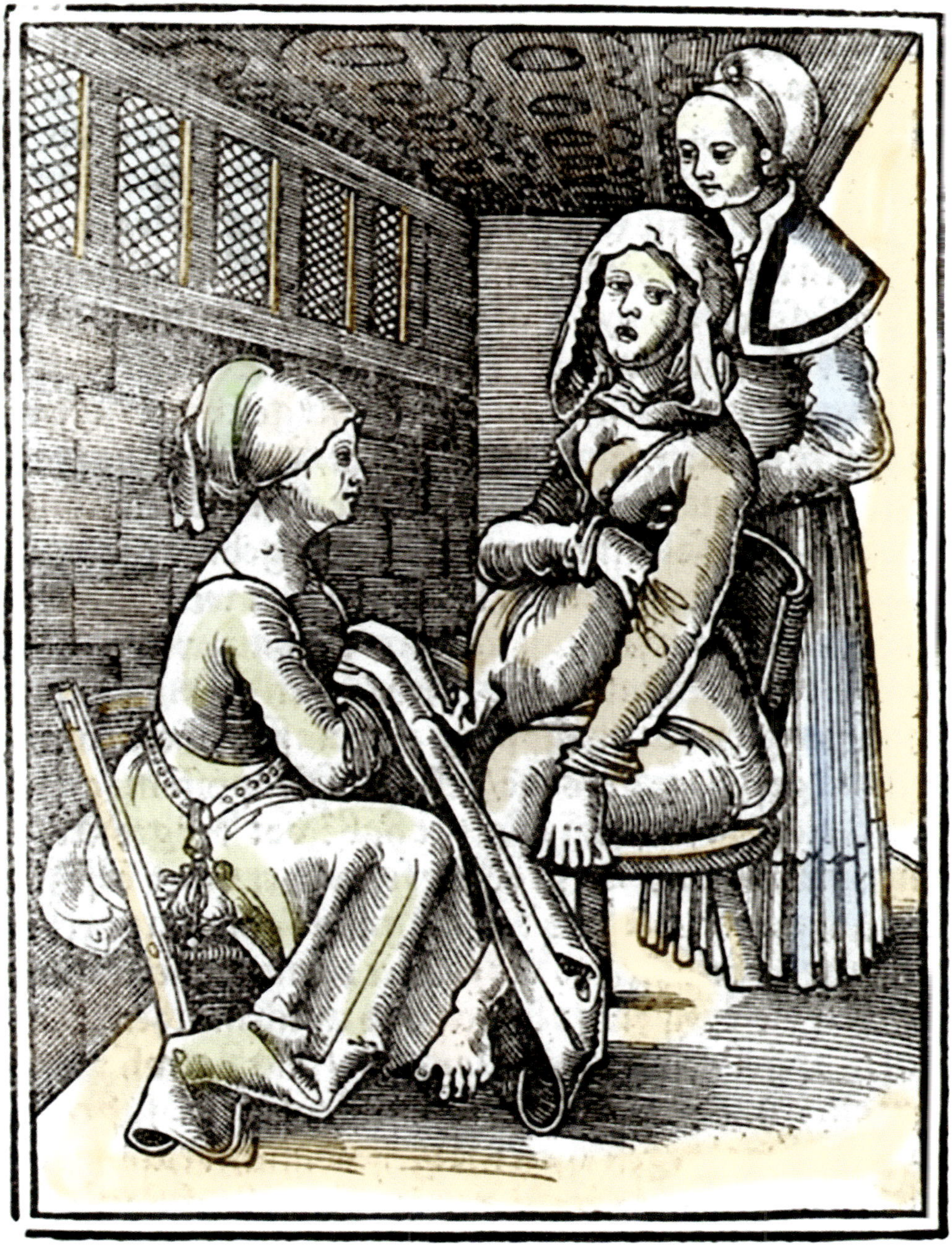

1527

Paracelse brûle les livres médicaux

Hippocrate de Cos (460-377 av. J.-C.), **Galien de Pergame** (129-199), **Abu 'Ali al-Husayin ibn 'Abd-Allah Ibn Sina (Avicenne)** (980-1037), **Paracelse (né Phillipus Aureolus Theophrastus Bombastus von Hohenheim,** 1493-1541)

Le médecin et alchimiste suisse Paracelse fut un des pionniers de l'utilisation en médecine des produits chimiques et des minéraux. Il vécut à l'aube des temps modernes, à une période charnière de l'histoire de l'Occident, où l'humanité commençait à déchiffrer les codes de la nature et à dresser les cartes du ciel et de la terre.

Paracelse est célèbre pour s'être élevé contre les idées d'Hippocrate et de Galien, pour qui la maladie était le résultat d'un déséquilibre entre les quatre humeurs : sang, bile noire, bile jaune et phlegme. Paracelse, lui, pensait que la maladie résultait d'une attaque du corps par des agents extérieurs, ou d'anomalies, et pouvait être traitée avec des produits chimiques. En 1527, il brûla publiquement les textes médicaux de référence de l'époque : ceux de Galien et Avicenne. Ce feu de joie allumé par des étudiants peut être considéré comme un tournant dans l'histoire de la médecine, une remise en cause de l'autorité de la médecine galénique et un désir d'utiliser des observations et des expérimentations originales, pour trouver de *nouvelles* médecines.

L'une des contributions majeures de Paracelse a été sa description des risques professionnels du travail des métaux et de la mine, et il est parfois qualifié de père de la toxicologie. Il écrivait : « toute chose est poison, rien n'est dépourvu de poison, seule la dose permet de ne pas être poison ». En d'autres termes, il énonçait que la toxicité dépend du dosage.

Paracelse proposa le principe du « semblable qui guérit le semblable » : si un poison cause une maladie, alors le même poison peut être utilisé pour la guérir, à condition que la forme et le dosage soient corrects. Par-là, il était le précurseur de l'homéopathie, une médecine alternative encore populaire dans laquelle sont utilisées des préparations extrêmement diluées.

VOIR AUSSI Serment d'Hippocrate (400 ans av. J.-C.), Mithridate et thériaque (100 ans av. J.-C.), Les écrits galéniques (190), Médecine alternative (1796) et Effet placebo (1955).

Paracelse, par le peintre flamand Quentin Massys (1466-1530).

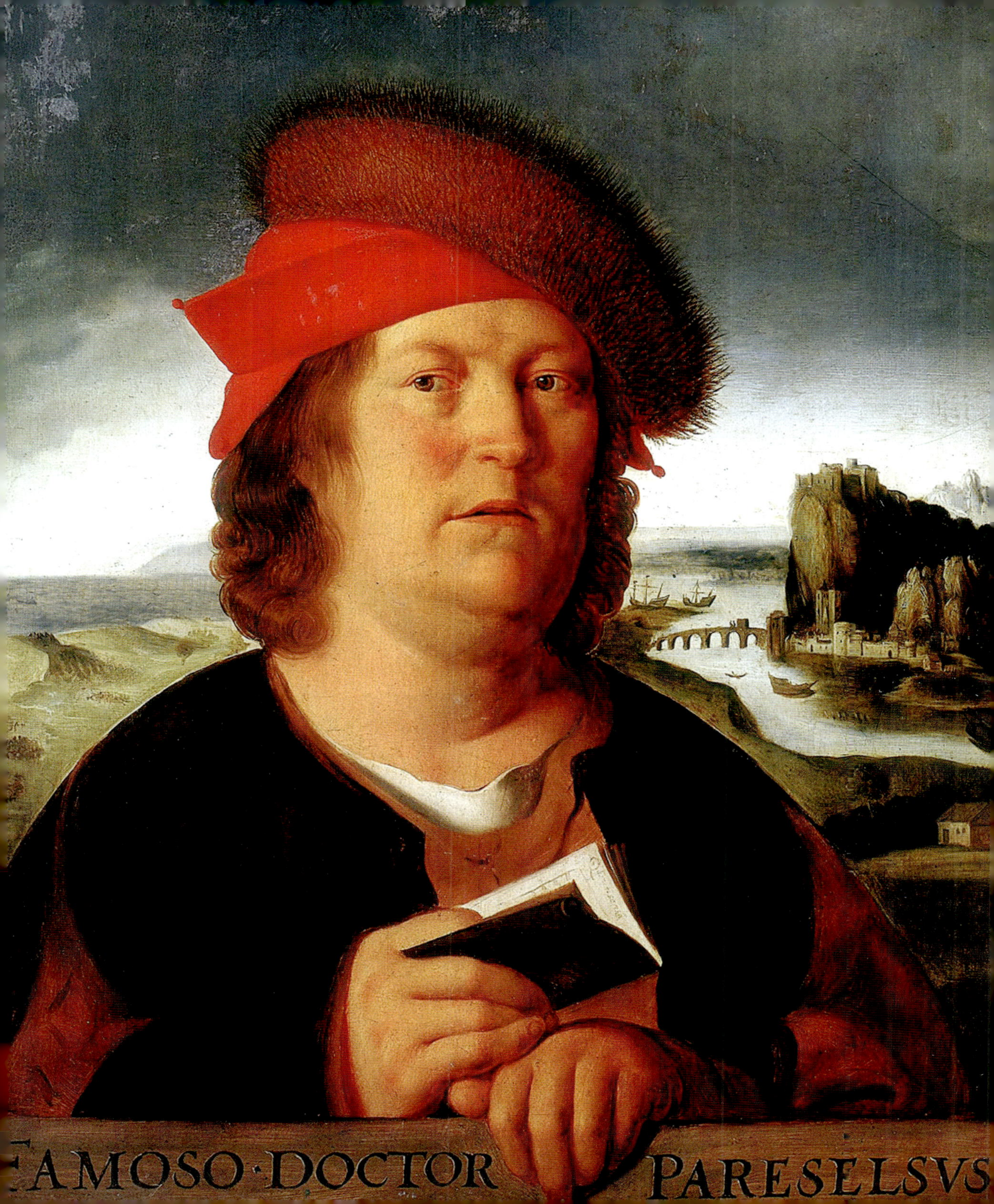
FAMOSO · DOCTOR
PARESELSVS

De humani corporis fabrica

Jan Stephan van Calcar (1499-1546), **Andreas Vésale** (1514-1564)

La publication en 1543 de l'ouvrage d'Andreas Vésale *De humani corporis fabrica* (la « Fabrique du corps humain ») marque le début de la science moderne. Ce traité révolutionnaire est sans conteste une des plus grandes contributions aux sciences médicales. Il constitue en outre une véritable œuvre d'art, par la perfection de sa présentation, sa typographie et ses illustrations, probablement dues à Jan Stephan van Calcar, ou à un autre élève du fameux peintre italien Titien.

Durant ses études de médecine, Vésale disputait aux chiens errants les cadavres en décomposition dans les cimetières ou les restes de criminels pendus aux gibets avant qu'ils ne pourrissent. Il allait même jusqu'à garder ces corps à l'odeur nauséabonde dans sa chambre durant des semaines pour les disséquer entièrement.

Andreas Vésale, médecin et anatomiste de Bruxelles, éleva la dissection au rang d'outil fondamental de l'enseignement médical. Il démontra que beaucoup des notions sur le corps humain professées avant lui par Aristote et Galien étaient erronées. Par exemple, il montra que contrairement à ce que postulait Galien, le sang ne passait pas d'un côté à l'autre du cœur par des pores invisibles. Il montra également que le foie avait deux lobes principaux. Sa contestation de Galien lui valut d'ailleurs de nombreux ennemis ; l'un de ses détracteurs alla jusqu'à prétendre que le corps humain devait avoir changé depuis l'époque de Galien. En réalité les descriptions de Galien étaient basées sur des dissections d'animaux, dont l'extrapolation à l'homme était source d'erreurs.

Avec la « Fabrique », Vésale mettait fin effectivement aux écoles de connaissances asservies par le fait religieux qui ont dominé l'Ancien monde durant des siècles, et annonçait une nouvelle génération de scientifiques qui allaient faire des découvertes que les anciens n'avaient jamais imaginé. Avec quelques autres des géants de la Renaissance, comme Copernic et Galilée, Vésale créa le monde dirigé par la science dans lequel nous vivons.

VOIR AUSSI Les écrits galéniques (190), Les dessins anatomiques de Léonard de Vinci (1510), Les chefs-d'œuvre d'Eustache retrouvés (1552), Les dessins de Pietro da Cortona (1618), L'*Ostéographie* de Cheselden (1733), Les planches anatomiques d'Albinus (1747), L'*utérus gravide* de Hunter (1774), L'Acte d'anatomie de 1832 (1832) et L'*Anatomie* de Gray (1858).

Planche de l'ouvrage de Vésale, La fabrique du corps humain *montrant un écorché vu de profil. (Conservatoire d'anatomie, faculté de médecine de Montpellier).*

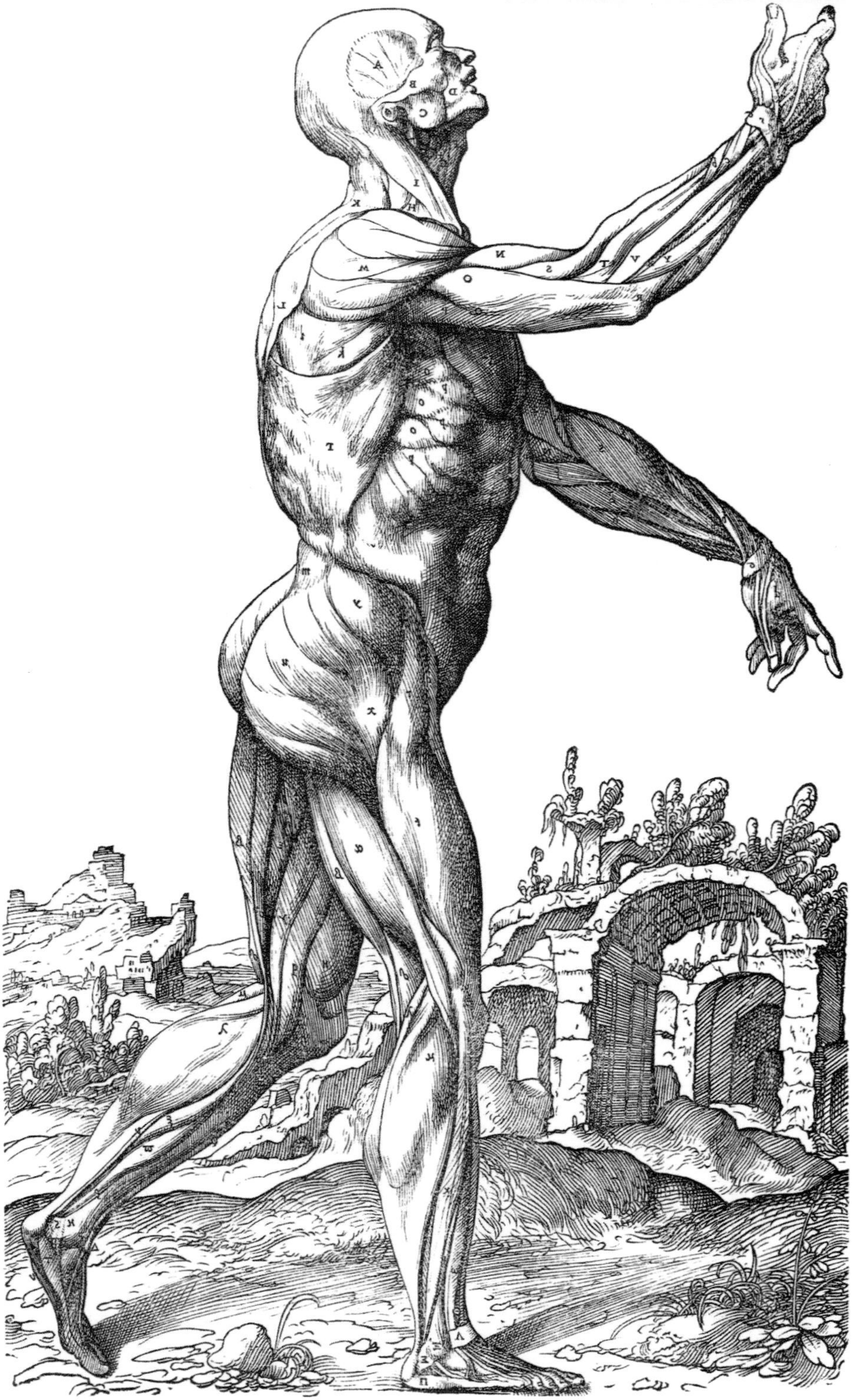

1545

La chirurgie « raisonnable » de Paré

Ambroise Paré (1510-1590)

Le Français Ambroise Paré fut l'un des plus célèbres chirurgiens de la Renaissance, dont l'influence se fit sentir dans toute l'Europe. Grâce à son indépendance d'esprit, il libéra la chirurgie de l'emprise du dogmatisme. Ses « Travaux » sont un monument de compétence et d'humanité unique dans l'histoire de la chirurgie. Son humble crédo était : « Je l'ai pansé, Dieu l'a guéri ».

Alors que les médecins de l'époque considéraient les « barbiers-chirurgiens » comme d'un rang inférieur, Paré réussit à élever le statut des chirurgiens, et diffusa ses connaissances chirurgicales en écrivant en français plutôt qu'en latin comme la tradition le voulait.

Ambroise Paré fit sa première découverte médicale significative pour le traitement des blessures par balles, qui étaient habituellement soignées par application d'huile bouillante. Un jour que l'huile manquait, Paré fut obligé d'improviser en utilisant un onguent à base de térébenthine. Le lendemain, il constata que les soldats traités par l'huile bouillante étaient agonisants, avec des blessures enflées, alors que ceux qui avaient été traités avec l'onguent apaisant reposaient relativement calmes, avec peu de signes d'infection. De ce jour, Paré abandonna le traitement par l'huile bouillante.

En 1545, Paré rendit public son traitement des blessures dans son ouvrage *La méthode de traiter les plaies d'arquebuses et autres bastons à feu*, ouvrant la voie au développement d'une pratique chirurgicale humaine et « raisonnable ». Une autre contribution importante de Paré à la médecine fut sa mise au point de la ligature des vaisseaux sanguins (c'est-à-dire leur fermeture par un lien) pour prévenir l'hémorragie durant les amputations, à la place de la méthode traditionnelle de brûlure du moignon par application d'un fer chauffé au rouge. Paré apporta également divers progrès dans la chirurgie viscérale.

VOIR AUSSI Sutures (3 000 ans av. J.-C.), Papyrus chirurgical Edwin Smith (1 600 ans av. J.-C.), Le gros orteil de Greville Chester (1 000 ans av. J.-C.), Greffe de tissus (1597), Ligature de l'aorte abdominale (1817), Suture vasculaire (1902) et Chirurgie de Halsted (1904).

Main artificielle, d'après l'ouvrage d'Ambroise Paré Instrumenta chyrurgiae et icones anathomicae *(« Instruments chirurgicaux et illustrations anatomiques »), 1564, Paris.*

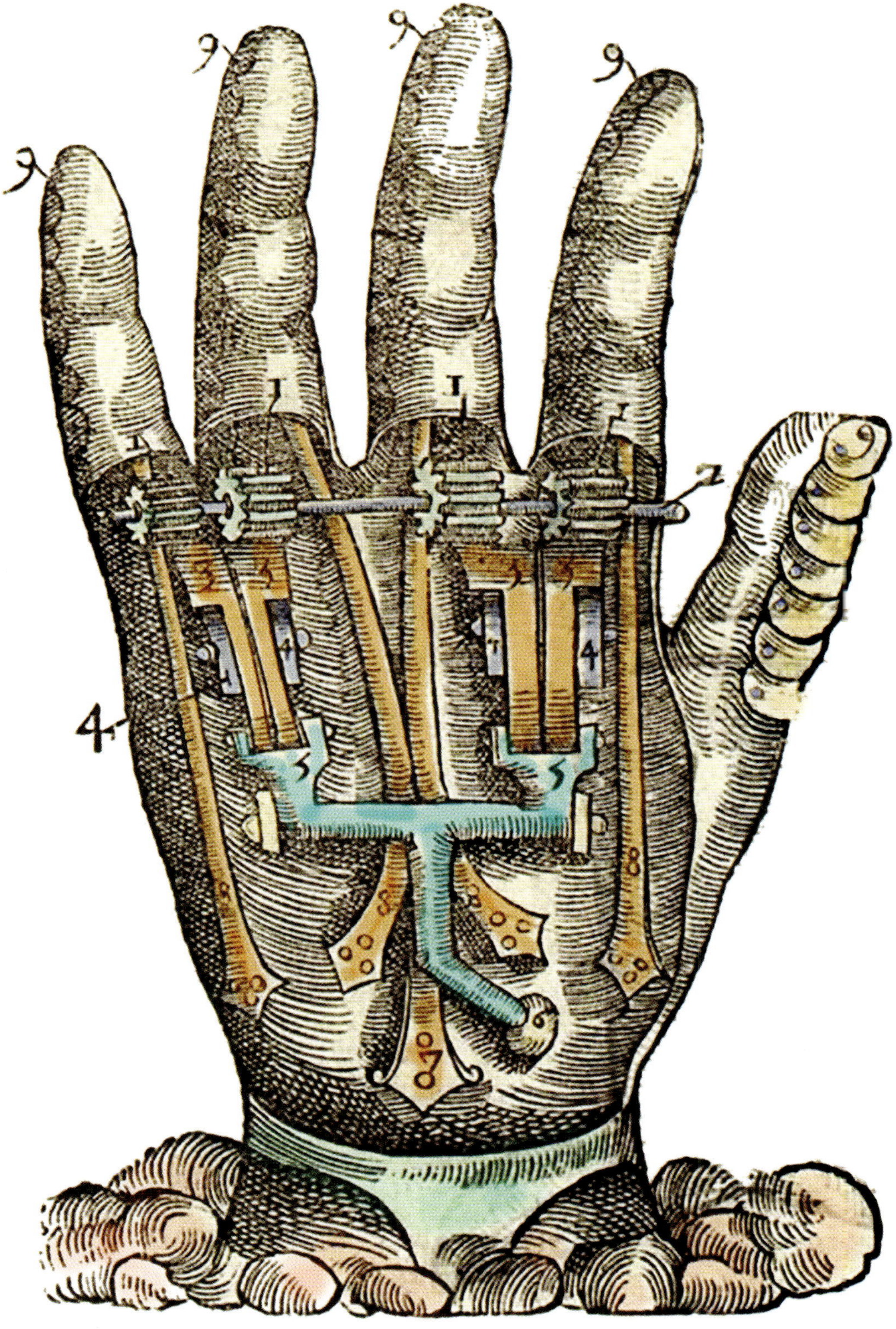

1552

Les chefs- d'œuvre d'Eustache retrouvés

Bartolomé Eustache (1500-1574)

Le problème sous-jacent aux illustrations des dissections anatomiques est qu'elles sont toutes des idéalisations. En effet, les gravures (ou les photographies) répondent au même objectif : faire voir les structures que l'anatomiste veut rendre visibles. Car l'anatomie n'est pas seulement un travail rebutant, c'est également une tâche ardue, qui vise à faire percevoir à un œil novice toutes les structures visibles par l'œil entraîné de l'anatomiste.

L'anatomiste italien Bartolomé Eustache fut l'un des fondateurs de l'étude anatomique humaine. Exerçant dans deux hôpitaux de Rome, il avait accès à des cadavres de fœtus, d'enfants et d'adultes qu'il pouvait disséquer. En 1592, Eustache réalisa une grande série d'illustrations anatomiques, avec l'aide de l'artiste Pier Matteo Pini. Malheureusement, la plupart de ces images furent perdues jusqu'au début du XVIIIe siècle. Finalement, les chefs-d'œuvre égarés furent retrouvés 162 ans plus tard en possession d'un héritier de Pini, et, en 1714, la série complète de 47 gravures était publiée sous le titre *Tabulae anatomicae Bartholomaei Eustachi quas a tenebris tandem vindicatas* (« Planches anatomiques de Bartolomé Eustache sauvées de l'oubli »).

Bien que d'un point de vue artistique elles ne soient pas aussi bien faites que les planches anatomiques de Vésale, elles sont anatomiquement plus précises. Si elles avaient été publiées à l'époque où elles ont été exécutées, Eustache eut été indubitablement rangé, à côté de Vésale, comme fondateur de l'anatomie moderne qui aurait atteint sa maturité au XVIIe siècle plutôt qu'au XVIIIe siècle.

Eustache est aussi connu pour sa description de la trompe qui porte son nom, et qui relie le rhinopharynx à l'oreille moyenne. La trompe d'Eustache permet le passage de l'air, et l'équilibre de sa pression entre l'oreille moyenne et l'atmosphère.

VOIR AUSSI Les dessins anatomiques de Léonard de Vinci (1510), *De Humani corporis fabrica* (1543), Les dessins de Pietro da Cortona (1618), L'*Ostéographie* de Cheselden (1733), Les planches anatomiques d'Albinus (1747), Découverte du labyrinthe (1772), L'*Utérus gravide* de Hunter (1774), L'Acte d'anatomie de 1832 (1832) et L'*Anatomie* de Gray (1858).

Dessin extrait des Planches anatomiques *de Bartholomée Eustache (1714).*

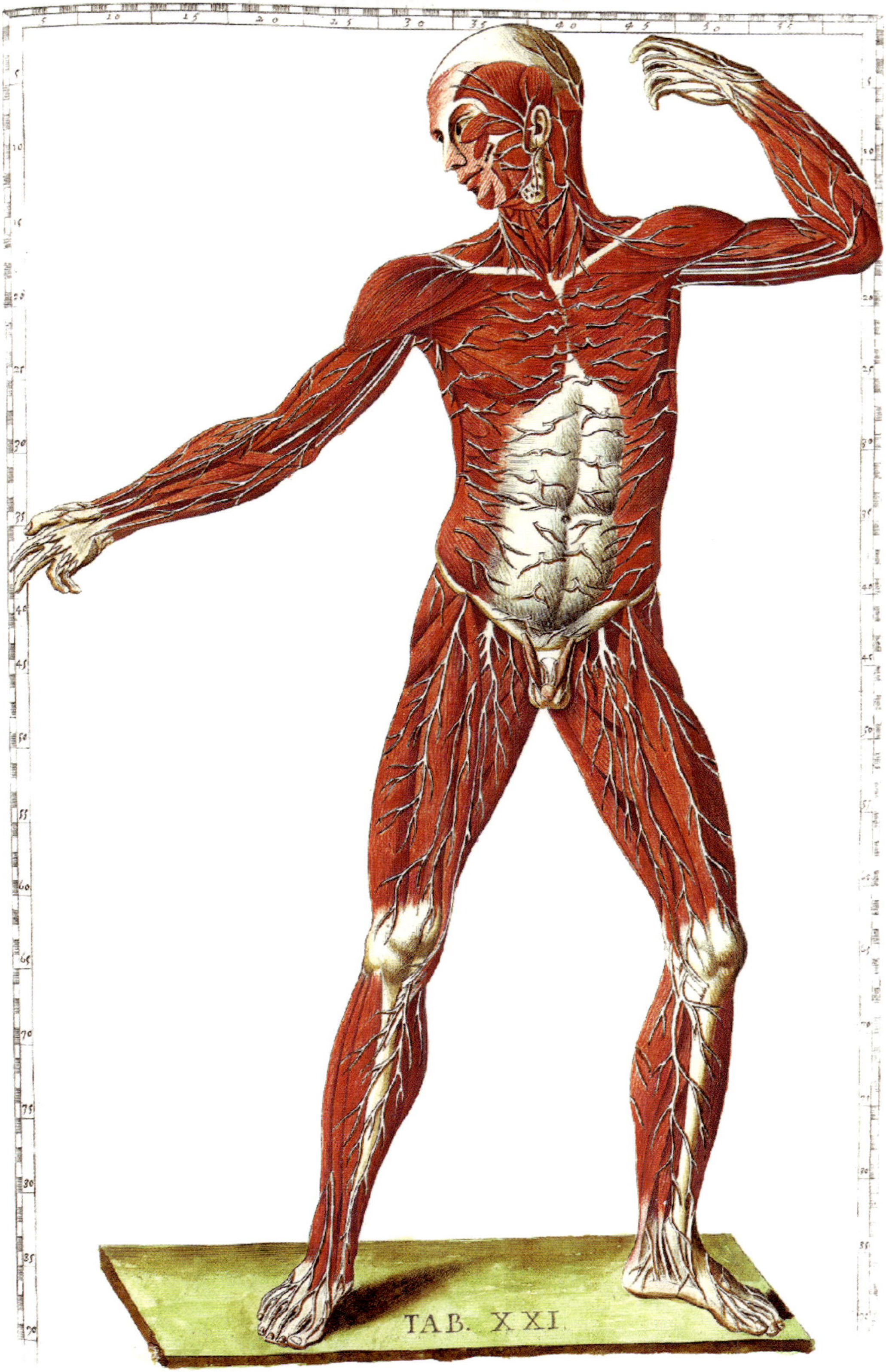

TAB. XXI

1563

De praestigiis daemonum

Johann Weyer (vers 1515-1588)

La folie se manifeste sous des formes diverses. Nous connaissons tous les désordres mentaux qui atteignent les individus (dépression, phobies, obsessions, paranoïa et psychoses). Mais c'est parfois toute la société qui devient folle. Au Moyen Âge, lorsque l'ordre mondial se désagrégeait progressivement, on voyait des sorcières partout et le peuple bien-pensant se précipitait pour les voir brûler.

L'un des plus fascinants médecins qui étudia le comportement des femmes accusées de sorcellerie, fut le Hollandais Johann Weyer. Les historiens de la science l'ont qualifié un peu vite de « père de la psychiatrie ». Pourtant, certains passages de son *De praestigiis daemonum et incantationibus ac venificiis* (« de l'imposture des diables, enchantements et sorcelleries »), évoquent la manie de la sorcellerie d'un point de vue psychologique. Weyer rejetait certaines des croyances surprenantes dans les pouvoirs surnaturels et les activités des soi-disant sorcières. Il critiquait la cruelle chasse aux sorcières et leur persécution par les autorités ecclésiastiques. Il fut sans doute le premier à qualifier de *mentalement malades* certaines des femmes accusées de s'adonner à la sorcellerie.

Weyer ne nia jamais l'existence du diable. En fait, dans certaines parties du *De praestigiis*, il suggère que certaines femmes irréfléchies et mélancoliques étaient psychologiquement prédisposées à devenir la proie du démon, qui pouvait leur faire imaginer qu'elles étaient impliquées dans des rites sauvages, sans y prendre réellement part. Weyer jugeait nécessaire d'impliquer un médecin lorsque des femmes étaient accusées de sorcellerie.

En associant courte histoire, rapport de conclusions et justification du traitement, Weyer annonçait l'examen psychiatrique moderne. Ses traitements incluaient des médications, procédés physiques, soutien, conseils, et, dans les cas d'hystérie collective dans les couvents, le renvoi des nonnes très perturbées. Comme on pouvait s'y attendre, Weyer fut critiqué pour sa démarche psychothérapeutique, et son livre fut mis à l'*Index* des livres bannis par l'Église catholique.

VOIR AUSSI Les aliénés libérés (1793), Psychanalyse (1899), Psychologie analytique de Jung (1933) et Thérapeutique comportementale et cognitive (1963).

Les sorcières *(gravure sur bois, 1508), par le peintre allemand de la Renaissance Hans Baldung Grien (1484-1545).*

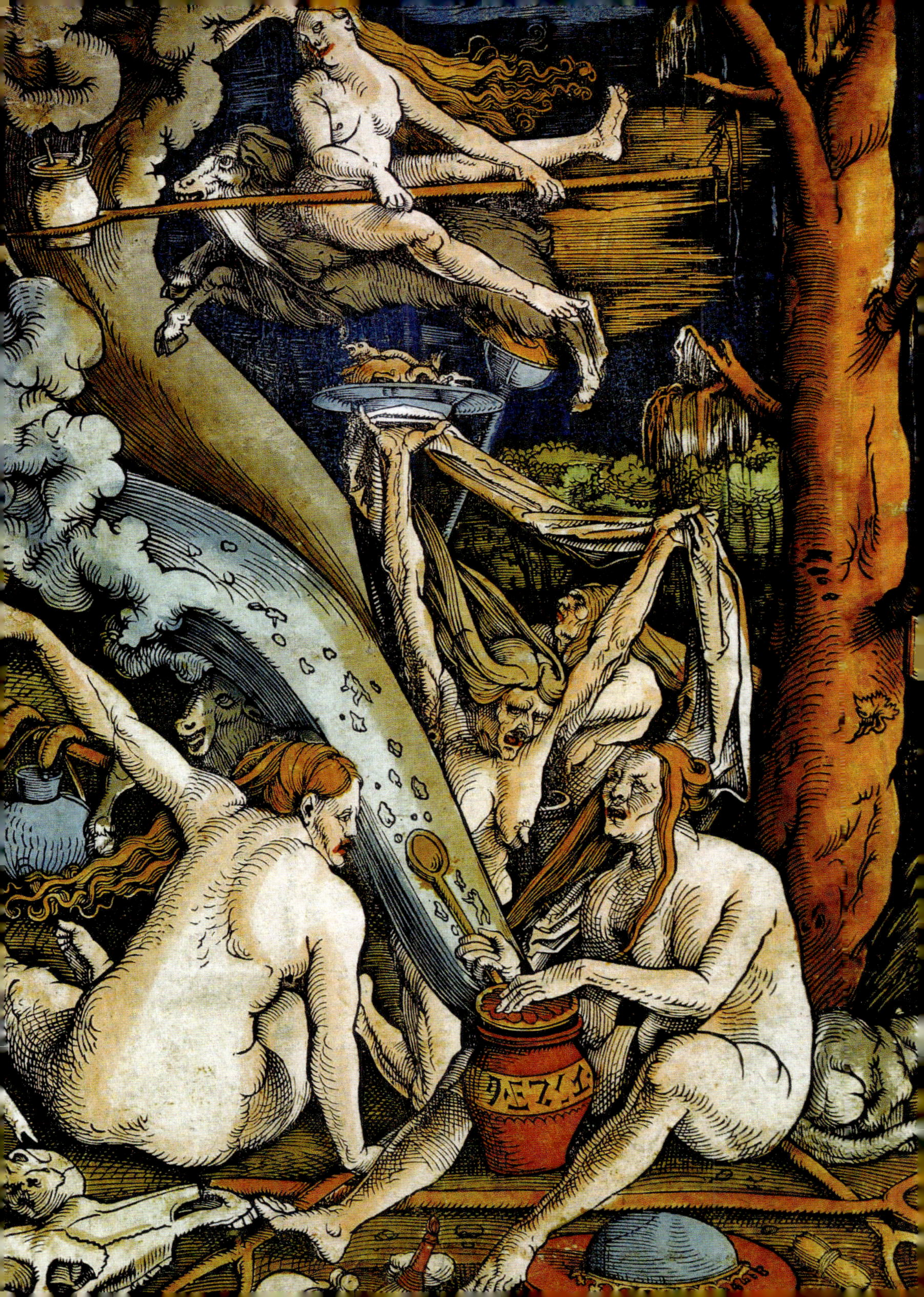

1564

Préservatif

Gabriel Fallope (1523-1562), **Giacomo Girolamo Casanova de Seingalt** (1725-1798)

Les méthodes pour prévenir la conception et éviter la grossesse ont une longue histoire. Les anciens Égyptiens plaçaient une crotte de crocodile mélangée à du miel dans le vagin. Les préservatifs et autres dispositifs de protection physique ont été employés pour réduire le nombre de grossesses et éviter la contamination par les maladies sexuellement transmissibles, comme la syphilis et la gonococcie (causées par des bactéries), ou encore le syndrome d'immunodéficience acquise (SIDA), dû au virus de l'immunodéficience humaine (VIH). Aujourd'hui, les préservatifs faits de latex, polyuréthane, intestin d'agneau (ou « peau d'agneau ») ou d'autres matériaux sont généralement placés sur le pénis.

L'une des premières descriptions du préservatif est celle du médecin italien Gabriel Fallope qui proposa en 1564 un fourreau de lin pour protéger contre la syphilis. Il décrit ainsi son essai dans son ouvrage *De Morbo Gallico* (« le mal français ») : « j'ai fait l'essai sur onze cents hommes, et Dieu immortel peut témoigner qu'aucun d'entre eux ne fut infecté. » Le fameux aventurier, auteur et séducteur vénitien Giacomo Casanova utilisait des préservatifs en peau naturelle, qu'il appelait « une redingote anglaise qui vous tranquillise ». Le premier préservatif de caoutchouc fut produit en 1855, et les préservatifs de latex, plus fins et plus faciles à produire, se développèrent dans les années 1920. Dans les années 1930, la production industrielle des préservatifs était automatisée.

L'utilisation des préservatifs a été longtemps limitée, voire interdite. La loi américaine Comstock de 1873 autorisait l'administration postale à confisquer les préservatifs achetés par correspondance. En 1890, Julius Schmidt, directeur d'une célèbre fabrique new-yorkaise de préservatifs en peau, fut arrêté pour détenir près de 700 préservatifs. L'Allemagne proscrivit en 1941 l'usage des préservatifs par les civils, et l'Irlande ne légalisa la vente des préservatifs qu'en 1978.

VOIR AUSSI Circoncision (2 400 ans av. J.-C.), Découverte des spermatozoïdes (1678), Test de Papanicolaou (1928), Dispositif intra-utérin (1929), Pilules contraceptives (1955) et Transcriptase inverse et SIDA (1970).

Giacomo Casanova (à gauche) et un compagnon testent l'efficacité de leurs préservatifs en les gonflant. Gravures des Mémoires *de Casanova (1872).*

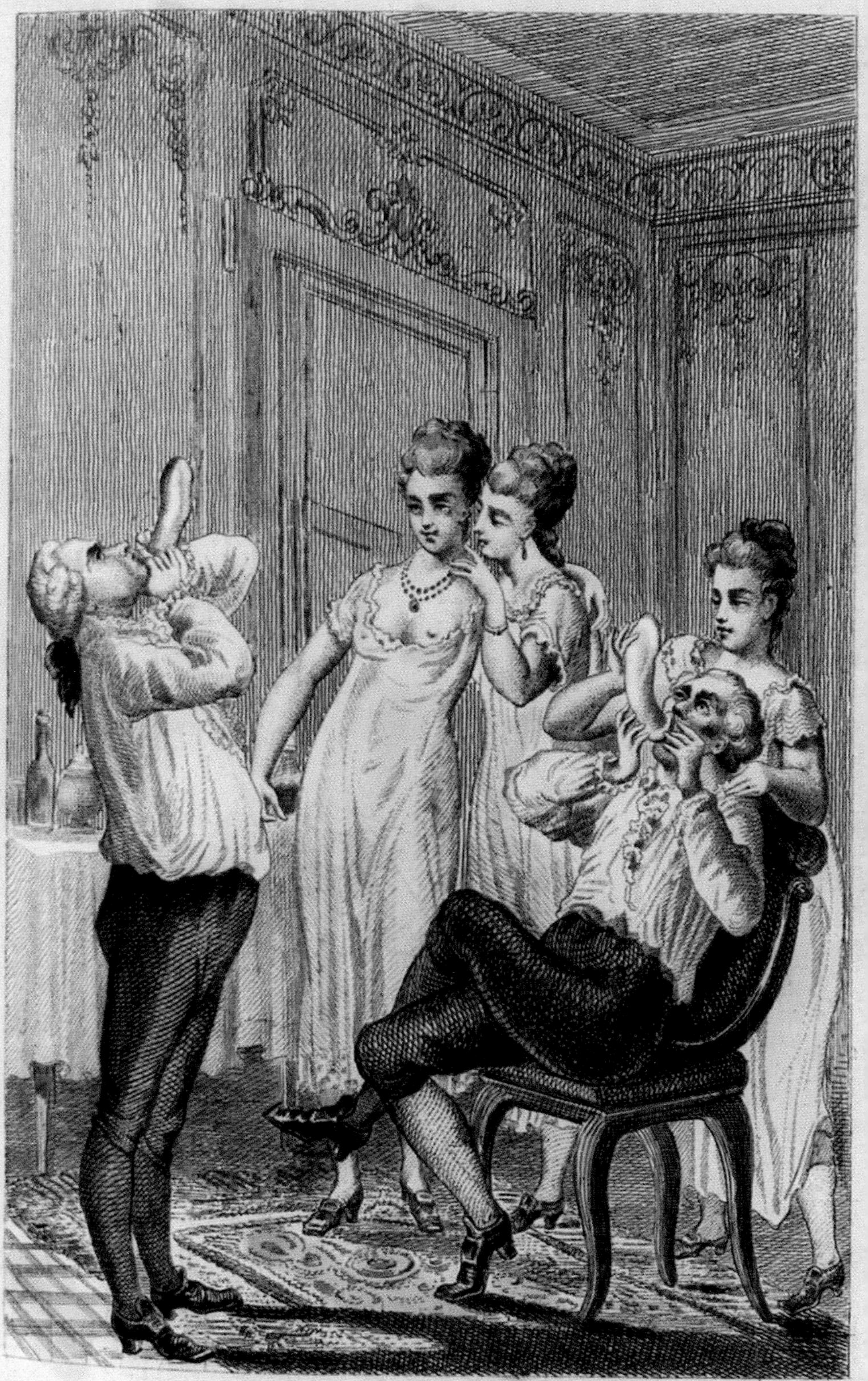

1580

Forceps

Peter Chamberlen (1560-1631)

Le forceps obstétrical est constitué de deux « lames » (ressemblant vaguement à de grandes cuillères) qui peuvent être positionnée séparément de part et d'autre de la tête du bébé. Les deux lames sont ensuite attachées l'une à l'autre de sorte qu'elles ne peuvent pas écraser la tête, et le médecin peut tirer l'enfant à travers le canal obstétrical durant les accouchements difficiles, et en cas de détresse maternelle ou fœtale.

L'obstétricien et chirurgien britannique Peter Chamberlen est considéré comme l'inventeur d'un forceps obstétrical particulièrement efficace. Les membres de la famille Chamberlen eurent le constant souci de préserver le secret leur appareil, aussi la date précise de l'invention n'est pas connue. Lorsque l'un des Chamberlen arrivait au domicile d'une femme en cours d'accouchement, deux personnes transportaient une énorme boîte à sculptures dorées qui contenait le forceps secret, et la parturiente avait les yeux bandés de sorte qu'elle ne voyait l'appareil à aucun moment.

Ce forceps eut une profonde influence sur le succès des accouchements. Par comparaison avec les appareils antérieurs, l'instrument des Chamberlen était plus doux, et capable de sortir l'enfant entier, et vivant. Il contredisait l'adage « Quand un homme arrive, c'est que l'un ou les deux sont près de mourir. » Ce qui signifie qu'avant le forceps, les hommes entraient seulement dans les chambres d'accouchement, quand la parturiente, le bébé ou les deux étaient en danger.

Mais l'histoire du forceps met aussi en lumière l'intérêt de diffuser largement les nouvelles technologies pouvant sauver des vies. Si le forceps de Chamberlen fut un grand succès à l'épreuve du temps, ce fut aussi un grave échec, si l'on considère qu'en cachant jalousement une si grande découverte, ils limitèrent ses bénéficiaires à un petit nombre de patientes d'un seul pays. Ils ralentirent le progrès médical et probablement menèrent des milliers de femmes et d'enfants à la mort.

VOIR AUSSI Les lapins de Mary Toft (1726), *L'utérus gravide* de Hunter (1774), Césarienne (1882), Maïeutique moderne (1925) et Échographie (1957).

Dessin d'un accouchement aux forceps, par l'obstétricien britannique William Smellie (1697-1763) dans Un jeu de planches anatomiques avec explications et un abrégé de la pratique de la maïeutique *(1754).*

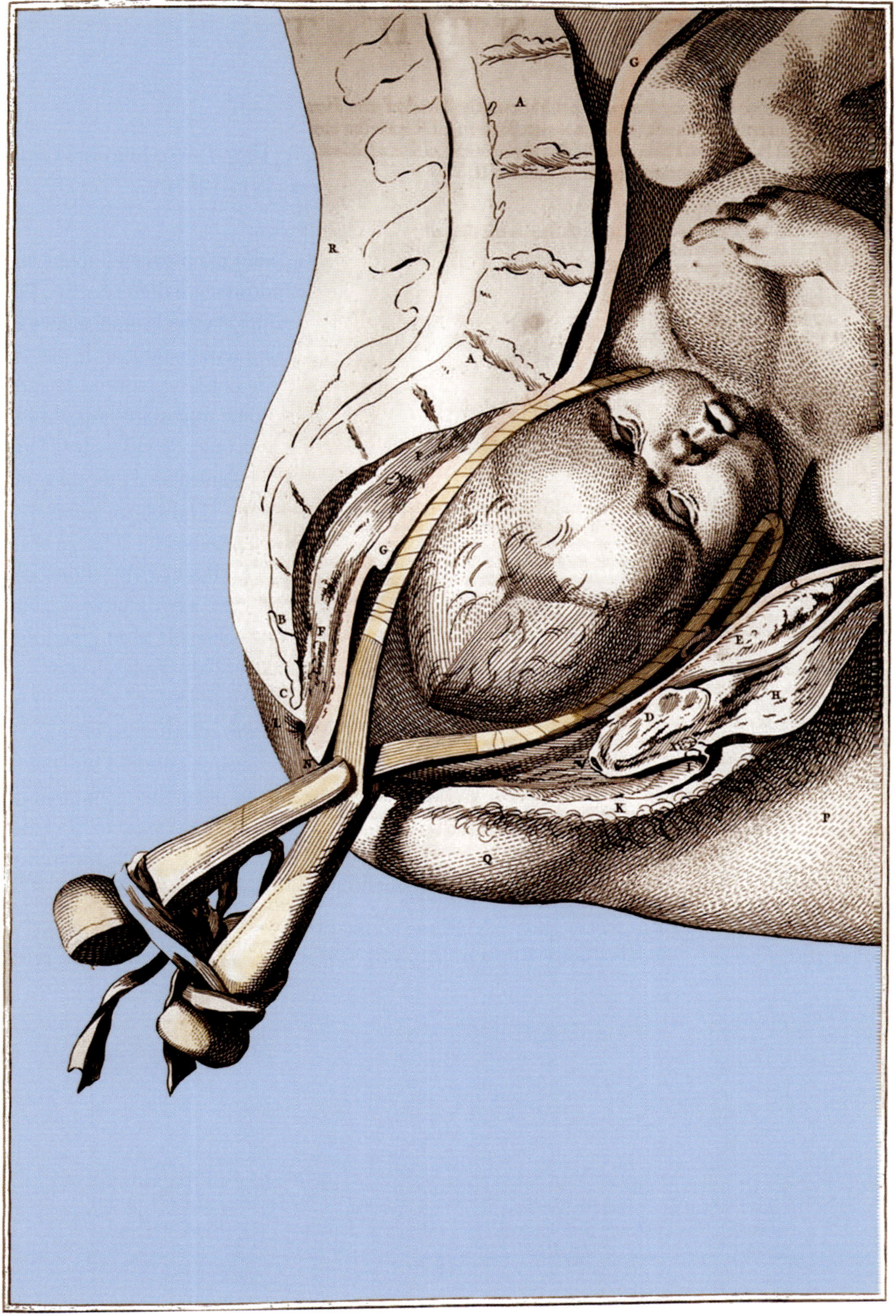

G
A
R
A
F
G
G
B
F
E
C
H
L
D
N
V
I
K
P
Q

1597

Greffe de tissus

Gaspare Tagliacozzi (1546-1599), **Carl Thiersch** (1822-1895), **Jacques-Louis Reverdin** (1842-1929), **Sir Peter Brian Medawar** (1915-1987)

La greffe est un procédé chirurgical consistant à transplanter des tissus en remplacement de tissus détruits par une brûlure ou une blessure. Le chirurgien italien Gaspare Tagliacozzi annonçait, en 1597, qu'il pouvait « réunir, reconstruire et créer la totalité des parties d'un visage que la nature a fait et que le destin a défait, non seulement pour le plaisir des yeux, mais aussi pour aider la personne affectée ». Comme plusieurs chirurgiens indiens avant lui, Tagliacozzi travailla à créer un nez artificiel, étape importante dans l'histoire des greffes de peau. Tagliacozzi découpait partiellement un volet de peau sur le bras du patient et le suturait sur la partie manquante du nez. Pendant plus d'une semaine, la partie du bras demeurait attachée au visage par une armature, et lorsque la guérison était survenue, le volet était séparé du bras et le nouveau nez était façonné à la forme désirée.

En 1869, le chirurgien suisse Jacques-Louis Reverdin utilisa de petits morceaux de peau entièrement détachés d'une zone saine du corps, comme des « graînes » qu'il mit aux endroits où la peau manquait. À partir de ces petits greffons, la peau grandissait et s'étendait progressivement. En 1874, le chirurgien allemand Carl Thiersch utilisa pour la greffe de peau de très fines tranches d'épiderme (la couche externe de la peau) et du derme sous-jacent (couche de peau comprise entre épiderme et tissus sous-cutané).

Le chirurgien britannique Peter Medawar réalisa des travaux innovants sur la réussite des greffes de peau, montrant que leur succès était supérieur quand donneur et receveur étaient proches parents (jumeaux par exemple). Mais au début des années 1950, il découvrit, chez la souris, comment changer le système immunitaire de l'embryon pour que, une fois adulte, la souris ne rejette pas le tissu greffé comme un tissu étranger.

VOIR AUSSI Sutures (3 000 ans av. J.-C.), Greffe de cornée (1905), Asticothérapie (1929), Transplantation rénale (1954), Transplantation de la main (1964), Greffe du visage (2005) et Faire de nouveaux organes (2006).

Dessin extrait de l'ouvrage de Garspare Tagliacozzi De curtorum chirurgia per insitionem *(1597). L'armature bleue solidarise le bras du patient avec le visage, jusqu'à ce que la peau ait poussé autour du nez.*

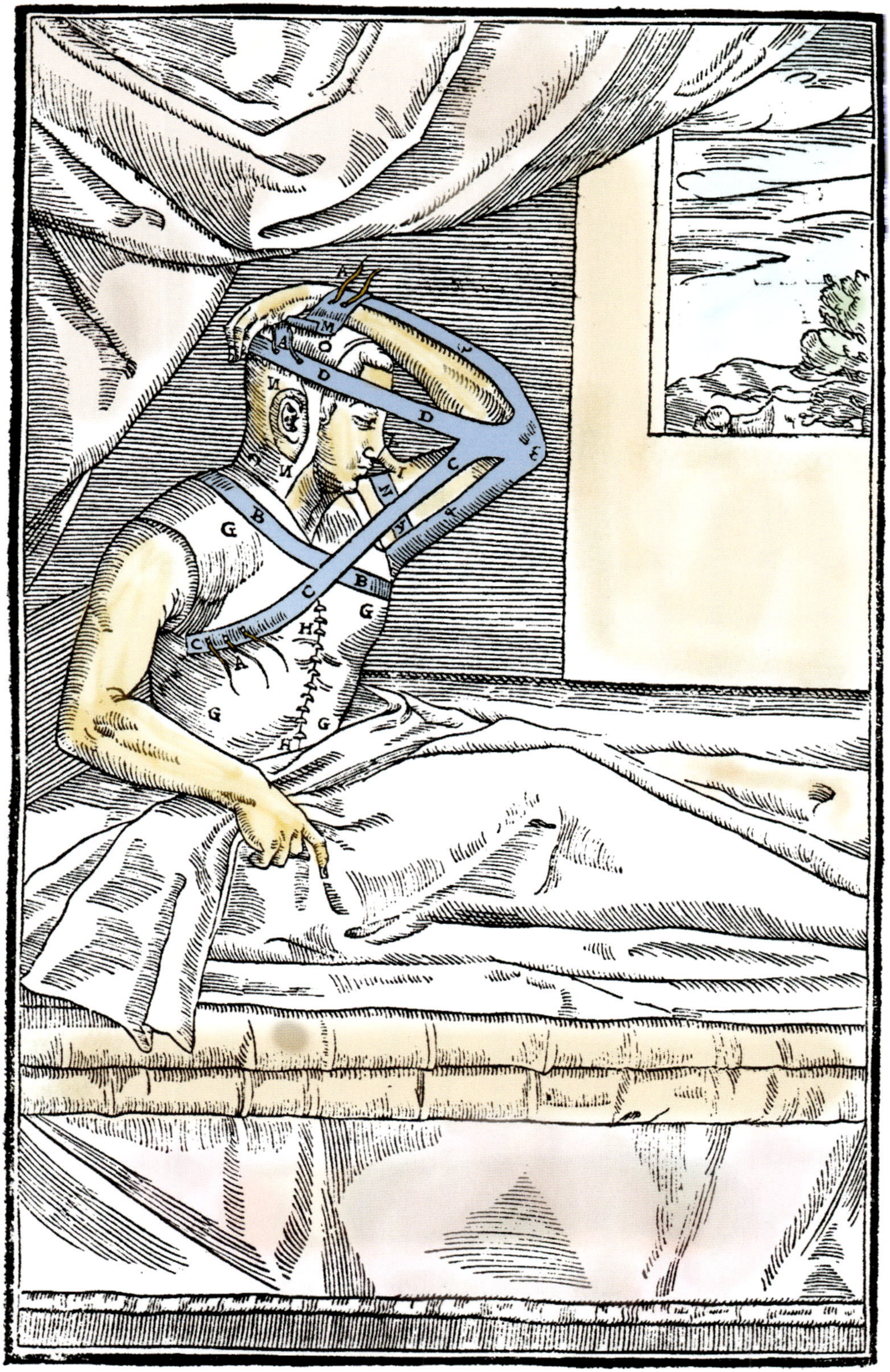

M
A
D
D
C
B
G
B
C
G
H
C
A
G
G
H

1601

Le *Compendium* de l'acupuncture

Yang Jizhou (1522-1620)

L'acupuncture consiste à insérer superficiellement de fines aiguilles sur différents points précis du corps. Bien que sa pratique soit rapportée dans des écrits chinois anciens (*Huangdi Neijing*), c'est l'ouvrage du médecin Yang Jizhou, paru en 1601, sous la dynastie Ming (1368-1644), *Le Grand Compendium de l'acupuncture et de la moxibustion* qui est considéré comme la base de l'acupuncture et des textes chinois modernes qui décrivent un grand nombre de points d'acupuncture. La moxibustion consiste à brûler des bâtonnets d'herbe pour chauffer ces points.

Bien que l'acupuncture ait pu être utilisée avec succès pour traiter quelques symptômes, comme la nausée et la douleur, de nombreux travaux scientifiques ont conclu que ces résultats étaient acquis par simple effet placebo. Par exemple, des études utilisant de faux traitements, avec des aiguilles placées à des points « inadaptés » ou des aiguilles qui ne pénètrent pas dans la peau, peuvent produire le même effet que lorsque les aiguilles sont placées sur les points d'acupuncture « adaptés ». Le soulagement obtenu avec les placebos peut être partiellement dû à la libération d'endorphines (analgésiques naturels) dans le cerveau.

Selon la théorie de l'acupuncture classique, la santé est contrôlée par un équilibre entre deux forces (ou principes) complémentaires, le *yin* et le *yang*, associée au *qi*, une sorte de flux « d'énergie vitale ». La médecine traditionnelle chinoise utilise la pression, la chaleur et les aiguilles sur les points d'acupuncture pour agir sur le *qi*. Selon les textes classiques, la plupart des points d'acupuncture sont placés sur douze méridiens principaux et deux méridiens additionnels, le long desquels s'écoule le flux du *qi*. Notons que la médecine traditionnelle chinoise interdit la dissection et que les méridiens ne semblent pas avoir de correspondants précis dans les concepts biologiques modernes.

Le *Grand Compendium* synthétise les textes anciens et les traditions orales. Selon Yang Jizhou : « plus le *qi* est rapide, et plus l'effet est obtenu rapidement. Si le *qi* n'arrive pas, le cas est désespéré ». L'acupuncture a été déclarée hors la loi en Chine en 1929, mais en 1949, le gouvernement du pays autorisa à nouveau sa pratique.

VOIR AUSSI Médecine ayurvédique (2 000 ans av. J.-C.), *Huangdi Neijing* (300 ans av. J.-C.) et Effet placebo (1955).

Modèle de tête humaine montrant plusieurs points d'acupuncture.

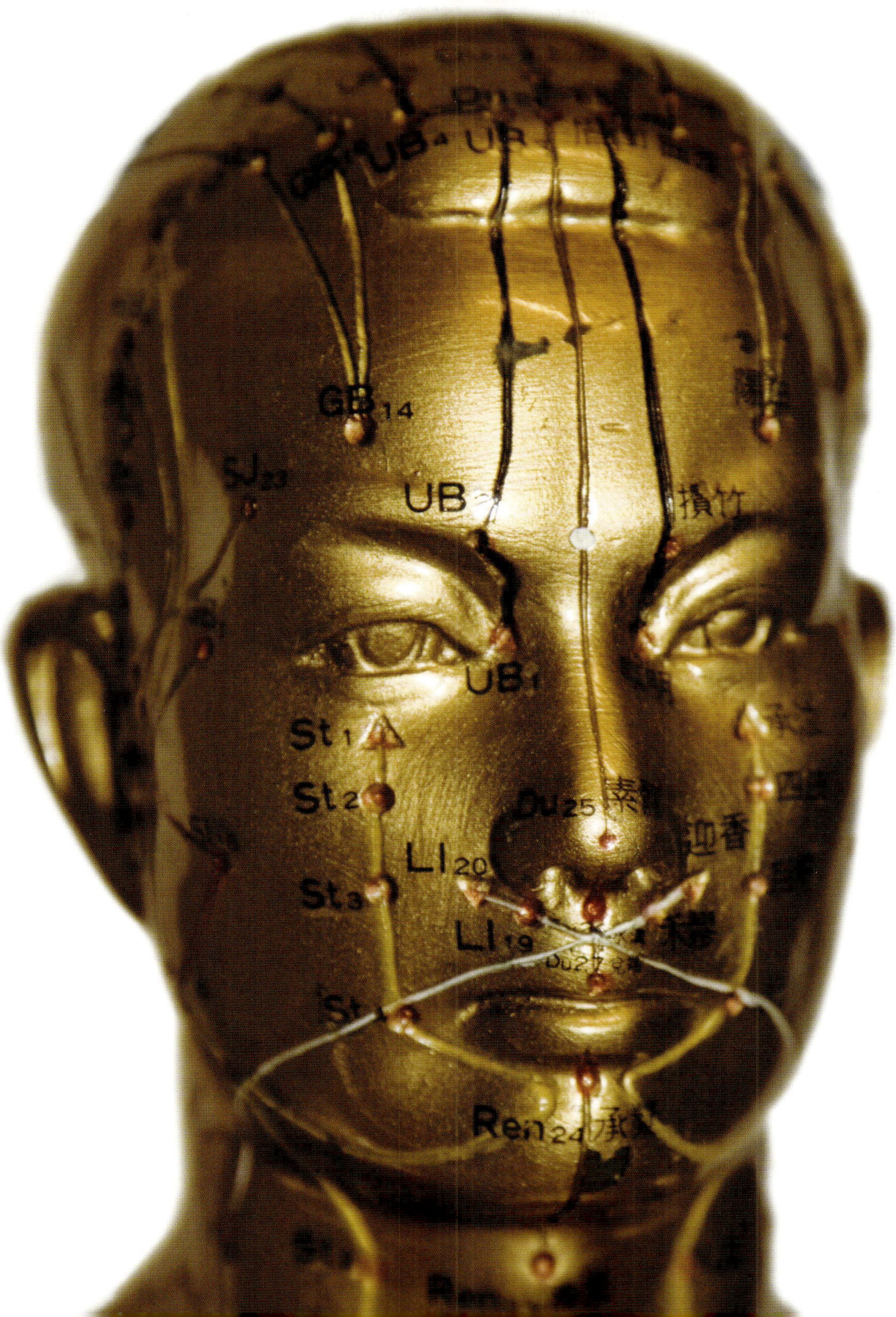

UB4
GB14
SJ23
UB
UB1
St1
St2
Du25
迎香
LI20
St3
LI19
Ren24

1618

Les dessins de Pietro da Cortona

Pietro da Cortona (né Pietro Berrettini ; 1596-1669)

Pietro da Cortona, architecte et peintre italien, illustre le style baroque dans l'art, qui souvent implique ornementation complexe et émotion dramatique. L'Église catholique a encouragé ce mouvement artistique qui insistait sur la tradition et la spiritualité. Pietro da Cortona avait étudié à Rome, et de la moitié des années 1620 à sa mort, il reçut commande d'œuvres architecturales et picturales majeures, sur lesquelles il travailla simultanément.

Les planches anatomiques de Pietro da Cortona sont parmi les plus exotiques et dramatiques jamais créées. Elles sont par ailleurs entourées d'un profond mystère. Nous ne savons pas comment ses « Planches anatomiques » se sont intégrées dans sa carrière d'architecte et de peintre célèbre. Pourquoi ont-elles été publiées 72 ans après la mort de l'artiste et peut-être 100 ans après avoir été réalisées ? Pour qui Pietro da Cortona réalisa-t-il ces dessins ? Parce que de nombreuses planches illustrent des nerfs, on peut supposer qu'elles étaient destinées à l'origine à l'illustration d'un livre de neurologie.

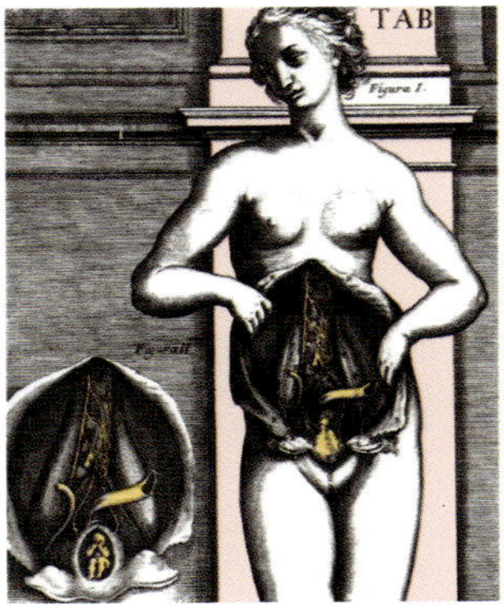

Pietro di Cortona inclut parfois des bâtiments classiques ou des paysages en arrière-plan de ses dessins anatomiques. Partout sont disposés des cadavres à divers stades de dissection, dans une pose de corps encore vivant. Beaucoup de ses sujets tiennent des images d'eux-mêmes, encadrées pour donner des détails additionnels. La planche 27 de la série est particulièrement obsédante. Une femme debout face au lecteur tient ouvert son utérus, avec ses propres mains, exhibant son appareil uro-génital. En saillie sur le mur à sa droite, un agrandissement de son utérus ouvert révèle un petit bébé installé dans l'utérus, se couvrant les yeux avec les mains. Pleure-il ou se protège-t-il simplement les yeux pour ne pas voir la dissection de sa mère ?

VOIR AUSSI Les dessins anatomiques de Léonard de Vinci (1510), *De humani corporis fabrica* (1543), Les chefs-d'œuvre d'Eustache retrouvés (1552), L'*Ostéographie* de Cheselden (1733), Les planches anatomiques d'Albinus (1747), L'*Utérus gravide* de Hunter (1774), L'Acte d'anatomie de 1832 (1832) et L'*Anatomie* de Gray (1858).

À GAUCHE : *deux vues du système urogénital de la femme, dont l'un avec un fœtus (par Pietro da Cortona).*
À DROITE : *nerfs des membres et du thorax.*

TAB. V.

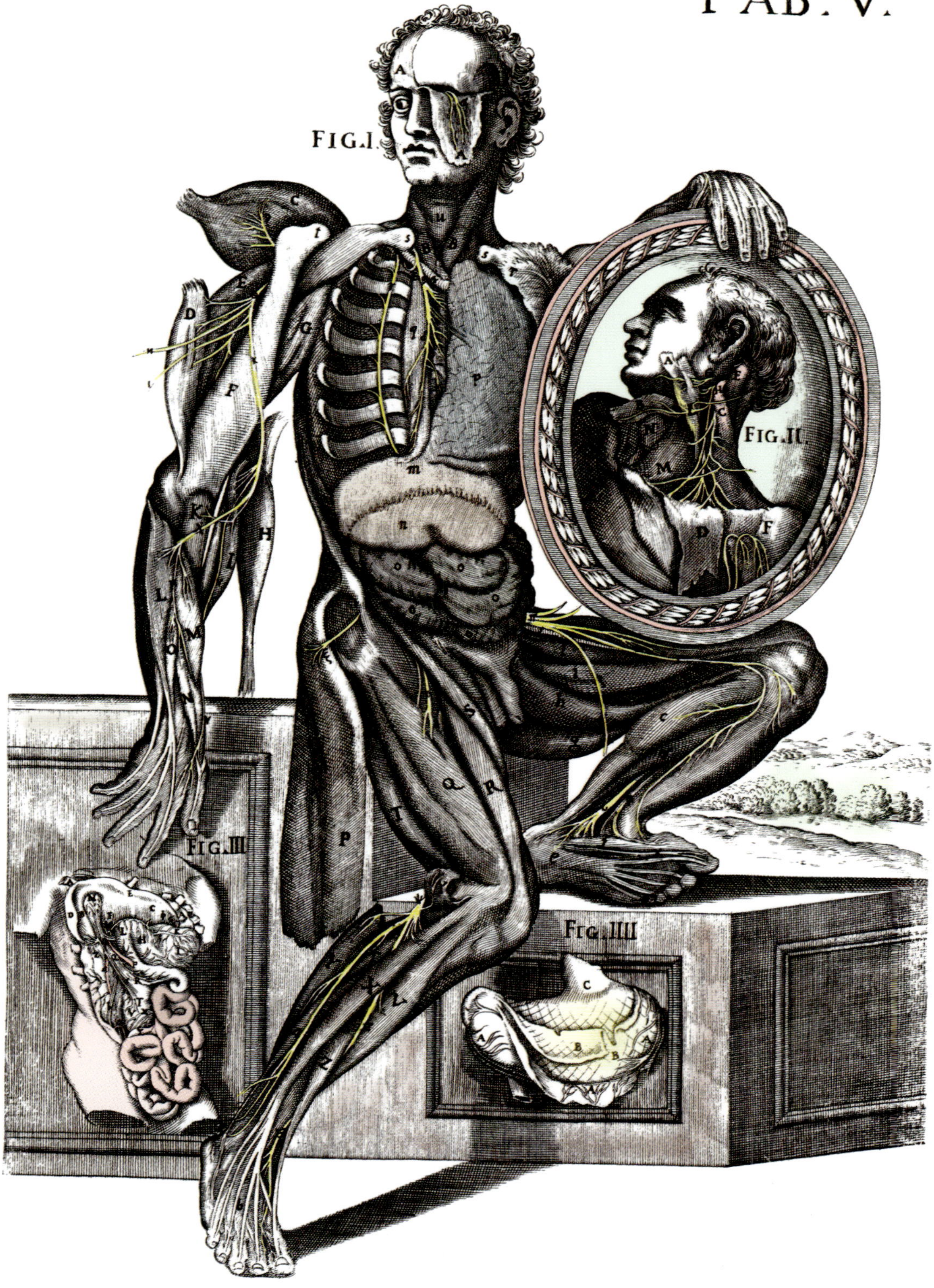

1628

Système circulatoire

Praxagoras (340-280 av. J.-C.), **Ibn al-Nafis** (1213-1288), **Hieronymus Fabricius** (1537-1619), **William Harvey** (1578-1657), **Marcello Malpighi** (1628-1694)

Si la circulation du sang est un sujet tout à fait banal aujourd'hui, enseigné aux élèves du collège, le fonctionnement du cœur et des vaisseaux sanguins est demeuré méconnu jusqu'au premier quart du XVIIe siècle.

Le médecin anglais William Harvey fut le premier à décrire en détail, correctement, la circulation du sang dans le corps humain. Dans son livre de 1628, *De motu cordis* (titre complet en français « Sur le mouvement du cœur et du sang chez les animaux »), il rapporte les expériences de ligatures ou de sections des différents vaisseaux proches du cœur qui lui permirent de connaître, chez l'animal, le sens du courant sanguin. Chez l'homme, en appliquant une pression sur des veines superficielles des bras, il déduisait le sens du courant sanguin en observant le gonflement, la congestion ou, au contraire, la pâleur des zones de peau correspondantes. À l'inverse des médecins du passé, qui prétendaient que le foie produisait le sang continuellement absorbé par le corps, Harvey montra que le sang devait être recyclé. Il comprit aussi que les valves découvertes dans les veines, par son maître Hieronymus Fabricius, facilitaient le courant sanguin seulement dans le sens du cœur.

Harvey suivit le cheminement du sang à travers des artères et des veines de plus en plus petites, mais, sans microscope, il put seulement présumer de l'existence de connexions entre artères et veines. Ce ne fut que quelques années à peine après sa mort que le médecin italien Marcello Malpighi observa au microscope les très fins capillaires sanguins assurant ces insaisissables connexions.

Divers travaux sur la circulation sanguine avaient annoncé les découvertes d'Harvey. Par exemple, le médecin grec Praxagoras distinguait les artères de veines, mais il prétendait que les artères transportaient de l'air. En 1242, le médecin musulman Ibn al-Nafis décrivit la circulation du sang entre le cœur et les poumons.

VOIR AUSSI Les écrits galéniques (190), La circulation pulmonaire d'al-Nafis (1242), La dérivation de Blalock-Taussig (1944) et Angioplastie (1964).

William Harvey décrivit correctement et en détail la circulation du sang dans le corps, en particulier la diffusion du sang oxygéné à partir du cœur et le retour du sang appauvri en oxygène.

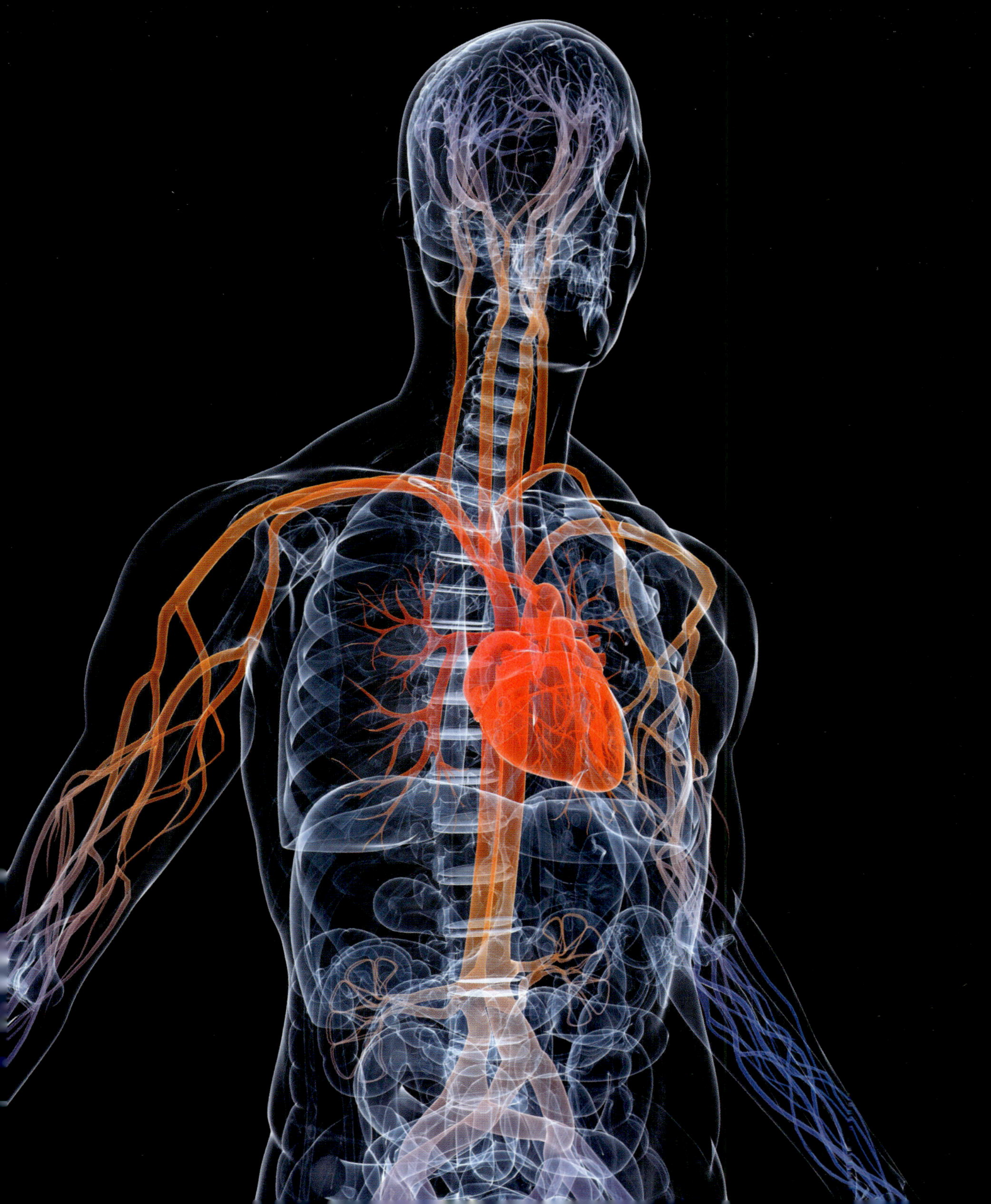

1642

Meurtre et canal de Wirsung

Johann Georg Wirsung (1589-1643), **Johann Wesling** (1598-1649), **Moritz Hoffmann** (1622-1698)

La découverte du canal pancréatique fut faite à Padoue en 1642, par l'anatomiste allemand Johan Wirsung, lors de la dissection du corps d'un meurtrier. Le canal pancréatique joint le pancréas au canal cholédoque, ces deux canaux déversant ensemble leurs contenus dans le duodénum, partie initiale de l'intestin grêle. Le canal pancréatique, également appelé canal de Wirsung en hommage à son découvreur, permet l'écoulement des enzymes pancréatiques nécessaires à la digestion des aliments.

Le pancréas a toujours été une sorte de mystère pour les médecins. Même Wirsung lui-même n'était pas très sûr du rôle joué par son canal. Pourtant, sa découverte était importante car elle établissait la fonction du pancréas comme glande sécrétrice. Au lieu de publier sa découverte, Wirsung envoya des illustrations à des anatomistes européens pour avoir leur avis. Une année plus tard, Wirsung fut tué d'un coup de feu alors qu'il causait avec ses voisins, près de chez lui. Le mentor de Wirsung, l'anatomiste Johann Wesling, fut accusé du meurtre, car on le disait jaloux de la découverte de son élève. Toutefois, Wesling fut acquitté, et beaucoup d'hypothèses contradictoires sur l'identité de l'assassin ont circulé.

Certaines versions ont suggéré que l'étudiant en médecine Moritz Hoffmann, qui était présent lors de la fameuse dissection, pouvait être le tueur. En effet, cinq années après l'assassinat de Wirsung, Hoffmann prétendit avoir découvert le canal chez la tortue, une année avant la dissection faite par Wirsung sur l'homme ; il prétendit également avoir informé Wirsung de sa trouvaille. Mais le suspect le plus probable est un autre étudiant, Giacomo Cambier. Juste une semaine avant l'assassinat, Cambier avait été obligé de démissionner de sa position de procureur des étudiants de l'Association des artistes de nationalité allemande en raison de « doutes sur sa moralité » et Wirsung avait été impliqué dans le procès.

VOIR AUSSI Glandes de Brunner (1679) et Greffe de pancréas (1966).

Planche anatomique du pancréas (en beige), du duodénum (à gauche) et de la rate (à droite), dessinée d'après nature par Jean Delmas et Jean Passebois en 1937. (Conservatoire d'anatomie de la faculté de médecine de Montpellier).

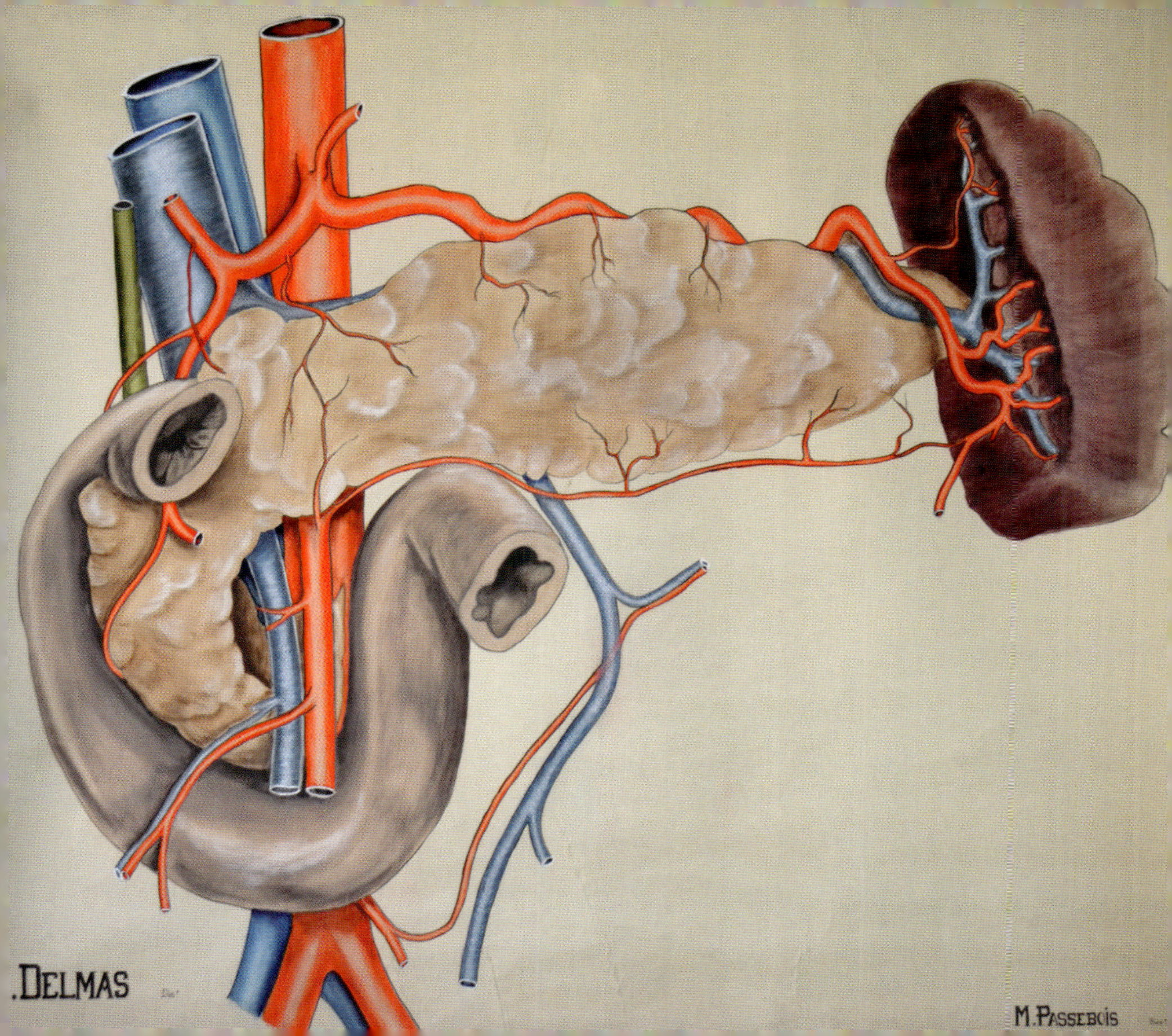
.DELMAS
M.PASSEBOIS

1652

Système lymphatique

Thomas Bartholin (1616-1680), **Olaus Rudbeck** (1630-1702)

Le système de défense lymphatique tient à la fois d'une alarme antivol et d'une académie militaire. Les ganglions lymphatiques surveillent l'intrusion éventuelle d'antigènes, pour donner l'alarme, et sont en même temps le centre de formation d'un corps d'élite, les cellules lymphoïdes, qui répondent à l'intrusion en produisant des anticorps et en formant des lignées de lymphocytes B et T (cellules blanches du sang), capables de garder en mémoire durant des années l'empreinte de l'intrus.

Le système lymphatique comprend un réseau de vaisseaux, de ganglions et d'organes qui : (1) fait partie du système immunitaire, et à ce titre protège l'organisme contre l'intrusion de microbes, comme les bactéries ; (2) absorbe l'excès de liquide des tissus et le ramène dans le courant sanguin ; et (3) facilite l'absorption des graisses à l'intérieur des micro-villosités en doigt de gant de l'intestin grêle. Les vaisseaux lymphatiques dans lesquels coule un liquide lymphatique clair, contiennent un système de valves à sens unique qui aident le passage des liquides provenant des tissus vers les veines sous-clavières gauche et droite (vaisseaux sanguins proches des clavicules). Avant que la lymphe n'entre dans le courant sanguin, elle passe à travers de petits ganglions lymphatiques de la forme d'un haricot, qui contiennent des lymphocytes T et B, pour aider à filtrer et éliminer les bactéries. Parce que le système lymphatique est étroitement associé à pratiquement tous les tissus du corps, il peut parfois aider à la dissémination des cellules cancéreuses. Les ganglions lymphatiques peuvent aussi piéger des cellules cancéreuses, mais s'ils ne sont pas capables de les détruire, ils peuvent devenir à leur tour le site de tumeurs.

La rate, le thymus, la moelle osseuse et les amygdales font partie du système lymphatique.

En 1652, le médecin danois Thomas Bartholin publia une description exhaustive du système lymphatique humain et inventa le terme de « vaisseaux lymphatiques ». À peu près à la même époque, le scientifique suédois Olaus Rudbeck faisait des découvertes similaires.

VOIR AUSSI Causes du cancer (1761), Structure des anticorps (1959) et Thymus (1961).

Une partie du système lymphatique (en vert), avec la rate en bas à droite.

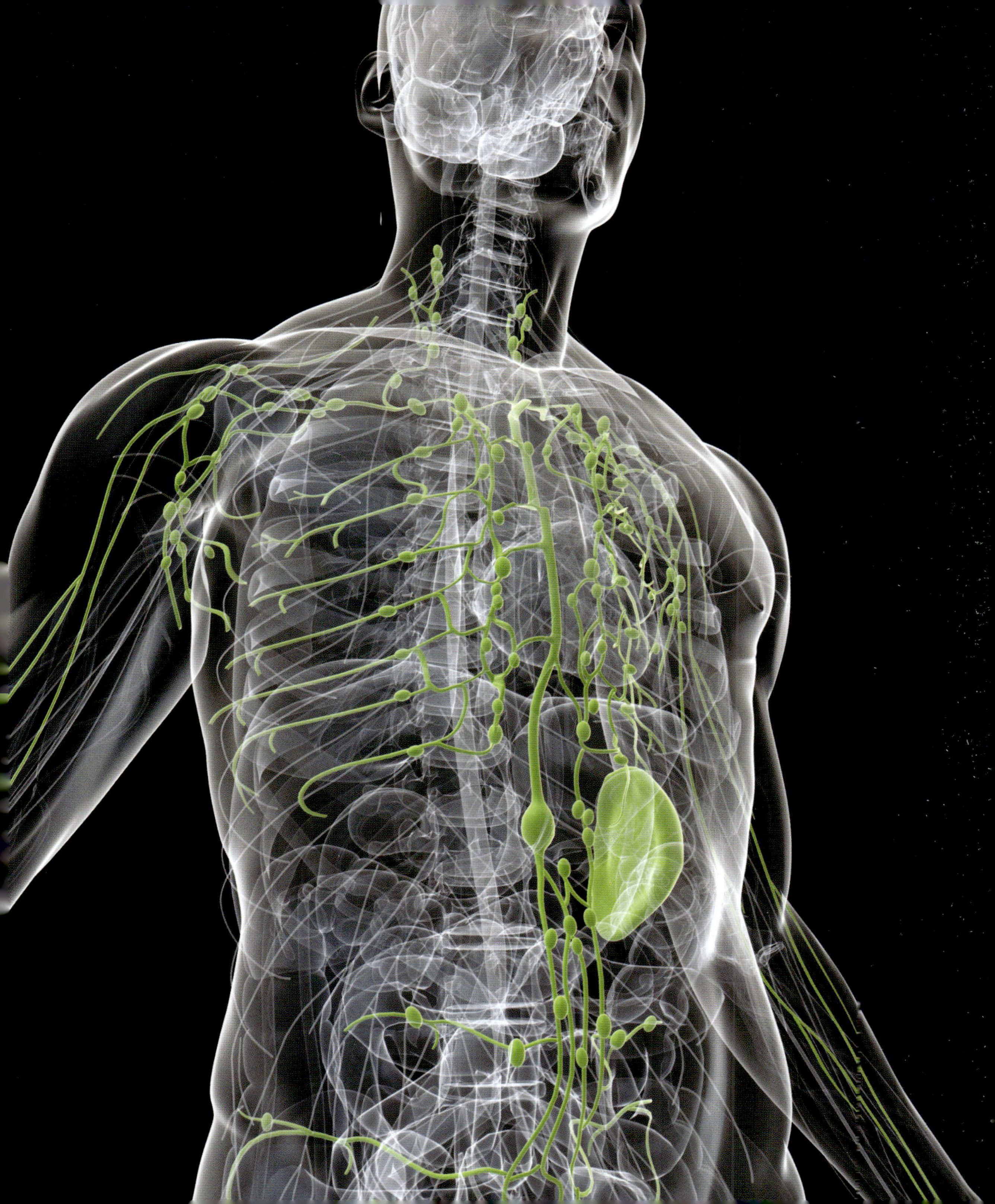

1664

Classement des nerfs crâniens

Thomas Willis (1621-1675)

Contrairement aux nerfs rachidiens qui émergent de la moelle épinière, les douze paires de nerfs crâniens ont la particularité d'être directement connectées au cerveau. Ces nerfs entrent et sortent de la boîte crânienne.

Les nerfs crâniens (et quelques-unes de leurs fonctions), sont les suivants : (I) olfactif (sensations des odeurs à partir du nez), (II) optique (sensations de vision à partir de l'œil), (III) moteur oculaire commun et (IV) pathétique (contrôle du mouvement des yeux), (V) trijumeau (sensations de la face, contrôle des muscles masticateurs), (VI) moteur oculaire externe (contrôle d'un muscle de l'œil), (VII) facial (sensations de goût à partir de l'avant de la langue, contrôle des muscles de la face et du cou), (VIII) auditif (sensations d'audition et équilibre), (IX) glosso-pharyngien (sensations de goût à partir de l'arrière de la langue, contrôle des muscles du cou), (X) vague (interface avec le cœur, les poumons, les intestins, le larynx et d'autres organes), (XI) spinal (contrôle des muscles du cou) et (XII) grand hypoglosse (contrôle des muscles de la langue).

En 1664, le médecin anglais Thomas Willis publia un ouvrage monumental sur le cerveau : *Cerebri Anatome*. Son classement des nerfs crâniens fut utilisé durant plus de cent ans, et sa numérotation des six premières paires est encore celle qui est utilisée à ce jour. Sa spécialisation sur le cerveau était en partie le résultat de ses tentatives pour comprendre l'âme. Les différences remarquables du cortex cérébral de l'homme par rapport à celui des animaux amenèrent Willis à suggérer que le cerveau était le siège principal de l'« esprit rationnel » de l'homme. Il émit également la théorie que les plus hautes fonctions du cerveau humain provenaient des circonvolutions du cortex cérébral.

VOIR AUSSI Liquide céphalo-rachidien (1764), Fonction cérébelleuse (1809), Loi de Bell-Magendie (1811), Localisation cérébrale (1861), Théorie du neurone (1891), Recherche de l'âme (1907), Implants cochléaires (1977) et Greffe du visage (2005).

Représentation de quelques nerfs crâniens à la base du crâne, d'après le De humani corporis frabrica, *d'Andréas Vésale (1543). Les nerfs olfactifs, en haut, sont rehaussés de jaune brillant, et les nerfs optiques sont représentés en vert.*

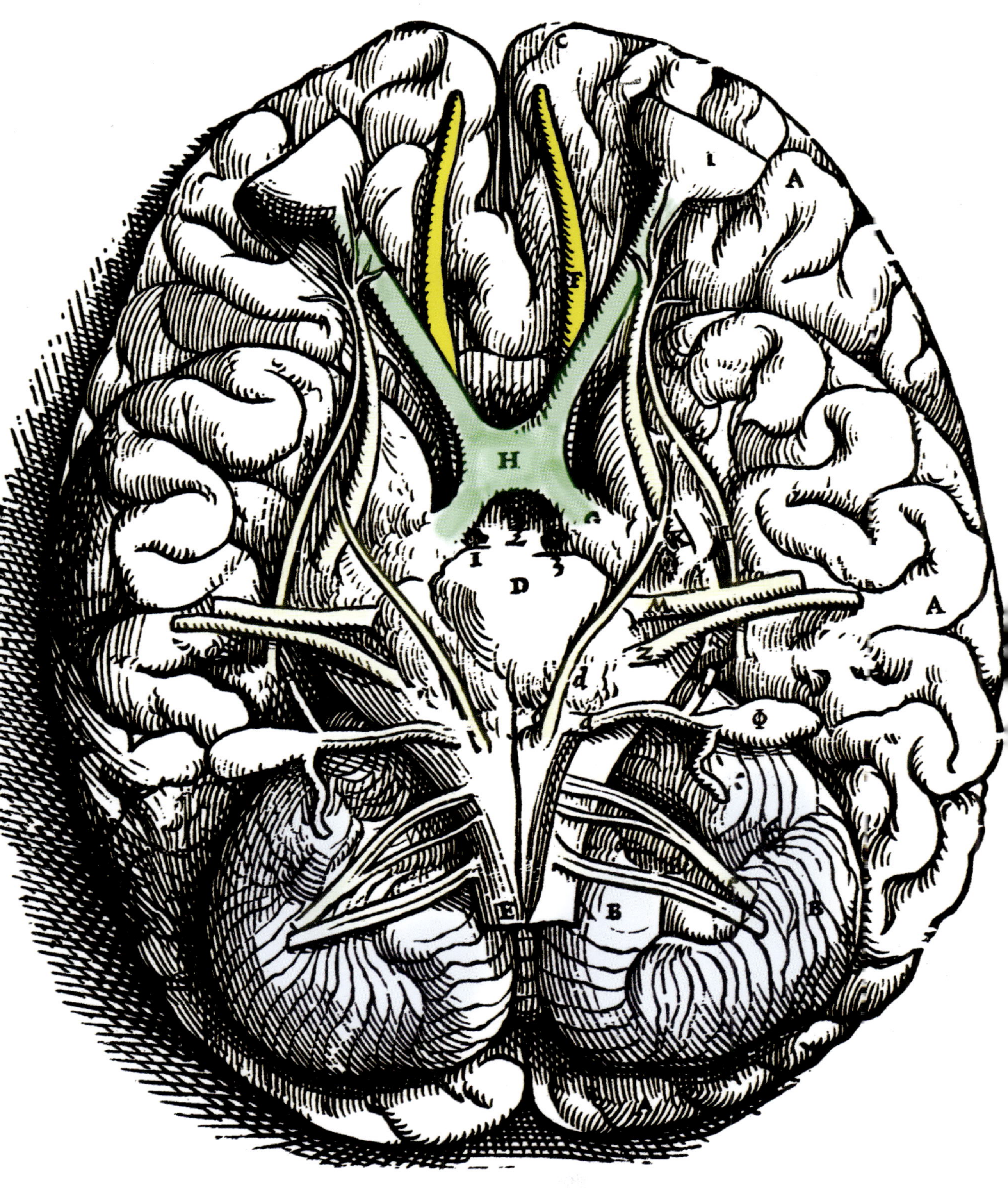
C
A
F
H
G
K
I
D
M
A
d
Φ
E
B
B

1665

Micrographie

Marcello Malpighi (1628-1694), **Anton Philips van Leeuwenhoek** (1632-1723), **Robert Hooke** (1635-1703), **Georgios Nicholas Papanicolaou** (1883-1962)

Bien que des microscopes aient existé depuis la fin du XVIe siècle, le microscope composé (un microscope avec plus d'une lentille) du scientifique anglais Robert Hooke peut être considéré comme l'ancêtre du microscope optique moderne. Le grossissement global d'un microscope optique dépend de la puissance de la lentille de l'oculaire (proche de l'œil) et de la lentille de l'objectif, proche de l'objet.

Le livre de Hooke *Micrographia* (« Micrographie »), en 1665, contient d'impressionnantes observations microscopiques d'échantillons biologiques allant des plantes aux puces. Ce chef-d'œuvre de la science du XVIIe siècle, ne se limite pas à des observations sur les règnes minéral, animal et végétal, mais il traite également des planètes, de la théorie ondulatoire de la lumière et de l'origine des fossiles.

Observant au microscope des tissus végétaux, Hooke fut le premier à décrire la « cellule », mot qu'il inventa pour décrire ces unités de base de tous les êtres vivants. Il choisit ce mot « cellule » par référence aux cellules dans lesquelles vivent les moines.

En 1673, le biologiste hollandais Anton van Leeuwenhoek découvrit l'existence d'organismes vivants dans une goutte d'eau d'une mare, ouvrant la voie à l'utilisation du microscope en médecine. Il publia ensuite des dessins des globules rouges du sang, des bactéries, des spermatozoïdes, du tissu musculaire et des capillaires sanguins, ces dernières structures ayant également été observées par le médecin italien Marcello Malpighi. Par la suite, le microscope est devenu un outil essentiel dans la recherche des causes de maladies, comme la peste bubonique, le paludisme et la maladie du sommeil. Cet appareil joua également un rôle crucial en santé publique, par exemple dans la prévention du cancer du col utérin, grâce au test du frottis (inventé par le médecin grec Georgios Papanicolaou) qui détecte les cellules cancéreuses du col.

VOIR AUSSI Lunettes (1284), Découverte des spermatozoïdes (1678), Un zoo en nous (1683), Division cellulaire (1855), Origine microbienne des maladies (1862), Étiologie de la peste bubonique (1894), Étiologie du paludisme (1897), Étiologie de la maladie du sommeil (1902) et Test de Papanikolaou (1928).

La puce, d'après Micrographie *de Robert Hooke (1665).*

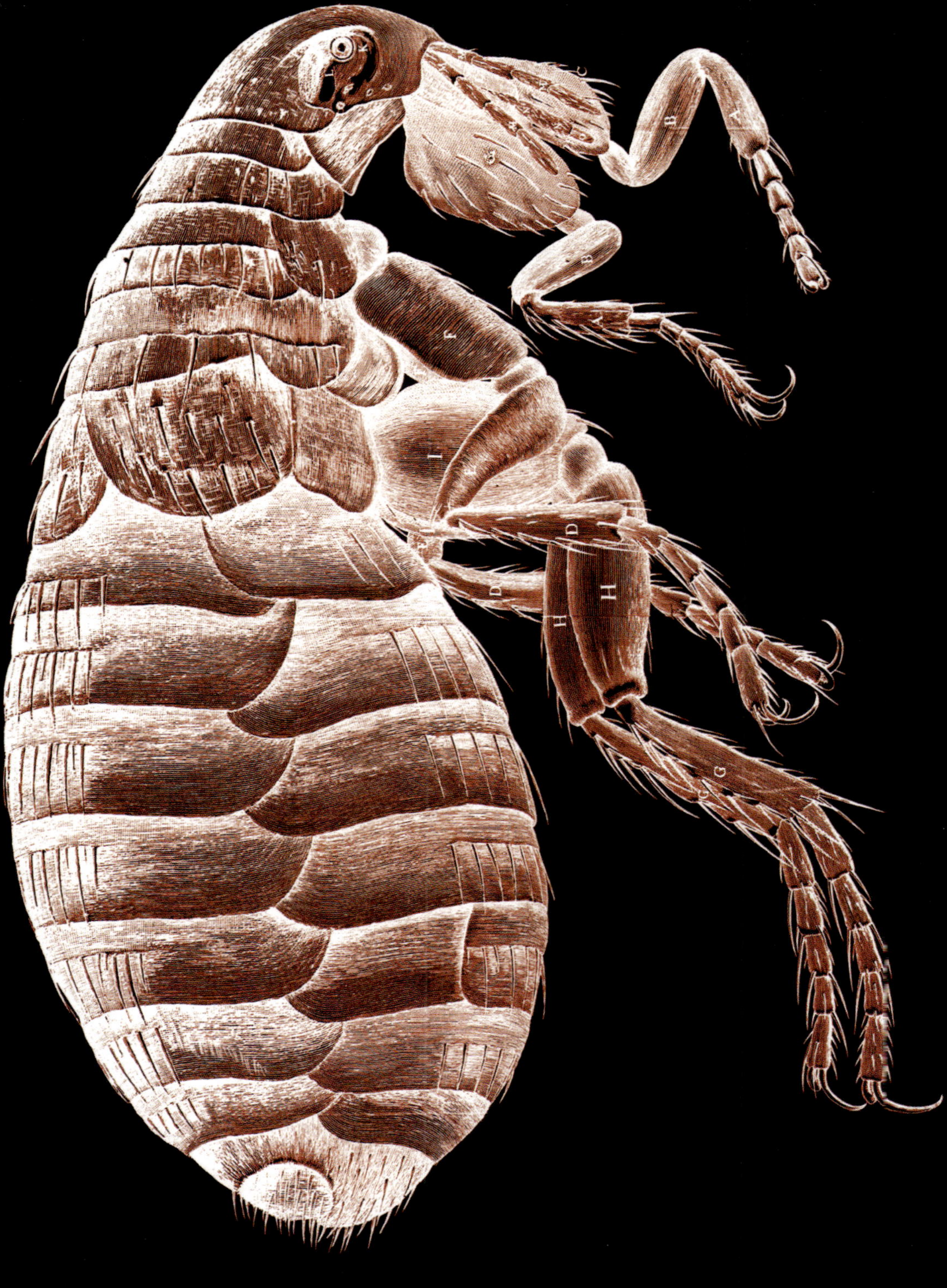

1678

Découverte des spermatozoïdes

Anton Philips van Leeuwenhoek (1632-1723), **Nicolaas Hartsoeker** (1656-1725)

En 1678, le scientifique hollandais Anton van Leeuwenhoek annonça à la *Royal Society* de Londres la découverte des spermatozoïdes humains, cellules ressemblant à des animaux vermiformes. Il écrivait : « Ce que j'ai observé, sans me comporter de façon coupable, était présent dans le résidu d'un coït conjugal. Si votre Excellence considérait que ces observations sont susceptibles de dégoûter ou scandaliser les savants, je prie ardemment votre Excellence de les tenir pour privées et de les publier ou de les détruire selon ce qui lui paraîtra convenable. » Van Leeuwenhoek suggérait enfin que ces créatures microscopiques nageant dans le sperme jouaient un rôle dans la fécondation. D'autres scientifiques virent dans les spermatozoïdes de simples parasites étrangers à la reproduction.

Vers 1677, van Leeuwenhoek et son étudiant Johan Ham examinèrent les spermatozoïdes à l'aide d'un microscope grossissant trois cents fois, et, selon la théorie de la préformation, prétendirent que la tête de chaque spermatozoïde (animalcule) contenait un minuscule être humain entièrement formé (homoncule). Le microscopiste hollandais Nicolaas Hartsoeker soutint avoir observé les spermatozoïdes dès 1674, mais son observation paraît incertaine. Son célèbre dessin d'un homuncule recroquevillé dans la tête d'un spermatozoïde était en accord avec la préformation. Naturellement, quand on commença à comprendre que les organes d'êtres vivants, comme les poussins, apparaissaient graduellement au cours du développement, il devint clair que les animaux n'étaient pas dès le début dans leur forme définitive.

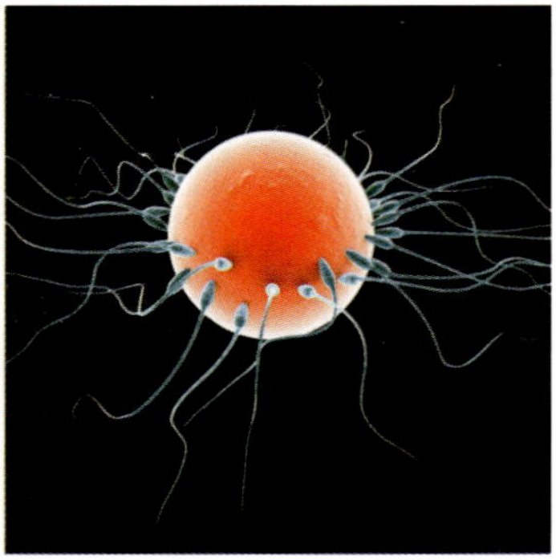

Nous savons aujourd'hui que les spermatozoïdes humains possèdent 23 chromosomes (filaments porteurs de l'information génétique), qui se réunissent aux 23 chromosomes femelles dans l'œuf fécondé.

VOIR AUSSI Préservatif (1564), *Micrographie* (1665) et Théorie chromosomique de l'hérédité (1902).

À GAUCHE : *spermatozoïdes entourant un ovule juste avant la fécondation.* À DROITE : *image d'un spermatozoïde, montrant la tête, la queue en fouet et la pièce intermédiaire dont la partie centrale filamenteuse contient de nombreuses mitochondries productrices de l'énergie nécessaire au mouvement de la queue et à la propulsion.*

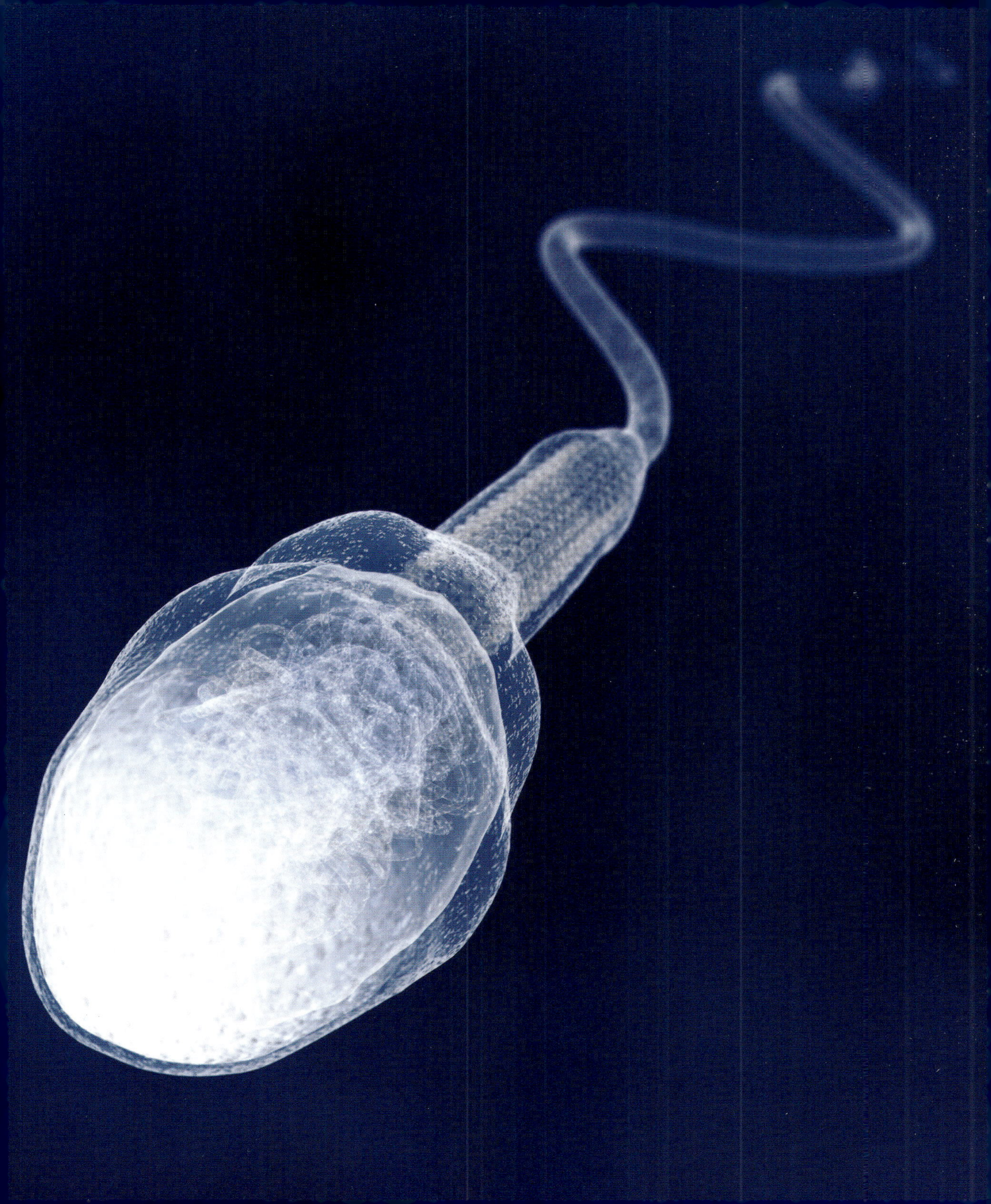

1679

Glandes de Brunner

Johann Jakob Wepfer (1620-1695), **Johann Conrad Brunner** (1653-1727), **Abraham Vater** (1684-1751), **Václav Treitz** (1819-1872), **Ruggero Oddi** (1864-1913)

L'intestin grêle a longtemps fasciné les humains, sans doute pour avoir vu les entrailles répandues sur tant de champs de bataille, comme des nids de serpents enchevêtrés. Pour les cultures méditerranéennes antiques qui pratiquaient la divination par l'examen des entrailles animales, les intestins représentaient le mouvement complexe des planètes ; les devins comptaient les torsions : un nombre pair était favorable et impair défavorable.

Le duodénum, premier segment de l'intestin grêle, est remarquable par sa variété de structures et de fonctions. Bien que le pathologiste suisse Johann Wepfer ait découvert les glandes duodénales en 1679, elles sont aujourd'hui appelées glandes de Brunner, suite à la description qu'en fit son gendre, Johann Brunner, en 1687.

Les glandes de Brunner sécrètent un liquide riche en mucus alcalin et bicarbonates, qui protège le duodénum de l'acidité du contenu stomacal. Elles lubrifient également les parois intestinales et créent un environnement alcalin favorable à l'activité des enzymes intestinales. Quand le duodénum reçoit de l'estomac le bol alimentaire partiellement digéré, il produit également deux hormones, la sécrétine et la cholécystokinine, qui déclenchent l'excrétion de la bile et des enzymes pancréatiques.

La paroi duodénale contient également trois éléments importants : l'ampoule de Vater (du nom de l'anatomiste allemand Abraham Vater) formée de l'union des canaux pancréatique et cholédoque ; le sphincter d'Oddi (en hommage à l'anatomiste italien Ruggero Oddi), une valve musculaire qui contrôle l'écoulement de la bile et des enzymes pancréatiques à travers l'ampoule de Vater ; et le *fascia* de Treitz (du nom du pathologiste tchèque Václav Treitz, qui se suicida en ingérant du cyanure de potassium), qui lie le duodénum au diaphragme.

VOIR AUSSI Meurtre et canal de Wirsung (1642), Observations sur l'estomac de Saint-Martin (1833), Ulcère peptique et bactérie (1984) et Transplantation intestinale (1987).

Visualisation de l'estomac (au centre) et son attachement au duodénum (le tube jaune orangé partant du bas de l'estomac, à gauche sur l'image). Le duodénum a diverses fonctions et contient les glandes de Brunner.

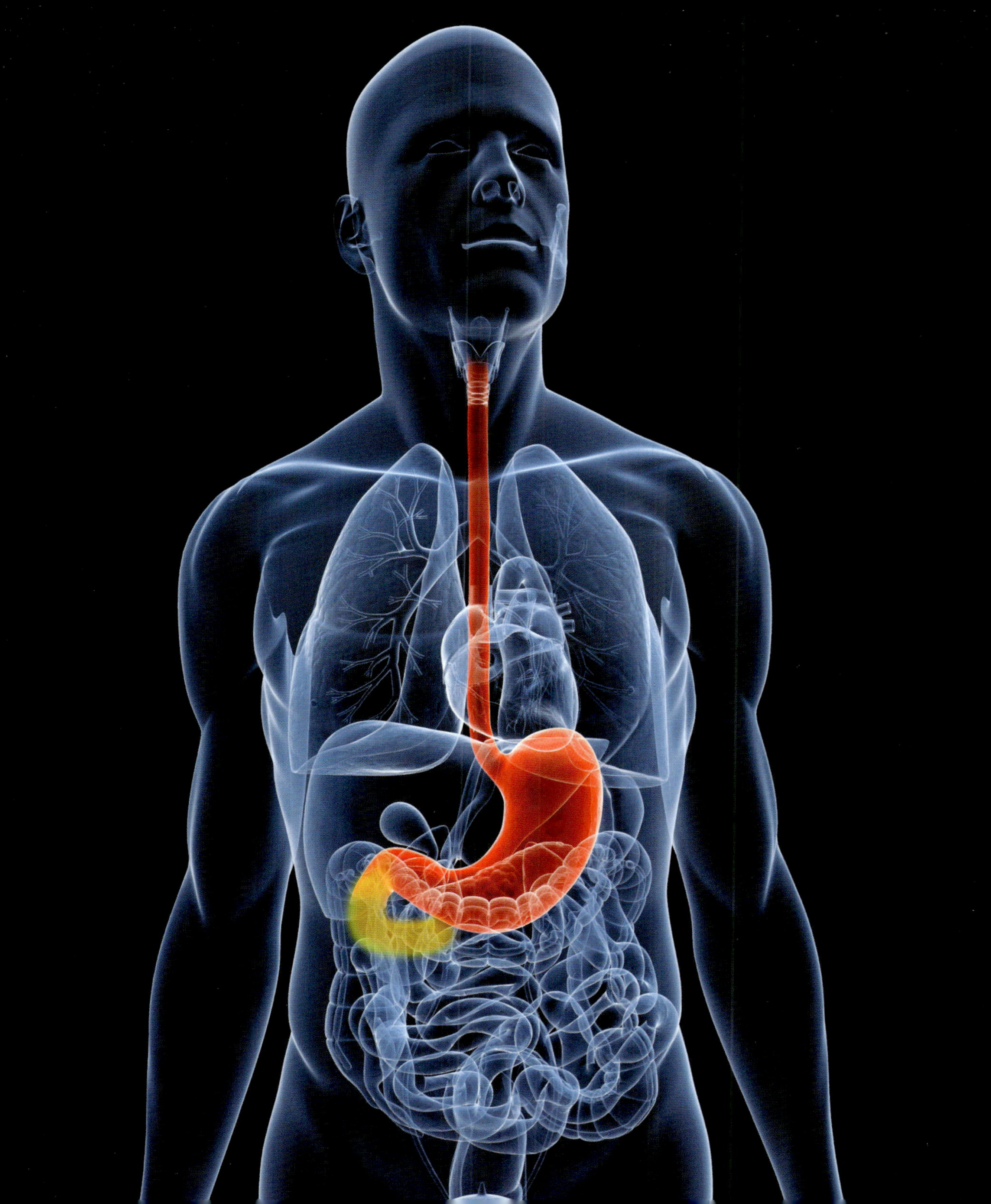

1683

Un zoo en nous

Anton Philips van Leeuwenhoek (1632-1723)

Même les corps les plus sains renferment un vaste zoo de microbes pouvant influer sur la santé. Cette découverte est due au microbiologiste hollandais Anton van Leeuwenhoek qui, en 1683, eut la surprise de découvrir « de petits animalcules vivants et mobiles » en observant un échantillon de sa plaque dentaire avec un microscope de sa fabrication. Notre corps est un véritable « superorganisme » qui contient au moins dix fois plus de ces petits microbes (particulièrement dans nos intestins) que de cellules. L'équilibre et le fonctionnement correct de ces divers écosystèmes de bactéries, champignons et virus peuvent aider à la guérison d'une série de maladies, allant des maladies inflammatoires intestinales à diverses atteintes de la peau.

Des microbes utiles et d'autres nuisibles se trouvent normalement sur et dans la peau, le tractus gastro-intestinal, la bouche, le vagin et le nez. L'intestin humain contient plus de cinq cents espèces de bactéries, population que l'on considère parfois comme un véritable « organe virtuel ». Les microorganismes de notre intestin fermentent la nourriture pour aider à la digestion, produisent des vitamines utiles à notre organisme et empêchent la croissance des microbes nuisibles. Les bactéries s'installent rapidement dans l'intestin du bébé dès sa naissance.

Différentes populations bactériennes pourraient jouer un rôle dans des maladies intestinales (comme la colite ulcéreuse), la formation de tumeurs et l'obésité. Le zoo microbien peut également influer sur la sévérité de l'eczéma, du psoriasis, de la maladie de Parkinson, du diabète et de certaines maladies auto-immunes.

L'infestation de l'intestin par des helminthes (vers parasites tels l'ankylostome ou le trichocéphale) pourrait avoir un effet bénéfique sur les maladies inflammatoires intestinales, la sclérose en plaque, l'asthme et certaines maladies de peau, en aidant à moduler le fonctionnement du système immunitaire.

VOIR AUSSI Systèmes d'égouts (600 ans av. J.-C.), *Micrographie* (1665), Appendicectomie (1848), Allergies (1906), La quarantaine de Marie Typhoïde (1907), Asticothérapie (1929), Auto-expérimentation médicale (1929) et Transplantation intestinale (1987).

Photographie en microscopie électronique d'une colonie de la bactérie Escherichia coli *qui habite le tractus gastro-intestinal de l'enfant dans le jour qui suit sa naissance.*

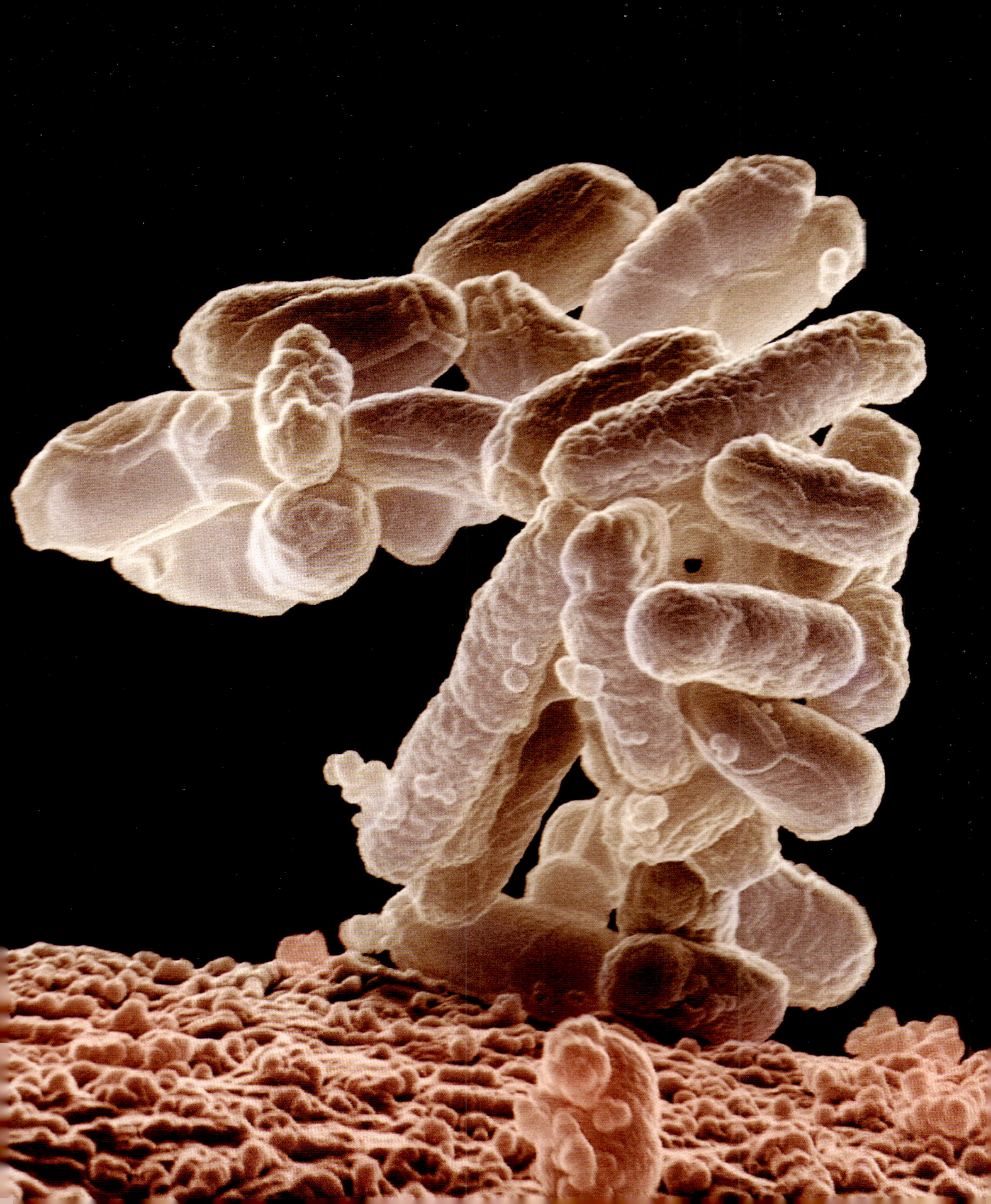

1687

Découverte du sarcopte de la gale

Francesco Redi (1626-1697), **Giacinto Cestoni** (1637-1718), **Giovanni Maria Lancisi** (1654-1720), **Giovanni Cosimo Bonomo** (1663-1696)

Le chercheur italien Giovanni Cosimo Bonomo, en collaboration avec le pharmacien Giacinto Cestoni, découvrit la cause d'une éruption cutanée très prurigineuse, la gale, et suggéra qu'elle résultait de l'union du mâle et de la femelle d'un acarien, dont il observa la ponte d'un œuf. Cette découverte le conduisit à postuler que la maladie était transmissible à l'homme, et pouvait se propager par les vêtements contaminés. Il proposa également un traitement par le soufre. Cette découverte ne fut pas immédiatement reconnue ; elle représentait pourtant la première mention de l'origine parasitaire d'une maladie infectieuse. On peut même dire que la découverte de Bonomo et Cestoni ouvrit une ère nouvelle en médecine.

Bien que l'acarien microscopique *Sarcoptes scabiei* (à peine visible à l'œil nu) ait été décrit de façon détaillée par Bonomo dans une lettre adressée en 1687 au médecin et naturaliste Francesco Redi, l'acarien ne fut pas considéré comme la cause de la gale. On pensait que la maladie était plutôt reliée aux humeurs de Galien. Bonomo écrivit : « [de la peau] j'ai extrait un très petit globule blanc à peine visible, et en l'observant au microscope, je trouvai [la larve], une minuscule créature vivante, avec la forme d'une tortue couleur blanchâtre, un peu sombre sur le dos, avec quelques longs poils fins, un mouvement agile, avec six pieds, une tête pointue et deux petites cornes à l'extrémité du museau ».

Immédiatement après la publication de la lettre de Bonomo, Giovanni Lancisi, le médecin principal du pape rejeta l'hypothèse du parasite comme cause de la gale, revenant à la théorie des humeurs. Et par déférence envers les Écritures, Bonomo préféra esquiver le débat.

On découvrit plus tard que les acariens pouvaient être sources d'autres gales chez les animaux domestiques, et pouvaient également parasiter des plantes et les abeilles.

VOIR AUSSI Les écrits galéniques (190) et Étiologie de la fièvre pourprée des Montagnes Rocheuses (1906).

En 1687, les acariens étaient très difficiles à étudier en raison de leur petite taille. Aujourd'hui ils sont couramment observés au microscope électronique à balayage. Ici, un acarien jaune, Lorryia formosa, *parmi des champignons.*

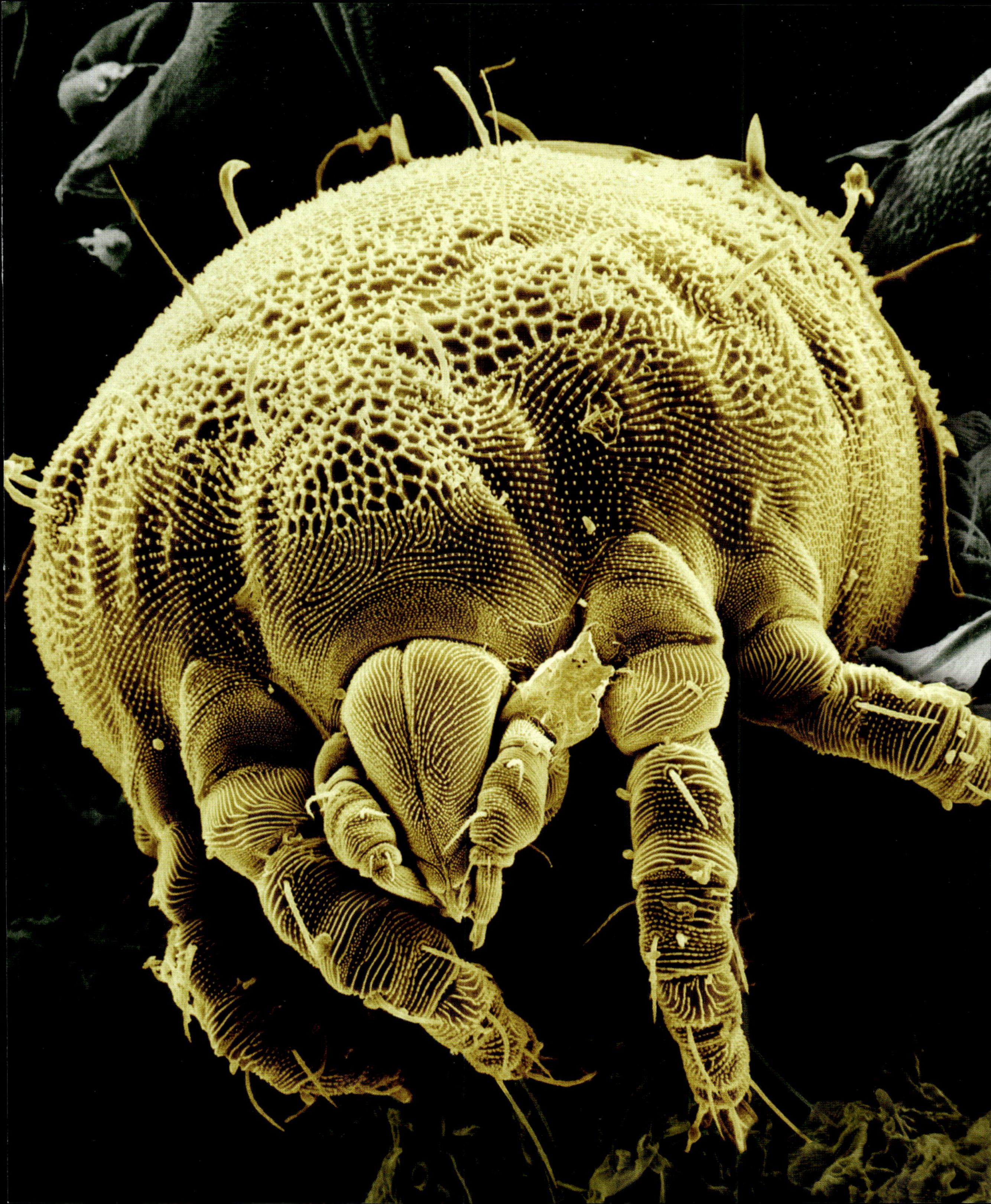

1689

Séparation de frères siamois

Johannes Fatio (1649-1691), **Chang et Enk Bunker** (1811-1874)

L'existence de siamois et les tentatives chirurgicales pour les séparer ont toujours posé des problèmes médicaux et éthiques complexes qui défient le concept habituel de personne.

Les frères siamois sont de vrais jumeaux dont les corps sont restés joints durant le développement intra-utérin. Le mécanisme de leur formation continue à être discuté : la théorie de la scissiparité suggère que l'œuf fertilisé a seulement subi une division partielle, alors que la théorie de la fusion prétend que l'œuf fertilisé s'est séparé pour générer deux embryons qui ont ensuite fusionné.

Les frères siamois peuvent être réunis par différents points du corps, par exemple par la poitrine, partageant un seul cœur, un seul foie et une portion de l'appareil digestif. Certains jumeaux partagent une tête, avec un seul visage, mais ont quatre oreilles et deux corps. Les plus célèbres frères siamois furent Chang et Eng Bunker (d'origine siamoise, d'où le nom commun utilisé depuis lors), qui étaient réunis par le torse. En 1843, ils épousèrent des sœurs ; Chang eut dix enfants et Eng onze. S'ils étaient nés aujourd'hui, ils pourraient être séparés avec succès.

En 1689, le chirurgien suisse Johannes Fatio réalisa la première séparation réussie de siamois réunis par l'abdomen. De façon remarquable, un essai avait été tenté, en 945 à Constantinople, pour séparer des frères siamois, après le décès de l'un des deux, mais le second n'avait survécu que trois jours.

Grâce aux techniques chirurgicales modernes et à l'arrivée du scanner, une chirurgie très sophistiquée peut être pratiquée pour séparer des siamois, mais les questions éthiques subsistent. En 2000, des frères siamois furent séparés en Grande-Bretagne en dépit des objections religieuses de leurs parents. Avant l'opération, il était certain que le chirurgien ne sauverait pas le plus faible des deux, mais si le chirurgien n'avait pas opéré, les deux auraient succombé.

VOIR AUSSI Avortement (70), Consentement éclairé (1947), Le désastre de la thalidomide (1962), Tomodensitométrie (scanner ; 1967) et Premier bébé éprouvette (1978).

Illustration de frères siamois ectopagus (joints latéralement) dicephalus dibrachius tripus, extrait des Êtres humains monstrueux *(1891-1893), par Barton Cooke Hirst (1861-1935) et George Arthur Piersol (1856-1924).*

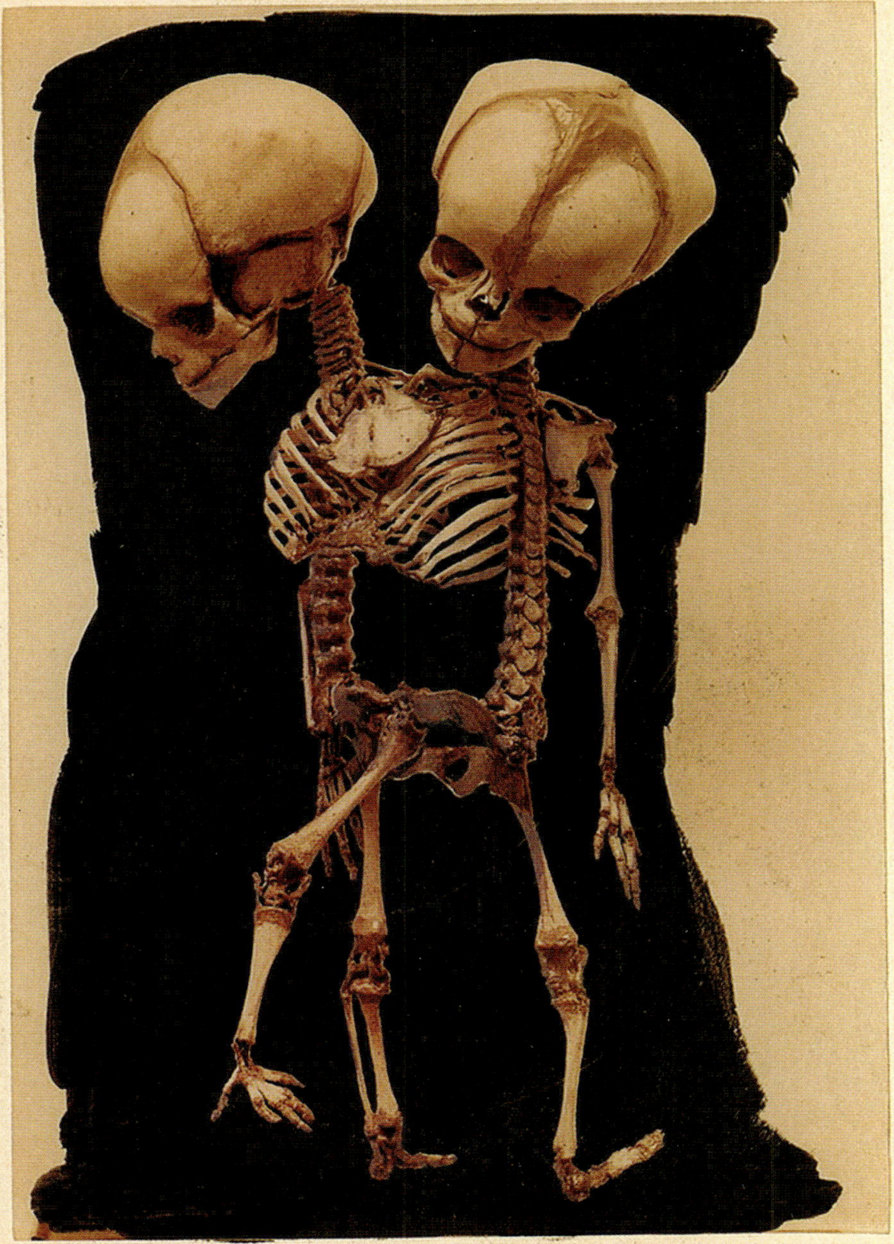

XXXIII *Ectopagus*

1707

La prise du pouls

Hérophile de Chalcidoine (335-280 av. J.-C.), **Sir John Floyer** (1649-1734)

Les sciences atteignent leur maturité lorsqu'elles adoptent les méthodes de mesure. Cet aphorisme est également vrai pour la médecine, qui n'a progressé qu'à partir du moment où elle a utilisé des méthodes objectives de détermination et de mesure. L'une des plus importantes a été la prise du pouls, ou battement du flux sanguin dans les artères causé par les contractions cardiaques. Pendant très longtemps, sa mesure précise est restée difficile, car les premières montres de poche ne comportaient pas d'aiguille des secondes. Dans l'antiquité, le médecin grec Hérophile essaya de mesurer le nombre de pulsations en utilisant une horloge à eau, dans laquelle le temps était mesuré par l'écoulement de l'eau.

Le médecin anglais Sir John Floyer peut à juste titre être considéré comme l'inventeur de la première mesure précise et efficace appliquée à la pratique médicale. Il codifia la prise des signes vitaux que sont les taux de pulsation et de respiration, dans une forme qui prévalut pendant cent cinquante ans. Floyer regrettait qu'il n'y ait pas de moyen facile et standardisé de mesurer le pouls du patient, aussi inventa-t-il une montre portable destinée à mesurer exactement une minute. Floyer publia, en 1907, une note, « La montre du médecin », l'année de la commercialisation de sa montre (qui avait alors une aiguille pour les secondes et aussi un bouton pour l'arrêter). La mesure des battements cardiaques par minute devint dès lors un moment obligatoire et une partie fondamentale de l'examen médical, et les montres portables furent associées aux médecins durant plus de deux cents ans. Floyer est également connu pour certaines de ses excentricités : il était un grand partisan des bains froids et obligeait parfois ses patients à se baigner dans une eau glacée.

De nos jours, la prise du pouls est toujours utile pour le diagnostic de diverses maladies, comme la déshydratation, le syndrome de Stokes-Adams, les obstructions vasculaires rencontrées au cours du diabète ou dans l'artériosclérose associée aux hypercholestérolémies.

VOIR AUSSI Digitale (1785), Stéthoscope (1816), Sphygmomanomètre (1881), Électrocardiographe (1903) et Statines (1973).

Médecin prenant le pouls d'une femme (vers 1665), huile sur toile du peintre hollandais Jan Steen (1626-1679).

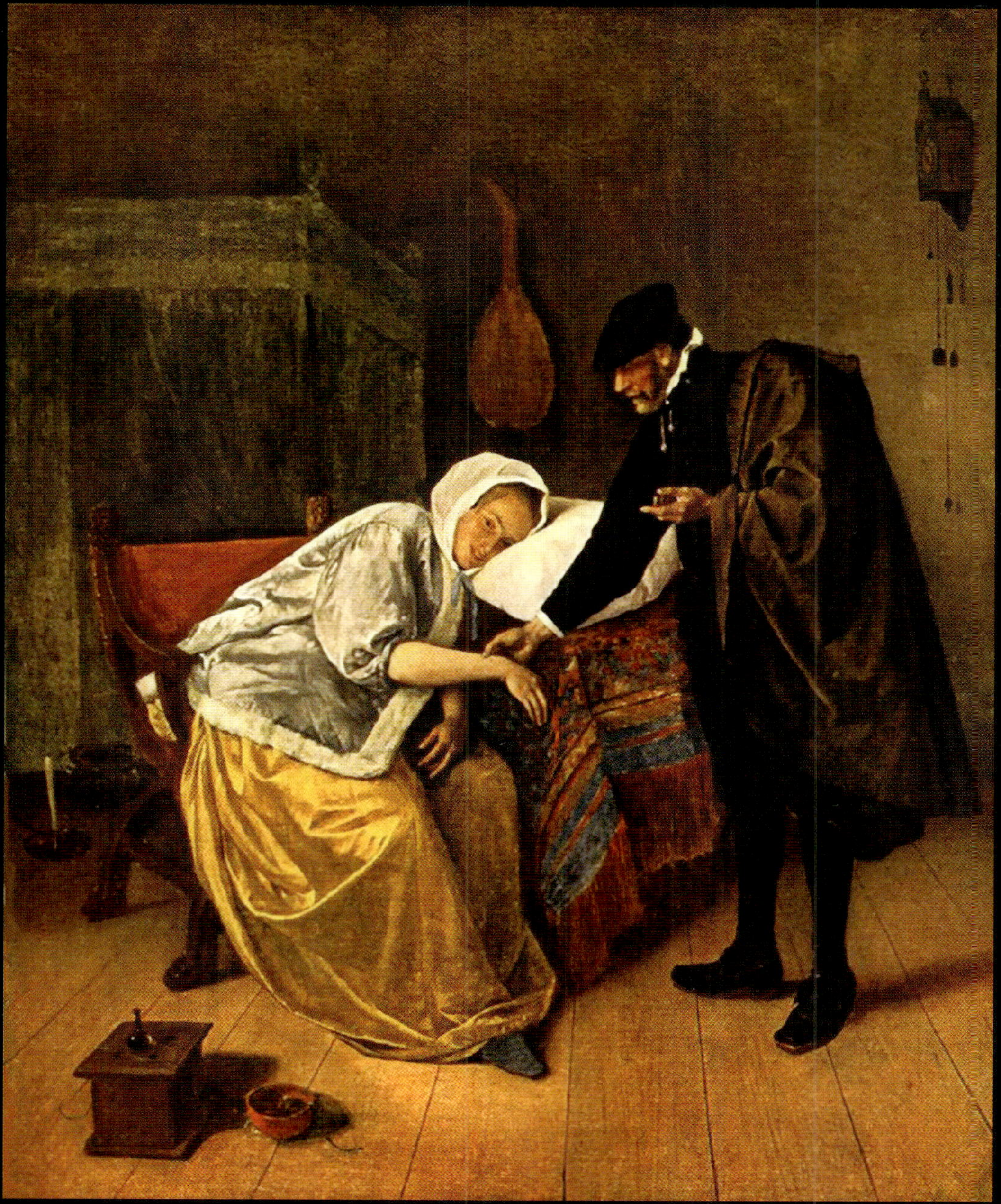

1726

Les lapins de Mary Toft

Nathaniel Saint-André (1680-1776), **John Maubray** (1700-1732), **Mary Toft** (1701-1763)

Mary Toft, une jeune anglaise dotée d'une imagination débridée, affirma, en 1726, avoir donné naissance à de nombreux morceaux de lapin (dont une tête) et à d'autres fragments d'animaux. D'éminents médecins l'examinèrent et, à la surprise générale, arrivèrent à la conclusion que ces naissances étaient réelles. Elle fut alors propulsée dans un monde dont elle n'avait même pas soupçonné l'existence : l'univers médical opaque et étrange florissant à la cour du roi. Lorsque, plus tard, elle confessa (sous la contrainte) qu'elle introduisait elle-même, secrètement, des morceaux d'animaux en elle, la carrière de plusieurs chirurgiens célèbres, trop crédules, fut ruinée.

La mystification de Mary Toft n'est pas déplacée dans une histoire de la médecine, car elle met l'accent sur la nécessaire prudence à avoir face à des théories insolites ou des canulars potentiels. Cette histoire rappelle également la théorie démodée des impressions maternelles, selon laquelle on pensait que les émotions et les envies d'une femme enceinte pouvaient transformer physiquement leur embryon. Par exemple, l'obstétricien londonien John Maubray conseillait à ses parturientes de ne pas jouer avec « des chiens, des écureuils et des singes » parce que leur bébé à naître courrait le risque de ressembler à ces animaux. Cette histoire rappelle également les angoisses communes des femmes d'avoir un enfant mal formé ou d'être livrée sans défense aux mains de médecins insensibles. C'est également la froide crédulité des grands hommes dans lesquels nous plaçons notre confiance qui est mise en lumière. Beaucoup de personnes instruites furent convaincues par les dires de Mary Toft, parce que des hommes éminents, comme Nathaniel Saint-André, médecin de la maison royale de George I, avait ajouté foi à son témoignage sur la naissance des lapins.

VOIR AUSSI Le Dr Wertt brûlé vif (1522), Forceps (1580), L'*utérus gravide* de Hunter (1774) et Maïeutique moderne (1925).

Crédulité, superstition et fanatisme *(1762), par l'artiste anglais William Hogarth (1697-1764). Mary Toft est allongée sur le plancher donnant naissance à des lapins qui sortent par petits sauts de sous sa robe. À côté d'elle, le garçon de Bilston vomissant des clous, canular qu'il imagina pour convaincre les gens qu'il était ensorcelé.*

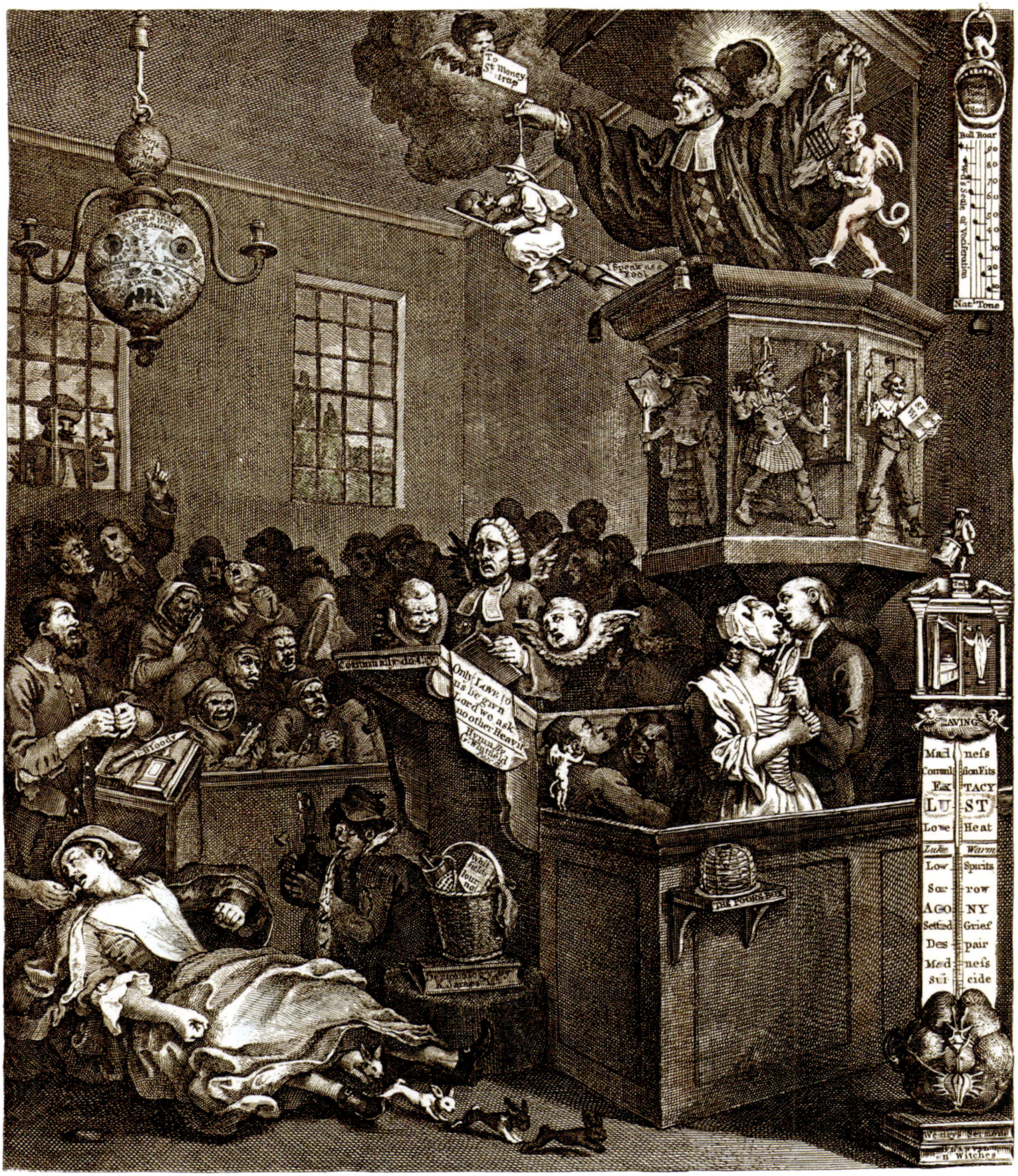

CREDULITY, SUPERSTITION, and FANATICISM.

A MEDLEY.

Believe not every Spirit, but try the Spirits whether they are of God: because many false Prophets are gone out into the World.

1 John. Ch. 4. V. 1.

Design'd and Engrav'd by Wm Hogarth.

Publish'd as the Act directs March ye 15th 1762.

1733

L'*Ostéographie* de Cheselden

Jacob Schijnvoet (1685-1733), **William Cheselden** (1688-1752), **Gerard van der Gucht** (1696-1776)

Des historiens de l'art ont écrit : « La représentation du corps humain, même ostensiblement neutre ou technique, implique toujours des choix de la part de l'artiste et révèle des sentiments forts. Les représentations historiques de corps disséqués vont des plus flamboyantes cires multicolores, aux gravures sur bois à l'impitoyable sobriété du célèbre *Traité d'Anatomie* de Henry Gray. Mais toutes ces images affichent ce qu'un historien de l'art appellerait du 'style'. »

L'un des plus curieux exemples d'anatomie « avec style » est l'*Ostéographie, ou anatomie des os*, publiée en 1733 par l'anatomiste et chirurgien anglais William Cheselden. C'est l'un des premiers ouvrages à donner une représentation complète et détaillée du squelette humain.

La représentation naturaliste d'un objet aussi complexe que le crâne est une question d'artifice et de convention. La principale difficulté est de rendre les trois dimensions de l'objet choisi, avec sa lumière, sa couleur et sa texture, dans un mode en deux dimensions et en noir et blanc. C'est la marque du savoir-faire d'un artiste s'il peut accomplir ce passage, sans que le lecteur remarque l'appauvrissement de la représentation.

Pour rendre les dessins exacts, Cheselden employait une chambre obscure, un appareil optique qui projette l'image du sujet sur une surface et permet de le reproduire en préservant sa couleur et sa perspective. Et, de fait, le frontispice de l'« Ostéographie » montre un scientifique scrutant l'intérieur d'une sorte de grande boîte sombre. Les artistes qui ont travaillé pour Cheselden, Gerard van der Gucht et Jacob Schijnvoet, utilisèrent cette chambre de projection pour réaliser les dessins. Mais Cheselden précisait : « Les postures du squelette et les positions de chaque os ont été mon propre choix. »

VOIR AUSSI Les dessins anatomiques de Léonard de Vinci (1510), *De humani corporis fabrica* (1543), Les chefs-d'œuvre d'Eustache retrouvés (1552), Les dessins de Pietro da Cortona (1618), Les planches anatomiques d'Albinus (1747), L'*utérus gravide* de Hunter (1774), L'Acte d'anatomie de 1832 (1832) et L'*Anatomie* de Gray (1858).

*Figure extraite de l'*Ostéographie, ou anatomie des os *(1733), par William Cheselden.*

XXXVI

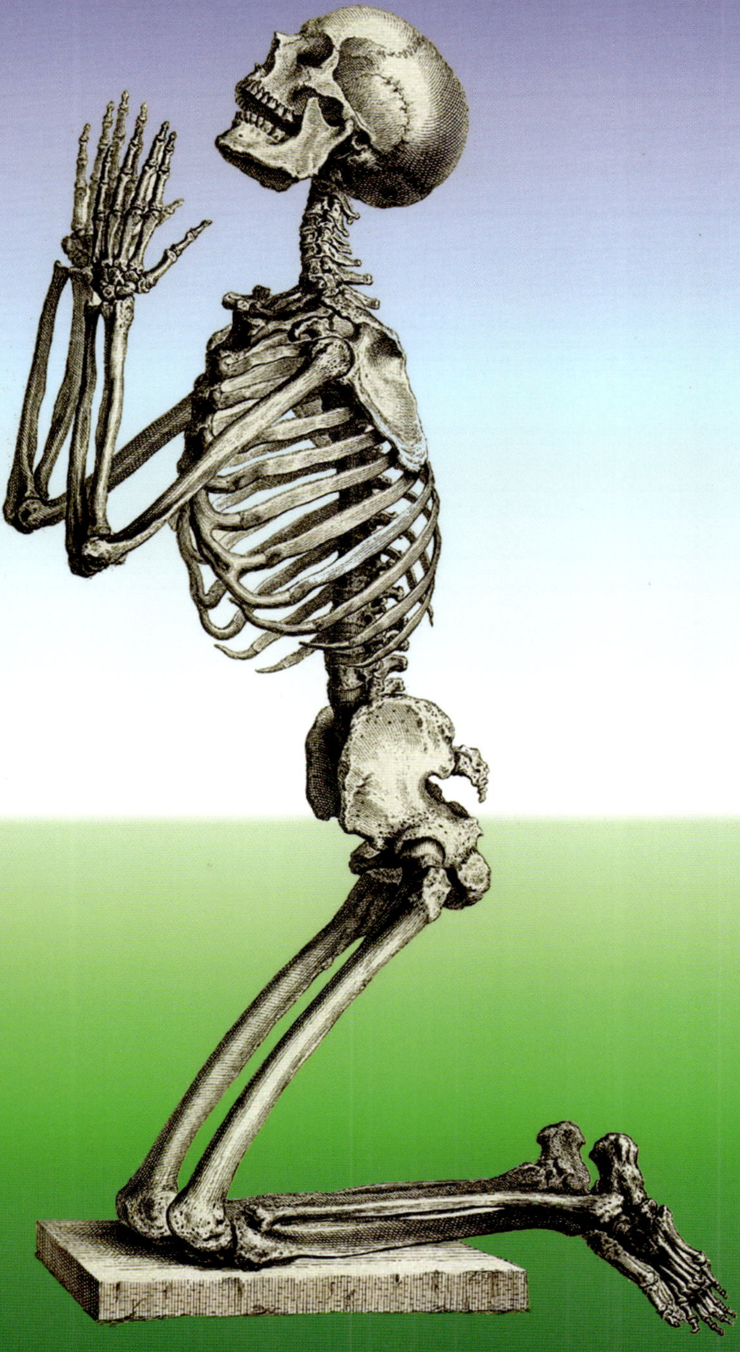

1747

Les planches anatomiques d'Albinus

Jan Wandelaar (1690-1759), **Bernhard Siegfried Albinus** (1697-1770)

Bernhard Siegfried Albinus projetait de réaliser les plus beaux tableaux anatomiques jamais vus et voulait représenter le corps humain idéal. Mais son perfectionnisme obsessionnel et son extrême souci de la précision entraînèrent beaucoup de difficultés et de gros retards… Aucun autre projet d'illustration anatomique n'a coûté autant de temps, de réflexions, de travail, de talent et d'argent que celui-ci.

Albinus était un prodige. Il commença ses études de médecine à douze ans à l'université de Leyde, aux Pays-Bas, et reçut son diplôme de médecin en 1719 sans passer d'examen. Il fut nommé professeur d'anatomie à vingt-quatre ans et fut rapidement reconnu comme le plus compétent d'Europe. Il est surtout célèbre pour son ouvrage monumental illustré *Tabulae sceleti et musculorum corporis humani* (« Planches du squelette et des muscles du corps humain »), qui fut publié à Leyde en 1747. Pour la réalisation des « Planches », Albinus travaillait en permanence avec l'artiste Jan Wandelaar. Albinus affirme : « [Wandelaar fut] formé, dirigé et entièrement gouverné par moi, comme s'il était un outil entre mes mains et que je dessinais les figures moi-même. » En face de chaque planche correspondait une page listant toutes les structures anatomiques intéressantes.

Afin d'être sûrs de la précision des « Planches », Albinus et Wandelaar plaçaient, devant les spécimens, un filet servant à guider le dessin sur la grille de la feuille. Albinus observait les poses d'un modèle nu et disposait à l'aide de cordes les squelettes dans des positions proches. Wandelaar ajoutait des paysages en arrière-plan, pour accroître la « réalité tri-dimensionnelle » des œuvres. Avec leurs arrière-plans ornementaux finement ciselés, ces illustrations s'adressaient aussi bien à des artistes qu'à des médecins.

VOIR AUSSI Les dessins anatomiques de Léonard de Vinci (1510), *De humani corporis fabrica* (1543), Les chefs-d'œuvre d'Eustache retrouvés (1552), Les dessins de Pietro da Cortona (1618), L'*Ostéographie* de Cheselden (1733), L'*utérus gravide* de Hunter (1774), L'Acte d'anatomie de 1832 (1832) et L'*Anatomie* de Gray (1858).

Figure de squelette dessinée par Albinus, avec, en arrière-plan, un rhinocéros ébauché par Wandelaar, à partir du premier rhinocéros vivant introduit en Europe, au zoo d'Amsterdam en 1741.

TAB. IV.

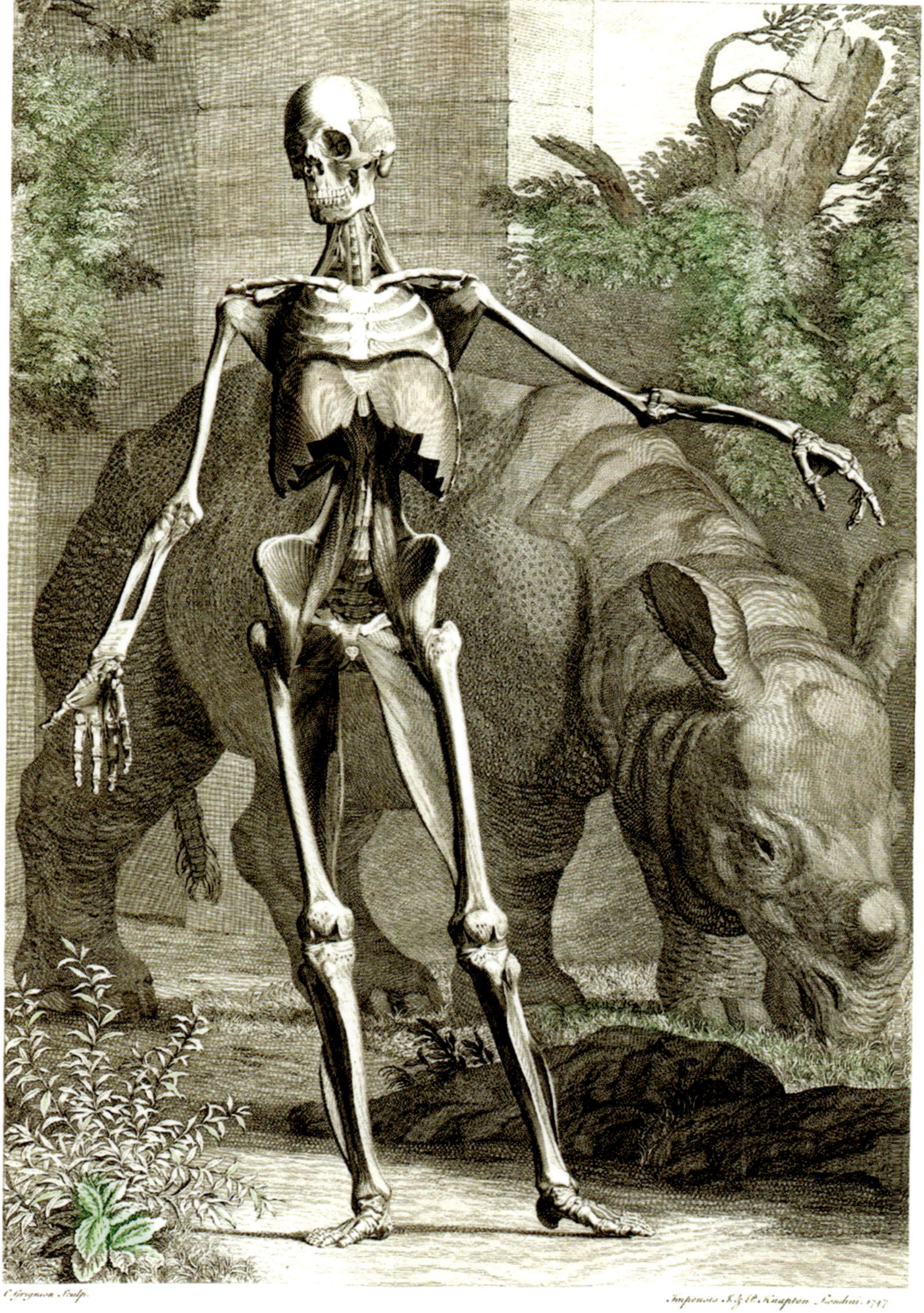

C. Grignion Sculp.

Impensis J. & P. Knapton Londini 1747

1753

Traité du scorbut

Sir James Lancaster (1554-1618), **James Lind** (1716-1794)

Le scorbut fit plus de morts sur les mers que les tempêtes, les naufrages, les combats et toutes les autres maladies réunies. Les historiens estiment à plus de deux millions le nombre de marins morts de scorbut au temps de la marine à voile, une époque allant des voyages de Christophe Colomb au développement de la navigation à vapeur.

Nous savons à présent que le scorbut résulte d'un déficit en vitamine C, indispensable à la synthèse du collagène rencontré dans le tissu conjonctif. Les symptômes du scorbut comprennent saignement des gencives, faiblesse et troubles cutanés. Le scorbut était autrefois fréquent chez les marins et les soldats que les voyages privaient de fruits et légumes durant de longues périodes. En 1601, le navigateur anglais Sir James Lancaster notait que les citrons aidaient à prévenir le scorbut, ce fruit ayant une teneur élevée en vitamine C. Malheureusement, cette constatation ne fut pas suivie d'application pratique. Pourtant les Indiens d'Amérique utilisaient une infusion faite d'écorce et d'aiguilles de pin pour traiter le scorbut, mais les explorateurs européens n'étaient pas enclins à prendre en compte les connaissances de « sauvages païens ».

L'expérimentation célèbre du médecin de marine écossais James Lind fut l'un des premiers essais cliniques à la recherche d'un traitement du scorbut. Comme il l'explique dans son *Traité sur le scorbut* de 1753, Lind sépara les marins atteints de scorbut en six groupes, ayant des régimes alimentaires différents. Seuls les marins qui mangeaient des citrons et des oranges guérissaient rapidement. Mais, comme il omit de faire une recommandation précise, son travail demeura méconnu. C'est seulement à partir de 1795 que du jus de citron fut donné régulièrement aux marins, faisant disparaître la maladie de la flotte britannique.

L'éradication du scorbut fut l'une des grandes avancées médicales et socio-militaires de l'époque, une découverte aussi importante pour la navigation que le calcul de la longitude, le vaccin antivariolique, ou l'invention de la machine à vapeur.

VOIR AUSSI Découverte des vitamines (1906), Éradication du rachitisme (1922), Traitement par le foie (1926) et Essais aléatoires contrôlés (1948).

Carte de 1746. Plus de deux millions de marins périrent du scorbut à l'époque de la marine à voile.

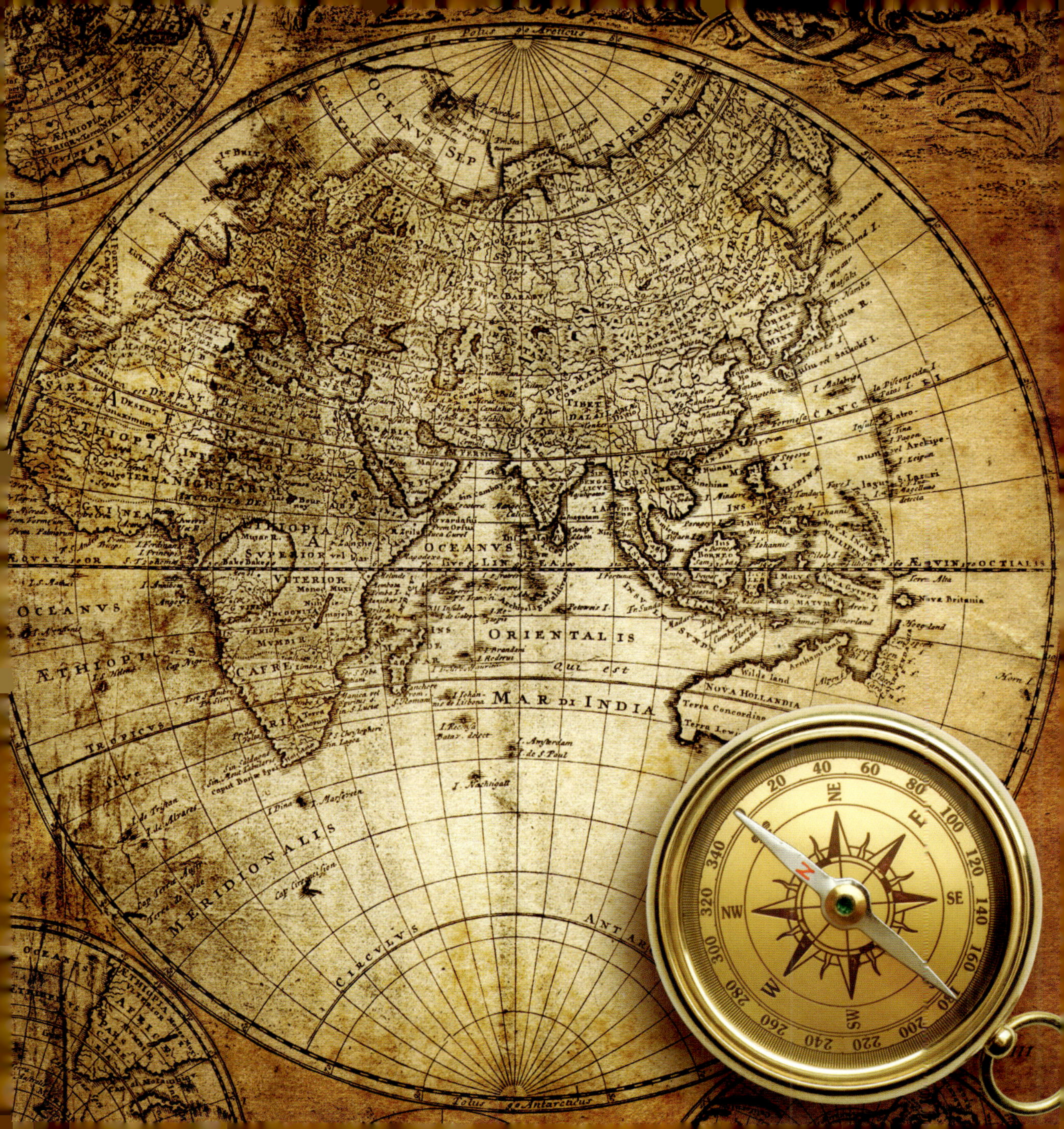
OCEANUS SEP TENTRIONALIS
OCEANUS
ORIENTALIS
MAR DI INDIA
NOVA HOLLANDIA
Terra Concordia
MERIDIONALIS
CIRCULUS
Nova Britania
I. Amsterdam
I. de S. Poul
I. Nachtegall
NE
E
SE
NW
W
SW
N

1761

Autopsie

Frédéric II de Hohenstaufen (1194-1250), **Giovanni Battista Morgagni** (1682-1771), **Carl von Rokitansky** (1804-1878), **Rudolf Ludwig Karl Virchow** (1821-1902)

L'autopsie consiste en un examen méticuleux du corps et des organes, qui permet souvent de déterminer la cause de la mort. L'anatomiste italien Giovanni Morgagni se rendit célèbre par ses autopsies qui mettaient en relation les symptômes cliniques avec les modifications des organes. Dans son ouvrage paru en 1761, *De sedibus et causis morborum per anatomen indagatis* (« Siège et causes de maladies élucidés par l'anatomie ») rapportant plusieurs centaines d'autopsies, il décrivait les maladies coronariennes, la pneumonie et divers cancers. Le médecin bohémien Carl von Rokitansky réalisa plusieurs milliers d'autopsies selon un protocole défini, faisant de l'autopsie une branche séparée de la médecine. Le pathologiste allemand Rudolf Virchow insista sur l'importance du microscope dans la pratique de l'autopsie des tissus.

Aujourd'hui, le médecin pratique une grande incision sur la partie antérieure du corps, permettant d'extraire la plupart des organes ensemble en une seule masse. Les principaux vaisseaux sanguins sont ouverts et inspectés. Le contenu de l'estomac et des intestins peut parfois donner une indication sur l'heure du décès. Une scie électrique permet d'ouvrir le crâne et d'examiner le cerveau. Des techniques spécialisées peuvent être utilisées, comprenant la microscopie électronique, la radiologie et la toxicologie.

Bien que les autopsies aient souvent révélé des erreurs diagnostiques ou des causes inattendues de décès, le nombre d'autopsies pratiquées dans les pays occidentaux depuis les années 1960 est en forte diminution, en partie peut-être en raison de la peur des médecins des suites judiciaires des erreurs professionnelles. L'incidence des autopsies varie fortement selon les nationalités et les religions – le Judaïsme et l'Islam n'encourageant généralement pas la pratique des autopsies.

VOIR AUSSI *De humani corporis fabrica* (1543), Le « Cri de souffrance des organes » de Morgagni (1761), L'Acte d'Anatomie de 1832 (1832), Cryogénisation (1962) et Ulcère peptique et bactérie (1984).

La leçon d'anatomie du Dr Nicolas Tulp *(1632), huile sur toile du peintre hollandais Rembrandt van Rijn (1606-1669). Nicolas Tulp (1593-1674) était chirurgien et maire d'Amsterdam.*

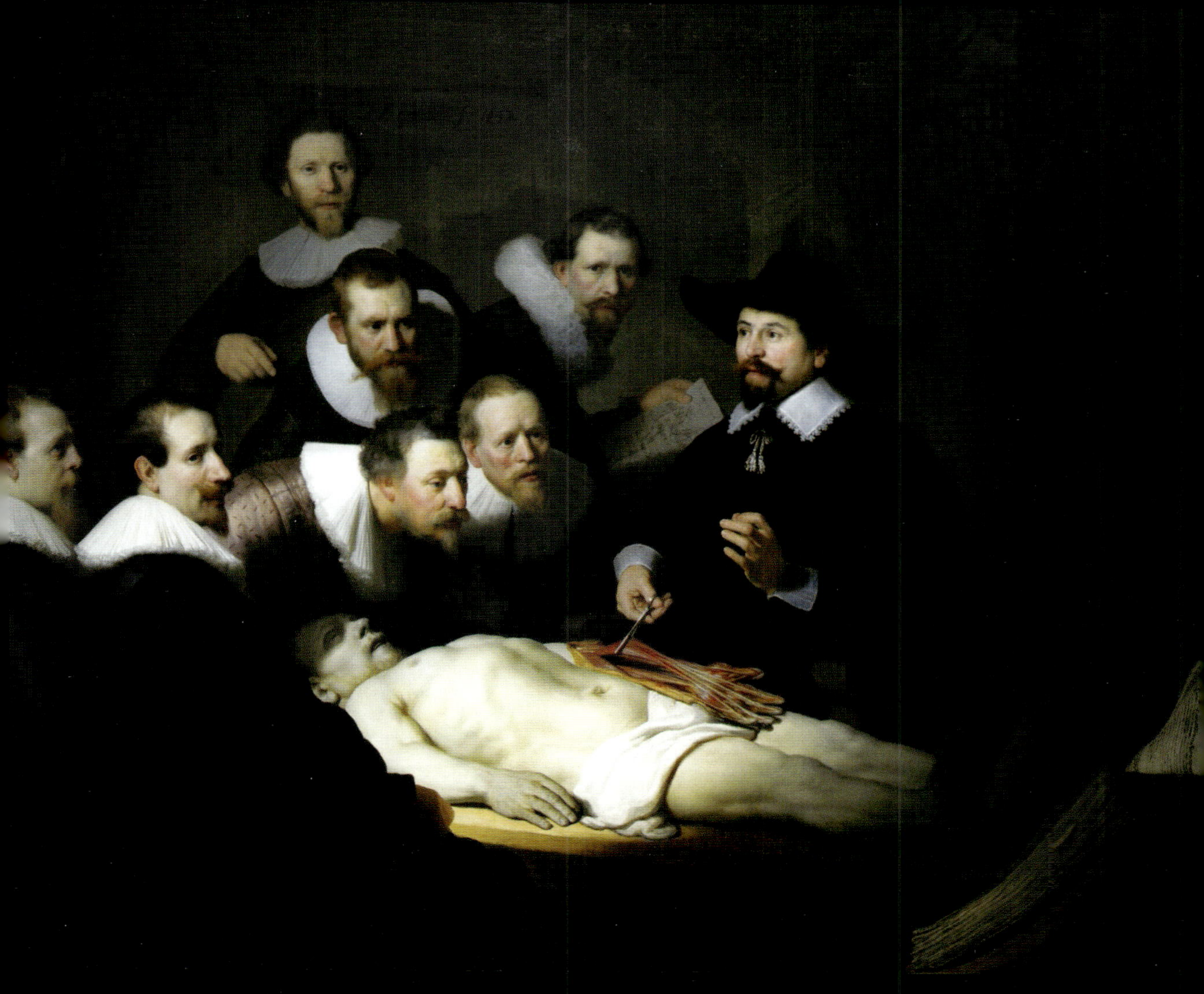

1921

Causes du cancer

Bernardino Ramazzini (1633-1714), **John Hill** (1707-1775), **Sir Percivall Pott** (1714-1788), **Wilhelm von Waldeyer-Hartz** (1836-1921), **Katsusaburo Yamagiwa** (1863-1930)

Le terme de cancer fait référence à un groupe de maladies au cours desquelles les cellules présentent une croissance anarchique avec parfois des métastases dans d'autres parties du corps. Les cancers sont causés par des anomalies du matériel génétique cellulaire pouvant avoir de multiples causes, comprenant des facteurs cancérigènes (tabac, exposition au soleil ou virus) ainsi que des erreurs aléatoires de la réplication de l'ADN.

Les plus anciens cancers décrits (huit cas de tumeurs du sein) figurent dans un papyrus égyptien datant d'environ 1600 avant Jésus-Christ. En 1713, le médecin italien Bernardino Ramazzini rapporta l'absence virtuelle de cancer du col utérin chez des nonnes, par rapport aux femmes mariées, supposant que les rapports sexuels augmentaient le risque de cancer. Le premier article évoquant la relation entre la prise de tabac et le cancer nasal fut publié par le médecin anglais John Hill en 1761, surpris de découvrir que tous ses patients prisaient. En 1775, un autre médecin anglais, Percivall Pott, attribua la forte incidence de cancers du scrotum des ramoneurs de cheminées à leurs contacts fréquents avec la suie. Il rapporta même le cancer d'un jeune garçon apprenti ramoneur. D'ailleurs, en 1915, le chercheur japonais Katsusaburo Yamagiwa montra qu'un badigeonnage répété de la peau de lapins par du goudron de charbon induisait un cancer.

Dans les années 1860, l'anatomiste allemand Waldeyer-Hartz classa les différentes sortes de cellules cancéreuses et suggéra que le cancer commençait par une seule cellule et pouvait se répandre par le sang ou le système lymphatique. Nous savons aujourd'hui que les gènes suppresseurs de tumeurs, qui normalement inhibent les divisions cellulaires non contrôlées, peuvent être inactivés par des modifications génétiques associées aux cancers.

VOIR AUSSI Système lymphatique (1652), Division cellulaire (1855), Découverte des virus (1892), Radiothérapie (1903), Test de Papanikolaou (1928), Chimiothérapie anticancéreuse (1946), Mammographie (1949), Cellules HeLa (1951), Tabac et cancer (1951), Structure de l'ADN (1953), Oncogènes (1976), Épigénétique (1983) et Télomérase (1984).

Deux portraits de Clara Jacobi, une Hollandaise qui présentait une tumeur du cou enlevée en 1689.

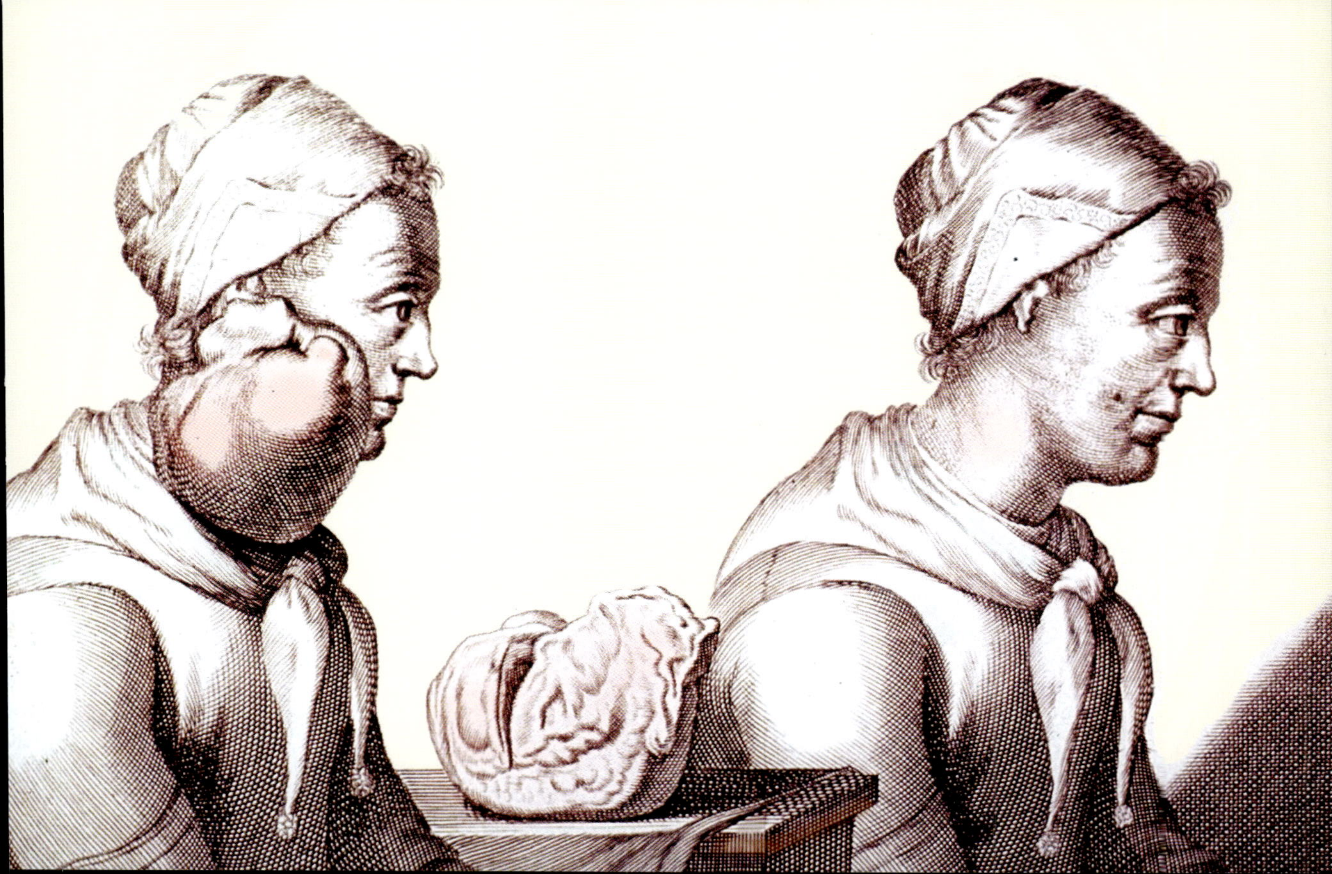

1761

Le « cri de souffrance des organes » de Morgagni

Andreas Vésale (1514-1564), **Gabriel Falloppe** (1523-1562), **Giovanni Battista Morgagni** (1682-1771), **Marie François Xavier Bichat** (1771-1802), **Rudolf Ludwig Karl Virchow** (1821-1902)

L'idée que les symptômes de maladies, depuis le rhume jusqu'au cancer, s'accompagnent de modifications dans les organes et les tissus semble aujourd'hui banale. Pourtant, la corrélation systématique de la clinique avec des changements structuraux vus à l'autopsie fut un concept original. Avec la publication en 1761 de son ouvrage monumental *De sedibus et causis morborum per anatomen indigatis* (« Siège et causes des maladies »), l'anatomiste italien Giovanni Morgagni instaurait le diagnostic des maladies basé sur l'examen du corps, des organes et des tissus. Pour Morgagni, père de l'anatomie pathologique moderne, les symptômes des maladies représentaient le « cri de souffrance des organes ».

Bien que d'autres chercheurs comme Andreas Vésale et Gabriel Falloppe aient réalisé des études anatomiques extensives, le travail de Morgagni était remarquable par sa précision et son caractère systématique. Morgagni essayait d'identifier à l'autopsie les causes sous-jacentes des maladies dont il faisait des observations soigneuses. Le *De sedibus* rapporte environ 650 dissections, et identifie des pathologies telles que la cirrhose hépatique (une maladie dégénérative chronique dans laquelle les cellules hépatiques sont endommagées et remplacées par un tissu cicatriciel), les lésions syphilitiques du cerveau, les ulcères et les cancers de l'estomac et les maladies des valves cardiaques. Morgagni observa également qu'une lésion d'un côté du cerveau, causant une attaque, entraînait une paralysie de l'autre côté du corps.

Plus tard, l'anatomiste français Xavier Bichat apporta une importante contribution au domaine de l'anatomie pathologique, en identifiant différents types de tissus et les effets de diverses maladies sur ces tissus. Dans les années 1800, le pathologiste allemand Rudolf Wirchow réalisa des travaux majeurs en pathologie cellulaire ; en particulier, il fut le premier à identifier les effets des leucémies sur les cellules sanguines.

VOIR AUSSI Serment d'Hippocrate (400 ans av. J.-C.), *De humani corporis fabrica* (1543), Autopsie (1761), Valves cardiaques artificielles (1952).

Frontispice et page de garde de l'ouvrage de Giovanni Morgagni De sedibus et causis morborum per anatomen indigatis.

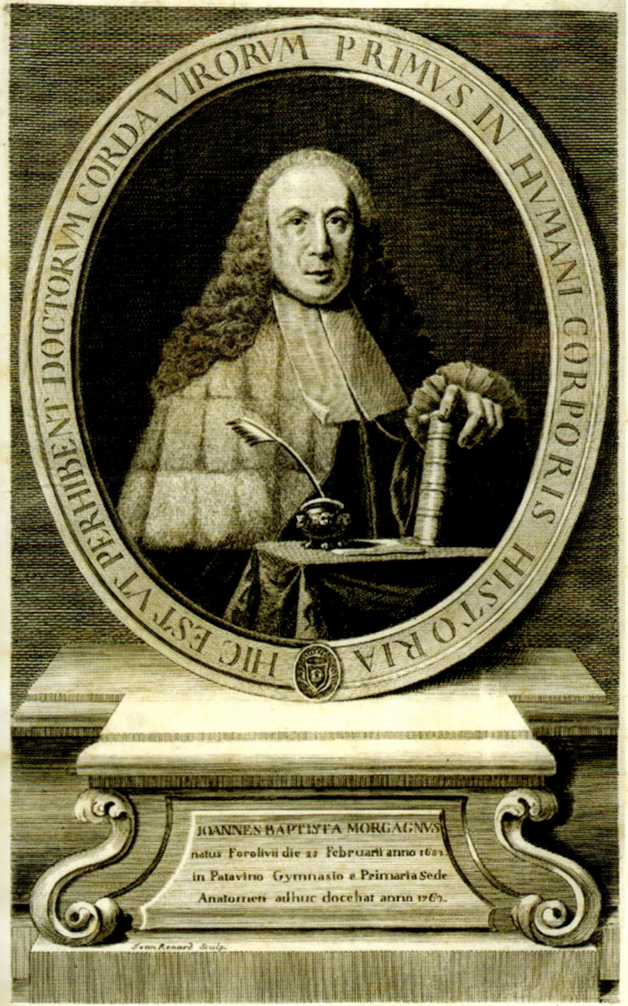

JO. BAPTISTÆ
MORGAGNI
P. P. P. P.

DE SEDIBUS, ET CAUSIS MORBORUM PER ANATOMEN INDAGATIS

LIBRI QUINQUE.

DISSECTIONES, ET ANIMADVERSIONES, NUNC PRIMUM EDITAS, COMPLECTUNTUR PROPEMODUM INNUMERAS, MEDICIS, CHIRURGIS, ANATOMICIS PROFUTURAS.

Multiplex præfixus est Index rerum, & nominum accuratissimus.

TOMUS PRIMUS

DUOS PRIORES CONTINENS LIBROS.

EDITIO SECUNDA

Ab Auctore recognita, atque a mendis omnibus expurgata.

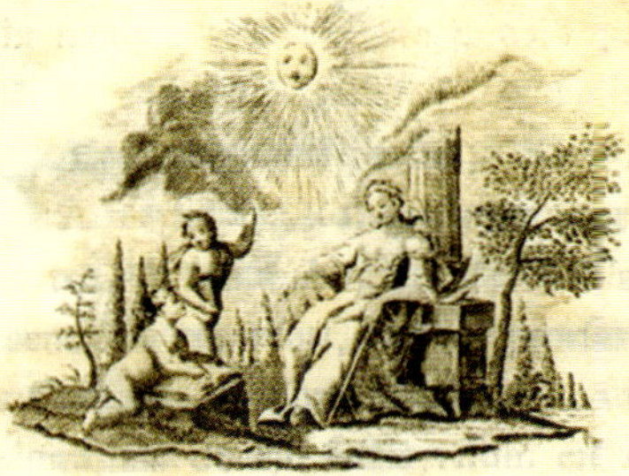

PATAVII,
MDCCLXV.
SUMPTIBUS REMONDINIANIS.
SUPERIORUM PERMISSU, AC PRIVILEGIO.

1764

Liquide céphalo-rachidien

Domenico Felice Antonio Cotugno (1736-1822)

Le liquide céphalo-rachidien (LCR) est le liquide clair et incolore qui remplit les ventricules cérébraux (les quatre cavités du cerveau, également connectées au canal central de la moelle-épinière). Il entoure en outre le cerveau et la moelle épinière, leur assurant lubrification et protection contre les chocs. Produit par les cellules des plexus choroïdes des ventricules, il évacue les produits résiduels du cerveau et de la moelle vers le sang. La production du LCR est continue (environ 500 millilitres par jour), ce qui implique qu'il est remplacé en totalité pratiquement toutes les sept heures.

Les médecins examinent le LCR en introduisant une aiguille dans la colonne lombaire, au bas du dos. Un LCR trouble peut être signe de méningite (inflammation des enveloppes du cerveau ou de la moelle). Les causes de méningite, bactérienne, virale ou fongique, sont élucidées par un examen microbiologique du LCR. La présence de sang dans le LCR peut indiquer une hémorragie dans ou autour du cerveau, et la présence de certaines protéines peut suggérer la maladie d'Alzheimer. L'étude du LCR peut aussi être utile au diagnostic des tumeurs cérébrales, de la syphilis et de la sclérose en plaque (maladie de l'enveloppe des cellules nerveuses).

En 1764, le médecin italien Domenico Cotugno décrivit le LCR trouvé dans les ventricules et pressentit qu'il était renouvelé en permanence. En hommage à son travail, le LCR fut parfois dénommé « liquide de Cotugno ». Avant la découverte de Cotugno, de nombreux médecins s'imaginaient que les ventricules cérébraux étaient remplis de vapeurs se condensant en eau en raison de la baisse de température des cadavres après la mort. Beaucoup d'anatomistes n'observèrent pas le LCR car, avant la dissection, la tête était brutalement séparée du corps, ce qui vidait la moelle et le cerveau de leur liquide.

VOIR AUSSI Classement des nerfs crâniens (1664), Fonction cérébelleuse (1809), Neurochirurgie moderne (1879), Maladie d'Alzheimer (1906) et Recherche de l'âme (1907).

Les ventricules cérébraux (en jaune) d'après le De humani corporis fabrica *de Vésale (1543). À l'époque de Vésale, certains médecins croyaient que les ventricules cérébraux étaient les réservoirs à la fois de l'âme et des esprits responsables des activités motrices et sensitives du corps.*

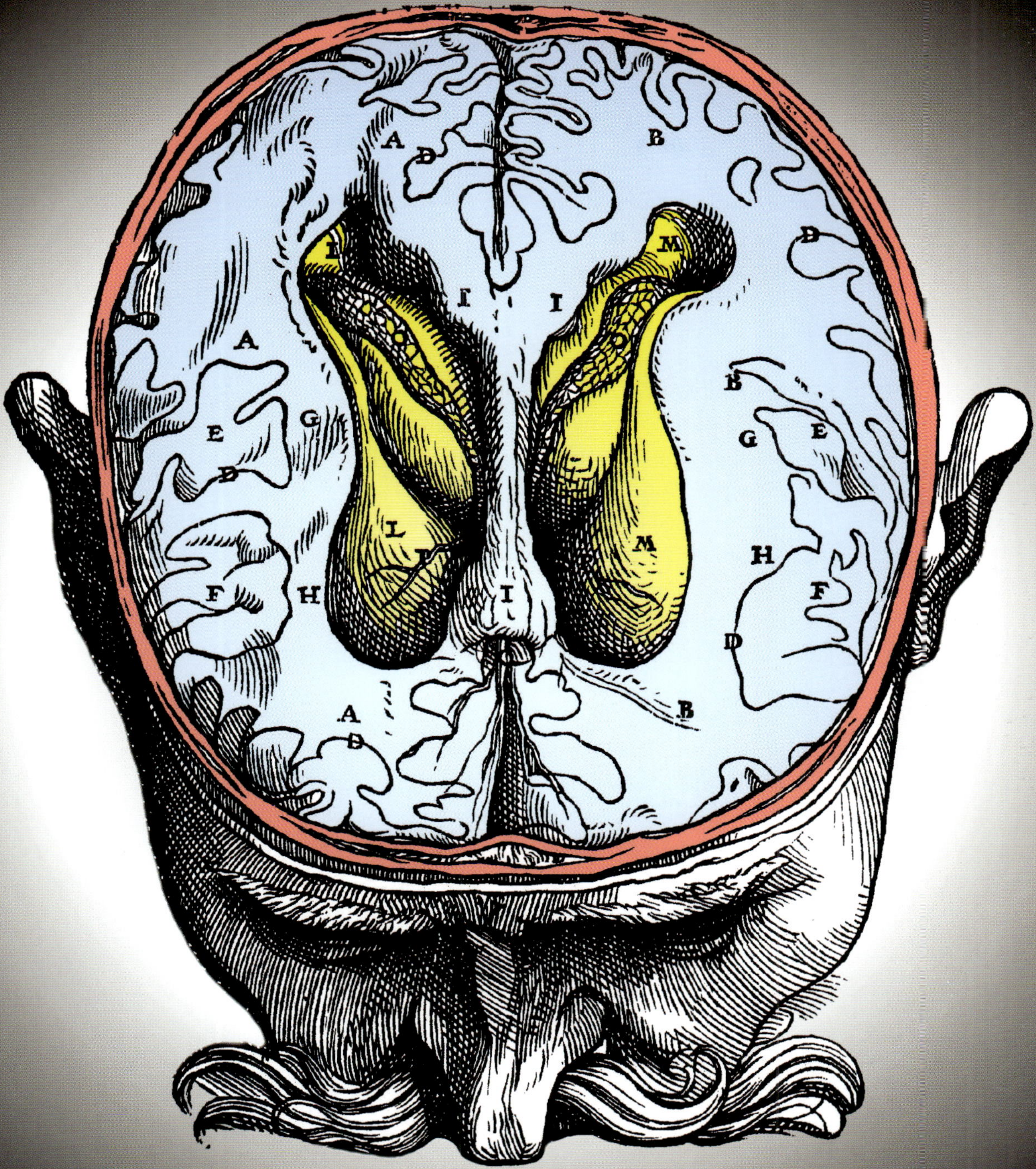
A
D
B
I
M
D
I
I
A
B
G
E
E
G
D
L
M
H
F
H
F
I
D
A
D
B

1772

Découverte du labyrinthe

Antonio Scarpa (1752-1832)

La première personne à trouver sa voie dans le labyrinthe (de l'oreille) fut, de l'avis général, un anatomiste et artiste de génie, arrogant, sarcastique, autoritaire, grossier et vindicatif, nommé Antonio Scarpa. Médecin à dix-huit ans, cet Italien présida aux destinées du département d'anatomie de l'université de Pavie durant plus de cinquante ans. Il est encore renommé de nos jours pour la description qu'il fit en 1772 de ses délicates dissections du véritable dédale des structures de l'oreille interne. Le liquide situé à l'intérieur du labyrinthe de l'oreille interne est encore souvent appelé lymphe de Scarpa en son honneur. La tête de Scarpa, que son assistant avait coupée à sa mort, est encore exposée de nos jours au musée de l'université.

L'oreille est composée de trois parties : l'oreille externe, avec le pavillon et le conduit auditif externe ; l'oreille moyenne, remplie d'air et comprenant le tympan et sa caisse ; l'oreille interne, contenant le labyrinthe, un jeu complexe de tubes osseux remplis de liquide et un jeu de tubes membraneux, sièges des organes de l'équilibre et de l'audition. Le labyrinthe osseux présente trois parties : (1) la cochlée spiralée ou limaçon, dotée de cellules ciliées qui vibrent et conduisent les sons au nerf auditif ; (2) trois canaux semi-circulaires, impliqués dans l'équilibre ; et (3) le vestibule, qui réunit la cochlée et les canaux semi-circulaires et intervient également dans l'équilibre.

Le mouvement du liquide dans les canaux semi-circulaires correspondant aux rotations de la tête est transformé en signal nerveux par les cellules ciliées. Les otholithes (cristaux de carbonate de calcium) dans le liquide du labyrinthe sont déplacés par l'accélération, qui dévie les cils des cellules et produit des signaux sensoriels. Dans la cochlée normale, les fréquences élevées produisent un maximum de vibrations à la base de l'anneau spiralé, et les fréquences basses stimulent l'extrémité apicale de la cochlée. La labyrinthite (inflammation du labyrinthe) se manifeste par des vertiges et des nausées.

VOIR AUSSI Les chefs-d'œuvre d'Eustache retrouvés (1552), Aides auditives (1899) et Implants cochléaires (1977).

Dessin ancien des structures de l'oreille, montrant le tympan (t) et les osselets (d, g, t) (oreille moyenne), ainsi que le limaçon spiralé (l) le vestibule (v) et les canaux semi-circulaires (k), trois tubes recourbés en fer à cheval et interconnectés (oreille interne).

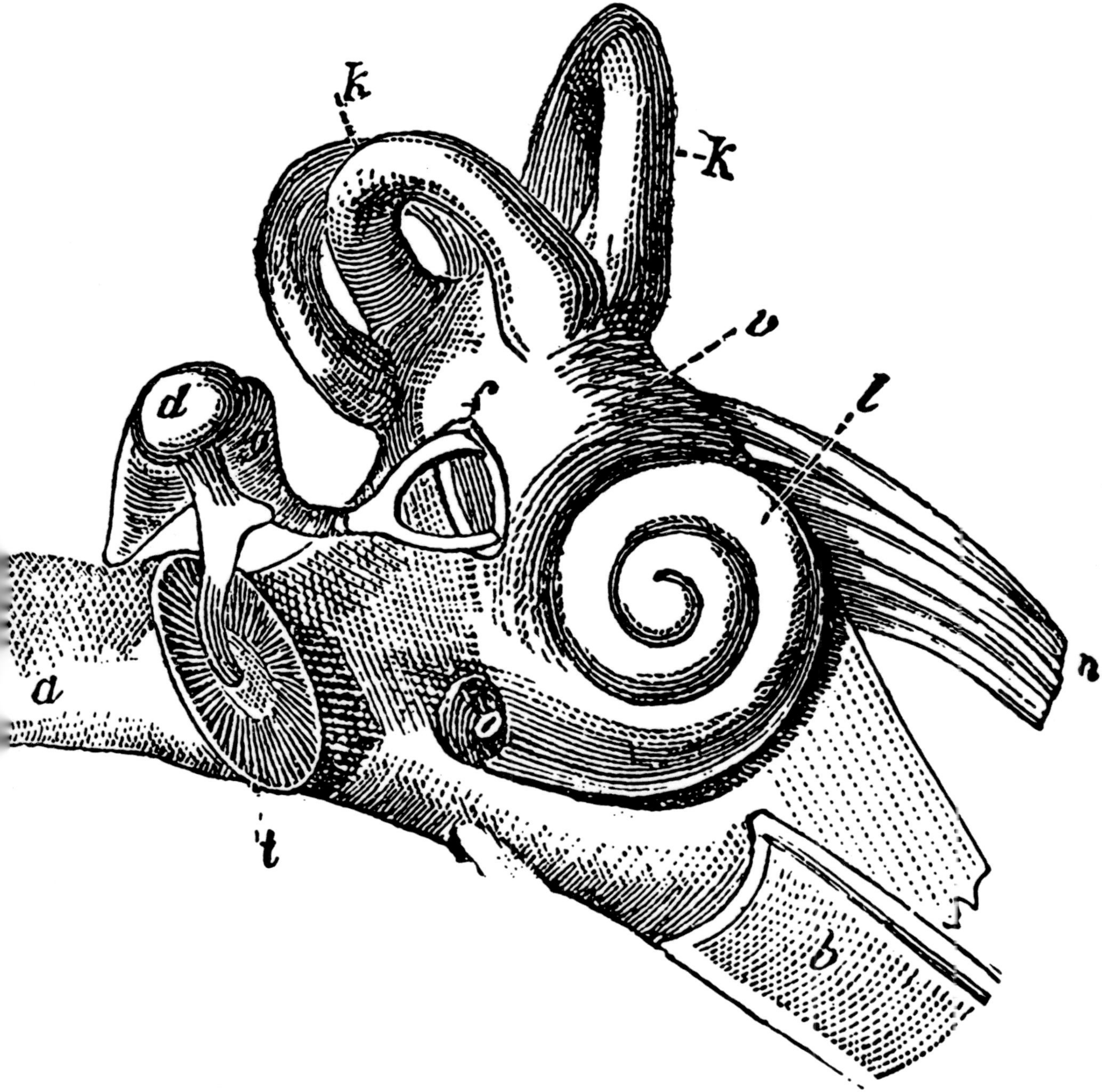
k
k
v
d
f
l
a
n
o
t
b

1774

L'« utérus gravide » de Hunter

William Hunter (1718-1783), **Jan van Rymsdyk** (1730-1790), **Charlotte de Mecklenburg-Strelitz** (1744-1818)

Pour l'anatomiste et obstétricien écossais William Hunter, « l'anatomie est la seule fondation solide de la médecine ; elle est aux médecins et aux chirurgiens ce que la géométrie est à l'astronome. Elle découvre et établit la vérité, et triomphe de la superstition et de l'erreur vulgaire ».

En 1764, Hunter devint le médecin de la reine Charlotte, femme du roi George III, avec lequel elle eut quinze enfants, dont treize vécurent jusqu'à l'âge adulte. La pratique obstétricale de Hunter devint rapidement la plus remarquable de Londres, et sa grande œuvre, *Anatomia uteri umani gravidi* (« Anatomie de l'utérus humain gravide présentée en images »), fut publiée en 1774. Les planches en étaient gravées par l'artiste médical hollandais Jan van Rymsdyk et montraient l'anatomie de la femme enceinte et du fœtus à différents stades de son développement.

Hunter décrivit la genèse de son travail, avec l'obtention, en 1751, d'un premier corps : « Une femme enceinte proche du terme mourut brutalement ; son corps fut obtenu avant l'apparition de tout signe de putréfaction ; la saison était favorable à la dissection… Chaque partie fut examinée en public, de façon que la vérité puisse être établie. »

Au siècle précédent, le fœtus était souvent représenté comme un petit adulte flottant dans l'espace. Les illustrations de Hunter offraient au spectateur une vue précise et juste du développement humain. Hunter comprenait que le public puisse être choqué et inquiet à propos de l'origine de ses dissections anatomiques. Ainsi, en 1783, écrivait-il à ses étudiants d'anatomie : « Dans un pays où les anatomistes n'ont pas d'accès légal aux corps des défunts, un soin particulier doit être pris pour éviter de choquer la population… Par conséquent, je compte que vous restiez discrets et parliez à l'extérieur avec circonspection de ce qui se passe ici, et toujours en marquant du respect pour les cadavres. »

VOIR AUSSI Les dessins anatomiques de Léonard de Vinci (1510), Les lapins de Marie Toft (1726), Hystérectomie (1813), L'Acte d'anatomie de 1832 (1832), Césarienne (1882) et Maïeutique moderne (1925).

Une planche de l'ouvrage de Hunter Anatomie de l'utérus humain gravide présenté en images *(1774).*

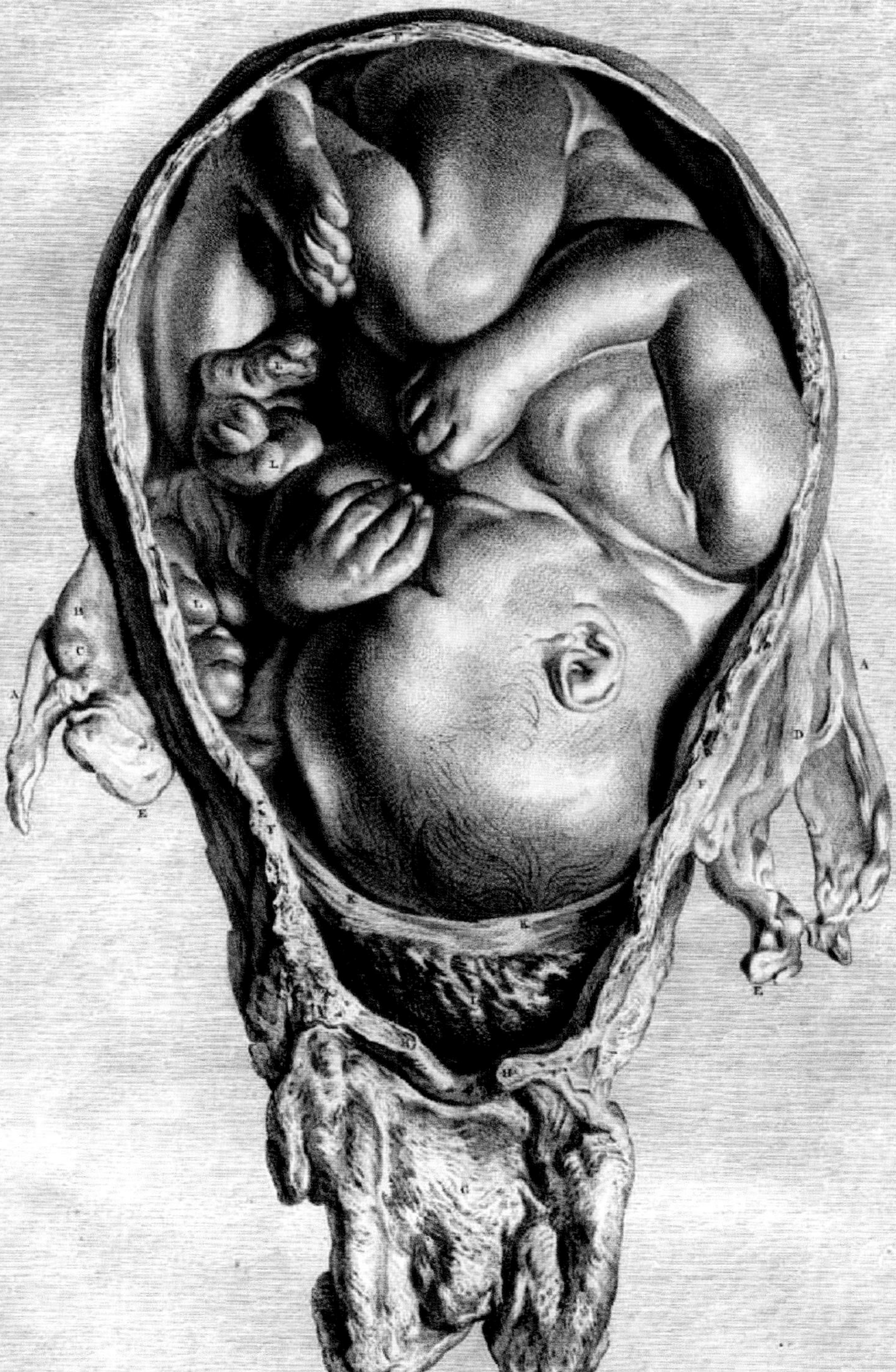
L
L
L
B
C
A
E
A
D
F
E
K
K
I
H
G

1784

Hôpitaux

Pandukabhaya (règne 437-367 av. J.-C.), **Ashoka** (304-232 av. J.-C.), **Johann Peter Frank** (1745-1821)

Le terme « hôpital » désigne une institution chargée de la prise en charge sanitaire, utilisant personnels et équipements spécialisés, et financée par le secteur public, des corporations, des œuvres caritatives, ou d'autres moyens. Dans le passé, les hôpitaux furent souvent fondés par des ordres religieux ou des dirigeants philanthropes. Dans l'ancienne Égypte et en Grèce, certains temples faisaient office de centres médicaux, pour le conseil et la guérison. Le roi Pandukabhaya du Sri Lanka (vers 400 av. J.-C.) ordonna la construction de centres d'accouchements et d'hôpitaux. En Inde, le roi Ashoka (vers 250 av. J.-C.) fonda plusieurs hôpitaux dotés de médecins et infirmières. Aux VIe et VIIe siècles, dans l'Empire persan, l'Académie de Gundishapur, l'un des premiers hôpitaux d'enseignement, était fréquenté par de nombreux étudiants encadrés par des médecins. En 325 de notre ère, le premier concile de Nicée proposa que l'Église prenne en charge les soins aux pauvres et aux malades, grâce à des hôpitaux qui devraient être construits dans les villes dotées d'une cathédrale. Dans les hôpitaux d'autrefois, l'objectif n'était pas seulement de soulager les souffrances et sauver des vies, mais surtout de sauver les âmes.

À son ouverture, en 1784, l'Hôpital général de Vienne, était le plus grand hôpital existant, avec plus de deux milles lits. Il comprenait des services de médecine, chirurgie, maladies vénériennes et contagieuses, un secteur d'accouchement, une tour pour les malades mentaux et un centre pour les enfants abandonnés. Le médecin allemand Johann Frank en fut directeur en 1795 et essaya de lutter contre la transmission des infections entre malades. Grande figure de l'histoire des hôpitaux, il publia en 1779 son « Système complet de politique médicale » qui portait sur l'hygiène et la santé publique. Il plaidait pour la préservation de statistiques médicales précises.

VOIR AUSSI Ambulance (1792), Infirmières (1854), Chirurgie de Halsted (1904), Rapport Flexner sur l'enseignement de la médecine (1910) et Ne pas réanimer (1991).

En 1679, le roi de France Louis XIV (1638-1715) lança le projet de construire les Invalides, hôpital et maison de retraite pour les soldats âgés et malades. Cet hôpital comprend une église, rappel de l'étroite connexion historique entre les hôpitaux et la religion.

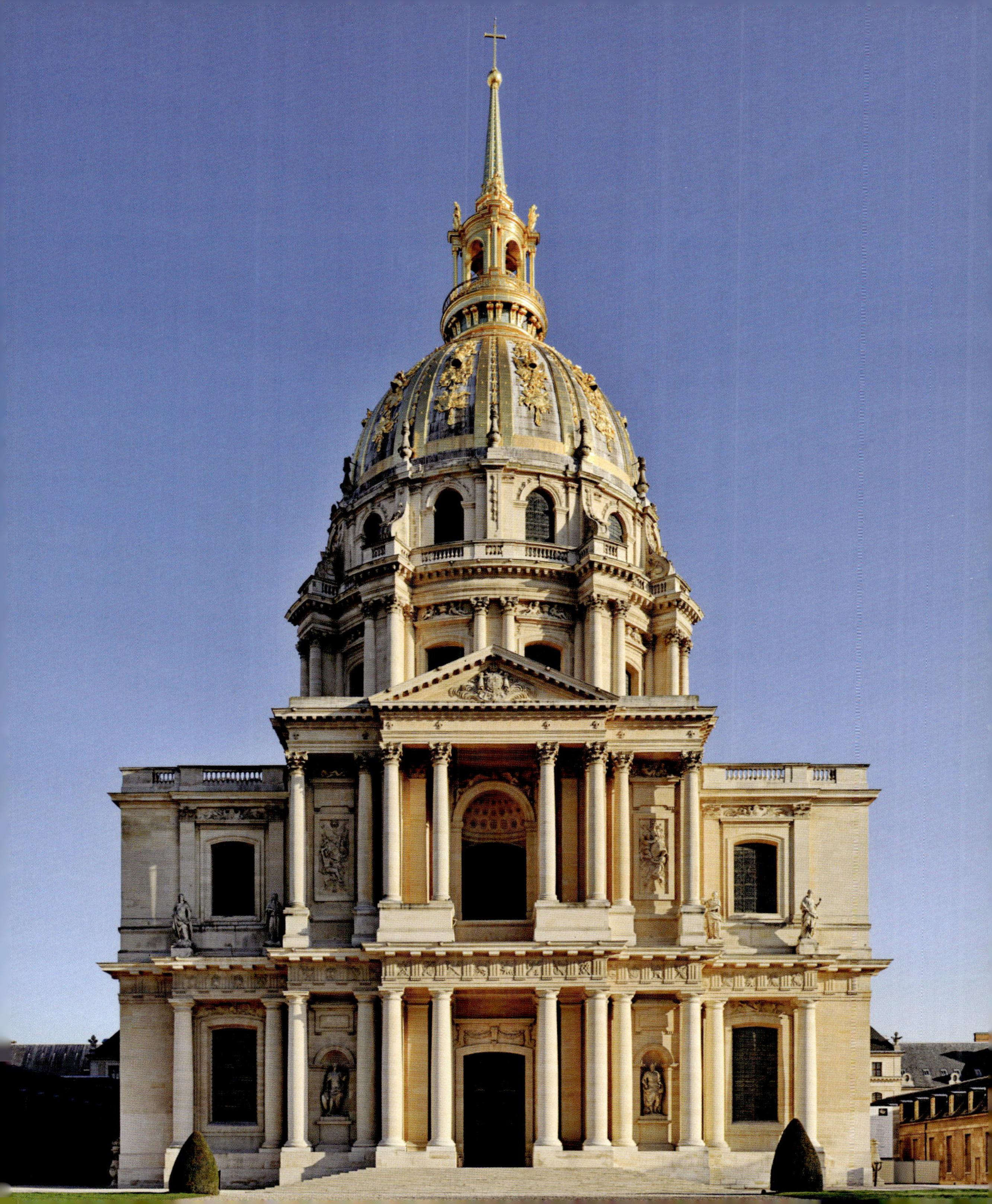

1784

Lavoisier et la respiration

Antoine-Laurent de Lavoisier (1743-1794), **Pierre-Simon, Marquis de Laplace** (1749-1827)

On sait aujourd'hui que la respiration produit l'énergie nécessaire au fonctionnement du corps, et que cette énergie vient de l'oxydation de substances comme les protéines et les carbohydrates. La réaction chimique concernée se produit dans les mitochondries, organites intracellulaires qui utilisent l'oxygène pendant la respiration. Cet oxygène provient des poumons et est amené aux tissus par l'hémoglobine des globules rouges du sang. Le corps rejette enfin du dioxyde de carbone par les poumons.

Le chimiste français Antoine Lavoisier fut l'un des premiers à comprendre les liens entre ces phénomènes. Il écrivait que la « machine animale » était principalement gouvernée par la respiration, qui crée la chaleur du corps, et par la transpiration et la digestion, laquelle « restitue au sang ce qui a été perdu par la respiration et la transpiration ».

En 1784, Lavoisier et le mathématicien et astronome Pierre-Simon de Laplace inventèrent un appareil pour mesurer la production de chaleur et de dioxyde de carbone par des cobayes vivants. Lavoisier montra que cette production résultait de la conversion de l'oxygène de l'air en dioxyde de carbone par les animaux. Il conclut que la respiration consommait et générait les mêmes gaz que ceux produits durant la combustion. Dans le corps, les combustibles de la respiration sont réapprovisionnés par la nourriture.

Lavoisier montra également que le corps humain consommait plus d'oxygène au cours d'un exercice qu'au repos, et il suggéra même qu'il était possible de déterminer la dépense énergétique de pratiquement n'importe quelle activité humaine, comme donner une conférence, jouer d'un instrument de musique ou même penser.

Malheureusement, Lavoisier fut guillotiné durant la révolution française. Compte tenu de l'importance de l'évolution des sciences comparée aux changements de gouvernements, certains considèrent que le crime majeur de la révolution française n'a pas été l'exécution du roi Louis XVI, mais celle de Lavoisier.

VOIR AUSSI La circulation pulmonaire d'al-Nafis (1242), Spirométrie (1846) et Maladies mitochondriales (1962).

Portrait d'Antoine Lavoisier et de sa femme, la chimiste Marie-Anne Pierrette Paulze, avec divers appareils scientifiques (1788), par le peintre français Jacques-Louis David.

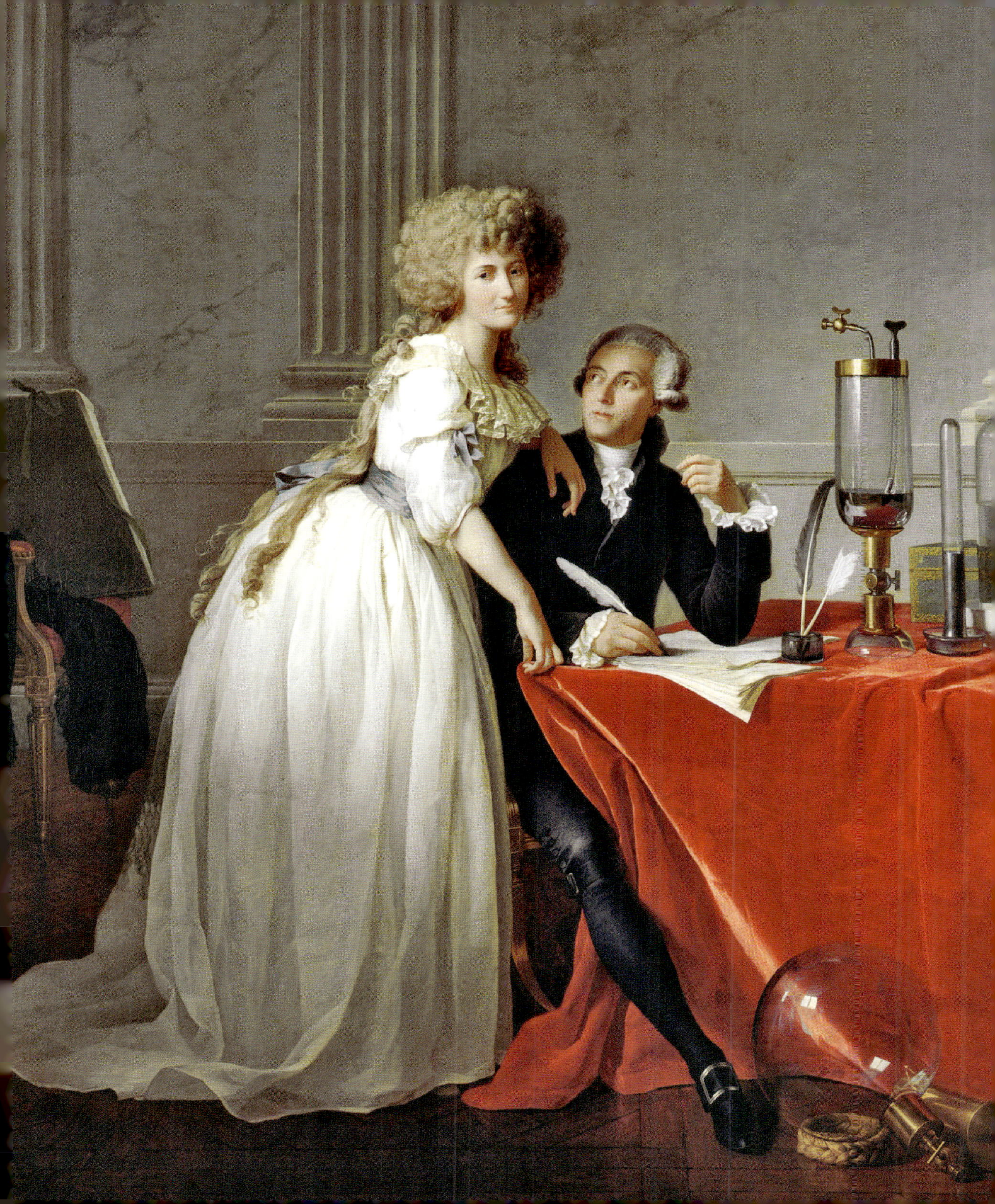

1785

Digitale

William Withering (1741-1799)

La digitale est sans conteste le tonicardiaque le plus efficace et l'une des drogues les plus valables de la pharmacopée entière. La digitale pourpre, *Digitalis purpurea*, est une plante à fleurs, autochtone, répandue dans la majeure partie de l'Europe. Les feuilles de la digitale étaient connues depuis des siècles pour avoir des effets variés sur l'organisme humain.

Le botaniste et médecin anglais William Withering eut connaissance des vertus de la digitale par une vieille femme, herboriste de son état. La préparation qu'elle confectionnait contenait vingt ingrédients différents et semblait efficace pour traiter l'hydropisie, c'est-à-dire un gonflement du corps, avec accumulation de liquides, dû à une insuffisance cardiaque congestive, résultant de l'incapacité du cœur à envoyer un flux de sang suffisant, souvent causée par un mauvais fonctionnement des valves cardiaques.

Withering établit que la digitale (nom qui devint plus tard celui du principe actif) était le composant le plus important de la préparation, et il s'illustra par ses utilisations prudentes de la plante dans le traitement de l'hydropisie. En 1785, il publia un ouvrage, *La digitale et quelques-uns de ses usages médicaux*, dans lequel il présentait ses essais sur les patients, soulignant les propriétés bénéfiques remarquables de la digitale, mais avertissant sur sa toxicité létale à fortes doses. Les principaux alcaloïdes de la digitale sont la digitoxine et la digoxine. À doses appropriées ces « toxines » augmentent les niveaux de calcium intracellulaire, améliorent la force de contraction du muscle cardiaque, et contrôlent le rythme cardiaque. Le flux sanguin vers le rein est augmenté et les liquides accumulés dans l'organisme sont évacués vers la vessie.

L'expérimentation très poussée et strictement contrôlée de Withering, non seulement dota le monde d'un tonicardiaque majeur, mais redonna un nouvel élan à la pharmacognosie, science des médicaments extraits des substances naturelles, qui avait été un peu oubliée depuis Dioscoride, plus de 1 700 ans plus tôt.

VOIR AUSSI Le *De materia medica* de Dioscoride (70), La prise du pouls (1707), Aspirine (1899), Défibrillateur (1899), Sérum de vérité (1922), La dérivation de Blalock-Taussig (1944), Valves cardiaques artificielles (1952) et Stimulateur cardiaque artificiel (1958).

La digitale pourpre, Digitalis purpurea.

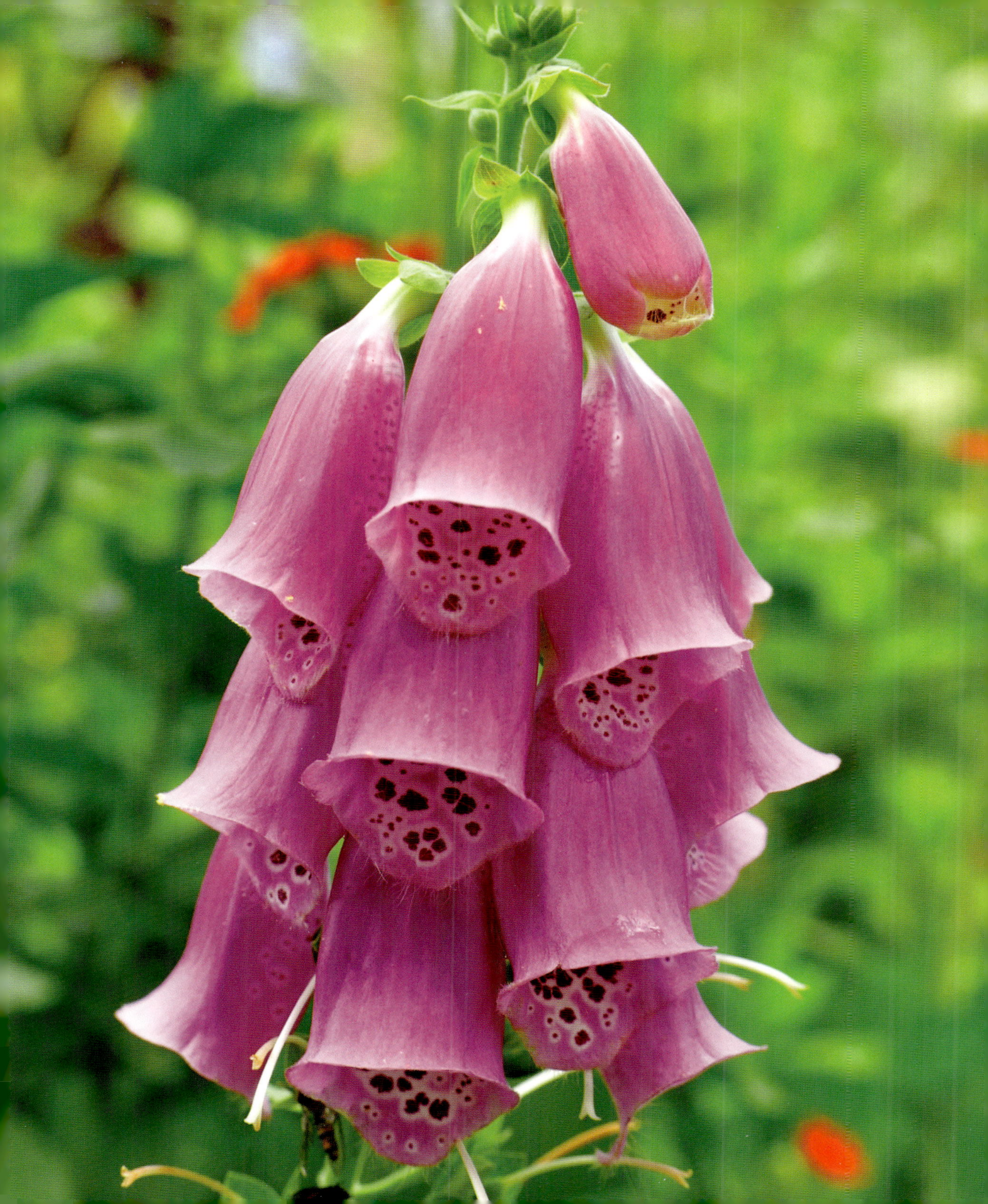

1792

Ambulance

Isabelle Ire (1451-1504), **Dominique Jean Larrey** (1766-1842)

Le concept d'ambulance, c'est-à-dire un moyen de transport des malades ou des blessés vers un centre médical, trouve ses racines dans l'Antiquité, avec les brancards, les hamacs, les chars et les charrettes. Vers 1487, la reine Isabelle Ire d'Espagne autorisa la construction de chariots spéciaux, dotés de couches et de stores et destinés à transporter les soldats blessés vers les tentes où ils étaient soignés. Une autre étape importante dans l'histoire des ambulances se situe en France vers 1792, lorsque Dominique Larrey, chirurgien de Napoléon, apporta un peu d'humanité au milieu de cette époque de guerres et de carnages. Il créa le premier service d'ambulances modernes et reconnaissables, doté de deux types d'ambulances volantes tirées par des chevaux : une ambulance légère à deux roues, couverte et pouvant recevoir deux blessés, et un véhicule plus lourd à quatre roues, pouvant recevoir de deux à quatre blessés, tiré par quatre chevaux et destinés aux terrains accidentés. Ces ambulances avaient des civières amovibles, et transportaient eau, nourriture, bandages et autres équipements. Le terme d'ambulance vient du mot latin *ambulare*, qui signifie « marcher, bouger ».

Au début de la guerre de Sécession, les ambulances étaient rares et souvent conduites par des civils ivrognes et voleurs ! Le premier service connu d'ambulances pour les hôpitaux américains fut développé en 1865, à l'Hôpital commercial de Cincinnati, dans l'Ohio. La première ambulance à moteur fut mise en service en 1899 à l'hôpital Michael Reese de Chicago. Durant la guerre de Corée, dans les années 1950, l'armée américaine utilisa la première des hélicoptères-ambulances.

De nos jours, le terme d'ambulance désigne une grande variété de moyens de transport, souvent dotés d'équipements de réanimation. De nombreuses informations, comme par exemple l'heure estimée d'arrivée, sont échangées avec l'hôpital de destination par radio.

VOIR AUSSI Hôpitaux (1784), Anesthésie par le froid (1812), Infirmières (1854), La Croix Rouge (1863) et Réanimation cardio-pulmonaire (1956).

Voiture d'ambulance omnibus de l'armée française en 1877.

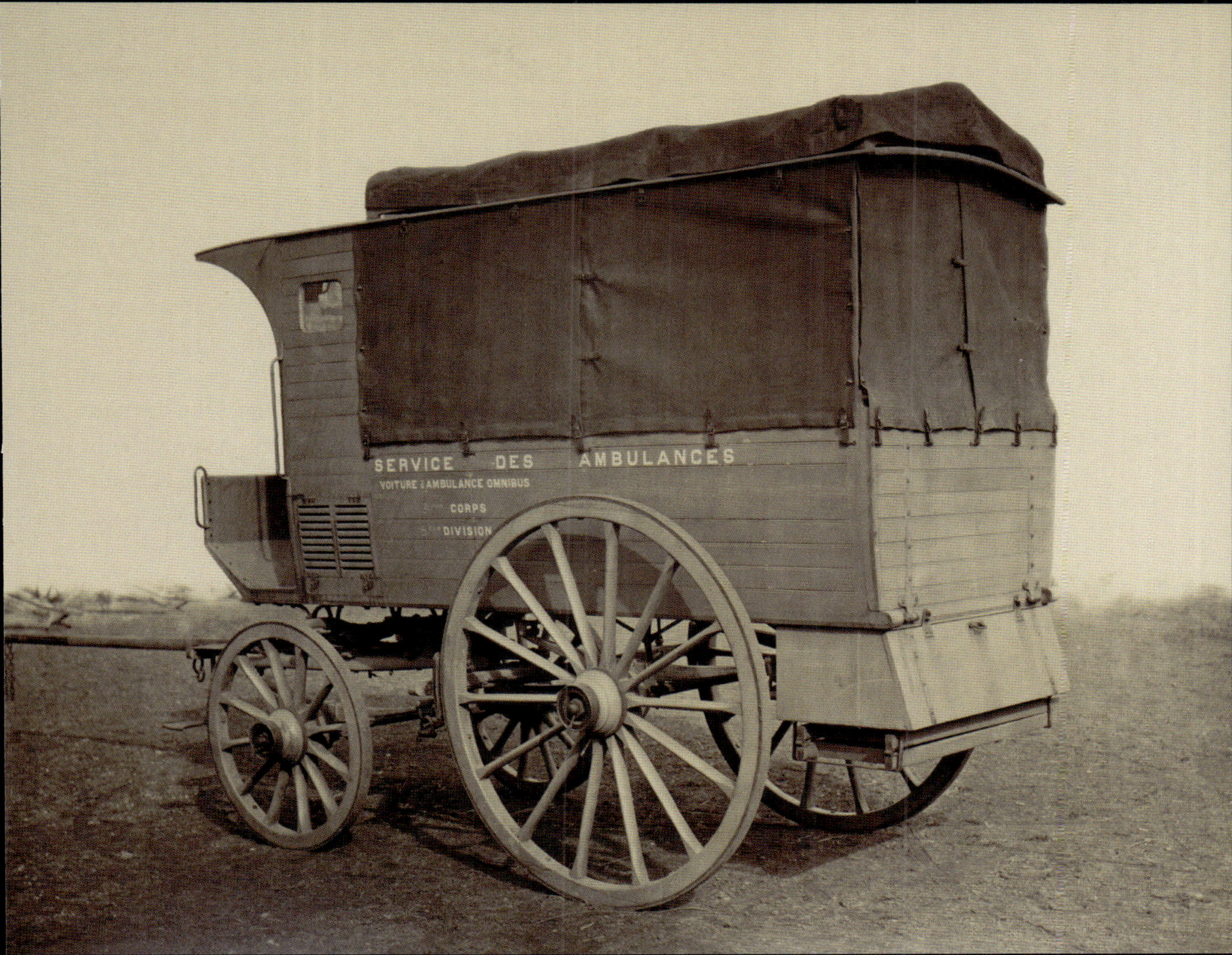
SERVICE DES AMBULANCES
VOITURE AMBULANCE OMNIBUS
CORPS
DIVISION

1793

Les aliénés libérés

William Tuke (1732-1822), **Philippe Pinel** (1745-1826), **Jean-Baptiste Pussin** (1745-1811), **Vincenzo Chiarugi** (1759-1820)

Dans son *Traité de la folie* de 1801, le médecin français Philippe Pinel décrivait le traitement horrible infligé aux malades mentaux des asiles. Lorsqu'il devint directeur de l'hôpital de Bicêtre, en 1793, Pinel affirma que le malade mental devait être considéré comme souffrant d'une maladie et non pas puni pour une supposée possession démoniaque ou pour un comportement coupable. Son idée que les aliénés devaient être traités avec bonté était révolutionnaire, à une époque où les patients des asiles étaient battus, enchaînés, affamés, saignés et quelquefois exhibés comme des animaux.

À partir de 1793, Pinel et Jean-Baptiste Pussin, un autre directeur d'hôpital, enlevèrent les chaînes de nombreux internés de l'asile de Bicêtre. Ils constatèrent une amélioration chez beaucoup d'entre eux. Pinel interdit les châtiments cruels, et mit l'accent sur une meilleure nourriture, une thérapie occupationnelle, et un suivi soigneux de l'état des patients. Il sélectionna un personnel intelligent et compatissant, qui pouvait travailler efficacement avec les aliénés. Cette approche amena une diminution remarquable du taux de décès chez les internés et une augmentation du nombre de leurs libérations. En 1795, Pinel devint directeur de l'hôpital de la Salpétrière, le plus grand asile d'Europe, qui hébergeait des milliers de femmes malades. Il réussit à y instituer les mêmes réformes et fut considéré plus tard comme l'un des fondateurs de la psychiatrie.

Parmi les autres réformateurs précoces, citons le quaker britannique William Tuke, qui créa en 1792 un refuge pour malades mentaux, et le médecin italien Vincenzo Chiarugi qui, en 1788, dirigea un hôpital de Florence dans lequel les traitements humains étaient encouragés.

VOIR AUSSI *De praestigiis daemonum* (1563), Psychanalyse (1899), Électro-convulsivothérapie (1938), Lobotomie transorbitale (1946), Antipsychotiques (1950) et Thérapie comportementale et cognitive (1963).

Autrefois connu comme l'Asile d'aliénés de l'état de Buffalo, cet établissement new yorkais fut dessiné en 1870 par l'architecte Henry Hobson Richardson. Les patients étaient séparés pas sexe. Les salles ont hébergé des malades mentaux jusqu'au milieu des années 1970.

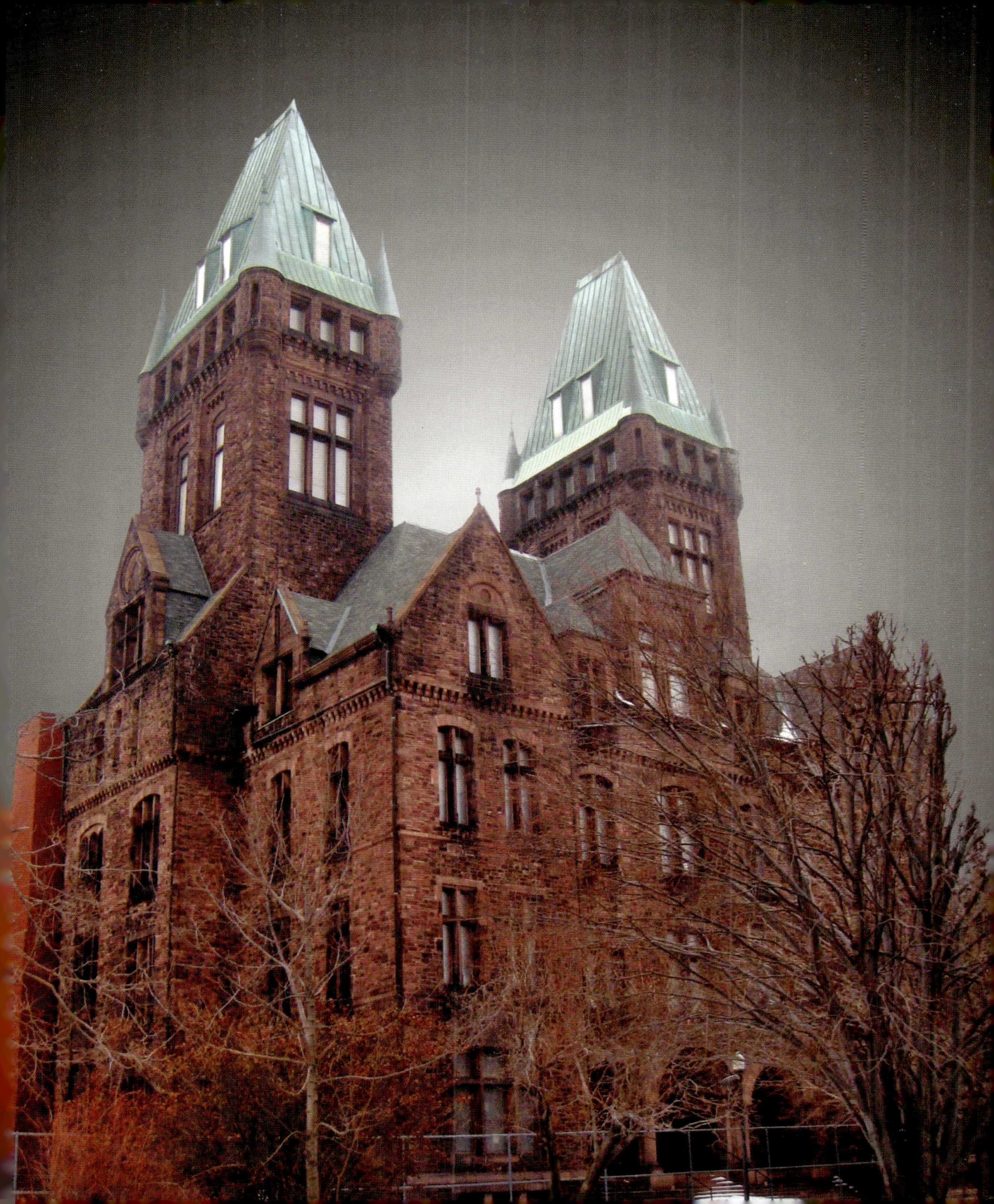

1796

Médecine alternative

Samuel Hahnemann (1755-1843), **Daniel David Palmer** (1845-1913)

Beaucoup de gens utilisent une médecine complémentaire ou alternative, qui a recours à des pratiques médicales considérées comme ne faisant pas partie de la médecine conventionnelle. Ces pratiques peuvent être utilisées en parallèle (*complémentaires*) ou à la place (*alternatives*) de la médecine conventionnelle.

Aux États-Unis, le Centre national de Médecine complémentaire et alternative est une agence gouvernementale chargée de l'étude scientifique des différents champs de cette médecine parallèle : l'acupuncture, la médecine ayurvédique, la chiropraxie, les plantes médicinales, la médecine traditionnelle chinoise, la méditation, le yoga, la rétroaction biologique, l'hypnose et l'homéopathie.

L'année 1796 est celle où le médecin allemand Samuel Hahnemann formula le concept de l'homéopathie (un symptôme causé par la forte dose d'une substance peut être soulagé par la même substance à faible dose). La chiropraxie fut fondée en 1895 par l'Américain Daniel Palmer, qui suggéra que des manipulations physiques de la colonne vertébrale pouvaient guérir certaines maladies. La plupart des pratiques des médecines parallèles n'ont pas été rigoureusement testées ; leurs effets positifs peuvent être attribués à un effet placebo ; mais presque toute l'histoire des médicaments est basée sur l'effet placebo. Certaines personnes choisissent les médecines complémentaires et alternatives par peur de la chirurgie ou des effets secondaires des médicaments ; l'inconvénient est qu'elles peuvent se priver de traitements courants plus efficaces.

Il est paradoxal que dans des parties du monde où les médicaments ne sont pas disponibles ou abordables, le public continue à faire confiance aux médicaments traditionnels, alors que des consommateurs aisés de pays industrialisés dépensent leur argent pour des médecines complémentaires et alternatives.

VOIR AUSSI Médecine ayurvédique (2 000 ans av. J.-C.), Le *Compendium* de l'acupuncture (1601), Ostéopathie (1892), D.D. Palmer et la chiropraxie (1895) et Effet placebo (1955).

La moxibustion est une technique de médecine traditionnelle chinoise où l'on fait brûler de l'armoise. Parfois un moxa conique est placé sur la peau et brûlé, ou un bâtonnet d'armoise chauffé est approché de la peau. L'usage médical du ginseng (vu au premier plan) remonte à plusieurs siècles.

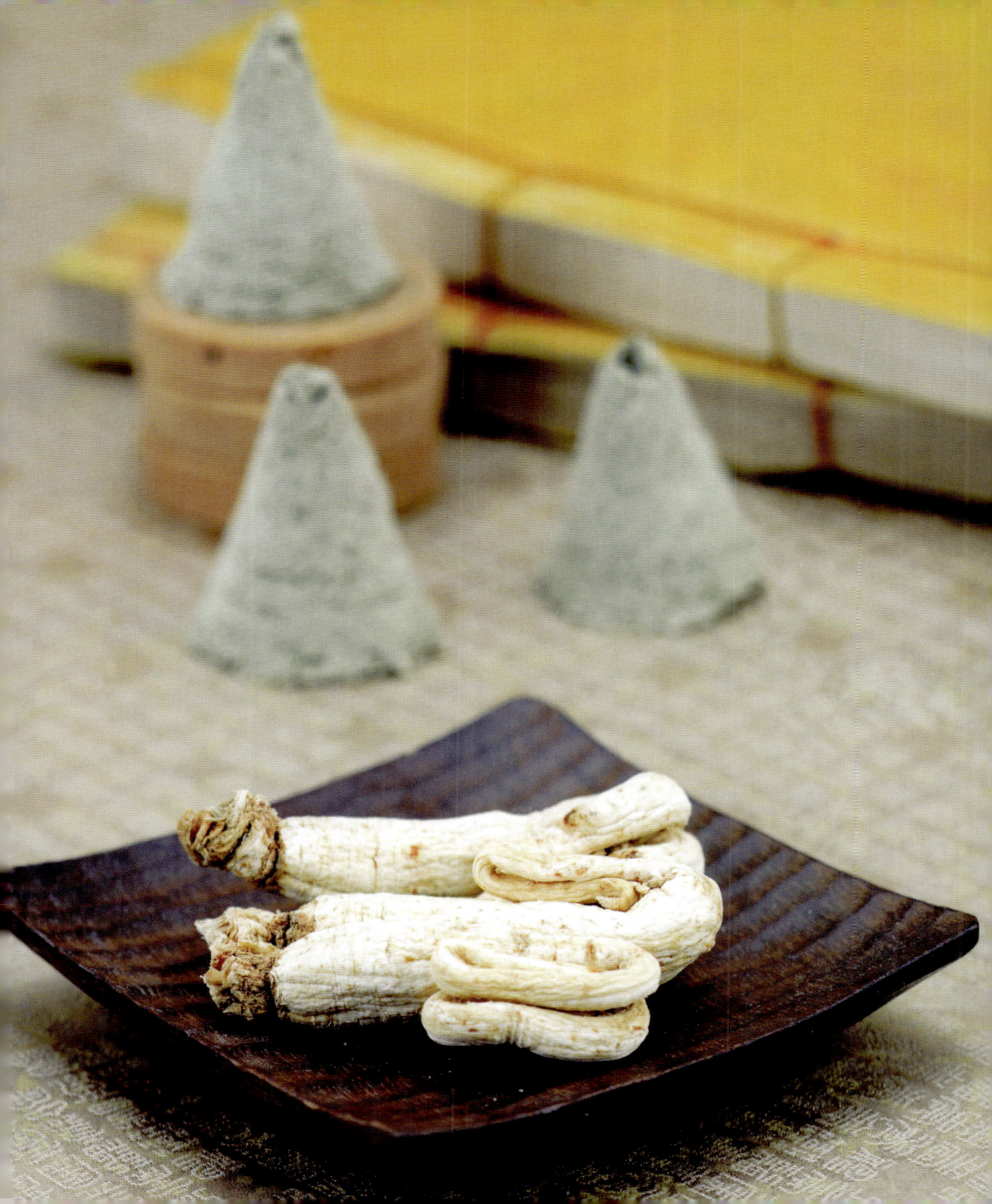

1796

Phrénologie

Frantz Joseph Gall (1758-1828), **Johann Gaspar Spurzheim** (1776-1832)

En 1796, le neuroanatomiste allemand Franz Joseph Gall postula que le cerveau était composé de vingt-sept organes, dont chacun était associé à une capacité mentale ou à un trait de personnalité. Bien que nous sachions à présent que les régions du cerveau sont spécialisées dans différentes fonctions, l'erreur de Gall fut d'affirmer que les tailles et activités des vingt-sept organes hypothétiques pouvaient être déduites de la taille des zones osseuses adjacentes et des bosses du crâne.

Entre les années 1820 et 1840, la phrénologie fut largement prise au sérieux, et le concept envahit les romans et la culture populaire. Les gens consultaient des phrénologistes pour prendre des décisions relatives au choix de leur travail ou de leur futur conjoint, ou à l'avenir de leurs enfants. Même la reine Victoria fit analyser la tête de ses enfants. On pensait qu'en touchant seulement les bosses et les contours de la tête, un phrénologiste entraîné était capable de déduire les caractéristiques des vingt-sept « organes », qui incluaient « amour de sa progéniture », « affection et amitié », « fierté », « sens du langage et de la parole », « religiosité », « sens des nombres », et ainsi de suite.

Pour l'établissement des attributions à des régions du crâne, Gall examina plus de 300 crânes, principalement d'individus « extrêmes » de la société : écrivains, poètes, criminels ou aliénés. Par exemple, il localisa au-dessus de l'oreille le « penchant destructeur » pour avoir trouvé là une proéminence chez un étudiant qui torturait des animaux et chez un apothicaire qui devint bourreau.

Le médecin allemand Johann Spurzheim répandit la phrénologie aux États-Unis par ses conférences. Il rendit la théorie de Gall plus acceptable, en enlevant les organes du « meurtre » et du « vol », et en ajoutant plusieurs autres zones phrénologiques. Bien que la phrénologie soit vue de nos jours comme une pseudo-science, elle a joué un rôle dans l'histoire de la médecine, en attirant l'attention sur l'idée de spécialisation des régions du cerveau démontrée plus tard par les neurochirurgiens.

VOIR AUSSI Fonction cérébelleuse (1809), Localisation cérébrale (1861), Ostéopathie (1892), Psychanalyse (1899) et Lobotomie transorbitale (1946).

*Diagramme phrénologique, extrait de l'*Encyclopédie populaire de la connaissance universelle *(1883).*

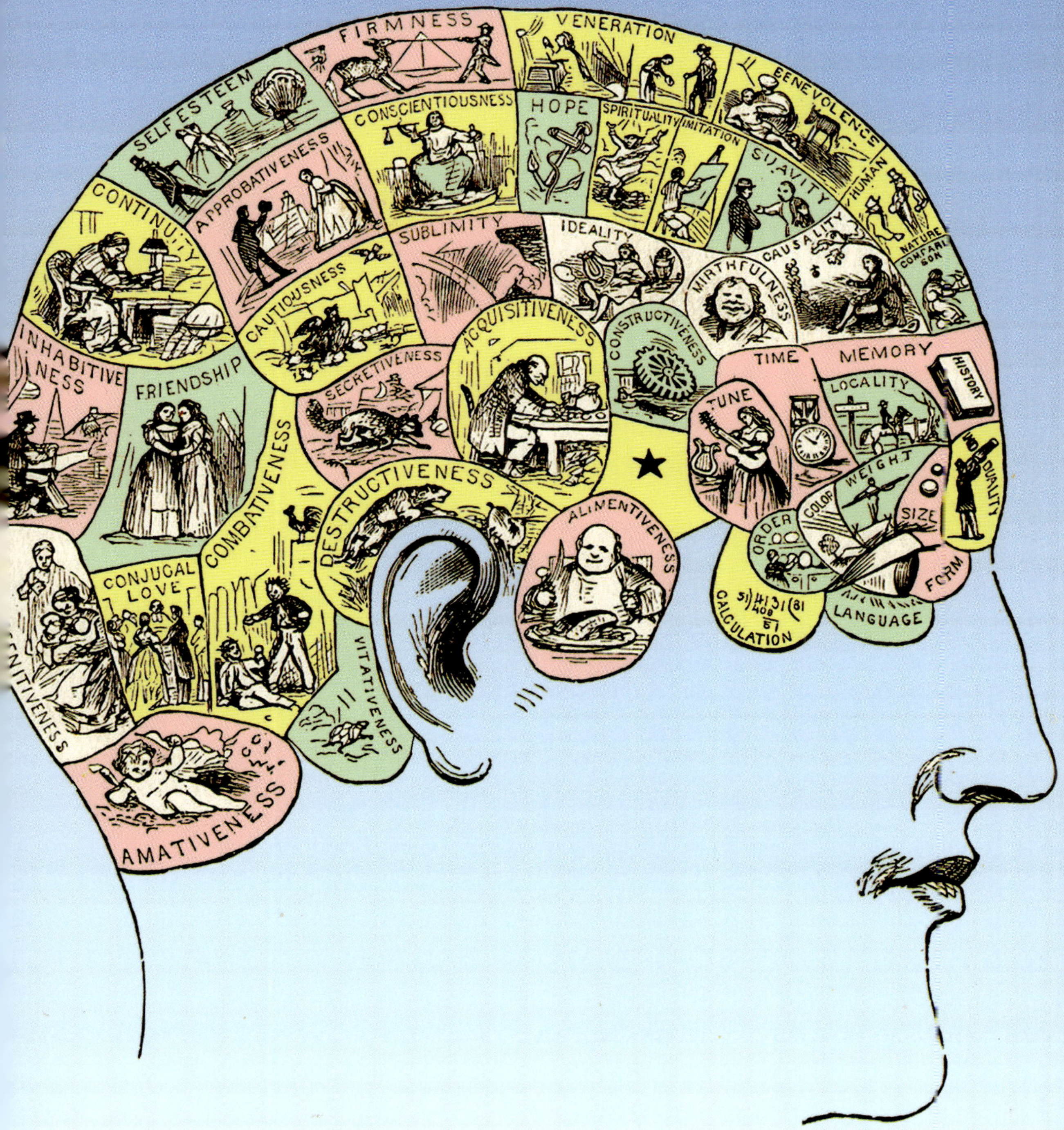
FIRMNESS
VENERATION
SELFESTEEM
BENEVOLENCE
CONSCIENTIOUSNESS
HOPE
SPIRITUALITY
IMITATION
APPROBATIVENESS
SUAVITY
HUMAN NATURE
CONTINUITY
SUBLIMITY
IDEALITY
CAUSALITY
COMPARISON
MIRTHFULNESS
CAUTIOUSNESS
ACQUISITIVENESS
CONSTRUCTIVENESS
INHABITIVENESS
FRIENDSHIP
SECRETIVENESS
TIME
MEMORY
HISTORY
LOCALITY
TUNE
COMBATIVENESS
DESTRUCTIVENESS
WEIGHT
COLOR
ORDER
SIZE
INDIVIDUALITY
ALIMENTIVENESS
CONJUGAL LOVE
CALCULATION
LANGUAGE
FORM
VITATIVENESS
AMATIVENESS

1798

Vaccination antivariolique

Edward Anthony Jenner (1749-1823)

La variole est une maladie virale éruptive, excessivement contagieuse, qui a terrifié et dévasté les populations depuis l'aube de l'humanité. Des stigmates de variole ont été retrouvés sur la peau de momies de l'ancienne Égypte (vers 1100 av. J.-C.). Dans le Nouveau Monde, où elle fut introduite par les Européens, la variole fut une des causes de la disparition des Empires Aztèque et Inca. Au XVIIIe siècle, dans la seule Europe, elle fut responsable chaque année d'environ 400 000 morts et laissa plusieurs centaines de milliers d'autres personnes avec des visages ravagés par les cicatrices.

Pendant de nombreuses années, le médecin anglais Edward Jenner avait entendu raconter que des filles de ferme étaient protégées contre la variole après avoir été atteintes de la vaccine, une maladie similaire atteignant les vaches non fatale pour l'homme. En 1796, il récolta un peu de matière sur une lésion de vaccine d'une fille de ferme, et la déposa sur deux scarifications qu'il avait faites sur la peau d'un garçon de huit ans. Celui-ci développa une fièvre légère mais guérit rapidement et de façon complète. Ensuite, Jenner inocula le garçon avec de la matière prélevée sur une lésion de variole humaine, sans que le garçon ne contracte la variole. En 1798, Jenner publia des observations supplémentaires dans *Une enquête sur les causes et les effets de la vaccination variolique*. Il appela ce procédé « vaccination » – d'après le mot latin « *vacca* » qui signifie « vache » – et commença à envoyer des échantillons de « vaccin » aux personnes qui le sollicitaient.

Jenner n'était pas le premier à vacciner contre la variole. Toutefois son travail est considéré comme la première tentative *scientifique* de prévenir une maladie infectieuse, et a profondément changé la pratique médicale. Finalement, la vaccination antivariolique fut adoptée à travers le monde, et en 1979 l'éradication mondiale de la variole était obtenue. La vaccination devenait alors inutile.

VOIR AUSSI Antitoxines (1890), Découverte des virus (1892), Étiologie de la fièvre jaune (1937), Vaccination anti-poliomyélitique (1955) et Structure des anticorps (1959).

Caricature du satiriste britannique James Gillray. Remarquez les vaches s'échappant des corps humains.

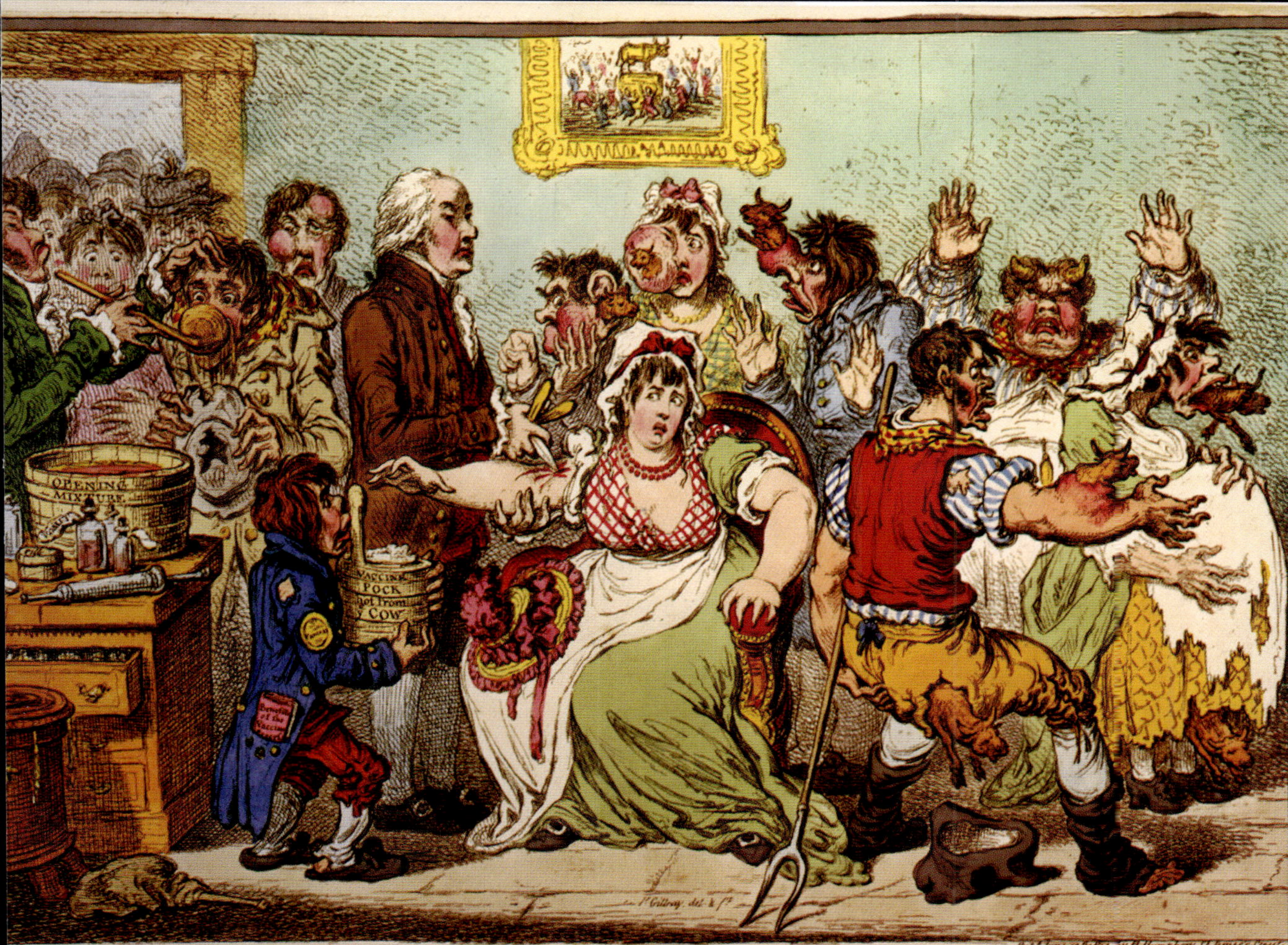

The Cow-Pock — or — the Wonderful Effects of the New Inoculation! — Vide. the Publications of ye Anti-Vaccine Society.

1809

Fonction cérébelleuse

Luigi Rolando (1773-1831), **Pierre Flourens** (1794-1867)

Lorsque vous admirez une danseuse de ballet, vous devez remercier le cervelet, cette partie du cerveau de la taille d'une prune, localisée au-dessous des hémisphères cérébraux, dont elle est séparée par un profond sillon, et située en arrière du bulbe et de la protubérance cérébrale. Le cervelet (en latin *cerebellum*, ou « petit cerveau ») coordonne les influx sensoriels avec les réponses musculaires et aide la ballerine à bondir gracieusement dans les airs sans avoir à penser à tous les petits détails et mouvements de correction nécessaires à l'accomplissement de son action.

C'est en 1809 que l'anatomiste italien Luigi Rolando observa, chez les animaux, les troubles évidents des mouvements qu'occasionnaient les lésions du cervelet. En 1824, le physiologiste français Pierre Flourens réalisa des expériences complémentaires, démontrant que les animaux avec un cervelet endommagé pouvaient encore se déplacer, mais avec des mouvements maladroits et non coordonnés. Il suggéra avec raison que le cervelet coordonnait les mouvements, sans les initier ni les planifier consciemment.

Nous savons aujourd'hui qu'en plus de faciliter les mouvements fins et précis en intégrant les signaux nerveux des labyrinthes de l'oreille (qui fournissent des informations sur l'orientation du corps pour son équilibre) et ceux des détecteurs de position dans les muscles, le cervelet joue également un rôle dans le développement du langage et dans les réponses émotionnelles. Au plan anatomique, le cervelet possède un hémisphère droit et un gauche, connectés par le vermis. Le cervelet contient plus de cinquante pour cent du nombre total de neurones du cerveau, sous forme de petites cellules granulaires.

Des recherches récentes montrent qu'en plus de son rôle de coordination des mouvements musculaires, le cervelet sert à amortir les fluctuations du comportement, en façonnant la personnalité, l'humeur et l'intelligence.

VOIR AUSSI Classement des nerfs crâniens (1664), Liquide céphalo-rachidien (1764), Découverte du labyrinthe (1772), Localisation cérébrale (1861), Théorie du neurone (1891) et Épiphyse (1958).

Le cervelet est la partie du cerveau localisée au sommet de la moelle épinière, au-dessous des hémisphères cérébraux.

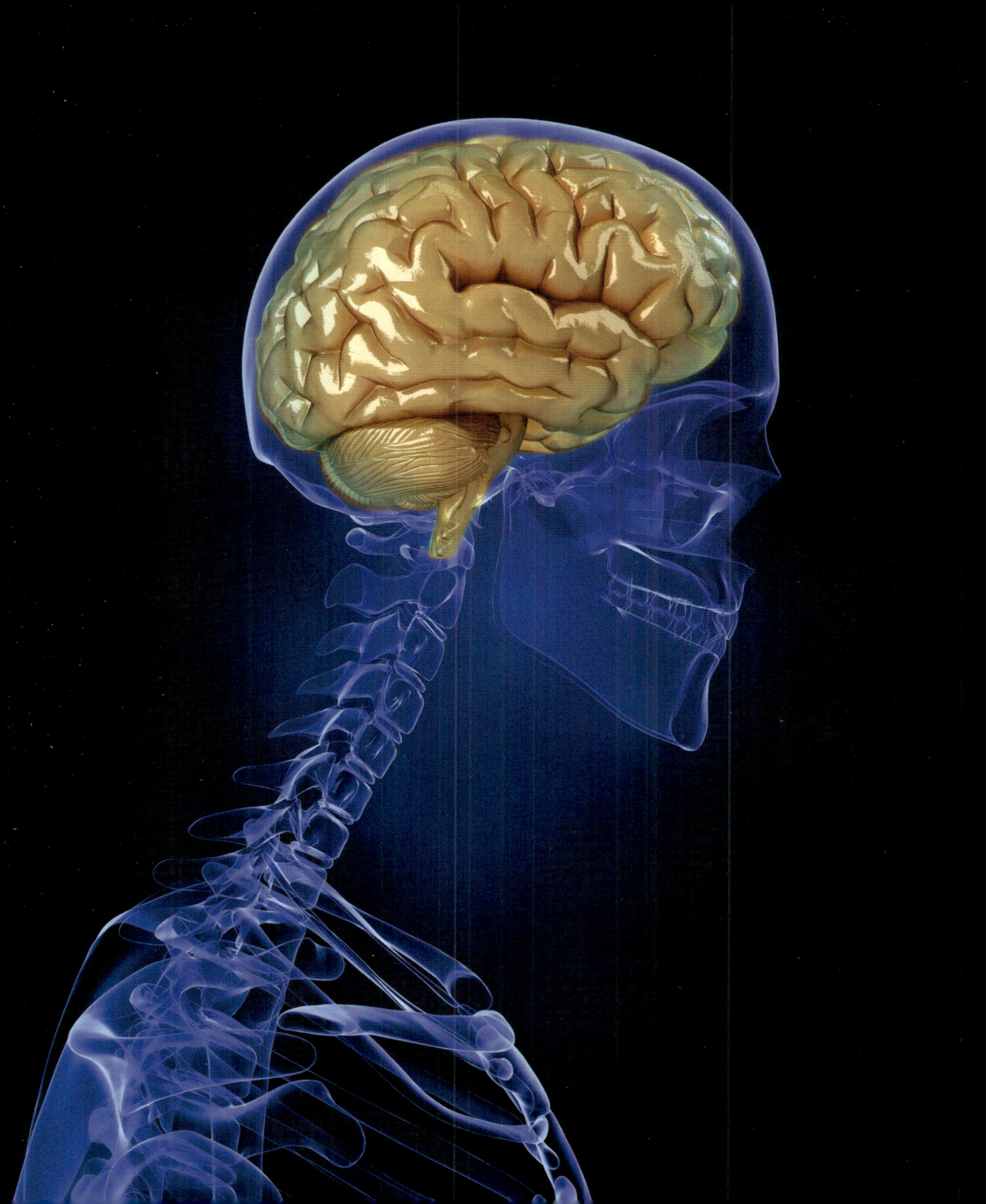

1811

Loi de Bell-Magendie

Sir Charles Bell (1774-1842), **François Magendie** (1783-1855)

Le système nerveux comprend le cerveau, la moelle épinière et les nerfs spinaux. Les cellules nerveuses, ou neurones, se distinguent en neurones sensoriels, activés par divers stimuli, et neurones moteurs, qui relient le système nerveux aux muscles et permettent de déclencher les mouvements. Une loi importante dans l'histoire de la médecine, celle de Bell-Magendie, formule que les nerfs sensitifs entrent dans la moelle épinière par sa partie postérieure (ou dorsale), et que les neurones moteurs en sortent par sa partie antérieure (ou ventrale).

L'anatomiste écossais Charles Bell, auteur de l'ouvrage *Idées sur une nouvelle anatomie du cerveau*, réalisa un travail expérimental sur les fonctions motrices des nerfs spinaux ventraux. Bien qu'il soit considéré comme l'un des fondements de la neurologie clinique, il n'établissait pas les fonctions sensitives des nerfs dorsaux. En 1822, le physiologiste français François Magendie, qui travaillait indépendamment de Bell, découvrit que les racines ventrales des nerfs spinaux étaient associées à des fonctions motrices alors que les racines dorsales étaient sensitives. En détruisant certains nerfs des mammifères qu'il disséquait, il montra qu'il obtenait soit une paralysie, soit une perte de sensation. Une grande rivalité s'installa entre Magendie et Bell pour savoir lequel des deux avait réellement découvert la loi qui, aujourd'hui, porte leurs noms.

Les vivisections (dissection d'animaux vivants) publiques de Magendie choquèrent le public et furent à l'origine au Royaume-Uni d'une loi interdisant la cruauté envers les animaux. L'une des plus célèbres polémiques survint lorsque Magendie, disséquant la moitié des nerfs de la face d'un lévrier cloué vivant par les oreilles et les pattes, laissa l'animal toute la nuit pour poursuivre la dissection le lendemain. Même les médecins qui défendaient l'utilisation des animaux dans la recherche médicale trouvaient Magendie trop cruel envers les animaux d'expérience.

VOIR AUSSI Classement des nerfs crâniens (1664), Théorie du neurone (1891) et Neurotransmetteurs (1914).

Planche anatomique de l'ouvrage de Vésale, La fabrique du corps humain, *figurant les tracés des nerfs spinaux.*

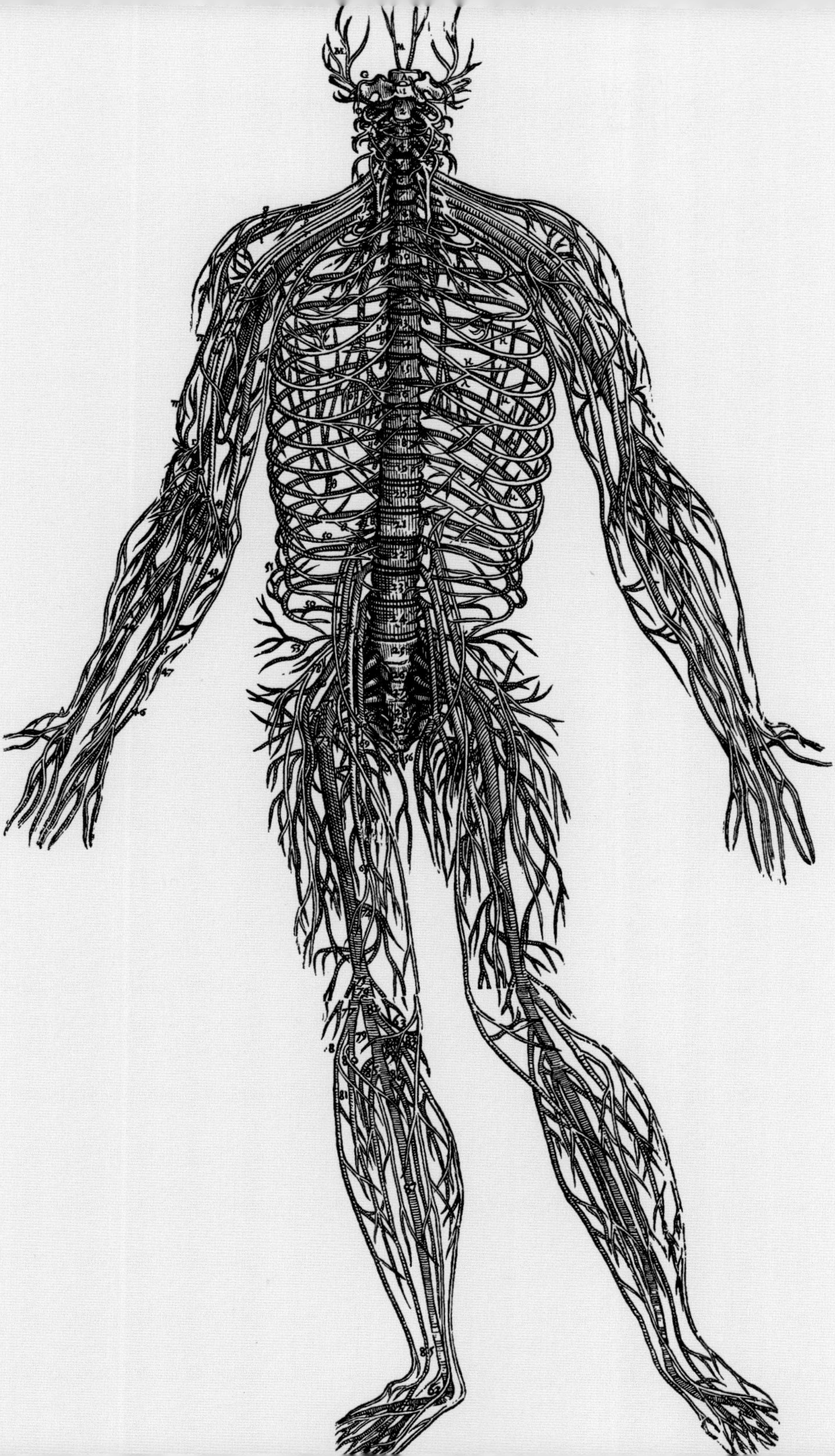

1812

Anesthésie par le froid

Hippocrate de Cos (460-377 av. J.-C.), **Abu 'Ali al-Husayn ibn 'Abd-Allah Ibn Sina (Avicenne)** (980-1037), **Dominique-Jean Larrey** (1766-1842), **James Arnott** (1797-1883)

Divinum est opus sedare dolorem (« divine est la tâche d'apaiser la douleur »). Cet aphorisme latin à l'usage des médecins anciens est emblématique de l'importance accordée à soulager la douleur en chirurgie. Dès 2500 avant notre ère, les Égyptiens savaient utiliser les basses températures pour traiter les blessures et diminuer l'inflammation. Le médecin grec Hippocrate suggérait que « le gonflement et la douleur articulaire, ainsi que l'entorse sont améliorés par un lavage abondant à l'eau froide, en raison du léger engourdissement qui en résulte ». Avicenne, le célèbre médecin musulman, utilisait de l'eau glacée pour engourdir la dent et la gencive avant l'intervention chirurgicale.

L'un des plus fameux utilisateurs de neige et de glace pour soulager la douleur fut le chirurgien français Dominique Larrey, également promoteur d'un système spécial d'ambulances tirées pas des chevaux, et développeur du concept du « tri », prévoyant que les soldats blessés soient traités dans un délai variant selon la gravité de leurs blessures. À la bataille d'Eylau, en Prusse, Larrey observa que la douleur de l'amputation était fortement réduite lorsque le membre était froid. On raconte que Larrey pratiqua deux cents amputations en vingt-quatre heures à la bataille de Borodino contre les Russes, en 1812, et trois cents de plus à la bataille de la Berezina, en utilisant le plus possible la neige et la glace.

Un autre ardent défenseur de l'anesthésie par le froid fut le chirurgien britannique James Arnott, qui avait remarqué quelques décès suite à l'utilisation d'éther et de chloroforme en anesthésie. La méthode d'Arnott consistait à appliquer sur la peau autour du site opératoire un mélange de glace pilée et de sel. Pour lui, dans toutes les opérations superficielles, le froid était supérieur au chloroforme en termes de sécurité, de facilité d'application et d'économie de temps et d'ennuis, tout en permettant une réelle anesthésie.

VOIR AUSSI Ambulance (1792), Anesthésie générale (1842) et La cocaïne comme anesthésique local (1884).

La bataille d'Eylau *(7 et 8 février 1807), par Antoine-Jean Gros (1771-1835). Larrey observa que la douleur au cours des amputations était nettement réduite lorsque les membres étaient extrêmement froids.*

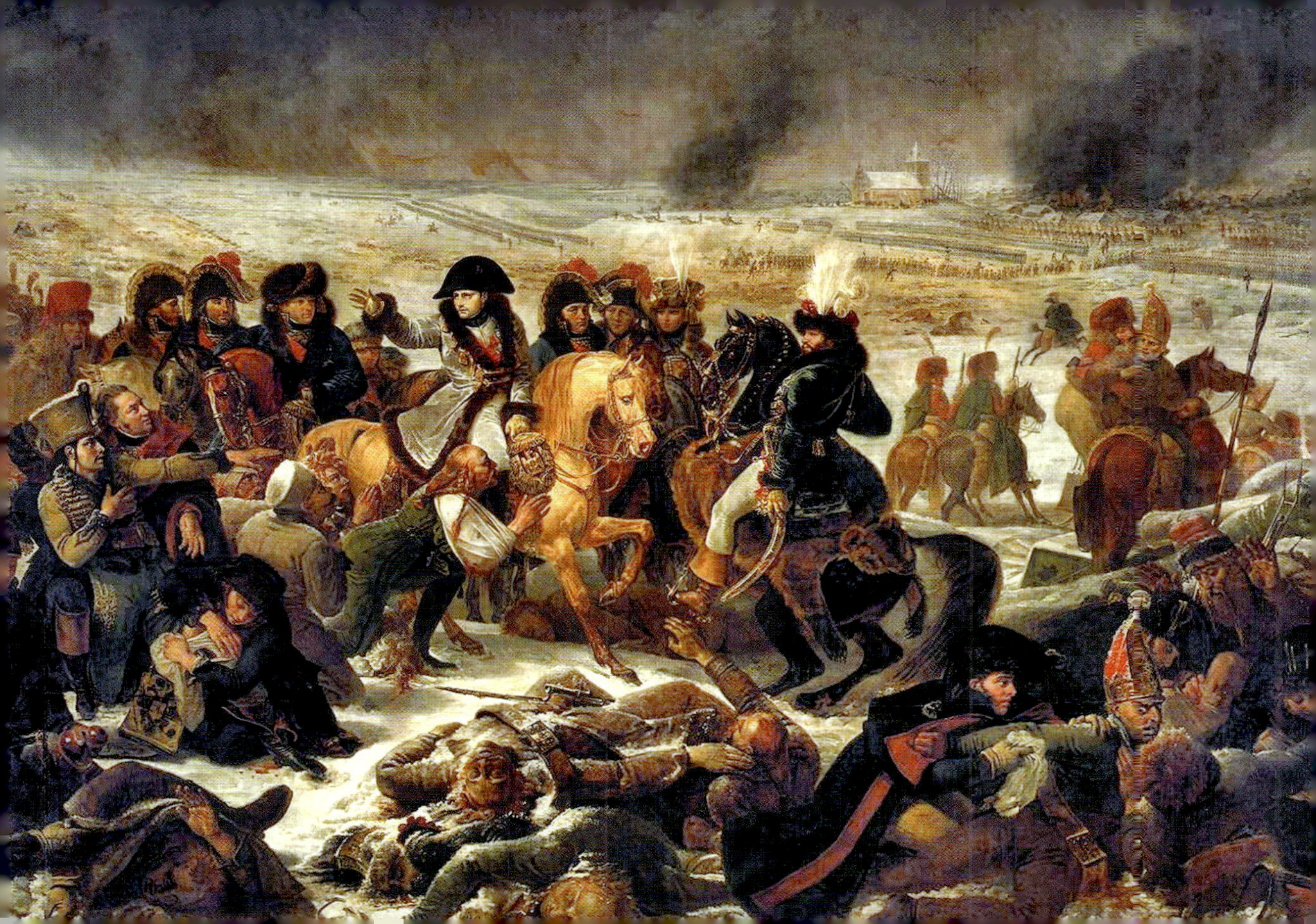

1812

Les femmes étudiantes en médecine

Dorothea Christiane Erxleben (née Leporin, 1715-1762), **James Barry** (1792-1865), **Elizabeth Blackwell** (1821-1910)

À un questionnaire distribué en 1957 aux États-Unis, des médecins hommes répondaient : « je préfère un docteur de troisième catégorie plutôt qu'une doctoresse de première », et « les femmes ont été faites pour être des épouses ». Dans l'Antiquité, les femmes eurent parfois moins de difficultés à pratiquer la médecine. Par exemple, dans l'Égypte ancienne, beaucoup de femmes médecins ont existé, mais leur pratique fut progressivement découragée en Occident, et au Moyen Âge il n'y avait pratiquement plus de médecin femme.

James Barry fut un chirurgien militaire de l'armée britannique, diplômé de l'université d'Edinburgh en 1812. Pendant plus de quarante ans, il servit dans de nombreuses garnisons de l'Empire britannique, avec une excellente renommée. Il fut le premier chirurgien britannique à pratiquer une césarienne en Afrique, sauvant à la fois la mère et l'enfant. À sa mort, en 1865, la personne chargée de préparer le corps découvrit que Barry était une femme. Les historiens pensent qu'il s'agissait en réalité de Margaret Ann Bulkley, une femme qui choisit de vivre comme un homme pour pouvoir effectuer une carrière de chirurgien. Ce fut la première femme diplômée de médecine au Royaume-Uni.

Aux États-Unis, Elizabeth Blackwell fut la première femme à être acceptée dans une école médicale et diplômée sans se faire passer pour un homme. Lorsque Blackwell avait postulé pour s'inscrire à l'école médicale du *Geneva College* à New York, la faculté avait consulté les étudiants. Ceux-ci, pensant que cette demande était un canular, avaient voté pour l'admission et ils furent choqués lorsque Blackwell intégra réellement l'école. Elle fut diplômée en 1849, mais, interdite de pratiquer dans la plupart des hôpitaux, elle vint à Paris améliorer ses connaissances pratiques. En 1857, Blackwell cofonda l'Hôpital pour femmes et enfants indigents de New York. Sans doute moins célèbre que Barry et Blackwell, Dorothée Erxleben fut la première femme médecin formée en Allemagne où elle reçut son diplôme en 1754.

VOIR AUSSI Infirmières (1854), Césarienne (1882), Rapport Flexner sur l'enseignement de la médecine (1910) et Maïeutique moderne (1925).

Elizabeth Blackwell fut la première femme à devenir médecin aux États-Unis. Elle fut diplômée de l'école de médecine du Geneva College *de New York en 1849.*

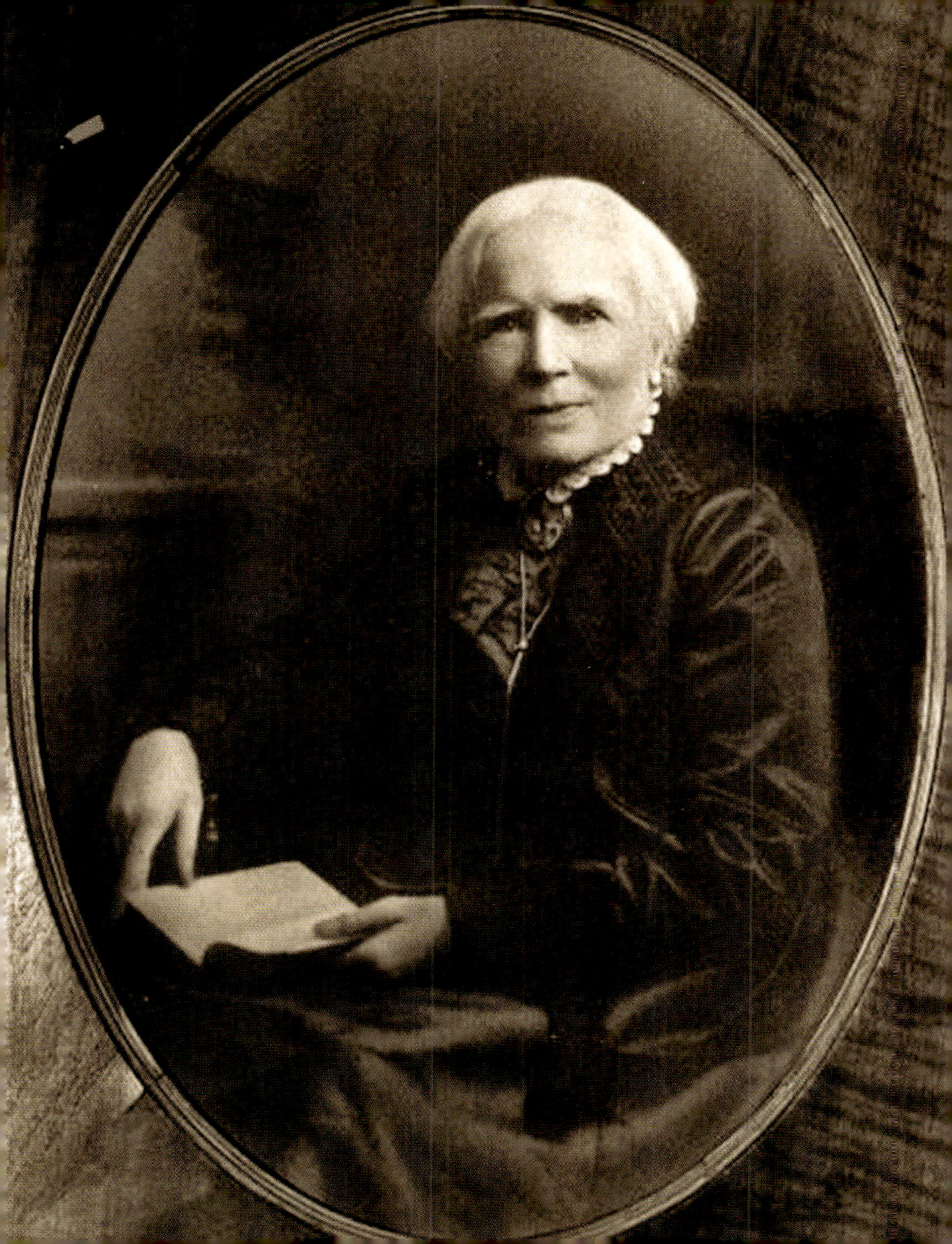

1813

Hystérectomie

Ephraim McDowell (1771-1830), **Konrad Johann Martin Langenbeck** (1776-1851), **Walter Burnham** (1808-1883)

L'hystérectomie est une ablation chirurgicale partielle ou totale de l'utérus, l'organe musculaire dans lequel le fœtus se développe avant de descendre, au moment de la naissance, à travers le col (la partie basse de l'utérus) et le vagin. L'hystérectomie est aujourd'hui une intervention chirurgicale banale, pratiquée dans les cas de cancer de l'utérus et d'endométriose (une croissance exagérée de la membrane utérine interne).

Une étape marquante de la chirurgie de l'utérus se produisit en 1809, lorsque le médecin américain Ephraim McDowell opéra Jane Todd Crawford, porteuse d'une énorme tumeur ovarienne. Pour venir se faire opérer, elle parcourut à cheval cent kilomètres jusqu'à la maison de McDowell, son énorme tumeur reposant sur le pommeau de la selle. Sans anesthésie, Crawford l'opéra avec succès sur la table de sa cuisine, enlevant une tumeur de dix kilogrammes.

En 1813, le chirurgien allemand Konrad Langenbeck pratiqua l'une des premières hystérectomies par voie vaginale, mais ses collègues doutèrent qu'il ait réellement enlevé l'utérus. Pourtant, quand la patiente mourut, vingt-six ans plus tard, son autopsie révéla que l'opération avait bien été un succès.

En 1853, un chirurgien américain Walter Burnham réalisa la première hystérectomie par incision abdominale. Burnham intervenait pour l'ablation d'un kyste ovarien, mais à l'ouverture il vit que la tumeur qui faisait saillie à travers l'incision n'était pas sur l'ovaire et qu'il s'agissait d'un volumineux fibrome utérin, qu'il n'eut pas d'autre choix que d'enlever.

Aujourd'hui, l'hystérectomie est pratiquée selon plusieurs approches, comprenant l'ablation à travers une incision abdominale, l'ablation à travers le vagin et l'ablation totale sous laparoscopie, lors de laquelle l'utérus est enlevé à travers de petites ouvertures pratiquées dans la paroi abdominale.

VOIR AUSSI L'*Utérus gravide* de Hunter (1774), Césarienne (1882), Salpingectomie (1883) et Chirurgie laparoscopique (1981).

L'utérus est un organe musculaire dans lequel se développe le fœtus. Sur cette figure il est représenté coloré en orange. On voit également les trompes de Fallope, faisant saillie à droite et à gauche de l'utérus et conduisant aux ovaires, ainsi que le vagin, au-dessous de l'utérus.

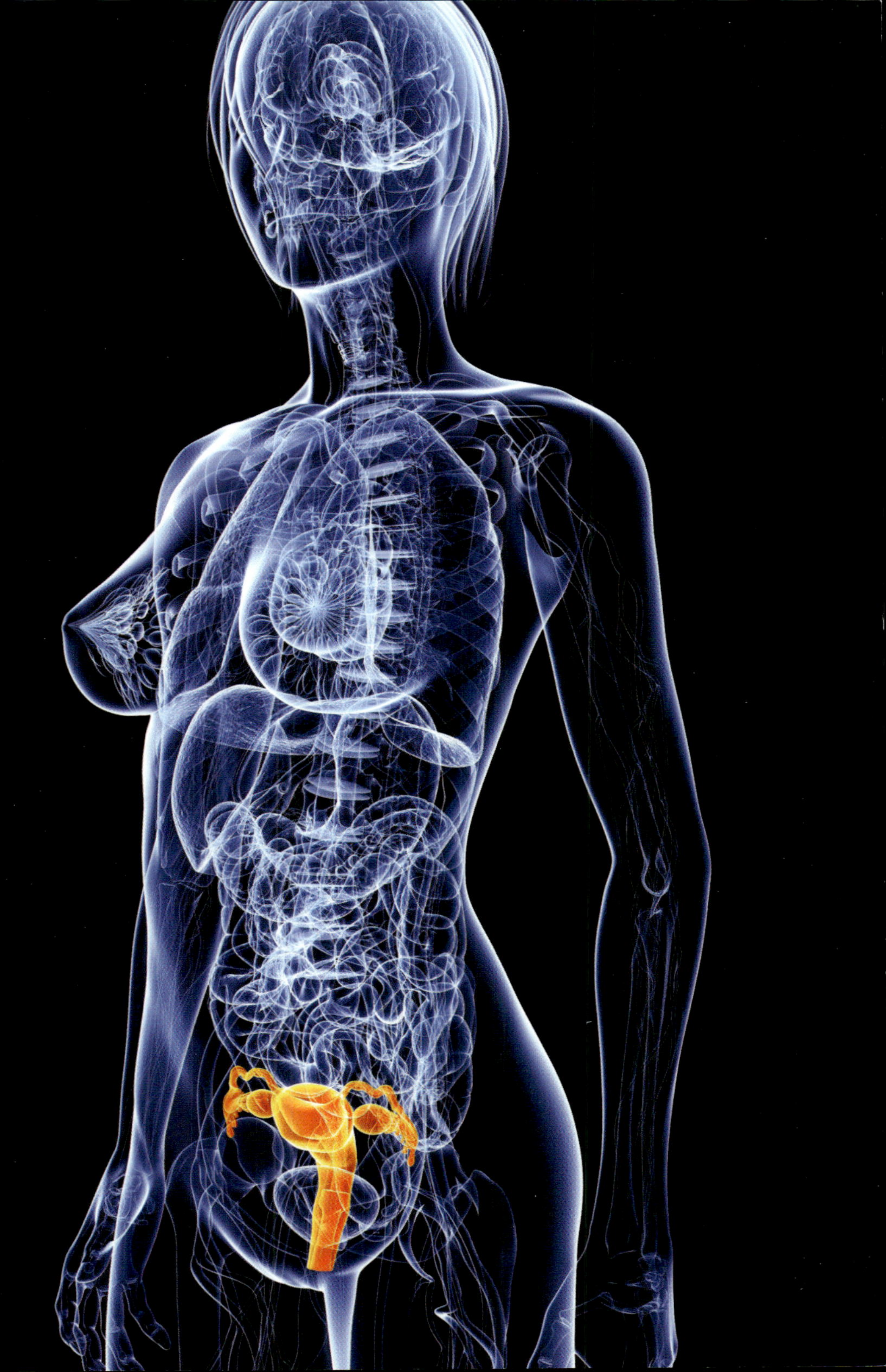

1816

Stéthoscope

René Théophile Hyacinthe Laennec (1781-1826)

En 1816, le médecin français René Laennec inventa le stéthoscope, un tube de bois avec une extrémité évasée placée au contact de la poitrine du patient. L'air emplissant la cavité transmet les bruits du corps du patient à l'oreille du médecin. En permettant de percevoir les bruits du corps (en particulier de la respiration, les bruits du cœur), le stéthoscope changea l'approche des maladies internes et également les relations entre médecin et patient. À l'époque de Laennec, le médecin plaçait souvent son oreille directement contre la poitrine ou dans le dos du patient. Mais Laennec déplorait cette méthode qu'il trouvait peu pratique tant pour le patient que pour le médecin ; et pour l'auscultation des femmes qu'il considérait non seulement indélicate, mais souvent impraticable. Non content d'avoir inventé le stéthoscope, Laennec décrivit soigneusement à quelle maladie particulière (pneumonie, tuberculose, bronchite) correspondaient les bruits qu'il entendait. Paradoxalement, Laennec lui-même mourut à quarante-cinq ans d'une tuberculose que ses collègues diagnostiquèrent grâce à son stéthoscope.

Les stéthoscopes évoluèrent ensuite. Un stéthoscope extra-long fut confectionné pour ausculter les patients miséreux, dont les médecins souhaitaient se tenir éloignés. Dans les années 1940, les stéthoscopes à double capteur devinrent la règle. Un côté du capteur était équipé d'une membrane destinée à vibrer au contact de la peau et à produire des ondes de pression transmises à travers la cavité du stéthoscope. L'autre côté contenait une pièce évasée en cloche mieux adaptée à la transmission des sons de basse fréquence. Le côté de la membrane était utilisé pour écouter les bruits du poumon de fréquences plus élevées que les bruits du cœur. En faisant varier la pression de l'extrémité évasée en cloche sur la peau, on obtenait une meilleure écoute des battements cardiaques. Diverses autres améliorations ont été réalisées par l'application de principes physiques simples.

VOIR AUSSI La prise du pouls (1707), Spirométrie (1846), Thermomètre médical (1866), Aides auditives (1899), Électrocardiographe (1903) et Implants cochléaires (1977).

Laennec, en 1816, ausculte à l'oreille un phtisique à l'hôpital Necker devant ses élèves ; dans sa main gauche, le stéthoscope qu'il inventa. Peinture de Théobald Chartran.

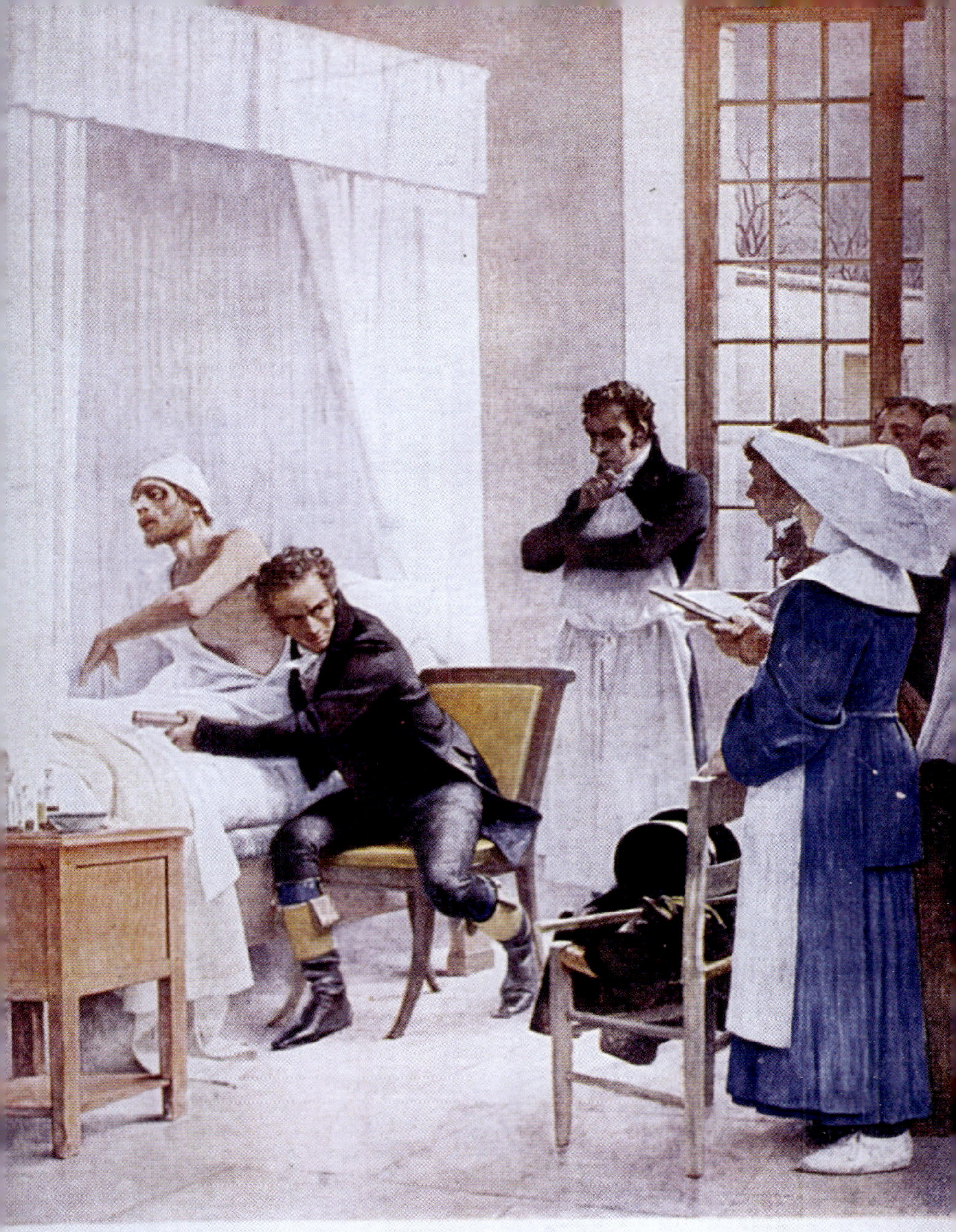

T. Chartran, peintre. Offert par Mr. Deschiens.

LAËNNEC, A L'HOPITAL NECKER, AUSCULTE UN PHTISIQUE
DEVANT SES ÉLÈVES (1816)

PARIS-SORBONNE

Imprimé en France.

1817

Ligature de l'aorte abdominale

Astley Paston Cooper (1768-1841), **Rudolph Matas** (1860-1957)

Le chirurgien anglais Astley Cooper, qualifié de « père de la chirurgie artérielle », est le premier à avoir ligaturé la « mère de toutes les artères », l'aorte abdominale. L'aorte reçoit le sang du ventricule gauche du cœur, déroule sa crosse vers le haut et descend dans l'abdomen où elle se divise en deux grosses artères, appelées iliaques communes.

En 1811, Cooper démontra chez le chien que la partie inférieure de l'aorte, qualifiée d'aorte abdominale, pouvait être ligaturée sans entraîner la mort, car suffisamment de sang pouvait atteindre les membres inférieurs, apparemment par d'autres artères. En 1817, Charles Huston, souffrant d'un volumineux anévrisme (dilatation) de l'artère iliaque gauche, présenta une hémorragie profuse. Pour sauver sa vie, Cooper tenta une ligature de l'aorte abdominale au-dessus de sa division en artères iliaques. Directement dans le lit du patient, Cooper lui ouvrit l'abdomen près de l'ombilic (nombril), passa le doigt dans l'ouverture, le glissa entre l'aorte et la colonne vertébrale et ligatura l'aorte en évitant les anses intestinales. Hélas, Huston succomba quarante heures après l'opération : bien que sa jambe droite soit demeurée saine, les tissus de la gauche présentaient un début de gangrène (mort des tissus).

C'est finalement le chirurgien américain Rudolph Matas qui réussit, en 1923, à opérer avec succès un anévrisme aortique par ligature de l'aorte. Le patient survécut plus d'un an avant de mourir des complications d'une tuberculose, sans relation avec l'intervention chirurgicale.

Les anévrismes aortiques résultent d'une fragilité de la paroi de l'aorte, à n'importe quel point de celle-ci, mais ce sont les anévrismes de l'aorte abdominale qui sont les plus courants. Les anévrismes peuvent gonfler, et éventuellement se rompre, causant une mort rapide si la prise en charge n'est pas immédiate. Une forme de traitement moderne consiste à insérer un *stent* (un tube) à l'intérieur de l'aorte sur la longueur de la dilatation.

VOIR AUSSI Chirurgie « raisonnable » de Paré (1545), Suture vasculaire (1902), La dérivation de Blalock-Taussig (1944) et Angioplastie (1964).

Portrait d'Astley Cooper, chirurgien du Roi.

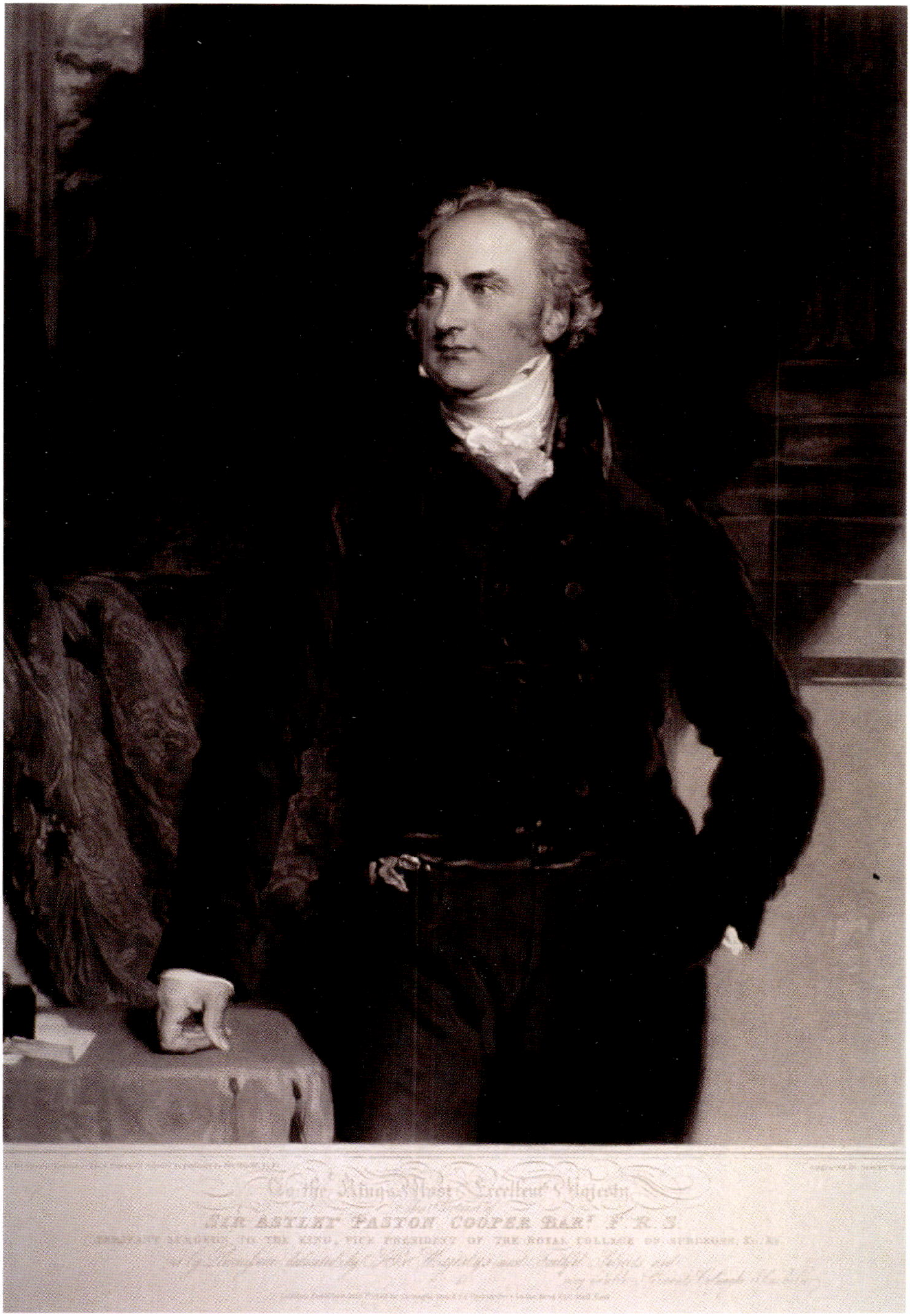
To the King's Most Excellent Majesty
SIR ASTLEY PASTON COOPER BAR.T F.R.S.
SERJEANT SURGEON TO THE KING, VICE PRESIDENT OF THE ROYAL COLLEGE OF SURGEONS, &c. &c.

1825

Traitement par les sangsues

François Joseph Victor Broussais (1772-1838), **John Brown** (1810-1882)

L'usage médical des sangsues existe depuis des millénaires en Europe et en Asie, mais il était basé sur des fondements considérés aujourd'hui comme non scientifiques, par exemple il était supposé rééquilibrer les humeurs du corps. Une sangsue (*Hirudo medicinalis*) peut prélever environ cinq millilitres de sang (une cuillère à thé), et après l'ablation de la sangsue, le sang continue à suinter pendant un jour ou deux.

En Europe, l'emploi des sangsues fut excessif à l'époque du médecin français Broussais, qui pensait qu'à peu près toutes les maladies avaient pour cause une inflammation et donc pouvaient bénéficier d'un traitement par les sangsues. Leur usage devint si extravagant que les médecins de l'époque comparaient sa pratique à du vampirisme. Il n'était pas rare de placer plusieurs douzaines de sangsues au cours d'une seule séance, et plusieurs millions de sangsues étaient utilisées chaque année en France, Angleterre et Allemagne. En 1825, un membre du parlement français plaida pour mettre fin à ces excès.

En 1828, près de cent millions de sangsues furent utilisées en France. La demande dépassait les disponibilités. Les fermes productrices de sangsues se multiplièrent, puisque les sangsues étaient utilisées pour tout « guérir », depuis l'obésité jusqu'aux hémorroïdes, en passant par les maladies mentales. Même le célèbre médecin écossais John Brown traitait son propre mal de gorge en s'appliquant six sangsues sur le cou et douze derrière l'oreille.

En dépit de l'évidente folie de sangsues de l'ère de Broussais, leur usage a été réintroduit à partir des années 1980 en chirurgie reconstructrice, en particulier pour des opérations de réimplantation d'oreilles ou de doigts, afin de soulager la congestion veineuse résultant d'une accumulation de sang artériel sur le site où les veines n'ont pas eu le temps de repousser. La bouche des sangsues est appliquée sur la peau, de sorte que leur salive apporte un anticoagulant (l'hirudine), des vasodilatateurs et des anesthésiques. Le pouls et la pression sont réduits, donnant le temps aux veines de se reconstituer.

VOIR AUSSI Saignée (1 500 ans av. J.-C.), Le poteau des barbiers (1210), Héparine (1916) et Asticothérapie (1929).

Sangsues (Hirudo officinalis) *puisant le sang au cou d'une femme.*

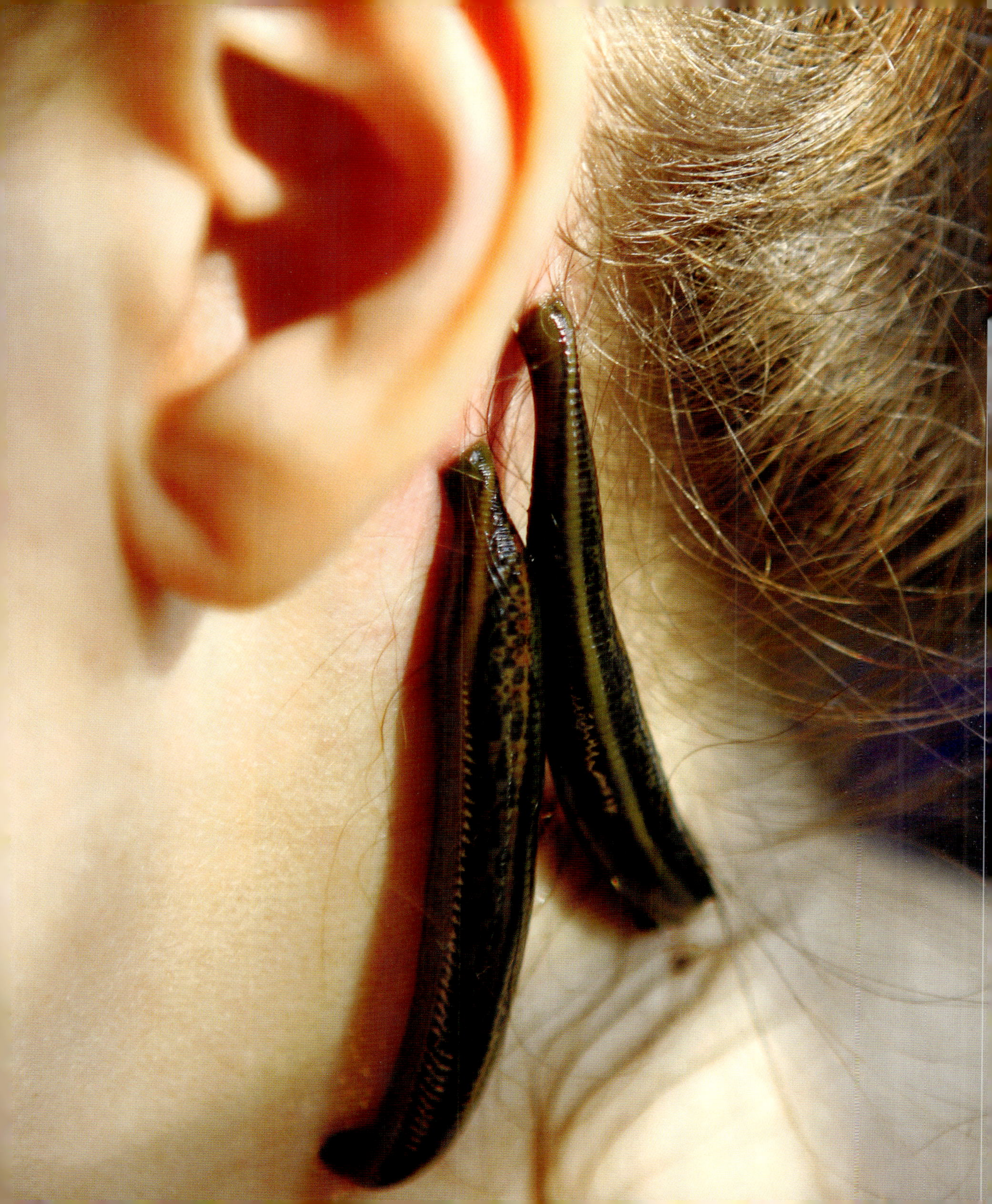

1829

Transfusion sanguine

James Blundell (1791-1878), **Karl Landsteiner** (1868-1943)

L'histoire de la transfusion sanguine est fascinante, marquée d'alternance de périodes d'enthousiasme et de grandes désillusions. Son potentiel complet ne fut pas atteint avant la découverte des groupes sanguins et l'introduction d'un anticoagulant satisfaisant.

La transfusion sanguine consiste à transférer du sang, ou des composés du sang, d'une personne à une autre, afin de suppléer à des hémorragies massives pouvant survenir au cours de traumatismes ou d'opérations chirurgicales. Les transfusions sanguines sont également nécessaires lors du traitement de diverses maladies, telles l'hémophilie ou la drépanocytose.

Diverses transfusions sanguines d'animal à animal, et même d'animal à l'homme ont été tentées au XVIIe siècle en Europe. Mais c'est l'obstétricien anglais James Blundell qui est reconnu pour avoir réussi la première transfusion sanguine d'homme à homme. En 1818, Blundell avait utilisé plusieurs donneurs pour transfuser un homme mourant d'un cancer de l'estomac, mais celui-ci avait succombé deux jours plus tard. En 1829, il transfusa du sang d'un mari à sa femme dont l'accouchement était fortement hémorragique et qui survécut grâce à cette transfusion.

Rapidement, Blundell se rendit compte que beaucoup de transfusions étaient responsables d'atteintes rénales et de morts. Ce ne fut que dans les années 1900 que le médecin autrichien Karl Landsteiner découvrit l'existence des trois groupes sanguins (A, B et O), et montra que la transfusion entre personnes de même groupe était en général un succès. Un quatrième groupe (AB) fut découvert peu après. Le développement de la réfrigération électrique amena à la création des premières « banques de sang » au milieu des années 1930. Et, après la découverte du facteur Rhésus (Rh), les accidents transfusionnels devinrent exceptionnels.

Les transfusions sanguines ont parfois été limitées par les préjugés. Ainsi dans les années 1950, l'État de Louisiane décréta que le don de sang d'un Noir sans autorisation constituait un crime.

VOIR AUSSI Solutions salines intraveineuses (1832), La Croix Rouge (1863), Suture vasculaire (1902), Héparine (1916) et Étiologie de la drépanocytose (1949).

Gravure peinte à la main, La transfusion de sang, une opération à l'Hôpital de la Pitié *(1874), par Miranda, dans* Harper's Weekly.

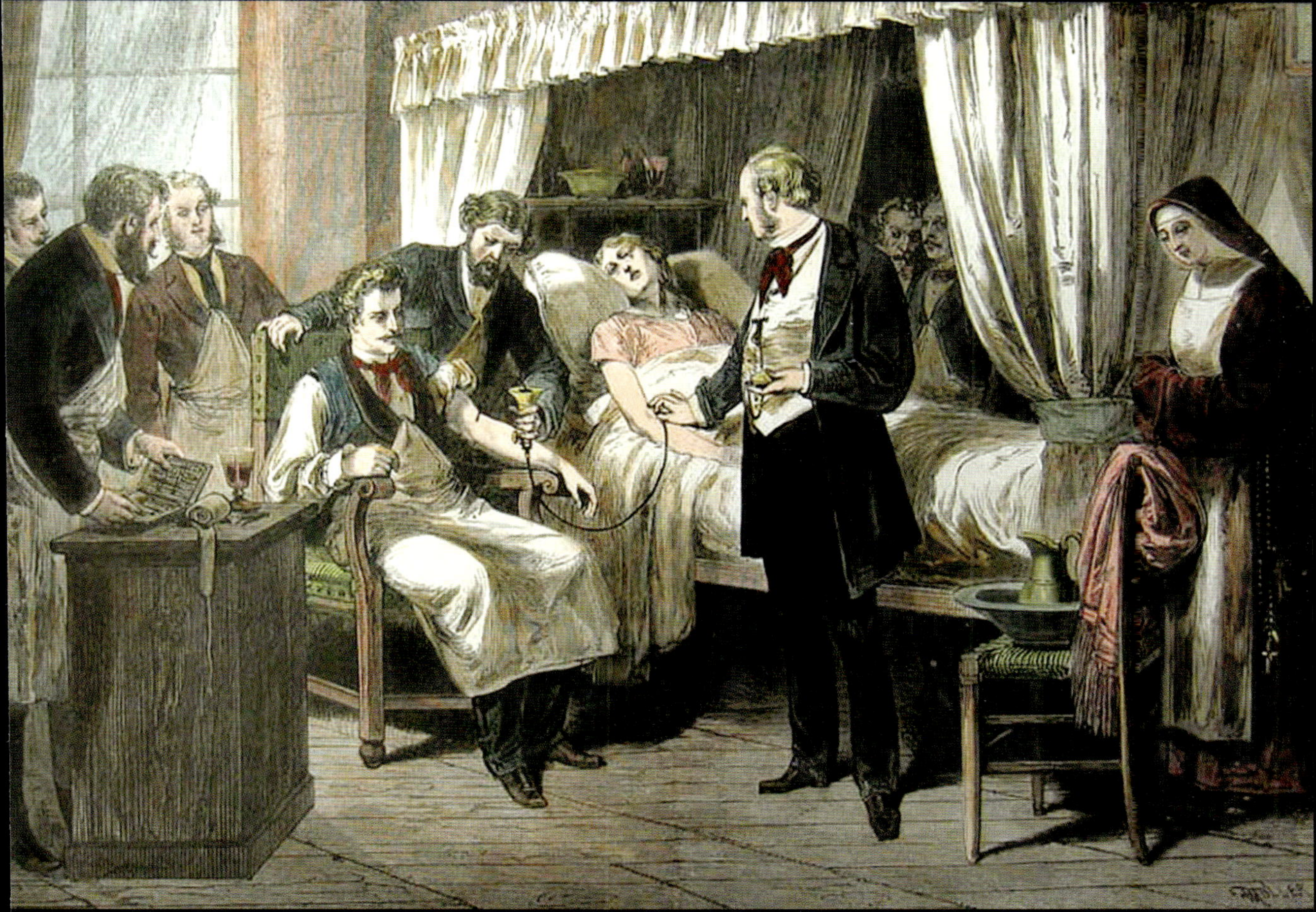

1830

Spécialisation médicale

L'explosion des connaissances, informations, méthodes et technologies, particulièrement éclatante en médecine, a provoqué l'éclosion de spécialités dans sa pratique et son enseignement.

L'historien de la médecine George Weisz suggère que la spécialisation en médecine, motivée par la recherche de nouvelles connaissances, d'avancées dans la formation, de nouveaux traitements et de la diffusion des savoirs, commença à s'intensifier dans les grands hôpitaux de Paris, dans les années 1830. À partir des années 1850, la spécialisation médicale gagna Vienne. Aux États-Unis, elle apparut progressivement après la guerre de sécession, provoquée par l'émergence de grandes villes, l'intérêt des médecins américains revenant de formation en Europe et les nouvelles connaissances acquises durant la guerre.

De nos jours, un large éventail de spécialités et de sous-spécialités existe, avec un nombre de médecins généralistes en diminution. L'*American Board of Medical specialities* (Conseil américain des spécialités médicales) reconnaît plus de 145 spécialités et sous-spécialités, dont, allergie et immunologie, anesthésiologie, chirurgie du colon et du rectum, dermatologie, médecine d'urgence, médecine générale, médecine interne, génétique médicale, neurochirurgie, médecine nucléaire, obstétrique et gynécologie, ophtalmologie, chirurgie orthopédique, otorhinolaryngologie, anatomie pathologique, pédiatrie, médecine physique et rééducation, chirurgie plastique, médecine préventive, neuropsychiatrie, radiologie, chirurgie, chirurgie thoracique et urologie.

Les médecins spécialistes ont des revenus très supérieurs aux non spécialistes mais ils assurent à leurs patients des connaissances sans cesse renouvelées sur les maladies qui les concernent et leurs traitements. D'un autre côté, la spécialisation induit un coût supplémentaire dans la prise en charge médicale.

VOIR AUSSI Association médicale américaine (1847), Chirurgie de Halsted (1904) et Rapport Flexner sur l'enseignement de la médecine (1910).

La spécialisation médicale débuta dans les grands hôpitaux parisiens dans les années 1830. Jean-Martin Charcot (1825-1893), l'un des fondateurs de la neurologie moderne, est représenté ici avec une patiente « hystérique » à l'hôpital de la Pitié-Salpétrière, en 1887. Peinture de Pierre-André Brouille (1857-1914).

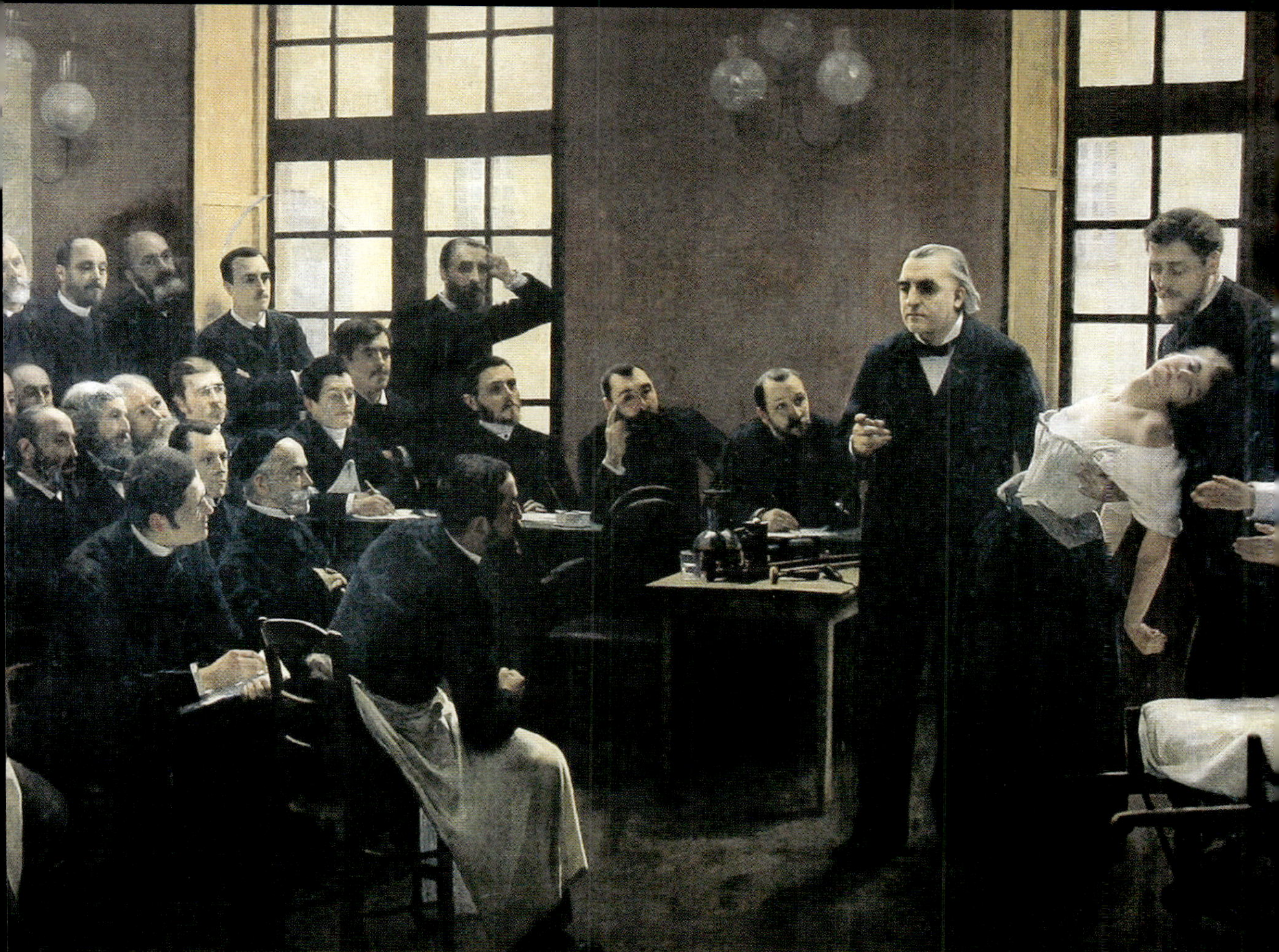

L'Acte d'anatomie de 1832

William Harvey (1578-1657)

Depuis la Renaissance, les écoles de médecine d'Europe, en particulier d'Italie, avaient fait de la dissection du corps humain une étape essentielle dans l'acquisition de la connaissance médicale. Au XIXe siècle, Londres et Édimbourg, au Royaume-Uni, furent à la pointe des découvertes anatomiques et médicales.

Afin de devenir des anatomistes expérimentés, les chirurgiens de l'époque semblaient avoir fait abstraction des réponses émotionnelles naturelles vis-à-vis de leurs semblables. Ainsi, le médecin anglais William Harvey, célèbre pour sa découverte de la circulation sanguine, fut capable de participer à la dissection de sa sœur, et de son père. Au début du XIXe siècle, les besoins de corps étaient si grands en Angleterre que les anatomistes collaboraient parfois avec les pilleurs de tombes pour se procurer les cadavres nécessaires. Avant 1832, seuls les corps des criminels exécutés pouvaient être légalement utilisés dans les dissections. L'Acte d'anatomie, adopté au Parlement du Royaume-Uni en 1832, donnait aux médecins un accès légal aux corps des défunts non réclamés par la famille, et il devint possible d'obtenir les corps des pauvres qui mouraient dans les asiles où les personnes nécessiteuses demeuraient souvent jusqu'à leur mort. L'adoption de l'Acte fut accélérée par les meurtres de seize personnes commis à Edinbourg en 1828, avec pour seul mobile la vente des corps aux anatomistes.

Une fois l'Acte d'anatomie adopté, des émeutes éclatèrent, et des bâtiments des écoles de médecine furent saccagés. Beaucoup de citoyens trouvaient injuste que le corps des pauvres soit utilisé sans leur consentement. Des personnes religieuses, opposées à la désacralisation du corps, enterrèrent leurs êtres chers dans des cercueils plombés pour les protéger jusqu'à la résurrection du jour du Jugement dernier.

VOIR AUSSI Les dessins anatomiques de Léonard de Vinci (1510), *De humani corporis fabrica* (1543), Les chefs-d'œuvre d'Eustache retrouvés (1552), Les dessins de Pietro da Cortona (1618), Système circulatoire (1628), L'*Ostéographie* de Cheselden (1733), Les planches anatomiques d'Albinus (1747), Autopsie (1761), L'*Utérus gravide* de Hunter (1774) et L'*Anatomie* de Gray (1858).

L'Acte d'anatomie fut motivé par le besoin de squelettes et de cadavres des anatomistes et la colère grandissante contre les « résurrectionnistes » qui volaient les tombes pour les études anatomiques.

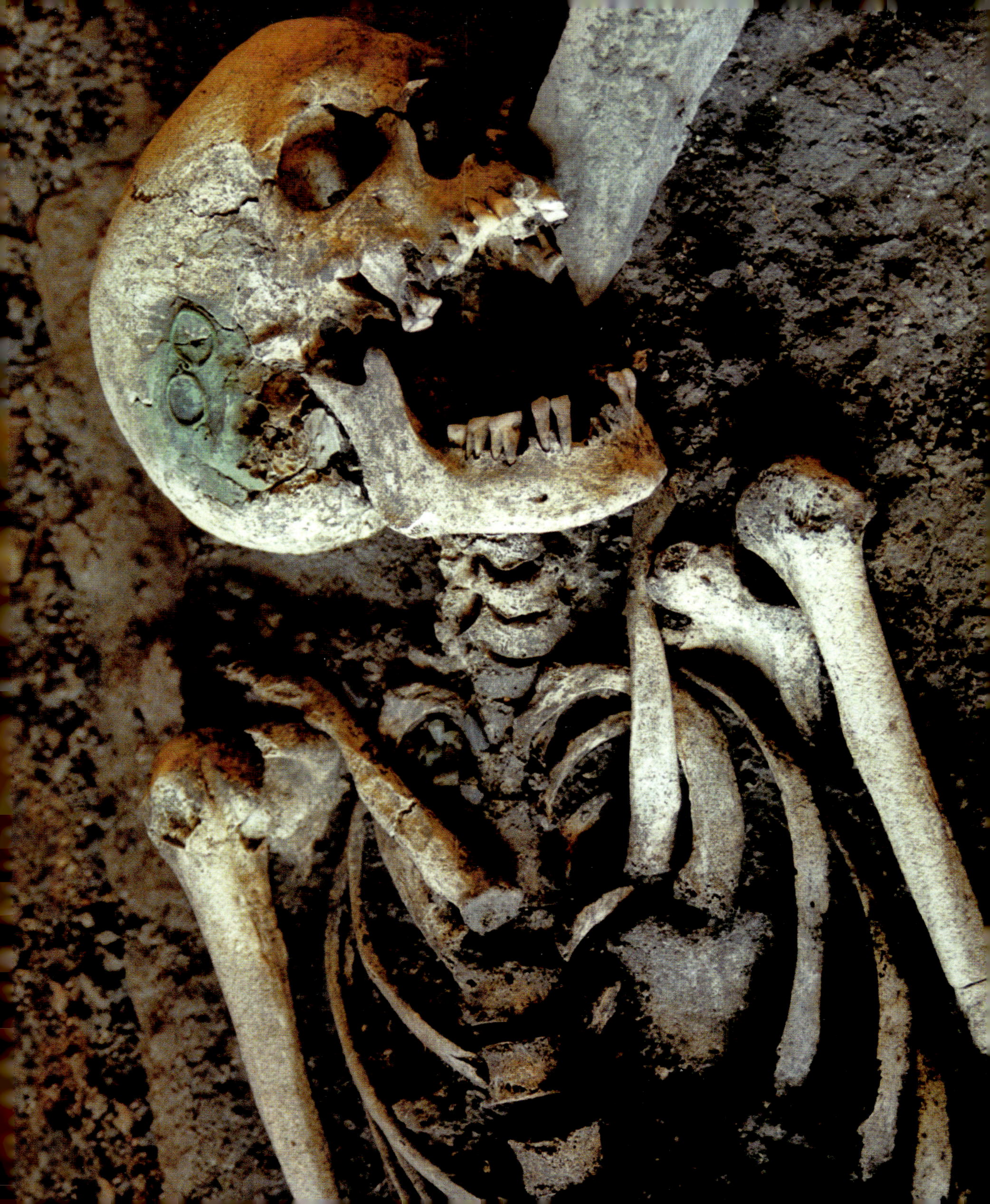

1832

Solutions salines intraveineuses

Thomas Aitchison Latta (1790-1833), **William Brooke O'Shaughnessy** (1808-1889)

En 1832, le médecin écossais Thomas Latta réalisa pour la première fois une injection intraveineuse de solution saline (eau contenant du chlorure de sodium) dans l'espoir de sauver une personne atteinte de choléra. Nous savons aujourd'hui que le choléra est une maladie bactérienne se manifestant par une diarrhée et des vomissements intenses, responsables de déshydratation, et qui a fait des millions de victimes à travers les siècles. Le traitement de Latta avait été antérieurement proposé par le médecin irlandais William O'Shaughnessy.

La patiente de Latta était une femme très âgée : « ses yeux excavés, la pâleur et le froid de sa peau portaient l'empreinte manifeste de la mort ». Latta inséra un tube dans une grosse veine du bras et lui injecta lentement une solution saline. Après quelques instants, elle commença à mieux respirer et son pouls redevint palpable. Après trente minutes et l'injection de trois litres de liquide, la patiente n'avait plus aucun malaise. Latta pensa qu'elle était sauvée et la confia à un chirurgien de l'hôpital. En l'absence de Latta, elle recommença à vomir et mourut dans les heures suivantes. Latta suggéra qu'elle aurait survécu si les injections avaient été poursuivies. Des injections de solutions salines furent également réalisées chez d'autres malades, avec un mélange de succès et d'échecs.

Latta mourut une année après et son travail tomba dans l'oubli. Bien que les idées de Latta aient été justes, ses succès furent probablement entravés par l'absence de stérilité des solutions et des injections, le grand âge des patients choisis et la quantité insuffisante de liquide injecté.

De nos jours, les solutions salines sont toujours utilisées pour remplacer l'eau et le sel perdus par des personnes absorbant peu de liquides, ou ayant subi un traumatisme avec hémorragie ou encore atteintes de maladies accompagnées d'une forte déshydratation.

VOIR AUSSI Transfusion sanguine (1829), Seringue hypodermique (1853) et La poignée de la pompe de Broad street (1854).

Grâce à Thomas Latta et à d'autres pionniers de la médecine, les solutions salines intraveineuses ont sauvé la vie de nombreuses personnes affligées du choléra. L'affiche présentée ici date de la Première Guerre mondiale, et fut réalisée en 1918 par l'illustrateur américain Boardman Robinson (1876-1952).

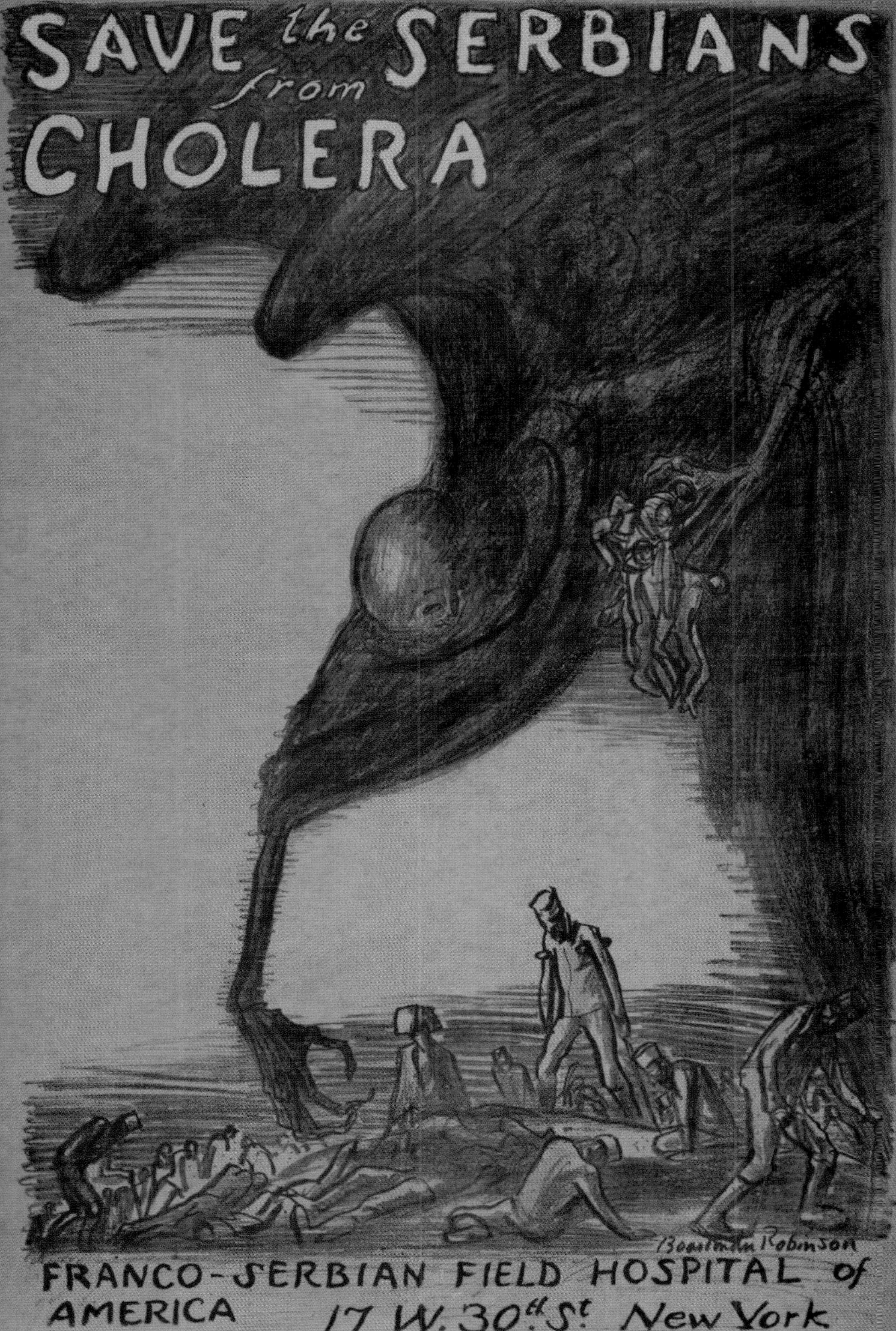
SAVE the SERBIANS from CHOLERA
Boardman Robinson
FRANCO-SERBIAN FIELD HOSPITAL of AMERICA 17 W. 30th St New York

1833

Observations sur l'estomac de Saint-Martin

William Beaumont (1785-1853), **Alexis Saint-Martin** (1794-1880)

Pendant des millénaires, les mécanismes de la digestion et le fonctionnement de l'estomac sont demeurés mystérieux. Une étape importante dans l'étude de l'estomac résulta d'une opportunité accidentelle : Alexis St Martin, un employé de la Compagnie américaine de fourrures ayant reçu un coup de feu dans l'estomac, survécut grâce au médecin militaire William Beaumont, mais garda une ouverture permanente (ou fistule) de l'estomac, qui permit à Beaumont de faire de nombreuses observations originales. Après la guérison de Saint-Martin, Beaumont l'engagea comme employé et put ainsi continuer ses expériences. Beaumont introduisait par la fistule de l'estomac de Saint-Martin des morceaux de nourriture attachés par un fil et les ressortait périodiquement pour surveiller leur degré de digestion. Beaumont étudia aussi les effets de l'exercice, de la température et même des émotions sur la digestion. Il rapporta ses expériences dans son livre *Expériences et observations sur le liquide gastrique et la physiologie de la digestion*.

Après la mort de Saint-Martin – cinquante-huit ans après son accident – sa famille, déterminée à éviter de nouvelles investigations médicales, laissa le corps se décomposer avant de l'enterrer dans une tombe anonyme. Il est surprenant que Beaumont, le premier physiologiste américain internationalement reconnu, ait pu poursuivre un travail de recherche aussi rigoureux dans un hôpital militaire vétuste d'un petit poste frontalier de la Prairie du Chien, dans le Wisconsin. Sa recherche établit définitivement que la digestion dépendait d'un processus chimique.

Aujourd'hui, nous savons que l'estomac libère des protéases – enzymes digérant les protéines, comme la pepsine – ainsi que de l'acide chlorhydrique, qui procure un environnement acide facilitant l'action des protéases. Les muscles de l'estomac malaxent également le bol alimentaire. Enfin, diverses hormones contrôlent les mouvements et les sécrétions de l'estomac.

VOIR AUSSI Glandes de Brunner (1679) et Ulcère peptique et bactérie (1984).

Planche anatomique d'après Tiedemann, montrant l'estomac, le foie et la vésicule biliaire avec leurs rapports artériels, dessinée par F. Marsal, sous la direction de Gilis (1914). (Conservatoire d'anatomie de la faculté de médecine de Montpellier).

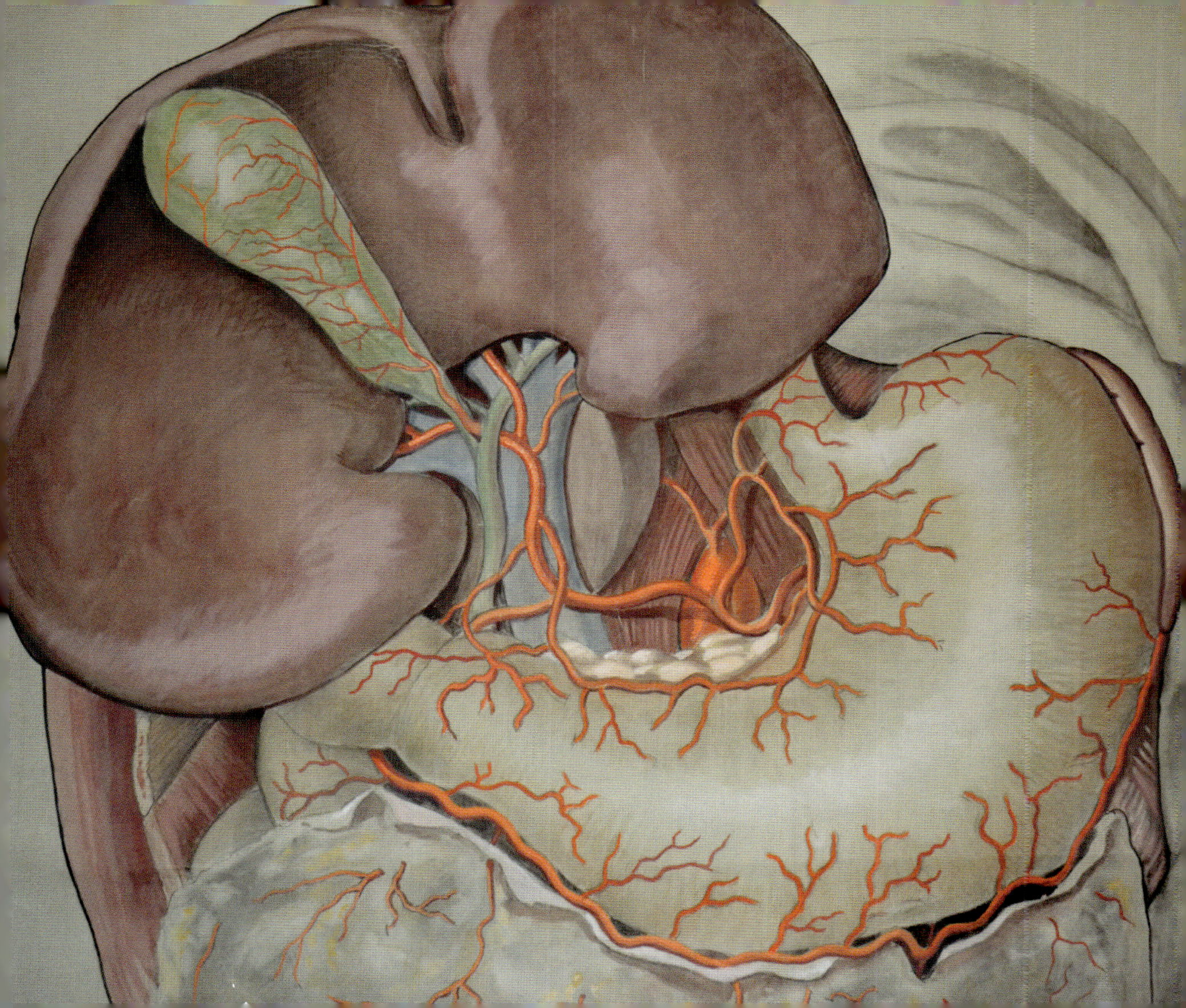

1842

Anesthésie générale

Frances Burney (1752-1840), **Crawford Williamson Long** (1815-1878), **Horace Wells** (1815-1848), **William Thomas Green Morton** (1819-1868)

Nous avons aujourd'hui oublié l'horrible réalité de la chirurgie avant la découverte de l'anesthésie. Fanny Burney, une romancière et auteur célèbre du XIXe siècle, raconte la mastectomie qu'elle eut à subir avec seulement un verre de vin pour combattre la douleur. Sept hommes la maintenaient lorsque l'intervention débuta. Elle raconte : « Lorsque l'acier mortel plongea dans mon sein, coupant à travers veines, artères, muscles et nerfs, je ne pus me retenir de crier. Je lançais un hurlement qui dura sans interruption durant tout le temps de l'incision… Ensuite, je sentis le couteau racler les os de ma poitrine, les gratter ! C'était une torture indescriptible. »

L'anesthésie générale est un état d'inconscience induit par des médicaments, permettant au patient de subir une intervention chirurgicale sans douleur. Lors de la préhistoire, on utilisait déjà l'opium contre la douleur. Les chamans incas employaient les feuilles de coca pour anesthésier une partie du corps. Toutefois, la découverte d'une anesthésie générale compatible avec la chirurgie moderne est en général attribuée à trois Américains : le médecin Crawford W. Long et les dentistes Horace Wells et William Morton. En 1842, Long pratiqua l'ablation d'un kyste du cou pendant que le patient inhalait de l'éther, un gaz anesthésiant. En 1844, Wells fit l'extraction de plusieurs dents en utilisant l'oxyde nitreux ou protoxyde d'azote, couramment connu comme le gaz hilarant. Morton est célèbre pour sa démonstration publique de l'emploi de l'éther faite en 1846, en assistant un chirurgien qui pratiquait l'ablation d'une tumeur de la joue ; cette intervention chirurgicale avec anesthésie fut mentionnée dans les journaux. En 1847, le chloroforme fut également utilisé mais il présentait des risques supérieurs à l'éther. Des drogues plus sûres et plus efficaces sont aujourd'hui disponibles.

VOIR AUSSI Anesthésie par le froid (1812) et La cocaïne comme anesthésique local (1884).

Planche botanique du pavot à opium, Papaver somniferum, *variété orientale de cette plante riche en alcaloïdes opiacés, telle la morphine, un analgésique puissant utilisé au cours d'interventions chirurgicales avant la découverte de l'anesthésie générale.*

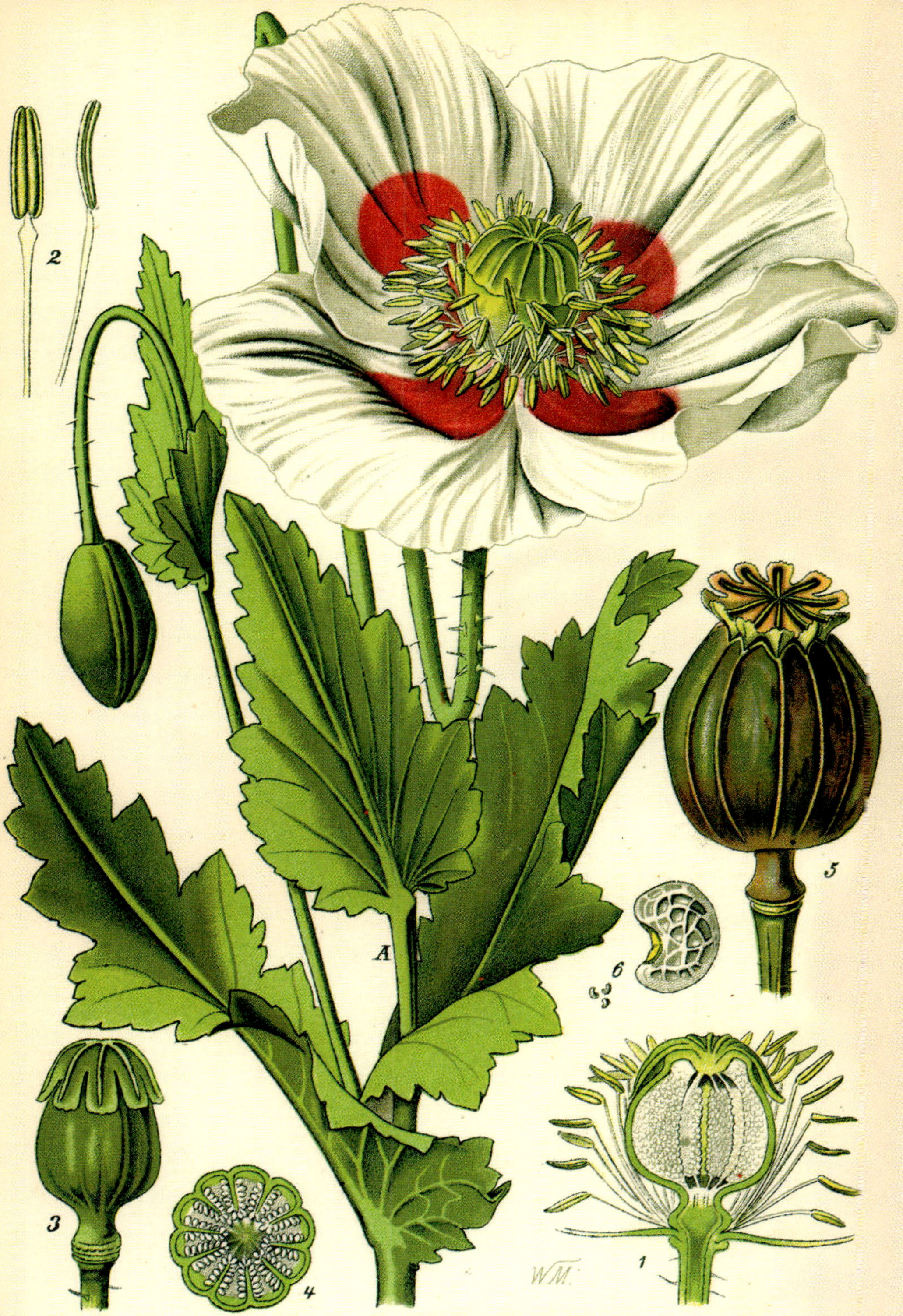

259. *Papaver somniferum* L. Schlaf oder Saatmohn.

1842

Les conditions sanitaires de la population ouvrière en Grande-Bretagne

Sir Edwin Chadwick (1800-1890), **Charles-Edward Winslow** (1877-1957)

La santé publique a été définie comme « la science de prévenir les maladies, prolonger la vie et promouvoir la santé par les efforts organisés et les choix éclairés de la société, des organisations (publiques ou privées), des communautés et des individus » (Winslow, 1920). Pendant des années, les politiques de santé publique se sont concentrées sur la vaccination, le lavage des mains, la construction d'égouts, la chloration de l'eau et la collecte des ordures. Durant le XXe siècle, les initiatives de santé publique ont significativement élevé l'espérance de vie de nombreuses nations.

L'un des avocats les plus précoces et influents de la santé publique en Occident fut le réformiste social Edwin Chadwick, qui publia en 1842 *Les conditions sanitaires de la population ouvrière en Grande-Bretagne*. Il y écrivait : « La perte annuelle de vies par la saleté et la mauvaise ventilation est supérieure à celle occasionnée par toutes les guerres menées par le pays. » Il signalait que l'âge moyen de mort dans la classe ouvrière vivant dans des conditions sordides de surpeuplement était deux fois plus bas que celui des professions libérales.

Chadwick fut l'architecte d'une réforme sanitaire en Grande-Bretagne. En 1848, le Parlement adopta une loi de santé publique établissant un Comité central de la Santé, avec la création de comités locaux destinés à organiser le nettoyage des rues, la collecte des ordures et celle des eaux usées. Chadwick se heurta à une forte résistance de ceux qui n'acceptaient ni une centralisation gouvernementale ni le coût de ses projets de travaux publics. Certains pensaient même que la santé des pauvres était compromise par le relâchement de leurs mœurs plutôt que par des causes environnementales.

VOIR AUSSI Systèmes d'égouts (600 ans av. J.-C.), Semmelweis et le lavage des mains (1847), La poignée de la pompe de Broad street (1854), L'acte d'inspection des viandes de 1906 (1906), La quarantaine de Marie Typhoïde (1907) et Chloration de l'eau (1910).

Les usines modernes de traitement des eaux utilisent des bassins circulaires de clarification qui séparent les solides en suspension, ce qui améliore la qualité de l'eau, car germes et matières toxiques peuvent adhérer aux particules. Des grattoirs attachés à des bras rotatif dirigent la boue vers une trémie centrale.

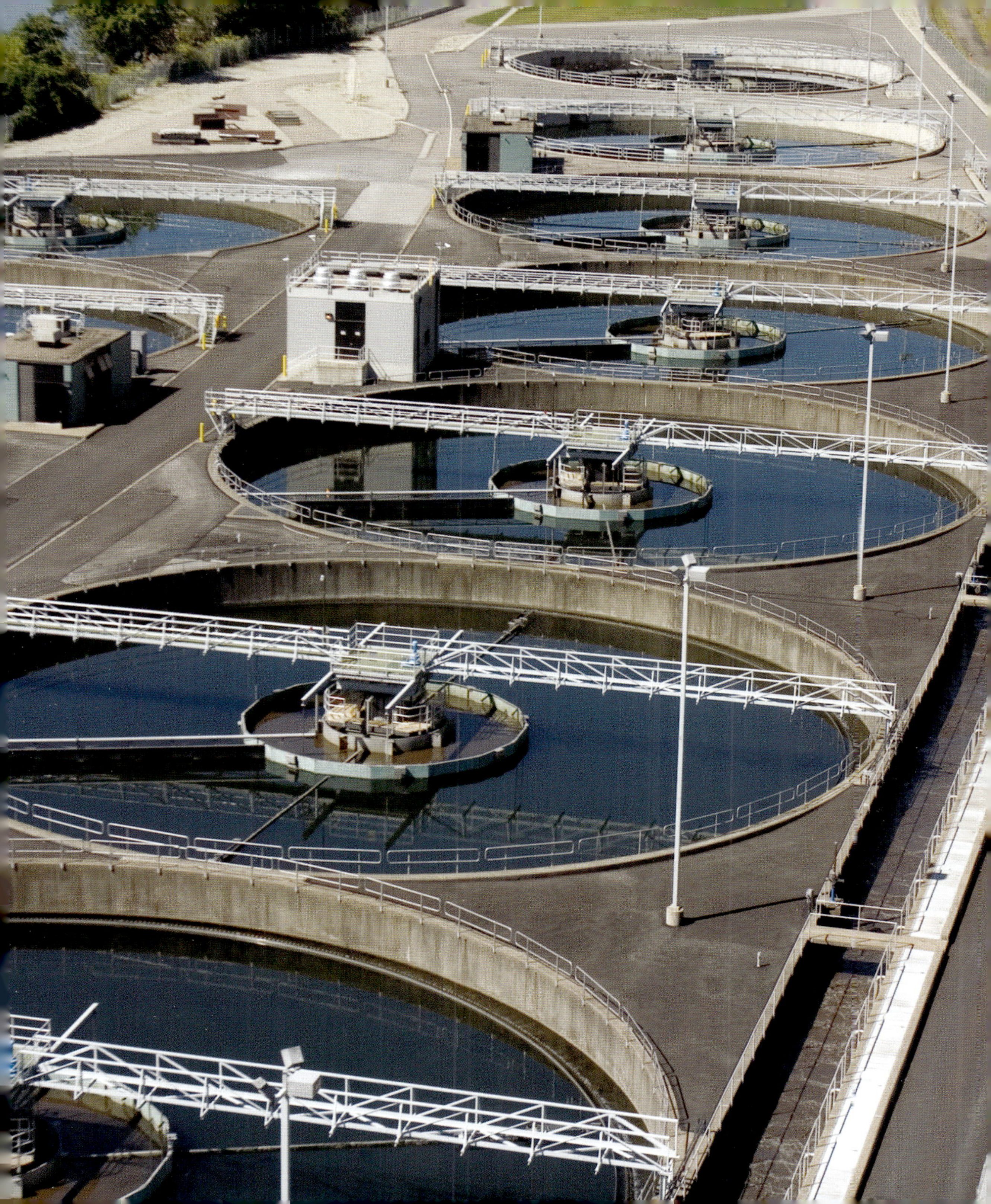

1846

Panum et la rougeole aux îles Féroé

Abu 'Ali al-Husayn ibn 'Abd-Allah Ibn Sina (Avicenne) (980-1037), **William Budd** (1811-1880), **John Snow** (1813-1858), **Peter Ludvig Panum** (1820-1885)

Bien longtemps avant que les causes des maladies infectieuses soient élucidées, le domaine de l'épidémiologie avait commencé à être exploré. L'épidémiologie est l'étude des facteurs affectant la santé des populations. Par exemple, le médecin Persan Avicenne évoquait dans le *Canon de la médecine* (vers 1025) la contagion des maladies sexuellement transmises et de la tuberculose. Parmi les plus célèbres épidémiologistes qui étudièrent la diffusion de maladies, du XIXe siècle, citons le physiologiste danois Peter Panum (pour la rougeole), John Snow (pour le choléra) et le médecin anglais William Budd (pour la fièvre typhoïde).

L'étude de Panum est une des premières contributions à l'épidémiologie moderne. En 1846, le gouvernement danois demanda au jeune Panum, alors âgé de vingt-six ans, d'étudier la diffusion de la rougeole aux îles Féroé, localisées dans les brumes de l'Atlantique Nord. La rougeole (caractérisée en particulier par une éruption cutanée) peut aujourd'hui être prévenue par la vaccination mais à l'époque elle était souvent mortelle. La rougeole n'avait pas causé de mort dans les îles Féroé depuis soixante-cinq ans, lorsque soudainement, en 1846, elle fit plus de 6 000 victimes sur les 7 782 habitants. Dans ses *Observations faites durant l'épidémie de rougeole dans les îles Féroé en 1846*, Panum établit la période d'incubation de la rougeole à environ deux semaines. Convaincu que la rougeole était causée par des agents infectieux transmis par des objets contaminés ou par un contact étroit entre humains, il observa que les personnes âgées infectées de nombreuses années plus tôt ne contractaient pas la rougeole en 1846 ; il postula l'existence d'une immunité de longue durée dans la rougeole.

VOIR AUSSI Le *Canon de la Médecine* d'Avicenne (1025), Les conditions sanitaires de la population ouvrière en Grande-Bretagne (1842), La poignée de la pompe de Broad street (1854), Origine microbienne des maladies (1862), Étiologie de la peste bubonique (1894) et La quarantaine de Marie Typhoïde (1907).

L'un des nombreux ports naturels des îles Féroé. Les différentes populations des îles vivaient dans des vallées côtières isolées, desservies par un petit port. Cette particularité permit à Panum d'étudier l'épidémiologie de la rougeole dans chaque petite communauté indépendamment des autres.

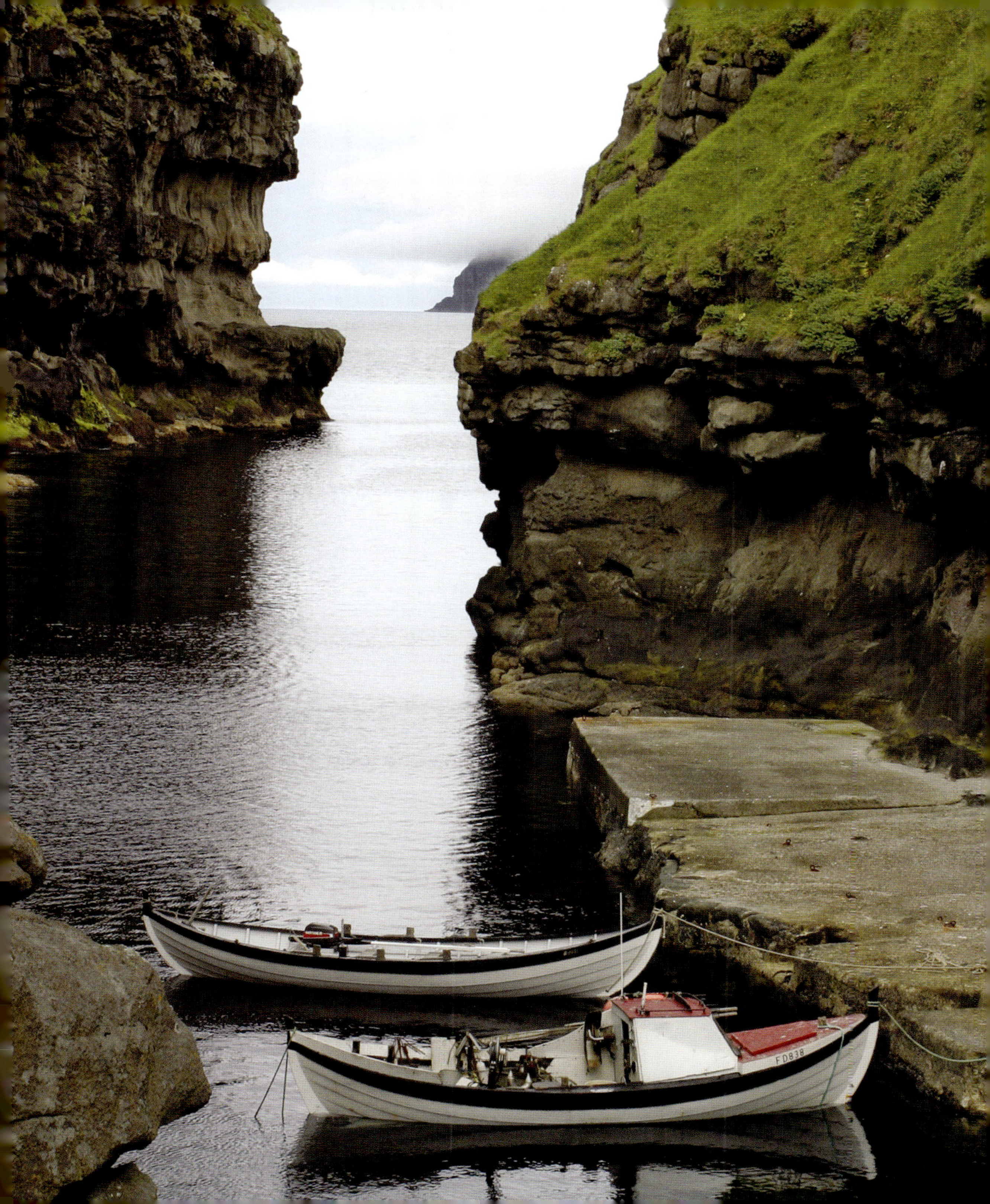
FD838

1846

Spirométrie

John Hutchinson (1811-1861)

Un vieux proverbe sanskrit, apprécié des adeptes de la méditation, dit : « La respiration c'est la vie : respirez bien pour vivre longtemps. » Les scientifiques ont également compris très tôt l'importance de la respiration et cherché à mesurer la capacité des poumons pour évaluer la santé humaine. En 1846, le chirurgien britannique John Hutchinson, qui s'intéressait au diagnostic de la tuberculose, publia un article sur la capacité pulmonaire de plus de 2 000 individus, montrant que le volume d'air obtenu par expiration forcée était un indicateur utile du risque de mort prématurée (une donnée confirmée dans de nombreuses études modernes). Il observa également que la capacité pulmonaire des adultes diminuait avec l'âge.

Afin de réaliser ces mesures, Hutchinson inventa un spiromètre fait d'une cloche calibrée immergée dans l'eau et dans laquelle un tube permettait d'envoyer l'air exhalé. Il étudia une grande variété de sujets, allant de sportifs à des nains et même à des cadavres qu'il testait en utilisant des soufflets pour faire entrer de force autant d'air que possible dans les poumons et en mesurant ensuite le volume d'air expiré au cours du retour élastique des poumons et de la poitrine.

De nos jours, les médecins utilisent une version moderne du spiromètre de Hutchinson pour mesurer la fonction pulmonaire et évaluer le volume et la vitesse de l'air expiré au cours d'une expiration forcée suivant une inspiration la plus profonde possible. Ces mesures aident à l'évaluation d'états pathologiques comme le cancer du poumon, une attaque cardiaque, la bronchite chronique, l'emphysème, l'asthme, la fibrose kystique et la fibrose pulmonaire.

Hutchinson ne fut pas le premier à étudier la capacité pulmonaire humaine, mais ses milliers de mesures effectuées au cours de pathologies diverses avec son nouvel appareil le font considérer comme l'inventeur de la spirométrie.

VOIR AUSSI Lavoisier et la respiration (1784), Stéthoscope (1816), Poumon d'acier (1928), Tabac et cancer (1951), Cœur-poumon artificiel (1953) et Transplantation du poumon (1963).

La pratique des instruments à vent apprend à contrôler la respiration et entraîne un développement de la capacité pulmonaire par l'utilisation de toutes les alvéoles pulmonaires.

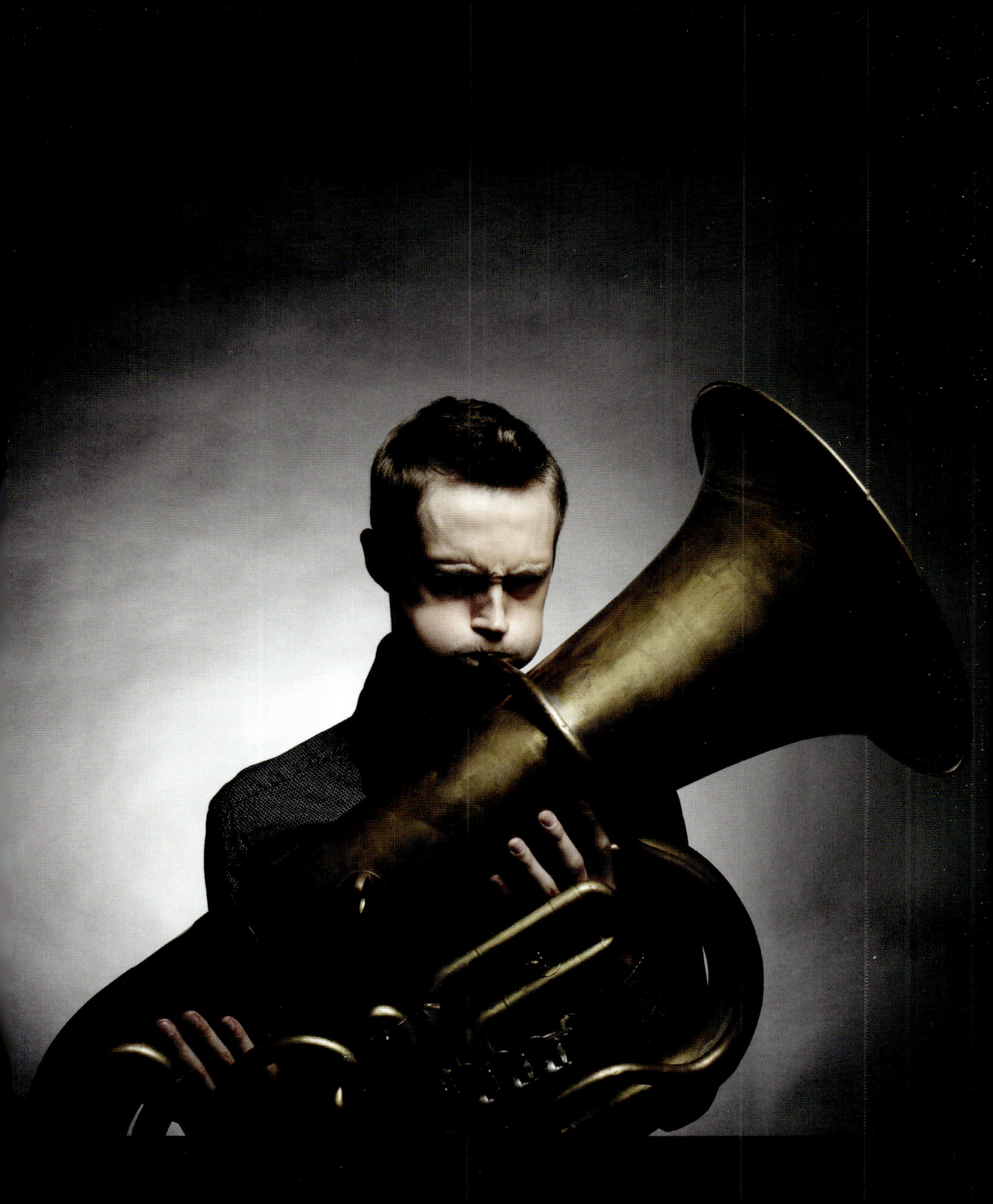

1847

Association médicale américaine

Nathan Smith Davis Sr. (1817-1904)

Fondée en 1847, l'*American Medical Association* (Association médicale américaine), est la plus importante et la plus ancienne association de médecins et d'étudiants en médecine des États-Unis. Elle publie le prestigieux *Journal of the American Medical Association*, créé en 1883. Le médecin new-yorkais Nathan Davis joua un rôle décisif dans la création de l'association et fut le premier éditeur du journal.

L'Association médicale américaine apparut à une époque où les médecins étaient préoccupés par l'inégale qualité des études médicales aux États-Unis. Tout en s'attachant à élever le niveau des études médicales, l'association combattit le charlatanisme, les pratiques non scientifiques et les médicaments universels vendus sans ordonnances et pouvant être infectieux ou dangereux. En 1848, l'association recommanda aux écoles médicales et aux hôpitaux de coopérer pour assurer aux étudiants une meilleure formation.

Dès sa création, l'Association médicale américaine joua un rôle déterminant dans la politique de santé publique. En 1920, elle s'opposa à toute politique nationale d'assurance de santé, par crainte que le gouvernement n'interfère dans la relation médecin-patient et que les médecins ne puissent être équitablement rémunérés en cas d'établissement d'un système d'assurance obligatoire. En 1936, l'association recommanda l'enrichissement du lait en vitamine D et suggéra l'iodation du sel pour prévenir l'hypothyroïdie. Plus tard elle recommanda la fluoration de l'eau de boisson et encouragea l'utilisation du vaccin antipolio oral de Sabin. Elle apporta son soutien à la loi sur les ceintures de sécurité dans les véhicules et milita pour que l'alcoolisme soit considéré comme une maladie. À partir de 1985, elle appela à limiter la publicité pour le tabac et milita en faveur de la loi interdisant de fumer dans les transports publics.

VOIR AUSSI Spécialisation médicale (1830), Assurance de santé (1883), Les remèdes de charlatan (1906), Rapport Flexner sur l'enseignement de la médecine (1910), Dentifrice fluoré (1914), Éradication du rachitisme (1922), Tabac et cancer (1951) et Vaccin antipoliomyélitique (1955).

En 1849, l'Association médicale américaine établit un comité chargé d'analyser les remèdes de charlatan, comme cette « huile de serpent » pour « hommes et bêtes », et de promouvoir l'éducation du public sur les dangers potentiels de ce genre de potions.

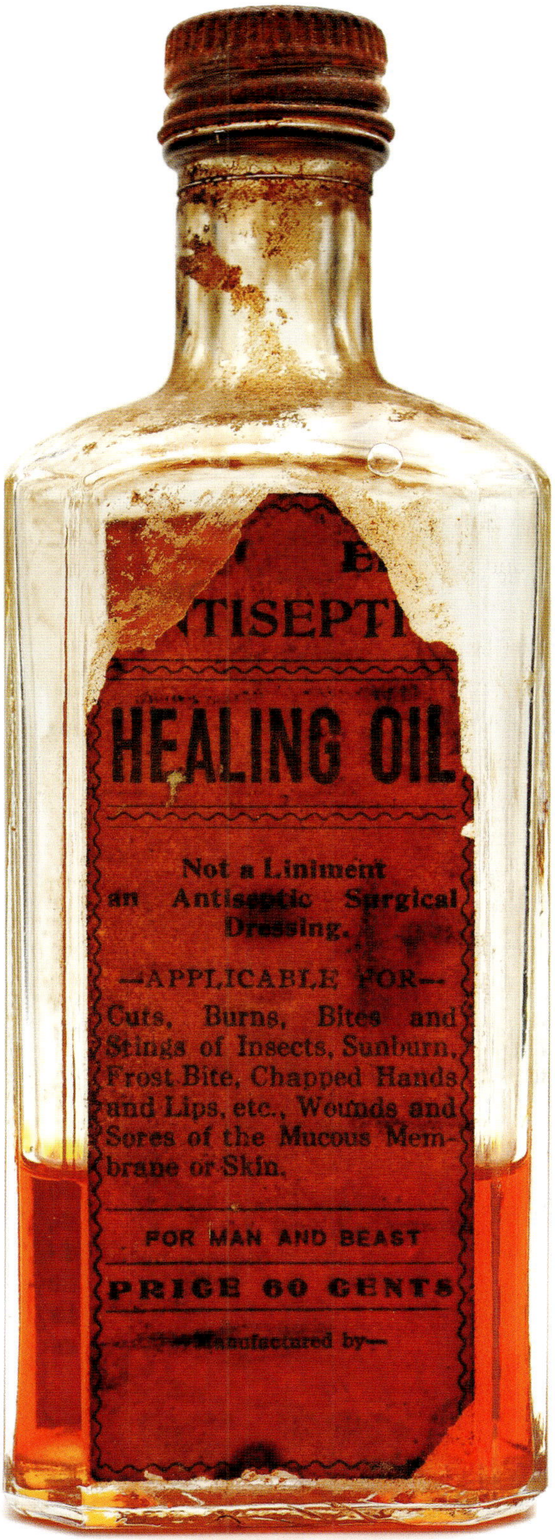
HEALING OIL
Not a Liniment
an Antiseptic Surgical
Dressing.
—APPLICABLE FOR—
Cuts, Burns, Bites and
Stings of Insects, Sunburn,
Frost Bite, Chapped Hands
and Lips, etc., Wounds and
Sores of the Mucous Mem-
brane or Skin.
FOR MAN AND BEAST
PRICE 60 CENTS
Manufactured by—

1847

Semmelweis et le lavage des mains

Ignaz Philipp Semmelweis (1818-1865), **Louis Pasteur** (1822-1895), **Sir Joseph Lister** (1827-1912)

Au début du XIXe siècle, des centaines de milliers de femmes mouraient, chaque année dans les suites de couches, d'une terrible maladie appelée fièvre puerpérale, une forme de septicémie bactérienne communément appelée empoisonnement du sang. Cette maladie sévissait principalement dans les cliniques et les maternités.

Avant même que ne soit connue l'origine microbienne des maladies, l'obstétricien hongrois Ignace Semmelweis fit, sur la désinfection, des études systématiques remarquables très en avance sur son temps. Il remarqua que l'hôpital de Vienne dans lequel il travaillait avait un taux de mortalité maternelle par la fièvre puerpérale beaucoup plus élevé qu'un hôpital voisin. Il s'était également aperçu que la fièvre puerpérale était rare chez les femmes qui accouchaient dans la rue, sur le chemin de la maternité. Il fit le rapprochement avec le fait que les médecins de son hôpital disséquaient régulièrement des cadavres avant d'examiner les parturientes et postula que des substances infectieuses passaient des cadavres aux femmes. Lorsqu'il eut imposé au personnel médical de se laver systématiquement les mains avec une solution désinfectante chlorée avant de s'occuper d'une parturiente, le nombre de morts chez les accouchées chuta de façon remarquable.

Hélas, malgré ses résultats étonnants, beaucoup de médecins de son époque n'acceptèrent pas ses découvertes, sans doute parce qu'elles les renvoyaient à leur responsabilité involontaire dans la cause de si nombreuses morts. De plus, beaucoup des médecins d'alors attribuaient ces maladies aux miasmes, une sorte d'atmosphère toxique. Semmelweis finit par devenir fou et fut enfermé contre son gré dans un asile psychiatrique où il fut battu à mort par ses gardiens. La découverte des microbes par le microbiologiste français Louis Pasteur et l'invention de l'antisepsie par le chirurgien britannique Joseph Lister lui donnèrent raison après sa mort.

VOIR AUSSI Systèmes d'égouts (600 ans av. J.-C.), Les conditions sanitaires de la population ouvrière en Grande-Bretagne (1842), La poignée de la pompe de Broad street (1854), Origine microbienne des maladies (1862), Antiseptiques (1865), Gants chirurgicaux en latex (1890) et Chloration de l'eau (1910).

Lucrèce Borgia (1480-1519), célèbre pour sa beauté et son goût des arts et lettres, mourut de fièvre puerpérale à l'âge de trente-neuf ans. Huile sur bois de Bartolomeo Veneto (1470-1531). Musée de Beaux-arts de Nîmes.

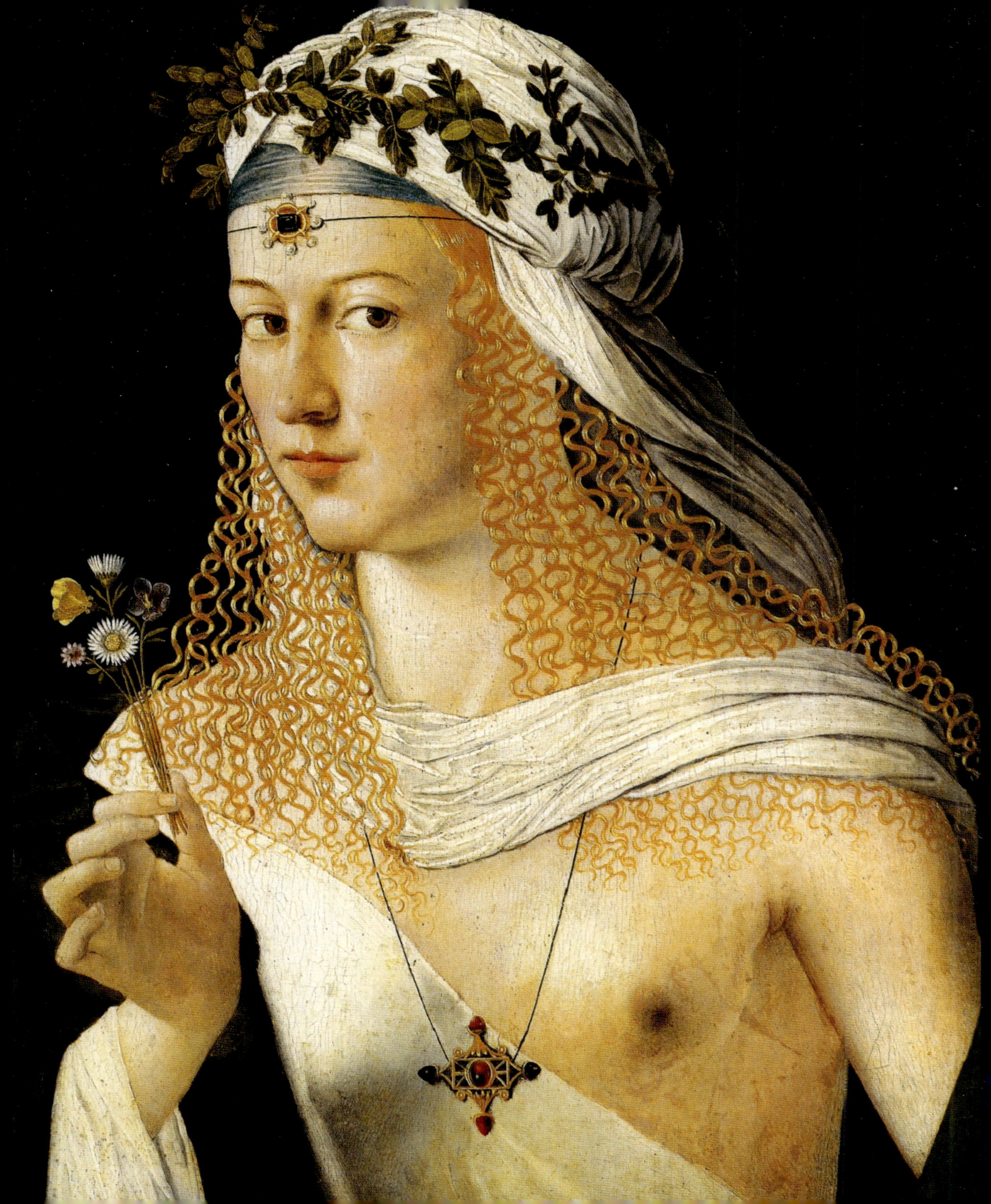

1848

Appendicectomie

Claudius Aymand (1660-1740), **Henry Hancock** (1809-1880)

Bien que l'appendicite ait été identifiée pour la première fois au XVIe siècle sur des observations *post mortem*, il fallut attendre encore deux siècles pour que les médecins apprennent à diagnostiquer l'affection du vivant du patient. Le traitement a beaucoup varié avec le temps, allant d'applications de sangsues, saignées et lavements, jusqu'à une chevauchée soutenue. On a même préconisé de déposer un chiot récemment tué et écorché sur le ventre du patient. Il n'y a rien de surprenant à ce que les patients aient eu coutume de succomber.

L'appendice est un petit tube clos vermiforme, attaché au gros intestin près de sa jonction avec l'intestin grêle. Il contient des bactéries, que l'on pense utiles au fonctionnement de l'intestin, ainsi que des cellules lymphoïdes antiinfectieuses. L'appendicite, inflammation de l'appendice, peut résulter d'une obstruction à l'intérieur, provoquant une accumulation de mucus. En plus d'une sévère douleur du bas du côté droit de l'abdomen, le malade peut avoir une élévation du taux de globules blancs du sang. Sans traitement, l'appendice risque de se rompre, entraînant une infection diffuse et pouvant causer la mort. Son ablation chirurgicale (appendicectomie) guérit en général l'appendicite.

En 1735, le chirurgien français Claudius Aymand réalisa la première appendicectomie réussie sur un garçon de onze ans porteur d'une hernie inguinale. Durant l'intervention, pratiquée sur le patient totalement conscient, Aymand nota que l'appendice était enflammé et l'enleva. Le garçon guérit ensuite. L'Anglais Henry Hancock est le premier chirurgien à avoir opéré intentionnellement et avec succès un cas d'appendicite. En 1848, il réalisa l'intervention sous anesthésie au chloroforme. Il recommanda ensuite l'ablation précoce de l'appendice en cas d'appendicite. En 1961, un chirurgien soviétique eut à pratiquer sur lui-même l'ablation de son appendice alors qu'il était en Antarctique.

Aujourd'hui, l'appendice peut être enlevé à travers une incision de la paroi abdominale ou sous laparoscopie, en utilisant un tube entré dans le corps par un petit orifice.

VOIR AUSSI Un zoo en nous (1683), Salpingectomie (1883), Autochirurgie (1961), Chirurgie laparoscopique (1981) et Transplantation intestinale (1987).

Appendicectomie pratiquée en urgence dans un sous-marin, dans les années 1940. Tableau du peintre américain John Falter (1910-1982).

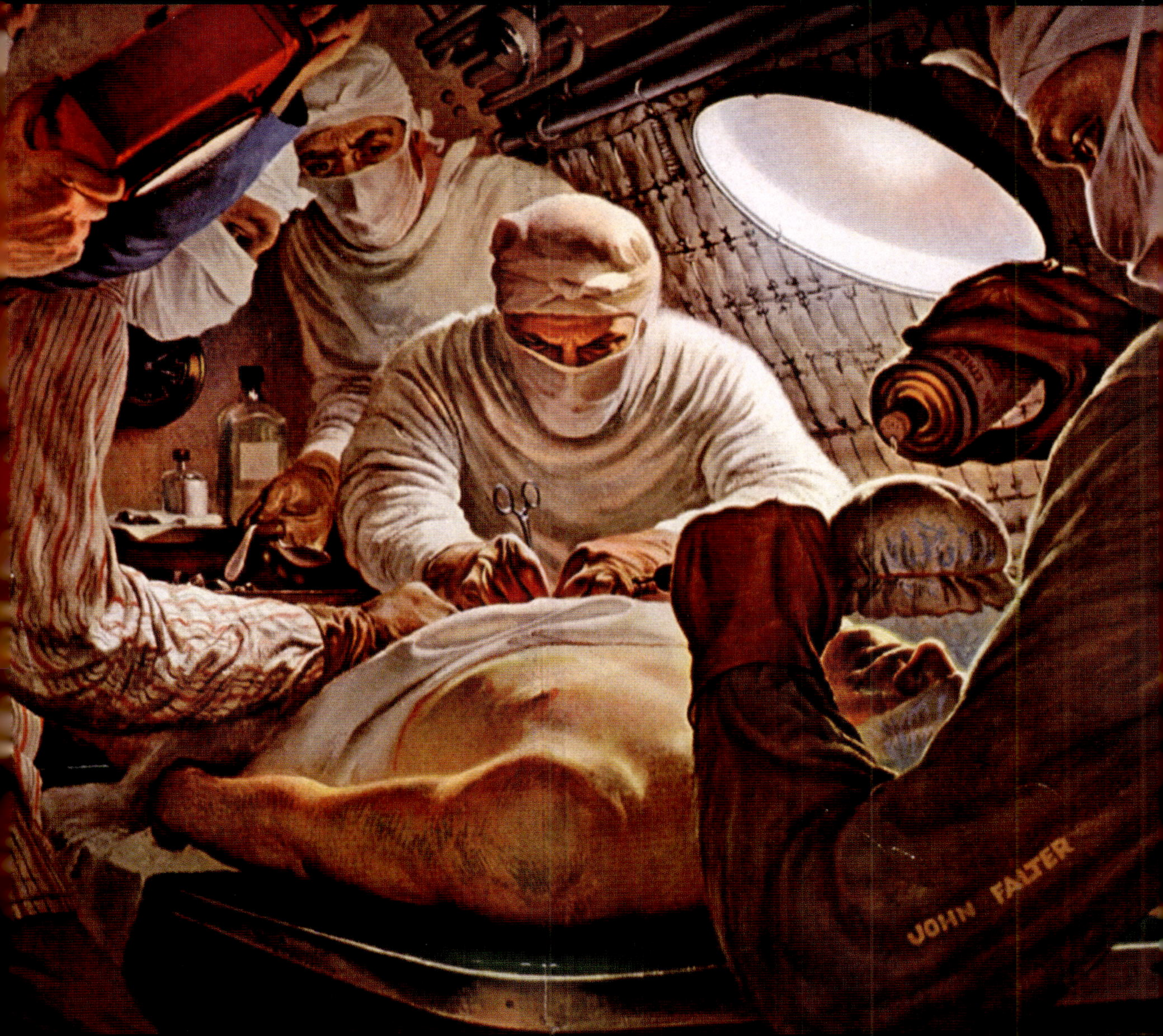
JOHN FALTER

1850

Ophtalmoscope

Hermann Ludgwig Ferdinand von Helmholtz (1821-1894), **Friedrich Wilhelm Ernst Albrecht von Graefe** (1828-1870)

En 1850, un médecin et physicien allemand, Hermann von Helmholtz créa l'ophtalmoscope, un appareil permettant au médecin de voir l'intérieur de l'œil jusqu'au fond, en particulier la rétine à travers l'humeur vitrée, ce gel transparent qui remplit la presque totalité du globe oculaire.

En utilisant des principes optiques simples, von Helmholtz comprit que pour voir de façon optimale à l'intérieur de l'œil d'un patient, il fallait y envoyer un faisceau lumineux et positionner son propre œil le long du trajet du faisceau réfléchi par l'œil du patient. À cet effet, von Helmholtz se plaçait à côté d'une lampe, face au patient. Un jeu de miroirs plans placés entre lui et le patient réfléchissaient la lumière à l'intérieur de l'œil de celui-ci, tout en permettant la réflexion de la lumière de cet œil à travers le miroir jusqu'à l'œil de von Helmholtz. Enfin, en ajoutant une lentille concave, pour mieux focaliser la lumière, il pouvait voir de façon claire la rétine du patient, avec toutes ses structures intriquées et ses vaisseaux sanguins.

Dans l'introduction de son *Traité d'ophtalmologie* paru en 1892, deux ans avant la mort de von Helmholtz, l'ophtalmologiste américain Edward Loring qualifiait cette invention de « découverte majeure de la médecine ». L'ophtalmoscope, en effet, fournit non seulement des informations sur la santé de l'œil, mais donne également des indications sur l'état des vaisseaux sanguins en général. Depuis von Helmholtz, les ophtalmoscopes se sont perfectionnés, en incorporant des sources de lumière et des lentilles de diverses convergences.

Lorsque l'ophtalmologiste allemand Albrecht von Graefe regarda pour la première fois à l'intérieur de l'œil d'un patient, avec son disque optique et ses vaisseaux sanguins, sa face rougit d'excitation et il s'écria : « Helmholtz nous a révélé un nouveau monde. Que de choses demeurent à découvrir ! »

VOIR AUSSI Œil de verre (2 800 ans av. J.-C.), Chirurgie de l'œil (600 av. J.-C.), Lunettes (1284), Sphygmomanomètre (1881) et Greffe de cornée (1905).

Un ophtalmogramme, image du fond de l'œil droit montrant une rétine normale (tissu sensible à la lumière) et sa vascularisation. La zone brillante jaune est le disque optique, région où le nerf optique se connecte à la rétine.

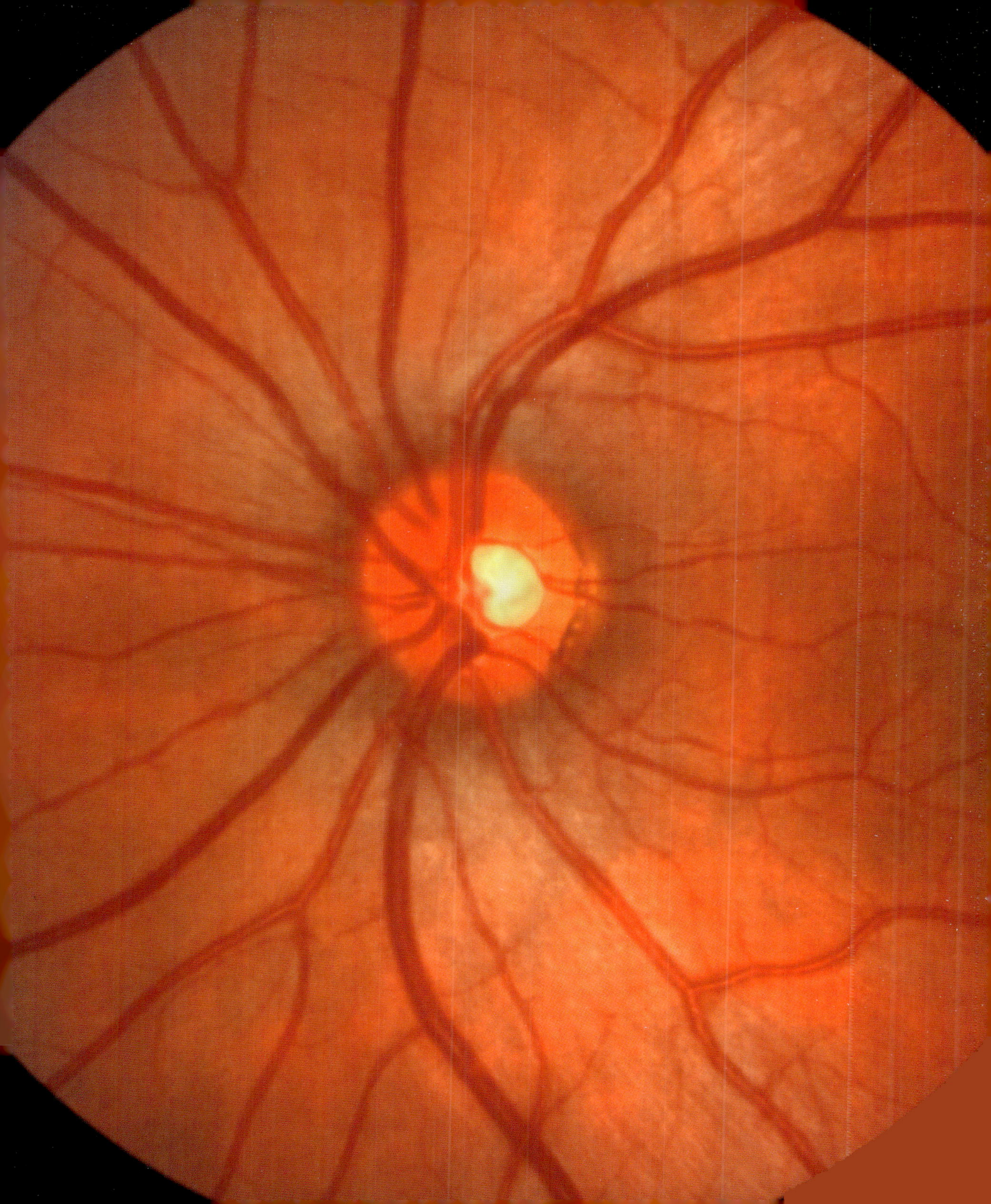

1851

Plâtre chirurgical

Antonius Mathijsen (1805-1878), **Nikolay Ivanovich Pirogov** (1810-1881)

Durant des milliers d'années, les guérisseurs ont essayé d'immobiliser les membres présentant une fracture des os pour leur permettre de se ressouder. Les Égyptiens anciens utilisaient des attelles de bois serrées par des bandes de tissus, et, chez les Hindous anciens, les attelles étaient en bambou. Les anciens médecins arabes faisaient durcir leurs pansements grâce à un mélange de chaux (obtenue de coquillages marins) et de blanc d'œuf. Dans l'Europe médiévale, les os fracturés étaient parfois traités par un rebouteux sans aucune formation médicale, un vétérinaire ou un maréchal-ferrant, qui repositionnait à la main les os fracturés.

Un grand progrès fut fait en 1851 grâce au chirurgien militaire hollandais Antonius Mathijsen qui utilisa le plâtre de Paris pour immobiliser les os cassés. Le plâtre de Paris, ou sulfate de calcium semi hydraté, est produit par chauffage d'un minéral tendre, le gypse, dont un vaste gisement existait près de la capitale française. Quand de l'eau est ajoutée à la poudre, de la chaleur se produit et un matériau dur est créé. Mathijsen utilisait des bandages imprégnés de plâtre de Paris ; en mouillant les bandages et en faisant avec eux un pansement autour du membre lésé, il créait une sorte d'attelle rigide de forme convenable maintenant les os en place jusqu'à consolidation de la fracture. Le médecin russe Nikolay Pirogof qui avait eu connaissance du travail de Mathijsen fut le premier à fabriquer des plâtres chirurgicaux à grande échelle durant la guerre de Crimée (1853-1856). Il faisait tremper des tissus grossiers dans le plâtre de Paris avant de les appliquer sur les membres.

Les plâtres chirurgicaux en plâtre de Paris ont été couramment utilisés jusqu'au début des années 1980, où ils furent remplacés, dans les pays développés, par des « plâtres » en fibre de verre. La guérison des fractures osseuses met en jeu divers types de cellules, dont les fibroblastes (qui génèrent le collagène), les chondroblastes (qui produisent le cartilage) et les ostéoblastes (qui génèrent l'os).

VOIR AUSSI Papyrus chirurgical Edwin Smith (1 600 ans av. J.-C.), Pansement adhésif (1920), Greffe de moelle osseuse (1956) et Prothèse de hanche (1958).

Confection de plâtres sur un patient du 163e régiment d'infanterie, victime de l'explosion d'une mine japonaise durant la Seconde Guerre mondiale.

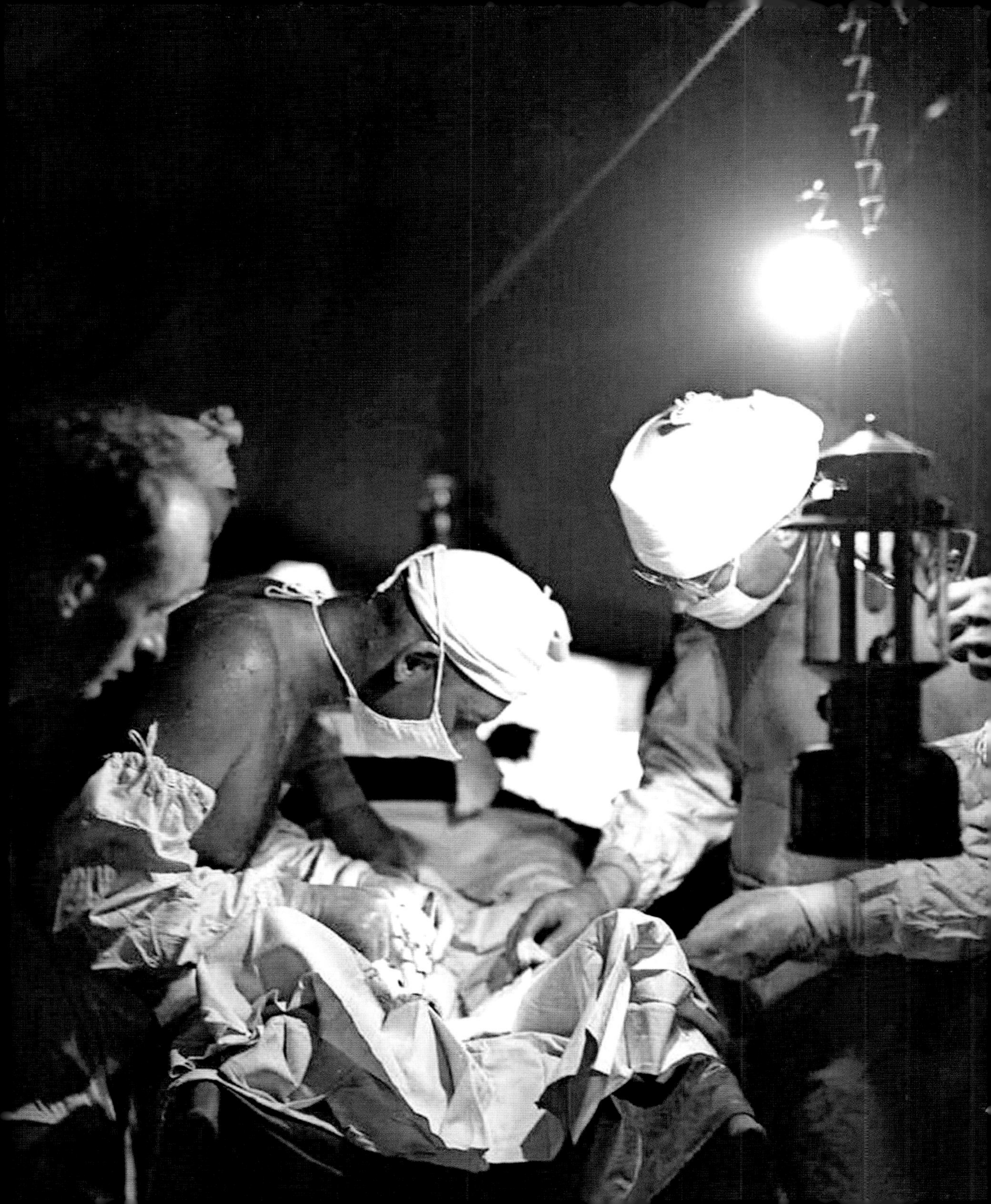

1853

Seringue hypodermique

Charles Gabriel Pravaz (1791-1853), **Alexander Wood** (1817-1884), **William Stewart Halsted** (1852-1922)

Une seringue est composée d'un cylindre et d'un piston. Lorsque le piston est tiré, le liquide entre à l'intérieur de la seringue, lorsqu'il est poussé, le liquide en sort. Avant que l'aiguille hypodermique soit inventée, les seringues étaient utilisées pour injecter des liquides par les orifices naturels du corps, ou par les ouvertures pratiquées par le médecin. Le chirurgien musulman Ammar ibn Ali de Mosul (env. 1000) faisait l'extraction du cristallin de l'œil par aspiration avec une seringue.

En 1853, le chirurgien français Charles Pravaz fut parmi les premiers à utiliser une seringue hypodermique avec une aiguille de calibre suffisamment fin pour percer la peau et faire une injection en dessous. (*Hypo* en grec signifie « dessous », et « dermique » se rapporte à la peau). Cet instrument était en argent et expulsait le liquide grâce à un mécanisme de vissage, différent du piston actuel.

Le médecin écossais Alexander Wood confectionna un appareil similaire avec lequel il fut le premier à injecter à un patient de la morphine pour lutter contre la douleur. Sa femme fut malheureusement la première droguée à la morphine connue et mourut d'un surdosage délivré par l'invention de son mari. La pratique de l'injection de morphine se répandit dans les classes élevées et des seringues ornées de bijoux furent fabriquées afin que les élégantes puissent transporter leur instrument.

En dépit du nombre incalculable de sujets intoxiqués, la seringue fut une découverte médicale remarquable. Grâce à elle, les médecins peuvent injecter anesthésiques, vaccins, insuline et autres médicaments.

Le chirurgien américain William Halsted fut parmi les premiers à utiliser la seringue pour anesthésier les nerfs. En 1885-1886, il réalisa plus de deux milles interventions chirurgicales différentes avec anesthésie régionale. Sa découverte marque un tournant dans la pratique de la chirurgie. Elle délivra le patient de la souffrance au cours des interventions et permit au chirurgien des explorations au-delà de la capacité humaine d'endurance à la douleur.

VOIR AUSSI Chirurgie de l'œil (600 ans av. J.-C.), Avortement (70), Solutions salines intraveineuses (1832) et La cocaïne comme anesthésique local (1884).

Une seringue hypodermique. Le mouvement du piston permet l'entrée et la sortie du liquide dans et hors de la seringue. Frédéric Charrière (1803-1876) fut le premier fabricant d'instruments de chirurgie en France et à l'étranger. Il fabriqua les premières seringues de Pravaz et les fit évoluer vers des seringues à corps de verre.

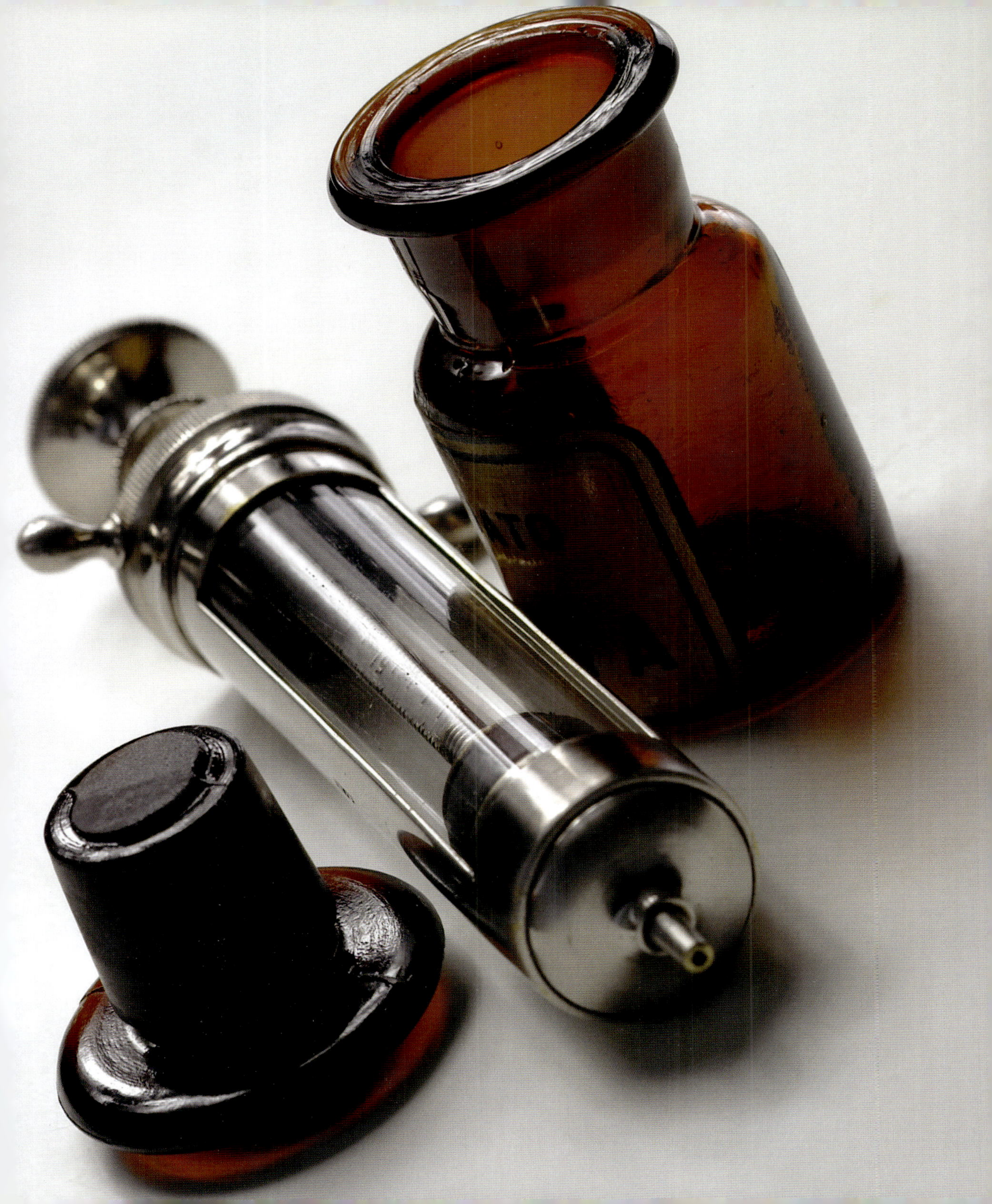

1854

La poignée de la pompe de Broad street

John Snow (1813-1858)

Une maladie nouvelle et terrifiante apparut en Angleterre en octobre 1831, et envahit rapidement l'ensemble du royaume. En deux ans, cette mystérieuse épidémie fit des milliers de victimes. Le mal était si virulent que l'on pouvait être en bonne santé à l'aube et enterré au crépuscule. Les citoyens vivaient dans la terreur, fermant hermétiquement portes et fenêtres la nuit par peur de « l'air nocturne ».

Cette maladie était le choléra, que nous savons aujourd'hui causée par la bactérie *Vibrio cholerae*, contractée habituellement par l'eau de boisson ou en mangeant des aliments souillés par des fèces humaines. Elle est responsable d'une diarrhée sévère qui a tué des millions de personnes pendant des siècles.

Quand l'épidémie de choléra de 1854 se déclara, le médecin britannique John Snow s'opposa à la majorité des médecins de l'époque qui pensaient que la maladie s'attrapait en respirant un air malsain, ou miasme. Snow dressa la carte de la localisation des cas de choléra à Londres et identifia des foyers de forte mortalité. Par exemple, environ cinq cents personnes étaient mortes de choléra près de l'intersection de Broad street et de Cambridge street, autour d'une pompe à eau que Snow demanda aux autorités municipales de mettre hors service en enlevant sa poignée ; les cas de choléra disparurent alors presque complètement de ce secteur.

Snow, un des personnages clés des débuts de l'épidémiologie (qui étudie entre autres la diffusion des maladies), admit que l'épidémie était déjà en train de diminuer lorsque la poignée avait été enlevée. Mais l'enlèvement de la poignée de la pompe de Broad street n'en demeure pas moins un symbole de l'impact que peuvent avoir des mesures simples et des idées visionnaires sur la dissémination des maladies. Il fut montré par la suite que la contamination de l'eau de la pompe de Broad street provenait d'une vieille fosse d'aisance.

VOIR AUSSI Systèmes d'égouts (600 ans av. J.-C.), Solutions salines intraveineuses (1832), Panum et la rougeole aux îles Féroé (1846) et La quarantaine de Marie Typhoïde (1907).

La mort distribuant l'eau de la pompe de Broad street (gravure d'époque).

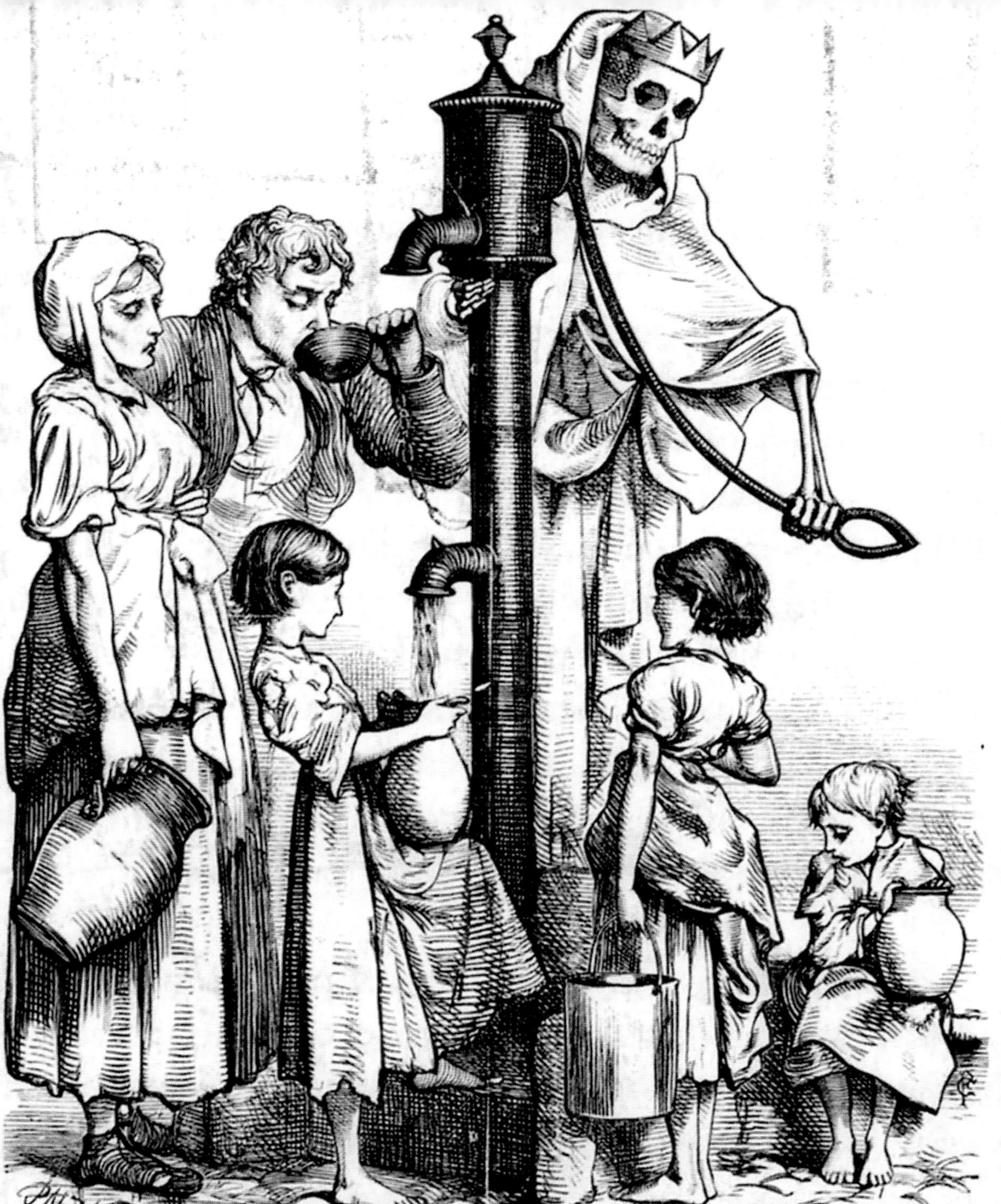

DEATH'S DISPENSARY.

OPEN TO THE POOR, GRATIS, BY PERMISSION OF THE PARISH.

1854

Infirmières

Mary Jane Seacole (1805-1881), **Florence Nightingale** (1820-1910), **Clarissa Harlowe « Clara » Barton** (1821-1912), **Clara Louise Maass** (1876-1901), **Margaret Higgins Sanger Slee** (1879-1966), **Helen Fairchild** (1885-1918)

Le métier d'infirmière fut pratiqué tôt, en particulier par les moines catholiques qui prirent soin des malades durant les heures sombres du Moyen Âge européen. Plusieurs femmes en représentent de véritables symboles.

L'infirmière et auteur anglaise Florence Nightingale acquit une forte notoriété durant la guerre de Crimée, en allant en Turquie en 1854 accompagnée de trente infirmières volontaires, pour s'occuper des soldats britanniques blessés qui vivaient dans des conditions sanitaires déplorables, au milieu des poux, des immondices et des rats. Elle comprit que des conditions d'hygiène défectueuses pouvaient être responsables d'une forte mortalité, ce qui l'amena à lancer une campagne d'amélioration sanitaire. En 1860, elle œuvra à la professionnalisation des infirmières avec la création de son école d'infirmières de l'hôpital St Thomas à Londres.

L'infirmière jamaïquaine Mary Seacole se consacra à la souffrance des soldats en Crimée. Venue en Angleterre avec des lettres de recommandations de médecins de Jamaïque, elle sollicita auprès du ministère britannique de la Guerre une aide pour porter assistance à l'armée de Crimée. Continuellement éconduite, en partie en raison du préjugé contre les femmes métisses, elle finança son propre voyage jusqu'en Crimée, où elle construisit un hôtel dans lequel les blessés pouvaient effectuer leur convalescence. Parmi les icones de l'infirmerie américaine, figurent Clara Barton (fondatrice de la Croix Rouge américaine), Margaret Sanger (militante du contrôle des naissances), Hélène Fairchild (qui servit dans le Corps expéditionnaire américain durant la Première Guerre mondiale) et Clara Maass (qui consacra sa vie aux expérimentations sur l'étude de la fièvre jaune).

VOIR AUSSI Hôpitaux (1784), Ambulance (1792), Les femmes étudiantes en médecine (1812), Les conditions sanitaires de la population ouvrière en Grande-Bretagne (1842), La Croix Rouge (1863), Maïeutique moderne (1925) et Étiologie de la fièvre jaune (1937).

Affiche l'artiste John Falter pour le recrutement d'infirmières pour un navire-hôpital de la marine américaine durant la Deuxième Guerre mondiale.

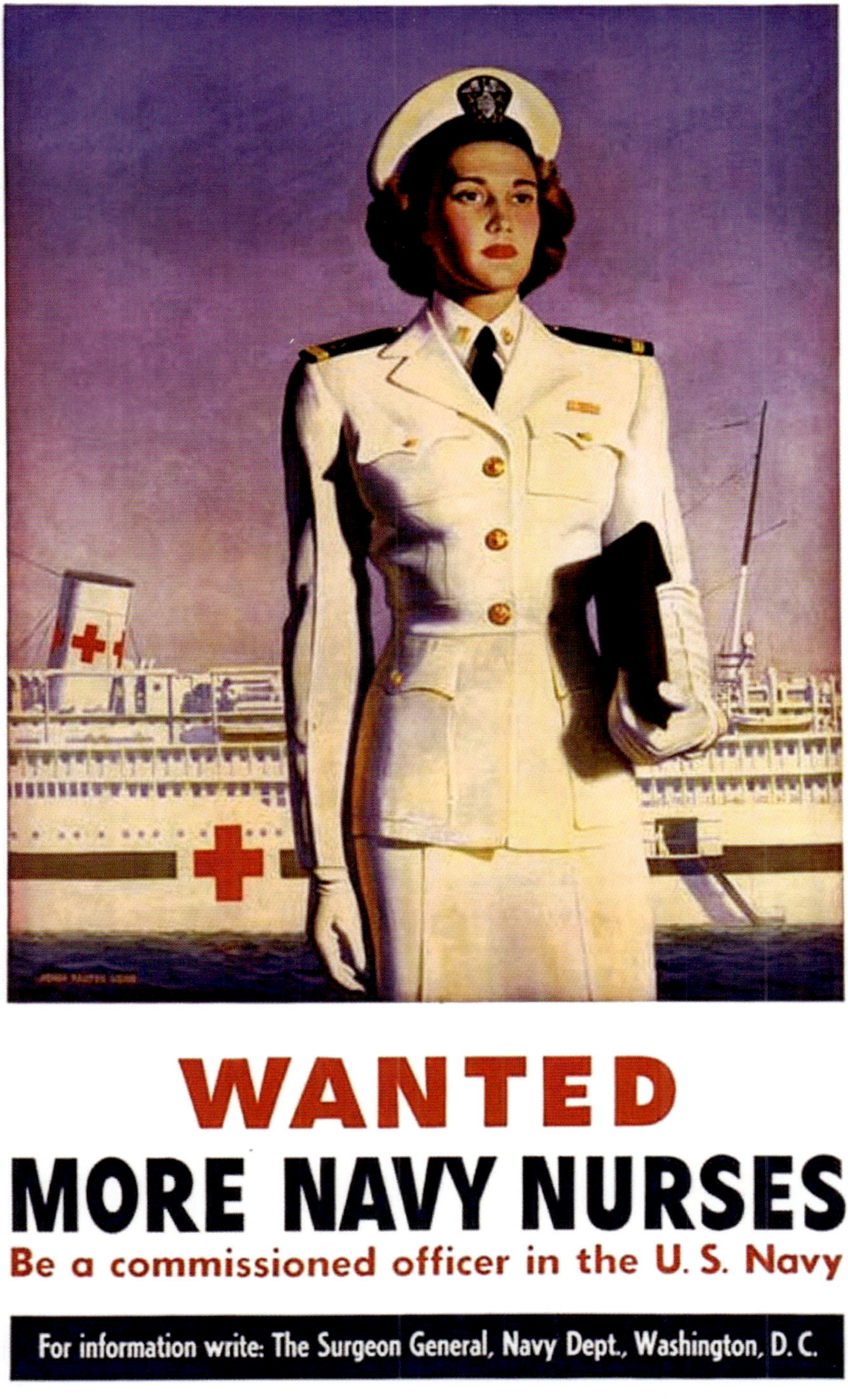
WANTED
MORE NAVY NURSES
Be a commissioned officer in the U. S. Navy
For information write: The Surgeon General, Navy Dept., Washington, D. C.

1855

Division cellulaire

Matthias Jakob Schleiden (1804-1881), **Theodor Schwann** (1810-1882), **Rudolf Ludwig Karl Virchow** (1821-1902)

Suite à ses observations, le médecin allemand Rudolf Virchow annonçait que des cellules ou des groupes de cellules pouvaient devenir malades. Il conseillait de s'attacher à l'étude des cellules, plutôt que de se concentrer exclusivement sur le corps entier. En ce sens, il favorisa l'éclosion de la pathologie cellulaire.

En 1855, il popularisa l'aphorisme célèbre *omnis cellula e cellula*, énonçant que chaque « cellule provenait d'une cellule préexistante ». Cette affirmation était opposée à la théorie de la génération spontanée qui postulait que des cellules et des organismes pouvaient naître à partir de la matière inanimée. Les études microscopiques de Virchow montrèrent des cellules se divisant en deux parties égales, ce qui contribua à renforcer la théorie cellulaire, dont les autres principes déclaraient que les êtres vivants étaient constitués d'une ou de plusieurs cellules et que la cellule était l'unité de base de la vie. Les autres contributeurs célèbres de la théorie cellulaire furent le physiologiste allemand Theodor Schwann et le botaniste allemand Matthias Jakob Schleiden.

Non seulement Virchow décrivit la division cellulaire, mais il fut le premier à identifier précisément des cellules cancéreuses dans le sang. Malgré son grand talent, il rejeta la théorie des germes de Pasteur, estimant que les maladies des tissus étaient causées par un dysfonctionnement cellulaire et non par l'invasion d'un microbe extérieur. Il rejetait également la nécessité de la propreté pour prévenir les maladies.

Avec la théorie cellulaire, Virchow élargit les horizons de la physiologie et de la biochimie et contribua grandement à étendre le champ de la biologie, la théorie cellulaire évoluant ensuite en biologie moléculaire. Nous savons aujourd'hui que le cancer résulte de divisions cellulaires incontrôlées et que les cellules de la peau qui guérissent après une blessure sont créées à partir de cellules préexistantes qui se divisent.

VOIR AUSSI Causes du cancer (1761), Origine microbienne des maladies (1862), Cellules HeLa (1951) et Oncogènes (1976).

Représentation artistique d'un zygote après l'étape de la division en deux cellules. Le zygote est la cellule initiale formée lorsqu'un nouvel organisme est produit et résulte de l'union d'un spermatozoïde et d'un ovule.

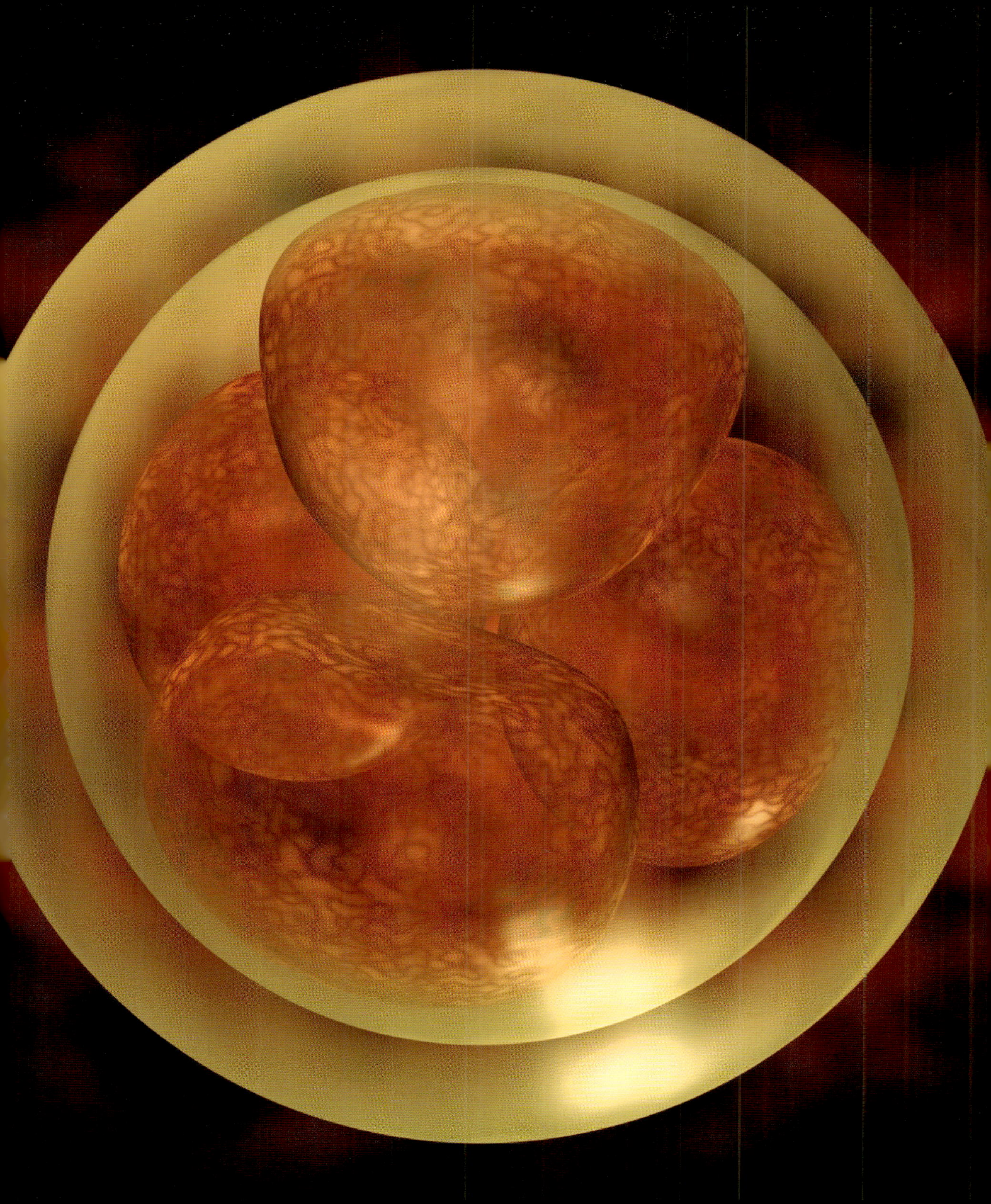

1857

Traitement de l'épilepsie

Charles Locock (1799-1875), **Sir Thomas Smith Clouston** (1840-1915)

L'épilepsie est un trouble neurologique caractérisé par des crises associées à un brusque changement dans l'activité électrique du cerveau qui génère des mouvements, des comportements, des émotions ou des sensations inhabituels. Dans les cultures anciennes, l'épilepsie était souvent considérée comme une possession par les esprits, une attaque des démons, la sorcellerie, ou des expériences prophétiques où l'on croyait l'individu en contact avec Dieu.

Aujourd'hui, l'épilepsie est contrôlée par des médicaments ou la chirurgie. Certaines formes sont déclenchées par des stimuli externes (lampes clignotantes). Certaines formes sont liées à des mutations génétiques. L'épilepsie peut survenir à la suite de connexions inadéquates dans le cerveau et/ou d'un déséquilibre des médiateurs de la signalisation nerveuse. Le diagnostic et l'évaluation d'une épilepsie font appel aux différentes formes d'imagerie, telles l'électroencéphalogramme, l'imagerie par résonance magnétique, la tomodensitométrie (ou scanner) et la tomographie par émission de positons.

En 1857, le médecin anglais Charles Locock découvrit les propriétés anticonvulsivantes d'un sel, le bromure de potassium (KBr), qui peut être considéré comme le premier antiépileptique efficace. Vers 1868, le psychiatre écossais Thomas Clouston démontra que les patients recevant du bromure avaient une réduction du nombre de crises et il réalisa des essais cliniques pour évaluer le dosage correct. Au milieu des années 1870, plus de deux tonnes et demie de bromure de potassium étaient consommées annuellement à l'Hôpital national de Londres. Il n'y eut pas de meilleur produit avant la mise sur le marché, en 1912, du phénobarbital (un barbiturique, c'est-à-dire un dépresseur du système nerveux central). Le bromure est encore utilisé pour traiter l'épilepsie chez les chiens et les chats (et l'homme dans certains pays). De nos jours, plus de vingt médicaments différents sont utilisés pour traiter l'épilepsie.

VOIR AUSSI Théorie du neurone (1891), Neurotransmetteurs (1914), Électroencéphalogramme (1924), Tomodensitométrie (scanner, 1967), Tomographie par émission de positons (1973) et Imagerie par résonance magnétique (1977).

Saint Valentin, représenté sur une fresque (1740), Unterleiterbach, Allemagne. Noter les démons s'échappant de l'enfant qui paraît avoir un spasme infantile, une forme de crise du syndrome épileptique de l'enfance.

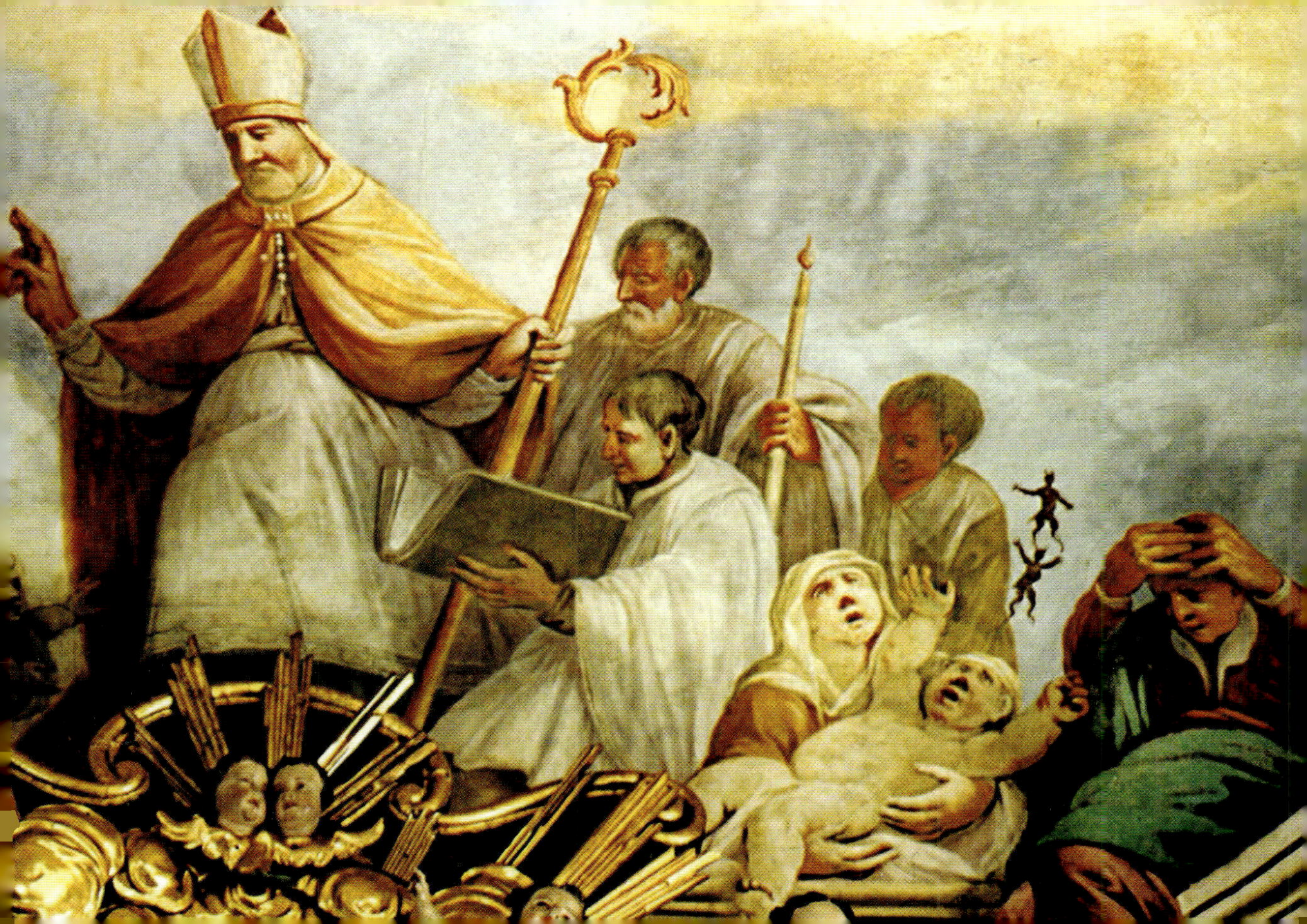

1858

L'*Anatomie* de Gray

Henry Gray (1827-1861), **Henry Vandyke Carter** (1831-1897), **Harry Sinclair Lewis** (1885-1951)

Dans son roman de 1925, *Arrowsmith*, l'auteur américain Sinclair Lewis écrit que trois textes sont fondamentaux pour l'éducation du médecin : la Bible, les œuvres de Shakespeare et l'*Anatomie* de Gray. En effet, aucun livre médical n'a surpassé la renommé et la longévité de l'ouvrage anatomique de Gray, publié pour la première fois en 1858 sous le titre : *Anatomie descriptive et chirurgicale*, et officiellement abrégé en *Anatomie de Gray* en 1938.

Gray publia son *Anatomie* juste trois ans après le début de sa collaboration avec l'anatomiste et artiste Henry Carter. Les premières illustrations en couleur apparurent dans l'édition de 1887. Bien que le livre ait été immédiatement un succès, auquel les dessins ont largement contribué, Carter ne reçut jamais de droits d'auteur. Malheureusement, Gray contracta la variole et mourut à trente-quatre ans, juste avant la publication de la seconde édition. Depuis, le livre a connu de nombreuses rééditions et n'a jamais été épuisé.

Les lecteurs actuels doivent se souvenir que l'*Anatomie* de Gray a été écrit avant l'anesthésie et les antibiotiques, avant que la lumière électrique ait pu illuminer les pièces disséquées.

Achetez donc une vieille édition de *l'Anatomie* de Gray. Regardez les illustrations, et appréciez les fines lignes qui recréent les stries musculaires. Les noms des structures anatomiques sont soigneusement calligraphiés et inscrits près des parties correspondantes, de façon à ce que l'étudiant puisse saisir le maximum d'information utile d'un simple coup d'œil.

La prochaine fois que vous ouvrirez l'*Anatomie* de Gray, suivez du doigt avec affection les crêtes, les foramens et les fosses, et pensez aux pauvres hommes, femmes et au moins un enfant, restés anonymes, dont la mort a fourni tant d'information sur le vivant.

VOIR AUSSI Les dessins anatomiques de Léonard de Vinci (1510), De *humani corporis fabirca* (1543), Les chefs-d'œuvre d'Eustache retrouvés (1552), Les dessins de Pietro da Cortona (1618), L'*Ostéographie* de Cheselden (1733), Les planches anatomiques d'Albinus (1747), L'*Utérus gravide* de Hunter (1774) et L'Acte d'anatomie de 1832 (1832).

Une illustration extraite de l'ouvrage de Henry Gray Anatomie du corps humain *(édition de 1918), montrant la carotide interne et les artères vertébrales.*

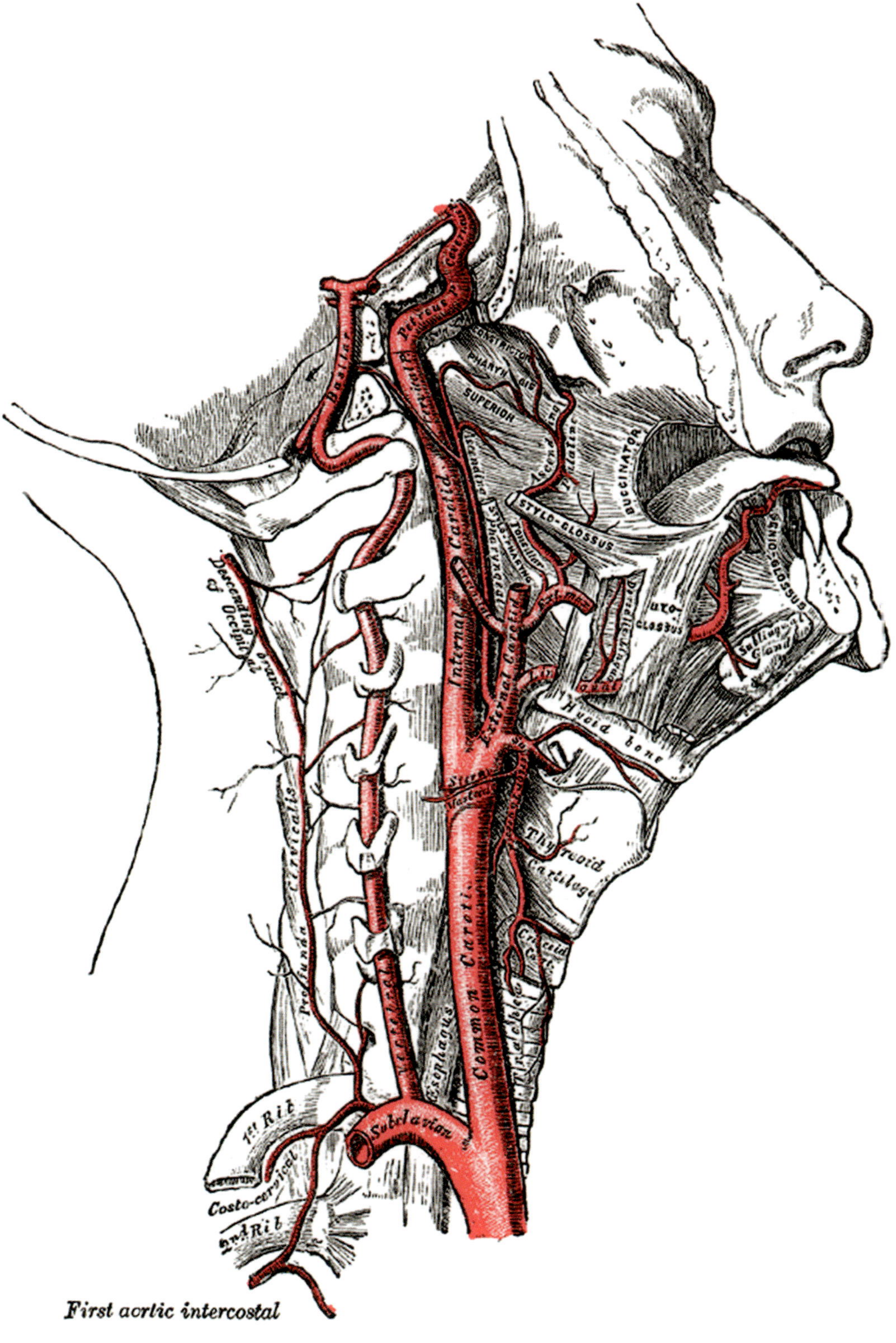

Basilar
Petrous p. Carotid
Internal Carotid
CONSTRICTOR
PHARYN
SUPERIOR
BUCCINATOR
STYLO-GLOSSUS
Hyoid bone
Thyroid cartilage
Cricoid
External Carotid
Common Carotid
Cervicalis
Profunda
Œsophagus
Subclavian
1st Rib
Costo-cervical
2nd Rib
First aortic intercostal

1861

Localisation cérébrale

Hippocrate de Cos (460-377 av. J.-C.), **Galien de Pergame** (129-199), **Franz Joseph Gall** (1758-1828), **Pierre Paul Broca** (1824-1880), **Gustav Thoedor Fritsch** (1838-1927), **Eduard Hitzig** (1839-1907), **Wilder Graves Penfield** (1891-1976), **Herbert Henri Jasper** (1906-1999)

Le médecin de la Grèce ancienne Hippocrate eut l'intuition que le cerveau était le siège des pensées et des émotions. Le médecin grec Galien déclarait : « Où se trouve l'origine des nerfs est le commandement de l'âme. » Il fallut toutefois attendre le XIXe siècle pour que l'idée que différentes aires du cerveau étaient spécialisées dans différentes fonctions donne lieu à des recherches poussées sur leur localisation cérébrale.

En 1796, le neuroanatomiste allemand Franz Joseph Grall estimait que le cerveau était une mosaïque de sous-organes spécialisés, chacun traitant d'une faculté mentale différente comme le langage, la musique et ainsi de suite.

En 1861, le médecin français Pierre Broca découvrit une région particulière du cerveau dédiée à la production de la parole. Sa découverte était basée sur l'observation de deux patients ayant perdu l'usage de la parole après une blessure dans la région frontale de l'hémisphère gauche du cerveau, appelée aujourd'hui l'aire de Broca.

Des preuves supplémentaires des localisations cérébrales furent apportées vers 1870 par les chercheurs allemands Gustav Fritsch et Eduard Hitzig. Ils montrèrent sur des chiens que des mouvements locaux pouvaient être provoqués par stimulation électrique d'aires spécifiques du cerveau. Dans les années 1940, les chercheurs canadiens Wilder Penfield et Herbert Jasper montrèrent que la stimulation électrique du cortex moteur d'un hémisphère cérébral provoquait des contractions du côté *opposé* du corps humain. Ils créèrent également une carte fonctionnelle détaillée des aires motrices du cerveau (qui contrôlent le mouvement musculaire volontaire) et des aires sensorielles.

VOIR AUSSI Classement des nerfs crâniens (1664), Phrénologie (1796), Fonction cérébelleuse (1809), Neurochirurgie moderne (1879), Prosopagnosie (1947) et Épiphyse (1958).

Le cortex cérébral inclut les lobes suivants : frontal (rouge), pariétal (jaune), occipital (vert) et temporal (bleu-vert). Le lobe frontal est responsable des « fonctions d'exécution », comme les fonctions d'organisation et de synthèse. Le cervelet (violet) est la région du bas.

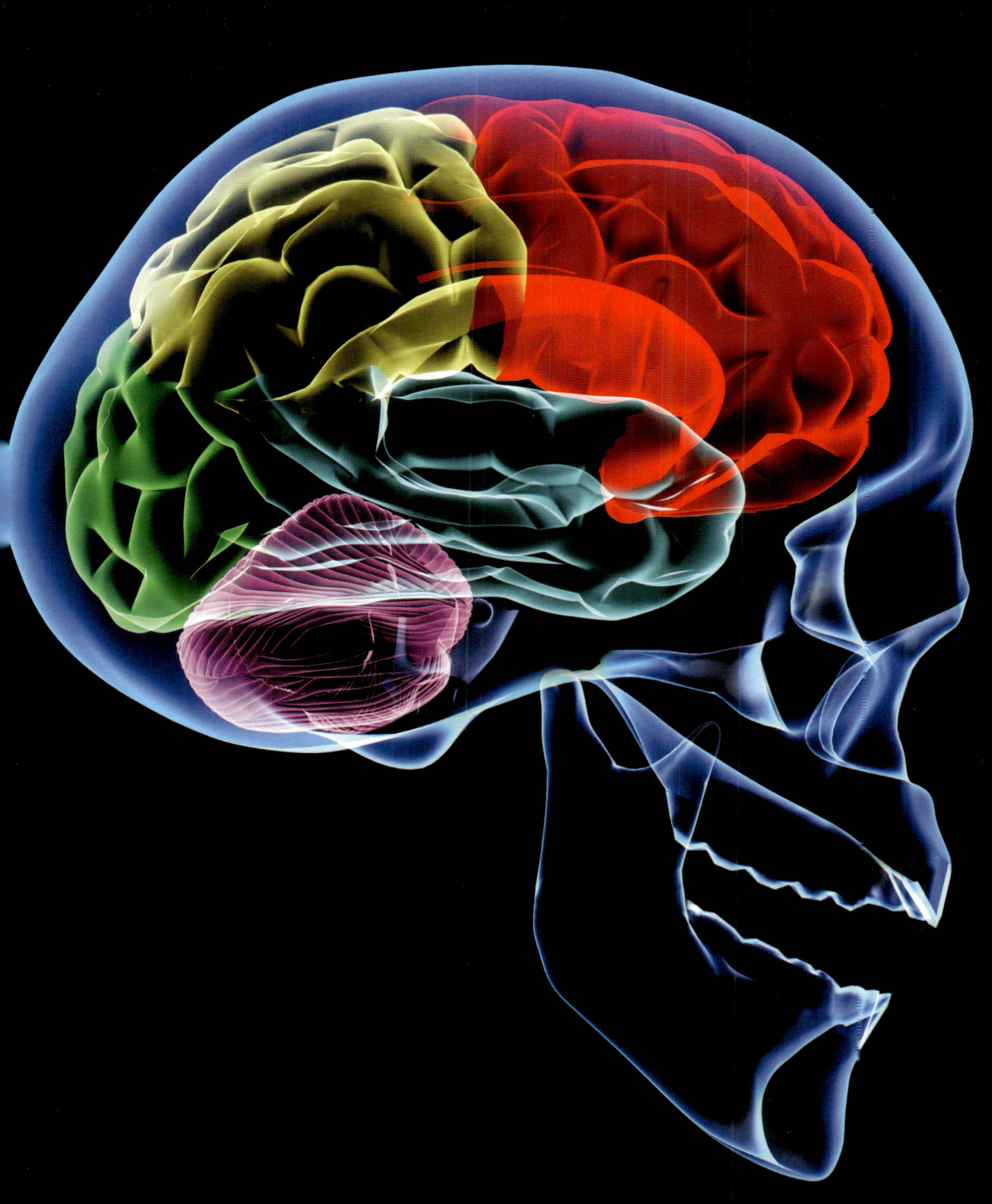

1862

Origine microbienne des maladies

Marcus Terentius Varro (116-27 av. J.-C.), **Louis Pasteur** (1822-1895)

Il est évident pour nous que les germes peuvent causer des maladies. Mais nous sommes heureux que le chimiste et microbiologiste français Louis Pasteur l'ait démontré par ses travaux originaux et ses expériences établissant la théorie microbienne des maladies.

Dans une de ses expériences célèbres, réalisée en 1862, Pasteur démontra que la croissance de bactéries dans des milieux nutritifs stérilisés n'était pas due à la génération spontanée, une théorie qui suggérait que la vie pouvait apparaître à partir de la matière inanimée. Par exemple, aucun organisme ne pouvait croître dans les ballons à cols de cygne stérilisés de Pasteur, aussi longtemps qu'ils restaient scellés. C'est seulement lorsque le col des ballons était cassé que des microorganismes pénétraient et poussaient dans le milieu de culture.

Durant sa carrière, Pasteur étudia la fermentation du vin ainsi que les maladies des moutons et des vers à soie. Il découvrit le vaccin contre la rage. Il montra que la pasteurisation (chauffage d'une boisson à une température spécifique pendant un temps donné) diminuait la croissance microbienne dans les aliments. Étudiant le charbon, il montra que même des solutions diluées de bactéries obtenues du sang d'animaux infectés pouvaient tuer d'autres animaux si les bactéries s'étaient multipliées en culture avant d'être injectées.

Pasteur n'était pas le premier à suggérer que des créatures invisibles pouvaient causer des maladies. L'érudit romain Marcus Terentius Varro, en 36 avant Jésus-Christ, prévenait les habitants des zones marécageuses que « des créatures minuscules invisibles flottant dans l'air pénétraient dans le corps par la bouche et le nez et causaient des maladies graves ». Toutefois, l'ampleur des démonstrations scientifiques du monde microbien par Pasteur révolutionnèrent la médecine et la santé publique.

VOIR AUSSI Micrographie (1665), Panum et la rougeole aux îles Féroé (1846), Semmelweis et le lavage des mains (1847), La poignée de la pompe de Broad street (1854) et Antiseptiques (1865).

Microphotographie en microscopie électronique à balayage rehaussée de couleur, montrant Salmonella typhimurium *(en rouge) envahissant des cellules humaines en culture (avec l'autorisation des Rocky Mountain Laboratories, NIAID et NIH). Les* Salmonella *causent des maladies comme la fièvre typhoïde et des intoxications alimentaires.*

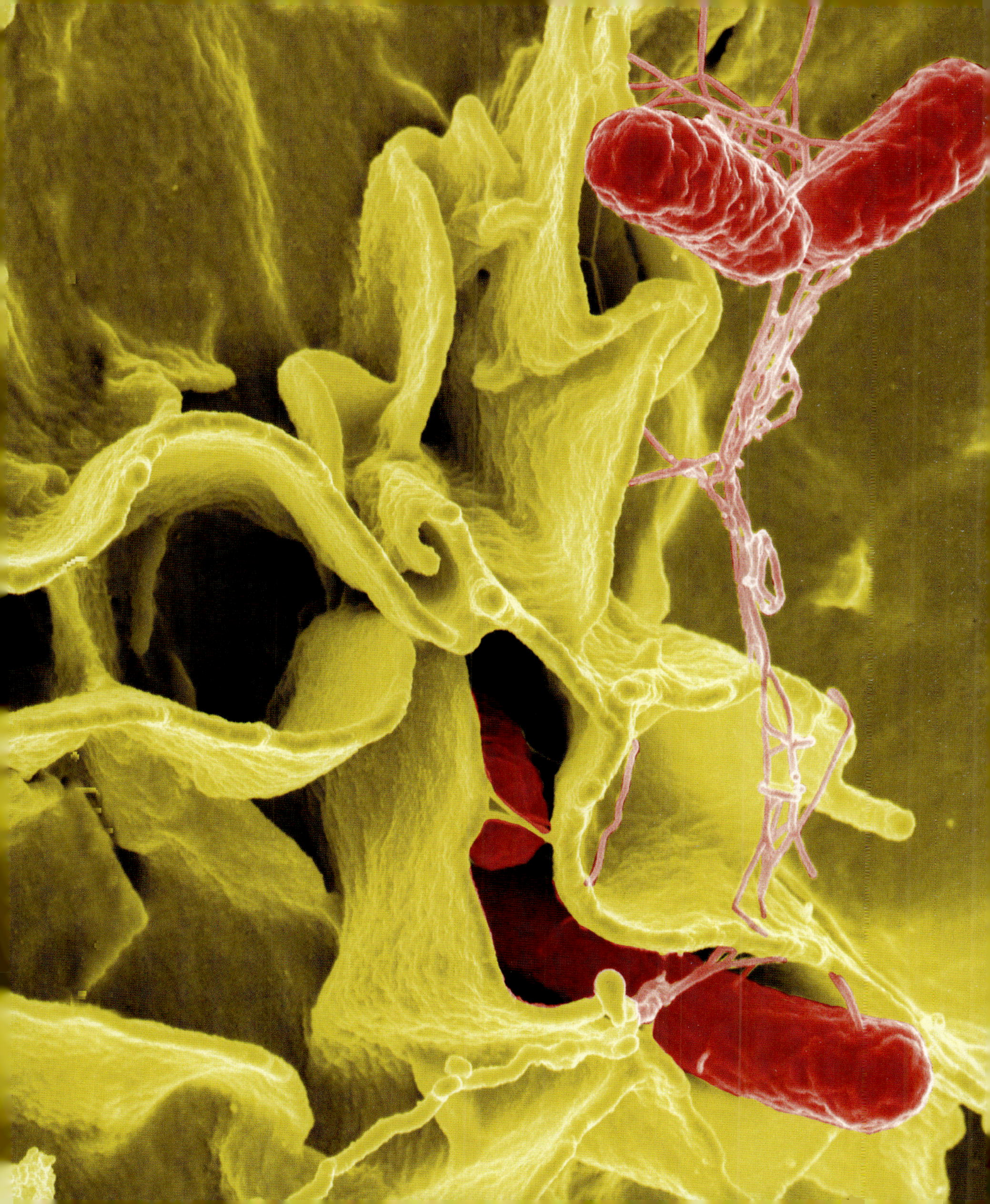

1863

La Croix Rouge

Clarissa Harlowe « Clara » Barton (1821-1912), **Jean Henri Dunant** (1828-1910)

La Croix Rouge internationale et le Croissant Rouge doivent leur existence à l'activiste social suisse Henri Dunant, qui avait été choqué par les horreurs dont il avait été témoin à la bataille de Solférino en Italie en 1859, où, en une seule journée, il y avait eu 30 000 morts et plusieurs milliers de blessés.

Dunant voyagea à travers l'Europe à la recherche d'appuis pour la création d'une organisation internationale d'aide destinée à secourir les blessés des deux côtés des champs de bataille. De ses premières démarches naquirent plusieurs organisations. Dunant lui-même fut impliqué en 1863 dans la fondation du Comité International de la Croix Rouge (CICR), institution privée basée à Genève, en Suisse, dont l'objectif est le traitement humain des victimes des conflits armés. En 1901, le prix Nobel de la paix fut attribué à Dunant, et le CICR reçut également cette distinction à trois occasions.

La Fédération internationale des Croix Rouge et Croissant Rouge (FIRC) fut fondée en 1919 et, coordonne aujourd'hui les activités de nombreuses Sociétés nationales de Croix et Croissant Rouges. L'une d'elles est la Croix Rouge américaine qui se charge de la collecte, le traitement et la distribution du sang et des produits sanguins, distribue des secours sur les lieux des désastres, aide les nécessiteux, apporte du réconfort aux militaires et à leurs familles et propose des programmes d'éducation à la santé. Elle participe également aux programmes internationaux d'aide, par exemple le programme de réduction de la rougeole et du paludisme en Afrique.

La Croix Rouge américaine fut fondée en 1881 par l'infirmière américaine Clara Barton et elle est aujourd'hui le plus grand fournisseur de sang dans les hôpitaux américains. Les célèbres symboles de la Croix Rouge et du Croissant Rouge, placés sur les vêtements, les véhicules et les immeubles, sont des symboles de leur neutralité et assurent une protection contre une attaque militaire.

VOIR AUSSI Hôpitaux (1784), Ambulance (1792), Transfusion sanguine (1829), Infirmières (1854), Étiologie du paludisme (1897) et Caducée (1902).

La Croix Rouge française embarque les grands blessés dans des automobiles pour les hôpitaux lors de la Première Guerre mondiale.

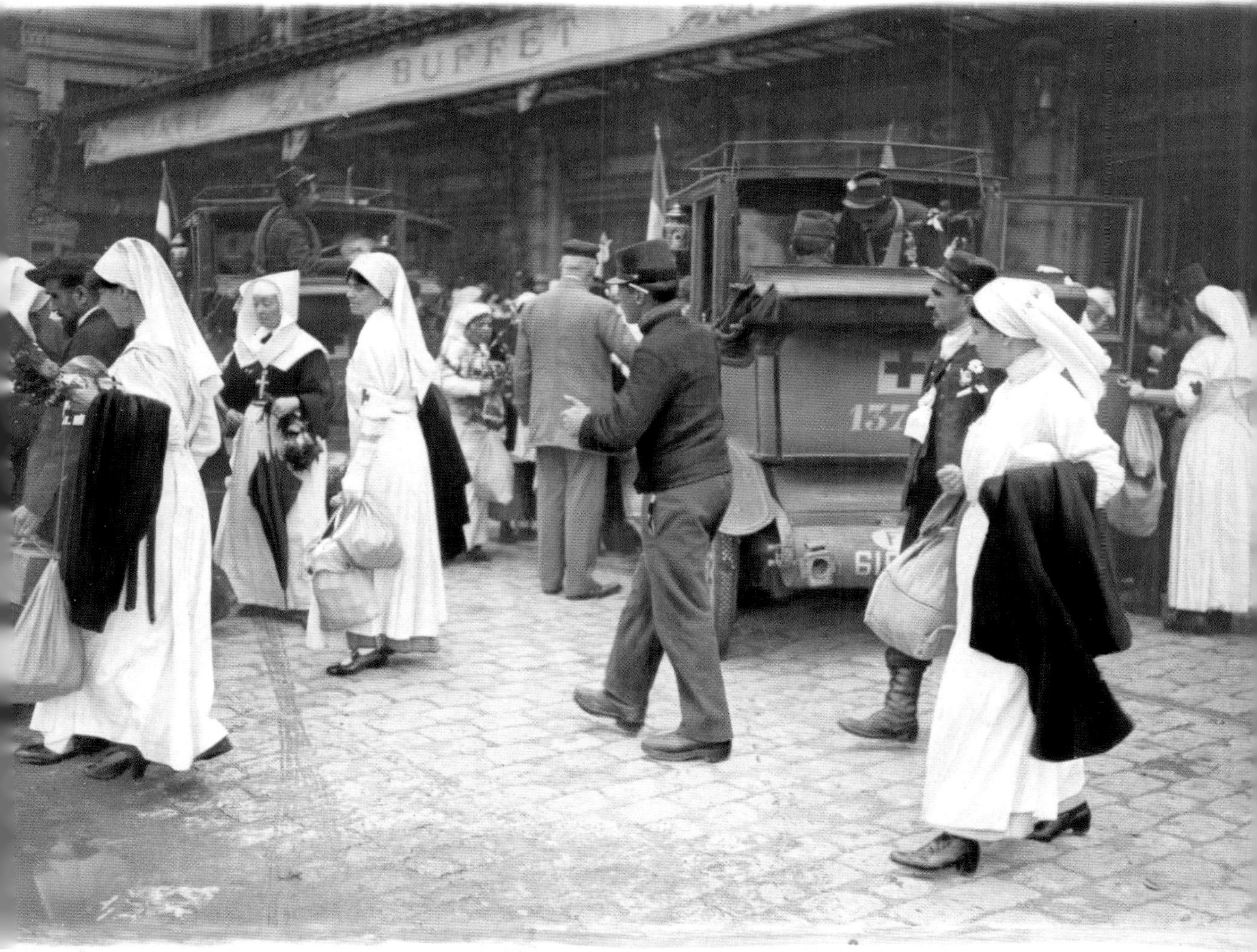
BUFFET
137

1864

Roulette dentaire

Pierre Fauchard (1678-1761), **George Fellows Harrington** (1812-1895), **James Beall Morrison** (1829-1917), **George F. Green** (1832-1892)

Nous avons la chance que les fraises modernes permettent aux dentistes de travailler avec rapidité et précision, tout en nous infligeant moins de douleur que n'importe quel appareil d'autrefois. Elles peuvent en effet tourner à 400 000 tpm (tours par minute), une haute vitesse qui réduit les vibrations désagréables des roulettes lentes d'autrefois. Les fraises actuelles, souvent faites de carbure de tungstène, sont utilisées pour enlever les parties abîmées des dents et pour préparer la dent à un plombage.

Des sortes de fraises de silex existaient il y a quelque 9 000 ans, et il y a plus de 1 000 ans, les Mayas utilisaient un outil de jade, tourné à la main, pour percer des trous dans les dents afin d'y placer des bijoux. Les premières roulettes dentaires étaient lentes et peu maniables, de sorte que l'extraction de la dent était le traitement courant des caries. En 1728, le médecin français Pierre Fauchard, souvent qualifié de père de la dentisterie moderne, utilisait une roulette qui tournait grâce au mouvement impulsé par la corde d'un arc.

En 1864, le dentiste britannique George Fellows Harrington mit au point la première roulette entraînée par un moteur, qui était plus rapide que les précédentes, mais aussi plus bruyante et peu maniable. L'appareil était remonté avec une clé, comme une horloge, et tournait pendant deux minutes. En 1871, le dentiste américain James Beall Morrison breveta une roulette à commande au pied qui eut un succès immédiat. Alors que la meilleure roulette entraînée à la main pouvait à peine atteindre 100 tpm, celle de Morrison tournait à 2 000 tpm. Au début des années 1870, la roulette électrique du dentiste américain George F. Green, alimentée par des batteries peu fiables, généra peu d'enthousiasme. Finalement, en 1957, apparut la première roulette à turbine pneumatique, assurant une vitesse de 3 000 tpm. De nos jours, les alternatives à la fraise comprennent l'ablation laser, la micro-abrasion et les technologies du plasma. Les fraises peuvent être contrôlées par robot.

VOIR AUSSI Dentifrice fluoré (1914) et Chirurgie robotique (2000).

Trois têtes (ou fraises) de roulettes dentaires. Diverses fraises peuvent être utilisées pour enlever les parties abîmées des dents.

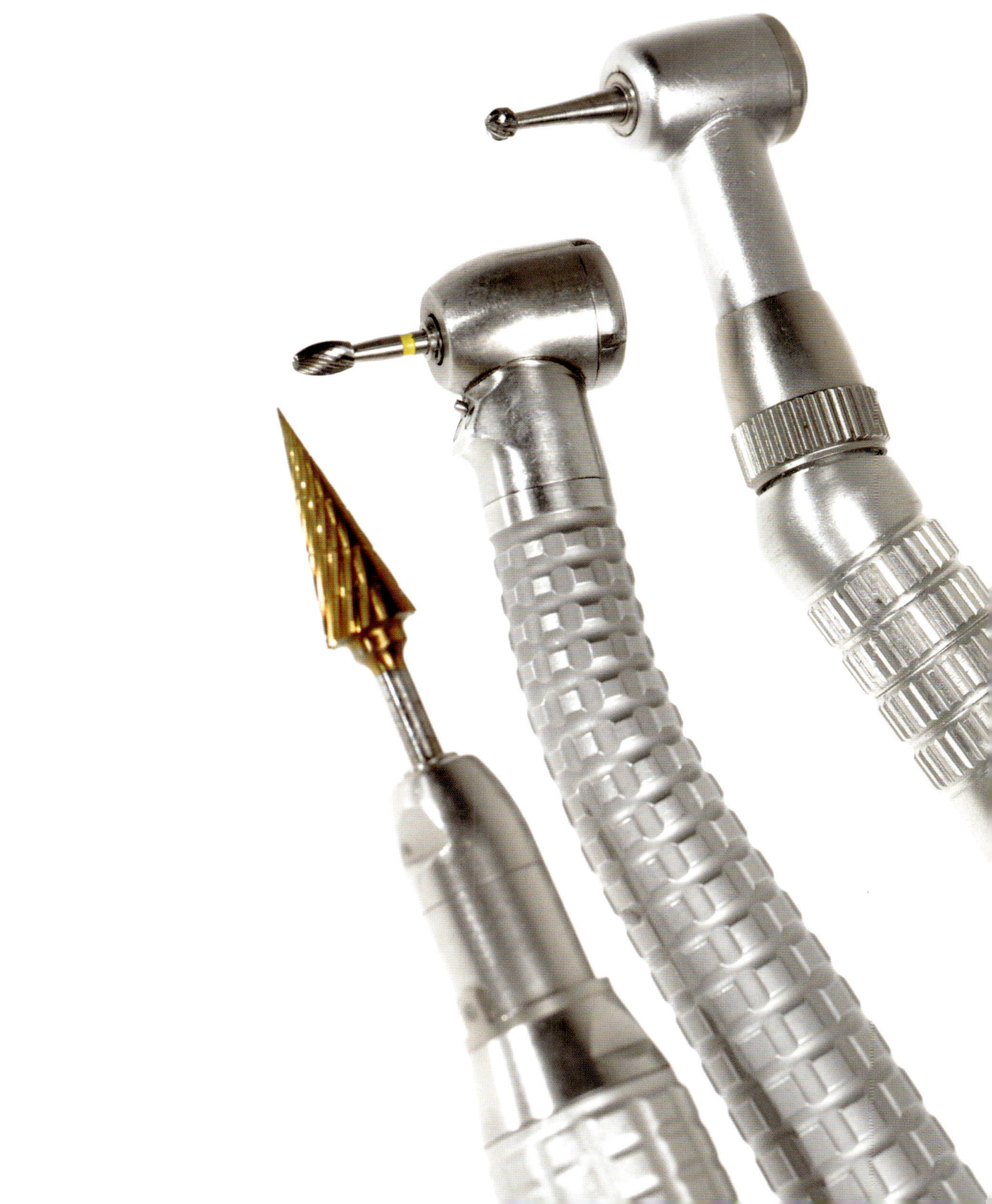

1865

Antiseptiques

William Henry (1775-1836), **Ignaz Philipp Semmelweis** (1818-1865), **Louis Pasteur** (1822-1895), **Joseph Lister** (1827-1912)

Trois découvertes capitales ont révolutionné la pratique de la chirurgie : la ligature des vaisseaux permettant l'arrêt des hémorragies, du chirurgien français Ambroise Paré, les méthodes d'abolition de la douleur grâce aux anesthésiques comme l'éther, dont la découverte est attribuée à plusieurs Américains, et l'antisepsie mise au point par le chirurgien britannique Joseph Lister. L'utilisation par celui-ci de l'acide carbolique (aujourd'hui appelé phénol) pour stériliser les blessures et les instruments chirurgicaux entraîna une remarquable diminution des infections post-opératoires.

Les travaux de Louis Pasteur sur l'origine microbienne des maladies conduisirent Lister à utiliser le phénol pour tenter de détruire les microorganismes. En 1865, il réussit à traiter avec succès une fracture complexe de la jambe, dans laquelle l'os faisait saillie à travers la peau, en enveloppant la jambe de tissus imprégnés d'une solution de phénol.

Avant Lister, le chimiste anglais Henry avait conseillé la stérilisation des vêtements par la chaleur et l'obstétricien hongrois Semmelweis avait démontré que le lavage des mains prévenait la transmission des infections par les médecins. Cependant, l'imprégnation par le phénol des plaies ouvertes préconisée par Lister prévenait le développement de ces terribles surinfections si fréquentes dans les hôpitaux de l'époque. Lister publia ses observations en 1867 dans l'article « Principe de l'antisepsie appliquée à la pratique chirurgicale ». Ses écrits et expériences finirent par convaincre les personnels médicaux de l'utilité des antiseptiques.

Les antiseptiques sont couramment employés en application directe sur la surface du corps. Les méthodes modernes de prévention des infections privilégient les méthodes d'asepsie qui impliquent la stérilisation pour éliminer les bactéries avant qu'elles ne viennent au contact des patients.

VOIR AUSSI Semmelweis et le lavage des mains (1847), Origine microbienne des maladies (1862), Gants chirurgicaux en latex (1890) et Asticothérapie (1929).

Il a été montré que le miel de Manuka avait des propriétés antibactériennes et aidait à la guérison des plaies. Ce miel est fabriqué par les abeilles de Nouvelle Zélande qui se nourrissent sur les buissons de manuka, Leptospermum scoparium.

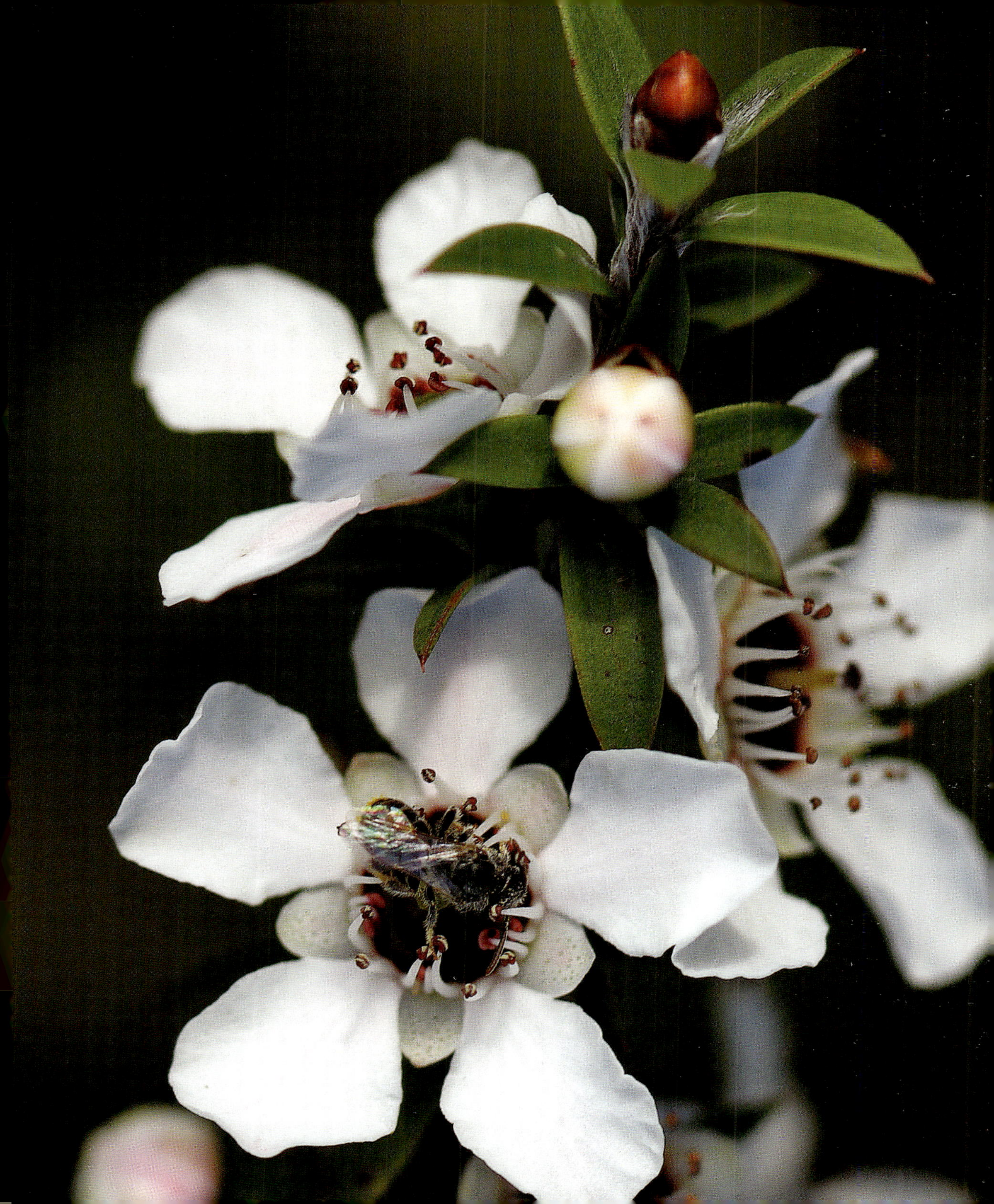

1865

Génétique mendélienne

Gregor Johann Mendel (1822-1884)

Le prêtre autrichien Gregor Mendel étudia l'hérédité de caractères aisément identifiables chez les petits pois, comme la couleur et la forme (lisse ou ridée), et montra que la transmission pouvait être comprise en termes de lois mathématiques et de proportions. Bien que ses découvertes n'aient pas été reconnues durant sa vie, les lois qu'il décrivit constituent les bases de la génétique, la science de l'hérédité et des variations dans les organismes.

En 1865, Mendel décrivit ses études de plus de 20 000 plants de petits pois, réalisées durant six ans, qui lui permirent de formuler ses lois de génétique. Il observa que les organismes héritaient des caractères par l'intermédiaire d'unités discrètes que nous nommons aujourd'hui « gènes ». Ces données étaient en désaccord avec les théories de l'époque, comme celle qui prétendait qu'un individu héritait d'un mélange homogène de caractères des parents, ou qu'un individu héritait « des caractères acquis » de leurs parents.

Considérons que chaque plant de pois a deux allèles (versions) de chaque gène, et que le descendant hérite d'un allèle de chaque parent. C'est au hasard que les gènes de chaque parent sont reçus. Si le descendant reçoit un gène pour une graine jaune et un gène pour une graine verte, le gène jaune va dominer chez le descendant, mais le gène vert est toujours présent et sera transmis aux futurs descendants d'une manière cohérente et prédictible.

Aujourd'hui, la génétique médicale se propose d'étudier comment les variations génétiques jouent un rôle dans la santé humaine et dans l'apparition des diverses maladies, telle la fibrose kystique. La génétique mendélienne contribue à une meilleure connaissance des gènes et des chromosomes (composés de molécules d'ADN contenant de nombreux gènes), ainsi qu'au possible traitement de nombreuses maladies. Ainsi, des gènes humains ont pu être placés dans des bactéries pour leur faire produire l'insuline nécessaire aux diabétiques.

VOIR AUSSI Théorie chromosomique de l'hérédité (1902), Maladies métaboliques congénitales (1902), Gènes et détermination du sexe (1905), Structure de l'ADN (1953), Maladies mitochondriales (1962), Épigénétique (1983), Thérapie génique (1990) et Projet génome humain (2003).

Grâce à ses études sur les petits pois, Gregor Mendel put formuler les lois de la transmission des caractères héréditaires.

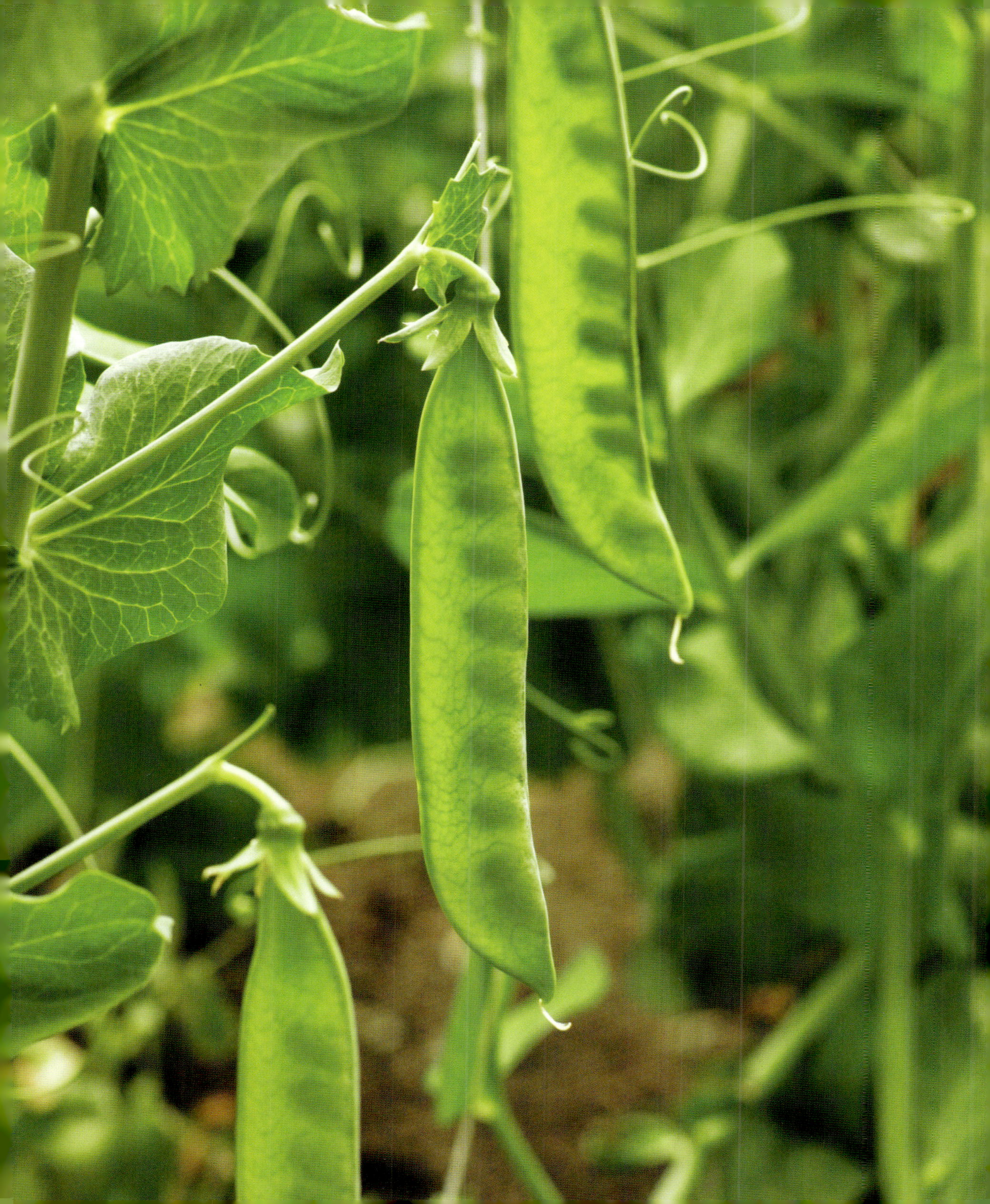

1866

Thermomètre médical

Santorio Santorio (1561-1636), **Daniel Gabriel Fahrenheit** (1686-1736), **Carl Wunderlich** (1815-1877), **Thomas Clifford Allbutt** (1836-1925), **Thomas Maclagan** (1838-1903)

Durant des siècles, les soignants ont placé la paume de leurs mains sur le front des malades pour détecter la fièvre. Ce n'est que vers la fin des années 1800 que des thermomètres ont été couramment utilisés pour mesurer la température du corps, en plaçant l'extrémité sensible du thermomètre dans la bouche, à l'aisselle ou dans le rectum.

Vers 1612, le médecin italien Santorio Santorio ajouta une échelle numérique au thermomètre. Malheureusement, ses appareils étaient peu fiables du fait des effets de la variation de pression sur les mesures.

Le médecin allemand Daniel Gabriel Fahrenheit inventa le thermomètre à alcool en 1709 et le thermomètre à mercure en 1714. Dans ces appareils, le liquide se contracte ou se dilate en fonction de la température, de sorte que la hauteur de la colonne varie. Il choisit le mercure parce qu'il se dilate de façon uniforme sur une large gamme de température. Les thermomètres à mercure contiennent souvent une petite constriction évitant un reflux du liquide, ce qui permet à l'appareil de conserver la plus haute valeur jusqu'à ce que le thermomètre soit agité.

Avec presque vingt-cinq centimètres de longueur, certains thermomètres médicaux anciens étaient difficiles à transporter dans la trousse du médecin et d'usage peu pratique par le patient, et la mesure pouvait durer vingt minutes. C'est le médecin britannique Thomas Clifford Allbutt qui, en 1866, fabriqua enfin un thermomètre de seulement quinze centimètres de long, et dont il disait qu'il pouvait demeurer dans sa poche et être constamment avec lui comme son stéthoscope.

Une étape importante dans l'histoire du thermomètre médical est représentée par la publication des températures de 25 000 patients en 1868 par le médecin allemand Carl Wunderlich. La même année, le médecin écossais Thomas Maclagan étudia la température de patients atteints de typhus, typhoïde et pneumonie.

De nos jours, les thermomètres médicaux sont souvent des appareils électroniques qui mesurent la température grâce à des capteurs infrarouges.

VOIR AUSSI Stéthoscope (1816), Spirométrie (1846) et Sphygmomanomètre (1881).

La prise de température est un acte courant de l'examen médical pédiatrique, la fièvre étant un symptôme fréquent durant la petite enfance, en général bénin, mais demandant à être surveillé.

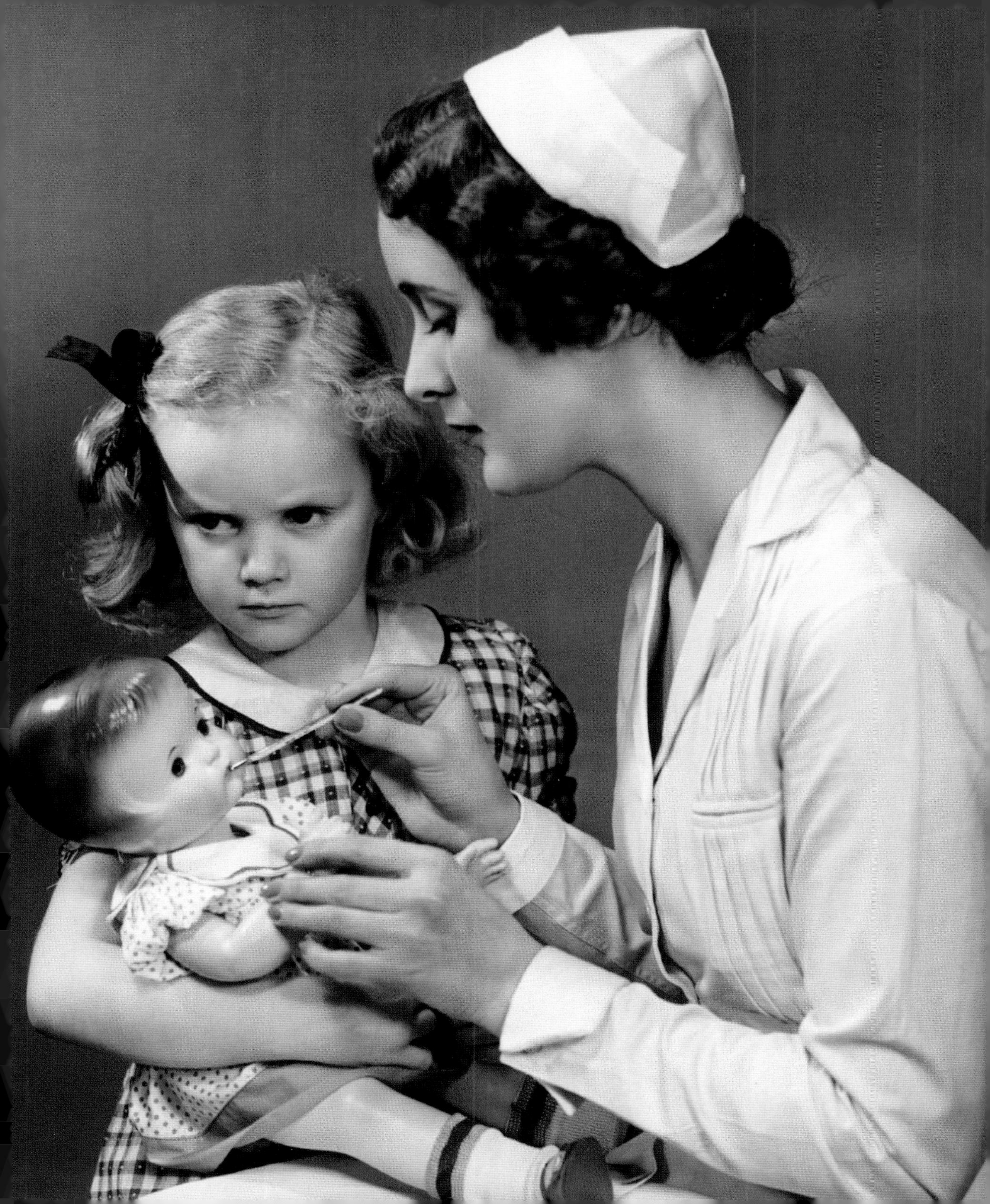

1872

Chirurgie de la thyroïde

Samuel David Gross (1805-1884), **Emil Theodor Kocher** (1841-1917)

Le goitre est une maladie causée par un régime pauvre en iode nécessaire à la glande thyroïde qui devient volumineuse, et dont l'ablation est restée longtemps inimaginable, selon le chirurgien américain Samuel Gross.

L'ère de la chirurgie thyroïdienne moderne débuta avec le chirurgien suisse Emil Kocher, qui, à partir de 1872 réalisa des milliers d'interventions chirurgicales. Kocher reçut le prix Nobel pour ses travaux sur la physiologie, la pathologie et la chirurgie de la glande thyroïde. Malheureusement, bien que l'on puisse vivre des années sans glande thyroïde, le manque d'hormones thyroïdiennes entraîne une détérioration physique et mentale ; ce qui faisait dire à Kocher : « J'ai sauvé la vie des porteurs d'un goitre en les transformant en crétins avec une seule existence végétative qui ne vaut pas de vivre. »

La glande thyroïde située à la partie antérieure du cou, possède deux lobes en ailes de papillon. Les deux hormones principales qu'elle secrète, la triiodothyronine et la thyroxine, sont indispensables à notre métabolisme et à notre croissance. Ces hormones sont produites en excès dans l'hyperthyroïdie, caractérisée par une perte de poids, une accélération des battements cardiaques et une fatigabilité. Dans l'hypothyroïdie la production d'hormone est insuffisante, entraînant fatigue et divers autres symptômes. L'hyperthyroïdie se traite de différentes façons, en particulier par la prise d'iode radioactif, qui s'accumule dans la thyroïde, dont elle peut détruire tout ou partie. La conséquence de ce traitement est une hypothyroïdie qui peut être corrigée à son tour par la prise quotidienne de pilules de thyroxine de synthèse. Lorsque le taux d'hormones thyroïdiennes s'abaisse, l'hypothalamus secrète l'hormone thyréotrope (TRH) qui provoque la libération de thyréotropine (TSH) par l'hypophyse antérieure, qui à son tour déclenche la production d'hormones thyroïdienne. Dès que les niveaux d'hormones thyroïdiennes ont augmenté, les productions de TRH et TSH sont supprimées.

VOIR AUSSI Chirurgie de Halsted (1904), Hormone de croissance humaine (1921) et Maladies auto-immunes (1956).

Planche anatomique de la région antérieure du cou ouverte et montrant la glande thyroïde (en jaune) avec ses lobes droit et gauche. En arrière de la thyroïde, la trachée et le cartilage thyroïde. Planche anatomique selon dissection de Gilis, dessinée par F. Sounac (1896). (Conservatoire d'anatomie de la faculté de médecine de Montpellier).

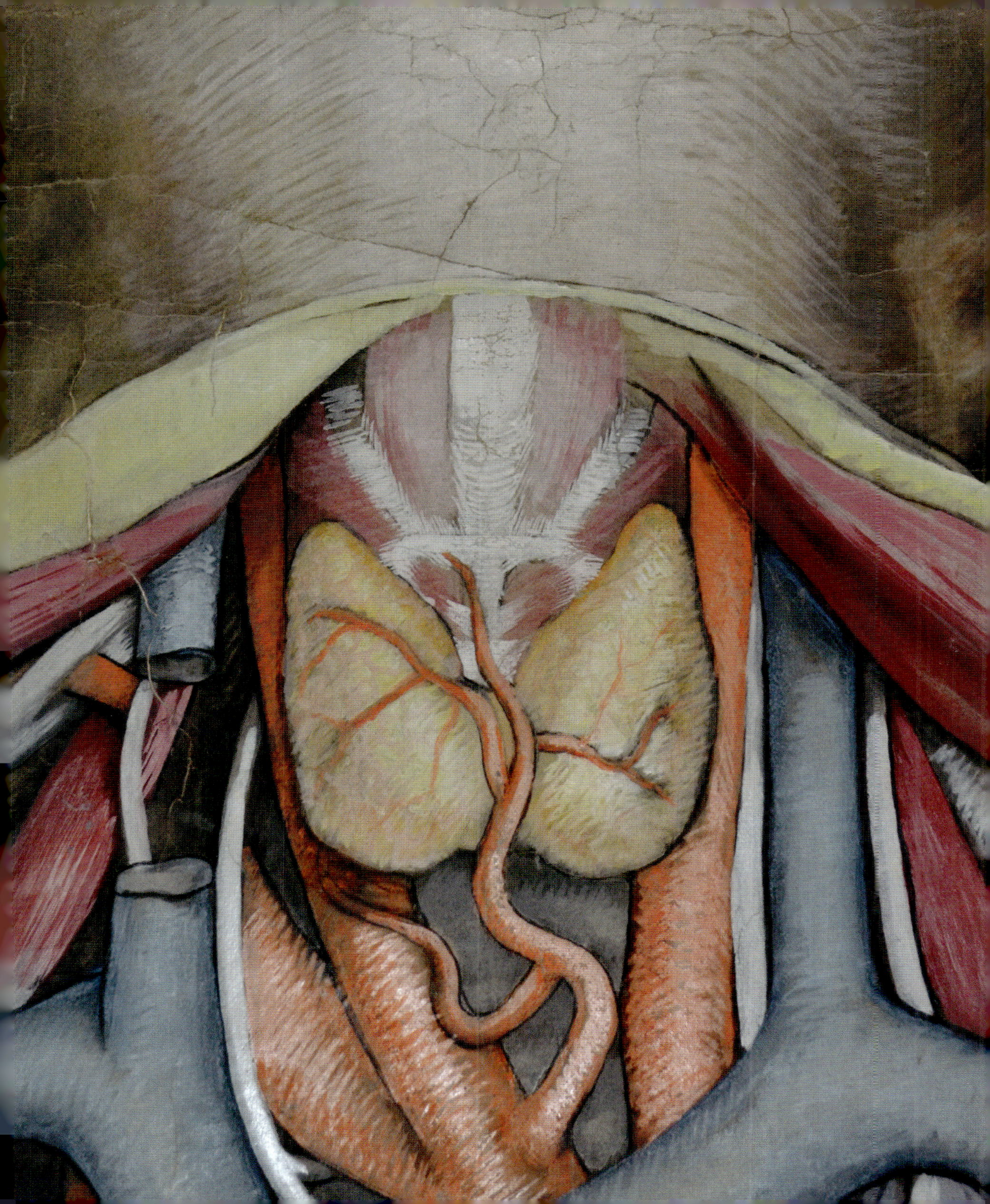

1873

Étiologie de la lèpre

Gerhard Henrik Armauer Hansen (1841-1912)

La lèpre est la plus redoutée de toutes les maladies, non parce qu'elle tue, mais parce qu'elle laisse en vie avec des déformations et des mutilations effrayantes. Certains la considéraient comme une punition divine envoyée aux pécheurs. D'autres pensaient que c'était un mal héréditaire. À toutes les époques, les lépreux défigurés furent ostracisés par les sociétés et placés dans des léproseries. La maladie est sans doute originaire du sous-continent indien, où fut trouvé un squelette de 4 000 ans porteur d'érosions évocatrices de lèpre. En 1200, environ 19 000 hôpitaux pour lépreux existaient en Europe.

En 1873, le médecin norvégien Armauer Hansen observa sur des coupes non colorées de tissus de sujets infectés, la présence de petits bâtonnets rectilignes, et découvrit que la lèpre était causée par une bactérie *Mycobacterium leprae*, première bactérie reconnue responsable d'une maladie humaine.

L'étude de la bactérie par Hansen fut entravée non seulement parce qu'il ne réussit pas à infecter d'animaux de laboratoires, comme des lapins, mais aussi parce que la bactérie ne se développe pas au laboratoire sur des milieux de culture artificiels. Désireux de mieux comprendre la maladie, Hansen essaya d'inoculer le bacille de la lèpre dans l'œil d'une femme, sans autorisation. En 1880, elle le poursuivit en justice, et il fut renvoyé de son poste de médecin résident de l'hôpital pour lépreux de Bergen.

Les scientifiques découvrirent plus tard que la bactérie pouvait se multiplier dans le coussinet plantaire de la souris et chez le tatou à neuf bandes. La plupart des hommes adultes sont résistants à la maladie qui peut nécessiter plusieurs années après une exposition initiale pour se développer et qui se transmet par le mucus du nez et de la gorge. De nos jours, la lèpre se traite par l'association de trois produits : dapsone, rifampicine et clofazimine.

VOIR AUSSI Panum et la rougeole aux îles Féroé (1846), Étiologie de la peste bubonique (1894), Étiologie de la fièvre pourprée des montagnes rocheuses (1906), La quarantaine de Marie Typhoïde (1907) et Le désastre de la thalidomide (1962).

De nos jours, la lèpre se traite par administration de plusieurs médicaments. Ici, graffitis sur un mur au cours d'une campagne de prévention au Ladakh, Inde.

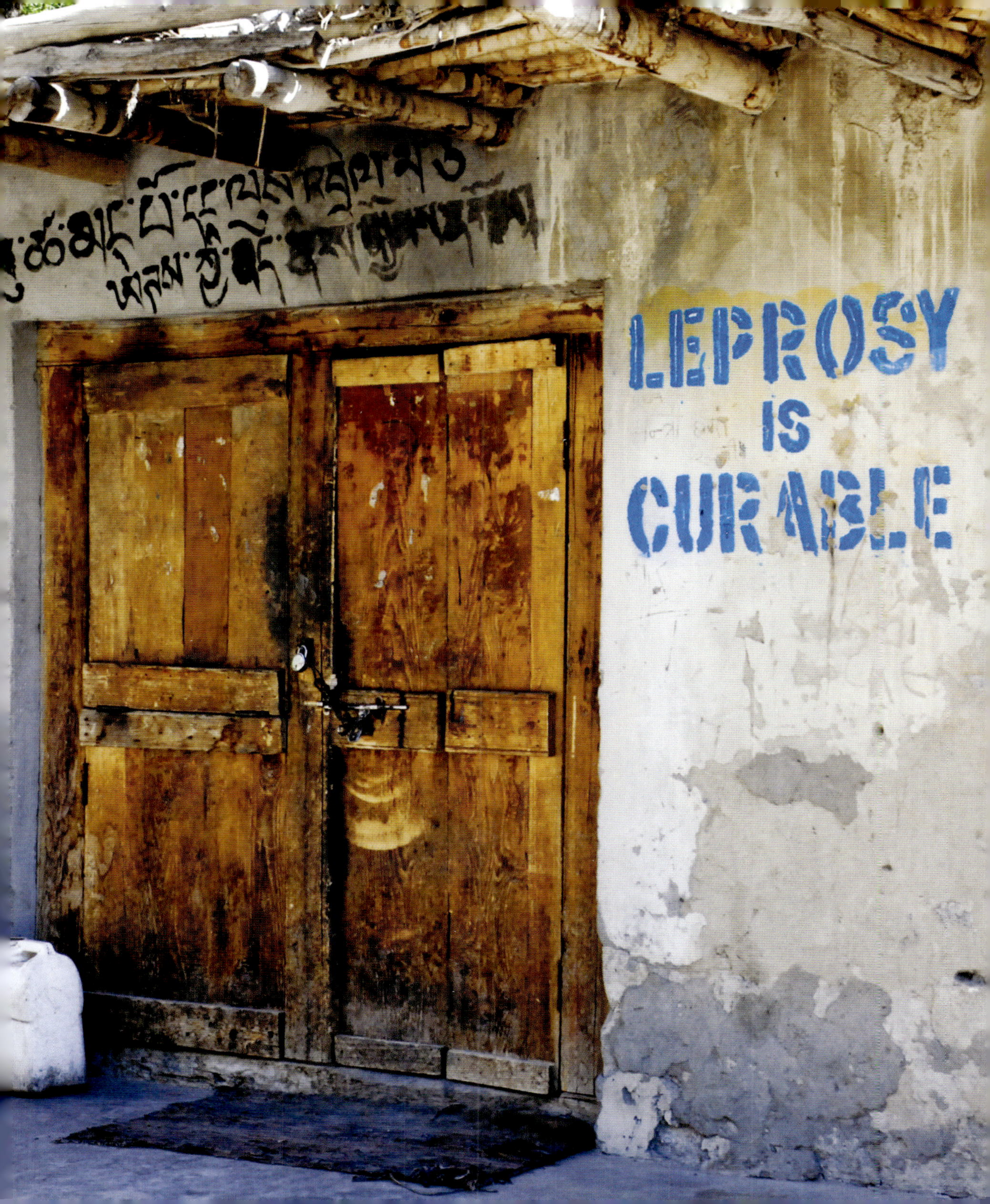
LEPROSY
IS
CURABLE

1879

Neurochirurgie moderne

William Macewen (1848-1924), **Rickman John Godlee** (1849-1925) **Victor Alexander Haden Horsley** (1857-1916)

Des pratiques primitives de neurochirurgie semblent avoir existé au cours des temps préhistoriques, en particulier des trépanations faites dans le crâne de personnes vivantes. Le médecin grec Hippocrate décrivait des blessures du cerveau qui pouvaient, selon lui, être traitées pas la trépanation. Pourtant il fallut attendre le XIXe siècle pour voir les premières interventions neurochirurgicales modernes.

Le chirurgien écossais William Macewen, en 1876, diagnostiqua un abcès cérébral (tissus enflammés et gonflés) dans la zone frontale gauche du cerveau d'un garçon atteint de convulsions et d'aphasie (perte de la faculté de parler) après une chute et une coupure au-dessus du sourcil gauche. Malheureusement, Macewen n'eut pas l'autorisation d'opérer l'enfant qui mourut. L'autopsie de cet enfant, que Maceween considéra comme mort inutilement, mit en évidence un abcès de la taille d'un œuf de pigeon.

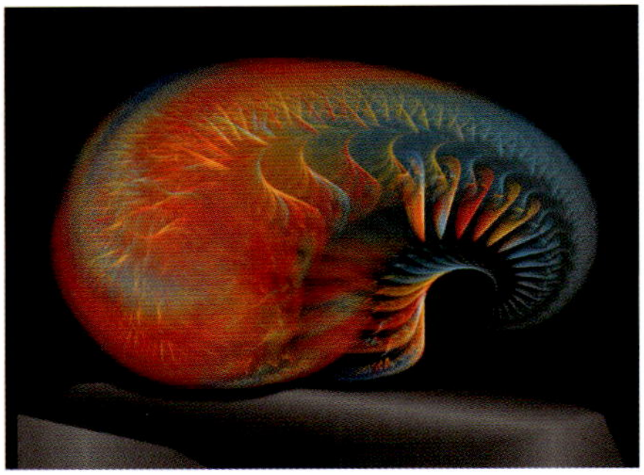

En 1879, Macewen commença à réaliser des opérations sur des patients souffrant d'abcès cérébral. Ceci se passait avant l'invention des rayons X, et Macewen se basait sur les symptômes des patients et sur les recherches récentes sur les fonctions des différentes régions cérébrales pour déterminer l'endroit adéquat où il convenait d'ouvrir le crâne. Par exemple, il devait observer les réflexes pupillaires, la localisation de la douleur, et la nature et la localisation du type de convulsion. Le travail de Macewen n'aurait pas été possible avant la découverte de l'anesthésie et des antiseptiques.

En 1884, le chirurgien anglais Rickman John Godlee fut le premier à enlever une tumeur cérébrale (une croissance anormale de tissus), et en 1887, le chirurgien anglais Victor Horsley réussit la première ablation d'une tumeur de la moelle épinière.

VOIR AUSSI Trépanation (6 500 ans av. J.-C.), Liquide céphalo-rachidien (1764), Anesthésie générale (1842), Localisation cérébrale (1861) et Antiseptiques (1865).

À GAUCHE : *représentation futuriste d'un cerveau humain (vers 2050), avec des unités fractales de dispersion par la chaleur, par l'artiste slovène Teja Krašek.* À DROITE : *section horizontale à travers la tête d'un adulte, extraite du projet « L'homme visible ». Un cadavre a été congelé, coupé en fines sections photographiées. Cette section montre le cortex cérébral et la matière blanche sous-jacente.*

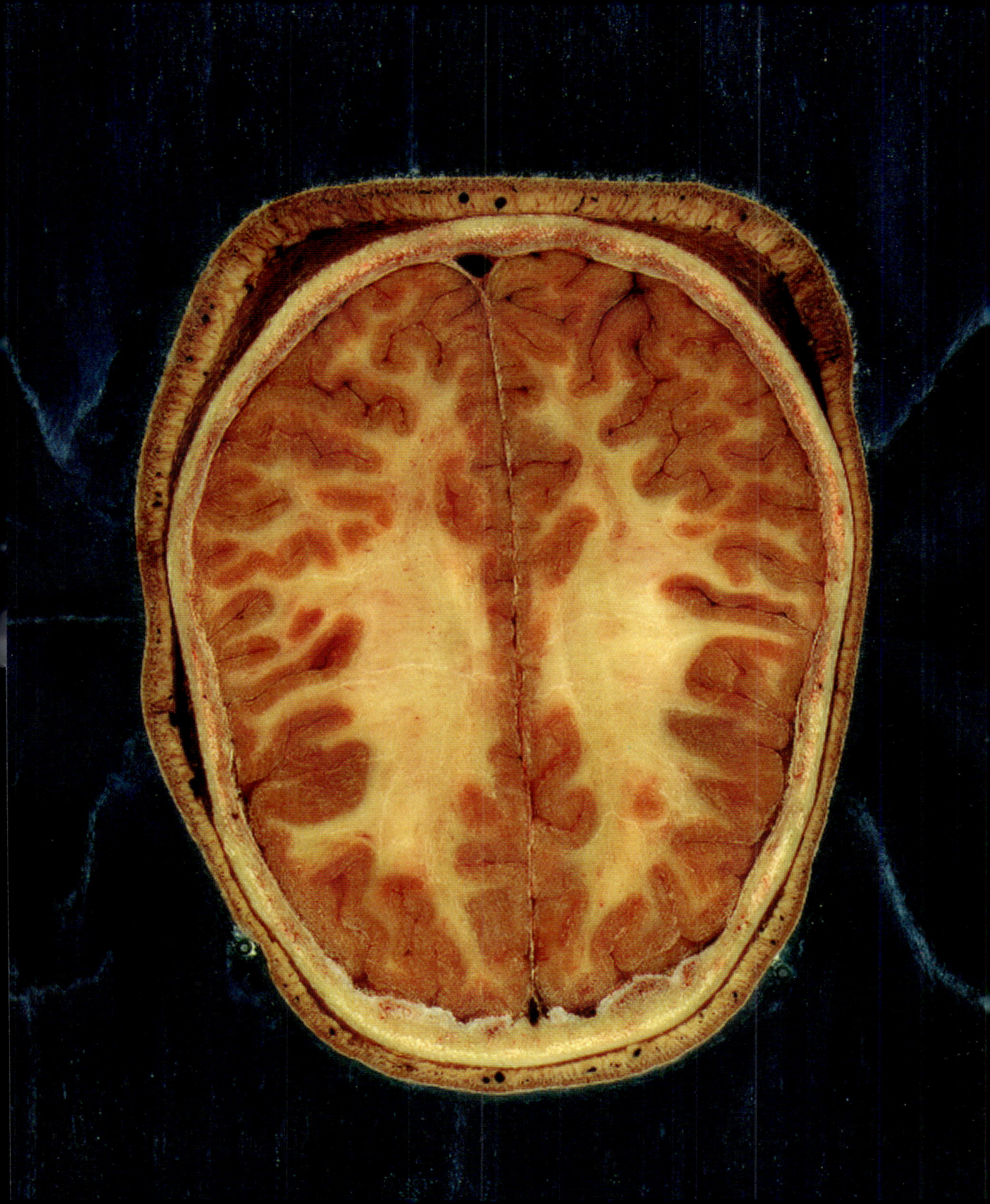

1881

Sphygmomanomètre

Stephen Hales (1677-1761), **Samuel Siegfried Karl Ritter von Basch** (1837-1905), **Scipione Riva-Rocci** (1863-1937), **Nikolai Sergeyevich Korotkov** (1874-1920)

La mesure de la tension artérielle est un exemple des apports de la technologie à la pratique médicale. La tension artérielle se mesure grâce au sphygmomanomètre, appareil utilisant traditionnellement une colonne de mercure pour mesurer la pression. La tension systolique est le reflet de la pression au moment de la contraction du ventricule du cœur (environ 120 mm de mercure pour un adulte normal). La tension diastolique est la pression minimale dans les artères, lorsque les ventricules sont pleins de sang. Chez l'adulte, une valeur de 80 mm de mercure est une tension diastolique normale.

Le sphygmomanomètre a une histoire fascinante peuplée d'ingénieux inventeurs. En 1733, le physiologiste anglais Stephen Hales fournit la première mesure de pression sanguine chez l'animal : en connectant un long tube de verre à une artère du cou d'un cheval, il obtint une colonne de sang de 2,9 mètres de hauteur. En 1881, le médecin autrichien Samuel von Basch utilisa un réservoir de caoutchouc rempli d'eau pour exercer une pression sur une artère jusqu'à ce que le pouls disparaisse. Le réservoir de caoutchouc, attaché à un appareil à mercure, permit de mesurer la pression systolique lorsque l'artère était comprimée. En 1896, le médecin italien Scipione Riva-Rocci employa un brassard gonflable mis autour du bras, permettant d'obtenir une pression uniforme sur l'artère. Enfin, en 1905, le médecin russe Nikolai Korotkov ajouta un stéthoscope pour écouter les battements de l'artère au moment où la pression de l'anneau était relâchée, donnant ainsi la mesure de la pression diastolique. À partir de 1910, la prise de la tension artérielle devint une pratique constante des médecins.

Aujourd'hui, le sphygmomanomètre permet de diagnostiquer les hypo et les hypertensions artérielles, cette dernière représentant un facteur de risque d'accident vasculaire cérébral, d'atteinte cardiaque et d'insuffisance rénale. Le sphygmomanomètre à mercure est encore utilisé à côté des appareils anéroïdes et électroniques qui ne nécessitent pas de liquide.

VOIR AUSSI La prise du pouls (1707), Stéthoscope (1816), Ophtalmoscope (1850) et Thermomètre médical (1866).

Sphygmomanomètre anéroïde utilisé par les médecins pour diagnostiquer l'hypertension artérielle.

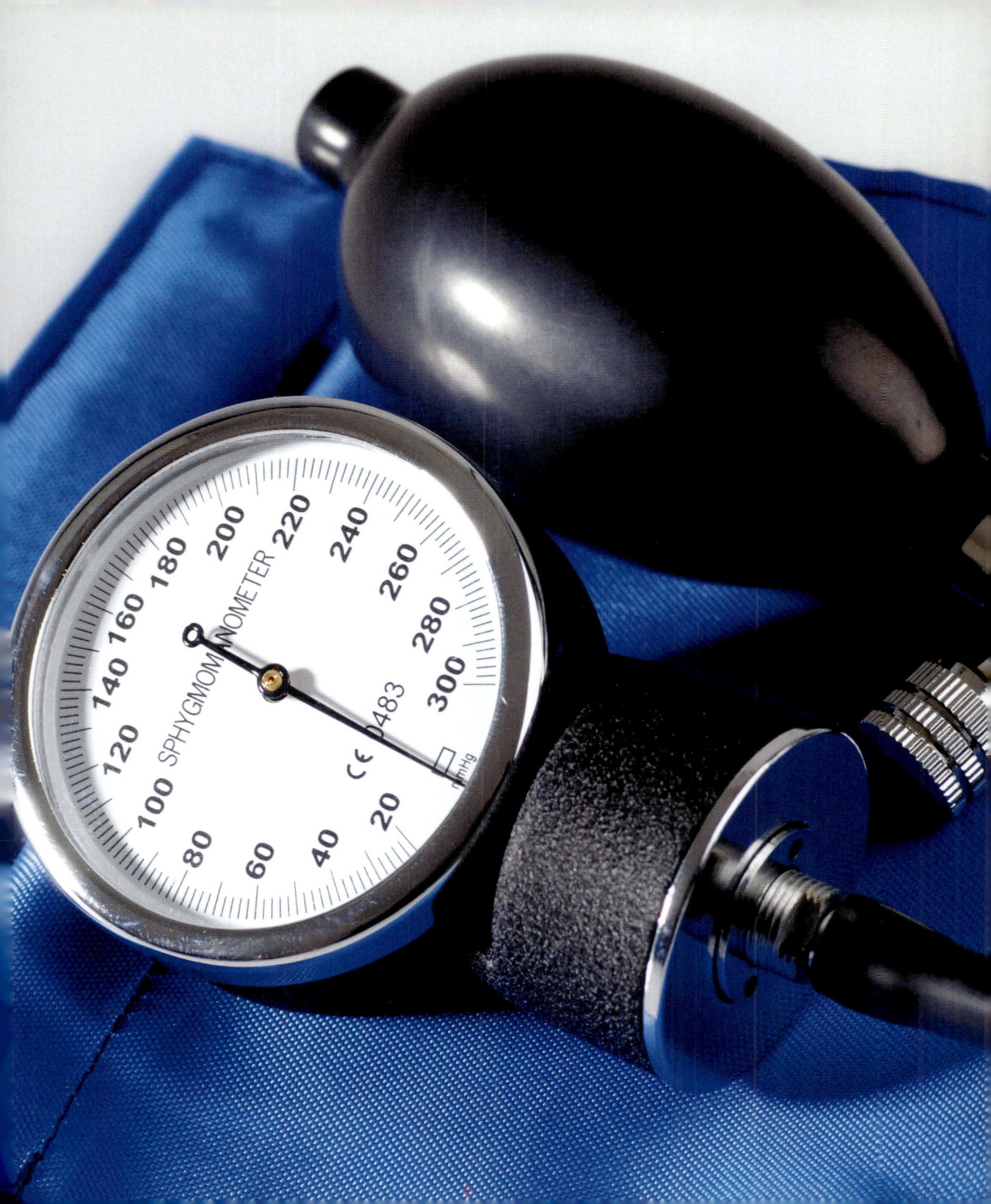
SPHYGMOMANOMETER
0483
mmHg

1882

Césarienne

Max Sänger (1853-1903)

De nos jours, les femmes peuvent appréhender la douleur de l'accouchement, mais elles savent qu'elles en réchapperont elles et leurs bébés. Ce qui n'était pas du tout le cas pour les femmes du XIXe siècle. La césarienne était une opération qui tuait presque systématiquement la mère et l'enfant, alors qu'aujourd'hui elle les sauve tous deux.

La césarienne consiste en une incision horizontale faite à travers l'abdomen et l'utérus de la mère pour extraire un bébé ; elle est pratiquée lorsque la vie de la mère ou de l'enfant est en danger. Son nom provient d'une légende selon laquelle un ancêtre de l'empereur romain Jules César aurait été mis au monde par ce type d'intervention. Dans l'histoire, les césariennes pratiquées en urgence n'étaient pas faites pour sauver la vie des mères, car les techniques chirurgicales n'étaient pas assez avancées. Les chirurgiens n'avaient pas les moyens de réparer l'incision de l'utérus sans causer d'infection, pas plus que de maintenir correctement le muscle utérin, avec les contractions qui suivent l'accouchement. Le premier cas rapporté de mère ayant survécu à une césarienne date de 1500, lorsque Jakob Nufer, un châtreur de porcs suisse, réalisa cette intervention sur sa femme. En 1794, le docteur Jesse Bennett réalisa, également sur sa femme, la première césarienne réussie des États-Unis.

Finalement, en 1882, l'obstétricien allemand Max Sänger, le père de la césarienne moderne, développa un dispositif spécial de sutures avec des fils d'argent qui produisaient une réaction tissulaire minime et peu d'infections. Sa chirurgie de fermeture de l'utérus révolutionna la pratique de la césarienne et sauva la vie d'un nombre incalculable de femmes.

De nos jours, la césarienne est indiquée dans les grossesses compliquées, en particulier les pré-éclampsies graves (hypertension sévère durant la grossesse), diabète, placenta prævia (placenta couvrant partiellement le col), infection de la mère par le VIH, grossesses multiples et voies naturelles trop étroites.

VOIR AUSSI Sutures (3 000 ans av. J.-C.), Avortement (70), Forceps (1580), L'*utérus gravide* de Hunter (1774), Maïeutique moderne (1925), et Premier bébé éprouvette (1978).

Apollon sauve son fils Esculape (dieu de la médecine) en l'arrachant du ventre de sa mère Coronis avant que celle-ci ne soit envoyée au bûcher. Gravure extraite de De re medica *d'Alessandro Benedetti, 1533.*

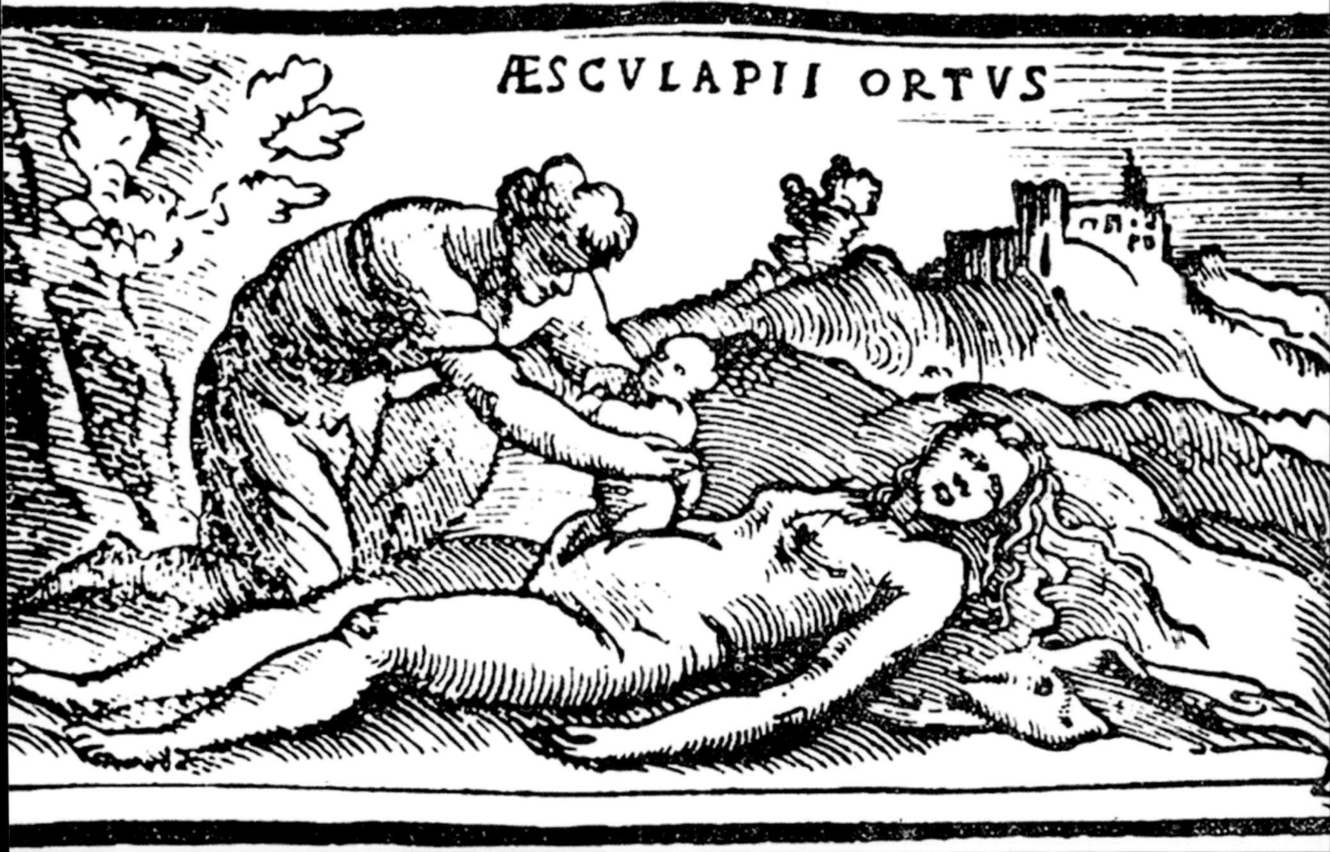
ÆSCVLAPII ORTVS

1882

Conférence de Koch sur la tuberculose

Heinrich Hermann Robert Koch (1843-1910), **Selman Abraham Waksman** (1888-1973)

Le médecin allemand Robert Koch annonça, en 1882, sa découverte du bacille de la tuberculose dans une conférence, souvent considérée comme la plus importante dans l'histoire de la médecine. Non seulement Koch démontrait la présence du bacille *Mycobacterium tuberculosis* grâce à une technique de coloration innovante, mais il prouvait que la bactérie était responsable de la maladie.

Entouré de microscopes et d'échantillons de tissus animaux, Koch commença sa conférence en décrivant l'impact de la maladie : « Si l'importance d'une maladie pour l'humanité se mesure au nombre des morts qu'elle a occasionnés, alors la tuberculose doit être considérée comme beaucoup plus importante que les maladies infectieuses les plus redoutées, comme la peste et le choléra. Un être humain sur sept meurt de tuberculose. » Un autre Prix Nobel qui assistait à la conférence, Paul Ehrlich, déclara plus tard : « Je tiens cette soirée pour l'expérience la plus importante de ma vie scientifique. »

La tuberculose peut se transmettre par l'air expiré, lorsqu'on tousse. Elle atteint principalement les poumons et est associée à une toux accompagnée d'expectorations sanglantes, mais elle peut aussi atteindre d'autres parties du corps, comme les os et les intestins. Des personnes infectées peuvent parfois porter la bactérie sans avoir de symptômes. Aussi étonnant que cela puisse paraître, le tiers de la population du globe est infecté. Malheureusement, les bactéries inactives peuvent devenir virulentes chez les personnes porteuses d'un syndrome d'immunodépression, comme le SIDA.

En 1944, le microbiologiste américain Selman Waksman et ses collègues découvrirent la streptomycine, un antibiotique guérissant les malades atteints de tuberculose. Mais la bactérie étant devenue résistante à cet antibiotique, les patients doivent de nos jours être traités avec jusqu'à quatre antibiotiques durant des mois.

Entre 1700 et 1900, la tuberculose tua environ un milliard de personnes. La maladie était appelée « consomption », parce que le corps des personnes atteintes paraissait « se consumer » de l'intérieur.

VOIR AUSSI La poignée de la pompe de Broad street (1854), Tabac et cancer (1951) et Transcriptase inverse et SIDA (1970).

Photographie en microscopie électronique à transmission de la bactérie Mycobacterium tuberculosis *responsable de la tuberculose.*

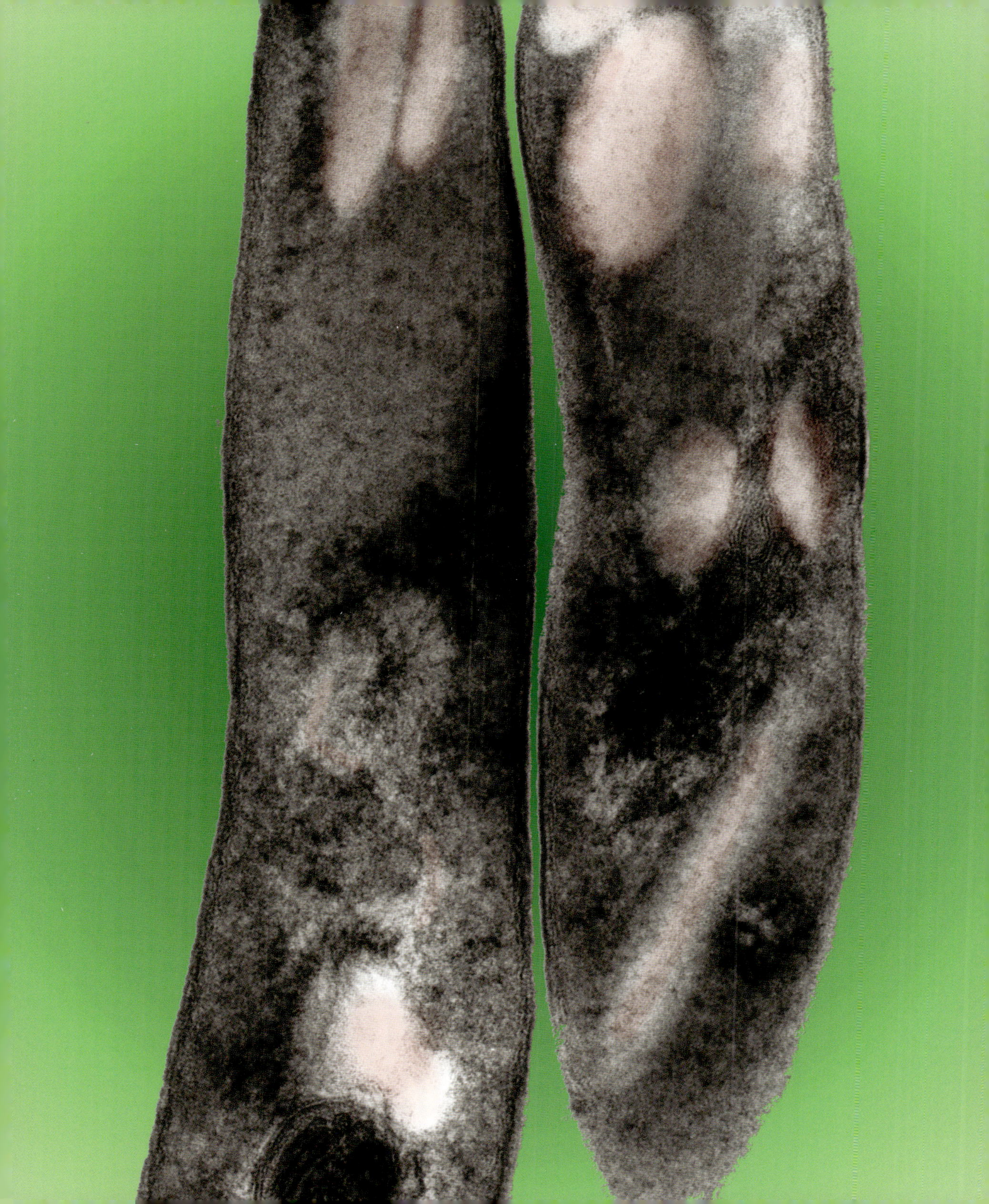

1882

Théorie de la phagocytose

Ilya Ilyich Mechnikov (1845-1916)

Nous avons, à l'intérieur du corps, un système immunitaire d'une grande complexité qui aide à nous protéger d'une large variété de maladies. Le biologiste russe Ilya Mechnikov fut le premier à découvrir l'une des composantes de ce système. Durant ses études sur les larves d'anémone de mer, il observa en 1882 que, lorsqu'on plaçait une épine dans le corps d'une larve, des cellules s'aggloméraient autour. Il émit l'hypothèse que ces cellules, rapidement qualifiées de phagocytes (du grec *phagein* « dévorer »), étaient capables d'engloutir et de détruire de plus petites particules en les digérant. Plus tard, il découvrit que les phagocytes mobiles des petits crustacés daphnies détruisaient des spores de champignons introduites dans leur corps. De même, il observa que les phagocytes de mammifères absorbaient et détruisaient la bactérie du charbon. Mechnikov postula que les phagocytes représentaient un mécanisme majeur de défense contre l'invasion de microorganismes comme les bactéries et que cette fonction dérivait probablement d'un processus de digestion simple d'organismes unicellulaires comme les amibes. La fonction *manger pour se nourrir* était devenue *manger pour se défendre*.

Beaucoup de scientifiques de l'époque de Mechnikov s'opposèrent à son hypothèse, en partie parce que les théories dominantes suggéraient que ce type de cellules servaient à disséminer les pathogènes dans le corps plutôt qu'à les détruire. Toutefois, il reçut en 1908 le prix Nobel pour sa découverte prodigieuse. Nous savons aujourd'hui que les phagocytes étudiés par Mechnikov étaient probablement des monocytes et des neutrophiles, deux sortes de leucocytes (cellules blanches du sang) qui font partie du système immunitaire et sont produites dans la moelle osseuse. Lors d'une infection, des signaux chimiques attirent les phagocytes vers les zones envahies. Les phagocytes ont également pour rôle de débarrasser le corps des cellules mortes, chaque jour de notre vie. Le nombre de leucocytes dans le sang est un indicateur de certaines maladies, en particulier des infections.

VOIR AUSSI Système lymphatique (1652), Structure des anticorps (1959) et Thymus (1961).

Microphotographie en microscopie électronique à balayage d'un neutrophile (phagocyte, coloré en jaune) absorbant des bactéries du charbon (petits bâtonnets orange). (Avec l'autorisation de Volker Brinkmann).

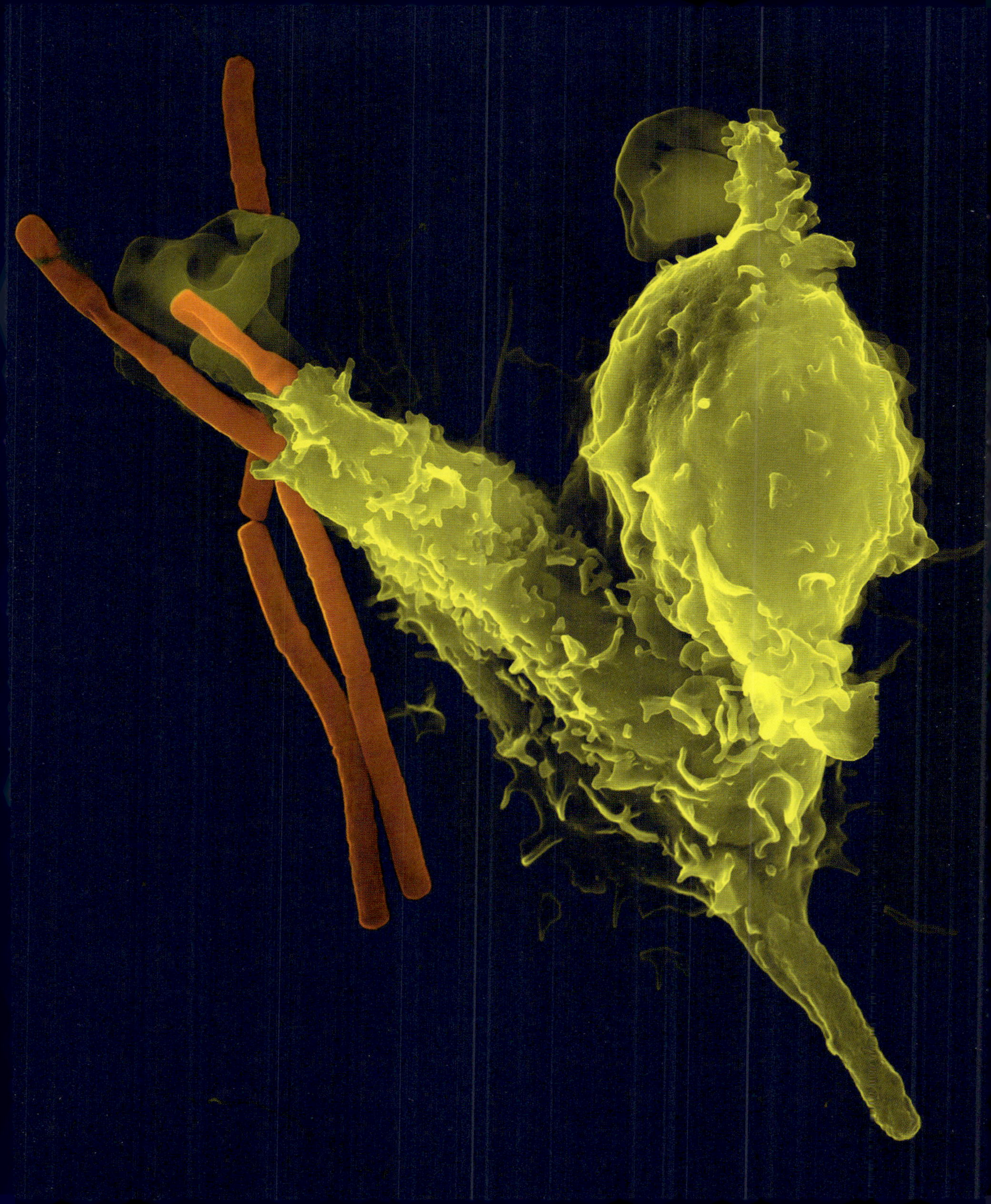

1883

Assurance de santé

Otto Eduard Leopold von Bismarck (1815-1898)

L'assurance de santé aide à protéger les individus exposés à de fortes dépenses médicales, et peut être fournie par les gouvernements ou par des compagnies d'assurances privées. En 1883, l'homme d'État prussien (allemand) Otto von Bismarck créa l'une des premières formes de programme national d'assurance de santé, et assura un accès à la santé pour une grande partie des travailleurs de l'industrie. Des plans nationaux de santé furent ensuite établis en Angleterre (1911), en Suède (1914) et en France (1930).

L'assurance de santé est relativement récente aux États-Unis, en partie parce qu'avant 1920, la plupart des gens étaient traités à domicile à peu de frais, et que les avancées en médecine n'apportaient par grand bénéfice à la plupart des patients. Les premiers plans d'assurance individuelle aux États-Unis apparurent durant la guerre de Sécession (1861-1865), mais ils couvraient seulement les accidents de transport par bateau ou par train. Dès 1847, l'Assurance de santé du Massachusetts à Boston offrit un groupe de polices relativement complètes. En 1929, des enseignants de Dallas, au Texas, formèrent le premier groupe moderne d'assurance de santé en établissant un contrat avec l'hôpital Baylor pour des services médicaux moyennant une cotisation mensuelle fixe. Ce fut le précurseur de l'assurance hospitalière Blue Cross aux États-Unis. En 1939, l'Association médicale de Californie démarra la Blue Shield, conçue pour payer les honoraires des médecins.

Durant la Seconde Guerre mondiale, le gouvernement des États-Unis interdit aux employeurs d'augmenter les salaires, aussi se lancèrent-ils dans une compétition pour attirer des employés en leur offrant le bénéfice d'assurances de santé et de soin améliorées. Créé en 1965, Medicare est un programme public pour les sujets âgés et certains handicapés. Medicaid assure une couverture pour certains enfants et familles à très faibles ressources.

Aux États-Unis, le contrôle des services médicaux gouvernementaux a souvent donné lieu à des débats passionnés.

VOIR AUSSI Hôpitaux (1784), Association médicale américaine (1847) et Accompagnement de fin de vie (1967).

Les trains étaient assez dangereux à la fin du XIXe siècle, aussi les premiers plans d'assurance individuelle aux États-Unis couvraient les accidents des transports. Ici le déraillement de l'express Granville-Paris en octobre 1895.

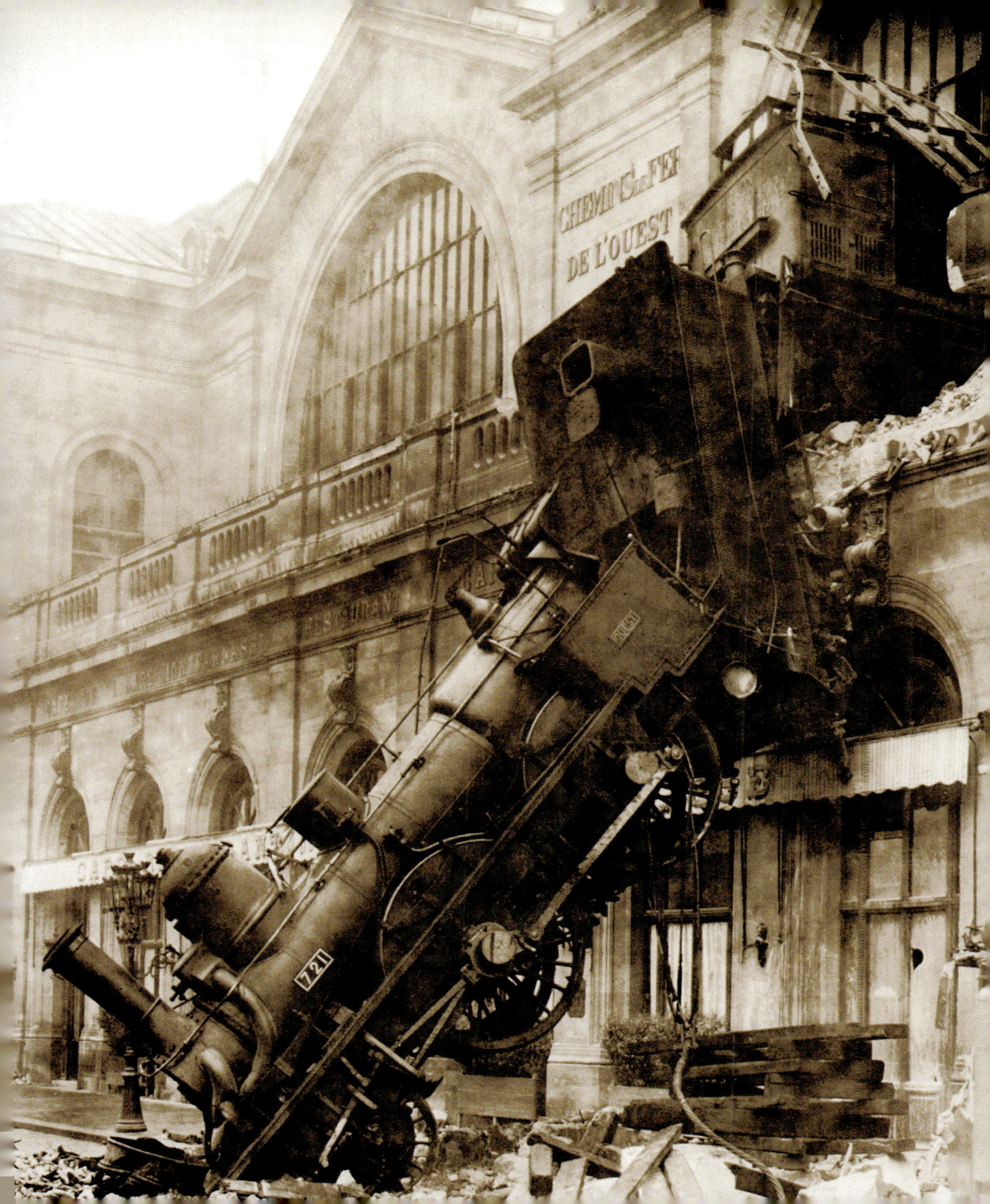
CHEMINS DE FER
DE L'OUEST
721

1883

Salpingectomie

Robert Lawson Tait (1845-1899)

Jusqu'en 1883, une rupture de grossesse ectopique (extra-utérine) correspondait à un arrêt de mort. Bien que quelques chirurgiens audacieux aient pratiqué avec succès l'ablation de kystes ovariens dès 1809, pour quelque inexplicable raison, le chirurgien demeurait impuissant au chevet d'une jeune femme qui perdait tout son sang suite à une rupture de la trompe.

Dans les conditions normales, l'œuf est fécondé dans la trompe de Fallope qui joint les ovaires à l'utérus. Une fois fécondé, l'œuf, ou zygote, entre dans l'utérus et s'implante dans sa paroi, et l'embryon se développe dans l'utérus. De temps à autre, toutefois, le zygote s'implante hors de l'utérus (grossesse ectopique, ou extra-utérine), par exemple dans la paroi de l'étroite trompe de Fallope. Et lorsque la trompe se rompt ou est prête à se rompre, son ablation chirurgicale est nécessaire pour préserver la vie de la mère.

En 1883, le chirurgien écossais Lawson Tait pratiqua la première ablation chirurgicale de la trompe de Fallope, ou salpingectomie, opération qui a déjà sauvé un nombre incalculable de vies. De sa première salpingectomie, il écrivit : « La trompe droite était rompue et de là faisait saillie le placenta. Je liais la trompe et l'enlevais. Je cherchais le fœtus, sans le trouver ; je suppose qu'il était perdu parmi les anses intestinales, et qu'il a été absorbé. La patiente eut une convalescence très longue, mais elle va parfaitement bien actuellement. »

Une salpingectomie peut également être réalisée dans un cas de cancer des trompes ou d'infection dangereuse. Aujourd'hui, on peut éviter la salpingectomie, si l'implantation ectopique est découverte en début de grossesse, par une prise de méthotrexate qui arrête le développement de l'embryon. Si la grossesse tubaire n'a pas irrémédiablement endommagé la trompe, le chirurgien peut pratiquer une salpingostomie, petite incision par laquelle il enlève l'embryon mal placé. Une chirurgie laparoscopique peu invasive peut être réalisée sur les trompes de Fallope.

VOIR AUSSI Avortement (70), *L'utérus gravide* de Hunter (1774), Hystérectomie (1813), Césarienne (1882), « La lapine est morte » (1928), Dispositif intra-utérin (1929), Premier bébé éprouvette (1978) et Chirurgie laparoscopique (1981).

Photo d'un oviducte ouvert avec une grossesse ectopique et un embryon de 10 mm d'environ cinq semaines. La portion de l'oviducte au-dessus de l'utérus est appelée trompe de Fallope (courtoisie de Ed Uthman, M.D.).

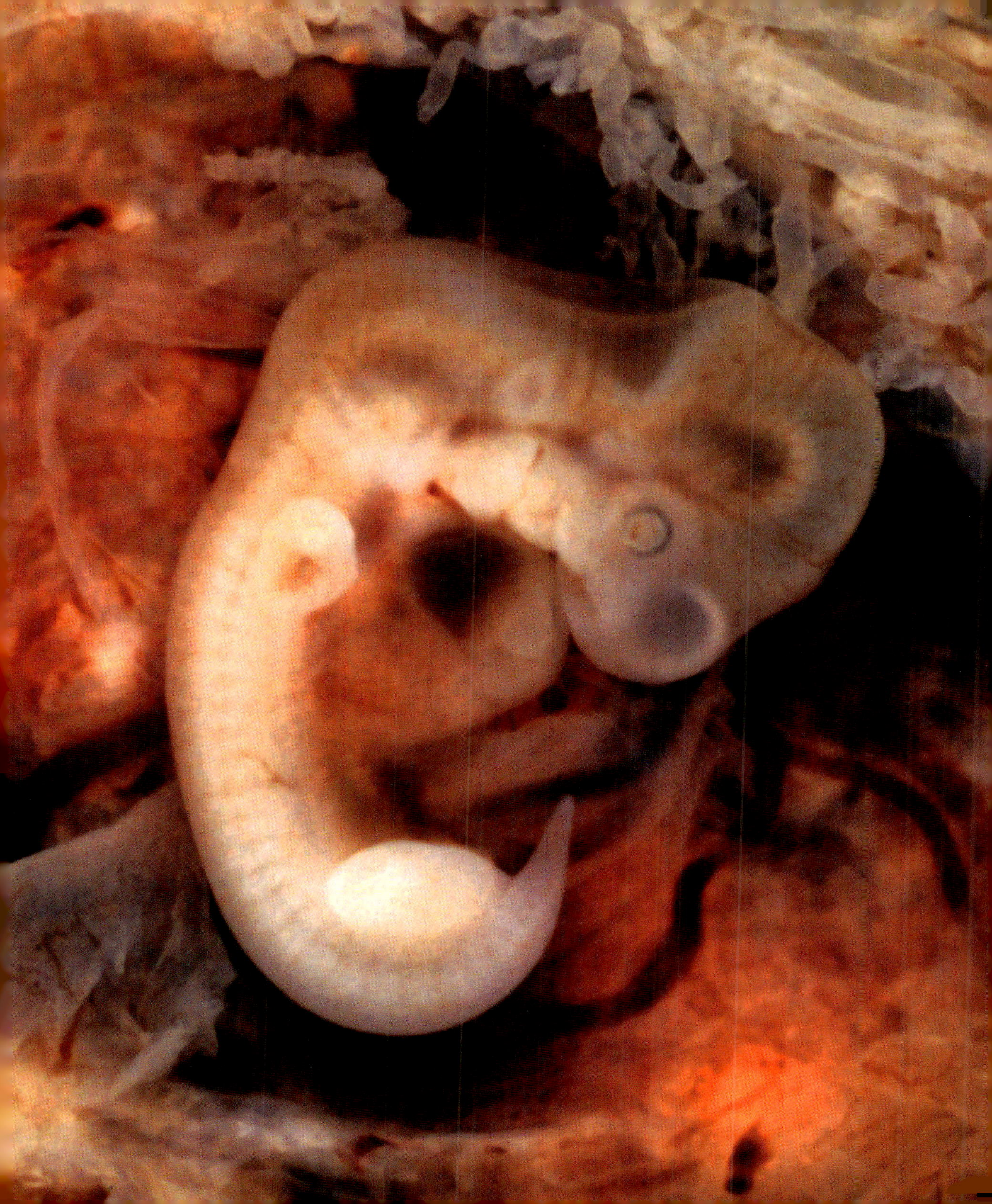

1884

La cocaïne comme anesthésique local

Freidrich Gaedcke (1828-1890), **Albert Friedrich Emil Niemann** (1834-1861), **William Stewart Halsted** (1852-1922), **Sigmund Freud** (1856-1939) **Karl Koller,** (1857-1944)

Dans les années 1880, le neurologiste autrichien Sigmund Freud effectuait des recherches sur la cocaïne pour traiter les addictions à la morphine, lorsqu'il suggéra que la cocaïne pourrait être utilisée pour anesthésier certaines parties du corps. Dans une expérience célèbre de 1884, un jeune ophtalmologiste autrichien, Karl Koller instilla une solution de cocaïne dans son propre œil et ensuite le piqua avec une aiguille sans ressentir de douleur. Cette observation ouvrait la voie à une chirurgie nouvelle, sans douleur, sous anesthésie locale. Un anesthésique local est un produit qui bloque la perception douloureuse en inhibant la propagation du signal nerveux dans certaines parties spécifiques du corps, tout en gardant le patient pleinement conscient.

Peu de temps après avoir eu connaissance de la découverte de Koller, le chirurgien américain William Halsted poursuivit dans cette direction en injectant de la cocaïne dans les nerfs pour créer des anesthésies loco-régionales par blocs nerveux (malheureusement, Halsted devint dépendant à la cocaïne). Bien sûr, l'anesthésie générale commençait à être disponible, grâce à l'éther et d'autres gaz qui induisaient un état d'inconscience, mais elle avait des effets secondaires, comme les vomissements et l'impossibilité d'interagir avec le patient durant l'intervention.

Durant des siècles, les populations indigènes d'Amérique du Sud mâchèrent la feuille de coca pour ses effets stimulants. Elles utilisaient également la salive obtenue en mastiquant ces feuilles pour soulager la douleur des blessures. Toutefois, ce ne fut qu'en 1855 que le chimiste allemand Friedrich Gaedcke isola le principe actif de la cocaïne. Le chimiste allemand Albert Niemann améliora le procédé en 1859 et appela le produit « cocaïne ». De nos jours, la cocaïne a été remplacée par des anesthésiques locaux plus sûrs et moins générateurs de dépendance, en particulier la benzocaïne, la lidocaïne et beaucoup d'autres.

VOIR AUSSI Anesthésie par le froid (1812), Anesthésie générale (1842), Psychanalyse (1899), Chirurgie de Halsted (1904), Les remèdes de charlatans (1906), Neurotransmetteurs (1914) et Auto-expérimentation médicale (1929).

Erythroxylum coca *est une plante originaire d'Amérique du Sud. La coca contient divers alcaloïdes, dont la cocaïne.*

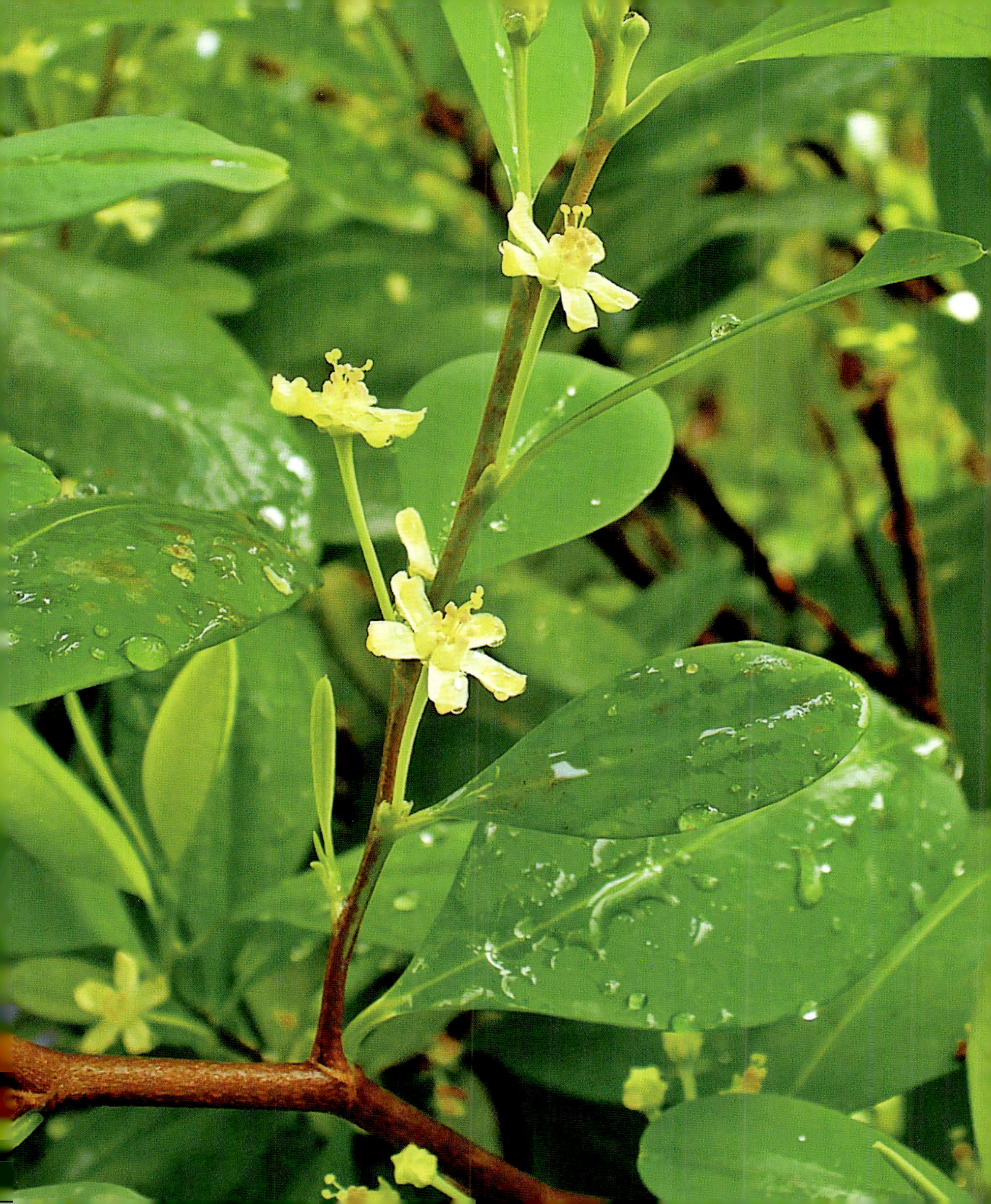

1890

Antitoxines

Shibasaburo Kitasato (1853-1931), **Paul Ehrlich** (1854-1915), **Emil Adolf von Behring** (1854-1917), **Erich Arthur Emanuel Wernicke** (1859-1928)

En 1901, Emil von Behring reçut le premier prix Nobel de médecine pour la sérothérapie contre la diphtérie, une maladie qui tuait chaque année des milliers d'enfants. Le sérum antidiphtérique fut le premier traitement majeur de l'ère bactériologique. La sérothérapie de von Behring repose sur l'exploitation de la capacité des chevaux et des moutons à produire des antitoxines.

Certaines bactéries affectent le corps grâce aux toxines qu'elles produisent. Par exemple, la bactérie *Corynebacterium diphteriae* produit une protéine clivée en deux fragments qui diffusent dans le sang du sujet atteint de diphtérie, et affectent le cœur, les reins et les nerfs. La bactérie *Clostridium tetani* produit une neurotoxine, ou tétanospasmine, qui cause des spasmes musculaires, en particulier des joues. Le tétanos fait en général suite à une blessure infectée ; il fit de nombreuses victimes sur les champs de bataille.

Vers 1890, les scientifiques allemands von Behring et Erich Wernicke mirent au point le premier antisérum efficace contre la toxine diphtérique. Vers la même époque, von Behring développa un autre antisérum contre la toxine tétanique, avec le bactériologiste japonais Shibasaburo Kitasato. Avec des cultures de bacilles tétanique ou diphtérique contenant les toxines, les chercheurs immunisèrent des animaux dont le sérum (le sang séparé des cellules et du caillot), injecté à des animaux infectés, les guérissait en neutralisant les toxines. Ce transfert d'anticorps d'un animal à un autre par le sérum produit une immunisation de courte durée (immunisation passive).

Le scientifique allemand Paul Ehrlich aida von Behring à affiner les techniques de sorte que les chevaux et les moutons puissent être injectés avec une quantité de toxine optimale, et que leur sang produise du sérum avec une quantité suffisante d'antitoxine. À la différence des vaccins, les sérums peuvent guérir les sujets atteints par la maladie.

VOIR AUSSI Mithridate et thériaque (100 ans av. J.-C.), Armes biologiques (1346), Vaccin anti-poliomyélitique (1955) et Structure des anticorps (1959).

Clostridium tetani *avec sa forme caractéristique en baguette. Il produit une toxine qui cause le tétanos, caractérisé par de puissants spasmes musculaires et la mort.*

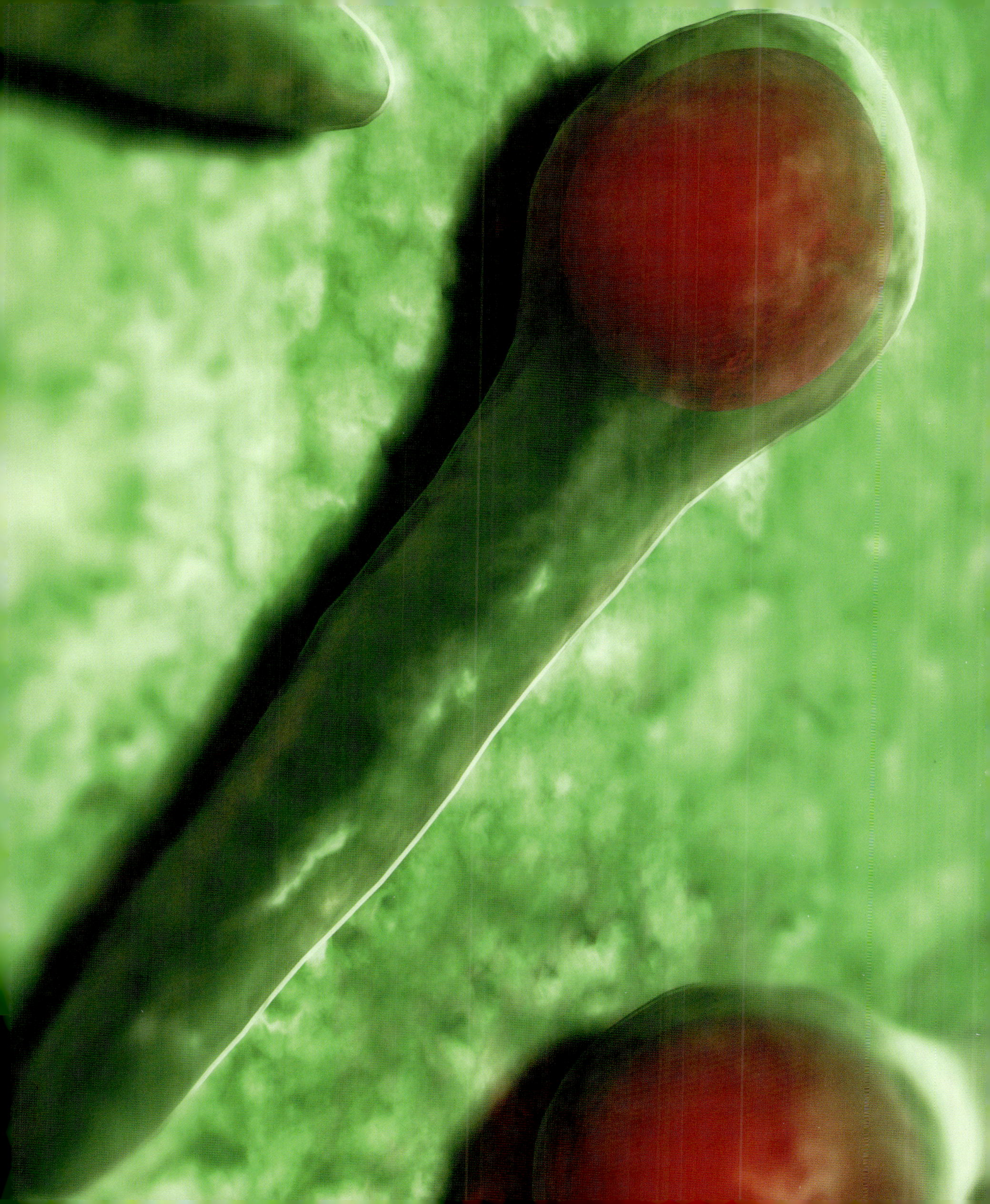

1890

Gants chirurgicaux en latex

Joseph Lister (1827-1912), **William Stewart Halsted** (1852-1922)

Avant la mise en place des techniques d'antisepsie et la prise de conscience de la nécessité de la propreté au cours des traitements, les chirurgiens opéraient à mains nues et se protégeaient seulement de tabliers identiques à ceux des bouchers. Beaucoup s'enorgueillissaient même de l'accumulation de sang, de caillots et de pus et y voyaient une marque d'expérience. Vers 1865, le chirurgien britannique Joseph Lister réduisit remarquablement les infections post-opératoires en utilisant l'acide carbolique, aujourd'hui appelé phénol, pour nettoyer les plaies et les instruments chirurgicaux.

En 1890, le chirurgien américain William Halsted fut le premier à utiliser des gants médicaux stérilisés, poussé par les besoins de son assistante, Caroline Hampton, qui avait développé une sévère irritation des mains due à leur lavage répété par l'acide carbolique et autres substances caustiques. Halsted commanda à la compagnie Goodrich Rubber des gants en caoutchouc pouvant être stérilisés après emploi, grâce auxquels les mains de Hampton purent guérir. Peu de temps après, Halsted l'épousa !

Avant Halsted, les médecins essayèrent divers matériaux pour les gants, allant de gants en intestins de moutons (1758) à des gants de caoutchouc épais (dans les années 1840), mais ceux-ci étaient passablement peu commodes et mal adaptés aux besoins de la chirurgie, même si Goodyear avec la vulcanisation (1844) obtint des caoutchoucs plus légers et plus élastiques.

De nos jours, les gants chirurgicaux sont faits de latex, vinyle, nitrile et autres matériaux. La poudre de *Lycopodium* et le talc sont utilisés pour faciliter la mise et l'enlèvement des gants. Toutefois, ces deux produits se sont montrés plus tard nocifs pour la plaie opératoire, et la fécule de maïs fut ensuite employée dans les années 1970. Beaucoup de gants sont aujourd'hui dépourvus de poudre et fabriqués selon un procédé qui rend le matériau moins adhésif. Le latex assure une sensibilité tactile et un contact très fins, mais est parfois évité en raison des allergies.

VOIR AUSSI Préservatif (1564), Semmelweis et le lavage des mains (1847), Antiseptiques (1865), Chirurgie de Halsted (1904), Allergies (1906) et Pansement adhésif (1920).

Le latex est extrait de l'Hévéa. Il circule dans un réseau de vaisseaux distincts de ceux acheminant la sève : les canaux laticifères.

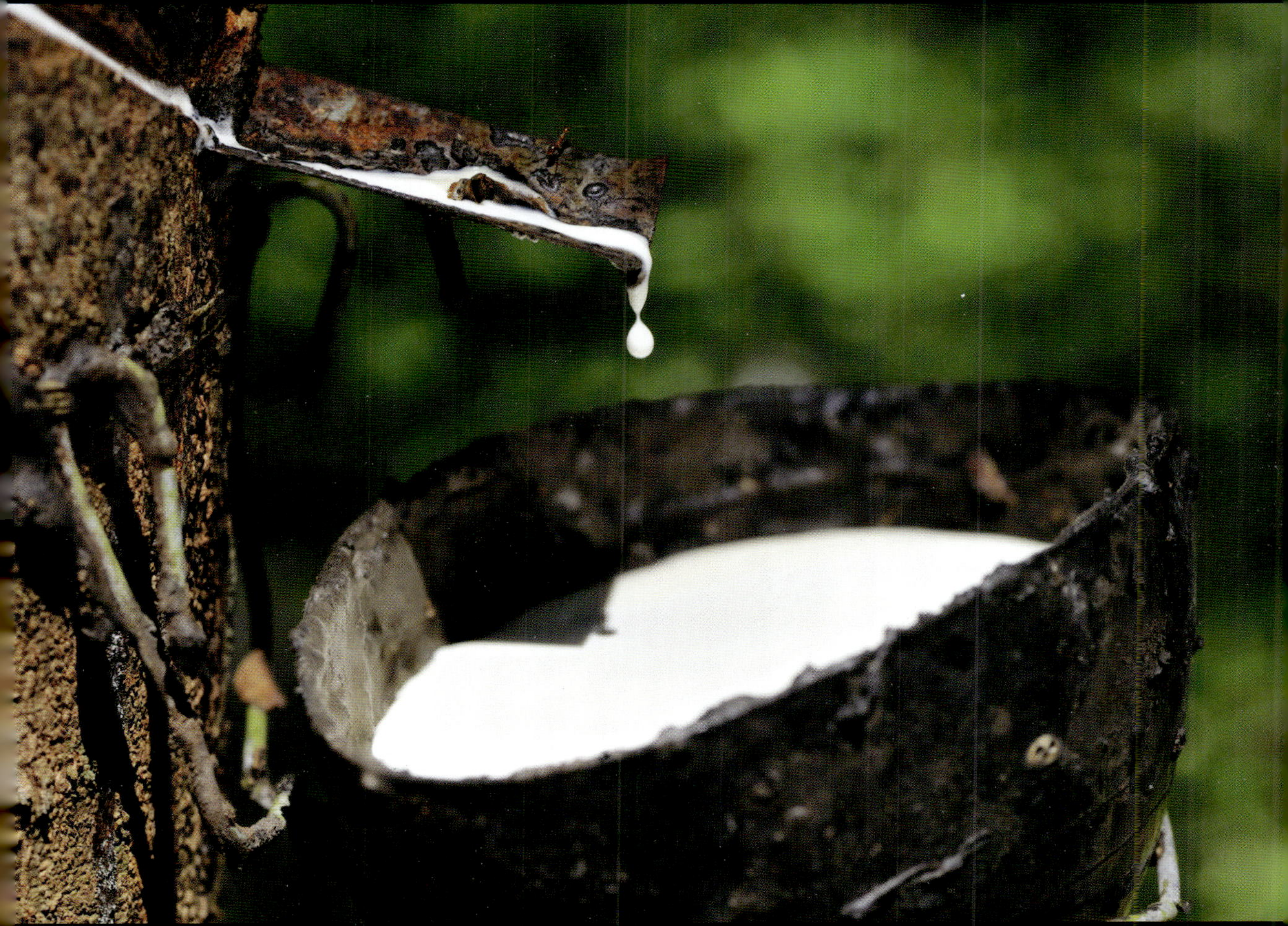

1891

Théorie du neurone

Heinrich Wilhelm Gottfried von Waldeyer-Hartz (1836-1921), **Camillo Golgi** (1843-1926), **Santiago Ramón y Cajal** (1852-1934)

La théorie du neurone tire son origine des études microscopiques de la fin du XIXe siècle. Elle vient de ce postulat : des cellules distinctes appelées neurones constituent des unités fonctionnelles de signalisation dans le système nerveux et les neurones se connectent les uns aux autres. Elle fut formulée en 1891 par l'anatomiste allemand Wilhelm von Waldeyer-Hartz, d'après les observations du scientifique espagnol Santiago Cajal et du pathologiste italien Camillo Golgi. Cajal améliora les colorations argentiques spéciales de Golgi permettant de visualiser en détail l'incroyable arborisation des branchements cellulaires.

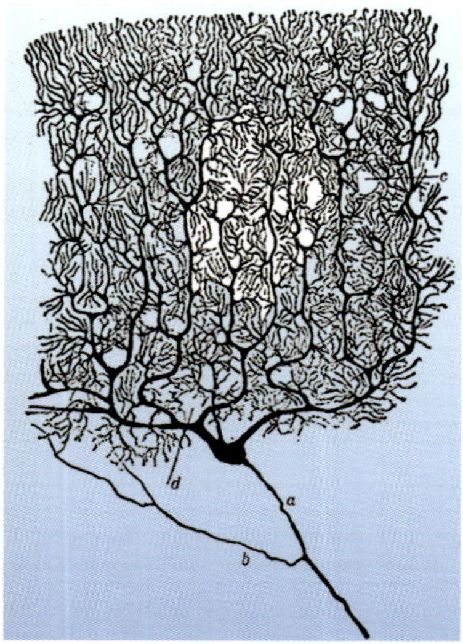

La plupart des neurones contiennent les dendrites, le soma (corps cellulaire) et l'axone (qui peut avoir jusqu'à un mètre de longueur). Dans de nombreux cas, les signaux se propagent d'un neurone à un autre par des neurotransmetteurs chimiques qui abandonnent l'axone d'un neurone, traversent une courte jonction (la synapse chimique), et entrent dans les dendrites du neurone suivant. Si l'excitation causée par les signaux affectant un neurone est suffisamment forte, le neurone génère une brève impulsion électrique, ou potentiel d'action, qui voyage le long de l'axone. Les synapses électriques, ou interstice de jonction, créent une connexion directe entre les neurones.

Les neurones sensitifs transportent les signaux depuis les cellules des récepteurs sensoriels vers le cerveau. Les neurones moteurs transmettent les signaux du cerveau vers les muscles. Les cellules gliales assurent le support et le métabolisme des neurones. Tandis que les neurones ont tendance à ne pas se reproduire chez l'adulte, de nouvelles connections entre eux peuvent s'établir tout au long de la vie. Chacun des cent milliards de neurones existant peuvent avoir plus de mille connexions synaptiques.

VOIR AUSSI Classement des nerfs crâniens (1664), Fonction cérébelleuse (1809), Loi de Bell-Magendie (1811), Maladie d'Alzheimer (1906), Neurotransmetteurs (1914), Électroencéphalogramme (1924) et Lévodopa dans la maladie de Parkinson (1957).

À GAUCHE : très beau dessin complexe de Cajal montrant le neurone de Purkinje dans le cortex cérébelleux d'un chat. À DROITE : neurone avec de nombreuses dendrites, un corps cellulaire et un long axone. Les renflements en forme de capsule le long de l'axone sont les cellules de la gaine de myéline.

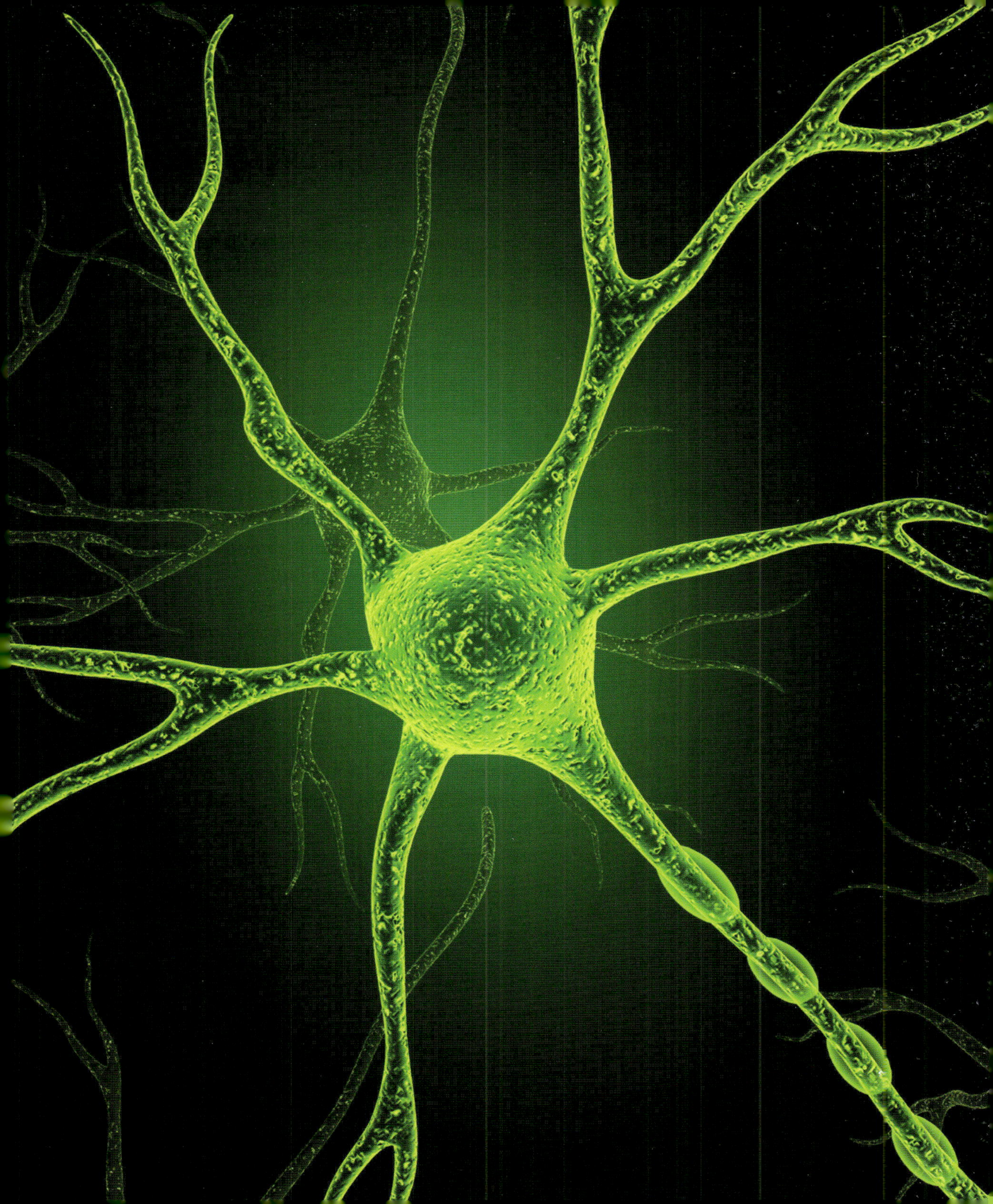

1892

Découverte des virus

Martinus Willem Beijerinck (1851-1931), **Dimitri Iosifovich Ivanovsky** (1864-1920)

Rage, variole, fièvre jaune, dengue, poliomyélite, grippe, SIDA, la liste des maladies virales se lit comme un catalogue de la misère humaine. Mais les scientifiques tâtonnèrent longtemps dans l'obscurité avant de percer les secrets des virus qu'ils ne pouvaient voir ni même imaginer.

Les virus occupent une étrange position, entre vivant et non vivant. Ils ne possèdent pas toute la machinerie moléculaire nécessaire à leur propre reproduction, et doivent détourner le fonctionnement des cellules de leur hôte (animal, plante, champignon ou bactérie) de manière à leur faire fabriquer de nombreuses copies virales. Certains virus peuvent entraîner leurs cellules hôtes dans une multiplication non contrôlée, source de cancer. Nous savons aujourd'hui que la plupart des virus sont trop petits pour être observés au microscope ordinaire, la taille moyenne des virus étant environ le centième de celle des bactéries. Les virions (particules virales) consistent en matériel génétique sous forme d'ADN ou d'ARN et d'une enveloppe protéique externe.

En 1892, le biologiste russe Dimitri Ivanovsky fit un premier pas vers la découverte des virus. Travaillant sur la maladie de la mosaïque du tabac, il filtra un extrait broyé de feuilles malades, à travers un filtre de porcelaine conçu pour arrêter les bactéries. À sa surprise, le filtrat obtenu était infectieux. Toutefois, Ivanovsky incrimina des toxines ou des spores bactériennes. En 1898, le microbiologiste hollandais Martinus Beijerinck réalisa une expérience similaire et pensa qu'il s'agissait d'une sorte d'agent infectieux liquide dans la nature, qu'il qualifia de « germe vivant soluble ». Plus tard, les chercheurs furent capables de faire multiplier des virus sur des milieux contenant des tissus de cornée de cobaye, de rein de poule ou d'œufs embryonnés de poule. Ce n'est que dans les années 1930 que des virus purent enfin être vus en microscopie électronique.

VOIR AUSSI Armes biologiques (1346), Causes du cancer (1761), Rhume banal (1914), Stanley et l'invasion des cristaux (1935), Cellules HeLa (1951), Dosage radioimmunologique (1959), Transcriptase inverse et SIDA (1970) et Oncogènes (1976).

La plupart des virus animaux sont symétriques (par exemple icosaèdre) et globalement de forme sphérique, comme figuré sur cette représentation artistique.

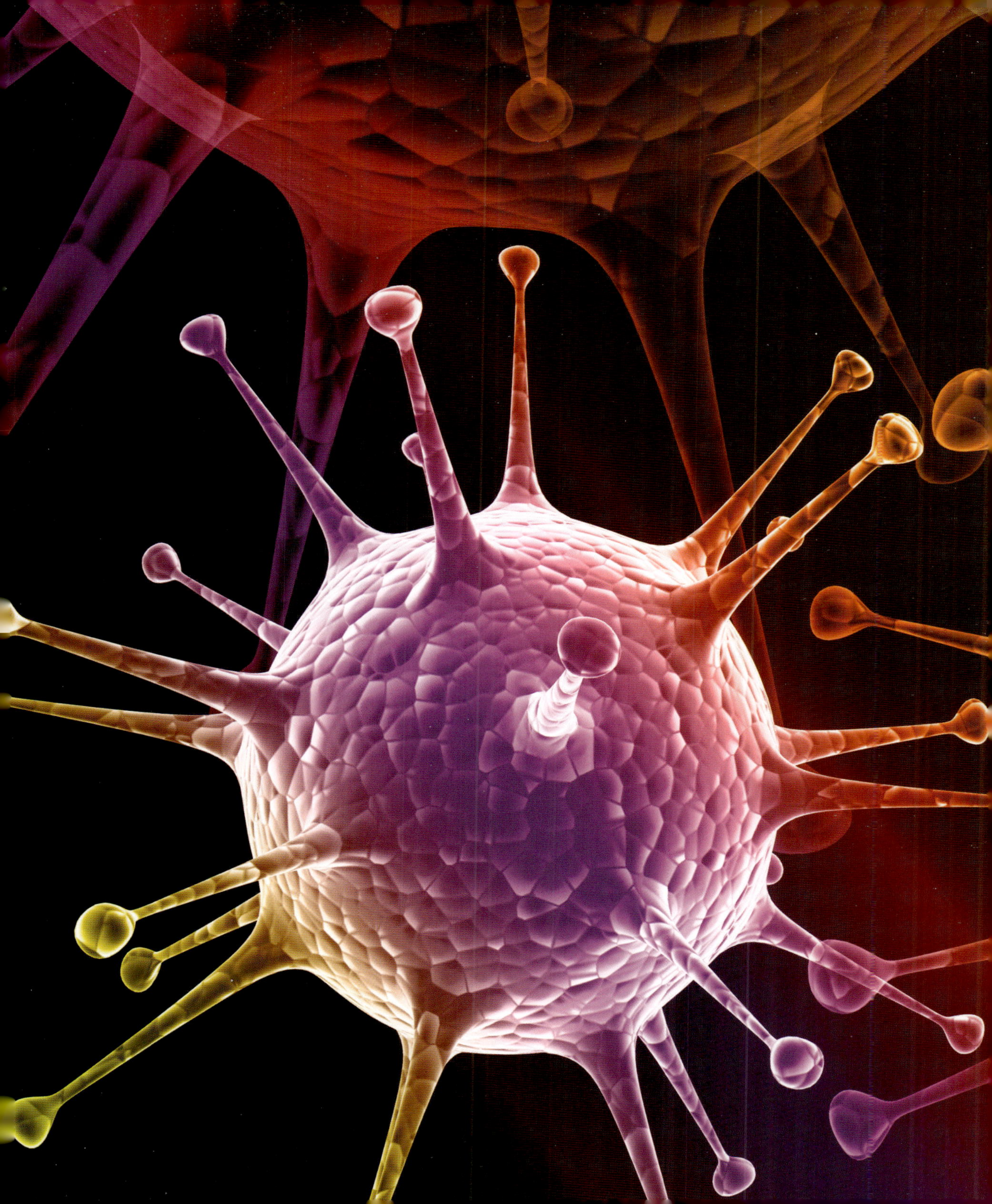

1892

Ostéopathie

Andrew Taylor Still (1828-1917)

L'ostéopathie est un domaine médical qui privilégie le rôle du système musculo-squelettique dans la prévention et le traitement des problèmes de santé. Après la guerre de Sécession, le chirurgien militaire Andrew Taylor Still fonda la première école d'ostéopathie à Kirksville, dans le Missouri, en 1892. Selon la philosophie de Still, la plupart des maladies sont causées par une interférence mécanique entre les nerfs et la circulation sanguine, et peuvent être guéries par des manipulations « des os déplacés, des nerfs, des muscles, en enlevant tous les blocages ». Dans son autobiographie, Still prétendait qu'il pouvait « faire passer scarlatine, croup et diphtérie d'un enfant en le secouant, et guérir la coqueluche en trois jours, par une torsion du cou ». Bien que ses déclarations semblent éloignées de nos standards actuels, ses méthodes ont eu des succès en comparaison avec celles de la médecine conventionnelle, simplement parce qu'il tua beaucoup moins de patients que nombre de médecins. La chirurgie et les médicaments de l'époque étaient souvent nuisibles, et beaucoup de personnes s'interrogeaient sur l'efficacité des méthodes employées, comme la saignée, l'alimentation rectale ou des produits contenant des quantités toxiques d'arsenic et de mercure. Selon Still, durant la guerre, dans les endroits « du Missouri et du Kansas où les médecins manquaient, les enfants ne mouraient pas ».

Aux États-Unis de nos jours, un docteur de médecine ostéopathique est formé d'une manière similaire à un docteur de médecine traditionnelle et est l'équivalent légal d'un docteur en médecine (dans les pays d'Europe et du Commonwealth, l'ostéopathe n'est pas médecin). Une majorité des ostéopathes se consacrent à l'exercice de la médecine de famille. En plus des approches de la médecine conventionnelle et l'emploi de médicaments, un docteur en ostéopathie moderne utilise également les régimes, la posture et la manipulation thérapeutique. Toutefois, d'âpres débats ont lieu de nos jours sur les affirmations exagérées des bénéfices de l'ostéopathie crânienne pour soulager la douleur ou traiter d'autres affections. L'ostéopathie crânienne, utilisée par une minorité de praticiens, consiste en manipulations du crâne.

VOIR AUSSI Phrénologie (1796), D.D. Palmer et la chiropraxie (1895) et Rapport Flexner sur l'enseignement de la médecine (1910).

Andrew Taylor Still, l'un des fondateurs de la médecine ostéopathique, vers 1914.

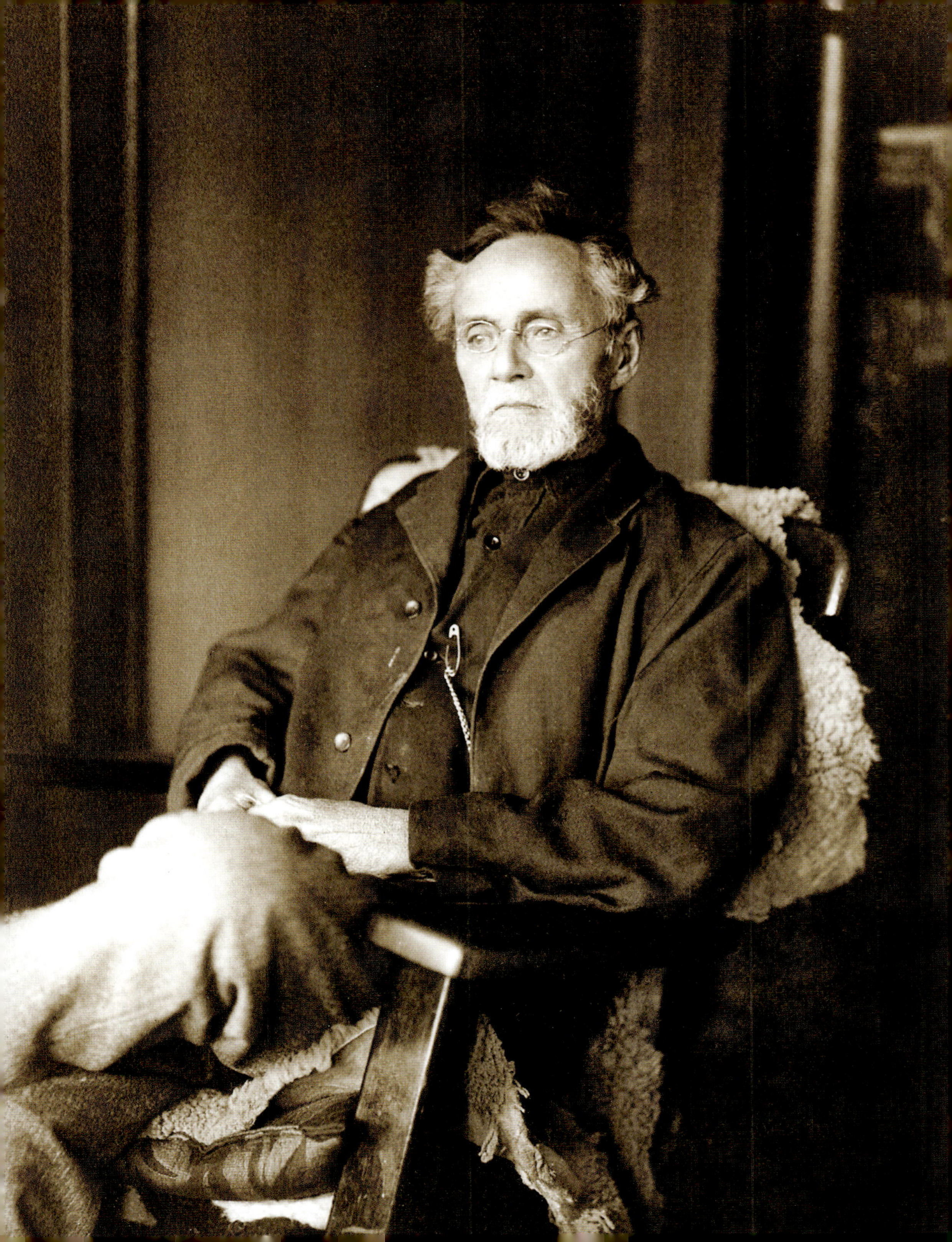

1893

Découverte de l'adrénaline

George Oliver (1841-1915), **Edward Albert Sharpey-Schafer** (né Schäfer, 1850-1935), **Jokichi Takamine** (1854-1922)

L'adrénaline, produite par les glandes surrénales (localisées au sommet des reins), fut la première hormone glandulaire isolée et, plus tard, produite au laboratoire. Les hormones sont des « messagers chimiques » libérés par une cellule dans une partie du corps et qui agissent à distance sur d'autres cellules.

À partir de 1893, deux Anglais, le médecin George Oliver et le physiologiste Edward Sharpey-Schafer réalisèrent les premières études sur les effets de l'adrénaline. En donnant à son fils des extraits de glandes surrénales, Oliver observa un changement du diamètre de ses vaisseaux sanguins. Injectant ensuite l'extrait à un chien, Oliver et Sharpey-Schafer constatèrent que le tensiomètre à mercure accusait une forte hausse de la pression sanguine. Ils montrèrent bientôt que le produit actif de la glande, appelé aujourd'hui adrénaline, ou épinéphrine, provoquait une importante constriction des artérioles, avec une augmentation de la tension artérielle. Leur publication de 1894 est considérée comme la première démonstration de l'action d'une hormone, étape clé dans l'histoire de l'endocrinologie.

Le chimiste et samouraï japonais Jokichi Takamine fut le premier à avoir isolé et purifié l'adrénaline vers 1901. Il déposa le brevet de ce principe hypertenseur, qui en fit un homme riche. L'adrénaline peut être utilisée pour contrôler des hémorragies, en cardiologie et obstétrique, et pour le traitement des allergies.

L'adrénaline est vitale pour les fonctions normales de l'organisme. Elle est secrétée en grandes quantités par la médullo-surrénale dans les moments de stress, où elle augmente la fréquence cardiaque et le volume de sang délivré par les ventricules à chaque battement du cœur, avec pour résultat une augmentation du flux sanguin vers les muscles. Elle provoque un relâchement des muscles lisses des voies respiratoires et cause une vasoconstriction des artères et veines périphériques. Elle produit une vasodilatation dans les muscles, le foie et le cœur.

VOIR AUSSI Chirurgie de la thyroïde (1872), Allergies (1906), Hormone de croissance humaine (1921), Cortisone (1948) et Bêta-bloquants (1964).

Planche anatomique des reins et des glandes surrénales (en jaune au sommet des reins). L'adrénaline est produite par les surrénales à partir des acides aminés phénylalanine et tyrosine. Planche anatomique (dissection Gilis, dessin F. Sounac, 1897). (Conservatoire d'anatomie de la faculté de médecine de Montpellier).

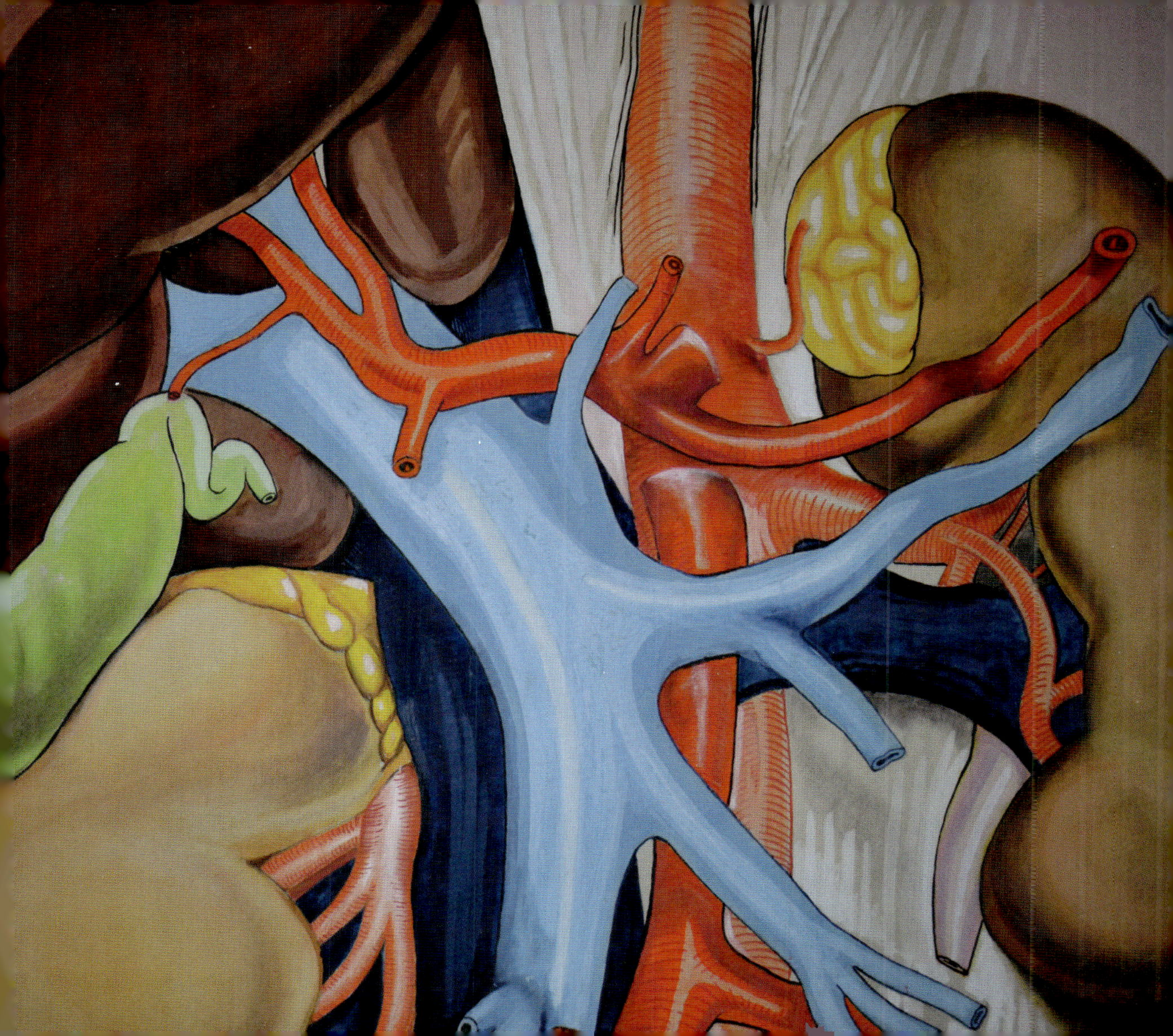

1894

Étiologie de la peste bubonique

Shibasaburo Kitasato (1853-1931), **Alexandre Émile Jean Yersin** (1863-1943)

La peste. Le mot seul a une résonance terrifiante. Aucune autre maladie ne s'est vue attribuer un tel caractère apocalyptique : dormante durant des siècles, elle refait surface avec une force à tuer des nations. Jusqu'à ce qu'en 1894, alors que la peste sévissait à Hong Kong, deux scientifiques talentueux – le médecin franco-suisse Alexandre Yersin et le médecin japonais Shibasaburo Kitasato – se fassent une guerre frénétique pour élucider l'origine bactérienne de la peste bubonique. C'est Yersin qui démontra explicitement le lien existant entre la peste et la bactérie en bâtonnet qui porte aujourd'hui son nom, *Yersinia pestis*.

La grande peste noire de 1348-1349 fut le plus grand désastre biomédical de toute l'histoire de l'Europe, et peut être même du monde. Elle fit périr environ 75 millions de personnes, dont plus du tiers de la population européenne. L'historien arabe Ibn Khaldun notait qu'elle « dévasta les nations et fit disparaître beaucoup des acquis des civilisations du monde ».

Des épidémies de peste visitèrent l'Europe à plusieurs reprises jusqu'au XVIIIe siècle avec des taux variables de mortalité. Bien que les scientifiques se demandent encore si toutes les pestes appartenaient à la même maladie, la peste noire du Moyen Âge était causée par *Yersinia pestis*, une bactérie transportée par des rongeurs et des puces. Les personnes atteintes présentaient des bubons (gonflements des ganglions) et mouraient en quelques jours. Les Européens développèrent diverses théories sur les causes de la maladie, allant de la conjonction des astres, à la colère de Dieu, en passant par l'empoisonnement des puits par les Juifs, ce qui occasionna le massacre de dizaines de milliers d'entre eux.

À la suite des travaux fondateurs de Pasteur et de Koch, et grâce aux succès de Yersin et Kitasato, les chasseurs de microbes du XXe siècle purent découvrir leurs merveilleuses drogues (les antibiotiques) qui permirent de guérir la peste et de mettre fin à un fléau de l'humanité.

VOIR AUSSI Persécution des médecins juifs (1161), Armes biologiques (1346), Origine microbienne des maladies (1862) et Étiologie de la lèpre (1873).

Puces dans la fourrure d'un rat. La peste bubonique est une infection du système lymphatique, résultant en général de la piqûre de la puce du rat, qui porte dans son tube digestif le bacille Yersinia pestis.

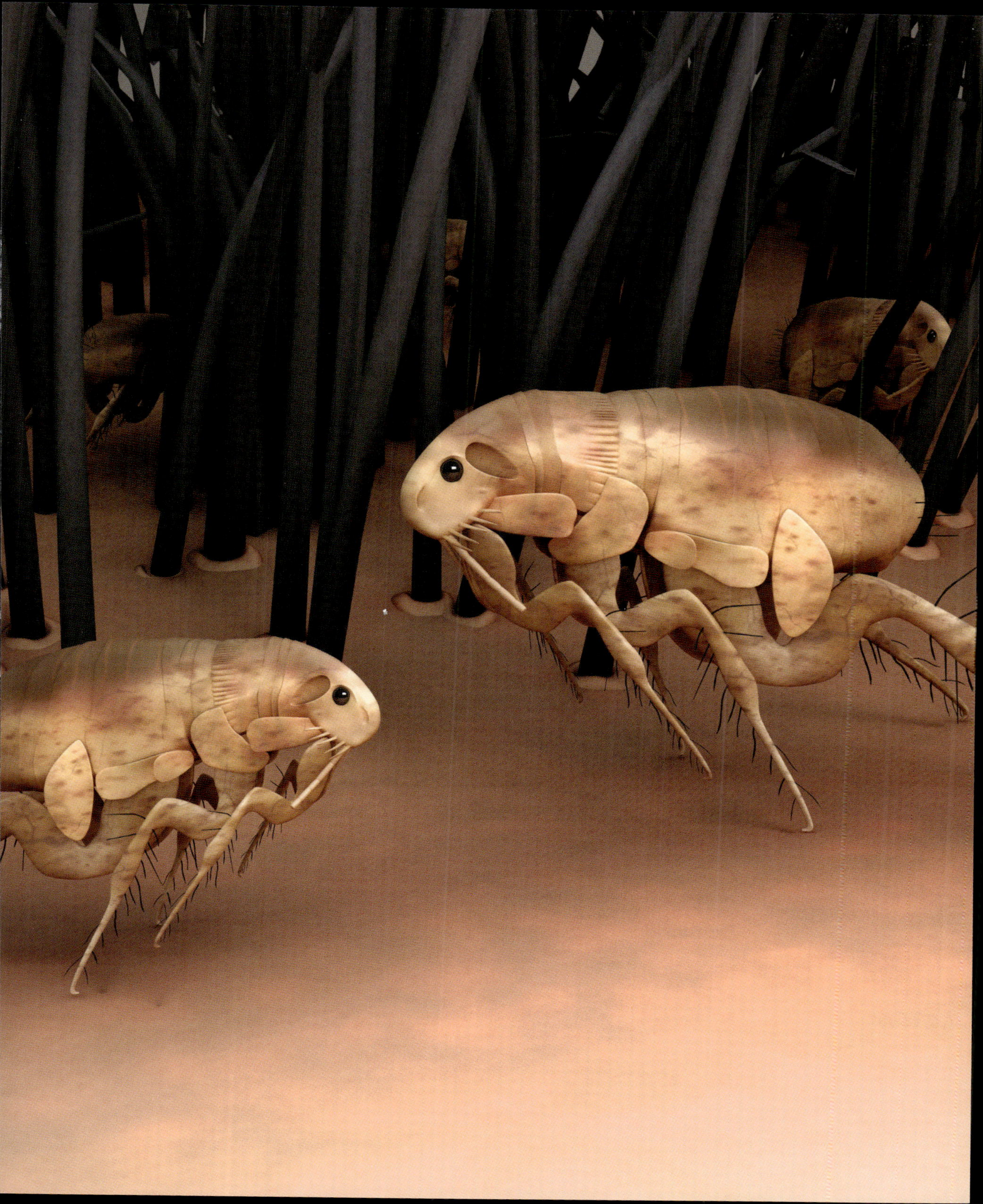

1895

D.D. Palmer et la chiropraxie

Daniel David « D.D. » Palmer (1845-1913), **Bartlett Joshua « B.J. » Palmer** (1882-1961)

Les Américains adorent les chiropracteurs qu'ils vont voir plus volontiers que n'importe quel autre professionnel de soin. C'est pourquoi cette pratique de soin mérite une place dans cet ouvrage. La pratique de la chiropraxie commença en 1895, lorsque Daniel « D.D. » Palmer affirma avoir amélioré l'audition d'un homme par des manipulations de son dos. Palmer, ancien apiculteur et épicier, disait tenir la chiropraxie de l'esprit d'un médecin malade.

Bien que la théorie microbienne des maladies de Louis Pasteur, énoncée dans les années 1860, fût connue, Palmer se croyait encore à l'époque des traitements loufoques et des remèdes de charlatans mis en vente sous des noms hauts en couleur et accompagnés de promesses exagérées. Palmer écrivait en 1909 : « Les chiropracteurs ont trouvé dans chaque maladie supposée être contagieuse, une cause dans la *colonne vertébrale*. Nous *devons* y trouver une subluxation pour chaque type de maladie, même la variole… Il n'y a pas de maladie contagieuse… pas d'infection. » Le fils de Palmer, B.J., fut aussi un pionnier de la pratique chiropractique.

La chiropraxie aujourd'hui s'applique au traitement des douleurs musculo-squelettiques, et d'autres maladies, par manipulations de la colonne vertébrale et d'autres articulations. Les chiropracteurs traditionnels faisaient souvent référence aux subluxations vertébrales, que Palmer supposait causer des pincements nerveux, mais qu'il rattacha plus tard à une tension excessive ou insuffisante des nerfs, affectant la santé des organes avec lesquels les nerfs interagissent. Beaucoup des chiropracteurs modernes sont ouverts à la médecine courante lorsque nécessaire. Un débat est toujours en cours sur le rôle de l'effet placebo dans le soulagement de la douleur par le traitement chiropractique.

VOIR AUSSI Médecine alternative (1796), Origine microbienne des maladies (1862), Ostéopathie (1892), Remèdes de charlatan (1906) et Effet placébo (1955).

Aujourd'hui, la chiropraxie concerne le traitement des douleurs musculo-squelettiques, et d'autres maladies, par manipulations de la colonne vertébrale et d'autres articulations. La dorsalgie (douleur du dos) peut trouver son origine dans les nerfs, les muscles, les articulations ou d'autres structures proches de la colonne vertébrale.

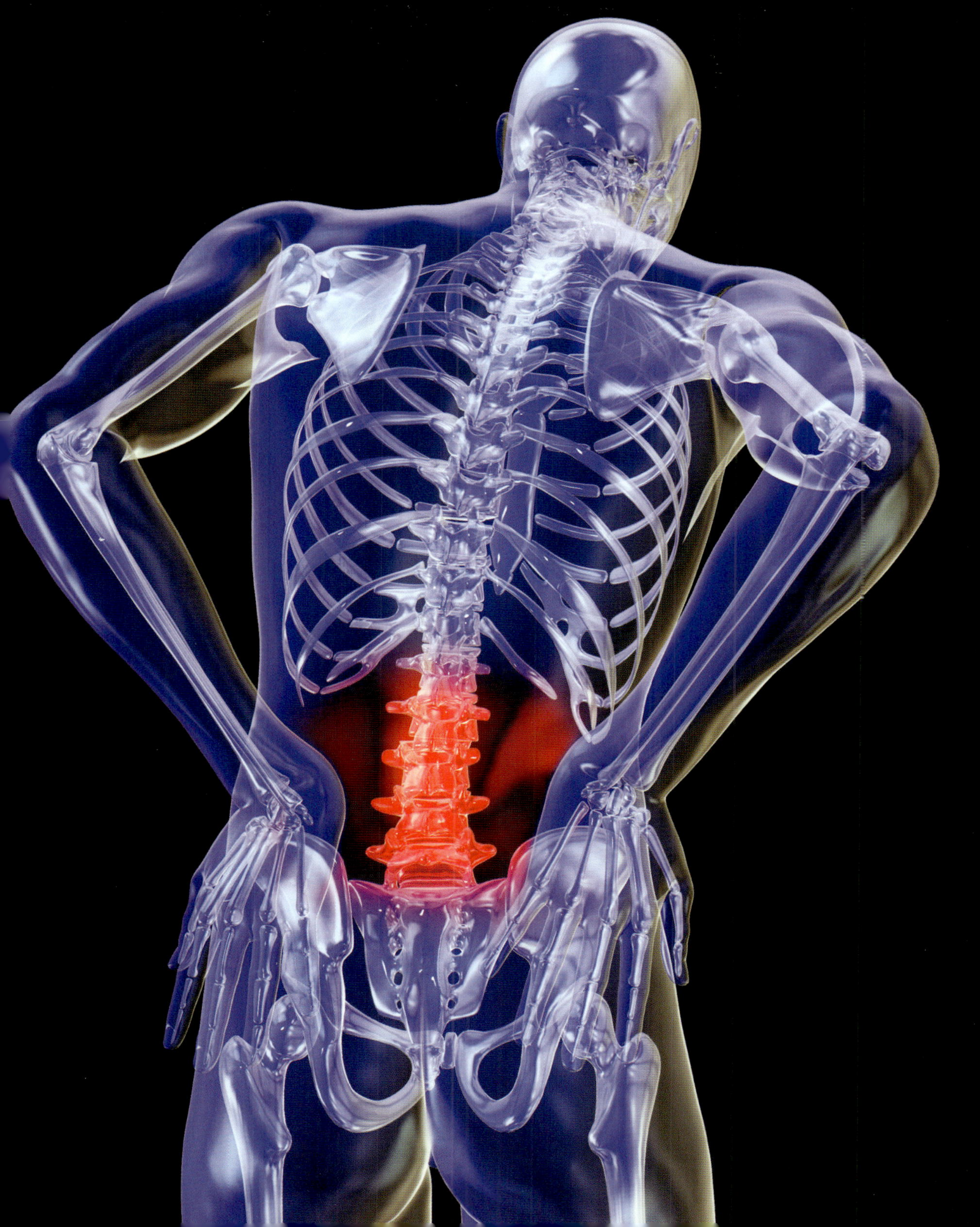

1895

Rayons X

Wilhelm Conrad Röntgen (1854-1923), **Hermann Joseph Muller** (1890-1967)

En voyant l'image radiologique de la main de son mari, l'épouse de Wilhelm Röntgen hurla de terreur croyant que les rayons étaient des signes annonciateurs de mort. En un mois, les rayons X de Wilhelm Röntgen devinrent le sujet de conversation à la mode. Les sceptiques les appelaient rayons de la mort et les croyaient destinés à détruire la race humaine. Les enthousiastes y voyaient des rayons miraculeux capables de rendre la vision aux aveugles. En réalité, pour les médecins, les rayons X marquèrent un tournant dans le traitement des malades et des blessés.

Le 8 novembre 1895, le physicien allemand Röntgen expérimentait un tube à rayons cathodiques, lorsqu'il obtint la luminescence d'un écran fluorescent situé à plus d'un mètre. Il comprit que le tube émettait un type de rayons invisibles qui pouvaient traverser divers matériaux comme le bois, le verre ou le caoutchouc. Lorsqu'il plaçait sa main sur le trajet des rayons invisibles, il voyait une image avec l'ombre de ses os. Il fut montré plus tard que les rayons X correspondaient à des rayonnements électromagnétiques, comme la lumière, mais de plus haute énergie et de plus courte longueur d'onde.

En 1914, des postes de rayons X furent utilisés sur les champs de bataille de la Première Guerre mondiale afin d'aider au diagnostic des blessures. En plus des structures du squelette, les rayons X sont utilisés aujourd'hui pour identifier des maladies des poumons et des seins, et les obstructions intestinales. Ils permettent également de visualiser les artères et les veines en angiographie, après injection d'un produit de contraste opaque. La radiothérapie emploie les rayons X pour détruire certaines formes de cancer. La tomodensitométrie (scanner) utilise les procédés informatiques pour combiner de nombreuses images radiologiques afin de générer des coupes transversales et une reconstitution d'images tridimensionnelles.

En 1926, le biologiste américain Hermann Muller démontra de manière indiscutable que les rayons X pouvaient créer des mutations dans les cellules, attirant l'attention sur le risque potentiel d'une surexposition aux rayons X.

VOIR AUSSI Radiothérapie (1903), Mammographie (1949), Échographie (1957), Tomodensitométrie (scanner, 1967) et Imagerie par résonance magnétique (1977).

Radiologie d'une vue de profil d'une tête humaine, montrant des vis placées pour reconstruire les maxillaires.

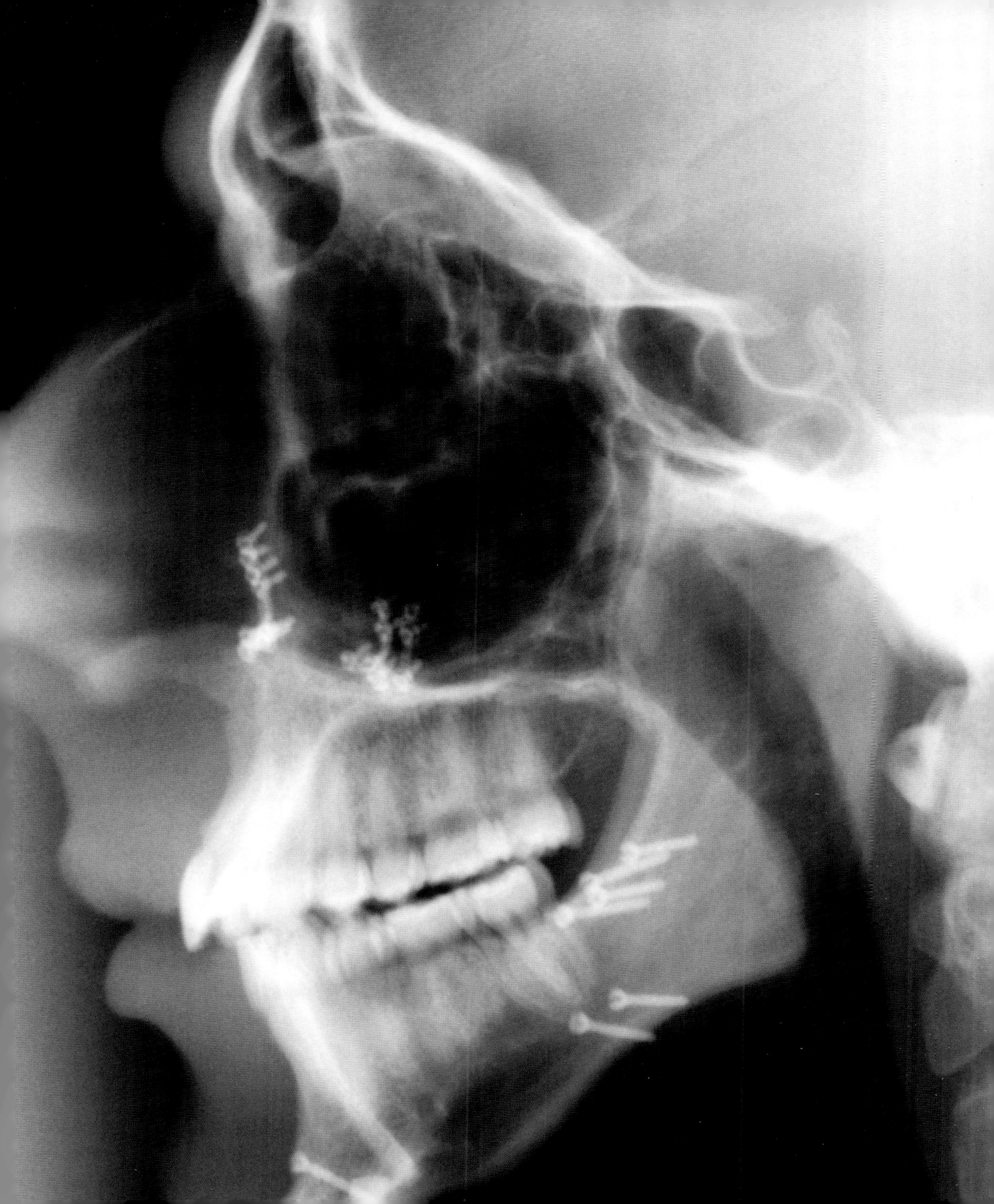

1897

Étiologie du paludisme

Charles Louis Alphonse Laveran (1845-1922), **Sir Ronald Ross** (1857-1932)

Durant des siècles, le paludisme a défait des armées conquérantes, désorganisé des conclaves papaux, bouleversé le destin de cités assiégées, et vraisemblablement contribué au déclin de la civilisation grecque et de l'Empire romain.

Le cas du paludisme est singulier, non seulement parce qu'il tue plus d'un million de personnes chaque année, principalement en Afrique sub-saharienne, mais aussi parce que c'est probablement la première maladie dont l'étiologie fut rapportée à un organisme unicellulaire complexe (un protiste). L'homme est infecté à l'occasion de la piqûre d'un moustique anophèle, dont la femelle porte le parasite dans ses glandes salivaires et l'inocule dans le sang. Après un passage dans le foie, le parasite se multiplie dans les globules rouges, causant fièvre, coma et la mort dans les cas graves. De nos jours, le paludisme est traité par une association de médicaments qui souvent contiennent des dérivés d'artémisinine (trouvés dans une plante médicinale chinoise), ou de la quinine (obtenue à l'origine de l'écorce d'un arbre).

Cinq espèces de parasites (genre *Plasmodium*) sont responsables du paludisme humain, *Plasmodium falciparum* étant l'espèce la plus dangereuse. Le système immunitaire de l'homme a des difficultés à détruire le parasite qui est protégé à l'intérieur des cellules du foie ou des globules rouges du sang. Les jeunes enfants sont particulièrement vulnérables. La transmission du paludisme peut être évitée par l'utilisation de moustiquaires imprégnées d'insecticides et par le drainage des collections d'eaux dans lesquelles les anophèles pondent leurs œufs.

En 1880, le médecin militaire français Alphonse Laveran découvrit les parasites du paludisme dans le sang d'un patient, et, en 1897, alors qu'il travaillait en Inde, le médecin militaire anglais Ronald Ross prouva la transmission du paludisme par le moustique par l'observation des parasites dans les glandes salivaires de l'insecte. Il est intéressant de noter que les individus ayant un seul gène de la drépanocytose ont une protection substantielle contre le paludisme.

VOIR AUSSI Systèmes d'égouts (600 ans av. J.-C.), Étiologie de la maladie du sommeil (1902), Étiologie de la fièvre pourprée des Montagnes rocheuses (1906), Étiologie de la fièvre jaune (1937) et Étiologie de la drépanocytose (1949).

Moustique femelle Anopheles albimanus *prenant un repas sanguin sur l'homme.*

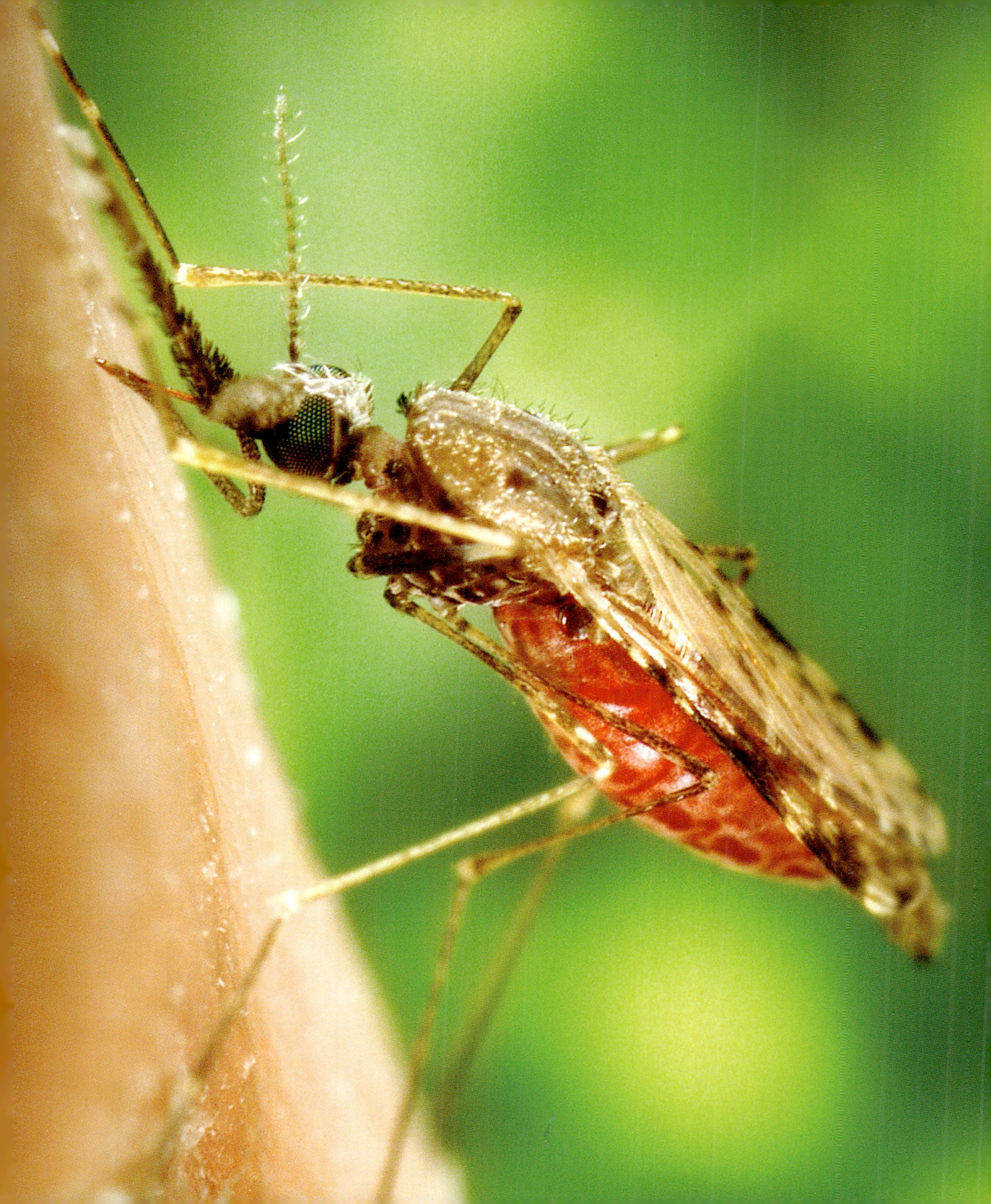

1899

Aspirine

Hippocrate de Cos (460-377 av. J.-C.), **Charles Frédéric Gerhardt** (1816-1856), **Heinrich Dreser** (1860-1924), **Arthur Eichengrün** (1867-1949), **Felix Hoffmann** (1868-1946), **Sir John Robert Vane** (1927-2004)

Depuis son apparition en 1899, l'aspirine (acide acétylsalicylique) est le médicament le plus populaire de tous les temps. Rien qu'aux États-Unis, 20 000 tonnes d'aspirine sont utilisées annuellement. L'aspirine soulage la douleur, fait tomber la fièvre et diminue l'agrégation plaquettaire ; elle est un produit précieux pour la prévention des accidents vasculaires cérébraux et cardiaques. L'aspirine fut le premier antiinflammatoire non stéroïdien découvert.

Les anciens Égyptiens connaissaient l'effet antalgique des potions faites avec les feuilles de saule, et le médecin grec Hippocrate recommandait le jus d'écorce et de feuilles de saule pour combattre la douleur. Les scientifiques découvrirent plus tard que le principe actif de ces potions était la salicyline, convertie en acide salicylique à l'intérieur du corps. Ce produit avait des effets secondaires sur le tube digestif, ce qui motiva en 1897 la compagnie allemande Bayer à mettre au point l'acide acétylsalicylique, moins nocif pour l'estomac. Les avis divergent pour déterminer auquel des trois chercheurs impliqués dans ces recherches, Felix Hoffmann, Heinrich Dreser et Arthur Eichengrün, revient le rôle déterminant dans cette découverte. À noter qu'en 1853, le chimiste français Charles Gerhardt avait obtenu l'acide acétylsalicylique par une approche différente mais non rentable.

Finalement, en 1899, Bayer breveta et produisit à large échelle ce qu'il appela l'aspirine. En 1971, le pharmacologiste britannique John Vane et ses collègues montrèrent que l'aspirine agissait en inhibant la synthèse des prostaglandines (à activité antiinflammatoire) et des thromboxanes (activateurs de l'agrégation plaquettaire). Aujourd'hui, nous savons que l'aspirine inactive la cyclooxygénase, enzyme indispensable à la synthèse des prostaglandines et des thromboxanes.

VOIR AUSSI Serment d'Hippocrate (400 ans av. J.-C.), Le *De materia medica* de Dioscoride (70), Digitale (1785), La cocaïne comme anesthésique local (1884) et Héparine (1916).

Le saule blanc, planche extraite de la Flore d'Allemagne, Autriche et Suisse *de Otto Wilhelm Thomé (1885). En 1765, le révérend anglais Edmund Stone observa que la teinture d'écorce de saule réduisait la fièvre.*

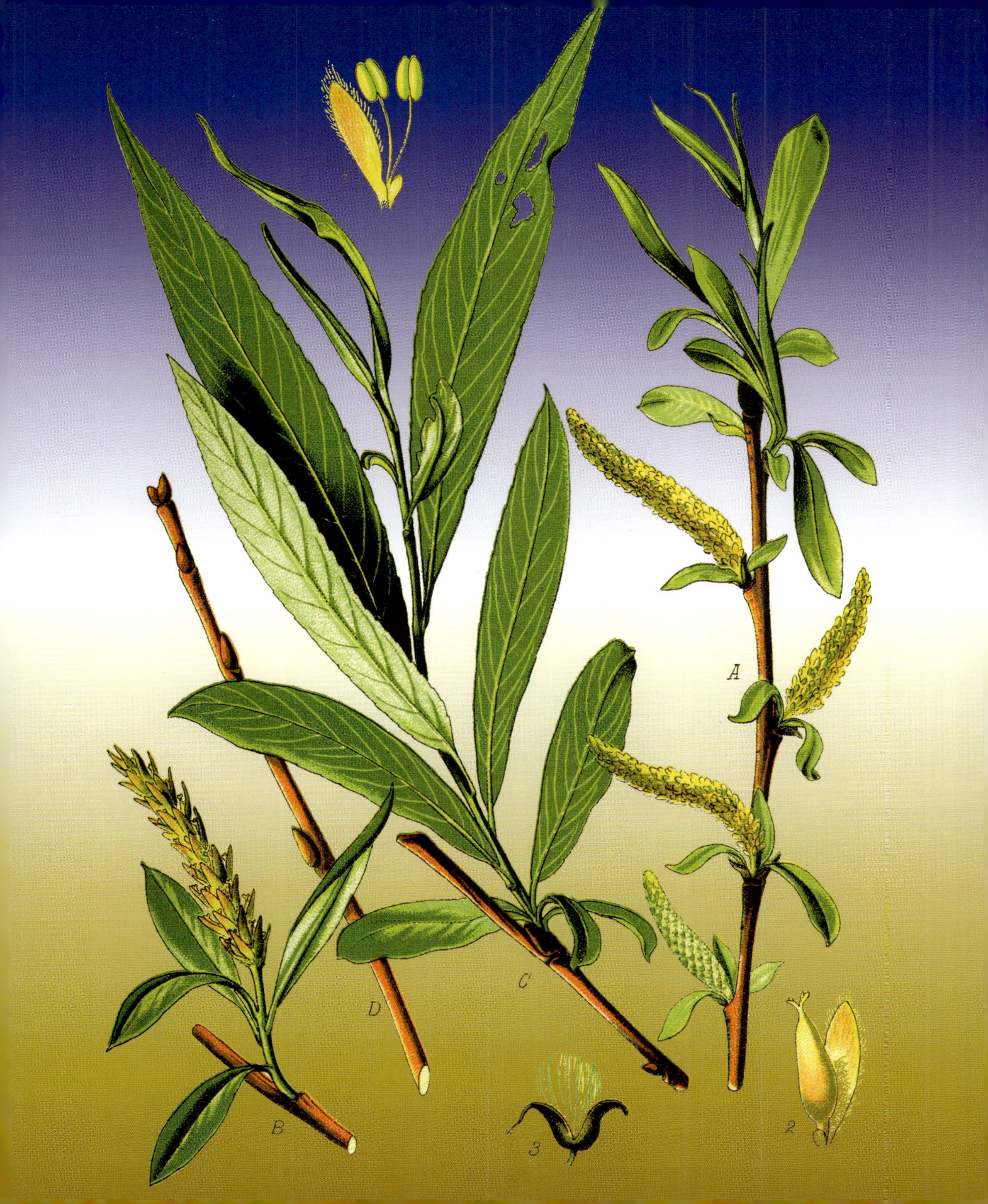

1
A
B
C
D
2
3

1899

Défibrillateur

Peter Christian Abildgaard (1740-1801), **Jean-Louis Prévost** (1838-1927), **Frederic Batelli** (1867-1941), **Claude Schaeffer Beck** (1894-1971)

En 1775, un vétérinaire danois, Peter Abildgaard décrivit dans un article la réanimation électrique du poulet : « Après un choc sur la tête, l'animal paraissait sans vie, mais se relevait après un second choc sur la poitrine. Si l'on répétait l'expérience plusieurs fois, le poulet était sonné, marchait avec difficultés, et ne s'alimentait pas durant un jour et demi ; puis il récupérait totalement et pouvait même pondre un œuf. » À cette époque les scientifiques avaient trop peu de connaissances sur la physiologie cardiaque pour comprendre les mécanismes de cette réanimation.

Le cœur normal a son propre système électrique interne qui contrôle la vitesse et le rythme cardiaques. Le signal électrique débute dans un groupe de cellules appelé nœud sinusal, au sommet du cœur, et diffuse vers le bas en organisant la séquence des contractions cardiaques : d'abord les deux oreillettes, puis les deux ventricules qui envoient le sang dans la circulation.

La défibrillation est le traitement des arythmies cardiaques (activité électrique anormale du cœur), qui incluent la fibrillation ventriculaire (contractions désorganisées et inefficaces du ventricule) et la tachycardie ventriculaire (rythme ventriculaire anormalement rapide). Le défibrillateur est un appareil qui délivre au cœur un choc électrique et aide au rétablissement du rythme normal (sinusal).

En 1899, les physiologistes suisses Jean-Louis Prévost et Frédéric Batelli découvrirent qu'ils pouvaient induire des fibrillations ventriculaires chez le chien par de petits chocs électriques et ensuite relancer un rythme normal par un choc plus important. La première utilisation humaine du défibrillateur fut pratiquée en 1947 par le chirurgien cardiaque américain Claude Beck.

De nos jours, les défibrillateurs automatiques externes et les défibrillateurs automatiques implantables analysent le rythme cardiaque et délivrent, en cas d'arythmie, l'impulsion électrique correctrice appropriée.

VOIR AUSSI Digitale (1785), Stéthoscope (1816), Réanimation cardio-pulmonaire (1956), Stimulateur cardiaque artificiel (1958) et Expériences de mort imminente (1975).

Image montrant l'emploi d'un défibrillateur externe manuel. Le personnel médical doit déterminer quelle charge (en joules) appliquer et ensuite lancer le choc à travers des électrodes placées sur la poitrine.

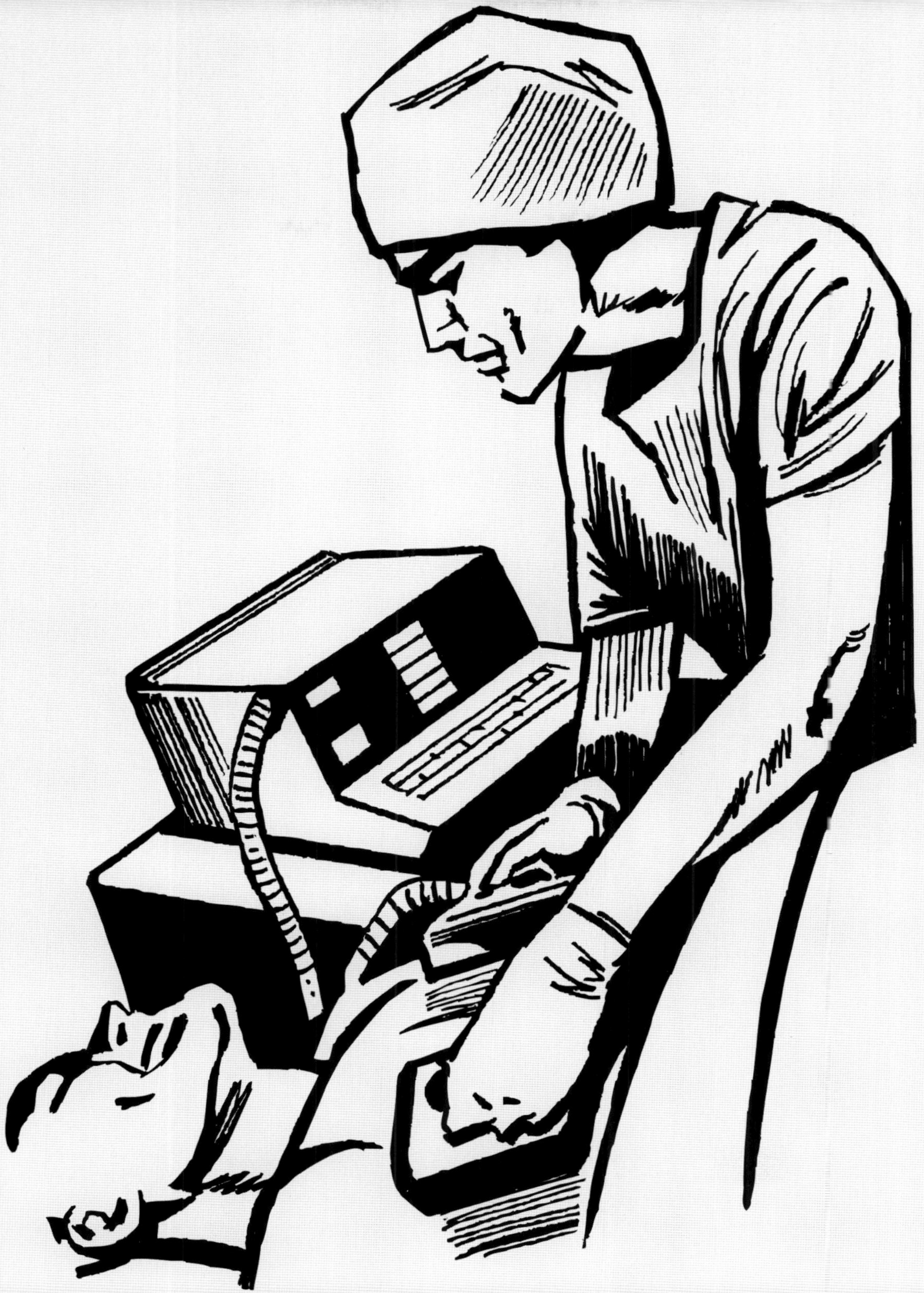

1899

Aides auditives

Giambattista della Porta (1535-1615), **Thomas W. Graydon** (1850-1900), **Miller Reese Hutchison** (1876-1944)

Les aides auditives (appareils utilisés pour amplifier les sons à l'intention des malentendants) apparurent dans les temps anciens, avec l'utilisation de la cavité d'une corne animale placée à l'oreille. Dans son livre de 1588, *La nature magique*, l'érudit italien Giambattista della Porta décrivit des appareils de bois en forme d'oreilles animales. À partir de XVIIe siècle, différents « cornets acoustiques » en entonnoir ont été utilisés pour diriger les sons dans l'oreille. En 1880, le médecin Thomas Graydon inventa le « dentaphone », un diaphragme monté sur un os tenu entre les dents qui transmettaient les vibrations des sons. En 1899, l'inventeur américain Miller Hutchison créa l'un des premiers audiphones électriques : « l'acoulalion » à piles, tablette utilisant un microphone à charbon avec plusieurs écouteurs.

Les plus anciennes aides acoustiques électriques, dans les années 1900, étaient dotées de très volumineux tubes sous vide pour amplifier les sons. À partir des années 1950, les transistors permirent d'obtenir des aides auditives beaucoup plus petites et sophistiquées dans le traitement et la transmission des sons. Certaines aides auditives étaient même incluses dans la monture des lunettes, d'autres avaient un système d'amplification placé derrière l'oreille et un petit tube descendant dans le canal auditif. Des aides acoustiques sont placées dans le canal auditif. Les prothèses fixées dans l'os font vibrer le crâne et l'oreille interne.

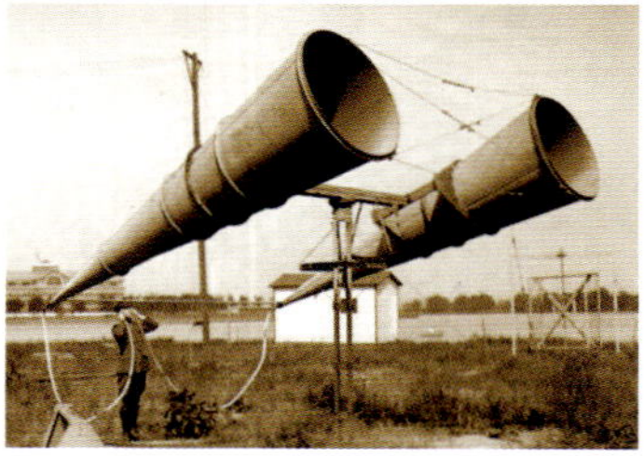

De nos jours, les aides auditives sont très sophistiquées et peuvent comporter des circuits électroniques permettant d'adapter et de traiter le signal sonore en fonction de l'audition du patient. Les aides auditives peuvent utiliser à la fois des micros pluri- ou unidirectionnels, ces derniers étant privilégiés pour la communication avec une personne particulière. Des adaptateurs permettent à des sources électroniques d'être connectées à des aides auditives.

VOIR AUSSI Lunettes (1284), Découverte du labyrinthe (1772), Stéthoscope (1816) et Implants cochléaires (1977).

Les petits cornets acoustiques du XVIIe siècle ont donné des appareils amusants. À GAUCHE : un énorme système à deux cornes à Bolling Field, Washington (1921). À DROITE : soldats suédois opérant une localisation acoustique des avions en 1940, avant la découverte des radars.

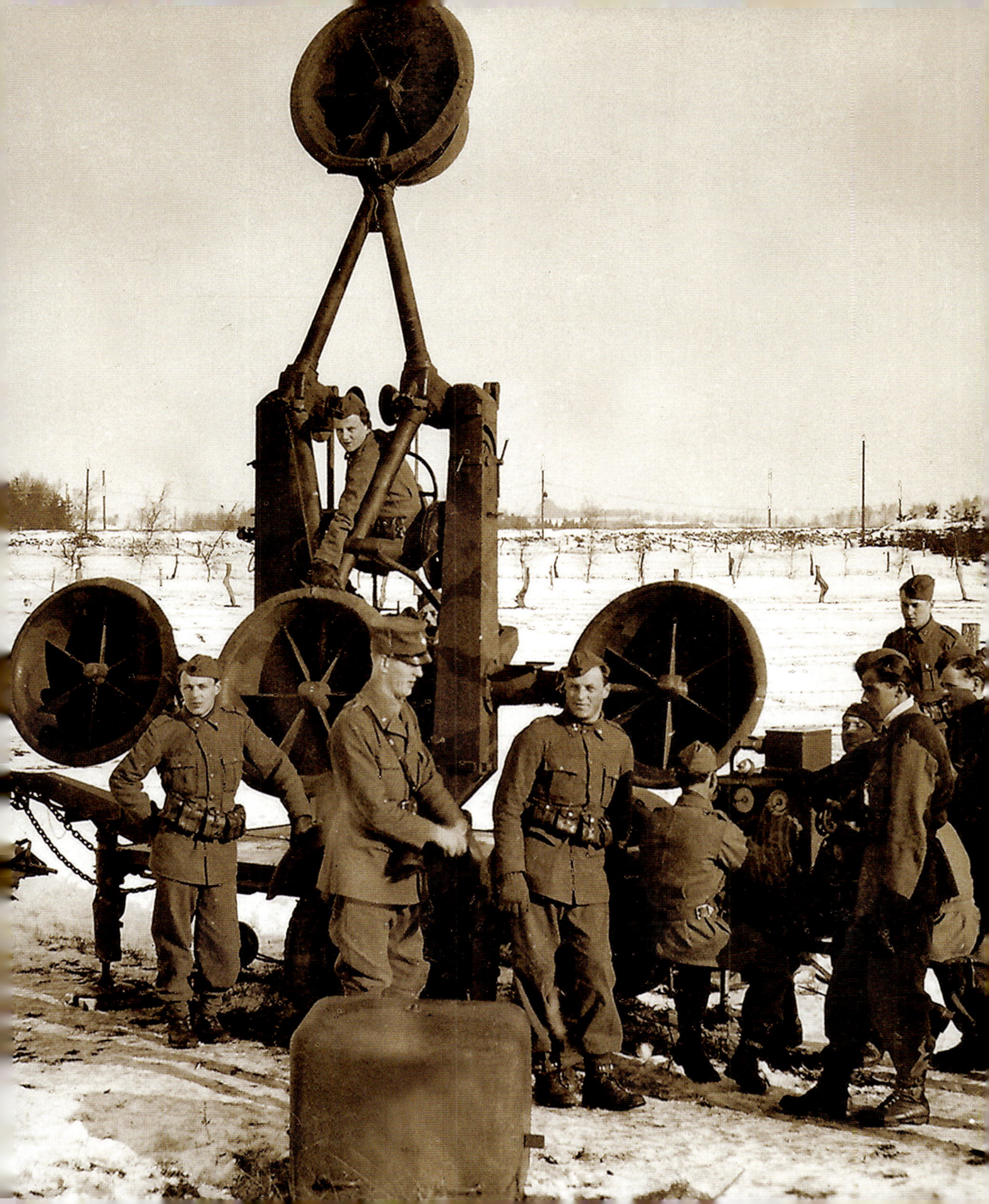

1899

Psychanalyse

Sigmund Freud (1856-1939)

Le médecin autrichien Sigmund Freud explora la pensée humaine plus profondément que quiconque ne l'avait fait avant lui. Il créa une méthode nouvelle pour diagnostiquer et traiter les maladies mentales, qu'il appela psychanalyse. Il parlait simplement aux patients et, surtout, les écoutait. Freud insistait sur l'importance des processus mentaux inconscients dans la construction du comportement et des émotions, et il encourageait ses patients à « associer librement » et à parler à propos d'images de leurs fantasmes et rêves. Il leur demandait d'agir comme s'ils étaient des voyageurs « assis près de la fenêtre d'un wagon et décrivant à une tierce personne les scènes » qu'ils voyaient à l'extérieur. Freud comparait sa recherche des messages cachés dans les mots de ses patients, à celle d'un archéologue déterrant de précieuses reliques dans une cité ancienne. Son objectif était d'interpréter des conflits inconscients responsables de symptômes nuisibles, en donnant aux patients les moyens de comprendre et de solutionner leurs problèmes, peurs anormales ou obsessions. *L'interprétation des rêves*, publié en 1899, fut son plus important ouvrage.

Freud suggérait que les fantasmes sexuels réprimés et les expériences de la petite enfance jouaient un rôle important dans les troubles ultérieurs du comportement. Son plus célèbre modèle psychanalytique divisait la pensée en trois parties séparées, trois tendances en conflit : *id*, *ego* et *super-ego*.

Bien qu'il soit encore difficile de discerner parmi ces idées, souvent controversées, celles qui peuvent être considérées comme exactes, ou au moins utiles, on peut dire que Freud a complètement révolutionné notre conception de la pensée humaine. Il cherchait à comprendre ceux qui avaient des comportements anormaux, plutôt que de les condamner ou les ridiculiser. Ses techniques d'écoute sont à la base de la psychothérapie moderne, qui bénéficie à la fois aux patients et aux praticiens.

VOIR AUSSI *De praestigiis daemonum* (1563), Phrénologie (1796), Sérum de vérité (1922), Psychologie analytique de Jung (1933), Électroconvulsivo-thérapie (1938), Lobotomie transorbitale (1946), Antipsychotiques (1950) et Thérapie comportementale et cognitive (1963).

Divan de psychanalyse de Freud sur lequel s'allongeaient ses patients. Freud devait s'assoir hors de vue, sur le fauteuil vert, écoutant les associations libres de ses patients (Musée Freud, Londres).

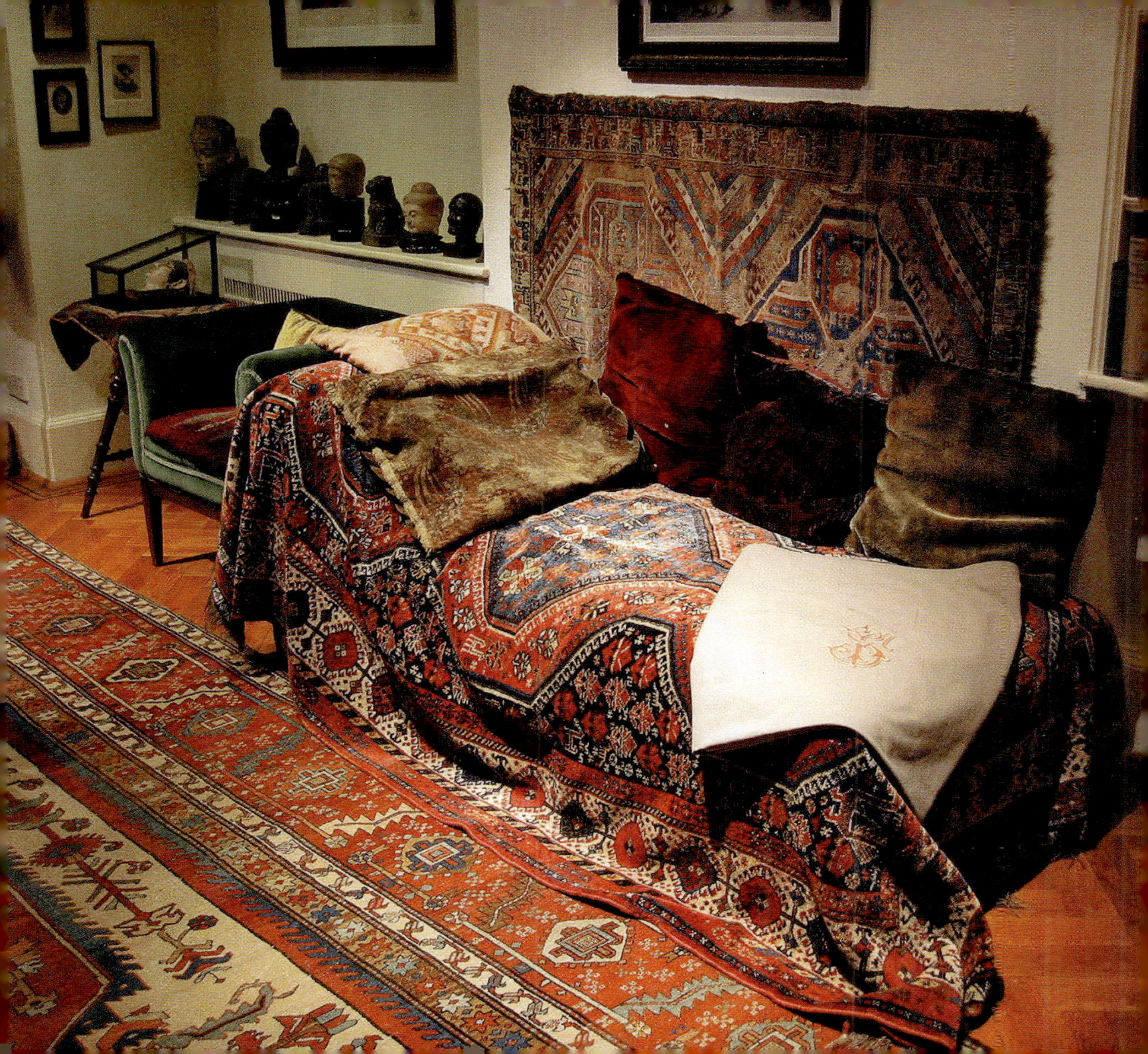

1902

Caducée

Pour beaucoup d'Américains le caducée, un symbole ancien figurant deux serpents entrelacés sur un bâton à l'extrémité ailée, symbolise la médecine, le soin et le personnel médical. Bien que l'association du caducée avec l'alchimie et la sagesse soit retrouvée dès la Renaissance, il est probable que l'emploi courant de ce symbole se base sur une confusion avec le bâton d'Asclépios assez similaire. Asclépios était le dieu grec de la médecine et de la guérison, mais son bâton portait un seul serpent enroulé sur un bâton dont l'extrémité n'était pas ailée. Dans la mythologie, Asclépios était un guérisseur si exceptionnel qu'il pouvait ramener les morts à la vie. Ce pouvoir déplut à Zeus, qui le foudroya. Malgré cela, durant des siècles, les malades se rendirent en grands nombres dans les temples construits en l'honneur d'Asclépios, dans l'espoir d'être guéris, ce qui n'était pas tellement différent de certains pèlerinages à des lieux saints chrétiens d'aujourd'hui.

Le caducée a traditionnellement représenté Hermès, le grand messager des dieux grecs et guide des héros aux enfers. Le caducée devint un symbole populaire de la médecine après que le Corps médical de l'Armée américaine l'ait adopté en 1902 et mis sur les uniformes, sans doute en le confondant avec le bâton d'Asclépios. Aujourd'hui, certains professionnels américains et des associations du soin et de la santé utilisent le caducée, d'autres le bâton d'Asclépios.

L'association du serpent et du soin a une longue histoire. Elle trouve peut-être en partie son origine dans l'observation que firent les anciens de la perte périodique de peau des serpents, figurant un processus cyclique de renouvellement. Dans la Bible, Dieu demande à Moïse de créer un serpent de bronze (appelé plus tard Nehushtan), montant sur un bâton. Tout descendant de Moïse mordu par un serpent dangereux devait être guéri en regardant le serpent de bronze. Le plus ancien symbole connu de deux serpents entrelacés autour d'un bâton vertical apparut dans des représentations de Ningishzida, une divinité mésopotamienne du monde souterrain. Le symbole de Ningishzida apparaît de nombreux siècles avant le caducée, le bâton d'Asclépios et Nehushtan.

VOIR AUSSI Association médicale américaine (1847) et La Croix Rouge (1863).

Sceau de l'université de Montpellier de 1605, portant l'effigie d'Asclépios, la tête couronnée de lauriers et brandissant un bâton avec un serpent enroulé. (Faculté de médecine de Montpellier, université Montpellier 1).

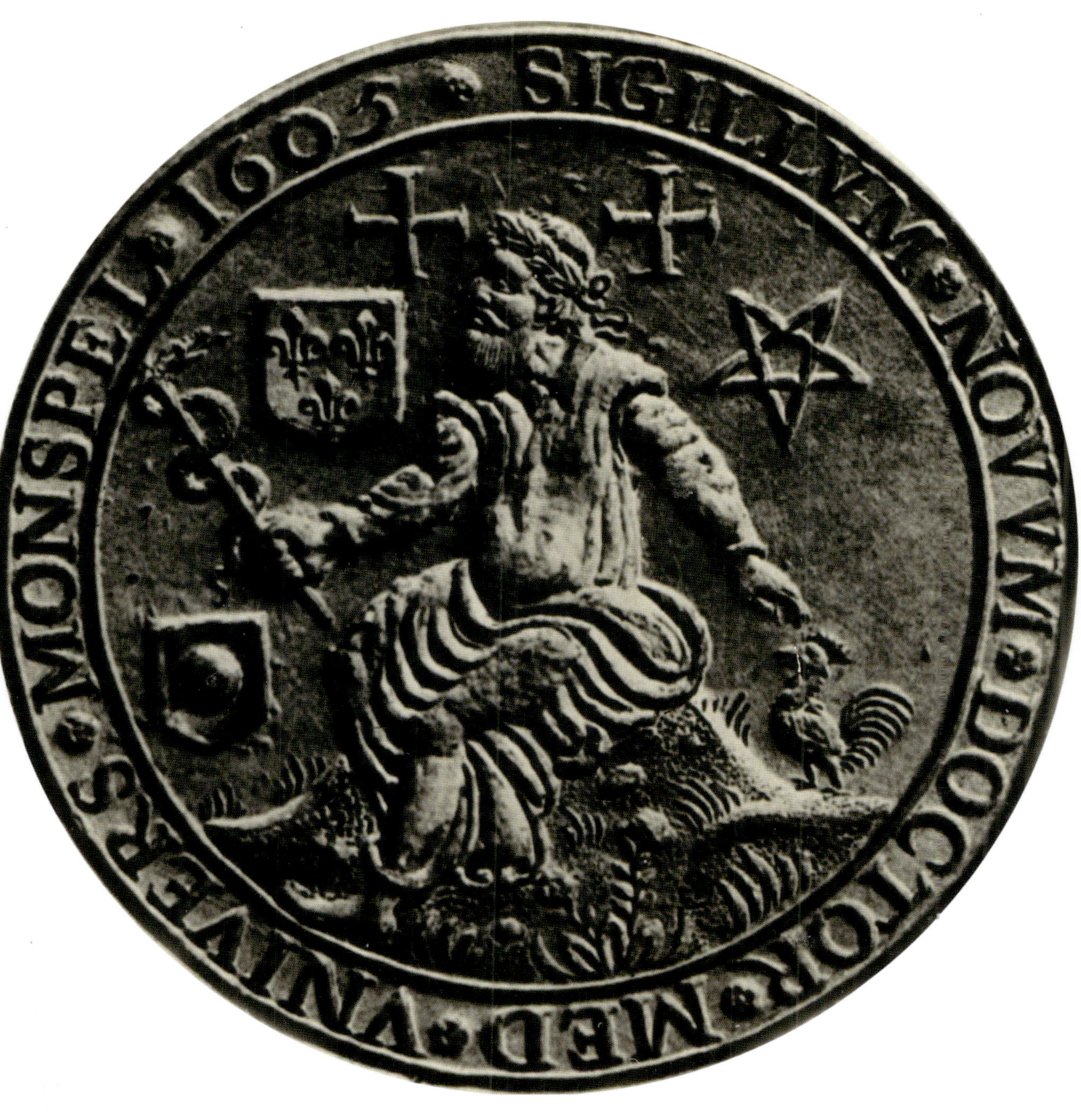
SIGILLVM NOVVM DOCTOR MED VNIVERS MONSPEL 1605

1902

Théorie chromosomique de l'hérédité

Theodor Heinrich Boveri (1862-1915), **Walter Stanborough Sutton** (1877-1916)

Les chromosomes sont des structures allongées, faites d'une longue molécule enroulée d'ADN associée à des protéines. Ils sont visibles au microscope durant la division cellulaire. Les cellules du corps humain contiennent 23 paires de chromosomes, un membre de chaque paire venant de la mère et un du père. Le spermatozoïde et l'ovule contiennent chacun 23 chromosomes uniques, de sorte que lorsque l'œuf est fécondé le nombre de chromosomes revient à 46.

Vers 1865, le prêtre autrichien Gregor Mendel observa que les organismes héritaient des caractères parentaux, mais ce n'est qu'en 1902 que le biologiste allemand Theodor Boveri et le généticien et médecin américain Walter Sutton montrèrent que c'étaient les chromosomes qui portaient l'information génétique.

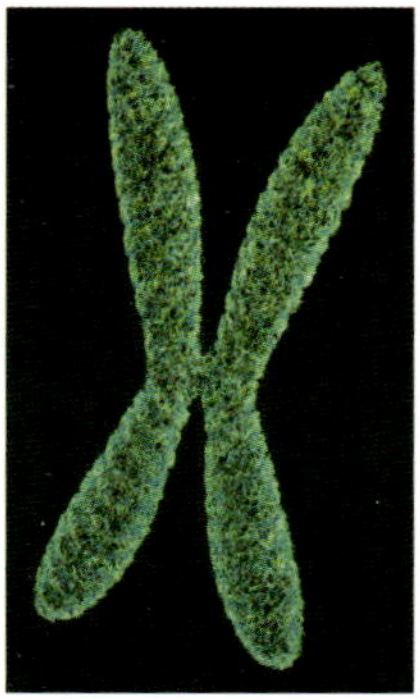

En étudiant les oursins, Boveri montra que le spermatozoïde et l'ovule avaient chacun un demi-jeu de chromosomes. S'ils apportaient, en s'unissant, un nombre anormal de chromosomes, l'embryon se développait de façon anormale. Boveri en conclut que les différents chromosomes intervenaient dans les divers stades du développement. Les études de Sutton sur les sauterelles montrèrent que les paires de chromosomes homologues se séparaient durant la formation des cellules sexuelles. Boveri et Sutton n'ont pas seulement suggéré que les chromosomes portaient l'information génétique parentale, ils ont également montré qu'ils étaient des entités indépendantes qui persistaient même lorsqu'ils n'étaient pas visibles au cours de la vie de la cellule. Leurs travaux sont à la base d'une nouvelle discipline, la cytogénétique, combinaison de la cytologie (étude des cellules) et de la génétique (science de l'hérédité).

Aujourd'hui, nous savons que les chromosomes des parents peuvent échanger de petits fragments, de sorte que les nouveaux chromosomes ne sont pas seulement hérités des parents. Un nombre anormal de chromosomes conduit à des désordres génétiques.

VOIR AUSSI Découverte des spermatozoïdes (1678), Division cellulaire (1855), Génétique mendélienne (1865), Gènes et détermination du sexe (1905), Structure de l'ADN (1953) et Projet génome humain (2003).

À GAUCHE : *représentation d'un chromosome.* À DROITE : *dans chaque chromosome, des brins d'ADN sont enroulés autour de protéines pour former des nucléosomes, eux-mêmes incorporés à des structures encore plus complexes.*

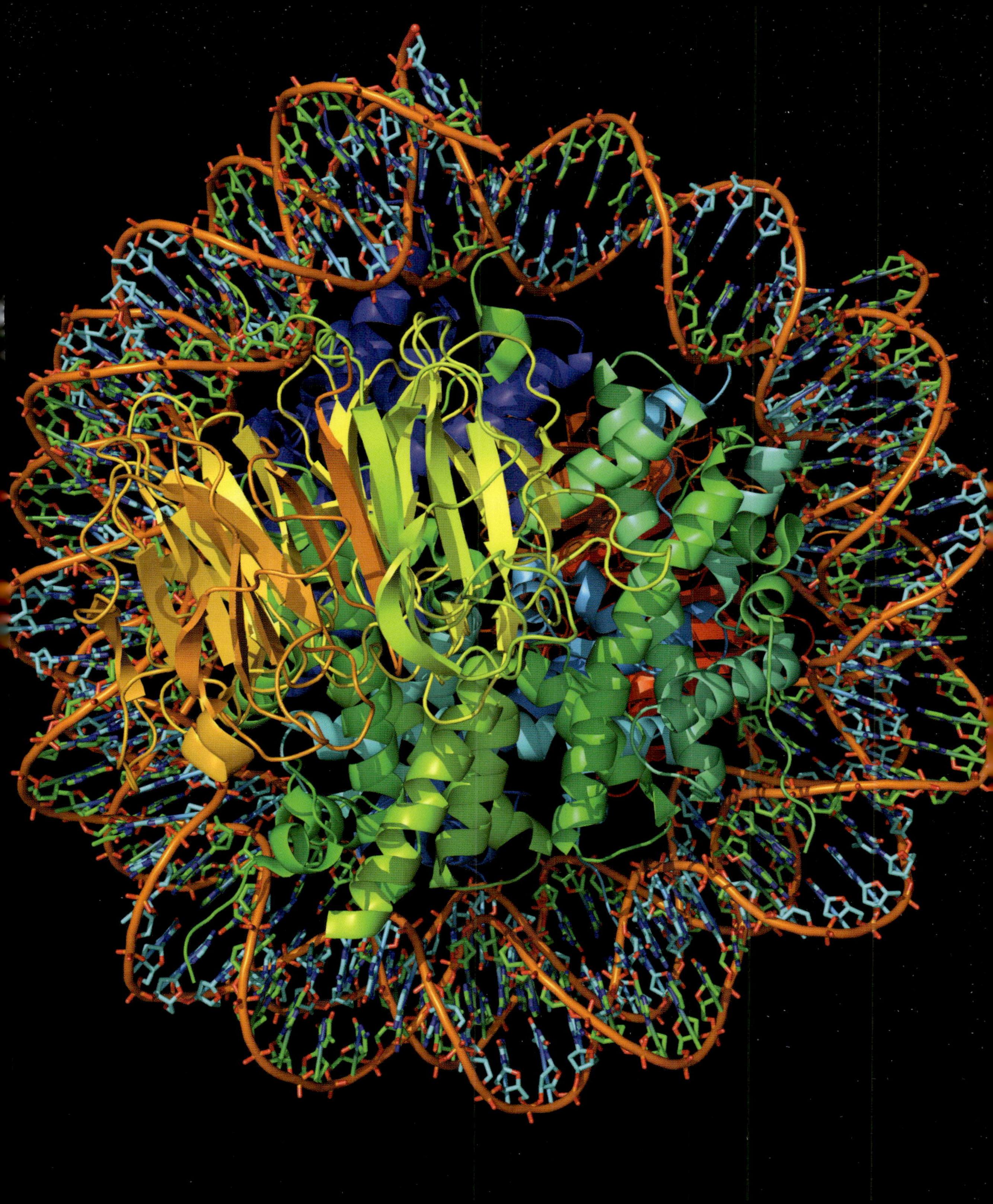

1902

Maladies métaboliques congénitales

Archibald Edward Garrod (1857-1936)

Imaginez la peur de parents découvrant soudain que leur bébé a des urines noires. Sa maladie, l'alcaptonurie, fut étudiée en 1902 par le médecin anglais Archibald Edward Garrod. Il arriva à la conclusion que cette maladie, et quelques autres, n'étaient pas dues à des agents infectieux mais plutôt à des défauts dans certains processus chimiques, qui entraînaient des dysfonctions des métabolismes et qu'elles avaient une origine congénitale. Nous savons aujourd'hui que ces maladies génétiques sont habituellement causées par des gènes récessifs, ce qui implique que le jeune enfant n'exprime la maladie que s'il a reçu le gène responsable de chacun de ses deux parents. Dans la majorité des cas, ces déficiences génétiques conduisent à une sous-production ou à un défaut d'une enzyme contrôlant le déroulement d'une réaction chimique.

Le corps humain peut être représenté comme un réseau complexe de routes (les voies métaboliques) dans lesquelles circulent des voitures (les produits chimiques). Si les feux restent au rouge (un défaut d'enzyme), les voitures vont s'accumuler : c'est la surproduction de certains produits chimiques qui va entraîner une maladie.

Parmi plusieurs centaines de maladies métaboliques, nous n'en citerons que deux. L'alcaptonurie résulte du défaut d'une enzyme intervenant dans la dégradation de l'acide aminé tyrosine. Un sous-produit toxique de la tyrosine s'accumule et peut endommager les cartilages et les valves cardiaques. La phénylcétonurie est causée par la déficience en une enzyme du foie nécessaire au métabolisme de la phénylalanine. Détectée précocement, la phénylcétonurie peut être traitée en réduisant les aliments riches en phénylalanine (viande et lait). En absence de traitement, elle est responsable de graves retards mentaux.

La recherche de traitements potentiels pour les maladies métaboliques congénitales comprend les transplantations de moelle osseuse, les greffes d'organes, ainsi que des transferts de gènes.

VOIR AUSSI Mirage des urines (4 000 ans av. J.-C.), Génétique mendélienne (1865), Théorie chromosomique de l'hérédité (1902), Étiologie de la drépanocytose (1949) et Thérapie génique (1990).

Le corps humain est comme un réseau complexe de routes (les voies métaboliques) dans lesquelles circulent des voitures (les produits chimiques). Si les feux restent au rouge (un défaut d'enzyme), les voitures vont s'accumuler : c'est la surproduction de certains produits chimiques qui va entraîner une maladie.

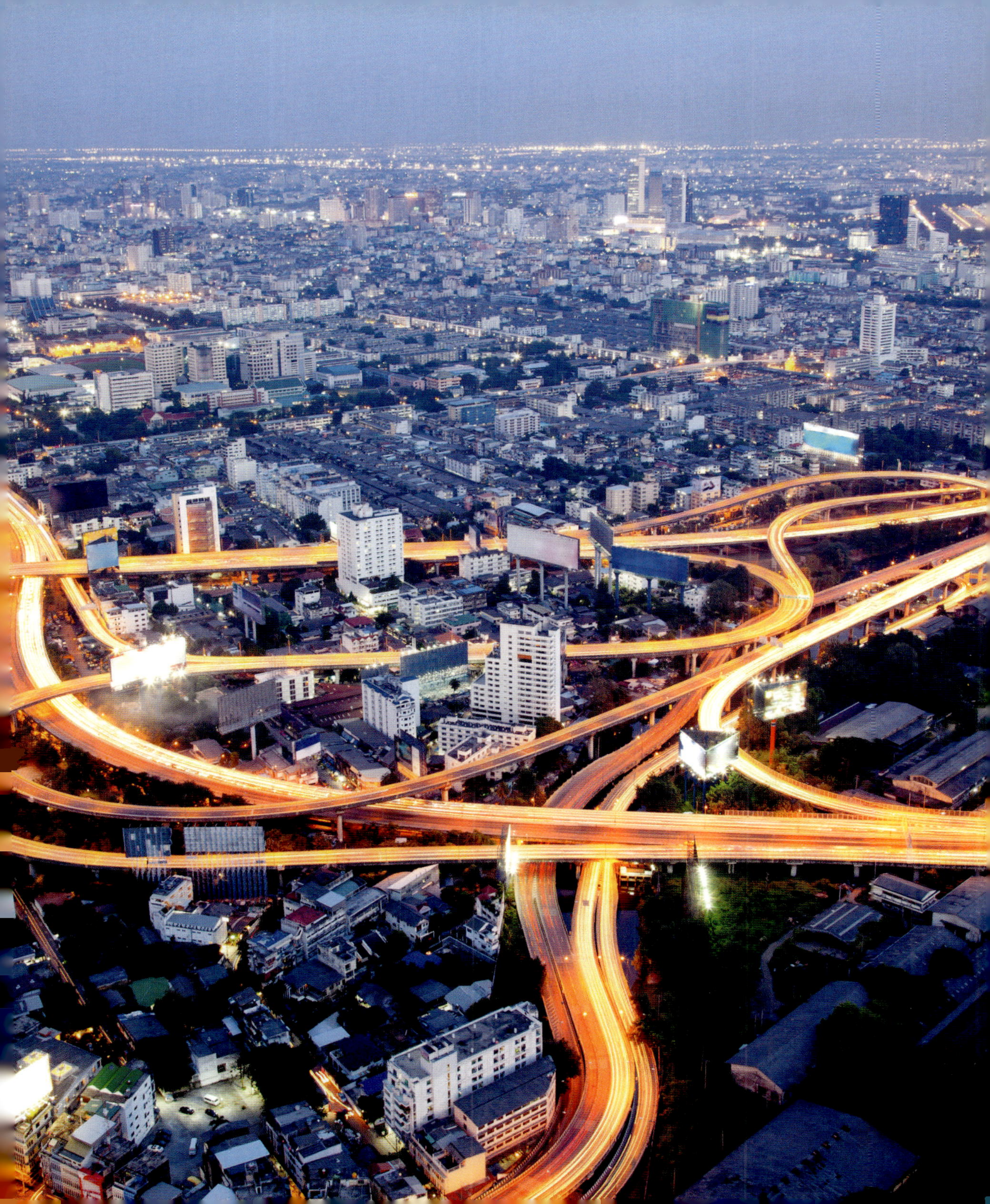

1902

Étiologie de la maladie du sommeil

Paul Ehrlich (1854-1915), **David Bruce** (1855-1931), **Kiyoshi Shiga** (1871-1957)

La maladie du sommeil est une maladie beaucoup plus dangereuse et terrifiante que son nom ne le laisse supposer. La mouche brune aux yeux jaunes (mouche tsétsé) injecte des parasites mortels à ses victimes humaines.

La maladie du sommeil, également appelée trypanosomiase africaine, est causée par un flagellé (un protozoaire mobile grâce à une sorte de fouet) qui vit dans le sang de son hôte et est transmis par la piqûre de la mouche tsé-tsé, ou glossine. La maladie est endémique dans certaines parties de l'Afrique. Au premier stade de la maladie, le patient présente de la fièvre et des douleurs articulaires. Les parasites, qui ont envahi le sang et le système lymphatique, causent une hypertrophie des ganglions lymphatiques. À un stade avancé, le parasite envahit le cerveau ; le rythme du sommeil devient erratique, puis le malade perd le contrôle de sa vessie, devient difficile à réveiller et finit par mourir.

Il existe deux espèces de parasites responsables de deux formes de maladies du sommeil : *Trypanosoma brucei gambiense* répandu en Afrique Centrale et de l'Ouest dont l'expression clinique est lente et chronique ; et *Trypanosoma brucei rhodesiense* commun en Afrique de l'Est et du Sud, parasite plus agressif, dont tous les stades de la maladie se développent rapidement, tuant en général le patient en une année s'il n'est pas promptement traité.

En 1901, la maladie du sommeil éclata en Ouganda, où elle fit plus de 250 000 morts. Le microbiologiste écossais David Bruce fut, en 1902, parmi les premiers à identifier l'agent causal (le parasite flagellé) et le vecteur (la mouche tsé-tsé). Quelques années plus tard, le scientifique allemand Paul Ehrlich et le médecin japonais Kiyoshi Shiga développèrent l'atoxyl, un médicament contenant de l'arsenic qui parfois guérissait les malades mais pouvait les rendre aveugles. De nos jours, le traitement de la maladie du sommeil repose sur plusieurs produits : la pentamidine, la suramine, le mélarsoprol et/ou l'éflornithine, selon le stade de la maladie et l'espèce de parasite.

VOIR AUSSI Système lymphatique (1652), Micrographie (1665) et Les balles magiques d'Ehrlich (1910).

Le parasite de la maladie du sommeil, Trypanosoma brucei gambiense, *sur une microphotographie colorisée d'un frottis sanguin.*

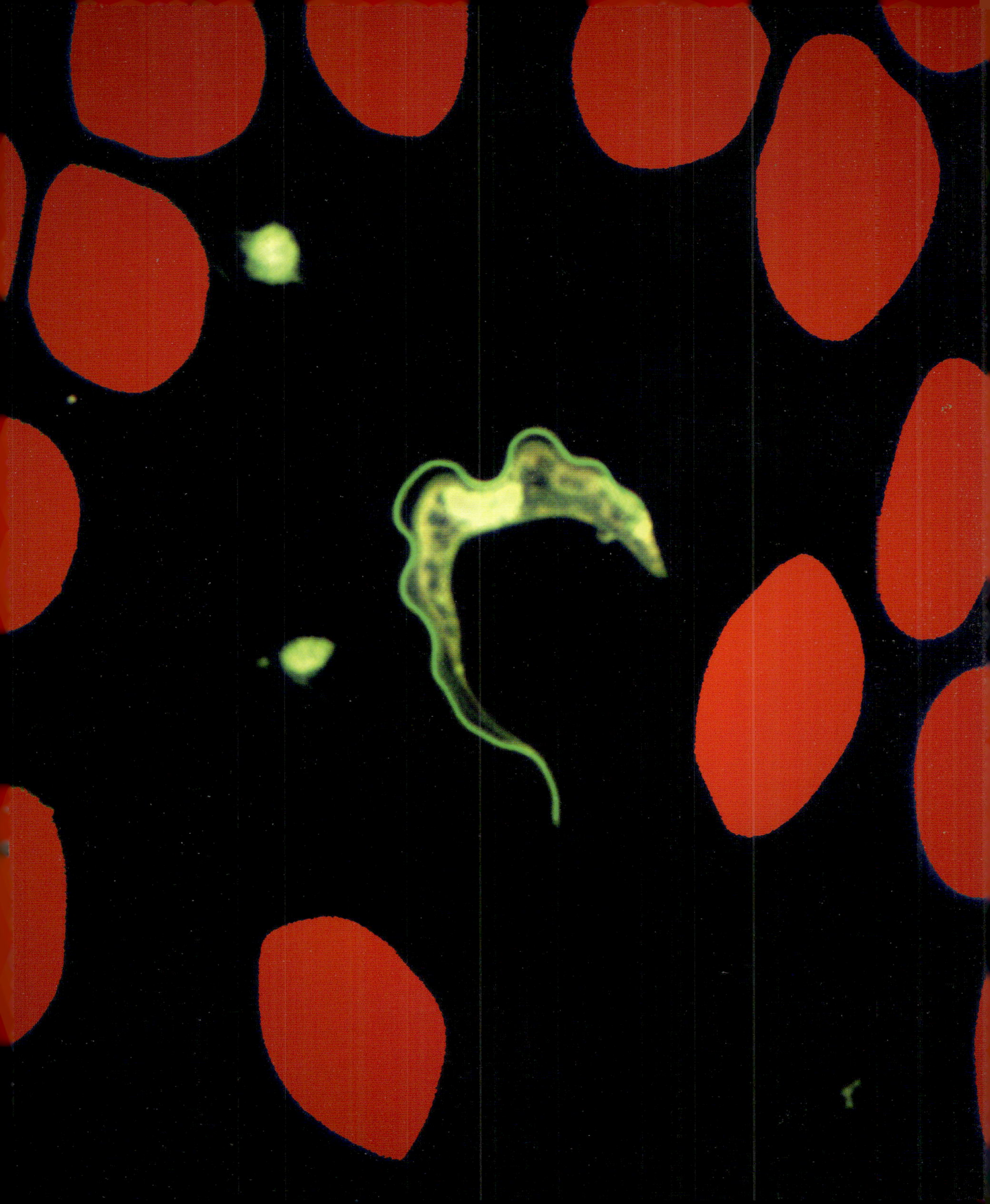

1902

La suture vasculaire

Alexis Carrel (1873-1944), **Charles Augustus Lindbergh** (1902-1974)

Entre 1901 et 1910, le chirurgien français Alexis Carrel expérimenta sur l'animal toutes les techniques de la chirurgie vasculaire, rendant possible les greffes d'organes.

Avant Carrel, les traitements des vaisseaux endommagés se limitaient à la simple ligature pratiquée depuis Ambroise Paré. La suture des vaisseaux sanguins lésait souvent leurs membranes internes, aboutissant à la formation de caillots dangereux. Carrel était si déterminé à développer la chirurgie vasculaire qu'il prit des leçons de couture auprès d'une brodeuse très adroite, qui utilisait les aiguilles et les fils les plus fins. Carrel mit rapidement au point une nouvelle méthode de suture des vaisseaux sanguins, publiée en 1902, encore en usage aujourd'hui. Elle impliquait de retourner en revers les extrémités des vaisseaux sectionnés afin de minimiser les dommages. Il enduisait ses fines aiguilles et les sutures de Vaseline pour réduire encore les lésions des vaisseaux délicats.

En 1908, Carrel pratiqua ce qui est considéré comme la première transfusion sanguine moderne, au cours de laquelle il sutura l'artère d'un père à la veine de la jambe de son bébé souffrant d'hémorragie intestinale. Carrel réussit également la transplantation de rein d'un chien à un autre, mais les problèmes d'intolérance immunitaire l'empêchèrent de pratiquer semblables greffes chez l'homme. Dans les années 1930, avec l'aviateur Charles Lindbergh, il développa une pompe à perfusion qui permit la survie d'organes à l'extérieur du corps pendant la chirurgie. Lindbergh disait : « L'esprit de Carrel fonctionne à la vitesse de la lumière dans un espace compris entre l'univers logique de la science et le monde mystique de Dieu. » Les méthodes innovantes de Carrel ouvrirent la voie à l'avènement des transplantations d'organes, à la chirurgie cardiaque et à la greffe de tissus. Elles lui valurent l'attribution du prix Nobel en 1912.

VOIR AUSSI Sutures (3 000 ans av. J.-C.), Chirurgie « raisonnable » de Paré (1545), Greffe de tissus (1597), Ligature de l'aorte abdominale (1817) et Transfusion sanguine (1829).

Représentation d'une section d'artère, mettant en évidence les trois couches principales : l'endothélium ou intima, *la couche moyenne ou* media, *et la couche externe ou* adventice. *Des globules rouges en forme de disques sont reconnaissables dans la section du vaisseau.*

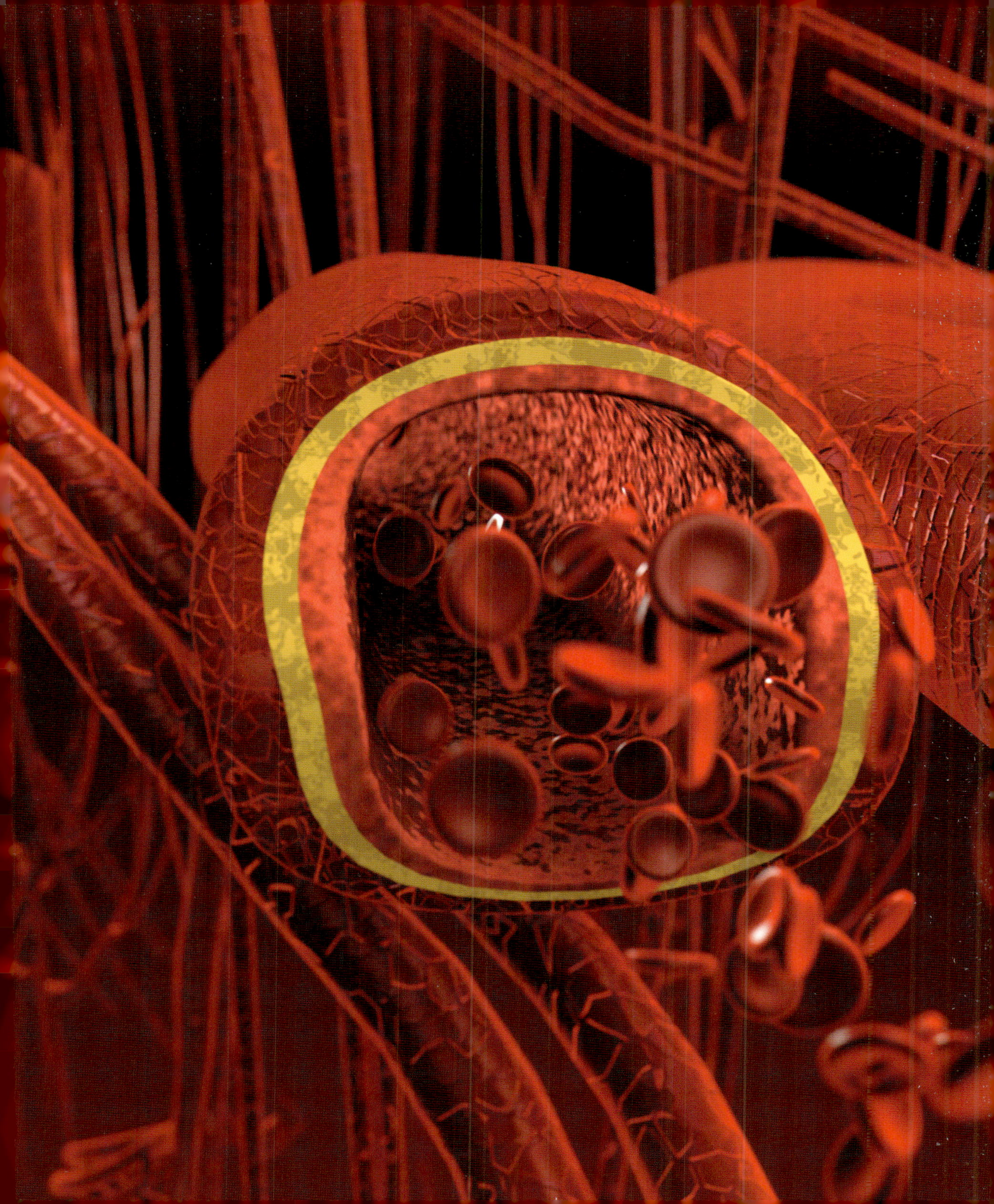

1903

Électrocardiographe

Augustus Desiré Waller (1856-1922), **Willem Einthoven** (1860-1927)

L'électrocardiographe (ECG) permet la détection de l'activité électrique du cœur, par l'intermédiaire d'électrodes placées sur la peau. En observant les tracés en continu, les médecins peuvent diagnostiquer les anomalies du rythme cardiaque.

En 1887, le physiologiste anglais Augustus D. Waller fut le premier à détecter l'activité électrique du cœur à partir de la peau d'un patient, en utilisant l'électromètre de Lippmann, un appareil composé d'une colonne de mercure dans un tube capillaire. Bien que le mercure subisse de légers changements liés à l'activité électrique du cœur, l'appareil était inutilisable, du fait de l'inertie du mercure et des perturbations résultant des vibrations externes. Le médecin et physiologiste hollandais Willem Einthoven avait eu connaissance des travaux de Waller lorsqu'il commença, en 1901, à développer de nouveaux galvanomètres ultrasensibles en série. Ces appareils utilisaient une fine aiguille de détection électrique suspendue entre les pôles d'un aimant. En raison de la très faible activité électrique du cœur, Einthoven créa une aiguille ultralégère avec un fin filament d'argent entouré de quartz.

Einthoven proposa l'usage de l'électrocardiographe en clinique. La première version de son appareil pesait 272 kg, occupait deux pièces et nécessitait cinq opérateurs ! Le patient était assis avec les deux bras et la jambe gauche immergés dans des seaux contenant des solutions salines servant d'électrodes pour conduire le courant de la peau au filament. En 1903, Einthoven décrivit différentes ondes de l'électrocardiogramme (le tracé électrique obtenu), encore pertinentes aujourd'hui. L'onde P caractérise l'activité des oreillettes, alors que le complexe QRS et l'onde T caractérisent l'action des ventricules. Einthoven obtint le prix Nobel en 1924 pour ces travaux.

Les électrocardiographes d'aujourd'hui sont portatifs. D'autres méthodes existent comme par exemples celle de l'échocardiographe qui emploie les ultrasons pour créer une image du cœur en action.

VOIR AUSSI La prise du pouls (1707), Stéthoscope (1816), Défibrillateur (1899), et Stimulateur cardiaque artificiel (1958).

Deux militaires de l'armée de l'air américaine, au chevet d'un troisième, se penchent sur l'électrocardiographe mesurant son activité cardiaque. Photographie de 1932.

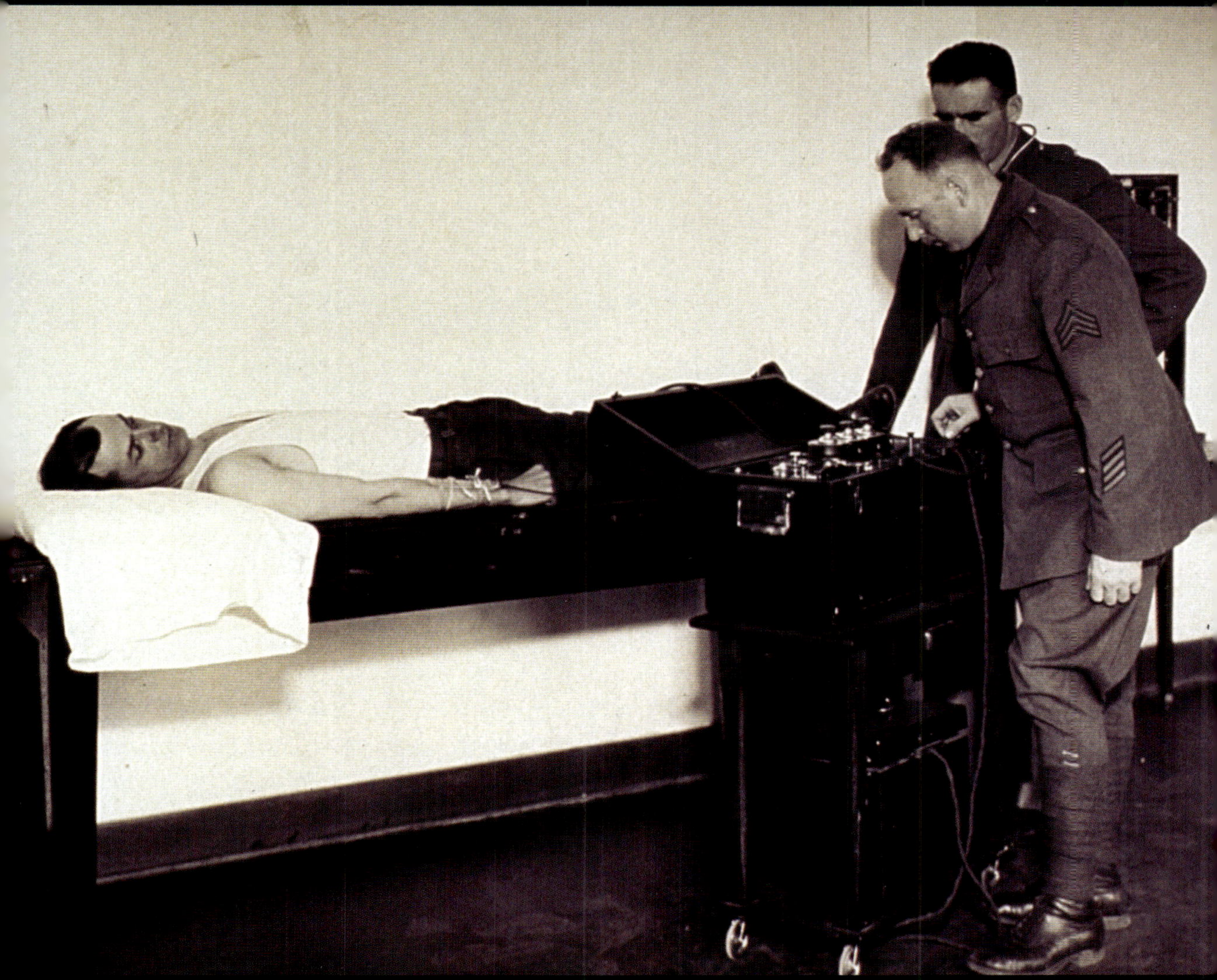

La radiothérapie

Wilhelm Conrad Röntgen (1845-1923), **Antoine Henri Becquerel** (1852-1908), **Pierre Curie** (1859-1906), **Marie Sklodowska Curie** (1867-1934), **Georg Clemens Perthes** (1869-1927), **Claudius Regaud** (1870-1940), **Henri Coutard** (1876-1950)

La radiothérapie utilise les radiations ionisantes pour détruire les cellules cancéreuses en endommageant leur ADN (matériel génétique). Le terme *radiations ionisantes* se rapporte aux rayonnements électromagnétiques (comme les rayons X) ou aux faisceaux de particules subatomiques (comme les protons), qui ont suffisamment d'énergie pour arracher des électrons aux atomes ou aux molécules. Les radiations endommagent les cellules à multiplication rapide, tout particulièrement les cellules cancéreuses.

La radiation peut être produite par un appareil, ou provient d'une substance radioactive placée dans le corps, près des cellules cancéreuses (curiethérapie). Dans la radiothérapie systémique, les substances sont avalées ou injectées, comme l'iode radioactif, et circulent dans l'organisme pour atteindre les cellules cancéreuses.

Le scientifique français Henri Becquerel découvrit la radioactivité de l'uranium en 1896 et le physicien allemand Wilhelm Conrad Röntgen découvrent les rayons X. En 1898, les physiciens français Marie et Pierre Curie découvrirent deux nouveaux éléments radioactifs, le polonium et le radium. À sa conférence de réception du prix Nobel en 1903, Becquerel suggérait que le radium soit utilisé pour guérir le cancer. La même année, le chirurgien allemand Georg Parthes annonçait l'utilisation de la radiothérapie dans le traitement des cancers du sein et de la peau.

Durant les années 1920 et 1930, les chercheurs français Claudius Regaud et Henri Coutard montrèrent que des doses fractionnées de rayons détruisaient les tumeurs avec moins de dommages pour les tissus sains voisins qu'une dose unique forte ; sans doute parce qu'avec plusieurs doses, les cellules cancéreuses étaient atteintes à divers stades de la division cellulaire.

De nos jours, les ordinateurs jouent un rôle inestimable dans la localisation de la tumeur, le positionnement du patient à traiter et le calcul des doses de radiations.

VOIR AUSSI Causes du cancer (1761), Rayons X (1895), Chimiothérapie anticancéreuse (1946) et Structure de l'ADN (1953).

Photographie du premier patient traité, en 1957, par accélérateur linéaire de radiothérapie, pour rétinoblastome, un cancer de la rétine. Un de ses yeux fut traité avec succès.

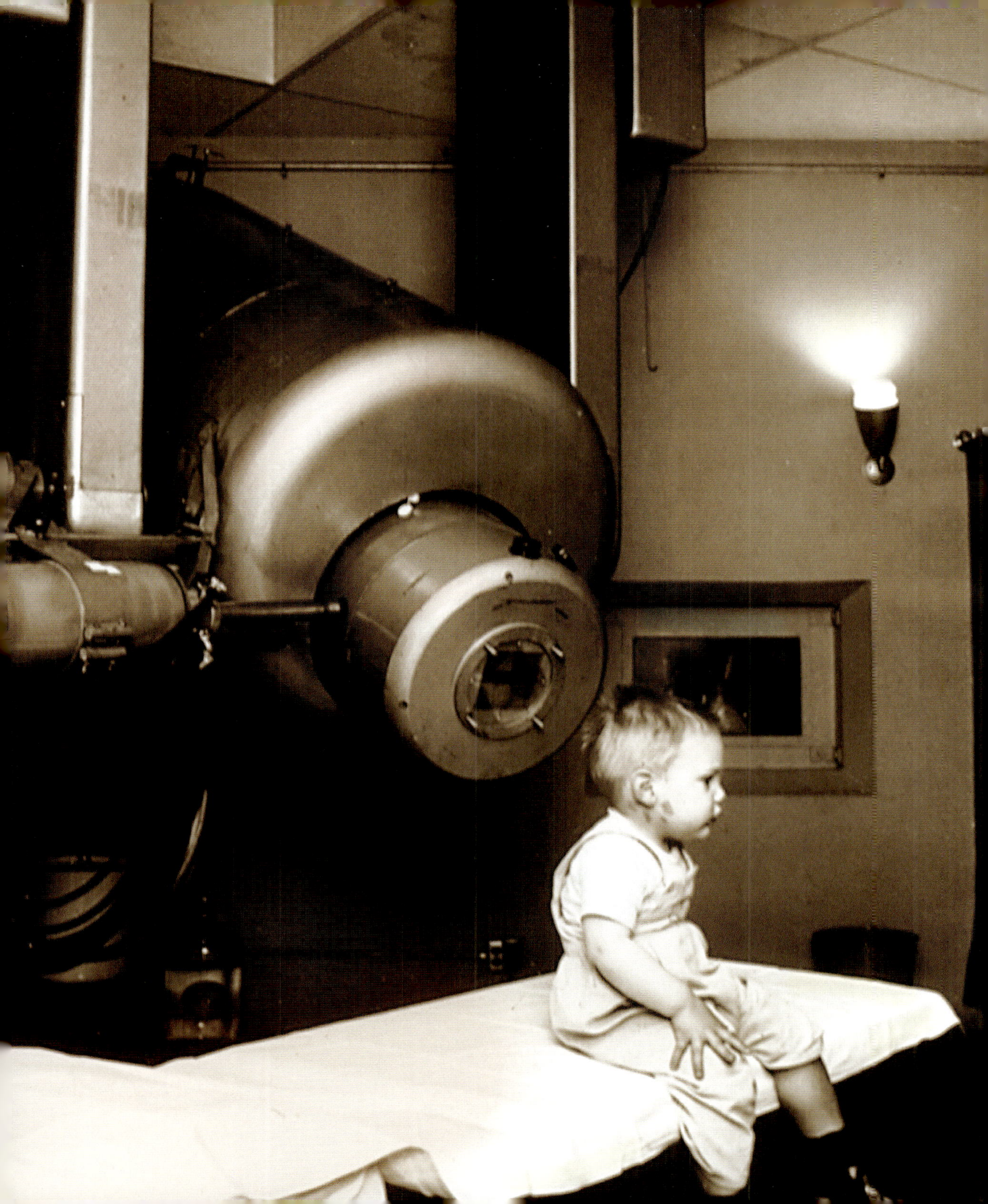

1904

Chirurgie de Halsted

William Stewart Halsted (1852-1922)

En 1889, lorsque l'hôpital Johns Hopkins ouvrit à Baltimore, un système moderne de formation des chirurgiens fut mis en place, avec un programme universitaire associé à un hôpital au cours duquel les étudiants développaient progressivement leurs compétences tout en assumant des responsabilités cliniques. Le chirurgien américain William Hasted, premier chef du département de chirurgie à l'hôpital Johns Hopkins, débuta le premier programme de formation chirurgicale des États-Unis. Il insistait pour que les résidents soient formés non seulement à être chirurgiens, mais aussi enseignants. Ses résidents devinrent des chirurgiens respectés dans d'autres écoles de médecine et promurent ses idées.

Halsted est aussi célèbre pour sa technique chirurgicale, une approche lente et méthodique dans laquelle le chirurgien respecte les tissus humains et les manipule avec la plus grande précaution afin de minimiser les dommages et le saignement. À une époque où les sutures étaient encore faites avec des intestins d'animaux, il privilégiait l'emploi de soie fine pour diminuer les lésions des tissus et éviter les infections. Il introduisit les brosses et les gants de caoutchouc dans les salles d'opération. Ses célèbres opérations sur la thyroïde, les intestins et les hernies étaient soigneusement conçues pour rétablir une fonction et une forme correctes.

Lorsque Halsted était encore étudiant à l'école de médecine, beaucoup de chirurgiens opéraient en vêtements de ville et à mains nues. Les chirurgiens d'autrefois, qui se vantaient de boucler des amputations en trente secondes, ont été remplacés par des opérateurs soigneux façon Halsted, qui referment les tissus plan par plan.

En 1913, le chirurgien Harvey Cushing présentait ainsi l'approche de Halsted : « Les observateurs ne s'attendent plus à être crispés dans une salle d'opération ; les représentations publiques à grand spectacle d'autrefois, ne sont plus acceptées aujourd'hui, et elles ont été remplacées par une ambiance calme, presque ennuyeuse. »

VOIR AUSSI Sutures (3 000 ans av. J.-C.), Hôpitaux (1784), Chirurgie de la thyroïde (1872), Gants chirurgicaux en latex (1890), Suture vasculaire (1902), Rapport Flexner sur l'enseignement de la médecine (1910) et Chirurgie robotique (2000).

Portrait de William Stewart Halsted, Yale College, année 1874. (Courtoisie de l'université de Yale).

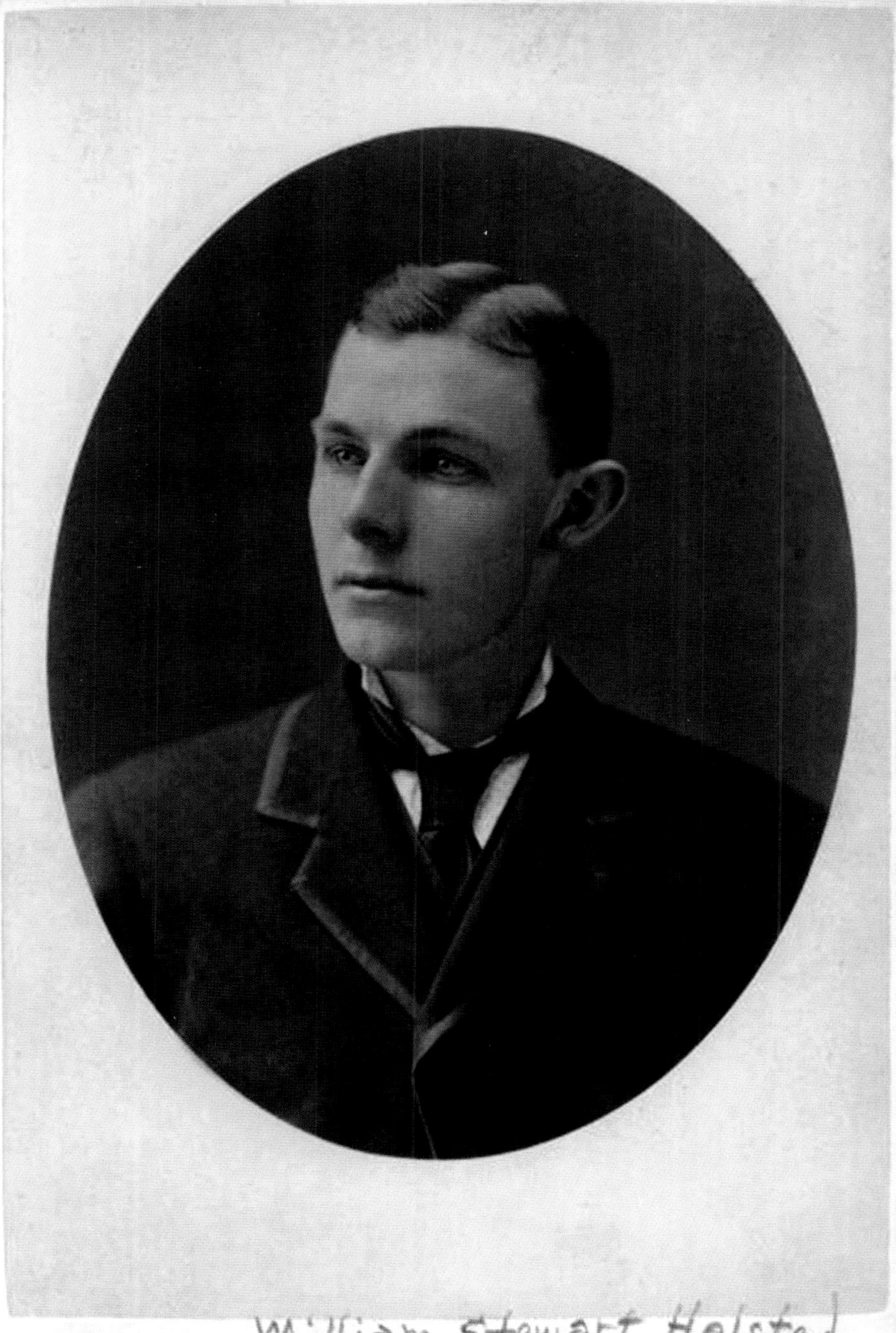

William Stewart Halsted

W. Halsted 1852-1922

1905

Greffe de cornée

Eduard Konrad Zirm (1863-1944)

Le numéro du magazine *Life* de juillet 1946 annonçait : « Des centaines de personnes aux États-Unis, qui autrefois auraient été aveugles, peuvent aujourd'hui voir grâce aux yeux de personnes décédées. Le fait de devenir aveugle suite à une atteinte mineure de la cornée, alors que le reste de l'œil est sain, a toujours paru insupportable. »

La cornée est cette surface transparente en forme de dôme, située en avant de l'iris et de la pupille de l'œil, dont la lésion peut entraîner la cécité. La cornée est responsable de la majorité du pouvoir de réfraction de l'œil. De nos jours, la kératoplastie, ou greffe de cornée, permet de rétablir la vision ; c'est la forme de transplantation de tissu solide la plus commune et celle qui a les taux de réussite les plus élevés. La cornée endommagée était enlevée, autrefois, avec une tréphine (instrument à lame circulaire) ; aujourd'hui on le fait au laser ; et la cornée d'une personne récemment décédée est suturée à sa place.

En 1905, l'ophtalmologiste autrichien Eduard Zirm réalisa la première greffe de cornée réussie sur Alois Glogar, devenu accidentellement aveugle en travaillant avec de la chaux. La cornée greffée provenait d'un garçon de onze ans dont la cécité était due à des blessures profondes des yeux. Zirm, ne disposant pas des instruments modernes fins pour coudre la cornée, utilisa des bandes de conjonctive (une couche du blanc de l'œil) pour aider à maintenir en place la cornée pendant le processus de cicatrisation.

Le rejet qui se produit normalement à la suite d'une transplantation est minime dans le cas de la cornée (mais pas tout à fait absent), en raison d'un comportement immunitaire partiel, résultant de l'anatomie de la cornée et de la présence de composés naturellement immunosuppresseurs dans la substance aqueuse entre cristallin et cornée. Environ quatre-vingt-dix pour cent des greffes de cornée sont un succès un an après l'opération. Les recherches actuelles pour remplacer la cornée portent sur un matériau artificiel et les cellules souches.

VOIR AUSSI Chirurgie de l'œil (600 ans av. J.-C.), Lunettes (1284), Greffe de tissus (1597), Transplantation rénale (1954), Maladies autoimmunes (1956), Laser (1960) et Faire de nouveaux organes (2006).

La cornée est la surface transparente, en forme de dôme, située en avant de l'iris et de la pupille de l'œil, vue ici sous une forte lumière reflétée par sa surface.

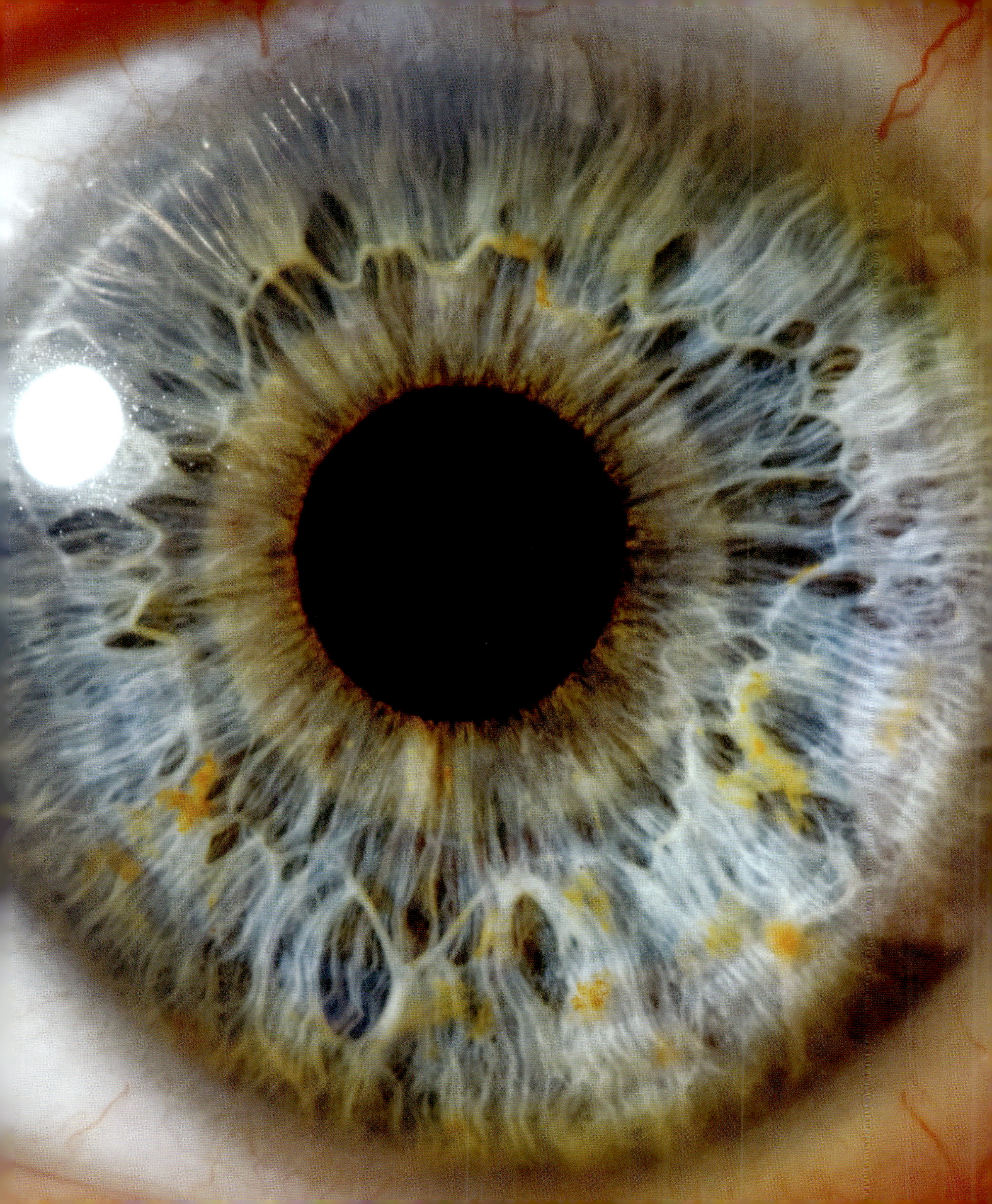

1905

Gènes et détermination du sexe

Edmund Beecher Wilson (1856-1939), Nettie Maria Stevens (1861-1912)

Durant des siècles, les médecins se sont demandé comment était déterminé le sexe des enfants. En 355 av. J.-C., Aristote suggérait que le sperme générait des mâles lorsqu'il était chaud, et des femelles s'il était froid. Nous savons aujourd'hui que la différenciation du sexe dépend de gènes localisés sur les chromosomes. Habituellement, une femme a deux chromosomes X (écrits symboliquement XX) et un homme un chromosome X et un Y plus petit (XY). Ce système XY de détermination du sexe a été décrit par les généticiens américains Nettie Stevens et Edmund Wilson en 1905.

Exceptionnellement, des femmes peuvent présenter un seul chromosome X, sans chromosome Y (syndrome de Turner), ce qui suggère que les gènes portés par le chromosome Y ne sont pas indispensables à la vie, mais impliqués dans la masculinisation de l'embryon. Les hommes avec un chromosome Y et deux X (XXY ou syndrome de Klinefelter) ont un retard pubertaire et de petits testicules. Les femmes XXX ont une intelligence normale, mais au-delà de trois X elles sont handicapées mentales. Les mâles XYY sont plus grands que la moyenne. Une seule copie d'Y contient les gènes de détermination du sexe mâle et produit un individu qui paraît masculin, même en présence de plusieurs X. Toutefois, des individus XY peuvent présenter un syndrome d'insensibilité aux androgènes, et ressembler à des femmes dont le vagin se termine en cul-de-sac, sans utérus.

Le gène SRY, découvert vers 1990 sur le chromosome Y, joue un rôle important dans la chaîne d'événements orientant l'embryon vers la masculinisation. Des hommes XX existent, auxquels manque le chromosome Y, mais ils ont une copie de la région SRY sur un autre chromosome. Il existe des femmes XY dont une mutation a désactivé le gène SRY.

Les embryons humains ont, durant leur développement, une gonade bipotentielle qui peut évoluer vers les testicules ou vers les ovaires, suivant les gènes qui sont activés.

VOIR AUSSI Découverte des spermatozoïdes (1678), Génétique mendélienne (1865) et Théorie chromosomique de l'hérédité (1902).

Aristote suggérait que le sperme générait des mâles lorsqu'il était chaud, et des femelles s'il était froid. Nous savons aujourd'hui que la différenciation du sexe dépend de gènes localisés sur les chromosomes.

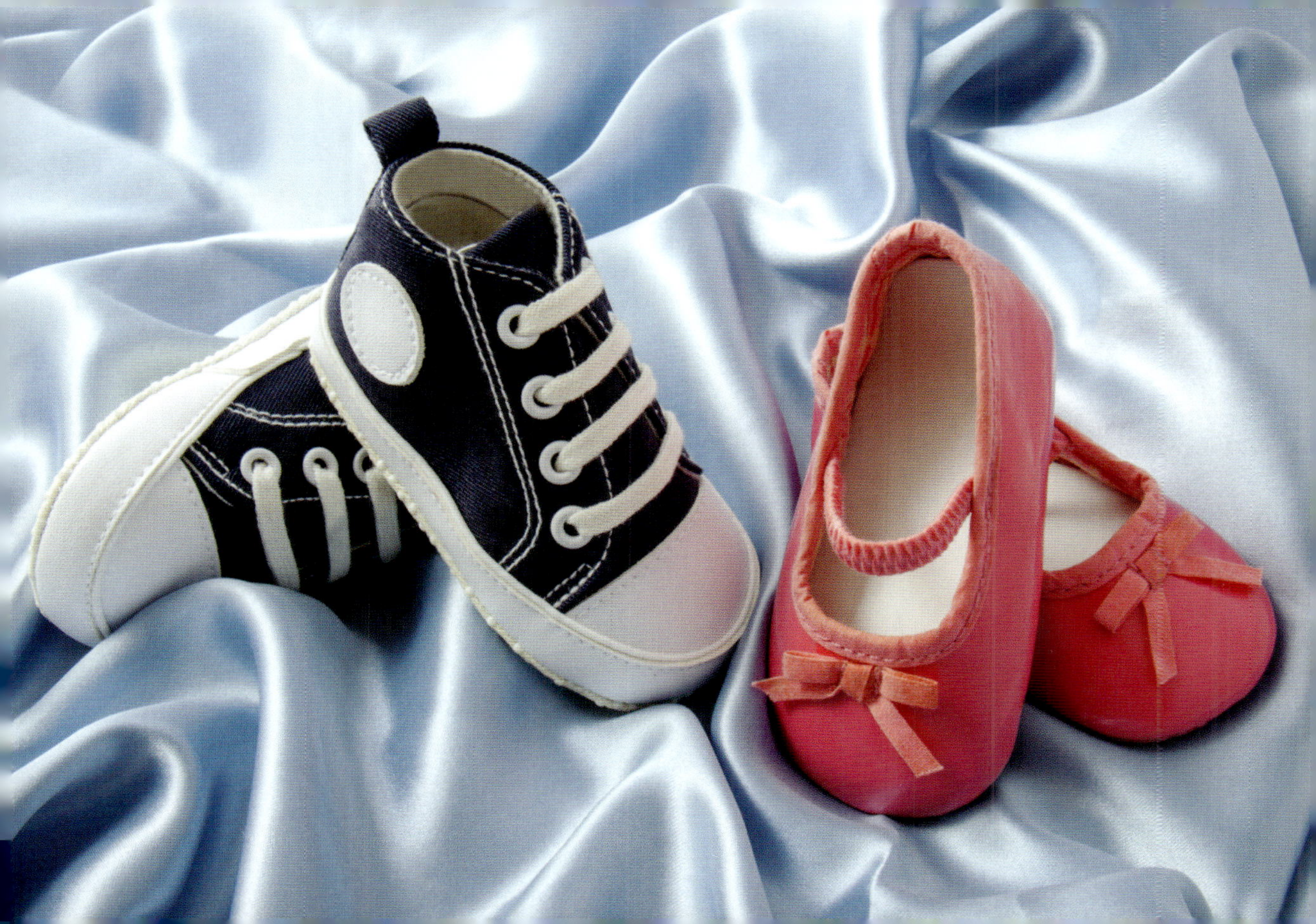

1906

Découverte des vitamines

Christiaan Eijkman (1858-1930), **Sir Frederick Gowland Hopkins** (1861-1947), **Gerrit Grijns** (1865-1944)

Les vitamines sont des substances chimiques indispensables à l'organisme. Certaines vitamines, comme la vitamine D, ne sont pas absolument indispensables dans notre régime car nous pouvons la synthétiser lorsque nous sommes exposés à une quantité suffisante de rayonnement solaire. Les vitamines aident à réguler le métabolisme et la croissance. Certaines d'entre elles se lient à des enzymes (protéines qui accélèrent la vitesse des réactions chimiques). Une prise insuffisante de vitamines peut générer des maladies.

L'histoire de la découverte des vitamines est longue et implique de nombreux chercheurs. La phase analytique de la découverte des vitamines et même la recherche moderne en nutrition elle-même, ont débuté avec la mise au point d'un modèle animal pour l'étude du béribéri, dans les années 1890. Le béribéri est une maladie causée par une déficience en vitamine B1, se manifestant par une fatigue, une paralysie et éventuellement la mort. En 1897, le médecin hollandais Christiaan Eijkman découvrit que les poussins développaient des symptômes de béribéri lorsqu'ils étaient nourris avec du riz blanc décortiqué ; lorsqu'on leur redonnait un régime de riz brun avec la cuticule, les poussins recouvraient la santé.

En 1906, Eijkman et le médecin hollandais Gerrit Grijns publièrent un article, devenu un grand classique, dans lequel ils notaient : « Il y a dans la cuticule du riz une substance différente des protéines,... indispensable à la santé et dont l'absence cause une polynévrite nutritionnelle. » Leur hypothèse d'une substance prévenant le béribéri est l'une des premières mentions du concept de vitamine. Vers la même période, le biochimiste britannique Frederick Hopkins montrait que les rats avaient besoin de régimes contenant des « facteurs nutritionnels accessoires », qui se sont avérés plus tard être les vitamines.

Les treize vitamines indispensables à l'homme sont classées en vitamines liposolubles (A, D, E et K) et en vitamines hydrosolubles, B1 (thiamine), B2 (riboflavine), B3 (niacine), B5 (acide pantothénique), B6, B7 (biotine), B9 (acide folique), B12 et C.

VOIR AUSSI Le Traité du scorbut (1753), Éradication du rachitisme (1922) et Traitement par le foie (1926).

Microcristaux d'acide ascorbique (vitamine C) en lumière polarisée.

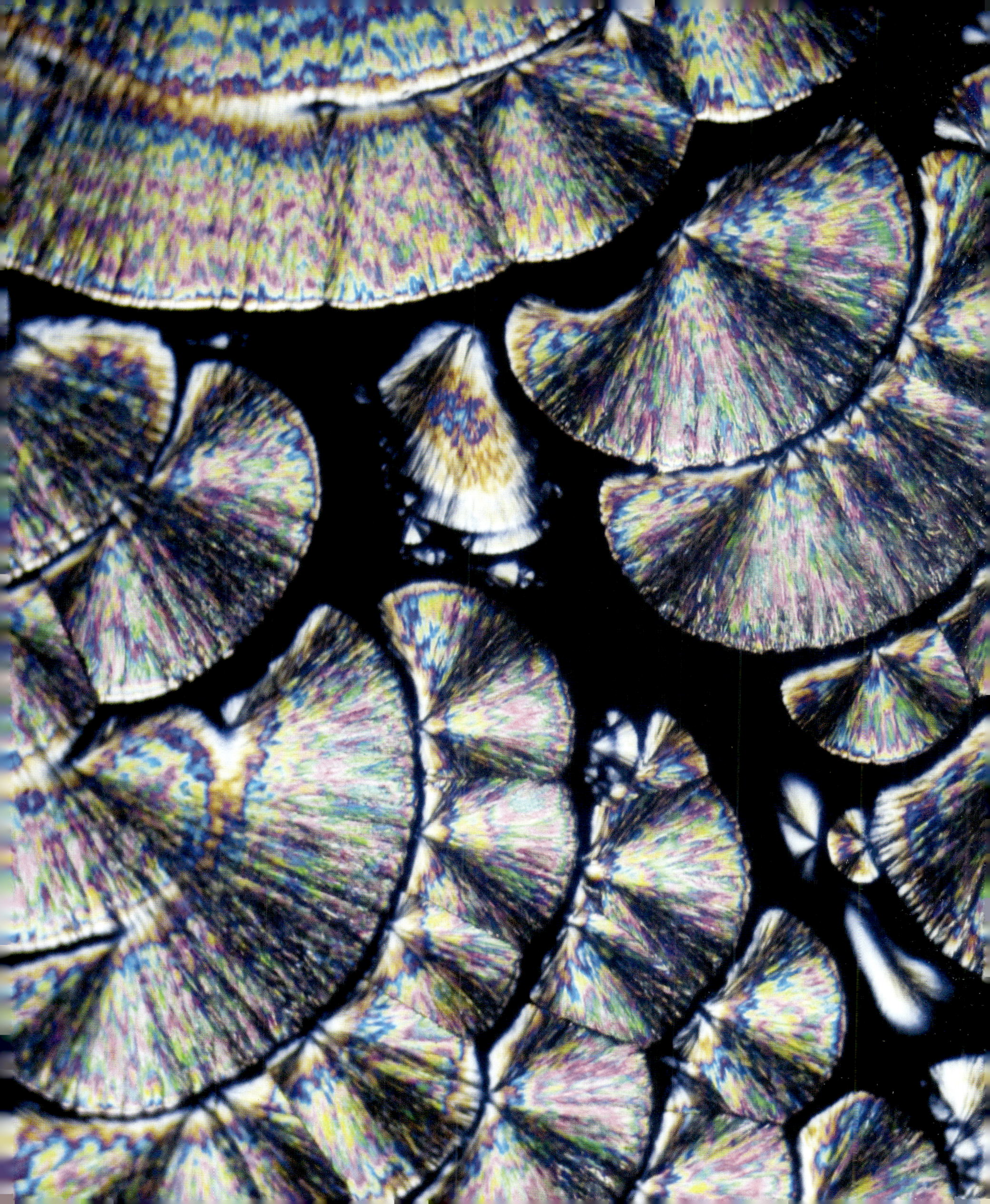

1906

Allergies

Abu Bakr Muhammad ibn Zakariya al-Razi (865-925), **Charles Richet** (1850-1935), **Paul Portier** (1866-1962), **Clemens Peter Freiherr von Pirquet** (1874-1929), **Béla Schick** (1877-1967)

Les maladies allergiques sont connues depuis l'antiquité. Vers l'an 900, le médecin perse al-Razi (Rhazes) décrivit la rhinite saisonnière déclenchée par le parfum des roses. En 1902, les physiologistes français Charles Richet et Paul Portier décrivirent l'anaphylaxie (une réaction allergique aiguë pouvant aboutir à la mort par lésion de divers organes) en observant qu'un chien mourait lorsqu'il était exposé une deuxième fois aux toxines de l'anémone de mer. En 1906, le pédiatre autrichien Clemens von Pirquet rapprocha ces expériences de ses propres études sur la « maladie sérique », réalisées avec le pédiatre hongrois Béla Schick. Ils avaient en effet noté que des enfants immunisés contre la diphtérie présentaient une réaction plus rapide et plus sévère lors d'une deuxième injection de sérum. Pirquet inventa le terme d'allergie pour ce qui lui apparaissait être une réponse anormale d'un système immunitaire sur-réactif, ou hypersensibilisé.

Lorsque certains individus rencontrent pour la première fois un allergène (pollen de fleur ou venin d'abeille), différentes cellules blanches du sang vont sur-réagir, en particulier un lymphocyte TH2, qui répond en libérant l'interleukine 4. Celle-ci stimule des cellules B, qui produisent un excès d'anticorps IgE ; les mastocytes et basophiles qui portent ces IgE, une fois sensibilisées à cet allergène, en conservent la « mémoire ». Si l'individu est exposé au même allergène une deuxième fois, les mastocytes et les basophiles activés vont relâcher de l'histamine et d'autres molécules inflammatoires dans les tissus avoisinants, causant démangeaisons, éruptions, urticaire, et une possible anaphylaxie, qui peut être traitée par des antihistaminiques ou des stéroïdes.

La probabilité de faire des allergies est plus élevée dans les pays développés, où l'on pense que la relative stérilité des environnements urbains modernes nuirait au développement du système immunitaire.

VOIR AUSSI Un zoo en nous (1683), Découverte de l'adrénaline (1893), Antihistaminiques (1937), Cortisone (1948), Maladies autoimmunes (1956) et Structure des anticorps (1959).

Image en microscopie électronique colorisée de pollens de diverses plantes communes : volubilis, rose trémière, lys, primevère et ricin (Plateau de Microscopie électronique de Dartmouth).

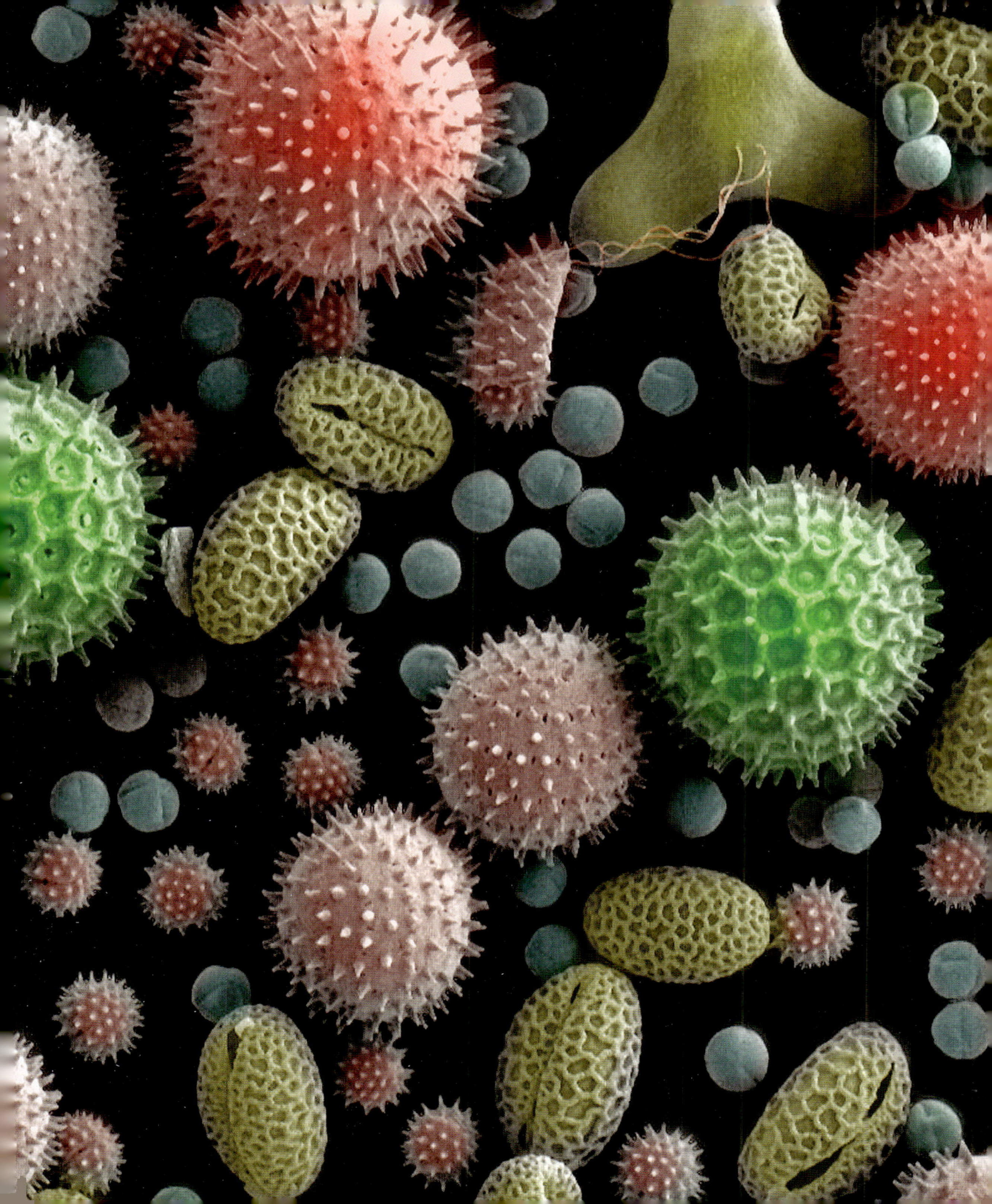

1906

Maladie d'Alzheimer

Aloysius « Alois » Alzheimer (1864-1915)

La maladie d'Alzheimer est une forme de démence, terme général qui qualifie des pertes anormales de mémoire et des autres capacités intellectuelles. Cette maladie détruit les cellules du cerveau et interfère avec les possibilités d'acquérir de nouveaux souvenirs. Durant l'évolution de la maladie, les souvenirs anciens sont perdus et les capacités de langage disparaissent. L'espérance de vie moyenne après le diagnostic initial est d'environ sept ans.

Plaques et neurofibrilles sont les deux anomalies cérébrales courantes de la maladie d'Alzheimer. Les plaques s'accumulent *entre* les cellules nerveuses et contiennent du beta-amyloïde. Les neurofibrilles, *à l'intérieur* des cellules, résultent d'une accumulation de protéine Tau provenant des microtubules. Les études actuelles se concentrent sur la façon dont les plaques amyloïdes et les neurofibrilles bloquent les signaux entre les cellules nerveuses, et causent la mort cellulaire.

En 1906, le psychiatre et neuropathologiste allemand Alois Alzheimer présenta le cas de Mme Auguste Deter, atteinte de troubles de la mémoire à cinquante et un ans, puis de délire et enfin de troubles mentaux plus sévères avant de mourir. L'autopsie révéla une atrophie importante du cortex cérébral (la couche externe du cerveau qui joue un rôle dans la mémoire, la pensée et le langage), associée à des plaques amyloïdes et des neurofibrilles.

De nos jours, le diagnostic de la maladie d'Alzheimer est basé sur le comportement du patient. Les méthodes d'imagerie médicale disponibles sont utilisées pour éliminer les autres causes de démences. Le liquide céphalorachidien peut être analysé à la recherche de beta-amyloïdes ou de protéine Tau, afin d'aider au diagnostic de la maladie avant que les symptômes ne deviennent évidents. La plupart des sujets atteints d'Alzheimer développent la maladie après soixante-cinq ans. La forme du gène appelé APOE est corrélée avec un risque élevé de développer la maladie.

VOIR AUSSI Liquide céphalo-rachidien (1764), Théorie du neurone (1891), Prosopagnosie (1947), Facteur de croissance des nerfs (1948), Antipsychotiques (1950), Levodopa dans la maladie de Parkinson (1957), Tomodensitométrie (scanner ; 1967), Tomographie par émission de positons (1973), Imagerie par résonance magnétique (1977) et Prions (1982).

Illustration symbolique de la maladie d'Alzheimer, affection qui détruit les cellules du cerveau et entraîne une perte progressive des fonctions mentales, en particulier de la mémoire.

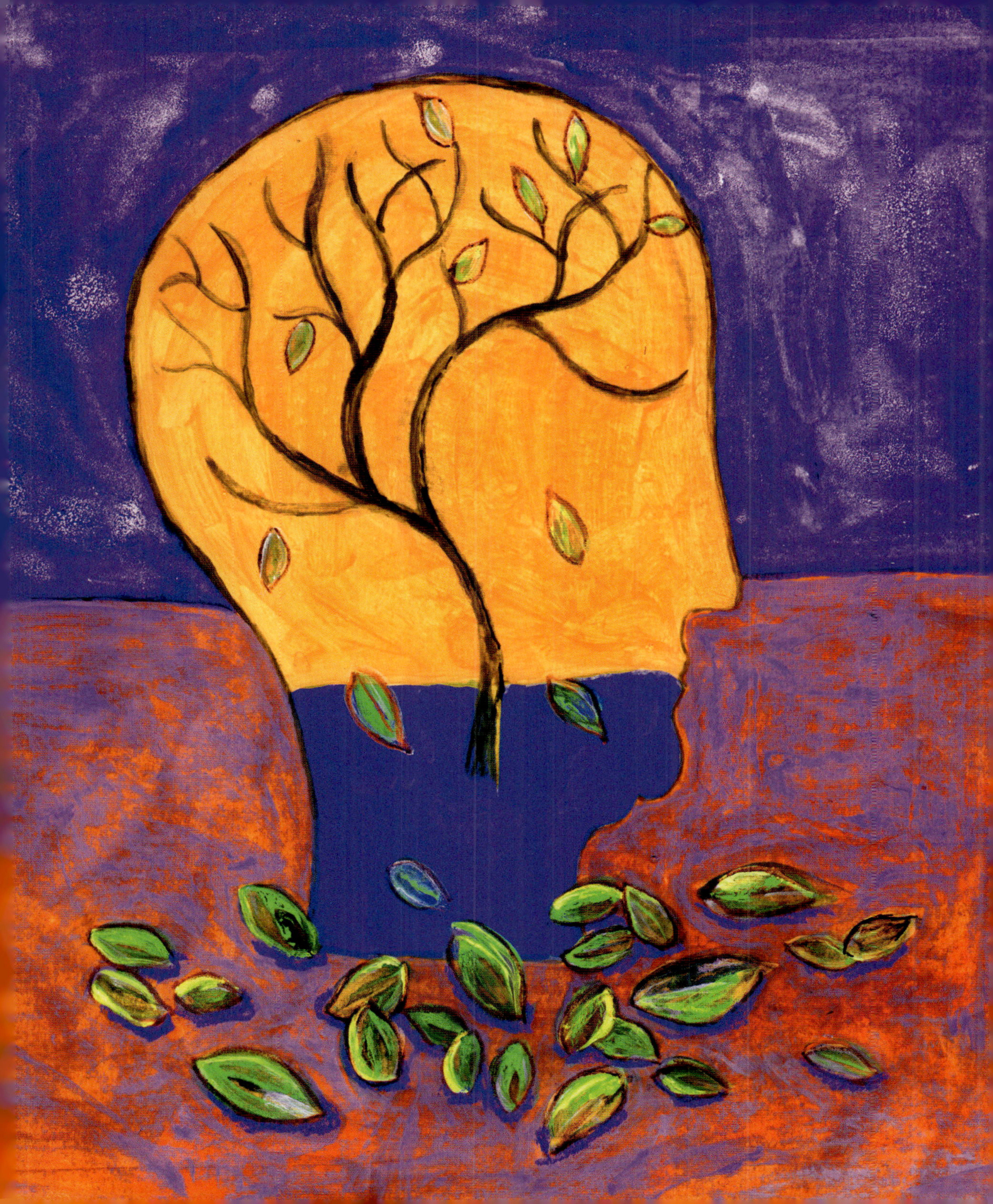

L'acte d'inspection des viandes de 1906

Theodore « Teddy » Roosevelt (1858-1919), **Charles Patrick Neill** (1865-1942), **Upton Beall Sinclair Jr.** (1878-1968)

Le roman de l'auteur américain Upton Sinclair *La jungle*, paru en 1906, reposait sur son enquête clandestine menée dans les usines d'abattage de Chicago et leurs parcs à bestiaux. Il décrivait les conditions sanitaires déplorables de travailleurs ne se préoccupant pas d'enlever les rats empoisonnés des viandes qui allaient être transformées en saucisses. Les employés se lavaient les mains dans l'eau entrant dans la composition des saucisses. Les travailleurs enlevaient des tonneaux « les déchets de viandes anciennes, des clous sales, rouillés et vieux et de l'eau moisie, et tombereau après tombereau leurs contenus étaient déversés dans les trémies, broyés avec la viande fraîche et envoyé dans le commerce ». Des hommes même tombaient dans des cuves ouvertes au sol et disparaissaient « jusqu'à ce que tout sauf leurs os soit expédié dans le monde comme saindoux pur porc de chez Durham ».

Le président Théodore Roosevelt pensait que les descriptions de Sinclair étaient exagérées. Il envoya Charles P. Neill, commissaire du département du Travail, inspecter les installations des abattoirs. Celui-ci confirma les conditions de travail « révoltantes » dans les usines. Finalement, la pression publique amena l'adoption de l'Acte d'inspection des viandes, en 1906, qui mandatait le département de l'Agriculture pour aller inspecter les usines de traitement des viandes afin qu'elles se conforment aux directives de l'État. Les inspecteurs devaient examiner les conditions sanitaires des abattoirs aussi bien que des troupeaux (bovins, ovins et porcins) avant et après l'abattage. Cette réforme nationale et celles qui suivirent firent partie de la guerre menée contre les maladies d'origine alimentaire causées par les helminthes (vers), les bactéries (*Salmonella* et *Campylobacter*) et autres contaminants. Néanmoins, même dans des usines modernes, le rythme de production intensif (jusqu'à quatre cents bovins abattus à l'heure) peut parfois conduire à une contamination fécale accidentelle.

VOIR AUSSI Systèmes d'égouts (600 ans av. J.-C.) ; Les conditions sanitaires de la population ouvrière en Grande-Bretagne (1842), Semmelweis et le lavage des mains (1847) et Prions (1982).

Bouchers ouvrant des carcasses de porcs et les préparant pour l'inspection terminale. Ces porcs sont prêts pour la glacière, chez Swift & Co, Chicago, 1906.

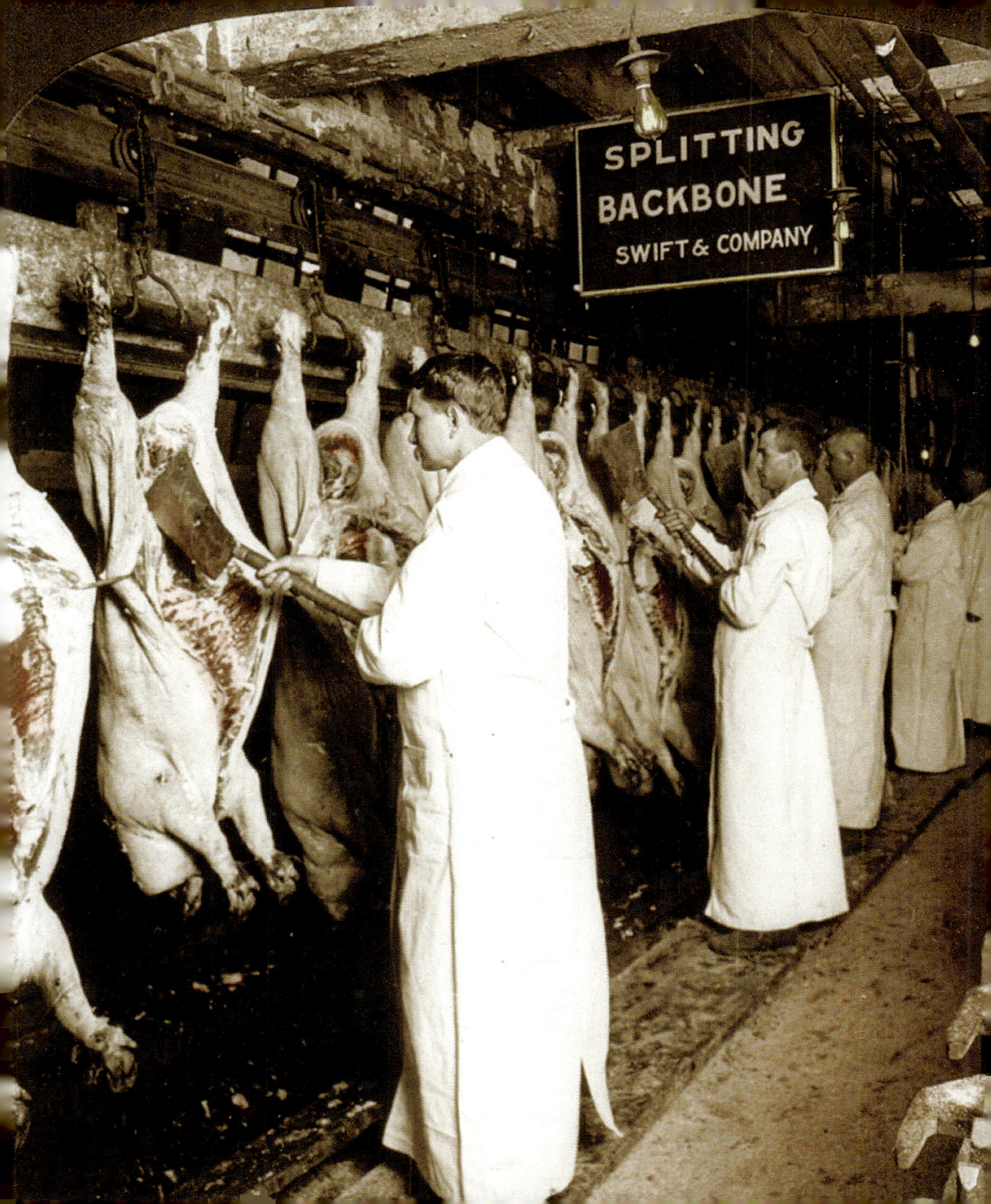
SPLITTING
BACKBONE
SWIFT & COMPANY

1906

Les remèdes de charlatans

Lydia Estes Pinkham (1819-1883), **Samuel Hopkins Adams** (1871-1958)

Dans l'Amérique du XIXe siècle, quand les docteurs et les guérisons étaient rares, les remèdes de charlatans faisaient fureur. Ces pilules et toniques avaient des noms colorés, des emballages tape-à-l'œil et des ingrédients secrets. Bien que certains d'entre eux aient pu assurer un soulagement de la douleur du fait de leur forte teneur en alcool ou en cocaïne, la plupart étaient totalement inefficaces, mis à part leur simple effet placebo chez des patients en espérance de guérison. Ces remèdes n'avaient pas de brevets, un processus qui aurait demandé de révéler leurs ingrédients aux concurrents et au public, mais leurs noms étaient souvent déposés. Vers 1900, le budget de la publicité pour ces remèdes était supérieur à celui de n'importe quel autre produit. Des spectacles, des représentations de cirque et des publicités dans les journaux et les almanachs, vantaient des produits pour traiter le diabète, les douleurs féminines, la calvitie, l'asthme, les maladies rénales, le cancer et autres. Les ingrédients avoués, allaient de la graisse de serpent à l'acide sulfurique, du mercure à la réglisse. En 1879, Lydia Pinkham était la femme la plus connue des États-Unis grâce à son composé végétal pour les « douleurs féminines ». En 1886, le Coca-Cola contenait de la cocaïne et était vendu comme un remède pour guérir les maladies.

En 1905, un journaliste américain Samuel H. Adams publia une série d'articles dans l'hebdomadaire *Collier's Weekly* intitulés « La grande escroquerie américaine », dans lesquels il décrivait les fausses affirmations et les dangers possibles des remèdes de charlatans. Ses articles conduisirent le Congrès à promouvoir en 1906 l'acte *Pure Food and Drug*. Cet acte exigeait, entre autres choses, que les ingrédients soient inscrits sur les étiquettes des produits contenant alcool, cocaïne, héroïne, morphine et cannabis.

VOIR AUSSI Mithridate et Thériaque (100 ans av. J.-C.) et Effet placebo (1955).

Publicité (vers 1890) pour l'« huile du magicien Hamelin », un remède de charlatan américain, qui prétendait être actif sur tout : diphtérie, mal de gorge, cancer et diarrhée. Ses composants comprenaient : alcool, camphre, ammoniaque, chloroforme, sassafras, clous de girofles et térébenthine.

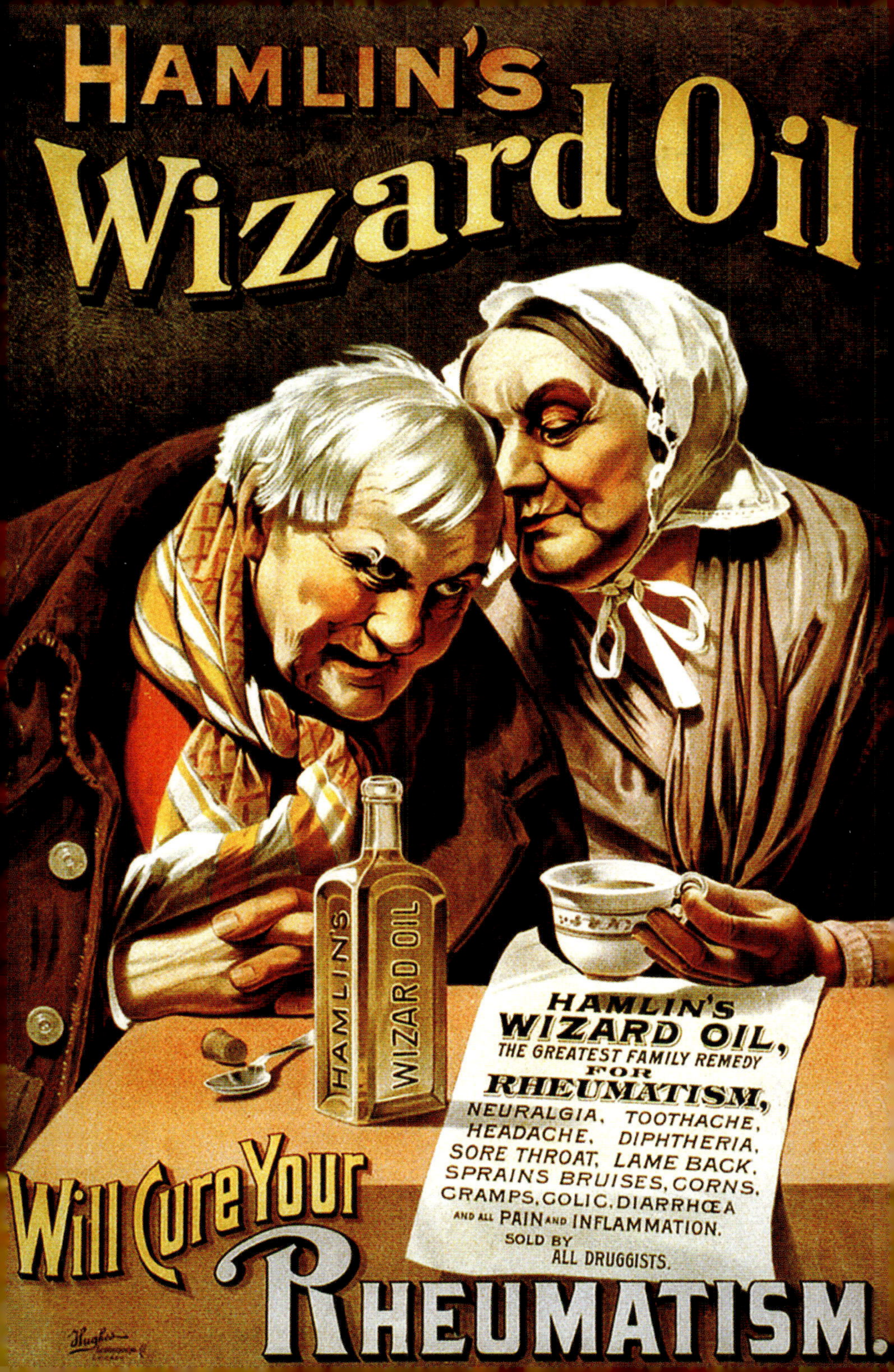
HAMLIN'S
Wizard Oil
HAMLIN'S
WIZARD OIL
HAMLIN'S
WIZARD OIL,
THE GREATEST FAMILY REMEDY
FOR
RHEUMATISM,
NEURALGIA, TOOTHACHE,
HEADACHE, DIPHTHERIA,
SORE THROAT, LAME BACK,
SPRAINS BRUISES, CORNS,
CRAMPS, COLIC, DIARRHŒA
AND ALL PAIN AND INFLAMMATION.
SOLD BY
ALL DRUGGISTS.
Will Cure Your
RHEUMATISM.

1906

Étiologie de la fièvre pourprée des Montagnes Rocheuses

Howard Taylor Ricketts (1871-1910)

Autrefois, les gens des vallées mouraient mystérieusement, consumés par une fièvre soudaine et empourprés d'une éruption rouge violette. Les fermiers pensaient que le mal s'attrapait en buvant l'eau obtenue de la neige fondue.

En 1906, le pathologiste américain Howard Ricketts entama dans l'ouest du Montana une quête dangereuse pour rechercher la cause de cette fièvre pourprée des Montagnes Rocheuses, qui apparaissait à chaque printemps. Il réalisa la plupart de ses recherches sous des tentes montées sur le terrain d'un hôpital de Bitterroot Valley. Par inoculation au cobaye, il prouva que le responsable de la maladie était une bactérie, appelée aujourd'hui *Rickettsia rickettsii* en son honneur. Il montra également qu'elle était transmise par la piqûre des tiques. En 1938, un laboratoire de Bitterroot Valley produisit un vaccin contre la fièvre pourprée, mais il n'était ni très efficace, ni pratique ; aujourd'hui les antibiotiques de la famille des cyclines ou le chloramphénicol permettent de guérir la maladie.

La fièvre pourprée des Montagnes Rocheuses est la rickettsiose la plus grave des États-Unis. Ses symptômes initiaux comprennent fièvre, maux de tête, douleurs musculaires, et sont suivis par une éruption qui débute aux poignets et chevilles et qui gagne le tronc. La bactérie infecte les cellules qui tapissent les vaisseaux sanguins, et peut ainsi affecter de nombreux organes. Bien que la recherche se soit localisée au départ à la région des Montagnes Rocheuses, la maladie est présente dans de nombreux états continentaux des États-Unis, et s'étend également au Canada et à l'Amérique Centrale et du Sud. Les deux plus importants vecteurs (transmetteurs) de la rickettsie sont la tique américaine du chien (*Dermacentor variabilis*) et la tique des bois des Montagnes Rocheuses (*Dermacentor andersoni*).

De nos jours, la maladie de Lyme est la maladie transmise par des tiques la plus courante de l'hémisphère Nord ; elle est causée par une bactérie du genre *Borrelia* et transmise par des tiques du genre *Ixodes*.

VOIR AUSSI Découverte du Sarcopte de la gale (1687), Étiologie du paludisme (1897), Étiologie de la maladie du sommeil (1902) et Étiologie de la fièvre jaune (1937).

Tique américaine du chien (Dermacentor variabilis), *vecteur de la fièvre pourprée des Montagnes Rocheuses.*

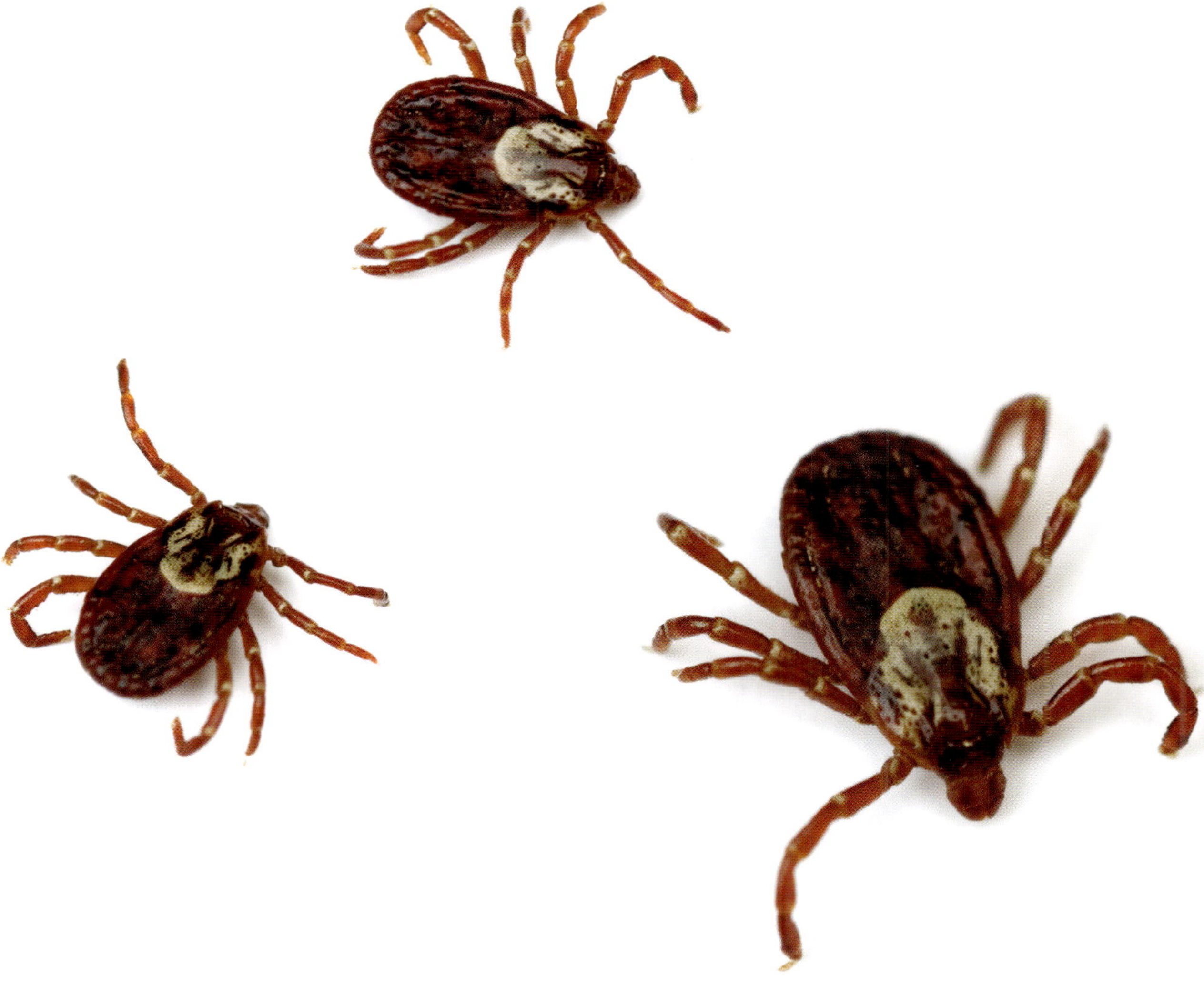

1907

La quarantaine de Marie Typhoïde

Mary Mallon (1869-1938), **George A. Soper** (1870-1948)

La mise en quarantaine, en 1907, de Marie Typhoïde marque une étape en médecine. Il s'agissait de la première personne en bonne santé apparente reconnue responsable d'une épidémie aux États-Unis. Son cas démontra en outre l'importance de l'épidémiologie dans les politiques de santé publique, et fut à l'origine de débats sur la justification sociale du confinement des porteurs de germes.

La fièvre typhoïde est une maladie infectieuse répartie sur tout le globe, transmise par la consommation de nourriture ou d'eau contaminées par une bactérie d'origine fécale, *Salmonella typhi*. Les symptômes incluent fièvre élevée, diarrhée ou constipation, perforation intestinale et la mort dans les cas sévères. La chloration des eaux de boisson aux États-Unis a diminué l'incidence de la typhoïde, qui, de nos jours, peut être traitée par divers antibiotiques. Certaines personnes peuvent être infectées par la bactérie et être contagieuses sans montrer le moindre symptôme. Le plus célèbre de ces « porteurs sains » fut Marie Mallon, plus communément connue sous le nom de Marie Typhoïde.

Née en Irlande, Marie, alors âgée de dix ans, émigra aux États-Unis et devint cuisinière dans des maisons des élites de New York. En 1906, l'ingénieur sanitaire George Soper eut l'attention attirée par la fréquence des cas de typhoïde dans les maisons où Mary cuisinait. Soper demanda des prélèvements de selles à Marie, qui le chassa avec une fourchette à découper ! Finalement, les médecins confirmèrent que Mary transmettait bien la typhoïde, et, en 1907, elle fut assignée en quarantaine dans une petite maison de North Brother Island, sur l'East River. Elle fut libérée en 1910 à la condition de ne pas reprendre son travail de cuisinière, avis qu'elle ne suivit pas, causant encore davantage de cas de typhoïde. Les historiens lui ont attribué plus de cinquante cas (avec au moins trois morts), mais ceux qu'elle avait infectés contaminèrent à leur tour probablement un plus grand nombre de personnes. Elle fut renvoyée sur son île, où elle passa le restant de sa vie.

VOIR AUSSI Un zoo en nous (1683), Les conditions sanitaires de la population ouvrière en Grande-Bretagne (1842), Semmelweis et le lavage des mains (1847), L'acte d'inspection des viandes de 1906 (1906) et Chloration de l'eau (1910).

Affiche d'époque attirant l'attention sur les dangers d'une manipulation incorrecte de la nourriture, et suggérant comment Marie Typhoïde disséminait la maladie.

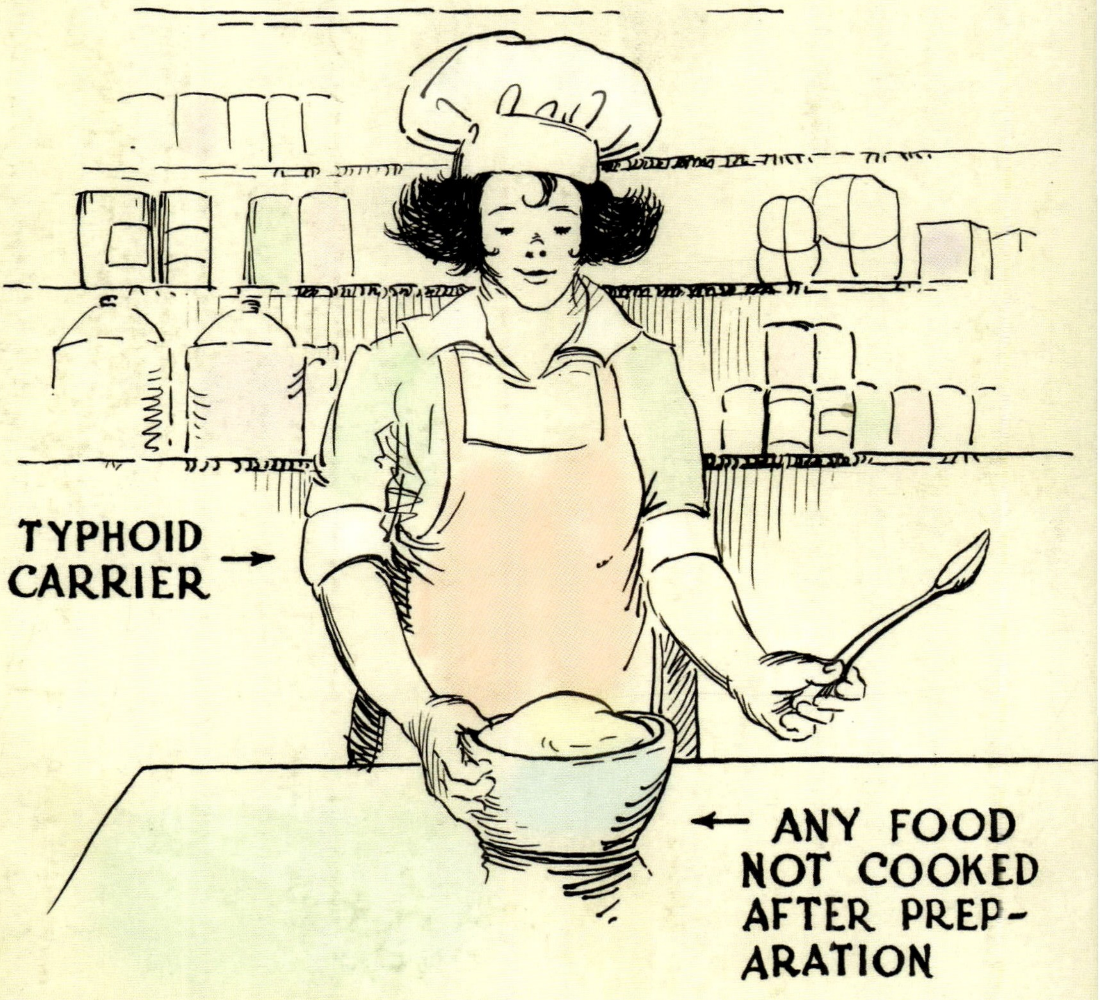

IN THIS MANNER THE FAMOUS "TYPHOID MARY" INFECTED FAMILY AFTER FAMILY

1907

Recherche de l'âme

Hérophile de Chalcédoine (335-280 av. J.-C.), **René Descartes** (1596-1650), **Duncan Mac Dougall** (1866-1920)

Les futuristes suggèrent qu'en apprenant davantage sur la structure du cerveau, les techniciens seront un jour capables de stimuler la pensée ou de la télécharger sur un ordinateur. Ces spéculations supposent une vision matérialiste selon laquelle la pensée provient de l'activité du cerveau. À l'opposé, le philosophe français René Descartes, au milieu du XVIIe siècle, supposait que l'esprit, ou « âme », existait séparément du cerveau, mais connecté à lui par un organe comme la glande pinéale (ou épiphyse), qui jouerait un rôle de portail entre le cerveau et la pensée. Le médecin grec Hérophile, en disséquant des cerveaux, localisa l'âme dans ses cavités, en particulier, dans le *calamus scriptorius*, une petite cavité dans le plancher du quatrième ventricule.

En 1907, le médecin américain Duncan Mac Dougall plaçait les patients mourant de tuberculose sur une balance, afin de détecter la baisse de poids au moment où l'âme quittait le corps. Au vu de ses résultats, Mac Dougall estima le poids de l'âme à vingt et un grammes. Malheureusement, ni Mac Dougall ni d'autres ne réussirent jamais à retrouver ce chiffre. Ces différentes conceptions sur la séparation de l'âme et de la matière correspondent à une philosophie dualiste de la pensée et du corps.

Une vue encore plus matérialiste de l'esprit et du corps suggérerait que nos pensées, notre mémoire et notre personnalité peuvent être altérées lorsque certaines régions du cerveau sont endommagées. Par exemple, une blessure du lobe frontal de l'hémisphère droit pourrait déclencher un intérêt soudain et passionné pour les restaurants fins et la bonne chère – un état appelé syndrome gourmand. Bien sûr, le dualiste Descartes pourrait arguer qu'un dommage du cerveau altère le comportement parce que l'esprit opère à travers le cerveau. Si nous supprimons le volant d'une voiture, la voiture se comporte différemment mais cela ne veut pas dire qu'il n'y a pas un conducteur à bord.

VOIR AUSSI Classement des nerfs crâniens (1664), Liquide céphalo-rachidien (1764), Psychologie analytique de Jung (1933), Prosopagnosie (1947), Épiphyse (1958), Expériences de mort imminente (1975) et Clonage humain (2008).

Psyché, personnage de la mythologie grecque personnifiant l'âme, représenté de façon allégorique avec des ailes.

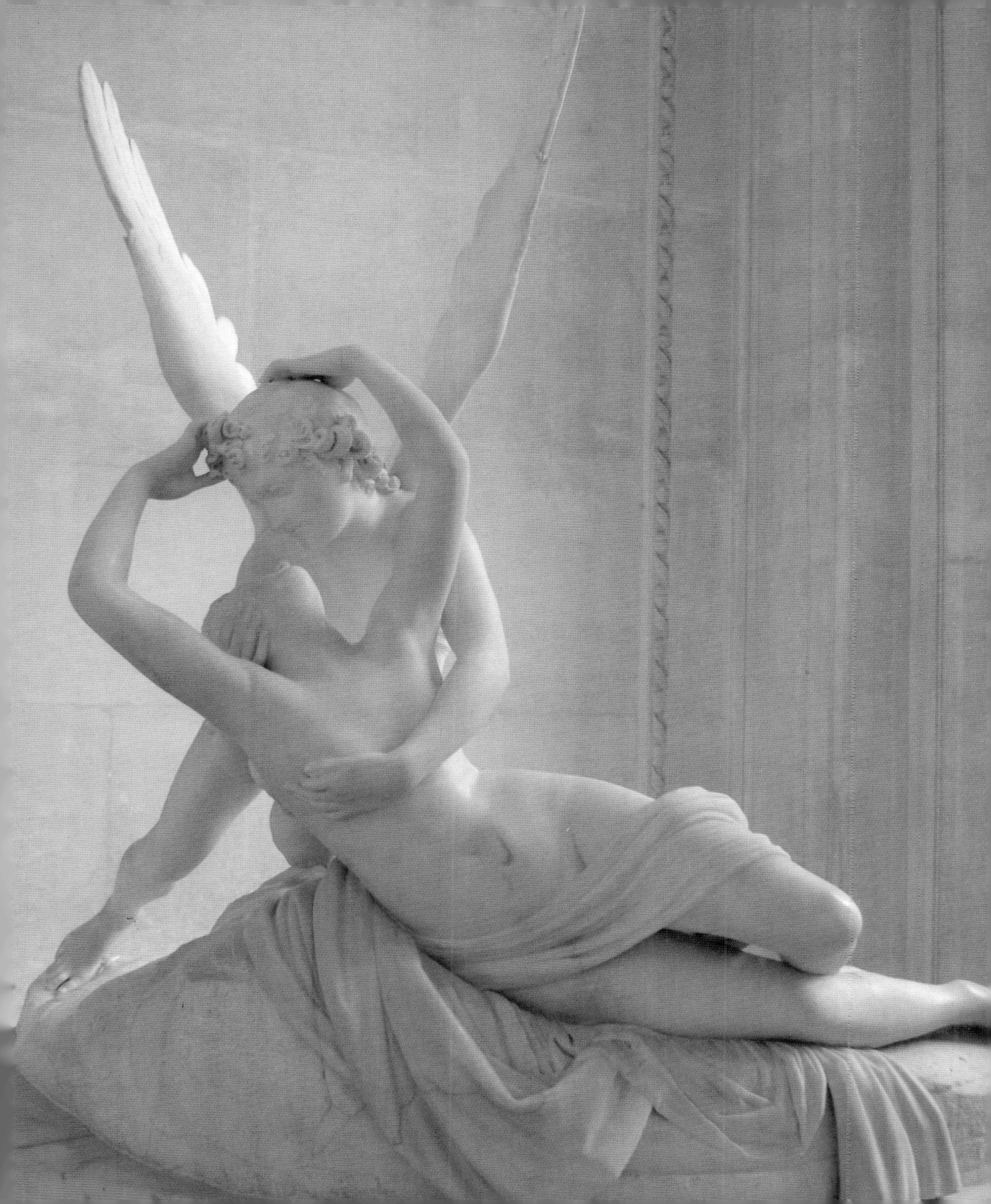

1910

Chloration de l’eau

Carl Rogers Darnall (1867-1941), **William J.L. Lyster** (1869-1947)

En 1997, le magazine Life annonçait : « La filtration de l’eau de boisson et sa chloration sont probablement les avancées les plus significatives du millénaire. » L’ajout de chlore, un élément chimique, à l’eau constitue un traitement efficace contre les bactéries, virus et amibes, et a joué un rôle déterminant dans la remarquable augmentation de la durée de vie dans les pays développés durant le XXe siècle. Par exemple aux États-Unis, les maladies d’origine hydrique, comme la typhoïde, sont devenues exceptionnelles depuis la chloration des eaux de boisson.

L’effet désinfectant du chlore était connu dès le XIXe siècle, mais le système de chloration des réseaux publics d’eau n’a pas été utilisé avant le début du XXe siècle. Vers 1903, la petite ville de Middelkerke en Belgique, adopta le chlore gazeux pour désinfecter l’eau potable, et, en 1908, le service des eaux de Jersey City, dans le New Jersey, eut recours à l’hypochlorite de sodium. En 1910, le brigadier-chef Carl Rogers Damall, chimiste et chirurgien de l’armée américaine, utilisa du gaz chloré liquéfié comprimé pour purifier l’eau des troupes sur les champs de bataille. Les idées de base de son invention d’un purificateur mécanique au chlore liquide sont aujourd’hui appliquées dans tout le monde développé. Le scientifique militaire Major William Lyster inventa le sac de toile Lyster contenant de l’hypochlorite de sodium utilisé pour le traitement de l’eau des troupes en campagne.

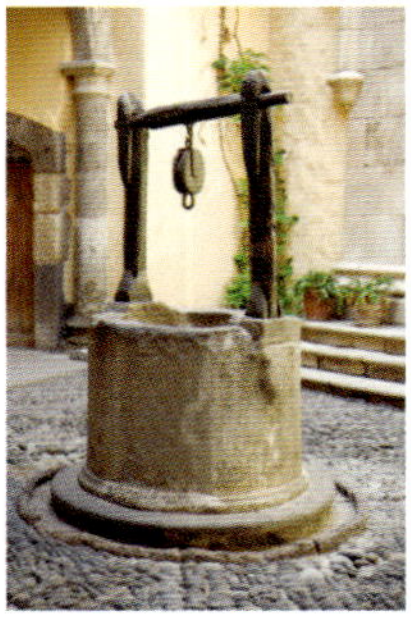

Le chlore utilisé lors de la désinfection de l’eau peut réagir avec des composés organiques présents dans l’eau pour former des trihalométhanes et des acides haloacétiques, potentiellement cancérigènes. Toutefois, le risque que représente ces composés est faible comparé au risque que représentent les maladies infectieuses d’origine hydrique. Des alternatives existent à la chloration, comme la désinfection à l’ozone, à la chloramine et à la lumière ultraviolette.

VOIR AUSSI Systèmes d’égouts (600 ans av. J.-C.), Les conditions sanitaires de la population ouvrière en Grande-Bretagne (1842), Origine microbienne des maladies (1862) et La quarantaine de Marie Typhoïde (1907).

À gauche : *puits dans un village médiéval espagnol.* À droite : *puits de la grande mosquée de Kairouan, Tunisie (carte postale de 1900, posée sur les motifs de la porte de la salle de prière). De nos jours, les puits sont périodiquement nettoyés avec une solution chlorée pour réduire les taux de bactéries.*

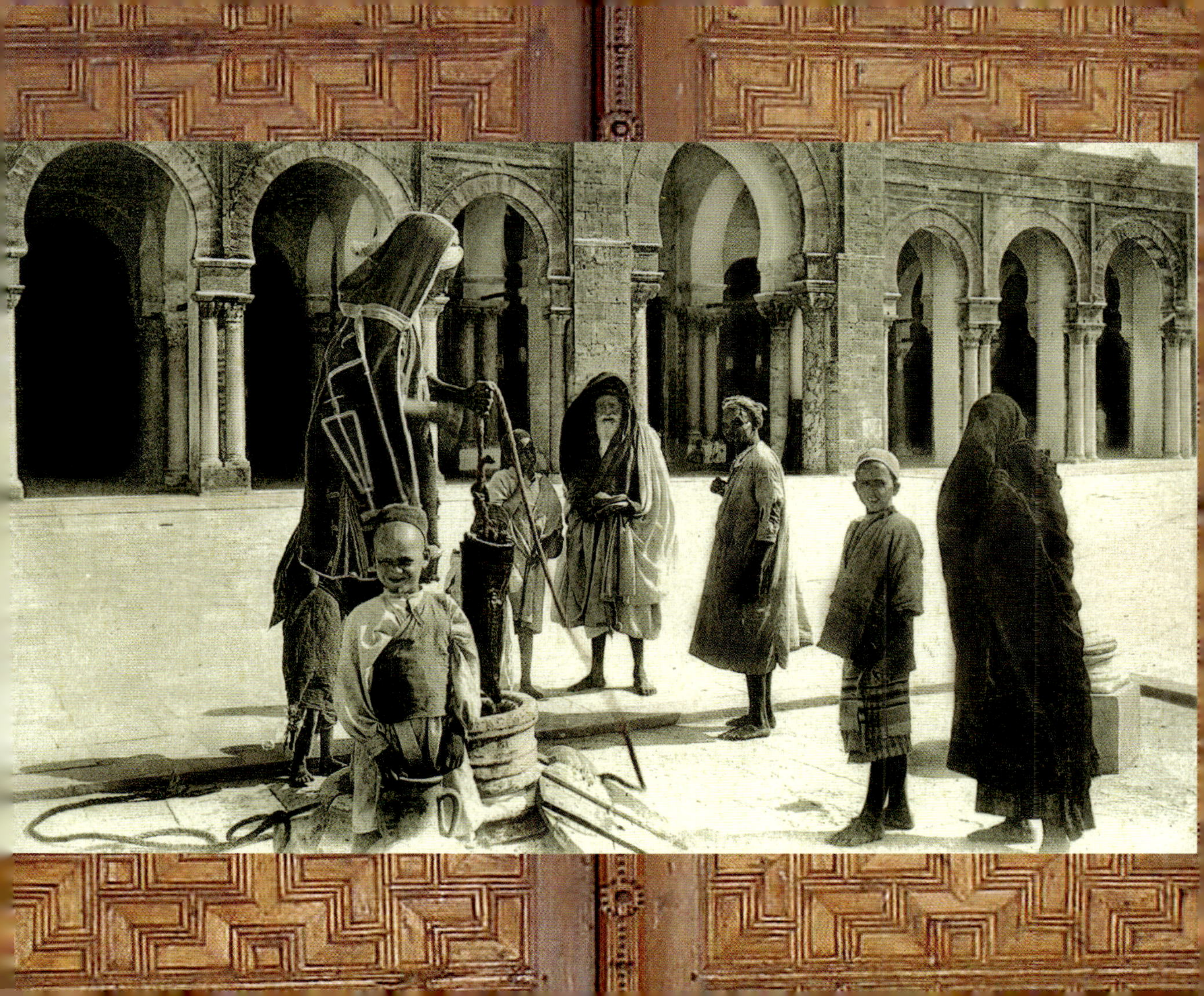

1910

Les balles magiques d'Ehrlich

Paul Ehrlich (1854-1915), **Sahachiro Hata** (1873-1938)

En 1900, il existait très peu de médicaments pour combattre les maladies infectieuses. Parmi eux, la célèbre quinine, utilisée à partir de 1630 par les Européens pour traiter le paludisme, maladie parasitaire causée par un protozoaire transmis par les moustiques. Le mercure avait été utilisé dès 1495 pour traiter la syphilis, une maladie bactérienne sexuellement transmissible, mais les traitements au mercure étaient très toxiques pour les patients. La recherche systématique de produits chimiques dotés d'une toxicité sélective contre les agents infectieux débuta sérieusement avec les travaux novateurs du médecin allemand Paul Ehrlich, l'un des fondateurs de la chimiothérapie moderne. Ehrlich recherchait ce qu'il appelait des balles magiques, c'est-à-dire des drogues fonctionnant comme des armes sélectives dirigées spécifiquement contre les récepteurs chimiques présents sur les agents infectieux et épargnant les cellules de l'hôte. Bien sûr, les travaux d'Ehrlich ne purent être développés qu'après la découverte de l'origine microbienne des maladies à la fin du XIXe siècle.

Ehrlich s'intéressait particulièrement aux dérivés arsenicaux pouvant être utilisés pour détruire *Treponema pallidum*, la bactérie responsable de la syphilis. Quotidiennement, Ehrlich dirigeait son armée de chercheurs pour tester les très nombreux composés arsenicaux mis au point. En 1909, le bactériologiste japonais Sahachiro Hata, un expert de l'étude de la syphilis du lapin qui travaillait dans le laboratoire d'Ehrlich, trouva une forte activité contre la syphilis au 606e composé arsenical testé. Ehrlich put annoncer au monde en 1910 la découverte du salvarsan, nom commercial du 606, qui était le premier succès concret de sa quête d'agents chimiothérapeutiques.

Curieusement, certains religieux s'opposèrent à l'emploi du salvarsan, au motif que les maladies vénériennes étaient des punitions envoyées par Dieu pour le rachat des pêchés. Dans les années 1940, la pénicilline permit de guérir la syphilis.

VOIR AUSSI Origine microbienne des maladies (1862), Étiologie du paludisme (1897), Pénicilline (1928), Sulfamides (1935), Chimiothérapie anticancéreuse (1946) et Transcriptase inverse et SIDA (1970).

La syphilis est une maladie sexuellement transmissible due au spirochète Treponema pallidum, *visible ici sous forme de longues cellules enroulées en spirale.*

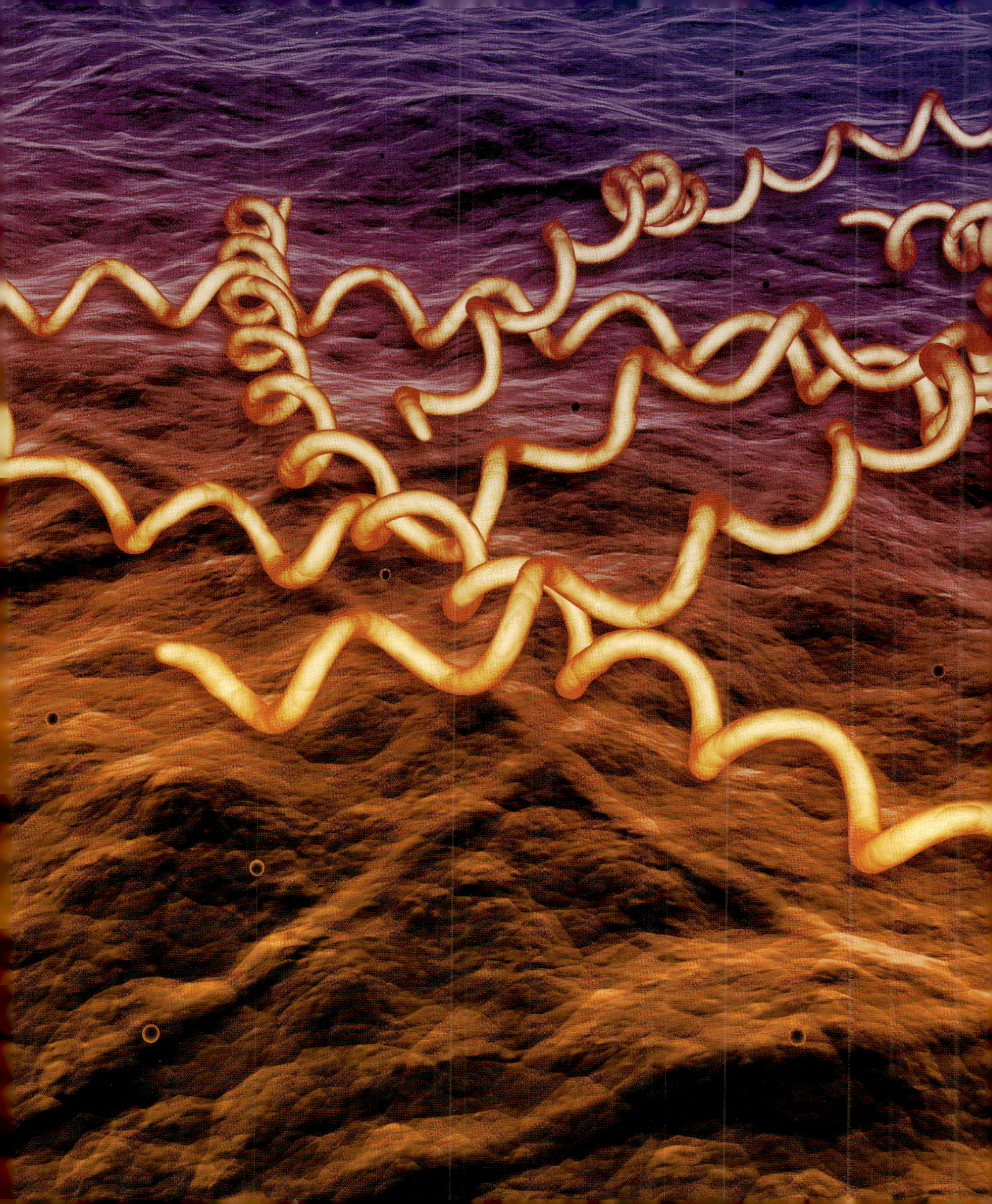

1910

Rapport Flexner sur l'enseignement de la médecine

Abraham Flexner (1866-1959)

En 1900, beaucoup de médecins des États-Unis étaient mal formés, car l'enseignement dans les écoles de médecine n'était pas organisé. Les critères d'admission étaient imprécis et seule était requise une formation antérieure dans un lycée.

La publication, en 1910, du rapport « Enseignement de la médecine aux États-Unis et au Canada », par l'éducateur américain Abraham Flexner, constitua un tournant dans l'histoire de la médecine en Amérique du Nord. Flexner visita toutes les cent cinquante-cinq écoles de médecine des États-Unis et du Canada. Si certaines, comme les écoles de médecine des universités Johns Hopkins ou Wake Forest, étaient dignes de louanges, d'autres écoles existantes étaient mauvaises. Il s'agissait de petites écoles privées commerciales, non affiliées à une faculté ou à une université, et animées par un petit nombre de médecins locaux peu informés des pratiques de pointe. Dans ces écoles, la dissection n'était pas au programme.

Flexner recommandait que les écoles de médecine exigent une formation acquise dans un lycée, avec au moins deux ans de faculté ou d'université consacrés à l'étude des sciences de base. Seulement seize des cent cinquante-cinq écoles existantes correspondaient aux recommandations du rapport. Il suggérait également que l'enseignement médical dure quatre années, deux consacrées aux sciences de base et deux à la formation clinique pratique. Après la publication de ce rapport, beaucoup d'écoles fermèrent, et en 1935, il ne restait plus que soixante-six écoles de médecine aux États-Unis. Un effet négatif du rapport Flexner fut la fermeture de petites écoles privées rurales, qui admettaient des Afro-américains, des femmes et des étudiants de catégorie modeste. À la suite de la publication du rapport Flexner, l'enseignement médical fut pratiquement réservé aux hommes, blancs et des classes supérieures. Un test standardisé d'admission dans les collèges de médecine fut instauré en 1928. L'enseignement médical qui est dispensé aujourd'hui aux États-Unis trouve ses racines dans les recommandations de Flexner.

VOIR AUSSI Hôpitaux (1784), Les femmes étudiantes en médecine (1812), Association médicale américaine (1847) et Chirurgie de Halsted (1904).

John Morgan Hall de l'École de médecine de l'Université de Pennsylvanie, fondée en 1765. Ce fut la première école de médecine des colonies américaines.

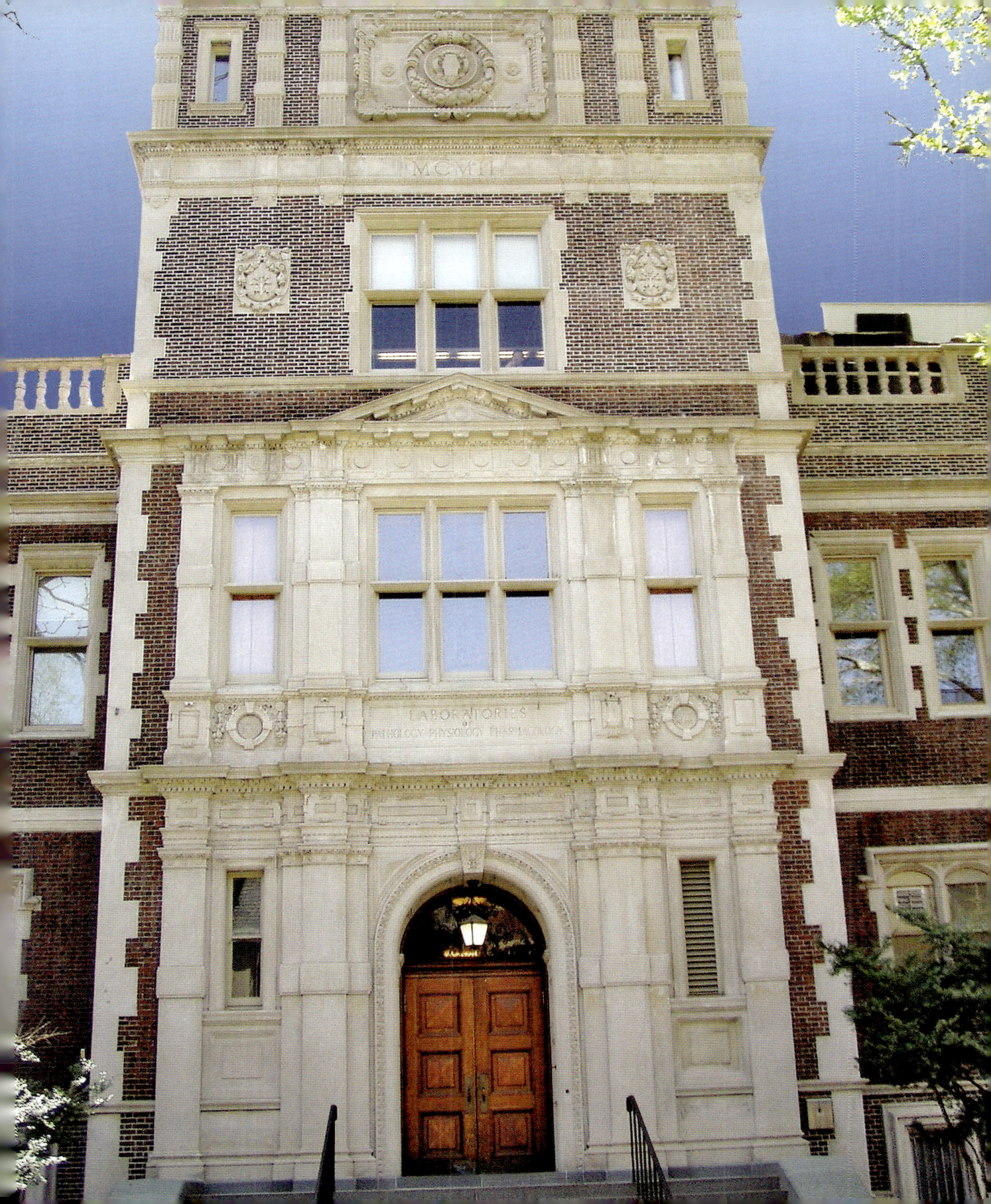
MCMII
LABORATORIES

1914

Rhume banal

Gaius Plinius Secundus (connu sous le nom de Pline l'Ancien ; 23-79) **Ibn al-Quff** (1233-1286), **Samuel Auguste Tissot** (1728-1797), **Walther Kruse** (1864-1943)

Le rhume banal est une infection virale des voies respiratoires supérieures qui peut être causée par une centaine de rhinovirus et de coronavirus différents. Les rhumes coûtent chaque année des milliards de dollars, entre les consultations, les médicaments et les journées de travail perdues. Il n'y a pas de traitement spécifique, bien que de très nombreux médicaments soient utilisés pour diminuer les symptômes, qui comprennent congestion et écoulements du nez et mal de gorge.

Une amusante diversité de traitements du rhume existe depuis l'Antiquité. L'auteur romain Pline l'Ancien conseillait un mélange d'urine de jaguar et de fèces de lièvre. Le médecin syrien Ibn al-Quff recommandait l'application d'un fer chaud sur la tête. Le médecin suisse Samuel Tissot traitait les rhumes sévères par des saignées.

En 1914, le bactériologiste allemand Walther Kruse démontra l'origine virale des rhumes : il fit inhaler des sécrétions nasales (dépourvues de bactéries) de patients enrhumés à des volontaires qui attrapèrent un rhume. Habituellement, le rhume se transmet par les gouttelettes projetées dans l'air lors des éternuements.

Après l'isolement des rhinovirus en 1956, les médecins ont reconnu qu'ils étaient les causes les plus communes des rhumes. Les vaccins contre le rhume banal sont difficiles à préparer car les virus mutent fréquemment en passant d'une personne à une autre. Lorsque les rhinovirus infectent la muqueuse du naso-pharynx, les macrophages interviennent dans les mécanismes de défense et déclenchent la production de cytokines inflammatoires qui ensuite provoquent la production de mucus. Les bradykinines causent le mal de gorge et l'irritation nasale.

La grippe, une maladie similaire causée par des souches de virus grippal, peut être beaucoup plus grave car ce virus affecte la partie basse du tractus respiratoire. Le syndrome aigu respiratoire sévère (SARS), causé par un coronavirus, est une autre maladie virale respiratoire pouvant être grave.

VOIR AUSSI Saignée (1 500 ans av. J.-C.), Découverte des virus (1892), Allergies (1906), Stanley et l'invasion des cristaux (1935) et Antihistaminiques (1937).

Image de synthèse de rhinovirus humain, l'une des causes du rhume banal.

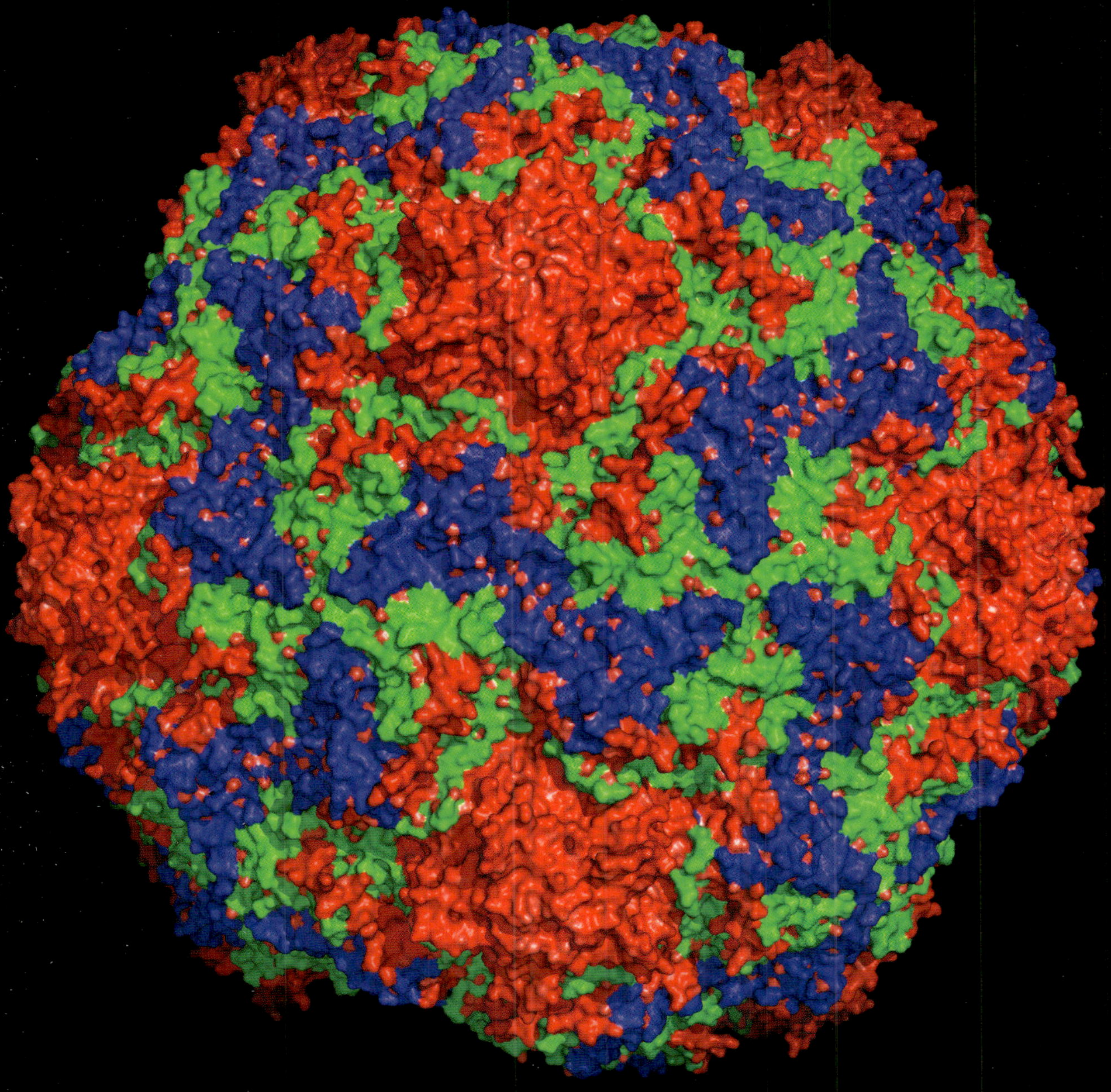

1914

Dentifrice fluoré

James Crichton-Browne (1840-1938), **Frederick S. McKay** (1874-1959), **Henry Trendley Dean** (1893-1962)

Les Grecs et les Romains anciens, les Chinois et les Indiens utilisaient des dentifrices refermant une étonnante variété de produits abrasifs, allant de la poudre de sabots de bœufs à la cendre de coquilles d'œufs, en passant par des os pilés, du charbon de bois pulvérulent et des coquilles d'huîtres. Des préparations anglaises du XIXe siècle associaient craie, brique pulvérisée, sel et pain grillé. En 1892, le médecin britannique James Crichton-Browne observa que des régimes déficients en fluorures (composés contenant l'élément fluor) s'accompagnaient d'une élévation du taux de caries dentaires. Un brevet de dentifrice fluoré fut déposé en 1914.

Aujourd'hui nous savons que la consommation de sucre entraîne une multiplication des bactéries avec accroissement de l'acidité responsable de la déminéralisation de l'émail des dents. Les fluorures réduisent la déminéralisation et produisent un vernis fluoré plus résistant à l'acide que l'émail originel.

La fluoration de l'eau potable aux États-Unis est à mettre au crédit du dentiste américain Frederick McKay, qui avait observé chez ses patients, à Colorado Springs en 1901, une absence presque totale de caries qu'il démontra liée à la concentration naturellement élevée d'ions fluorure dans l'eau de boisson. En 1945, le chercheur américain en odontologie H. Trendley Dean et ses collègues expérimentèrent la fluoration des eaux à Grand Rapides (Michigan) avec pour résultat une diminution significative des caries. Semblable effet fut obtenu à partir de 1987 en Jamaïque par la fluoration du sel de table.

Selon les Centres américains de contrôle et de prévention des maladies, la fluoration de l'eau, entrée en vigueur officiellement aux États-Unis en 1951, est l'une des dix réussites de santé publique du XXe siècle. Certains critiquent toutefois l'aspect non éthique de ce traitement médical imposé sans consentement.

VOIR AUSSI Roulette dentaire (1864) et Chloration de l'eau (1910).

« Le désordre et le tartre épouvantent l'amour ». Extrait de Le dentiste des dames, *du docteur Joseph Le Maire, 1818, Paris.*

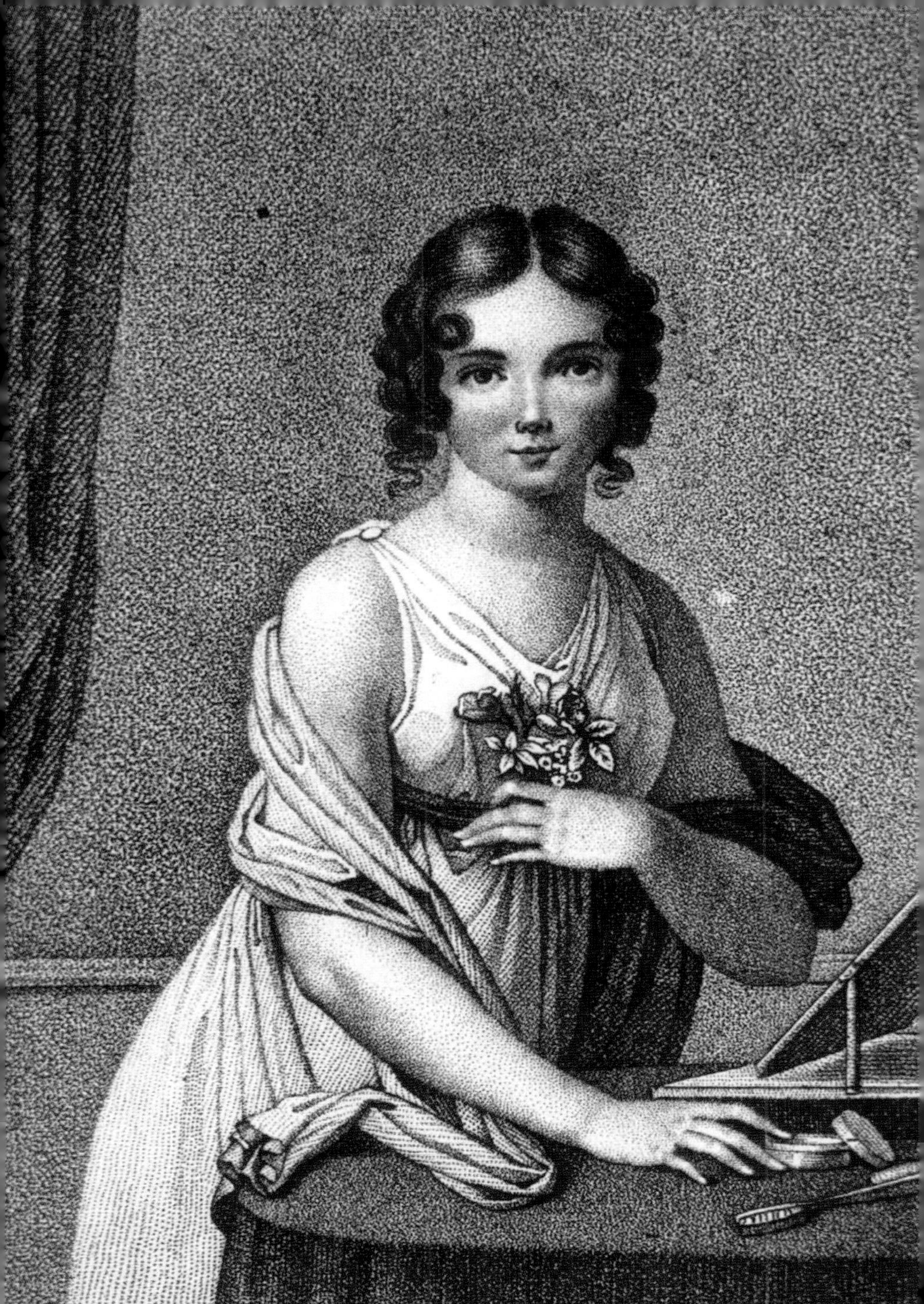

Avez de votre bouche un grand soin chaque jour

1921

Neurotransmetteurs

Otto Loewi (1873-1961), **Henry Hallett Dale** (1875-1968)

En 1921, le pharmacologiste allemand Otto Loewi observa qu'en stimulant de façon répétitive le nerf vague du cœur d'une grenouille, il obtenait le ralentissement du rythme cardiaque. Il recueillit le liquide dans lequel baignait ce cœur et le transféra dans le liquide dans lequel baignait le cœur d'une seconde grenouille, mais déconnecté du nerf vague. Ce second cœur se mit alors à battre plus lentement. Loewi en conclut qu'une substance neurochimique (plus tard appelée acétylcholine, et antérieurement étudiée en 1914 par le physiologiste anglais Henry Dale) avait été libérée par le nerf vague pour contrôler le rythme cardiaque. Il en déduisit que les nerfs pouvaient envoyer des « messages » par l'intermédiaire de neuromédiateurs chimiques. Il obtint le prix Nobel en 1936 pour cette découverte.

Considérons deux neurones voisins, séparés par un petit espace appelé fente synaptique. L'activité électrique du neurone pré-synaptique déclenche la libération par ce neurone d'un neurotransmetteur chimique stocké dans de petits sacs (vésicules). Ce médiateur chimique diffuse dans le milieu jusqu'aux récepteurs du neurone post-synaptique. Suivant le type de récepteur, le neurotransmetteur peut exciter le neurone post-synaptique (tendant à déclencher un potentiel d'action) ou l'inhiber (l'empêchant d'envoyer un signal).

De nombreux neurotransmetteurs ont été découverts depuis l'oxyde nitrique (gaz) et la béta-endorphine (neuromédiateur peptidique qui se lie aux récepteurs opioïdes, assurant un à coup émotionnel) jusqu'au glutamate. Le glutamate excite les neurones postsynaptiques tandis que l'acide gamma-aminobutyrique inhibe l'excitation neuronale. De nombreux tranquillisants exacerbent les effets du GABA. L'acétylcholine transmet des signaux des neurones moteurs aux muscles. Les niveaux de dopamine jouent un rôle dans la maladie de Parkinson et la schizophrénie. La cocaïne bloque la réabsorption de dopamine dans le neurone pré-synaptique, laissant le neurotransmetteur plus longtemps dans le milieu et augmentant ainsi son effet. La sérotonine régule le sommeil, la mémoire et l'humeur.

VOIR AUSSI Théorie du neurone (1891), Découverte de l'adrénaline (1893), Facteur de croissance des nerfs (1948), Antipsychotiques (1950), Tabac et cancer (1951) et Levodopa dans la maladie de Parkinson (1957).

Photographie colorisée en microscopie électronique à transmission d'une plaque motrice (jonction neuromusculaire), montrant une terminaison axonale (au centre en jaune) séparée de la fibre musculaire (à gauche en bleu) par l'espace synaptique. Sous l'effet de l'influx nerveux, les nombreuses petites vésicules (vertes) de l'axone libèrent le neurotransmetteur dans l'espace synoptique d'où il gagne les récepteurs musculaires, permettant l'excitation de la fibre musculaire.

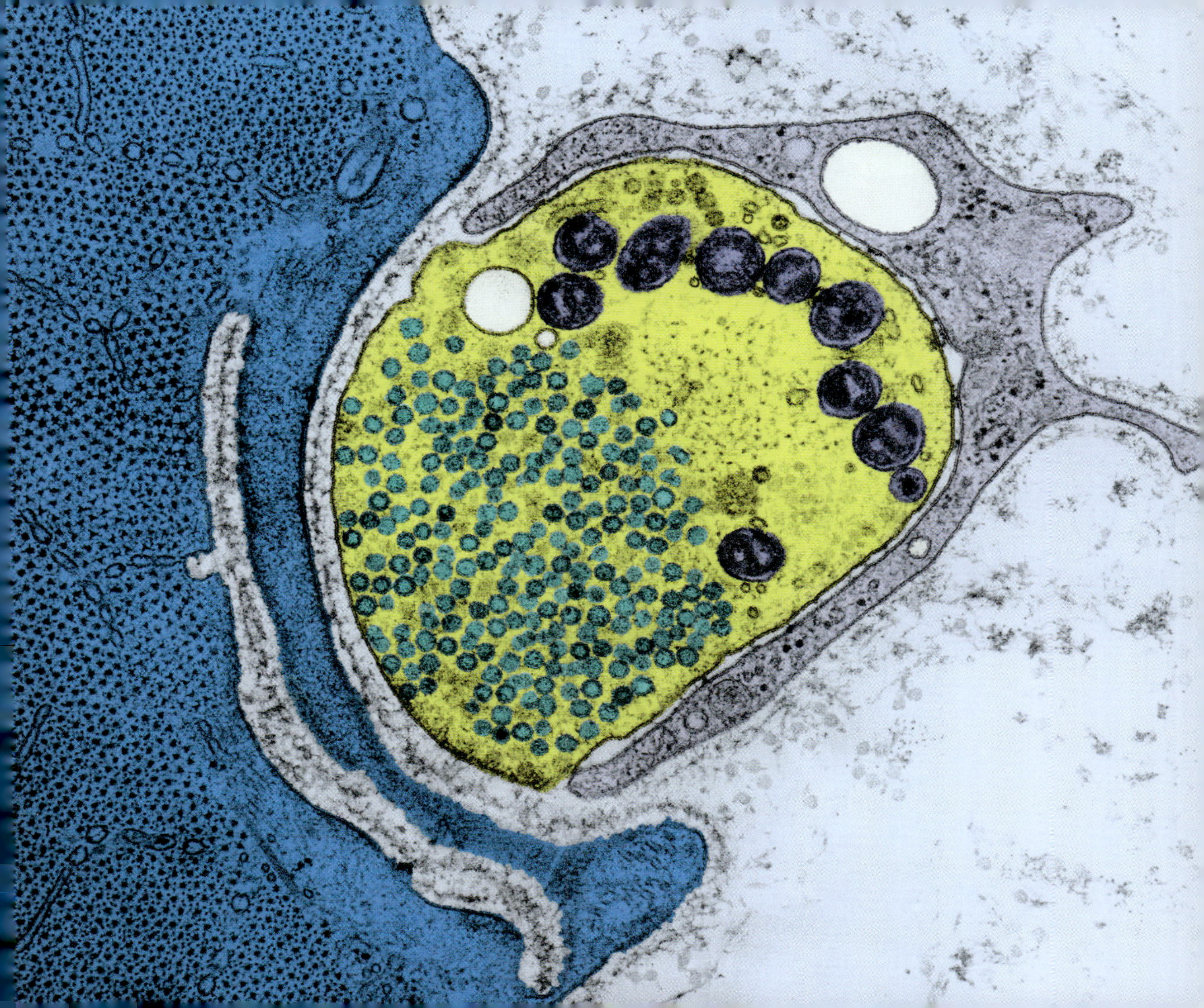

1916

Héparine

William Henry Howell (1860-1945), **Jay Mc Lean** (1890-1957), **Charles Herbert Best** (1899-1978)

L'héparine est un puissant anticoagulant sanguin (drogue inhibant la formation du caillot) qui a joué un rôle primordial dans le développement de la chirurgie à cœur ouvert, des transplantations d'organes, de la dialyse rénale et des transfusions sanguines. Elle est aussi employée dans le traitement de la thrombose (formation de caillots dans les vaisseaux sanguins, qui peut être mortelle quand elle bloque le flux sanguin dans le poumon). L'héparine est aussi employée pour enduire la surface des appareils médicaux qui peuvent être en contact avec le sang. De nos jours, l'héparine peut être extraite de tissus animaux, comme les intestins de porc ou les poumons de vaches. Cette molécule se retrouve au sein de tout le règne animal, même chez les langoustes et les palourdes qui n'ont pas de système de coagulation sanguine. Ceci laisse penser que l'héparine pourrait avoir d'autres propriétés.

L'héparine est un polysaccharide (une longue molécule composée de répétitions d'unités de base) naturellement produit par certaines cellules blanches du sang. Bien que l'héparine ne dissolve pas les caillots existants, elle les empêche de s'agrandir et prévient la formation de nouveaux caillots. L'un des modes d'action de l'héparine est de se lier avec l'antithrombine III, une petite protéine, provoquant l'inhibition de la thrombine, une protéine de coagulation.

L'héparine est une des plus anciennes drogues utilisées. Les premières recherches sur les effets de l'héparine débutèrent en 1916, lorsque les chercheurs américains Jay Mc Lean et William Howell étudièrent les composés anticoagulants trouvés dans le foie des chiens. Entre 1933 et 1936, le chercheur canadien Charles Best et ses collègues développèrent une méthode de production des types d'héparine sûre pour l'usage sur les humains.

De nos jours, l'héparine a une grande variété d'utilisations, allant de gels topiques pour le traitement des blessures du sport, dans lesquelles elle bloque l'histamine et réduit l'inflammation, à la couverture des cathéters (fins tubes de plastique) et des composants des appareils cœur-poumon artificiels.

VOIR AUSSI Traitement par les sangsues (1825), Transfusion sanguine (1829), Aspirine (1899), Dialyse (1943) et Cœur-poumon artificiel (1953).

Représentation schématique de la structure tridimensionnelle de l'héparine. Dans ce type de modèle, l'héparine présente une conformation hélicoïdale.

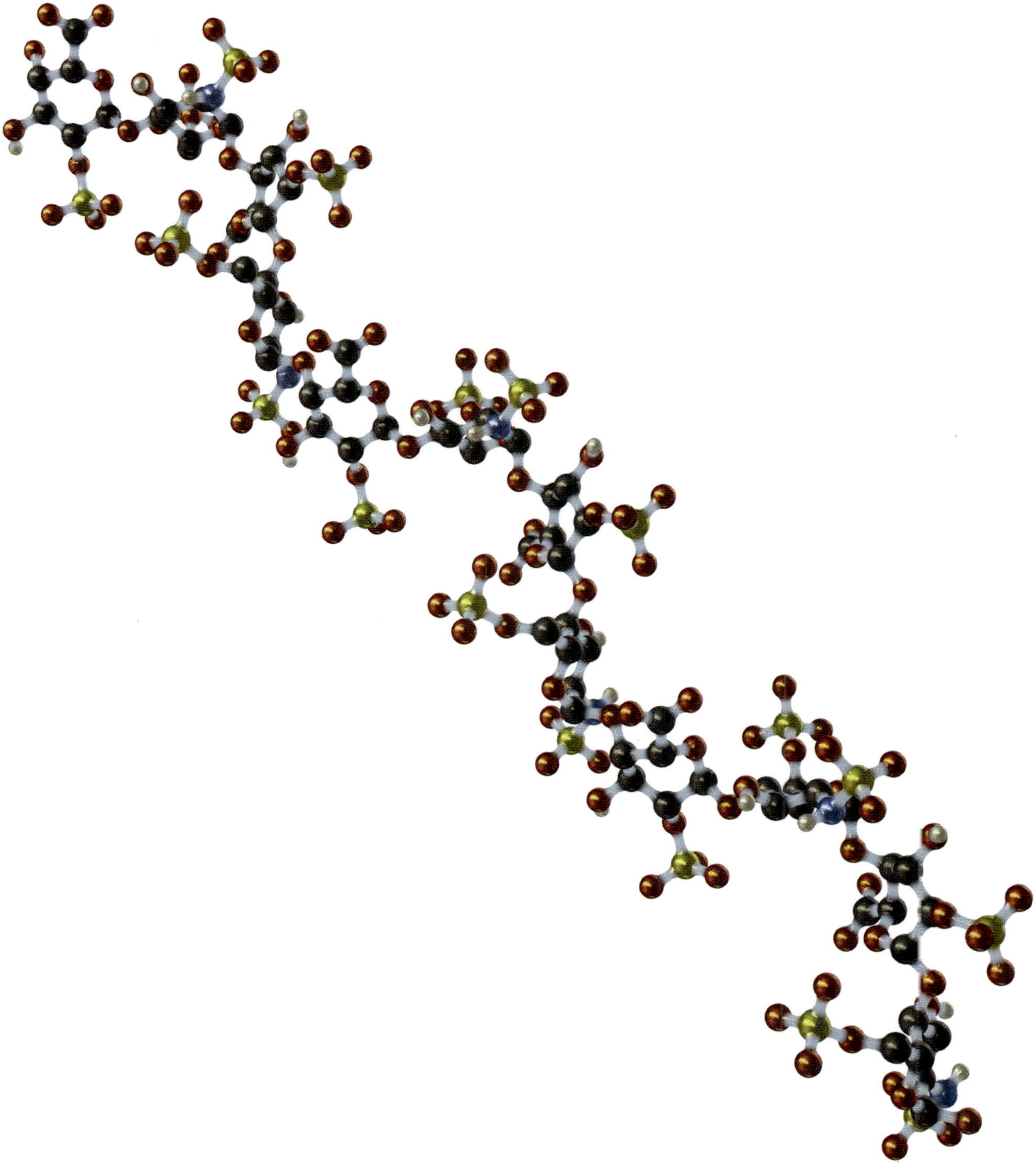

1920

Pansement adhésif

Earle Dickson (1892-1961)

Autrefois, les guérisseurs traitaient les blessures et les coupures de la peau en les recouvrant de divers matériaux : un vêtement, une toile d'araignée, du miel, et même de la bouse. Jusqu'à la théorie de l'origine microbienne des maladies, à la fin du XIXe siècle, les médecins ne pensaient pas que les blessures devaient être protégées des germes infectieux. Avant que le pansement chirurgical de gaze et coton ne devienne courant, la sciure pressée était souvent utilisée pour couvrir les blessures dans les hôpitaux américains.

Aujourd'hui, il est impossible d'imaginer traiter nos coupures de la peau sans pansement adhésif. « Band-Aid » est un nom de marque de la compagnie américaine Johnson & Johnson (J&J), dans laquelle le pansement adhésif fut inventé en 1920 par un employé, Earle Dickson. Celui-ci appliquait souvent des pansements temporaires sur les coupures et les brûlures de sa femme Joséphine, sujette à accidents ; il fixait la gaze à sa blessure avec un ruban adhésif. Pour se rendre la vie plus facile, Dickson eut l'idée de placer une série de tampons de gaze au milieu de toute la longueur d'un rouleau de bande adhésive. Pour empêcher la bande de se coller sur elle-même, et pour conserver les pansements propres, il appliqua une couche de tissu sur la surface adhésive. Joséphine n'avait qu'à couper des bandes sur le rouleau.

Dickson finit par convaincre J&J de commercialiser ces nouveaux pansements. Ils se vendirent assez mal au début, en partie parce qu'ils étaient proposés sous un format peu pratique (7,6 cm de large sur 64 cm de long). Mais l'intérêt du public augmenta au fur et à mesure que des tailles différentes furent proposées, et après que J&J aient offert des pansements gratuits aux boy-scouts américains au cours d'une émission publicitaire. La production s'accrut encore grâce à leur usage durant la Seconde Guerre mondiale, et, en 1958, les pansements en vinyle furent introduits. Dickson devint vice-président de la compagnie et aujourd'hui ce sont plus de 100 milliards de pansements adhésifs qui ont été vendus.

VOIR AUSSI Le poteau des barbiers (1210), Plâtre chirurgical (1851), Origine microbienne des maladies (1862), Antiseptiques (1865), Gants chirurgicaux en latex (1890) et Asticothérapie (1929).

Achille pansant Patrocle atteint par une flèche. Médaillon d'un kylix attique à figures rouges, vers 500 av. J.-C. Provenance : Vulci.

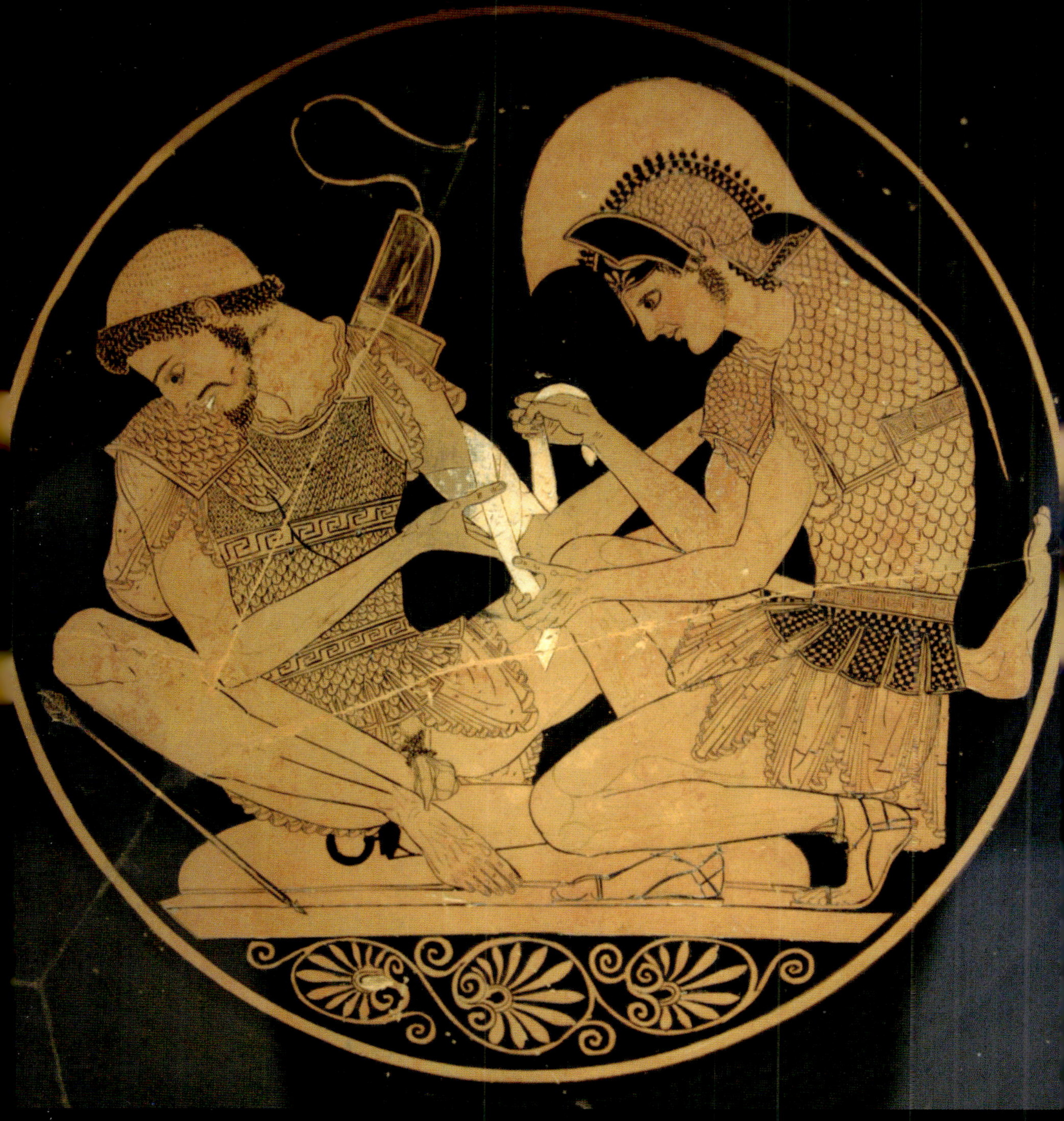

1921

Hormone de croissance humaine

Oskar Minkowski (1858-1931), **Joseph Abraham Long** (1879-1953), **Herbert McLean Evans** (1882-1971)

L'utilisation de l'hormone de croissance humaine (HCH) a provoqué des débats durant des décennies, et certaines de ses applications sont un exemple de l'emploi d'un traitement médical pour résoudre un problème non médical. Les hommes nettement plus petits que la moyenne (1,76 mètre pour les Américains), ont un risque élevé d'abandonner l'école, de s'adonner à la boisson, de tomber malade ou d'être déprimés. Ils ont moins de chances de se marier et d'avoir des enfants que les hommes plus grands et leurs salaires ont tendance à être aussi modestes que leur taille. Lorsque ces méthodes de traitement ont été mises à disposition, des parents ont fait bénéficier leurs enfants, à la limite d'une taille normale, d'injections coûteuses d'HCH.

L'HCH est secrétée par la glande pituitaire, ou hypophyse, qui a environ la taille d'un pois et est localisée à la base du cerveau. L'administration d'HCH à des individus déficients de cette hormone, peut non seulement accroître leur taille, mais également les faire mincir, augmenter leur énergie et améliorer le fonctionnement de leur système immunitaire. L'hypophyse libère de l'HCH toute la journée, avec une forte impulsion environ une heure après l'endormissement. Les exercices violents déclenchent sa sécrétion. L'HCH aide le foie à produire l'IGF-1 (un facteur de croissance), qui, à son tour stimule la croissance des muscles, des os et d'autres tissus. Un défaut d'HCH génère le nanisme, un excès produit l'acromégalie, avec un épaississement des mâchoires et des doigts.

En 1887, le chercheur lituanien Oskar Minkowski observa que les tumeurs hypophysaires étaient associées à une acromégalie. En 1921, les chercheurs américains Herbert Evans et Joseph Long augmentèrent la croissance de rats en leur injectant des extraits hypophysaires. Dans les années 1960, des enfants commencèrent à être traités avec de l'HCH obtenue d'hypophyses de cadavres, et l'une des premières applications du génie génétique dans les années 1980 fut la production d'HCH par des bactéries contenant des gènes humains pour cette hormone.

VOIR AUSSI Chirurgie de la thyroïde (1872), Découverte de l'adrénaline (1893) et Épiphyse (1958).

Modèle moléculaire de l'hormone de croissance humaine. Les rubans spiralés violets représentent les hélices-alpha faites d'acides aminés.

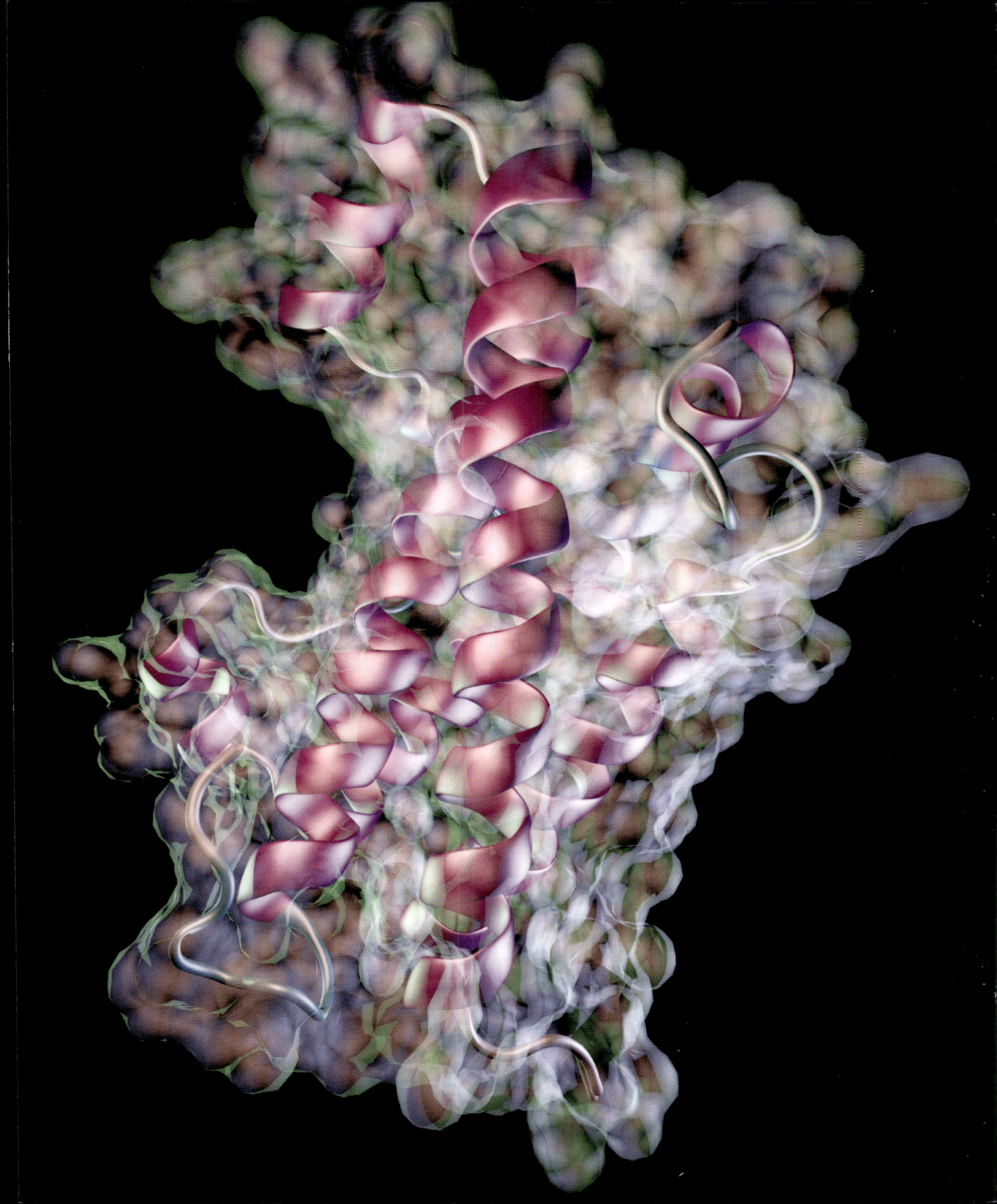

1922

Éradication du rachitisme

Elmer Verner McCollum (1879-1967), **Edward Mellanby** (1884-1955)

Le rachitisme est une maladie qui ramollit les os (par insuffisance de calcification) et se caractérise par des jambes arquées et une tendance accrue aux fractures. À la fin du XIXe siècle, les médecins britanniques avaient noté que la migration des familles des régions côtières vers les villes industrielles brumeuses s'était accompagnée d'une forte élévation de l'incidence du rachitisme. En 1919, le médecin britannique Edward Mellanby réussit à induire le rachitisme chez des chiens élevés en intérieur et soumis à un régime monotone à base de porridge. Il guérit ces chiens en leur donnant de l'huile de foie de morue, montrant que le rachitisme avait une cause nutritionnelle. Il postula que la vitamine A présente dans l'huile devait être la substance nutritive essentielle.

Peu après, le biochimiste américain Elmer McCollum obtint également la guérison du rachitisme avec une huile dans laquelle la vitamine A avait été neutralisée. En 1922, il nomma vitamine D le composé également présent dans l'huile, mais distinct de la vitamine A. En 1923, d'autres chercheurs mirent en évidence dans la peau un précurseur de la vitamine D (le 7-dehydrocholestérol) qui se transforme en vitamine D sous l'action du soleil ou des ultra-violets.

En principe, la vitamine D n'est pas une vitamine essentielle, puisqu'elle peut être synthétisée par le corps lorsqu'il est exposé au soleil ; elle est plus précisément classée dans le groupe des hormones stéroïdiennes. La vitamine D gagne le foie où elle est convertie en une prohormone, le calcidiol, puis le rein, où certaines cellules blanches du sang transforment le calcidiol circulant en calcitriol, forme active de la vitamine D. Lorsqu'il est synthétisé par les cellules blanches, le calcitriol renforce la réponse immunitaire. Le calcitriol circulant se lie aux récepteurs de la vitamine D dans les intestins, les os, les reins et les glandes parathyroïdes, ce qui régule les niveaux de calcium et phosphore dans le sang et contribue au maintien du calcium dans les os. La vitamine D peut aussi induire une libération du calcium des os en cas de régime alimentaire déficitaire en calcium.

VOIR AUSSI Le Traité du scorbut (1753), Découverte des vitamines (1906) et Traitement par le foie (1926).

Radiographie d'un enfant de deux ans souffrant de rachitisme, montrant la courbure caractéristique des os des jambes.

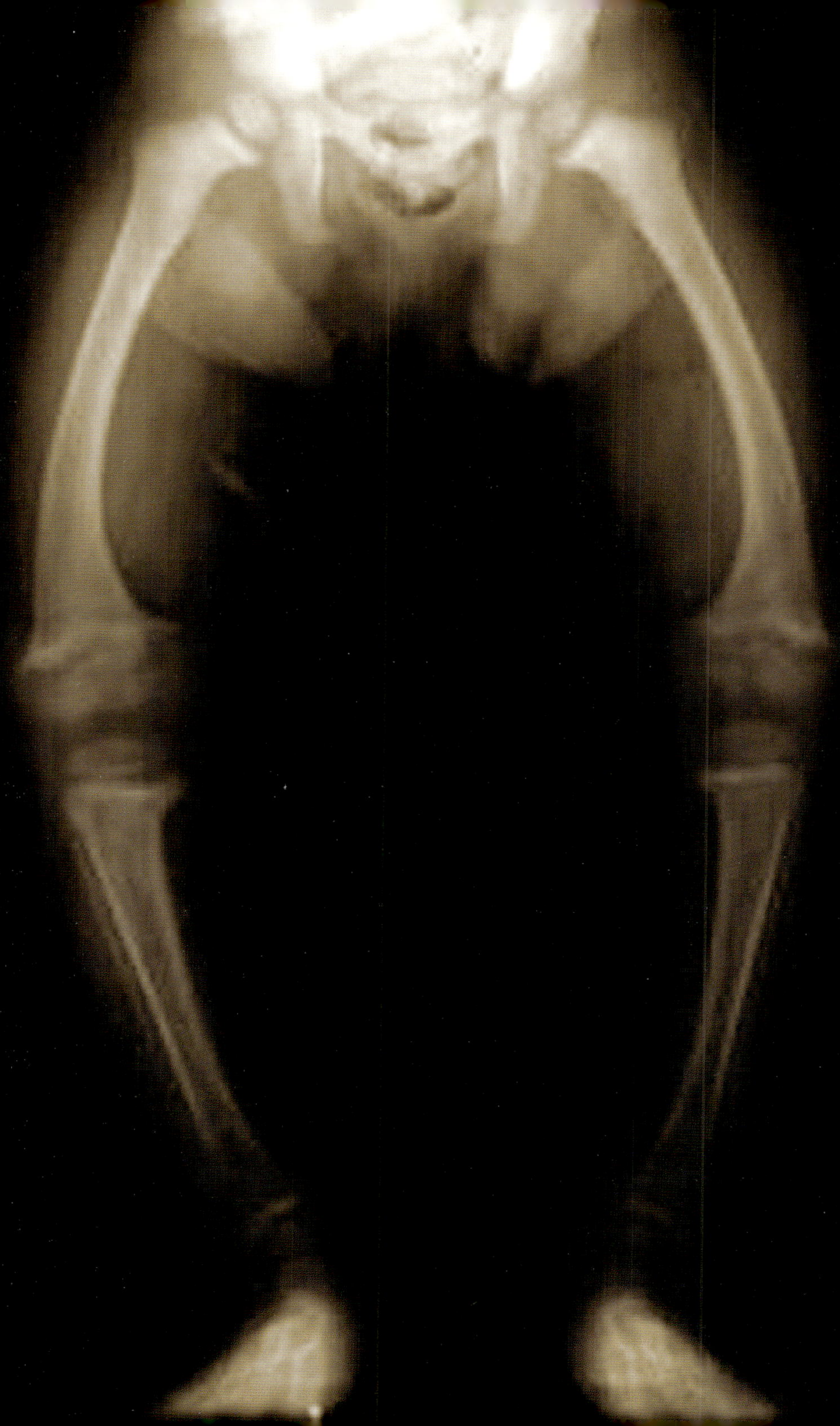

Commercialisation de l'insuline

Sir Frederick Grant Banting (1891-1941), **Charles Herbert Best** (1899-1978)

La production commerciale de l'insuline en 1922 fut la plus grande avancée de la thérapeutique médicale depuis l'introduction de l'antisepsie cinquante ans plus tôt. L'insuline est une hormone qui contrôle la capacité des cellules de notre organisme à utiliser le glucose du sang comme source d'énergie. Elle est produite par les régions du pancréas appelées ilots de Langerhans. Le diabète sucré résulte d'un défaut de production d'insuline. Les patients avec un diabète de type 1 nécessitent un apport d'insuline sous forme injectable. Ceux qui ont un diabète de type 2 ont une résistance à l'insuline, qui devient moins efficace à faire baisser le taux de sucre dans le sang. Le diabète de type 2 peut, en général, être contrôlé par un régime, de l'exercice et d'autres produits.

En 1921, le médecin canadien Frederick Banting et son assistant Charles Best isolèrent un extrait des ilots pancréatiques d'un chien et l'injectèrent à un chien en train de mourir d'une ablation du pancréas. Banting décrit « sa joie en ouvrant la porte de la cage de voir le chien, qui antérieurement était incapable de marcher, sauter sur le plancher et courir dans la pièce à la suite de l'injection de l'extrait ». Le chien survécut parce que l'extrait lui apportait l'insuline pour contrôler ses taux sanguins de glucose. En 1922, Banting et Best sauvèrent la vie d'un garçon de quatorze ans en train de mourir d'un diabète en lui injectant un extrait pur. Lui qui était trop faible pour se lever de son lit, sortait de l'hôpital quelques semaines plus tard.

Alors que Banting et Best auraient pu faire fortune, ils affectèrent les profits générés par leur découverte à la recherche médicale de l'université de Toronto. En 1922, l'entreprise pharmaceutique Eli Lilly produisit de grandes quantités d'insuline, qui furent mises sur le marché, et, en 1977, l'insuline fut produite par génie génétique après insertion des gènes appropriés dans une bactérie.

VOIR AUSSI Découverte de l'adrénaline (1893), Sérum de vérité (1922), Antipsychotiques (1950) Dosage radioimmunologique (1959) et Greffe de pancréas (1966).

S'il n'y a pas de lien direct entre apport de sucre et étiologie du diabète, la consommation d'aliments sucrés, comme les bonbons, par le sujet diabétique doit être rigoureusement contrôlée.

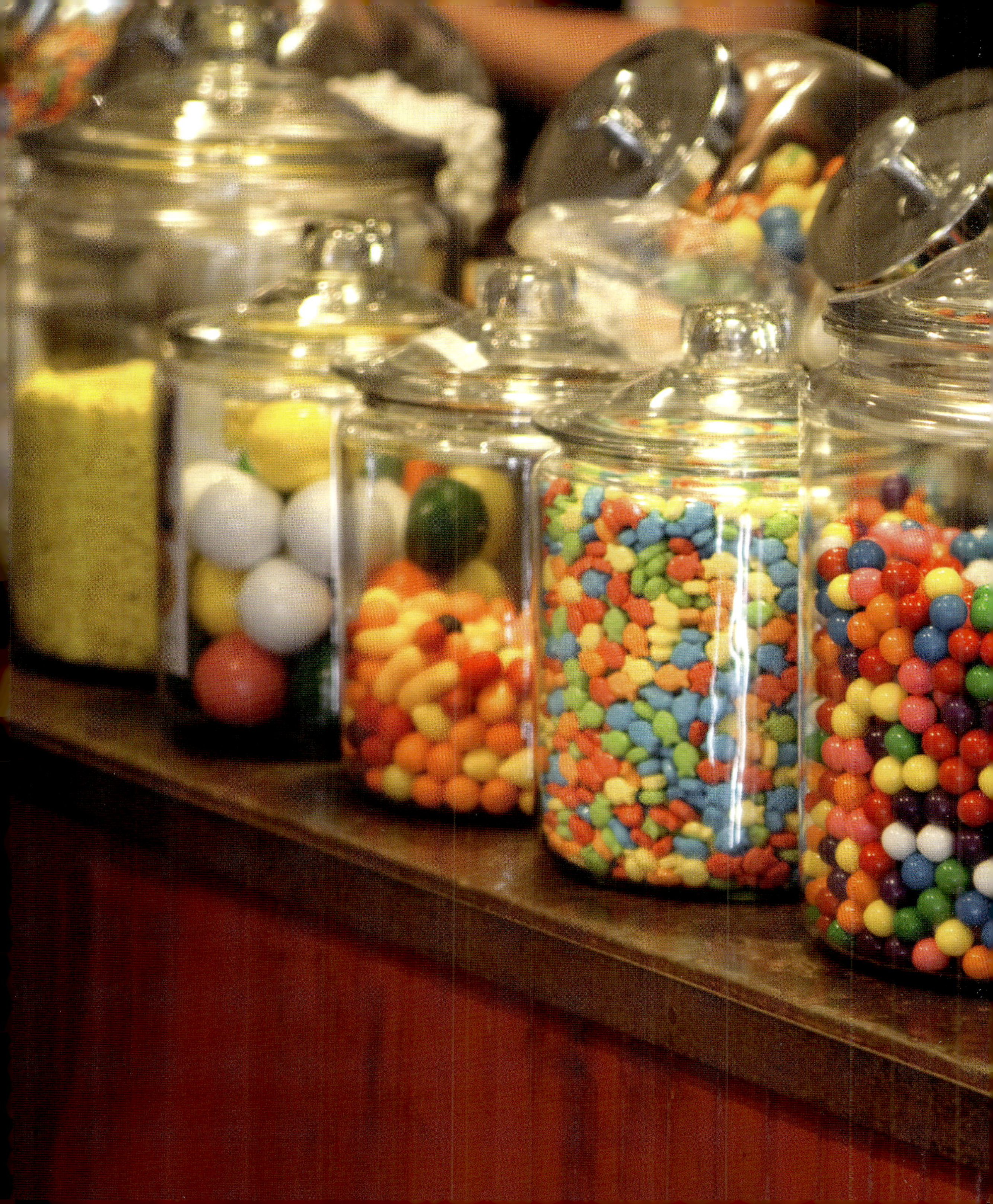

1922

Sérum de vérité

Robert Ernest House (1875-1930)

La mise au point, par des médecins américains, du sérum de vérité testé sur des personnes accusées de crime, ne représente certes pas une étape déterminante en médecine, mais cette recherche est emblématique d'une classe inquiétante de « produits thérapeutiques » utilisés comme moyens de punition et parfois de torture. La médecine punitive fut répandue dans les années 1960-1970 dans des pays comme l'URSS, où des médecins administraient des chocs à l'insuline et de l'halopéridol (pour créer une agitation intense), de la promazine (pour plonger les détenus dans la torpeur) et de la sulfazine (pour provoquer des fièvres intenses et une extrême douleur au point d'injection).

En 1922, des produits psychoactifs furent utilisés par la police américaine, par l'obstétricien américain Robert E. House qui essaya la scopolamine sur des criminels détenus pour diminuer l'hostilité des interrogatoires. House avait observé que la scopolamine aidait à réduire la douleur de l'accouchement et plongeait ses patientes dans une sédation consciente ; il acquit la conviction que la scopolamine pouvait agir comme sérum de vérité, rendant ceux qui la recevaient incapables de mentir. Le produit permit d'obtenir beaucoup d'aveux, dont certains peu fiables, basés sur des scénarios impossibles et des hallucinations. Doit-on considérer l'emploi de cette drogue comme une sorte de torture, d'autant qu'elle pouvait rendre certains sujets malades ? La CIA étudia l'effet de la scopolamine et d'autres sérums de vérité pendant des interrogatoires dans les années 1950, et conclut qu'il n'existait pas de drogues permettant d'obtenir des aveux avec constance. Toutefois, certaines personnes ayant reçu le produit, s'imaginant avoir révélé la vérité, passaient aux aveux par la suite.

La scopolamine est présente dans des plantes de la famille des solanacées et est utilisée à très faible dose pour traiter la nausée et le mal des transports. Elle interfère avec l'acétylcholine, un médiateur chimique naturel impliqué dans le fonctionnement des nerfs, des glandes et des muscles.

VOIR AUSSI Digitale (1785), Anesthésie générale (1842), Psychanalyse (1899), Neurotransmetteurs (1914), Électro-convulsivothérapie (1938), Consentement éclairé (1947) et Antipsychotiques (1950).

Tous les Datura, *comme celui figurant ici, contiennent des alcaloïdes comme la scopolamine et l'atropine dans les fleurs et les graines. Le* Datura *a été utilisé à travers l'histoire comme poison et hallucinogène.*

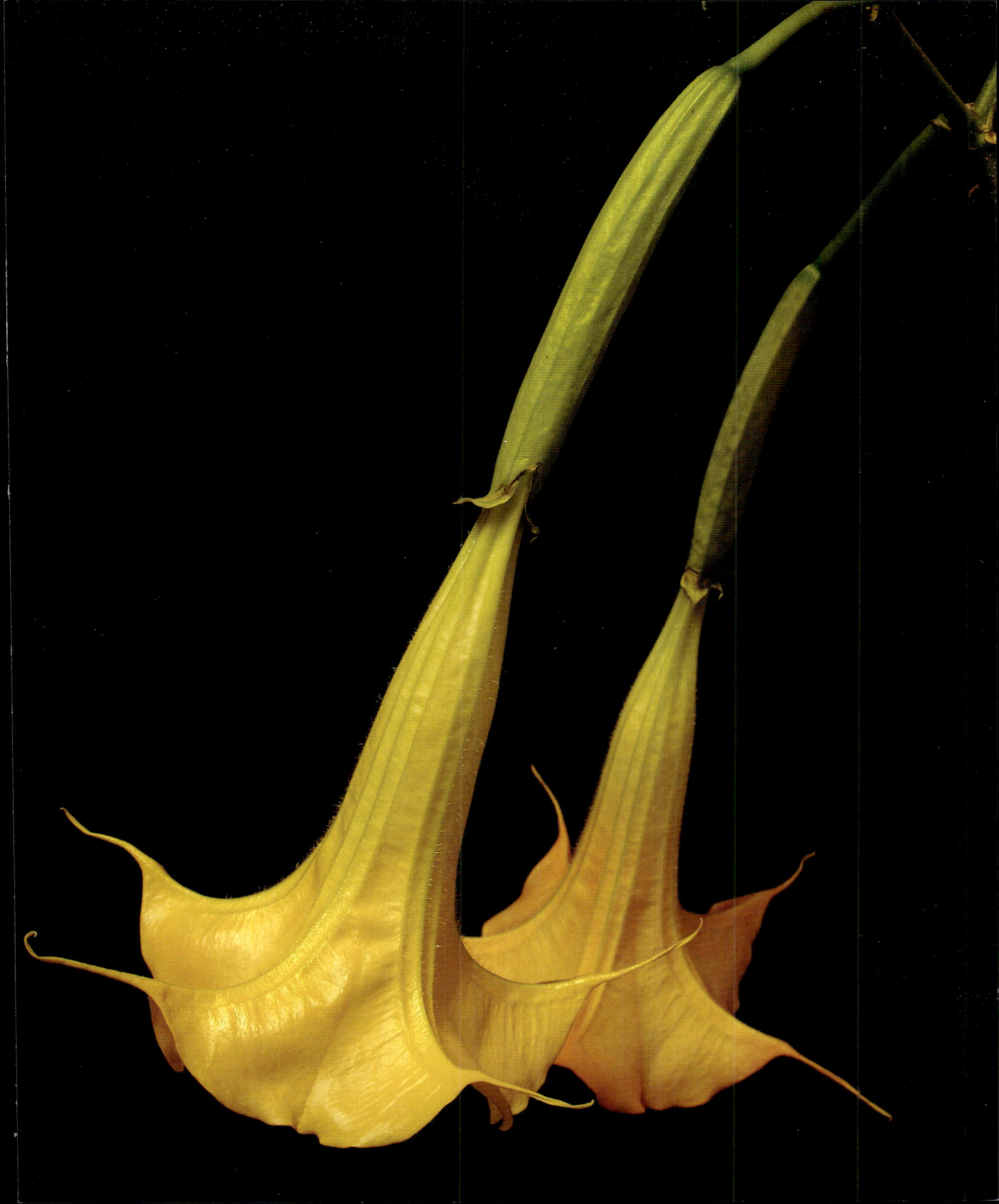

1924

Électroencéphalogramme

Richard Caton (1842-1926), **Hans Berger** (1873-1941)

L'électroencéphalogramme (EEG) est une mesure qui nous donne un aperçu de l'activité globale du cortex cérébral (la couche externe du cerveau). En 1875, le physiologiste anglais Richard Caton utilisa un galvanomètre (détecteur de courant électrique) pour mesurer l'activité électrique de cerveaux de lapins et de singes après avoir placé des électrodes directement à leur surface. En 1924, le neuropsychiatre allemand Hans Berger obtint le premier EEG humain en utilisant des galvanomètres très sensibles, et montra que les tracés électriques de sujets éveillés et endormis étaient différents. Berger donna le nom de *rythme alpha* au tracé EEG particulier correspondant à l'état du patient relaxé avec les yeux fermés. La recherche de Berger se développa à partir de son intérêt pour la psychologie et la télépathie. Ses travaux initiaux furent menés dans le plus grand secret. En 1937, le premier service à même de réaliser des EEG fut ouvert au Massachussetts General Hospital aux États-Unis.

De nos jours, l'EEG est toujours utilisé pour une large gamme de recherches, en particulier l'étude des tracés de sommeil. Il fournit également une indication sur la mort cérébrale et aide au diagnostic des tumeurs et de l'épilepsie, un trouble neurologique caractérisé par des crises récurrentes. L'EEG peut aussi être utilisé pour l'étude des potentiels évoqués, signaux cérébraux déclenchés par un stimulus auditif, visuel ou autre.

Durant les enregistrements, les électrodes sont fixées sur le cuir chevelu à des endroits définis et de nombreux relevés sont enregistrés simultanément. L'EEG correspond à l'activité globale des nombreux neurones sous-jacents, amplifiée par les circuits électriques. L'imagerie par résonance magnétique fonctionnelle, une forme d'imagerie à résonance magnétique, est utilisée pour mesurer les variations dans le flux sanguin liées à l'activité des neurones et fournit plus d'information sur les localisations. Dans l'électrocorticographie, les électrodes sont placées directement sur le cerveau pour aider à détecter des composants à plus haute fréquence et plus bas voltage.

VOIR AUSSI Traitement de l'épilepsie (1857), Théorie du neurone (1891), Électrocardiographe (1903) et Imagerie par résonance magnétique (1977).

Des casques spéciaux peuvent être utilisés pour positionner les électrodes au plus près de la tête durant un EEG.

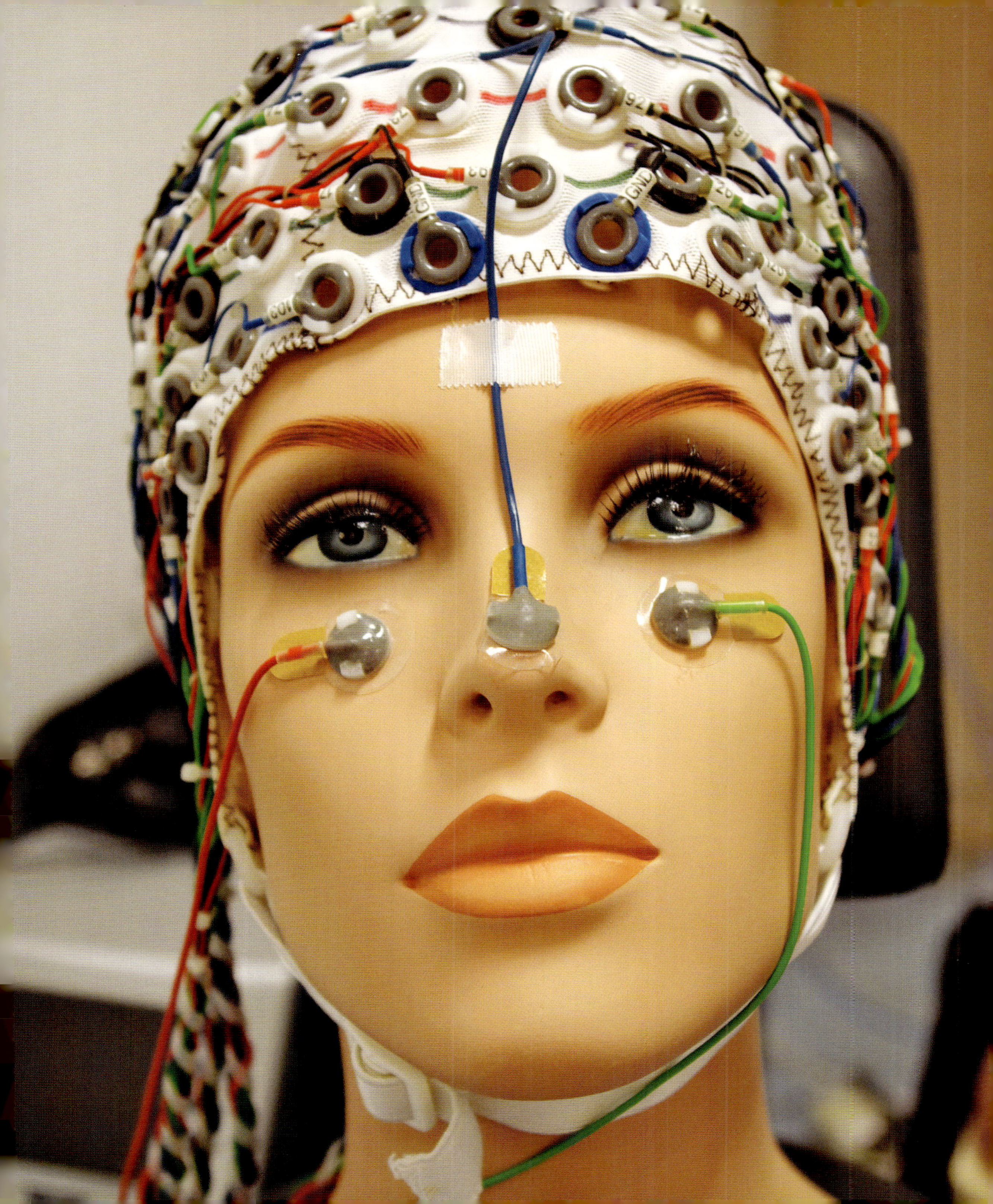
GND
GND

1925

Maïeutique moderne

Mary Breckinridge (1881-1965)

Dans les temps anciens et les sociétés primitives, le travail des sages-femmes avait un aspect à la fois technique et magique. Aussi étaient-elles à la fois révérées et craintes, parfois remerciées comme un personnage de la société, et d'autres fois torturées et tuées. Les sages-femmes condamnées comme sorcières furent nombreuses, parce qu'elles présidaient aux mystères de la naissance, la maladie et la mort. Les sages-femmes se raréfièrent durant le Moyen Âge et la Renaissance européenne en raison de la peur de la sorcellerie, mais aussi du fait de l'ascension des chirurgiens.

De nos jours, la maïeutique est une profession de santé spécialisée dans le soin des femmes durant la grossesse, le travail et l'accouchement, ainsi que l'éducation à l'allaitement au sein et le soin aux nouveaux nés. Aux États-Unis, les infirmières sages-femmes certifiées reçoivent une double formation spécialisée. Les sages-femmes pratiquent dans les hôpitaux et à domicile, et adressent les parturientes aux obstétriciens lorsque des soins plus spécialisés sont nécessaires.

En 1925, l'infirmière sage-femme Mary Breckinridge introduisit la maïeutique aux États-Unis après sa formation en Angleterre. Elle fonda le Comité du Kentucky pour les mères et les bébés, qui rapidement devint le Service frontière d'infirmerie. Durant ses premières années de fonctionnement, les mères et enfants de l'est du Kentucky connurent les taux de mortalité les plus bas d'Amérique. En 1939, Breckinridge fonda la première école d'infirmières sages-femmes des États-Unis.

La disparition des sages-femmes en Amérique est une conséquence de l'ascendant de la médecine héroïque et de la montée des médecins comme soignants officiels de la communauté. La médecine du XIXe siècle se pratiquait sur la place du marché. Alors que les sages-femmes assuraient un service de voisinage, les médecins firent de la guérison une marchandise et une source de prospérité en elle-même. En 1900, les sages-femmes faisaient naître la moitié des bébés des États-Unis, mais en 1939, c'était seulement quinze pour cent des naissances qu'elles assuraient.

VOIR AUSSI Le Dr Wertt brûlé vif (1522), Les lapins de Mary Toft (1726), L'*Utérus gravide* de Hunter (1774), Les femmes étudiantes en médecine (1812), Infirmières (1854) et Césarienne (1882).

Naissance d'Isaïe et Jacob. Illustration de l'artiste François Maître (vers 1475) pour La Cité de Dieu *de Saint Augustin.*

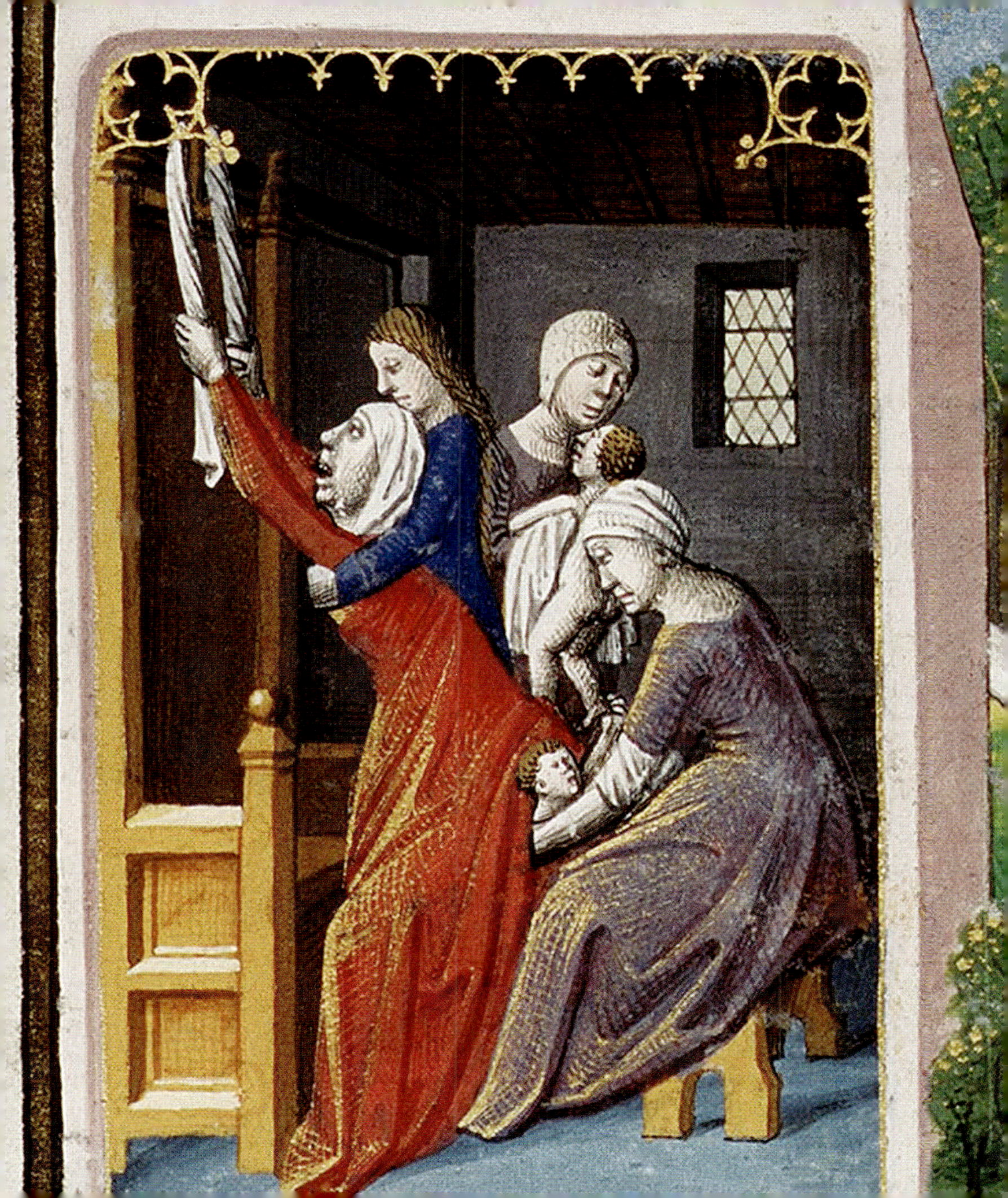

1926

Traitement par le foie

George Richards Minot (1885-1950), **George Hoyt Whipple** (1878-1976), **William Parry Murphy** (1892-1987), **William Bosworth Castle** (1897-1990)

Au milieu des années 1920, l'anémie pernicieuse tuait environ six milles américains par an. Les symptômes associaient changement de la personnalité, mouvements anormaux et anémie (diminution du nombre de globules rouges du sang et baisse du taux d'hémoglobine, une molécule contenant du fer, située dans les globules rouges et transportant l'oxygène jusqu'aux tissus).

En 1925, le médecin américain George Whipple montra que le fer jouait un rôle essentiel dans l'anémie du chien : en nourrissant les chiens anémiés avec du foie, leurs symptômes s'amélioraient, et il détermina rapidement que le fer contenu dans le foie était le facteur principal d'amélioration. En 1926, les médecins américains George Minot et William Murphy montrèrent que des patients atteints d'anémie pernicieuse voyaient leurs symptômes diminuer lorsqu'ils mangeaient de grandes quantités de foie cru, et ce « traitement par le foie » fut ensuite largement prescrit.

Le médecin américain William Castle constata que les patients atteints d'anémie pernicieuse avaient également un manque d'acide chlorhydrique dans l'estomac. Il observa que s'il leur donnait de la viande hachée crue en les faisant ensuite régurgiter la viande, les symptômes de l'anémie pernicieuse diminuaient également. Il suggéra qu'il fallait simultanément un composé du foie et un « facteur intrinsèque » lié au liquide gastrique pour prévenir l'anémie pernicieuse.

De nos jours, on sait que le facteur hépatique est la vitamine B12, indispensable à la production d'hémoglobine. De plus, les cellules pariétales de l'estomac secrètent à la fois l'acide chlorhydrique et le facteur intrinsèque, une protéine nécessaire à l'absorption de la vitamine B12 dans l'intestin grêle. L'anémie pernicieuse est une maladie autoimmune dans laquelle les cellules pariétales sont détruites. Dans un certain sens, ce fut une heureuse coïncidence que le traitement par le foie de Whipple, qui remplaçait le fer dans l'anémie ferriprive, ait également mené à la guérison de l'anémie pernicieuse due à une déficience en vitamine B12.

VOIR AUSSI Le traité du scorbut (1753), Découverte des vitamines (1906), Éradication du rachitisme (1922) et Maladies autoimmunes (1956).

Photographie au microscope de cristaux de vitamine B12, molécule essentielle à la production d'hémoglobine (Inserm).

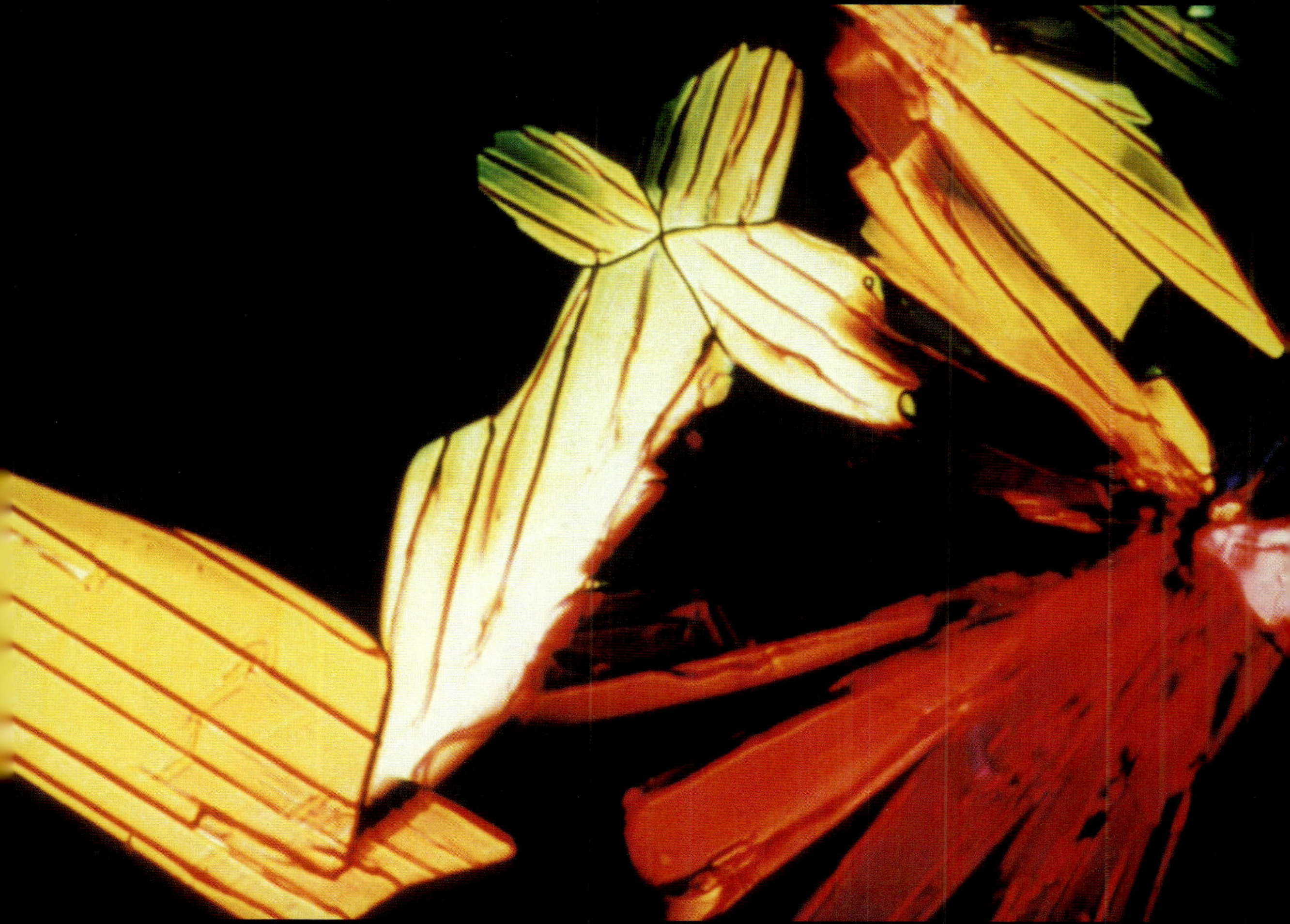

1927

La stérilisation de Carrie Buck

Francis Galton (1822-1911), **Oliver Wendell Holmes Jr.** (1841-1935), **Carrie Buck** (1906-1983)

L'eugénisme cherche à améliorer l'espèce humaine en décourageant la reproduction d'individus porteurs de tares génétiques ou des caractères indésirables. Les anciens Spartiates pratiquaient une forme d'eugénisme en précipitant dans un ravin leurs nouveau-nés chétifs ou déformés. Le statisticien anglais Francis Galton envisageait la création d'une « race humaine hautement douée par des mariages judicieux » et il inventa le mot *eugénisme* en 1883.

Les États-Unis furent les premiers parmi de nombreux pays à rendre la stérilisation obligatoire pour des raisons d'eugénisme. Un cas célèbre est celui de Carrie Buck, violée à dix-sept ans par le neveu de sa mère d'accueil. En 1924, ses parents d'accueil confièrent Carrie à la colonie pour épileptiques et malades mentaux de Virginie, sous prétexte de sa « débilité », mais en réalité pour se tirer de l'embarras du viol et de la grossesse. La stérilisation de Carrie fut décidée.

Pour aider à convaincre les juges, les avocats plaidèrent que la mère de Carrie et sa fille Vivian étaient faibles d'esprit. Le juge de la Cour Suprême Oliver Wendell Holmes Jr écrivit : « Il est préférable qu'au lieu d'attendre d'avoir à exécuter pour crime un rejeton dégénéré, la société puisse empêcher ceux qui sont inaptes à se perpétuer… Trois générations d'imbéciles sont assez », et Carrie fut stérilisée en 1729. Toutefois, aux dires de tout le monde, Vivian avait une intelligence correcte et le tableau d'honneur à l'école. Carrie elle-même fut une lectrice enthousiaste jusqu'à sa mort en 1983. La sœur de Carrie, Doris, fut également stérilisée sans connaître la nature de l'opération, et, pendant des années, se demanda pourquoi elle ne pouvait avoir d'enfant avec son mari.

Entre les années 1900 et 1970, plus de 65 000 individus furent stérilisés aux États-Unis, et à la fin de la Seconde Guerre mondiale, les Allemands en avaient stérilisé 400 000. En réaction aux abus des Nazis, le mouvement eugéniste fut totalement discrédité.

VOIR AUSSI Avortement (70), La quarantaine de Marie Typhoïde (1907), Sérum de vérité (1922), Consentement éclairé (1947) et Pilules contraceptives (1955).

Carte extraite de The Passing of the Great *(1916), ouvrage de l'eugéniste américain Madison Grant, qui pensait que la « race nordique » était responsable du développement humain, et suggérait que les races sans valeurs soient séparées et leurs caractères éliminés du pool de gènes humain.*

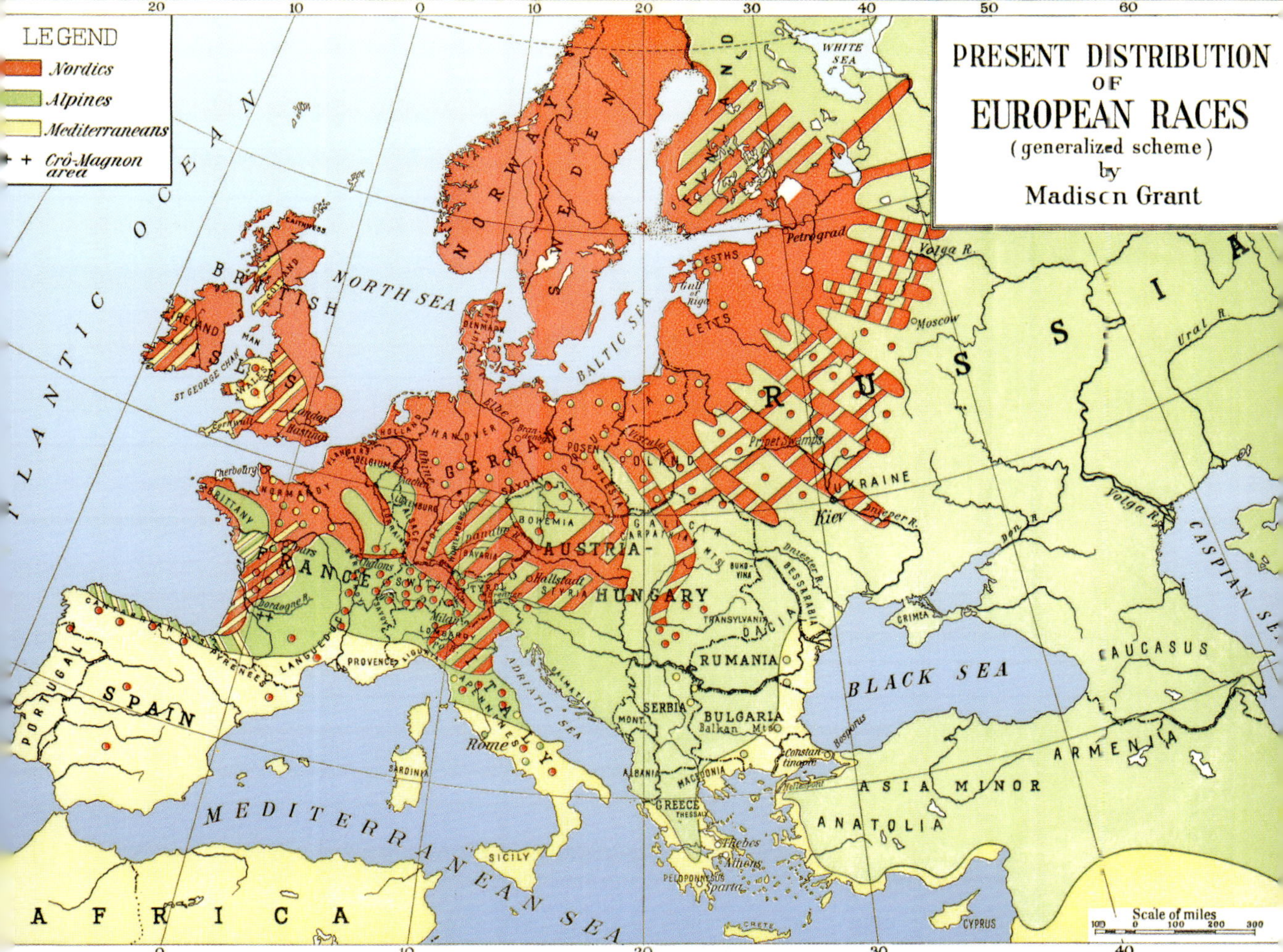
PRESENT DISTRIBUTION
OF
EUROPEAN RACES
(generalized scheme)
by
Madison Grant
LEGEND
Nordics
Alpines
Mediterraneans
+ + Crô-Magnon area
ATLANTIC OCEAN
NORTH SEA
BALTIC SEA
WHITE SEA
Gulf of Riga
BRITISH ISLES
IRELAND
SCOTLAND
WALES
MAN
ST GEORGE CHAN
London
Hastings
Cornwall
CAITHNESS
NORWAY
SWEDEN
FINLAND
DENMARK
ESTHS
LETTS
Petrograd
Moscow
Volga R.
Ural R.
RUSSIA
Pripet Swamps
UKRAINE
Kiev
Dnieper R.
Don R.
CASPIAN SEA
HOLLAND
HANOVER
Elbe R.
Brandenburg
GERMANY
PRUSSIA
POSEN
Vistula
POLAND
SILESIA
SAXONY
BOHEMIA
Rhine
BELGIUM
FLANDERS
Cherbourg
NORMANDY
BRITTANY
FRANCE
Tours
Dordogne R.
Chalons
BAVARIA
AUSTRIA-HUNGARY
Hallstadt
STYRIA
TYROL
Milan
LOMBARDY
GALICIA
CARPATHIAN MTS
BUKOVINA
Dniester R.
BESSARABIA
TRANSYLVANIA
DACIA
RUMANIA
CRIMEA
BLACK SEA
CAUCASUS
ARMENIA
SERBIA
MONT.
BULGARIA
Balkan Mts
ALBANIA
MACEDONIA
Constantinople
Bosporus
Hellespont
ASIA MINOR
ANATOLIA
GREECE
THESSALY
Thebes
Athens
PELOPONNESUS
Sparta
CRETE
CYPRUS
PROVENCE
LIGURIA
LANGUEDOC
PYRENEES
CANTABRIA
SPAIN
PORTUGAL
ITALY
APENNINES
Rome
SARDINIA
SICILY
ADRIATIC SEA
DALMATIA
MEDITERRANEAN SEA
AFRICA
Scale of miles
100 0 100 200 300
20 10 0 10 20 30 40 50 60
0 10 20 30 40

1928

« La lapine est morte »

Selmar Aschheim (1878-1965), **Bernhard Zondek** (1891-1966)

« Suis-je enceinte ? » Cette question a préoccupé des femmes, leurs familles et leurs médecins durant des millénaires, et beaucoup de tests, non fiables mais créatifs, basés sur l'urine, ont été utilisés pour tenter de lui apporter une réponse. Dans l'Égypte ancienne, les femmes devaient uriner sur des sacs de blé et d'orge. Si ensuite l'orge germait, un garçon allait naître, si c'était le blé, une fille ; si rien ne germait, la femme n'était pas enceinte. Plus près de nous, un test de grossesse courant a consisté dans l'injection de l'urine de femme à une lapine, ce qui a conduit à l'usage de la phrase « la lapine est morte », comme euphémisme populaire pour un diagnostic de grossesse positif.

Aujourd'hui, de nombreux tests de grossesse sont utilisés pour détecter la présence dans l'urine de gonadotrophine chorionique, une hormone produite par l'embryon après que l'œuf fécondé se soit implanté dans l'utérus (environ six à douze jours après l'ovulation), et qui est plus tard secrétée par le placenta. En 1928, les gynécologues allemands Selmar Aschheim et Bernhard Zondek développèrent un test de grossesse utilisant la souris femelle immature à laquelle était injectée l'urine de la femme. À la dissection, la souris montrait des signes d'ovulation si l'hormone gonadotrophine chorionique était présente dans l'urine. Un test similaire fut développé avec de jeunes lapines qui étaient également tuées pour vérifier leurs ovaires quelques jours après l'injection d'urine. Notons que la phrase « la lapine est morte » était équivoque car toute lapine injectée était tuée pour permettre l'examen de ses ovaires. Plus tard, les tests furent réalisés sur des grenouilles femelles qui pondaient leurs œufs en un jour lorsqu'elles étaient en présence d'hormone gonadotrophine chorionique. Dans les années 1970, des tests plus précis furent développés en utilisant des anticorps anti hormone gonadotrophine chorionique pour révéler la grossesse. Ces tests peuvent être utilisés à domicile et une bande colorée ou un symbole + indiquent la grossesse.

VOIR AUSSI Mirage des urines (4 000 ans av. J.-C.), Avortement (70), Découverte des spermatozoïdes (1678), Découverte de l'adrénaline (1893), Dispositif intra-utérin (1929) et Pilules contraceptives (1955).

Femme attendant le résultat de son diagnostic de grossesse, huile sur panneau (environ 1660) du peintre hollandais Jan Steen (1626-1679).

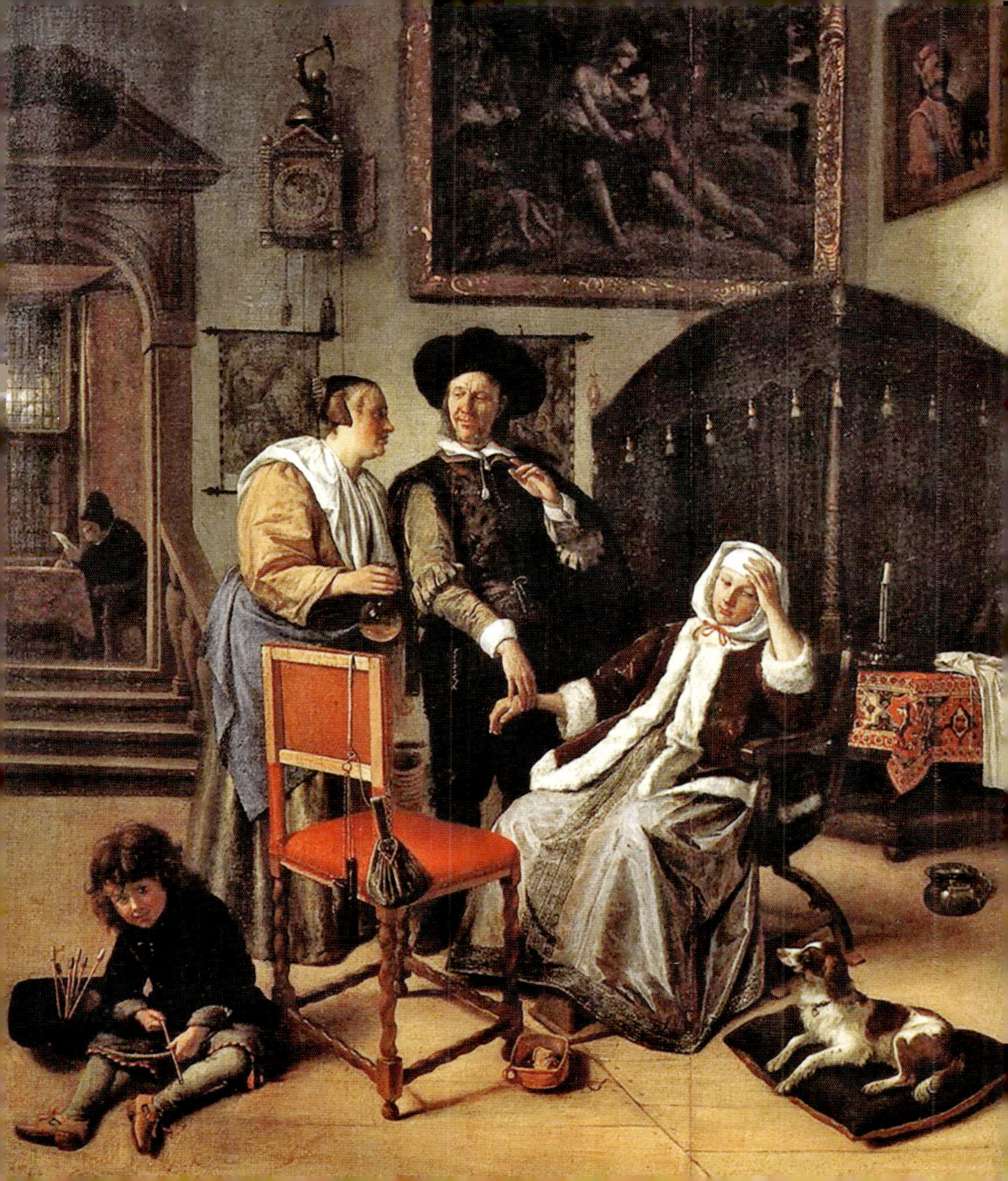

1928

Poumon d'acier

Louis Agassiz Shaw (1886-1940), **Philip Drinker** (1894-1972)

Le poumon d'acier est le premier appareil mécanique à avoir pu se substituer à une fonction essentielle du corps humain. C'est également l'un des premiers exemples d'ingénierie biomédicale, un domaine consacré à l'application des approches d'ingénierie en médecine. Le poumon d'acier est une machine qui permet à un patient de respirer lorsqu'il a perdu le contrôle de ses muscles thoraciques. Cet appareil ressemble à un cylindre d'acier dans lequel est placé le patient dont seule sort la tête à une extrémité, à travers un collier de caoutchouc. Une pompe change périodiquement la pression à l'intérieur du cylindre pour gonfler et dégonfler les poumons du patient qui respire par la bouche. Quand la pression est basse, le thorax se dilate et l'air est aspiré par les poumons.

Inventé par les Américains Philip Drinker et Louis Shaw en 1928, l'appareil a acquis sa célébrité, dans les années 1940 et 1950, pour le traitement des victimes du virus de la poliomyélite qui, devenues paralysées, ne pouvaient plus respirer par leurs propres moyens. Bien qu'il ait sauvé de nombreuses vies, le poumon d'acier faisait peur aux patients atteints de poliomyélite « qui assimilaient la machine à un cercueil ». Alors que certains malades sont restés dans un poumon d'acier le restant de leur vie (jusqu'à soixante ans pour l'un d'entre eux !) la plupart des poliomyélitiques quittaient leur poumon d'acier dans le mois qui suivait la crise aiguë. Il existait même de petits poumons d'acier pour les enfants.

Par la suite, des respirateurs à pression positive (appareils qui soufflent de l'air dans les poumons par un tube intra-trachéal) ont remplacé la plupart des poumons d'acier, même si aujourd'hui quelques patients en bénéficient encore. Les respirateurs sont essentiels à la médecine moderne par l'assistance respiratoire qu'ils assurent aux sujets paralysés, par les médicaments qu'ils peuvent dispenser par voie aérienne, en protégeant les travailleurs des émanations dangereuses, et en fournissant de l'air aux prématurés dans un environnement contrôlé.

VOIR AUSSI Spirométrie (1846), Cœur-poumon artificiel (1953) et Transplantation de poumon (1963).

La célèbre salle des poumons d'acier pour poliomyélitiques de l'hôpital Rancho Los Amigos, en Californie (1953). L'hôpital fut ouvert vers 1888 sous le nom de « Poor Farm », pour les patients nécessiteux du Los Angeles County Hospital.

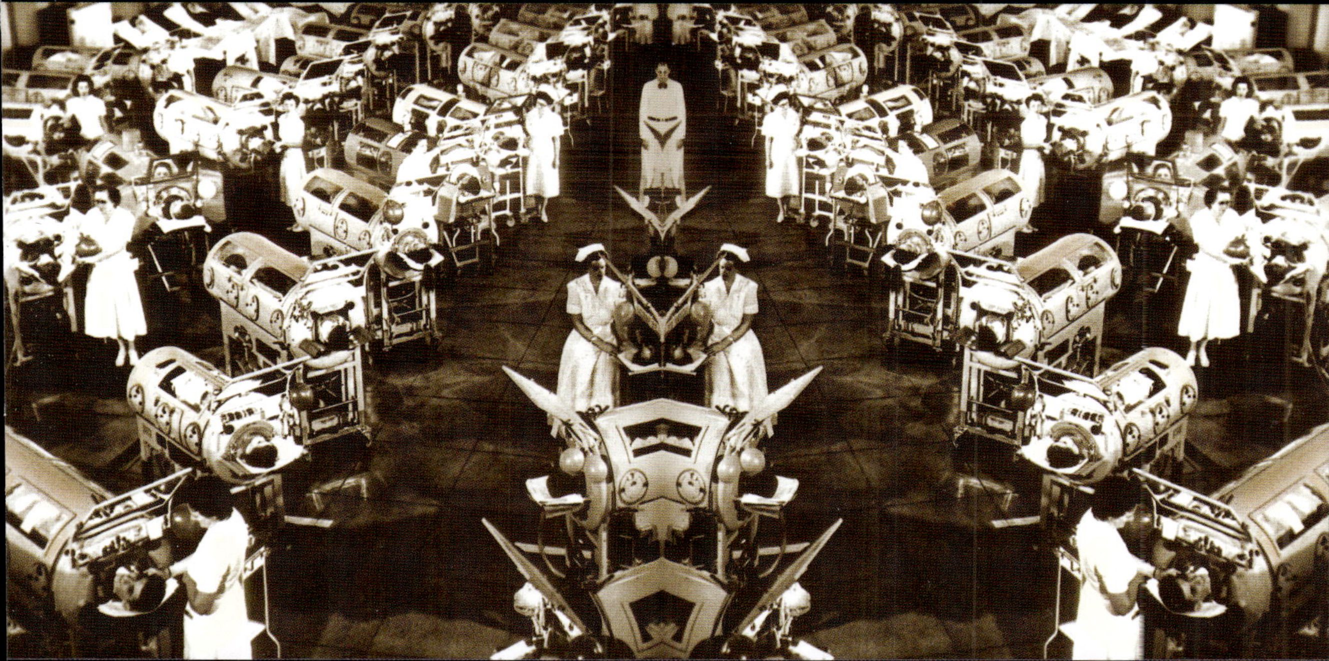

1928

Test de Papanicolaou

Georgios Nicholas Papanicolaou (1883-1962)

Avant l'invention du test de Papanicolaou vers 1928, le cancer du col utérin tuait plus de femmes aux États-Unis qu'aucun autre cancer. Lorsque le test devint d'usage courant dans les années 1950, la mortalité féminine diminua de façon remarquable et le test fut salué comme la méthode de dépistage la plus efficace de l'histoire médicale. Au XIXe siècle, les médecins avaient noté que le cancer du col (la partie étroite à la base de l'utérus, au point où il rejoint le vagin) était extrêmement rare chez les nonnes et qu'il semblait avoir une transmission sexuelle. Mais il fallut attendre les années 1980 pour que le papillomavirus humain (PVH) soit identifié dans le cancer du col utérin et quasiment considéré comme son responsable. Toutefois, c'est un petit nombre de femmes infectées par le PVH qui développent un cancer.

Le test de Papanicolaou, du nom du pathologiste grec qui le mit au point, permet de détecter les cellules précancéreuses et cancéreuses sur des frottis du col utérin. Le prélèvement est effectué à la spatule sur la bordure du col et avec une petite brosse au niveau de l'ouverture du col. Le matériel récolté sert à confectionner un frottis sur une lame de verre, ou peut être placé dans un flacon contenant un liquide préservant les cellules pour un examen ultérieur. Après coloration, l'examen microscopique du matériel peut mettre en évidence des cellules suspectes, amenant le médecin à réaliser une colposcopie, avec un appareil à optique grossissante, et à effectuer des biopsies pour examen anatomo-pathologique.

Les cancers du col peuvent être traités par chirurgie locale, par exemple par résection à l'anse diathermique. Les stades avancés peuvent nécessiter une ablation de l'utérus, suivie de radiothérapie ou de chimiothérapie.

De nos jours, il existe un vaccin contre le PVH, mais il ne dispense pas les femmes vaccinées d'effectuer un dépistage régulier par le test de Papanicolaou car le vaccin ne protège pas contre toutes les formes de PVH ou contre une infection à PVH acquise avant la vaccination.

VOIR AUSSI Préservatif (1564), *Micrographie* (1665), Causes du cancer (1761), Hystérectomie (1813), Découverte des virus (1892), Mammographie (1949) et Transcriptase inverse et SIDA (1970).

Microphotographie d'un frottis vaginal coloré positif, montrant des cellules anormales (en bas à gauche), qui peuvent conduire à un cancer du col

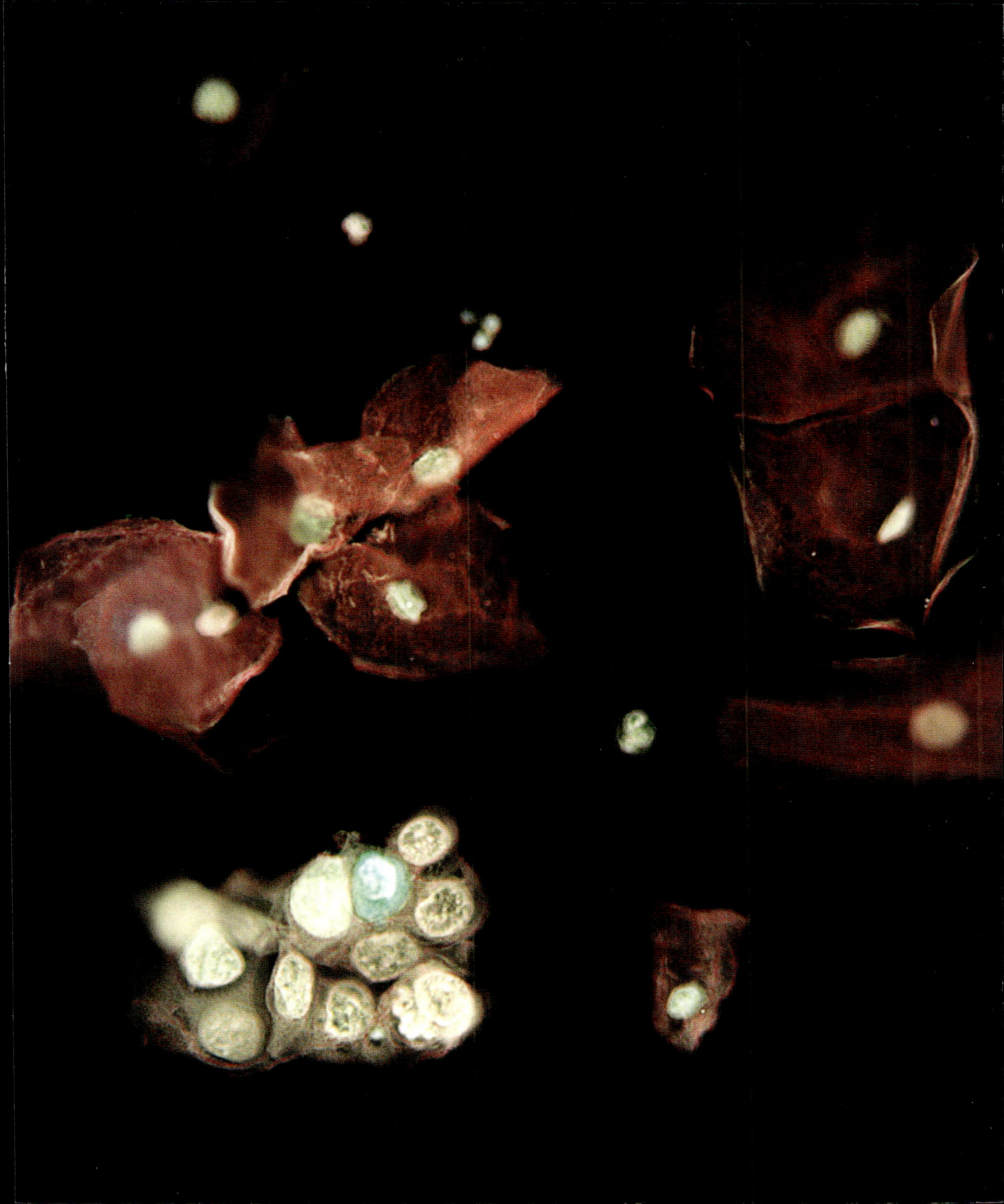

1928

Pénicilline

John Tyndall (1820-1893), **Alexander Fleming** (1881-1955), **Howard Walter Florey** (1898-1968), **Ernst Boris Chain** (1906-1979), **Norman George Heatley** (1911-2004)

Lorsque le biologiste écossais Alexander Fleming s'éveilla à l'aube du 28 septembre 1928, il ne se doutait pas qu'il allait révolutionner la médecine en découvrant le premier antibiotique au monde. Mais c'est exactement ce qu'il fit.

Revenant de vacances ce matin-là, Fleming remarqua que des moisissures avaient contaminé les boîtes dans lesquelles il cultivait la bactérie *Staphylococcus*. Il nota que la croissance bactérienne était inhibée au voisinage de la moisissure, et pensa que celle-ci libérait une substance empêchant la multiplication bactérienne. Il obtint rapidement en culture le champignon, l'identifia comme appartenant au genre *Penicillium* et nomma « pénicilline » la substance antibiotique obtenue. Il est intéressant de noter que le physicien irlandais John Tyndall avait montré l'action antibactérienne du *Penicillium* en 1875. Toutefois, Fleming fut le premier à suggérer que le champignon secrétait une substance antibactérienne et à l'isoler.

Plus tard, en 1941, le pharmacologiste australien Howard Florey et les biochimistes allemand Ernst Chain et anglais Norman Heatley, qui travaillaient ensemble en Angleterre, furent capables de transformer la pénicilline en un produit utilisable, montrant qu'elle guérissait les infections chez la souris et l'homme. Les études postérieures ont montré que la pénicilline agissait en fragilisant la paroi des bactéries.

Les gouvernements américains et anglais étaient déterminés à produire autant de pénicilline que possible, pour aider leurs soldats durant la Seconde Guerre mondiale, et un *Penicillium* du melon permit à une usine de Péoria, dans l'Illinois, de produire plus de deux millions de doses avant 1944. La pénicilline se montra efficace pour guérir les principales maladies bactériennes, comme les septicémies et pneumonies, la diphtérie, la scarlatine, la gonorrhée et la syphilis. Malheureusement, des résistances aux antibiotiques sont apparues chez les bactéries, nécessitant la recherche incessante de nouveaux antibiotiques.

Les moisissures ne sont pas les seuls producteurs d'antibiotiques naturels. La bactérie *Streptomyces* est à l'origine de la streptomycine et des tétracyclines.

VOIR AUSSI Antiseptiques (1865), Les balles magiques d'Ehrlich (1910) et Sulfamides (1935).

Image en gros plan du Penicillium *produisant la pénicilline.*

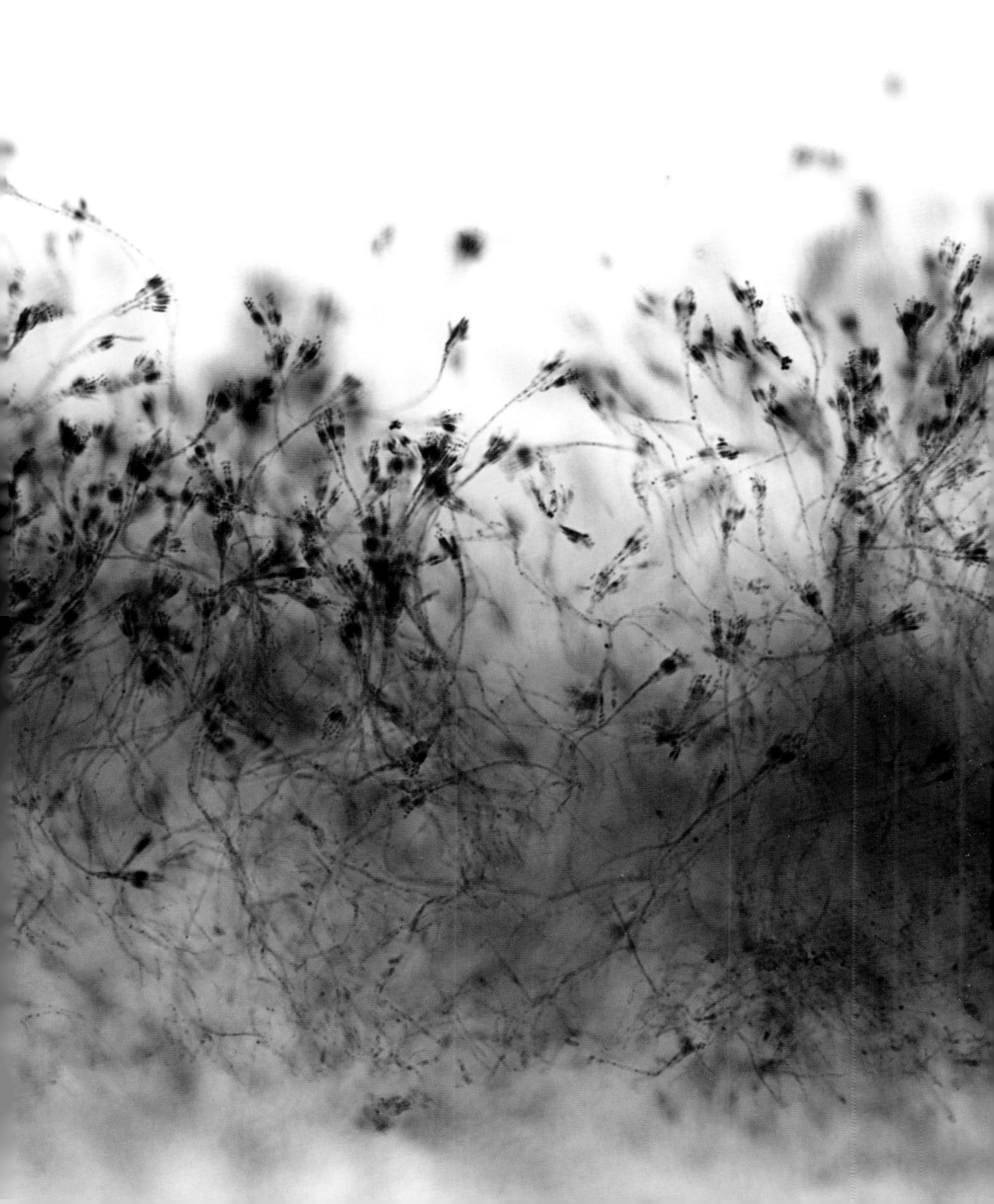

1929

Dispositif intra-utérin

Ernst Gräfenberg (1881-1957)

En 1929, le médecin allemand Ernst Gräfenberg annonça la mise au point d'un dispositif fait d'un anneau flexible de soie qu'il insérait à l'intérieur de l'utérus des femmes pour prévenir la grossesse. Une année plus tard, il rendit ce dispositif intra-utérin encore plus efficace en entourant l'anneau d'un fil d'argent. Gräfenberg ignorait que c'étaient les contaminants en cuivre de l'argent qui augmentaient l'efficacité du dispositif.

Hélas, à l'arrivée au pouvoir des Nazis en 1933, Gräfenberg, qui était Juif, fut obligé de renoncer à sa position de chef du département de gynécologie-obstétrique de l'hôpital de Britz-Berlin. Il fut emprisonné en 1937 puis émigra à New York grâce à ses partisans américains qui payèrent une forte rançon pour sa libération.

Le mécanisme d'action du dispositif intra-utérin, appelé également stérilet, est complexe. L'ion cuivre apparaît nocif pour les spermatozoïdes ; mais aussi la présence seule du dispositif déclenche la libération de prostaglandines (substances apparentées aux hormones) et de cellules blanches du sang par l'endomètre (couche interne de l'utérus), nocives pour les spermatozoïdes et les œufs. L'un des plus célèbres dispositifs intra-utérin, produit dans les années 1970 par la firme Dalkon, portait un collier fait de filaments qui malheureusement jouaient le rôle de mèches et favorisaient la pénétration de bactéries dans l'utérus, aboutissant à des infections, des fausses couches et parfois la mort.

De nos jours, le dispositif intra-utérin est la méthode de contraception réversible la plus largement utilisée. Plusieurs sortes de dispositifs modernes existent, parmi lesquels le plus courant est un dispositif en forme de T, avec un fil de cuivre enveloppant une monture en plastique. D'autres ont une forme en U, ou des billes de cuivre enfilées sur un cordon de plastique. Certains relâchent des hormones comme des progestagènes de synthèse qui empêchent la grossesse en réduisant la fréquence d'ovulation et en épaississant le mucus cervical, ce qui bloque les spermatozoïdes.

VOIR AUSSI Avortement (70), Préservatif (1564), Découverte des spermatozoïdes (1678), Hystérectomie (1813), « La lapine est morte » (1928) et Pilules contraceptives (1955).

Dispositif intra-utérin en place dans l'utérus. Ce dispositif comporte parfois un cylindre qui libère progressivement un progestagène de synthèse.

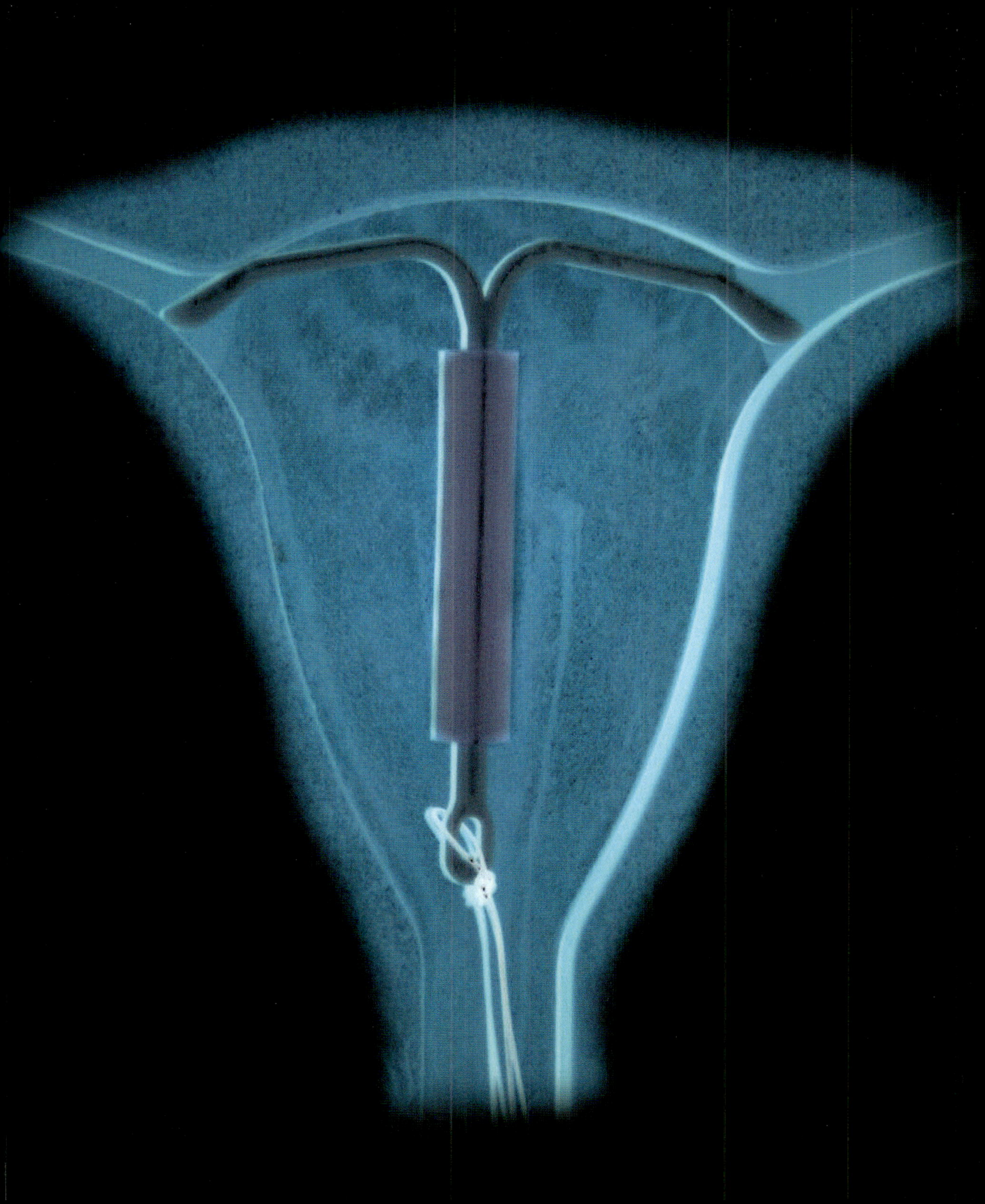

1929

Asticothérapie

John Forney Zacharias (1837-1901), **William Stevenson Baer** (1872-1931)

Vous rendez visite à un ami porteur d'une plaie qui n'arrive pas à cicatriser. Elle grouille d'asticots (des larves de mouches), petits chirurgiens naturels auxquels les médecins reconnaissent d'extraordinaires pouvoirs cicatrisants. Bienvenue dans le monde de l'asticothérapie.

Durant la Première Guerre mondiale, le chirurgien américain William Baer reçut dans son hôpital un soldat demeuré plusieurs jours sur le champ de bataille avec de graves blessures ; lorsque les vêtements furent retirés, Baer observa « des milliers et des milliers » d'asticots dans les plaies. Et, de façon surprenante, l'homme n'avait pas de fièvre et ses plaies étaient roses et saines. Cette observation conduisit Baer, en 1929, à essayer l'asticothérapie sur des patients atteints d'ostéomyélite (infection de l'os) chronique et irréductible ; les asticots firent des miracles, et Baer nota un rapide débridement des plaies (disparition des tissus endommagés, infectés ou morts), une réduction du nombre d'agents infectieux, une diminution de la mauvaise odeur et la guérison rapide. De fait, la possibilité de guérir des plaies par l'utilisation d'asticots était connue dans l'Antiquité. Durant la Guerre de Sécession, le médecin John Zacharias savait les asticots capables de nettoyer une plaie en une seule journée : « Je suis sûr que je sauve beaucoup de vies grâce à eux » disait-il.

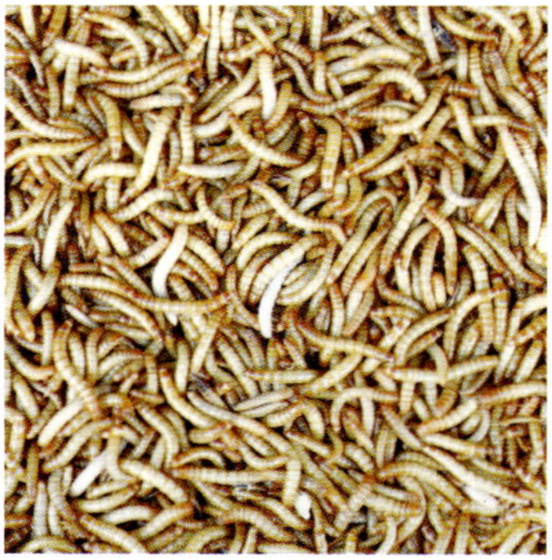

Aujourd'hui, l'asticothérapie est une méthode reconnue pour supprimer les tissus nécrotiques (morts). Pour obtenir de bons résultats, il faut prendre des œufs sains des mouches appropriées, par exemple la mouche verte *Phaenicia (Lucilia) sericata*, dont les larves se nourrissent sélectivement des tissus morts en respectant les tissus sains. Les asticots désinfectent les plaies en consommant les bactéries et en liquéfiant les tissus morts grâce aux diverses enzymes qu'ils sécrètent et qui tuent également les bactéries. Les asticots agissent sur les plaies avec plus de précision qu'un chirurgien et leurs sécrétions stimulent l'hôte à produire des facteurs de croissance tissulaires.

VOIR AUSSI Greffe de tissus (1597), Un zoo en nous (1683), Traitement par les sangsues (1825), Antiseptiques (1865) et Pansement adhésif (1920).

À GAUCHE : *une variété d'asticots.* À DROITE : *la mouche verte, dont les larves dévorent sélectivement les tissus morts.*

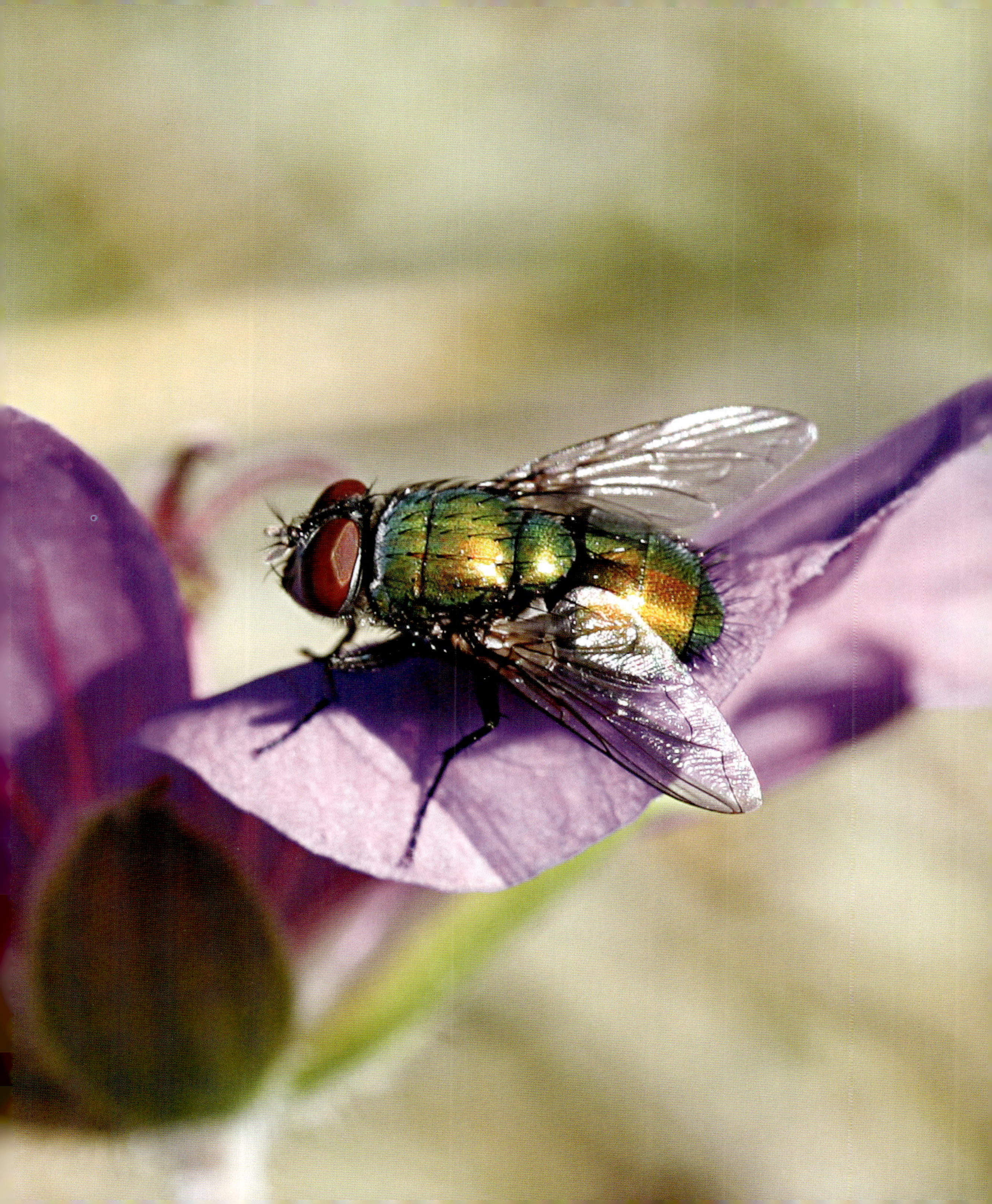

1929

Auto-expérimentation médicale

Walter Reed (1851-1902), **Werner Theodor Otto Forssmann** (1904-1979), **John Robin Warren** (né en 1937), **Barry James Marshall** (né en 1951)

L'expérimentation médicale conduite par des médecins sur eux-mêmes a une longue histoire, abordée dans certains chapitres de cet ouvrage. Par exemple, l'étiologie bactérienne de l'ulcère à l'estomac établie, en 1984, par les travaux novateurs des chercheurs australiens Robin Warren et Barry Marshall, ne fut admise dans la communauté scientifique qu'après que Marshall ait absorbé le contenu d'une boîte de Pétri de culture de la bactérie *Helicobacter pylori*, ce qui lui donna cinq jours plus tard une gastrite (inflammation de la membrane de l'estomac).

L'un des plus célèbres cas d'auto-expérimentation est celui du médecin allemand Werner Forssmann qui estimait possible d'introduire un cathéter dans le cœur pour y délivrer médicaments et colorants utiles aux études radiologiques. Comme personne ne savait si cette manœuvre ne tuerait pas le patient, Forssmann, en 1929, plaça une canule dans une veine de son bras, à travers laquelle il passa un cathéter qu'il fit remonter jusqu'à son propre cœur. Remarquons que Warren, Marshall et Forssmann reçurent tous trois le prix Nobel.

Au début des années 1900, des médecins travaillant sous la direction du chirurgien militaire américain Walter Reed, laissèrent des moustiques les piquer afin de prouver que la fièvre jaune était bien transmise pas ces insectes. Un des médecins d'ailleurs mourut à la suite de ces expérimentations.

À la question « Pourquoi les médecins font-ils cela ? », le médecin David L.J. Freed répondait « Parce que nous sommes plus représentatifs des humains que des centaines de rats de laboratoire ; parce que nous sommes mieux informés des risques et des bénéfices attendus que n'importe qui d'autre ; parce que nous sommes impatients dans notre besoin de connaître la réponse ; parce que nous savons que le bénéfice potentiel pour l'humanité est grand. »

VOIR AUSSI Un zoo en nous (1683), La cocaïne comme anesthésique local (1884), Étiologie de la fièvre jaune (1937), Autochirurgie (1961) et Ulcère peptique et bactérie (1984).

En 1929, Forssmann expérimenta le cathétérisme permettant d'injecter des produits de contraste pour l'étude radiologique des organes. Ici, un angiogramme de la tête montrant la vascularisation.

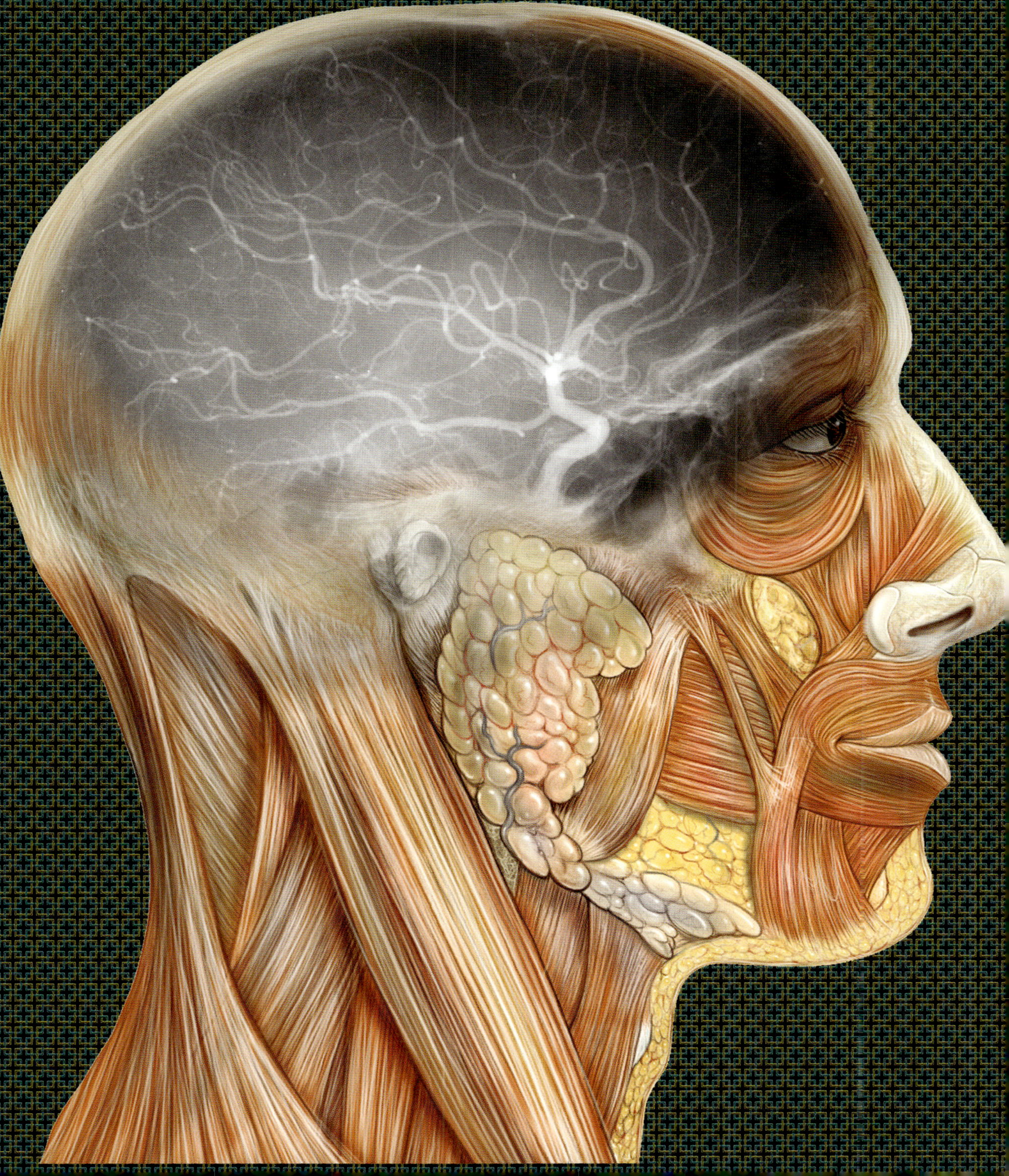

1933

Psychologie analytique de Jung

Sigmund Freud (1856-1939), **Carl Gustav Jung** (1875-1961)

Le psychiatre suisse Carl Jung écrivait : « Votre vision deviendra claire seulement lorsque vous pourrez regarder à l'intérieur de votre âme. Celui qui regarde en dehors, rêve ; celui qui regarde en dedans, s'éveille. » Car, comme le médecin autrichien Sigmund Freud qui insistait sur l'importance du processus mental inconscient dans la structuration du comportement et des émotions, Jung encourageait ses patients à discuter et à dessiner des images à partir de leurs fantasmes et de leurs rêves. Jung fut un proche collaborateur de Freud jusqu'aux environs de 1912. Mais, alors que Freud se fixait sur une explication psychosexuelle du comportement, l'approche de Jung devint plus spirituelle, voire mystique.

Selon Jung, l'inconscient comporte deux niveaux. Le premier, inconscient personnel, est semblable à celui de Freud ; il comprend le contenu d'une vie qui n'est pas immédiatement accessible, parce qu'il est oublié ou difficile d'accès. Le second niveau est l'inconscient collectif, domaine des souvenirs latents, d'une manière ou d'une autre hérités de nos ancêtres et partagés avec la race humaine. Jung regardait certaines images et thèmes communs à travers des archétypes culturels, qui, d'après lui, avaient tendance à avoir une signification universelle. Selon lui, ces archétypes apparaissent souvent dans les rêves et sont plus évidents dans l'usage des symboles d'une culture, dans les mythes, religion, art et littérature. Selon la psychologie analytique de Jung, les individus peuvent franchir ces étapes jusqu'à la réalisation du soi et améliorer leur bien-être en contemplant de tels rêves symboliques.

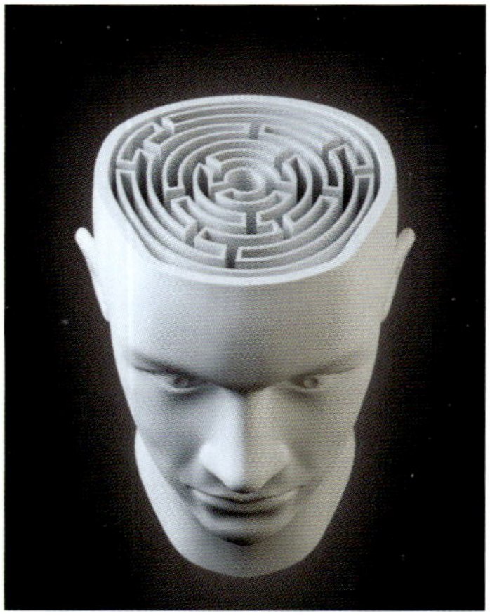

Bien que Jung ait eu de nombreuses idées insolites qui n'eurent pas d'impact direct sur les traitements médicaux, beaucoup de ses concepts sont encore admis de nos jours. Ainsi, il fut le premier à distinguer les dimensions de la personnalité, entre introvertie et extravertie. Jung jugeait également que le dessin diminuait la peur ou l'anxiété des patients.

VOIR AUSSI *De praestigiis daemonum* (1563), Psychanalyse (1899), Recherche de l'âme (1907), Antipsychotiques (1950), Thérapie comportementale et cognitive (1963) et Expériences de mort imminente (1975).

Jung demandait souvent à ses patients de dessiner ou de peindre des images de leurs rêves. Selon lui, cette collection de visions formait une sorte de « cathédrale, endroit silencieux de l'esprit où on peut trouver un renouveau ».

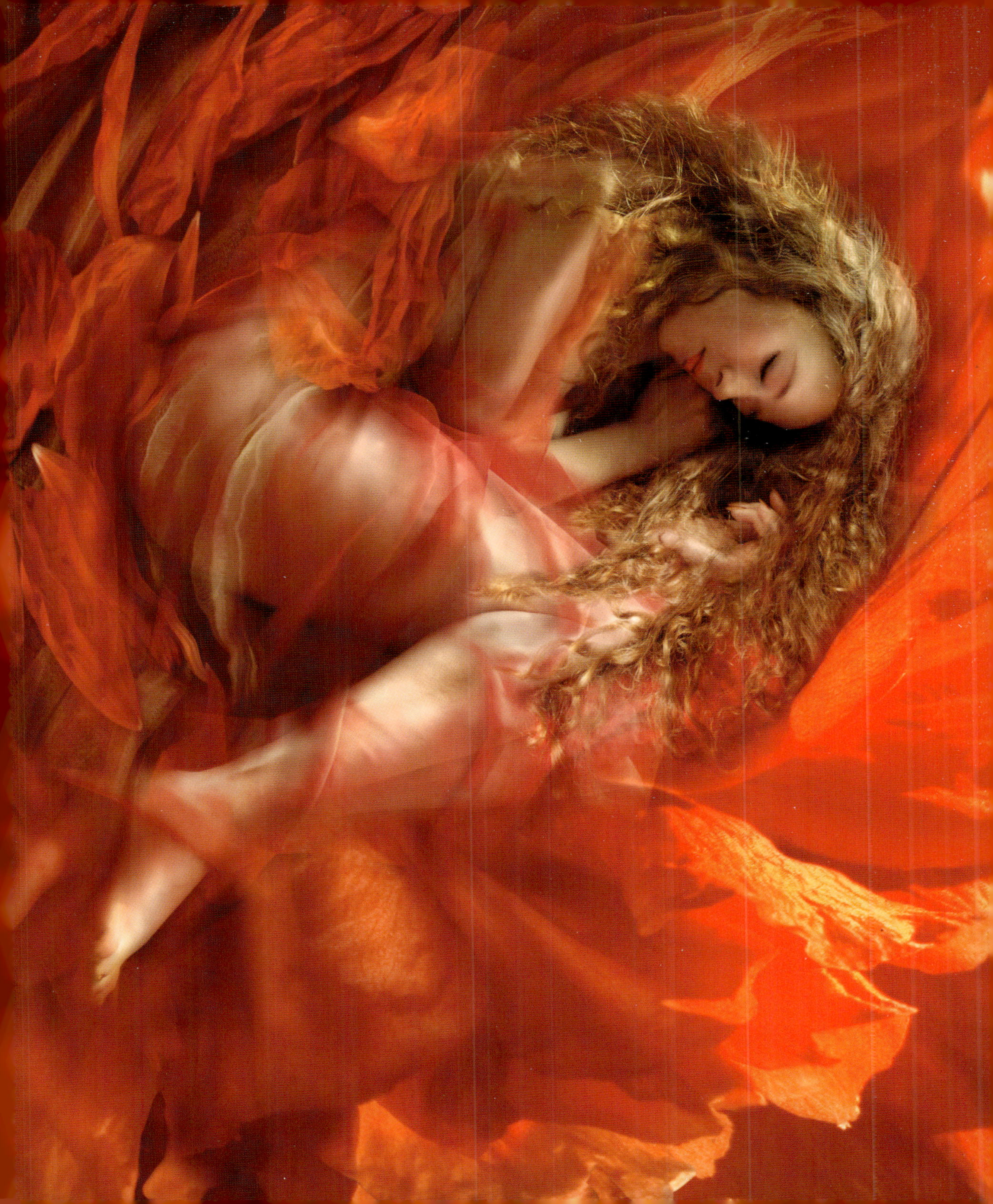

1935

Stanley et l'invasion des cristaux

Friedrich Wöhler (1800-1882), **Wendell Meredith Stanley** (1904-1971)

En 1935, le biochimiste américain Wendell Stanley stupéfia le monde scientifique en obtenant des cristaux à partir du premier virus découvert : celui de la mosaïque du tabac (VMT). Les scientifiques se demandèrent comment quelque chose qui paraissait vivant pouvait se présenter sous forme cristalline ; le VMT, semblait se situer à la limite entre les règnes vivant et non vivant.

Le VMT a une forme de bâtonnet, avec une protéine (capside) qui enveloppe un simple brin d'ARN portant le code génétique du virus. Une fois le virus entré dans une cellule végétale, son ARN se réplique et la cellule fabrique la protéine de capside. L'assemblage de ces différentes molécules donne naissance à de nouvelles particules virales. Le VMT produit des taches brunes sur les feuilles du tabac et d'autres plantes comme les tomates.

Nous savons aujourd'hui que la forme des virus va de l'icosaèdre (objet symétrique à vingt côtés) à de longues hélices. La grande majorité des virus, à l'instar du VMT, sont trop petits pour être vus directement au microscope. La grippe espagnole de 1918 fut causée par un virus particulièrement meurtrier qui tua plus de vingt-cinq millions de personnes durant les six mois de la première vague épidémique.

D'autres exemples historiques soulignent l'imprécision de la frontière entre les règnes organique et inorganique. Par exemple, les scientifiques ont cru que la matière organique avait une sorte de « force vitale » et ne pouvait pas être synthétisée par des scientifiques au laboratoire. Pourtant, en 1828, le chimiste allemand Friedrich Wöhler obtint de l'urée, un composé organique normalement produit par le foie, en combinant au laboratoire des produits chimiques inorganiques.

Dans les campagnes de lutte contre la poliomyélite et le cancer du milieu du siècle, la connaissance du VMT aida à justifier des financements à grande échelle pour la recherche virologique et fournit un guide pratique pour les recherches sur les pathogènes humains.

VOIR AUSSI Découverte des virus (1892), Rhume banal (1914), Vaccin anti-poliomyélitique (1955), Transcriptase inverse et SIDA (1970) et Oncogènes (1976).

Particules du virus de la mosaïque du tabac (bâtonnets) colorés par un métal lourd pour les rendre visibles au microscope électronique à transmission. D'autres traitements d'images sont possibles pour visualiser les virus.

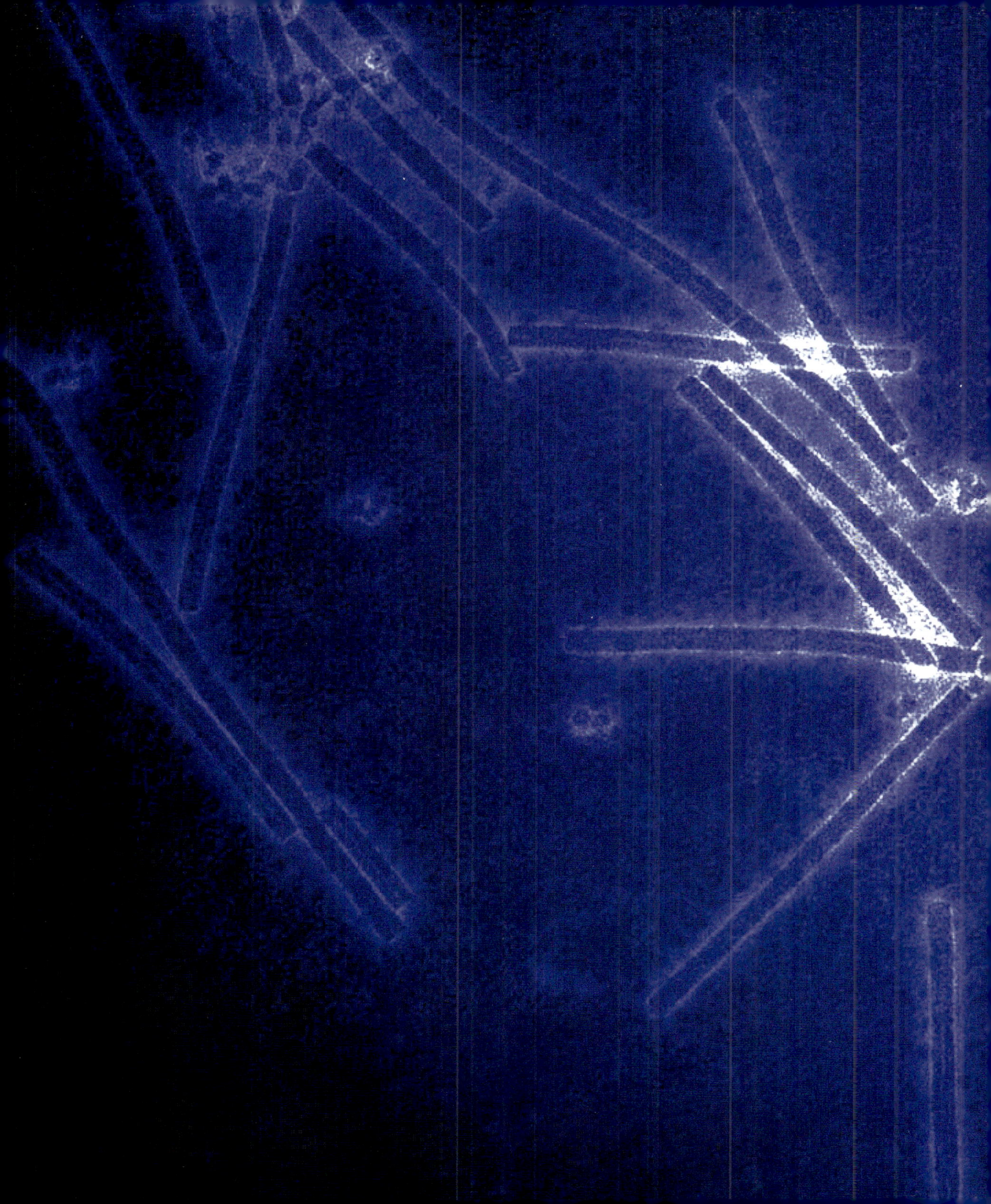

1935

Sulfamides

Gerhard Johannes Paul Domagk (1895-1964), **Daniel Bovet** (1907-1992)

Avec Gerhard Domagk naquit l'ère de la maîtrise des maladies infectieuses. Le changement qui en résulta est difficile à imaginer de nos jours. Avant les sulfamides, trente pour cent des patients atteints de méningite mouraient ; il en était à peu près de même pour les pneumonies et les angines, et une femme sur sept succombait de fièvre puerpérale.

Les sulfonamides (ou sulfamides) sont une classe de produits chimiques, dont certains ont des propriétés antibactériennes. En 1932, le bactériologiste allemand Domagk, alors qu'il testait le Prontosil, un sulfamide à base de colorant, découvrit la première drogue qui pouvait être utilisée systématiquement pour guérir une gamme d'infections bactériennes, dont les infections à streptocoques. C'est fortuitement que Domagk eut en main cette catégorie de produits alors qu'il cherchait à prévenir l'infection et l'amputation du bras de sa fille qui guérit complètement grâce au Prontosil. Les résultats de ses essais cliniques concluants furent publiés en 1935. Le prix Nobel de Médecine fut attribué à Domagk en 1939, mais le régime Nazi lui interdit de l'accepter.

Vers 1936, à l'Institut Pasteur, le pharmacologiste d'origine suisse Daniel Bovet montra que la sulfonamide était clivée en deux parties dans l'organisme : un colorant inactif et un composé actif non colorant, appelé sulfonilamide. Au début des années 1940, des chercheurs découvrirent que la sulfonilamide agissait en bloquant la synthèse de l'acide folique des bactéries, empêchant ainsi la multiplication bactérienne et donnant aux défenses de l'organisme une plus grande chance de combattre l'infection. Les sulfamides étaient les seuls antibactériens disponibles avant la découverte de la pénicilline ; ils sauvèrent un nombre incalculable de vies durant la Seconde Guerre mondiale. Aujourd'hui, bien que les antibiotiques leur soient généralement préférés, les sulfamides continuent à avoir leur place, par exemple pour combattre les bactéries résistantes aux antibiotiques.

VOIR AUSSI Semmelweis et le lavage des mains (1847), Les balles magiques d'Ehrlich (1910) et Pénicilline (1928).

Avant les sulfonamides, trente pour cent des personnes atteintes de méningites mouraient. La bactérie Meningococcus *montrée sur cette figure colorisée, peut infecter les membranes qui enveloppent le système nerveux central.*

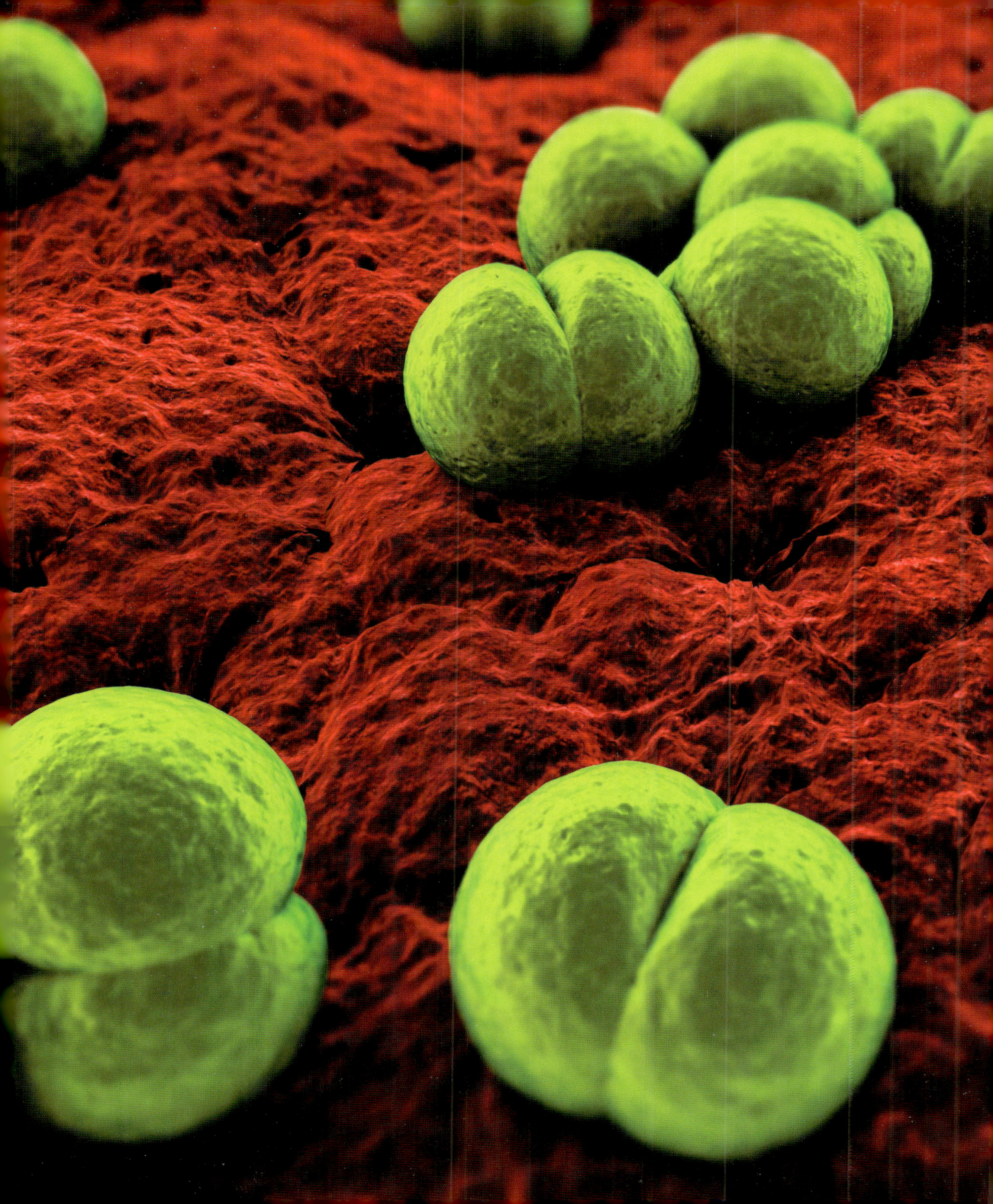

1937

Antihistaminiques

Henry Hallett Dale (1875-1968), **George Barger** (1878-1939), **Daniel Bovet** (1907-1992), **Anne-Marie Staub** (née en 1914)

Le développement des antihistaminiques marque un tournant dans l'histoire des médicaments, car les recherches sur ces produits chimiques simples conduisirent également aux antipsychotiques ou au traitement des ulcères de l'estomac.

Les histamines sont trouvées dans diverses plantes et dans des venins d'insectes. Chez l'homme, l'histamine est présente dans la plupart des tissus et dans les cellules blanches du sang (mastocytes et basophiles), où elle participe aux réactions allergiques et à l'inflammation. L'histamine augmente la perméabilité des capillaires, de sorte que les cellules blanches peuvent aller lutter contre les microbes. Le fluide qui s'échappe ainsi des capillaires est éliminé dans l'écoulement nasal. L'histamine agit également comme neurotransmetteur dans certains neurones. Dans l'estomac, les cellules sécrétrices d'histamine stimulent la sécrétion acide.

En 1910, les chimistes britanniques George Barger et Henry Dale furent les premiers à isoler l'histamine à partir d'un champignon : l'ergot. Les poils urticants de l'ortie se comportent comme des aiguilles hypodermiques, injectant de l'histamine au moindre contact. Chez l'homme, l'histamine agit en se liant à des récepteurs cellulaires. Ses deux récepteurs principaux sont le H1 (sur les muscles lisses, les cellules de la paroi interne des vaisseaux sanguins, et certains tissus du système nerveux central), et le H2 (dans les cellules pariétales de l'estomac).

En 1937, le pharmacologiste Daniel Bovet et son étudiante Anne-Marie Staub produisirent à l'Institut Pasteur le premier antihistaminique, malheureusement trop toxique pour l'homme. En 1944, Bovet et ses collègues produisirent le néoantergan (pyrilamine), utilisable chez l'homme. Les antihistaminiques de première génération, utilisés dans les allergies nasales et les piqûres d'insectes agissent en se liant aux récepteurs H1 mais causent de la somnolence. Les antihistaminiques des générations suivantes ne franchissent pas la barrière hémo-cérébrale et n'ont pas d'effet sédatif. Plusieurs maladies neurologiques (comme l'Alzheimer et la sclérose en plaque) sont associées à des modifications significatives dans le système histaminique du cerveau.

VOIR AUSSI Théorie de la phagocytose (1882), Allergies (1906), Cortisone (1948) et Antipsychotiques (1950).

Le venin des abeilles contient la mélittine (une toxine), l'histamine et d'autres substances causant douleur et démangeaison.

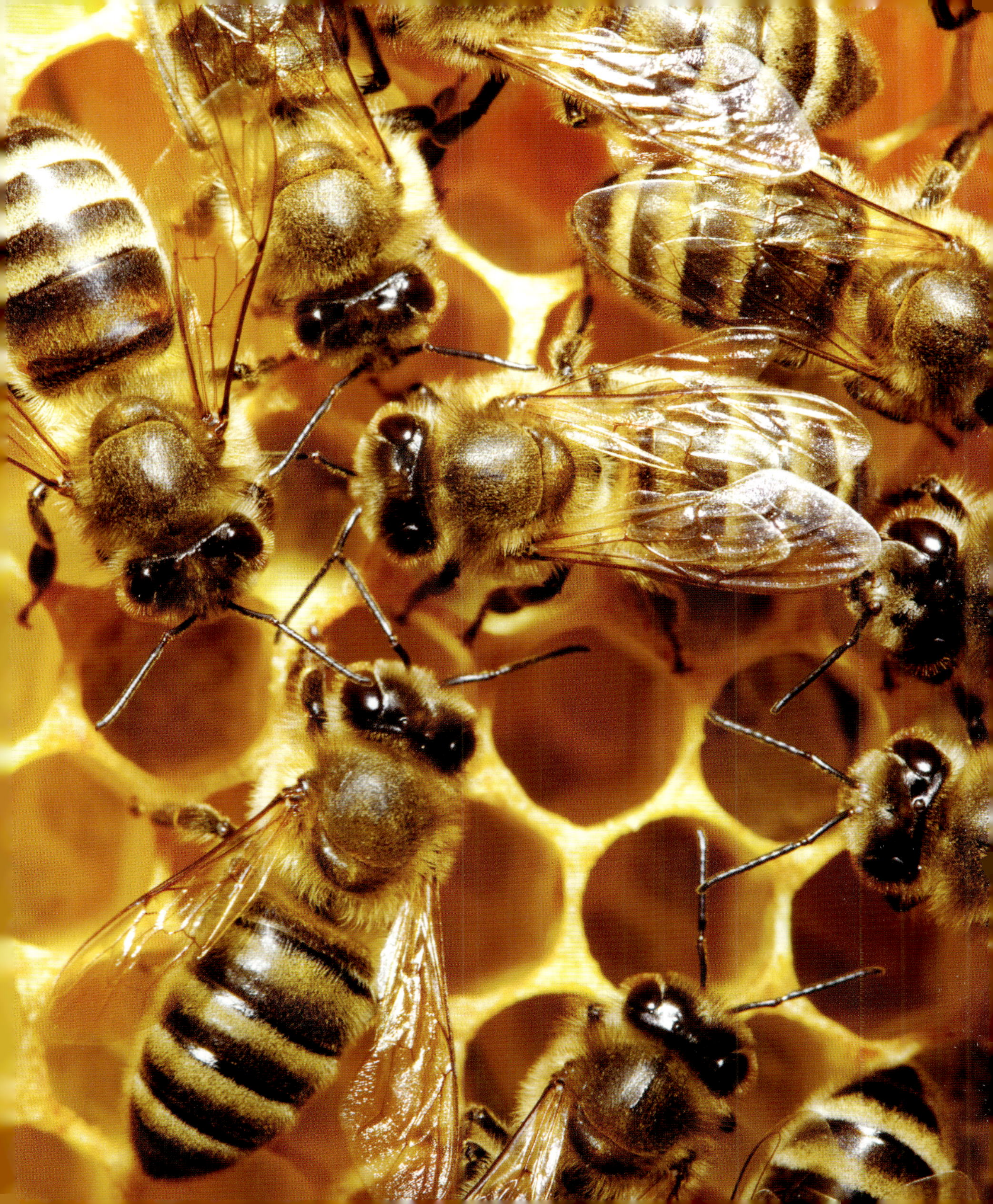

1937

Étiologie de la fièvre jaune

Carlos Juan Finlay (1833-1915), **Walter Reed** (1851-1902), **Max Theiler** (1899-1972)

Le virus attaque chaque organe et conduit le patient au délire. Le corps saigne du nez, de la bouche, les yeux sont rouges, le vomissement est noir de sang. Puis la fièvre laisse sa marque, la peau et le blanc des yeux se teintent d'un jaune brillant qui donne au virus son nom redoutable de *fièvre jaune*.

Plusieurs espèces de moustiques femelles, en particulier *Aedes aegypti*, transmettent le virus, prévalent en Amérique du Sud et en Afrique. La majorité des cas comprennent fièvre et vomissement et laissent le malade vivant. Mais quinze pour cent d'entre eux passent à un second stade, avec une jaunisse et des hémorragies qui peuvent être fatales. En 1881, le médecin Cubain Carlos Finlay suggéra le premier que la maladie pouvait être transmise par les moustiques, hypothèse qui fut confirmée en 1900, grâce aux expériences menées sur des humains par le chirurgien de l'armée américaine Walter Reed, qui démontraient pour la première fois la transmission d'un virus par les moustiques. En 1937, le virologiste d'origine sud-africaine, Max Theiler développa un virus vivant atténué par passages de plusieurs générations sur œufs de poules, jusqu'à ce que le virus ait perdu son pouvoir pathogène mais gardé sa capacité à se répliquer, et par là à permettre au système immunitaire de monter une défense après vaccination. Theiler reçut en 1951 le premier prix Nobel attribué pour le développement d'un vaccin.

La fièvre jaune marqua profondément l'histoire des États-Unis. En 1793, une épidémie majeure frappa Philadelphie (la capitale des États-Unis à cette époque) et obligea George Washington et l'administration à fuir la ville. En 1802, la maladie fit des milliers de victimes parmi les troupes de Napoléon dans la Caraïbe, l'amenant à renoncer à ses réclamations sur la Nouvelle-Orléans et d'autres territoires des États-Unis et à les céder à bas prix à Thomas Jefferson. La tentative française pour percer l'isthme de Panama fut réduite à l'échec à cause du paludisme et de la fièvre jaune.

VOIR AUSSI Découverte des virus (1892), Étiologie du paludisme (1897), Auto-expérimentation médicale (1929) et Stanley et l'invasion des cristaux (1935).

« Le domaine de la fièvre jaune aux États-Unis et dans la Caraïbe » (1856). Les territoires en jaune foncé correspondent aux zones d'extension de fièvre jaune.

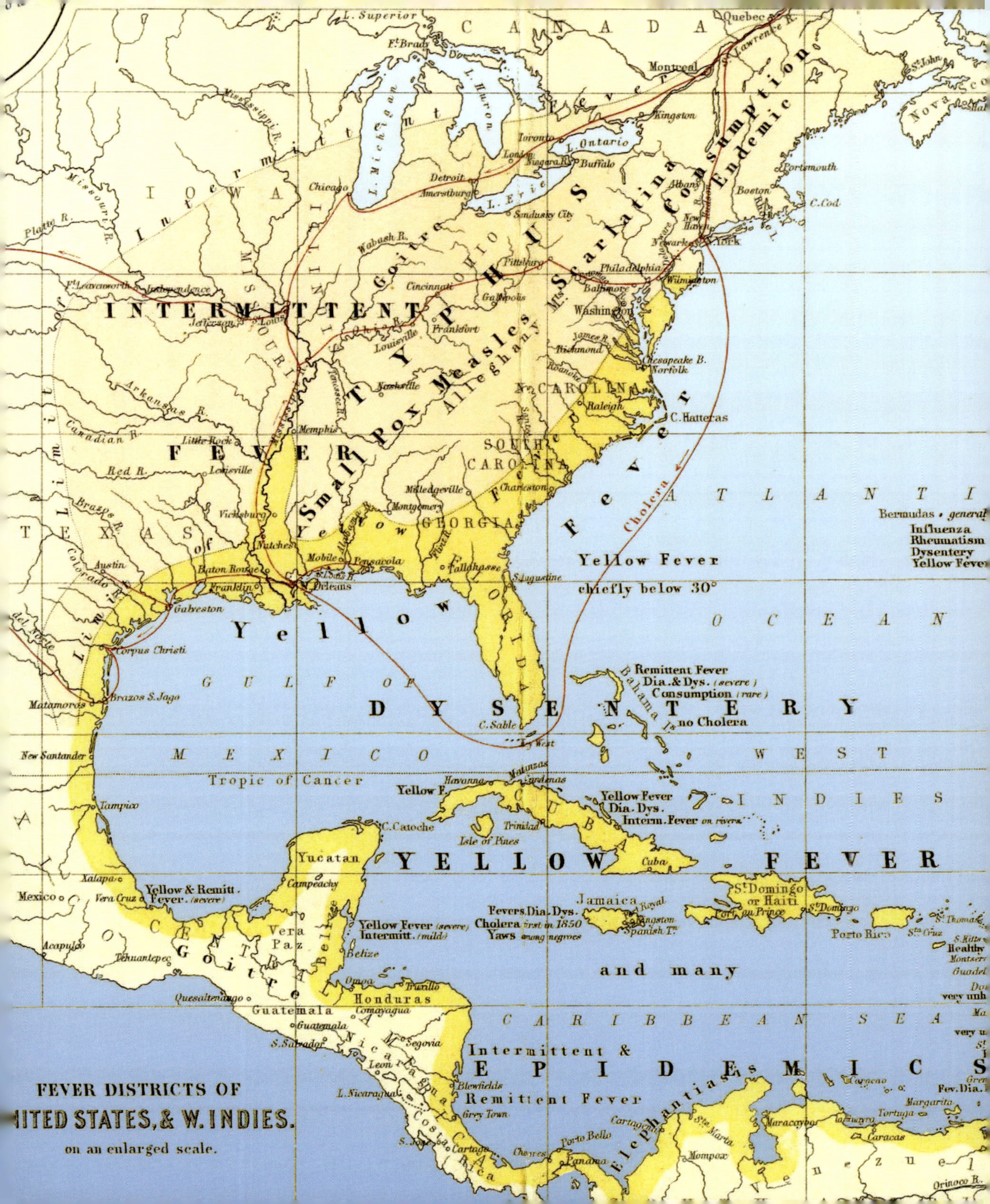
FEVER DISTRICTS OF
NITED STATES, & W. INDIES.
on an enlarged scale.
INTERMITTENT
FEVER
Intermittent Fever
Limit of Intermittent Fever
TYPHUS
Small Pox Measles
Goitre
Scarlatina
Consumption Endemic
Yellow Fever
Yellow Fever chiefly below 30°
Cholera
DYSENTERY
Remittent Fever
Dia. & Dys. (severe)
Consumption (rare)
no Cholera
Bermudas . general
Influenza
Rheumatism
Dysentery
Yellow Fever
Yellow F.
Yellow Fever
Dia. Dys.
Interm. Fever on rivers
YELLOW FEVER
Yellow & Remitt. Fever (severe)
Fevers Dia. Dys.
Cholera first in 1850
Yaws among negroes
Yellow Fever (severe)
Intermitt. (mild)
and many
Healthy
very unh
Intermittent &
EPIDEMICS
Remittent Fever
Elephantiasis
Goitre
Tropic of Cancer
ATLANTIC
OCEAN
GULF OF MEXICO
WEST INDIES
CARIBBEAN SEA
CANADA
IOWA
TEXAS
CENTRAL AMERICA
GEORGIA
FLORIDA
CUBA
N. CAROLINA
SOUTH CAROLINA
Yucatan
Jamaica
St. Domingo or Haiti
Porto Rico
Honduras
Guatemala
Venezuela
Bahama Is.
L. Superior
L. Michigan
L. Huron
L. Ontario
L. Erie
Quebec
Montreal
Kingston
Toronto
Buffalo
Detroit
Chicago
Albany
Boston
Portsmouth
C. Cod
New York
Newark
Philadelphia
Wilmington
Baltimore
Washington
Pittsburg
Cincinnati
Gallipolis
Frankfort
Louisville
Richmond
Chesapeake B.
Norfolk
Raleigh
C. Hatteras
Charleston
Milledgeville
Montgomery
Nashville
Memphis
Little Rock
Vicksburg
Natchez
Mobile
Pensacola
Tallahasse
St. Augustine
Baton Rouge
Franklin
N. Orleans
Galveston
Austin
Corpus Christi
Brazos S. Jago
Matamoros
New Santander
Tampico
Xalapa
Vera Cruz
Mexico
Acapulco
Tehuantepec
Campeachy
C. Catoche
Havanna
Matanzas
Cardenas
Trinidad
Isle of Pines
Kingston
Spanish Tn.
Port au Prince
St. Domingo
Belize
Omoa
Truxillo
Comayagua
Guatemala
S. Salvador
Segovia
Leon
L. Nicaragua
Blewfields
Grey Town
Cartago
Chagres
Porto Bello
Panama
Carthagena
Sta. Martha
Maracaybo
Mompox
Caracas
Margarita
Tortuga
Orinoco R.
C. Sable
Key West
Ft. Leavenworth
Independence
Jefferson
St. Louis
Platte R.
Missouri R.
Mississippi R.
Arkansas R.
Canadian R.
Red R.
Brazos R.
Colorado
Wabash R.
Ohio R.
James R.
Alleghany Mts.
Nova Scotia
St. John

1938

Électro-convulsivothérapie

Ugo Cerletti (1877-1963), **Lucio Bini** (1908-1964)

Le juriste Curtis Hartmann écrit à propos de ses expériences d'électro-convulsivothérapie, dans laquelle des crises cérébrales sont induites électriquement afin de traiter une dépression sévère : « Je me réveillais environ vingt minutes plus tard, et... une grande partie de ma dépression avait cédé... Les électrochocs ont tenu en échec mon démon et gardé mon espoir intact. »

En 1938, les médecins chercheurs italiens Ugo Cerletti and Lucio Bini eurent l'idée d'expérimenter les électrochocs sur l'homme après que Cerletti ait vu « l'exécution électrique » de porcs dans un abattoir de Rome. À ses débuts, l'électro-convulsivothérapie ne s'accompagnait pas d'anesthésie générale, ni de myorelaxants musculaires, comme c'est le cas de nos jours ; la crise était si forte que les patients pouvaient parfois se fracturer leurs propres os.

De nos jours, l'électro-convulsivothérapie est utilisée pour traiter les dépressions graves et d'autres troubles qui n'ont pas disparu après traitement. Les séances sont souvent répétées plusieurs fois. L'électro-convulsivothérapie est en général considérée comme procurant une « guérison » temporaire ; elle est souvent suivie d'un traitement médical et de séances périodiques. L'un de ses effets secondaires courant est la perte de la mémoire des évènements immédiatement antérieurs ou postérieurs à l'application des chocs. Ces effets secondaires sont réduits avec les très brèves impulsions utilisées aujourd'hui. Chez le rat, les chocs électriques augmentent le niveau des facteurs chimiques de croissance qui stimulent la formation de nouvelles synapses nerveuses.

Malgré les vies sauvées par l'électro-convulsivothérapie, les patients rapportent des effets collatéraux importants. Dans les années 1980, l'infirmière Barbara Cody écrivait à propos de ses électrochocs : « Quinze à vingt ans de ma vie ont été simplement effacés ; seules quelques bribes et de rares morceaux sont revenus. »

VOIR AUSSI Les aliénés libérés (1793), Traitement de l'épilepsie (1857), Electroencéphalogramme (1924), Lobotomie transorbitale (1946) et Consentement éclairé (1947).

L'auteur américain Ernest Hemingway posant durant un safari en Afrique, en 1953. Selon son biographe Jeffrey Meyers, Hemingway reçut une quinzaine d'électrochocs en décembre 1960 et « en sortit anéanti ». En 1961, Hemingway se suicida avec son propre fusil de chasse.

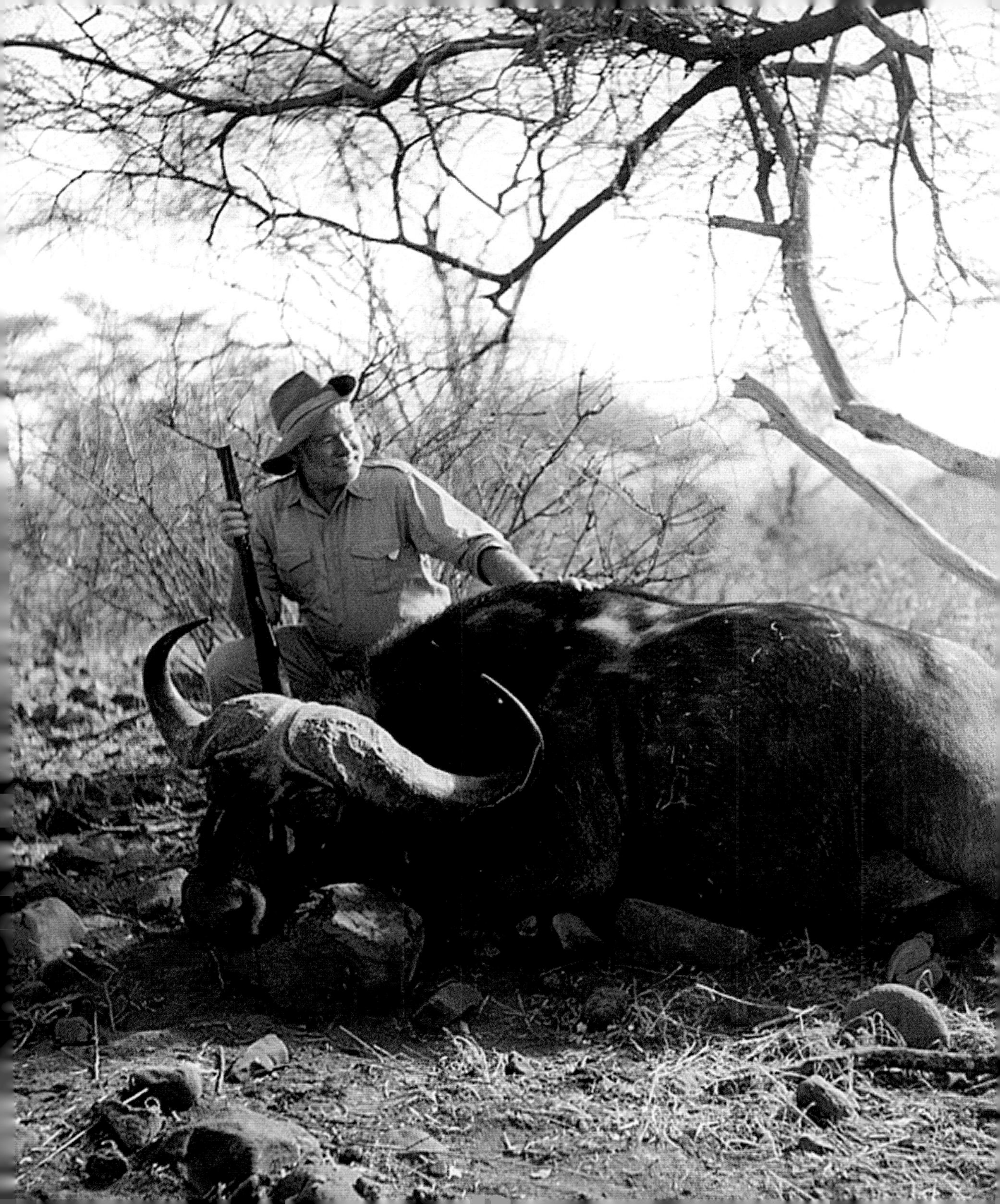

1943

« Troubles autistiques »

Leo Kanner (1894-1981), Bruno Bettelheim (1903-1990), Hans Asperger (1906-1980)

L'article du psychiatre autrichien Leo Kanner « Troubles autistiques du contact affectif », paru en 1943, marque une étape dans l'histoire de l'autisme, car, outre sa description clinique, il contient le premier usage du mot autisme dans son acception moderne.

L'autisme est un trouble du comportement marqué par une forte baisse de l'interaction sociale et de l'aptitude à la communication et peut être détecté avant l'âge de trois ans. C'est une des maladies parmi un ensemble qui inclut également le syndrome d'Asperger, du nom du pédiatre allemand Hans Asperger, qui décrivit en 1944 des comportements similaires, mais avec des compétences cognitives et un langage en général meilleurs.

Le nombre de cas d'autisme détectés a fortement augmenté depuis les années 1980, du fait du changement des pratiques diagnostiques et de l'intérêt croissant du public. Les enfants atteints d'autisme montrent des comportements répétitifs, un intérêt réduit et des pratiques alimentaires atypiques. À la fin des années 1960, le psychologue d'origine autrichienne Bruno Bettelheim lança l'idée erronée que l'autisme était causé par des parents froids et indifférents, particulièrement les mères qu'il qualifiait de « mères réfrigérateurs ». Certains auteurs proposent d'autres explications, comme une vaccination dans l'enfance, mais rien n'est prouvé. Aujourd'hui nous savons que l'autisme est une trouble neurologique complexe, à base génétique, qui peut impliquer des perturbations dans la synchronisation du développement des systèmes cérébraux. Les garçons sont plus fortement exposés que les filles. Une thérapie comportementale intensive précoce peut aider certains enfants autistes à développer des compétences qui leur permettent de mieux s'en sortir et interagir. Si la plupart des autistes sont incapables de communiquer, un faible nombre d'entre eux présentent le « syndrome savant », avec des compétences exceptionnelles associées à la mémoire, l'art ou le calcul.

VOIR AUSSI Psychanalyse (1899), Prosopagnosie (1947) et Thérapie comportementale et cognitive (1963).

Les individus atteints d'autisme montrent souvent un besoin d'empiler ou d'aligner les objets de façon répétitive. Ils peuvent passer des heures à jouer avec leurs petites automobiles, en les alignant de certaines façons plutôt que de les utiliser selon des pratiques de jeu plus communes.

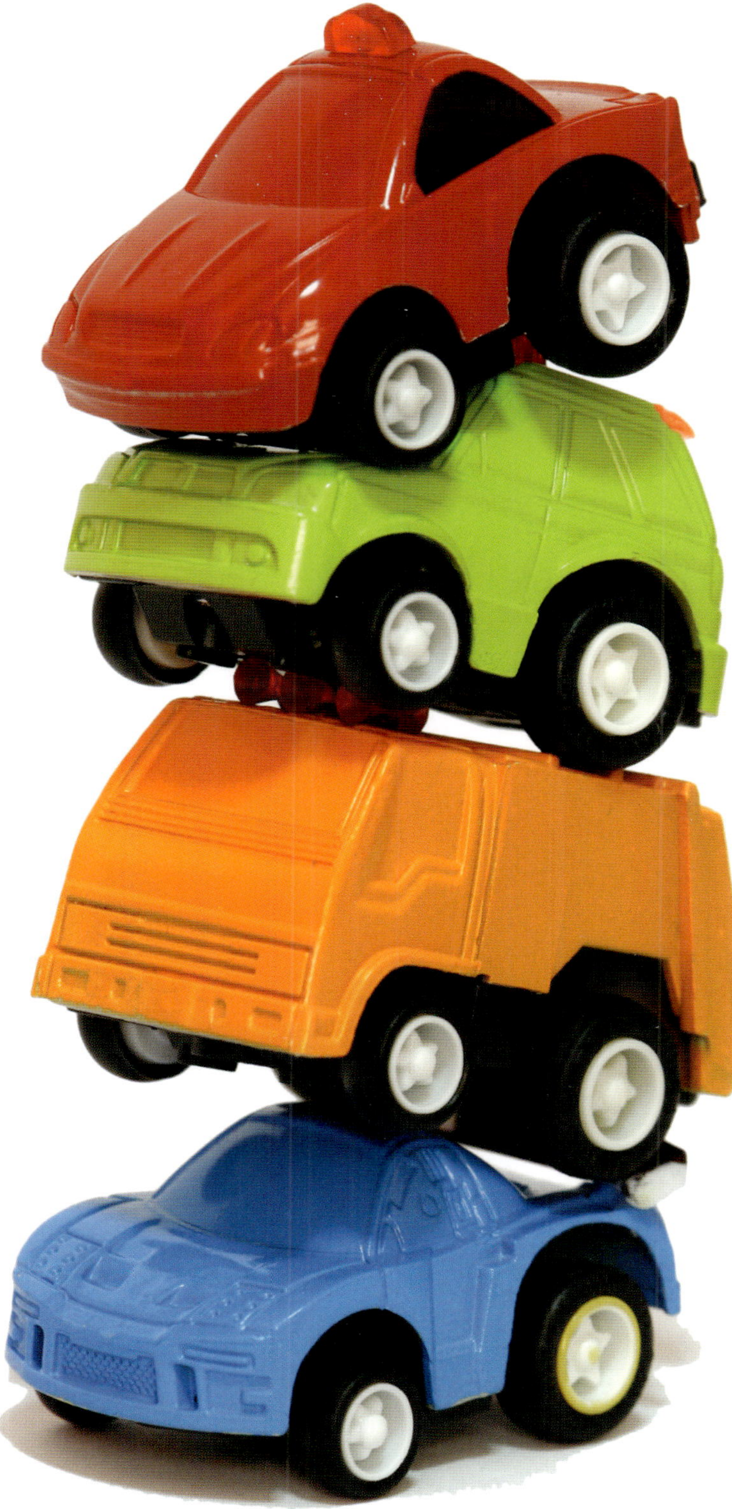

1943

Dialyse

Georg Haas (1886-1971), **Willem Johan Kolff** (1911-2009), **Belding Hibbard Scribner** (1921-2003)

Les reins possèdent plusieurs fonctions, dont la sécrétion d'hormone et l'épuration des déchets, dirigés vers la vessie. Lorsque des maladies comme le diabète provoquent une insuffisance rénale, la perte de la fonction rénale peut être suppléée pas des machines à dialyser, qui filtrent le sang à travers une membrane artificielle. Durant l'hémodialyse, les globules rouges et les grosses protéines sont piégés sur la face de la membrane en contact avec le sang. Les toxines contenues dans le sang du patient diffusent à travers la membrane vers un liquide appelé dialysat. Celui-ci est écarté, de même que les toxines, tandis que le sang purifié est renvoyé vers le corps.

Vers 1924, le médecin allemand Georg Haas fut le premier à réaliser une dialyse, mais son équipement inadapté ne permit pas la survie du patient. Le père de la dialyse est le médecin hollandais Willem Kolff qui construisit, en 1943, la première machine à dialyser grandeur nature. Sa première version utilisait de la membrane de saucisses. Le premier patient sauvé par la machine à dialyser de Kolff était une femme dans le coma avec une insuffisance rénale aigue. Elle fut dialysée durant onze heures avant de reprendre conscience. Ses premiers mots intelligibles en sortant du coma furent : « Je vais divorcer ! »

Ce n'est qu'à partir des années 1960 que des appareils de connexion (comme le shunt de Teflon inventé par Belding Scribner) furent disponibles, assurant une réduction de la coagulation et un maintien en place, permettant de répéter la dialyse sans dommage pour les vaisseaux sanguins. Vers cette époque, le nombre limité de machines à dialyser imposait un choix fait par des comités anonymes.

Les taux de survie avec dialyse rénale approchent ceux des patients à fonction rénale normale, signe d'une réussite technologique remarquable. Toutefois, la dialyse est une substitution imparfaite de la fonction rénale naturelle ; elle ne peut se substituer aux activités métaboliques et de synthèse d'hormone du rein.

VOIR AUSSI Mirage des urines (4 000 ans av. J.-C.), Poumon d'acier (1928), Cœur-poumon artificiel (1953) et Transplantation rénale (1954).

Coupe schématique colorisée d'un rein montrant sa configuration interne (pyramides de Malpighi, calices, bassinet et début de l'uretère) et sa vascularisation interne.

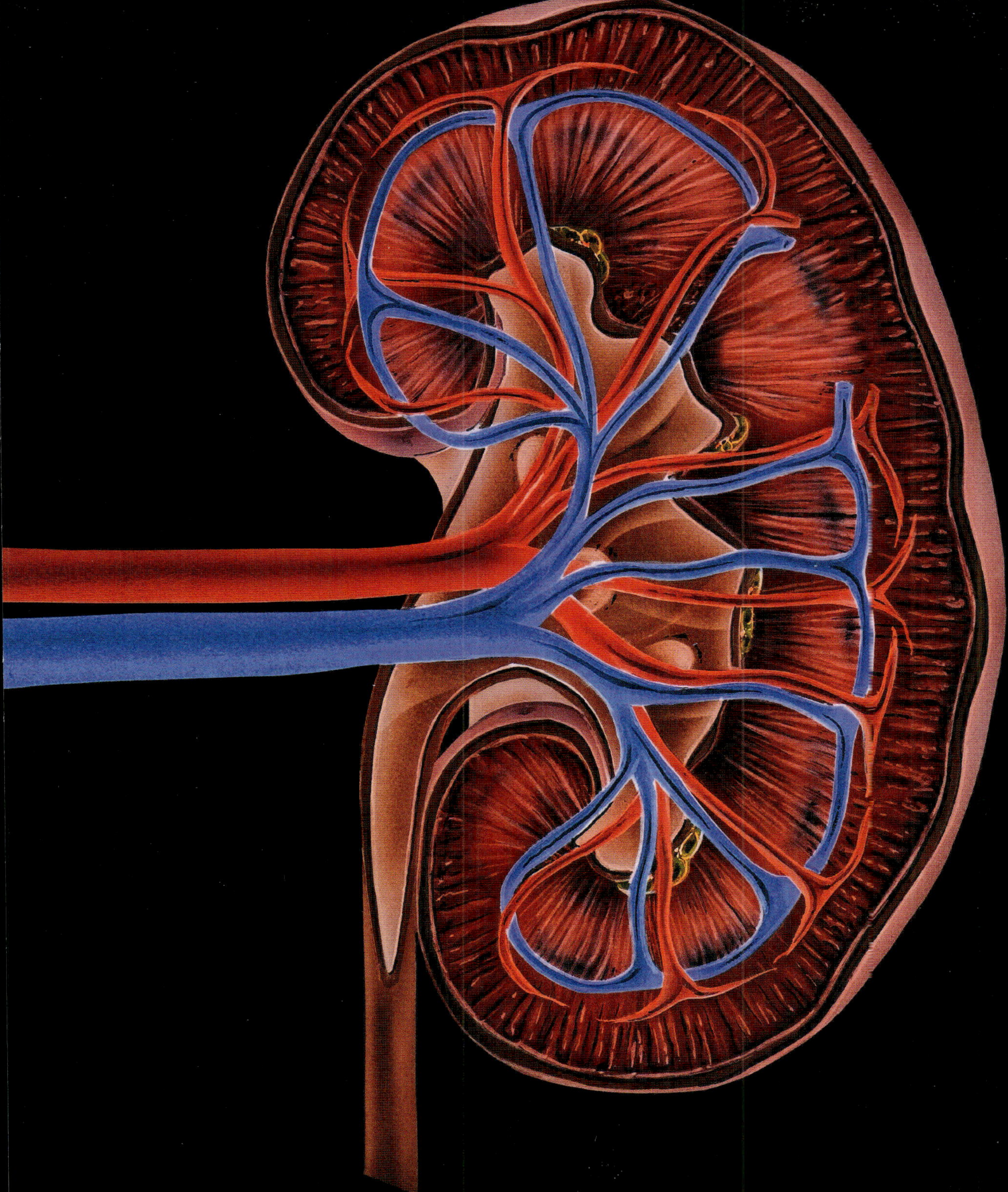

1944

La dérivation de Blalock-Taussig

Helen Brooke Taussig (1898-1986), **Alfred Blalock** (1899-1964), **Vivien Theodore Thomas** (1910-1985)

L'aspect du syndrome des bébés bleus était désespérant, dans les années 1930, avant l'ère de la chirurgie cardiaque. Un après-midi passé dans la Clinique de chirurgie pédiatrique de l'Hôpital Johns Hopkins était une épreuve même pour un médecin aguerri. « Des enfants en état de sous-développement arrivaient nombreux, tellement à court de souffle qu'ils avaient des instants d'inconscience. Ils avaient le nez, les oreilles, les extrémités, et quelquefois le corps entier, colorés en bleu d'encre par la cyanose (manque d'oxygène dans le sang) ; ils restaient accroupis sur le sol ou étendus sur les tables d'examen ».

La Tétralogie de Fallot est l'une des causes les plus courantes du syndrome des bébés-bleus. Cette malformation comprend une communication entre les ventricules droit et gauche, avec pour résultat un mélange de sangs oxygéné et désoxygéné dans le ventricule gauche, et un taux d'oxygène sanguin très bas. En plus, un rétrécissement de la valve pulmonaire diminue le flux sanguin sortant du cœur vers les artères pulmonaires qui transportent le sang du cœur aux poumons.

La cardiologue américaine Helen Taussig suggéra au chirurgien américain Alfred Blalock, et à son assistant Vivien Thomas, un déroutage artériel chez ces bébés, de sorte que du sang additionnel puisse être oxygéné par les poumons. En 1944, l'opération fut réalisée sur une fillette de 15 mois. Blalock aboucha l'artère sous-clavière à l'artère pulmonaire, opération que Thomas avait pratiquée préalablement sur plus de 200 chiens. Depuis cette époque, cette opération a sauvé des milliers de vies.

La dérivation de Blalock-Taussig marqua le début de l'aire moderne de la chirurgie cardiaque. Lorsque débuta la chirurgie à cœur ouvert, la dérivation fut moins employée, les chirurgiens préférant ouvrir le cœur et réparer directement ses malformations, par exemple en fermant la communication interventriculaire avec une plaque de Gore-Tex.

VOIR AUSSI La circulation pulmonaire d'al-Nafis (1242), Digitale (1785), Ligature de l'aorte abdominale (1817), Valves cardiaques artificielles (1952) et Cœur-poumon artificiel (1953).

Diagramme illustrant une malformation du septum ventriculaire (la communication entre les côtés droit et gauche du cœur est marquée par un point jaune), l'une des particularités de la Tétralogie de Fallot.

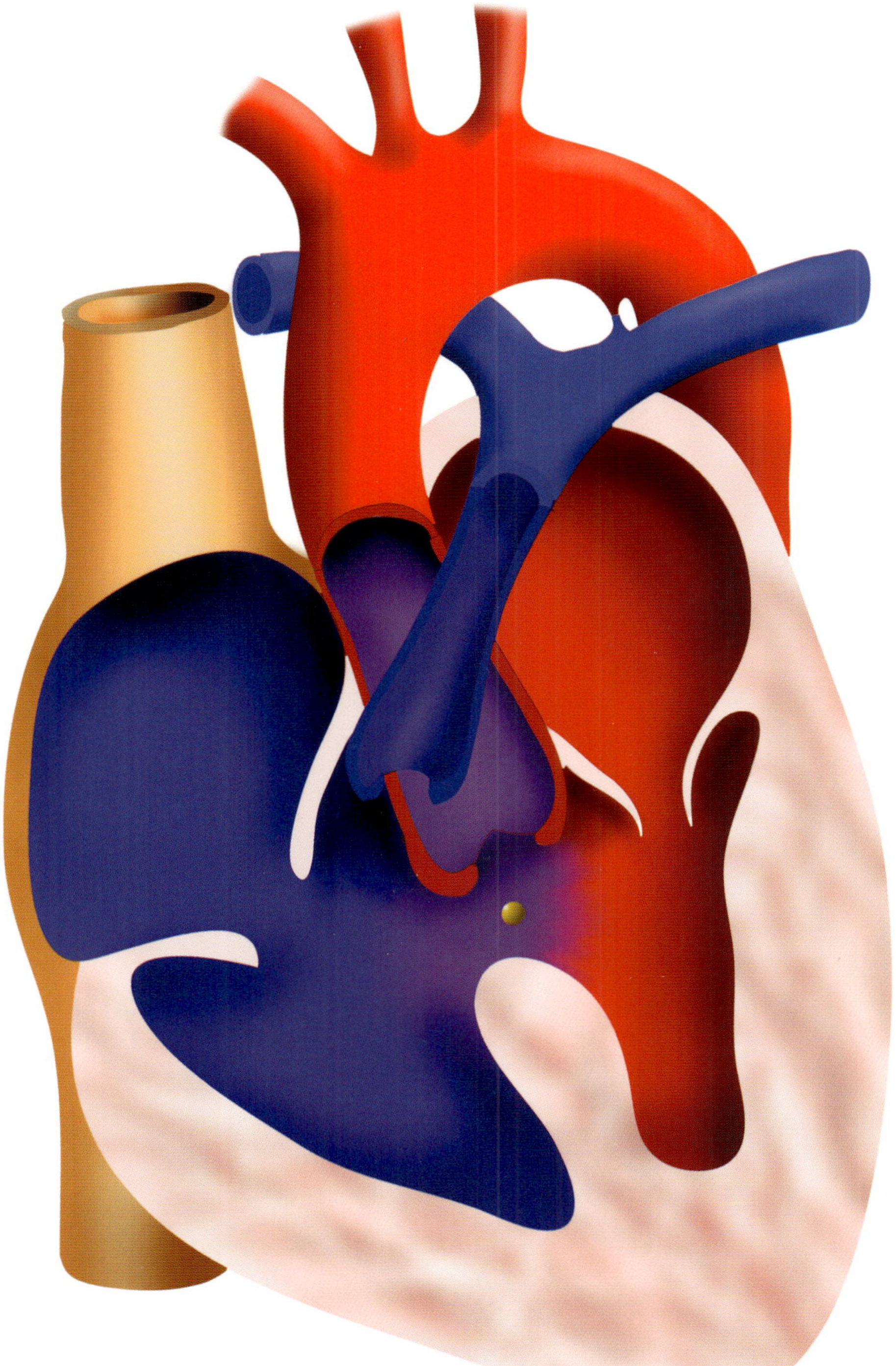
F Gaillard
2010

1946

Chimiothérapie anti-cancéreuse

Sidney Farber (1903-1973), **Louis S. Goodman** (1906-2000), **Alfred Gilman** (1908-1984)

La chimiothérapie anticancéreuse vise à éliminer les cellules à divisions rapides, une des caractéristiques des cellules cancéreuses. Malheureusement, de tels agents peuvent également détruire les cellules saines qui se divisent rapidement, en particulier les cellules des follicules capillaires, du tractus digestif et de la moelle osseuse. L'une des premières drogues anticancéreuses fut découverte par les pharmacologistes américains Alfred Gilman et Louis Goodman grâce aux recherches qu'ils menèrent, sous couvert du secret militaire, auprès de plus de mille personnes accidentellement exposées au gaz moutarde. Ils s'aperçurent que cette arme chimique endommageait les cellules blanches du sang à croissance rapide, et l'idée leur vint de la tester sur certains lymphomes (cancer des cellules blanches du sang). Lorsqu'en 1943, un patient atteint de lymphome non Hodgkinien reçut une injection d'un composé nitrogéné voisin, Gilman et Goodman observèrent une impressionnante mais transitoire diminution des tumeurs. Le gouvernement ne leur donna l'autorisation de publier leurs observations qu'en 1946.

En 1948, le pathologiste américain Sidney Farber découvrit que le méthotrexate (drogue bloquant le métabolisme de l'acide folique) déclenchait des rémissions chez l'enfant atteint de leucémie lymphoblastique aiguë. En 1951, les chimistes synthétisèrent la 6-mercaptopurine, un produit inhibant la synthèse de l'ADN et efficace dans le traitement des leucémies de l'enfant. En 1956, le méthotrexate fut utilisé pour traiter efficacement pour la première fois une tumeur solide chez une femme atteinte de choriocarcinome. Plusieurs combinaisons de drogues anticancéreuses ont été utilisées efficacement en 1965 et les sels de platine sont employés depuis 1969.

Plusieurs familles de drogues anticancéreuses existent : agents alkylants, antimétabolites, alcaloïdes de plantes, inhibiteurs de la topoisomérase et antibiotiques antitumoraux. Des thérapies ciblées incluent des anticorps monoclonaux, qui peuvent se lier à des cibles précises, et des inhibiteurs de protéine-kinases. Beaucoup de cancers antérieurement fatals, sont à présent curables.

VOIR AUSSI Causes du cancer (1761), Division cellulaire (1855), Radiothérapie (1903), Les balles magiques d'Ehrlich (1910), Structure de l'ADN (1953), Oncogènes (1976) et Télomérase (1984).

La vinblastine et la vincristine, extraites de la plante Catharanthus roseus, *sont des anticancéreux utilisés pour traiter les leucémies. De cette plante sont également extraites des substances hallucinogènes.*

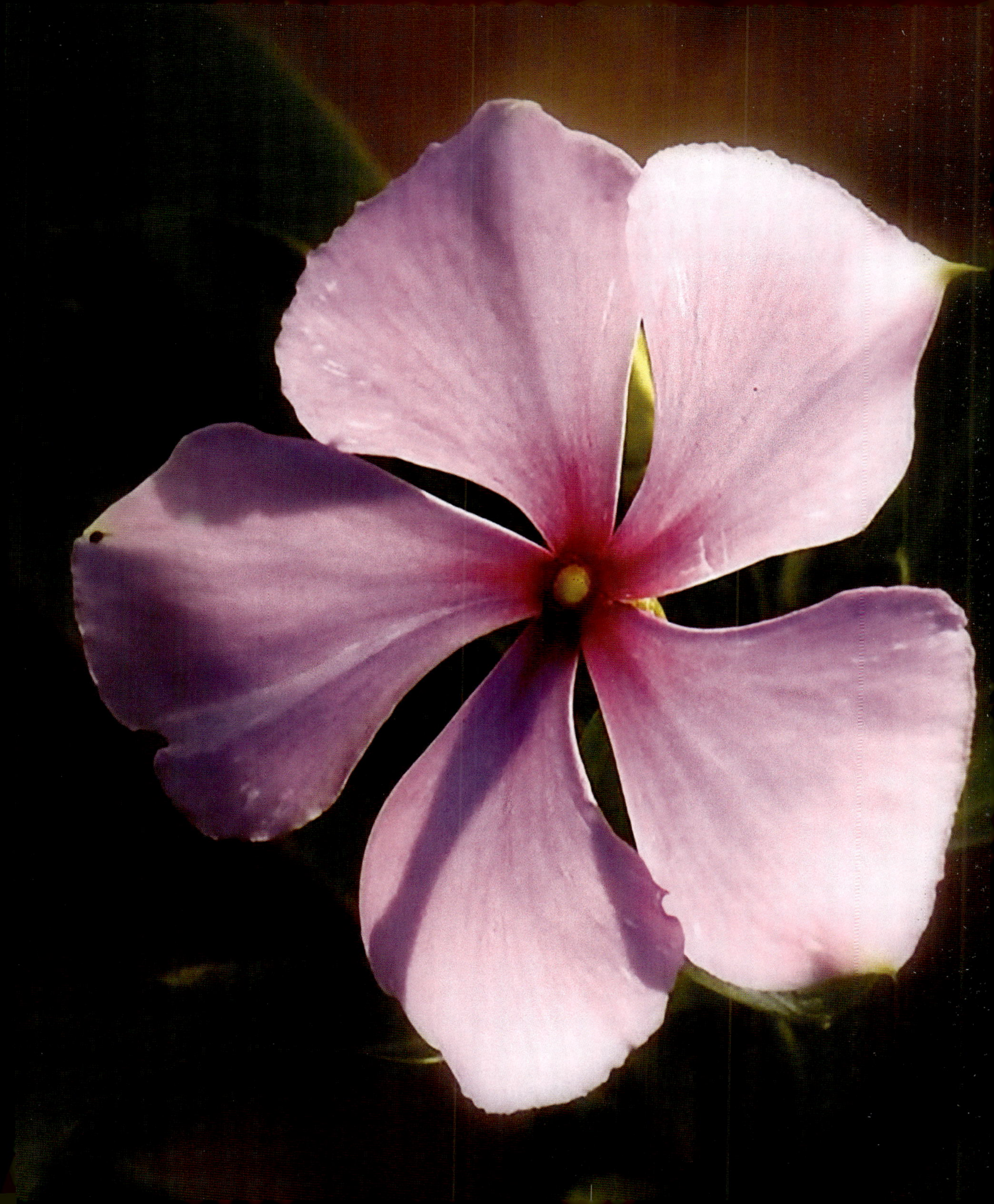

1946

Lobotomie transorbitale

Egas Moniz (1874-1955), **Walter Jackson Freeman II** (1895-1972), **James Winston Watts** (1904-1994), **Rosemary Kennedy** (1918-2005)

Lorsque les scientifiques eurent compris, au milieu du XIXe siècle, que les différentes régions du cortex cérébral étaient spécialisées dans des fonctions particulières, ils eurent l'idée que la chirurgie du cerveau pourrait traiter la folie. Des lobotomies commencèrent à être pratiquées dans les années 1900, avec section des connexions du lobe frontal qui contrôle, entre autres, l'expression de la personnalité, la prise de décision et l'inhibition sociale. Le neurologiste portugais Egas Moniz reçut le prix Nobel pour ses travaux originaux sur les leucotomies.

La leucotomie préfrontale, ou lobotomie, nécessitait la percée d'un orifice dans le crâne, suivie par la destruction du cerveau sous-jacent. En 1936, le neurochirurgien américain James Watt et le médecin Walter Freeman réalisèrent la première leucotomie préfrontale aux États-Unis. Recherchant une intervention plus rapide, Freeman réalisa, à partir de 1946, des lobotomies transorbitale : il enfonçait dans le cerveau à travers la cavité orbitaire, au-dessous de la paupière supérieure, un instrument ressemblant à un pic à glace et sectionnait les fibres nerveuses en le faisant ensuite aller d'un côté à l'autre. Freeman devint le champion de la lobotomie, « parcourant le pays comme un évangéliste. Entre 1948 et 1957, il lobotomisa à lui seul 2 400 patients. La plupart des interventions étaient des mutilations grossières et injustifiées ». Les lobotomies étaient pratiquées pour « guérir » des maladies allant du trouble obsessionnel compulsif, à la schizophrénie et à la dépression, alors que ses résultats incluaient souvent perte des émotions et incapacité à faire des plans. L'emploi de la lobotomie, d'abord important (environ 40 000 personnes lobotomisées aux États-Unis, dans les années 1940 et 1950) chuta après l'invention des antipsychotiques comme la chlorpromazine.

Rosemary Kennedy, la sœur du président, fut l'un des échecs de cette chirurgie. En raison d'un comportement lunatique et rebelle, elle subit à vingt-trois ans, une lobotomie qui la laissa paralysée, incontinente et incohérente. Elle demeura dans une institution spécialisée le restant de sa vie.

VOIR AUSSI Les aliénés libérés (1793), Phrénologie (1796), Localisation cérébrale (1861), Électro-convulsivothérapie (1938) et Antipsychotiques (1950).

Avant les lobotomies chirurgicales, il y eut le célèbre cas de Phineas Cage (1823-1860), montrant ici la grande barre de fer qu'il s'était accidentellement plantée à travers la tête, détruisant une grande partie de son lobe frontal. Il survécut avec seulement quelques modifications de sa personnalité.

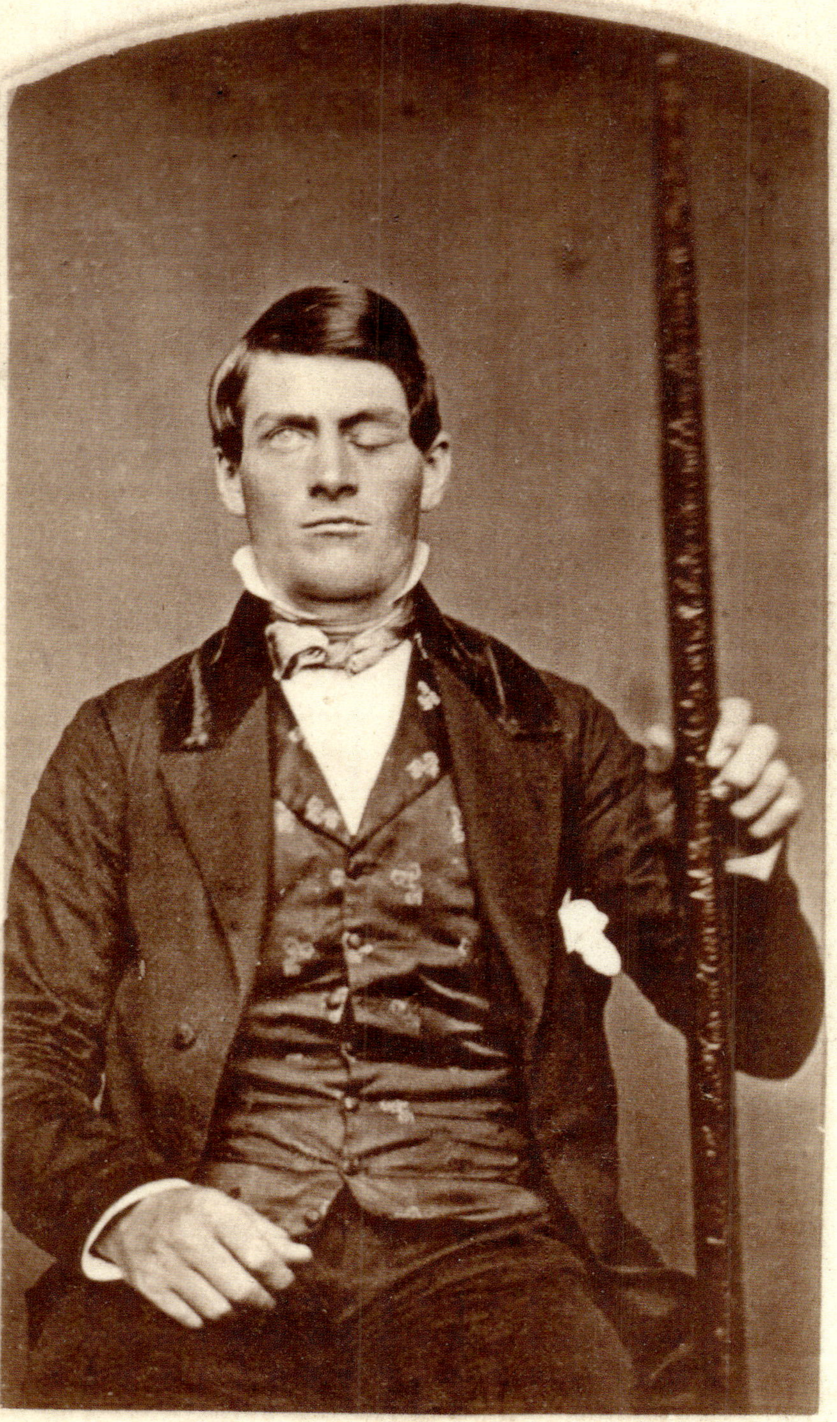

1947

Consentement éclairé

Le serment d'Hippocrate montre que les médecins ont, de longue date, désiré éviter la souffrance à leurs patients. Mais, il ne mentionne nulle part l'expérimentation humaine ni la nécessité d'obtenir un consentement préalable. En réalité, au cours de l'histoire, les médecins ont souvent trouvé approprié de tromper leurs patients.

La nécessité d'obtenir le consentement des sujets avant des expériences médicales devint particulièrement légitime à la fin de la Seconde Guerre mondiale, lorsque les médecins Nazis comparurent au procès de Nuremberg (Allemagne), pour leurs horribles expérimentations humaines. Ces études sur des prisonniers, en particulier juifs, comportaient le refroidissement de sujets nus dans la glace, l'injection de produits chimiques dans les yeux pour changer leur couleur, et la tentative de relier des jumeaux par suture pour obtenir des frères siamois.

Le Code d'éthique médicale de Nuremberg, créé en 1947, insistait sur la nécessité d'obtenir un consentement éclairé des sujets qui devaient comprendre la recherche proposée et son bénéfice pour la société. Les sujets devaient également être libres de mettre fin à l'expérimentation, qui devait être conduite en évitant toute souffrance physique ou mentale non nécessaire. Le Code de Nuremberg et les règles détaillées ensuite dans la déclaration d'Helsinki de 1964 furent généralement pris en compte dans l'établissement des règles d'attribution des financements de la recherche.

Pour donner un consentement éclairé, les sujets doivent avoir une faculté de raisonnement intacte. Les enfants sont habituellement considérés comme « incompétents » et leurs tuteurs légaux doivent agir en leur nom. Toutefois, les médecins sont en général autorisés à donner, dans l'urgence, les traitements aux patients inconscients.

Un exemple de manque de consentement éclairé est l'expérimentation sur la syphilis réalisée entre 1932 et 1972 à Tuskegee, en Alabama, au cours de laquelle des hommes atteints de syphilis furent tenus dans l'ignorance de leur maladie sans être traités, de sorte que les chercheurs purent étudier sa progression. Nombre d'entre eux contaminèrent leurs femmes et certains succombèrent à la maladie.

VOIR AUSSI Serment d'Hippocrate (400 ans av. J.-C.), Persécution des médecins Juifs (1161), Sérum de vérité (1922), La stérilisation de Carrie Buck (1927), Essais aléatoires contrôlés (1948), Effet placebo (1955), Accompagnement de fin de vie (1967) et Ne pas réanimer (1991).

En 1953, afin d'étudier les effets du LSD, la CIA l'administra à des sujets sans leur consentement. Le LSD provoque divers troubles de la perception sensorielle, tels que visions de couleurs radieuses et motifs géométriques ondulants et rampants.

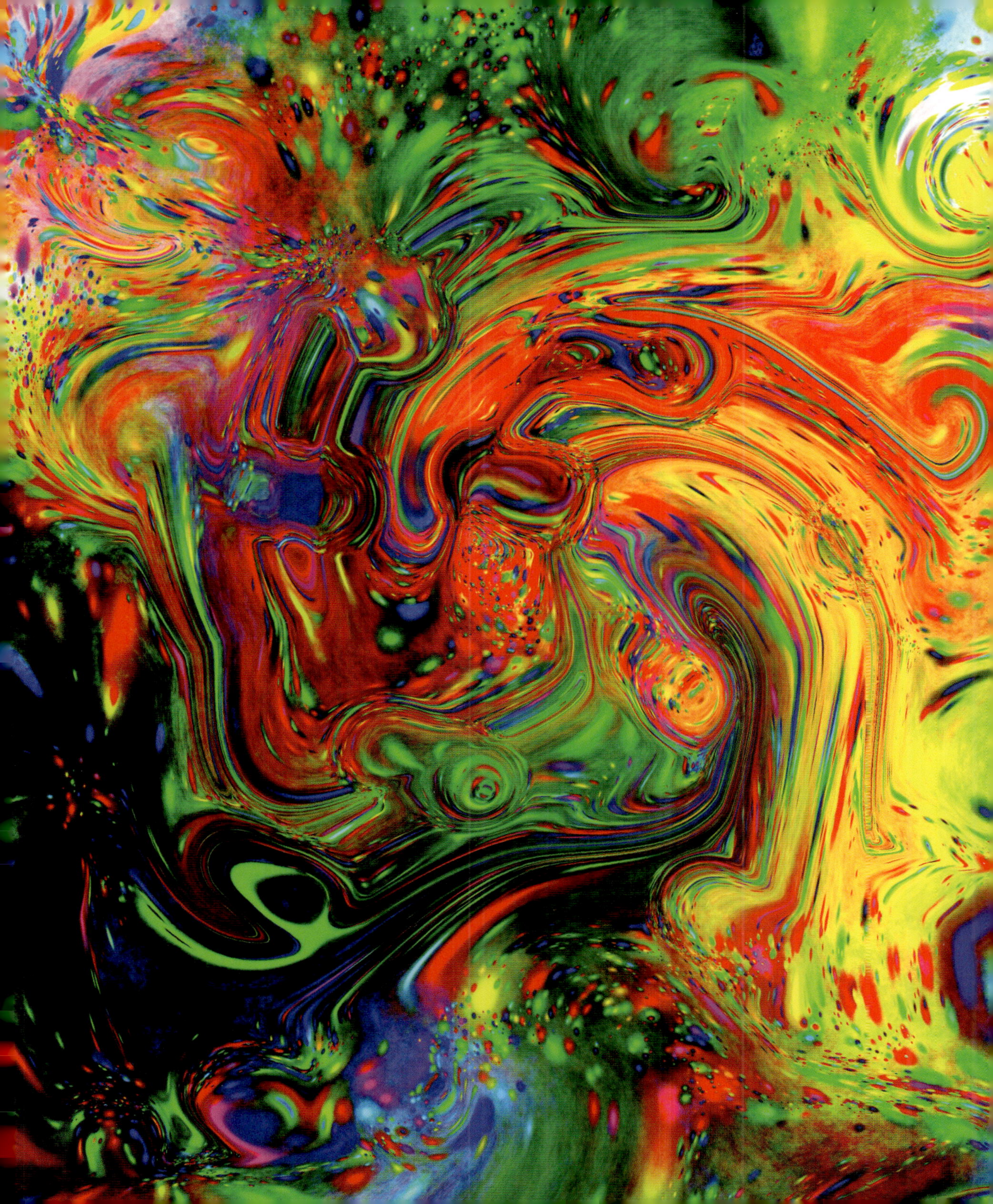

1947

Prosopagnosie

Joachim Bodamer (1910-1985)

Imaginez qu'en regardant votre épouse, votre enfant, ou votre reflet dans un miroir, vous voyiez un étranger. Les sujets atteints de formes extrêmes de prosopagnosie, ou « cécité du visage » souffrent de ce symptôme qui peut rendre les relations sociales ordinaires très difficiles.

On pensait ce symptôme dû à un traumatisme du cerveau, causé par un accident ou une attaque, mais son origine congénitale est également possible. En 1947, le neurologiste allemand Joachim Bodamer inventa le terme *prosopagnosie* pour qualifier les symptômes d'un jeune homme qui, après avoir reçu une balle dans la tête, ne pouvait plus reconnaître les membres de sa famille, ni son propre visage. La partie du cerveau associée à la prosopagnosie est le gyrus fusiforme, localisé à la partie inférieure du cortex cérébral. Dans de nombreux cas, la personne atteinte est capable de distinguer normalement des objets autres que le visage humain. Un fermier atteint de prosopagnosie distinguait ses moutons par leurs têtes, beaucoup mieux qu'il le faisait pour les visages humains.

La recherche sur la prosopagnosie est importante et active. Elle fournit un aperçu sur les théories de la perception du visage, mais elle explique également la manière dont les représentations perceptives sont organisées et stockées dans le cerveau. Ce trouble nous amène également à nous interroger sur les notions fondamentales de la conscience, la familiarité et la connaissance, et sur la façon dont ces concepts sont gérés dans le cerveau. De plus, cette infirmité est représentative d'autres troubles peu communs de la pensée. Lorsqu'une personne atteinte du syndrome de Capgras voit un ami, son épouse ou lui-même dans un miroir, il croit voir un imposteur identique. Similairement, dans le syndrome de Fregoli, le patient est persuadé qu'il reconnaît quelqu'un qui en fait lui est inconnu. Les gens atteints du syndrome de Cotard sont persuadés d'avoir perdu des organes ou d'être des cadavres ambulants. Dans le syndrome des doubles subjectifs, le patient croit qu'il ou elle a un double, avec la même apparence, menant une vie séparée.

VOIR AUSSI Localisation cérébrale (1861), Maladie d'Alzheimer (1906), Recherche de l'âme (1907), « Troubles autistiques » (1943) et Greffe du visage (2005).

Les prosopagnosiaques ont l'impossibilité de distinguer et reconnaître les visages des membres de leur famille et de leurs proches amis.

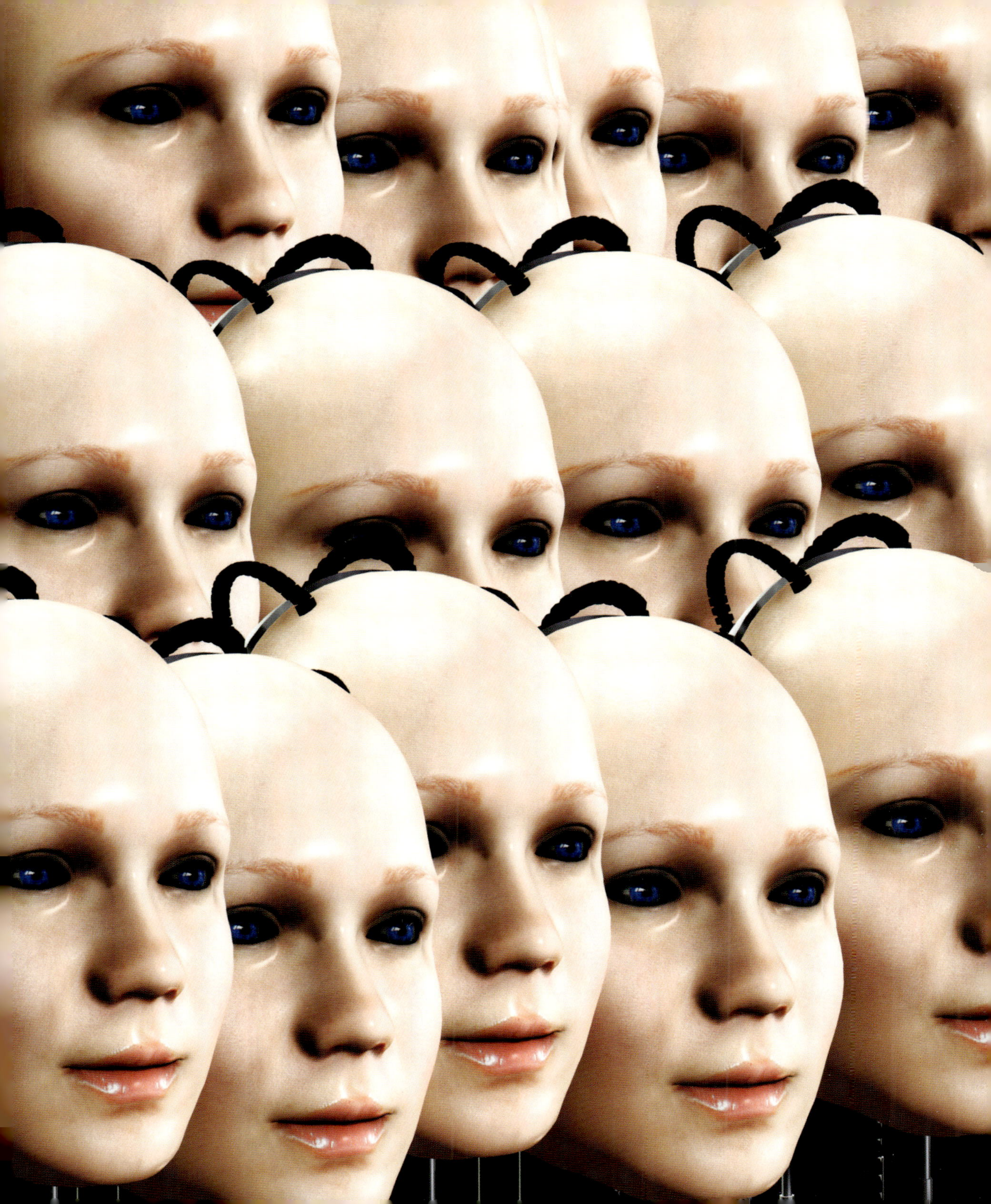

1948

Cortisone

Edward Calvin Kendall (1886-1972), **Philip Showalter Hench** (1896-1965), **Tadeusz Reichstein** (1897-1996), **Lewis Hastings Sarett** (1917-1999)

En 1948, le médecin américain Philip Hench administra de la cortisone à une femme de vingt-neuf ans clouée dans un fauteuil roulant par une arthrite rhumatoïde, une maladie inflammatoire chronique caractérisée par des douleurs, gonflements et atteintes articulaires. Après seulement trois jours d'injections, la patiente, qui n'avait pas quitté son lit sans aide depuis cinq ans, put marcher en boitant légèrement ; le lendemain, elle fit les magasins durant trois heures. C'était un miracle médical.

La cortisone fait ses miracles en déprimant le système immunitaire et en réduisant l'inflammation. Les glandes surrénales, situées au pôle supérieur des reins, produisent de la cortisone et du cortisol (ou hydrocortisone) à partir du cholestérol. Dans l'organisme, des enzymes convertissent l'hydrocortisone en cortisone, et vice versa. L'hydrocortisone est la plus active sur les cellules et les tissus.

Les traitements par cortisone ont de nombreuses indications, comme la réduction des inflammations, la suppression du rejet des organes greffés et le traitement de l'asthme. Durant sa campagne présidentielle de 1960, le président John F. Kennedy reçut de fortes doses d'hydrocortisone pour traiter sa maladie d'Addison, maladie au cours de laquelle les glandes surrénales ne fabriquent pas de cortisone. Les symptômes de diverses maladies auto-immunes, dans lesquelles le corps attaque ses propres cellules et tissus, peuvent être réduits en utilisant des corticoïdes, drogues de la famille de la cortisone. Malheureusement, l'usage de longue durée de la cortisone ou de l'hydrocortisone peut avoir des effets secondaires importants, en particulier générer une hypertension artérielle.

Parmi les chercheurs impliqués dans la découverte, l'isolement, l'évaluation ou la synthèse chimique de la cortisone, citons le chimiste suisse d'origine polonaise Tadeusz Reichstein et les chimistes américains Lewis Sarett et Edward Kendall. En 1950, la production de cortisone était encore très limitée (une tonne de glandes surrénales de bovins était nécessaire pour obtenir vingt-cinq grammes de cortisone pure !).

VOIR AUSSI Découverte de l'adrénaline (1893), Allergies (1906), Antihistaminiques (1937), Maladies auto-immunes (1956) et Statines (1973).

L'utilisation illicite de la cortisone est fréquente chez les sportifs, car elle augmente artificiellement leurs performances en retardant l'apparition de la fatigue. La recherche de cortisone dans les liquides de l'organisme est pratiquée de longue date dans la lutte contre le dopage (National Institutes of Health)

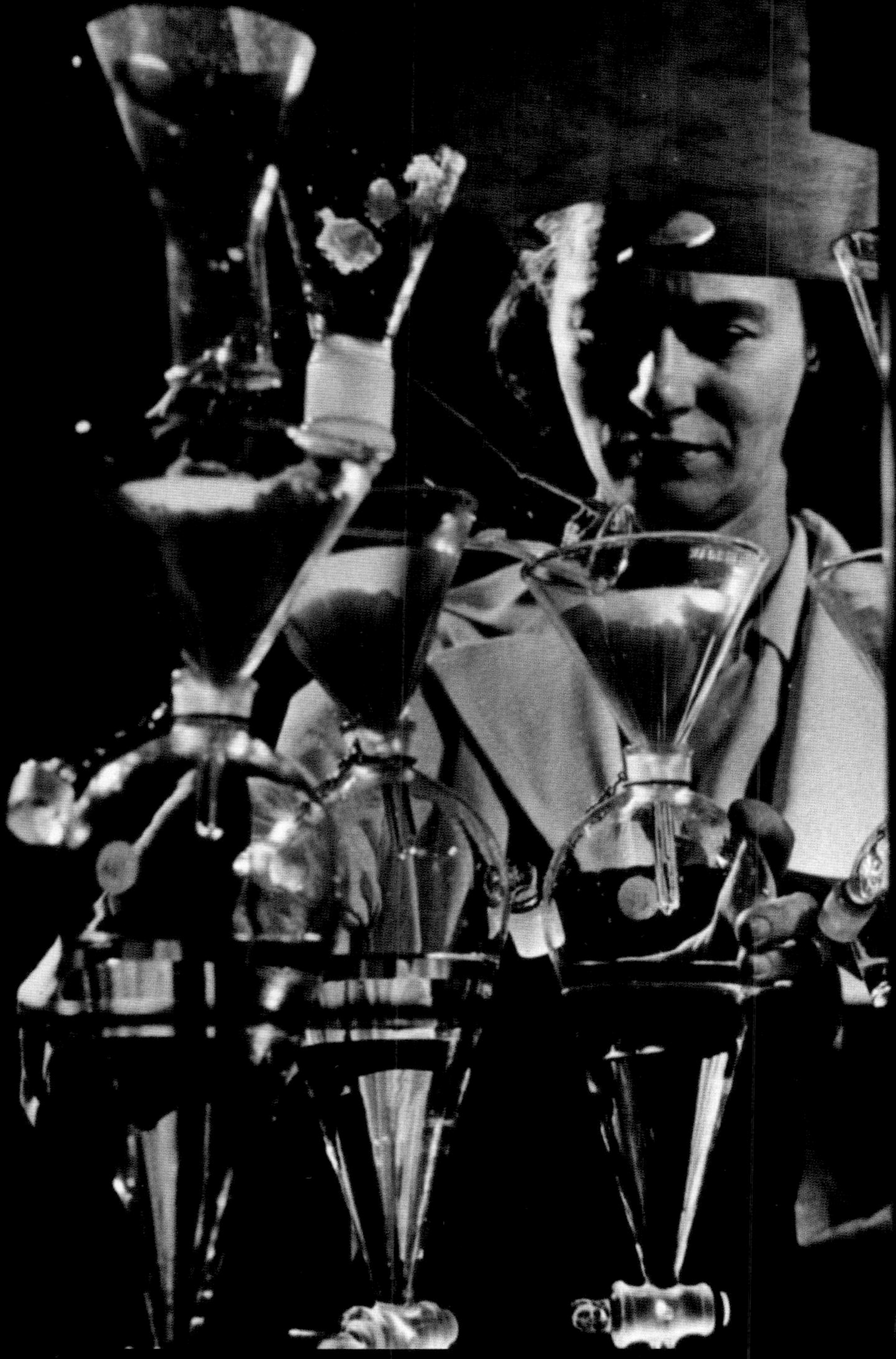

1948

Facteur de croissance des nerfs

Elmer Daniel Bueker (1903-1996), **Rita Levi-Montalcini** (née 1909), **Stanley Cohen** (né 1922)

La neurologue italienne Rita Levi-Montalcini, la première lauréate du Nobel à vivre plus de cent ans, découvrit le facteur de croissance des nerfs (NGF). Juive privée de poste académique par le dictateur fasciste Benito Mussolini, elle dut réaliser ses premières recherches dans sa chambre transformée en laboratoire.

Le NGF est une petite protéine qui intervient dans la croissance et la survie de certains neurones (cellules nerveuses). En 1948, le scientifique américain Elmer Bueker découvrit que l'implantation d'une tumeur de souris dans la paroi d'un embryon de poulet entraînait une forte excroissance de fibres nerveuses à partir des ganglions sensoriels (masses de corps de cellules nerveuses) du poulet. Ultérieurement, Levi-Montalcini et ses collègues montrèrent qu'une tumeur de souris pouvait être envahie par des fibres nerveuses sensorielles et par des fibres nerveuses sympathiques de l'embryon de poulet. Les ganglions sympathiques situés à distance de la tumeur augmentaient également de taille, suggérant que la tumeur secrétait le NGF dans le courant sanguin de l'embryon de poulet. Le biochimiste américain Stanley Cohen et Levi-Montalcini montrèrent également que si un anticorps anti-NGF était injecté à des rats nouveau-nés, le système nerveux sympathique du rat ne se développait pas correctement.

Les taux de NGF sont au plus haut chez les personnes amoureuses pour la première fois. Le NGF augmente le temps de survie de souris après une attaque cardiaque et réduit les troubles du mouvement chez les rats atteints de maladie de Parkinson. En 1983, Levi-Montalcini et ses collègues déterminèrent que le NGF pouvait affecter les nerfs du cerveau et de la moelle épinière. Cohen découvrit également le facteur de croissance épidermique, qui déclenche l'ouverture précoce des paupières et la sortie des dents chez les animaux nouveau-nés. Nous savons aujourd'hui que, chez l'homme, de nombreux facteurs conditionnent la prolifération cellulaire et induisent souvent la différenciation vers des types cellulaires divers.

VOIR AUSSI Théorie du neurone (1891), Maladie d'Alzheimer (1906), Neurotransmetteurs (1914) et Levodopa dans la maladie de Parkinson (1957).

Ganglion de la racine dorsale d'un embryon de poulet après incubation plusieurs heures dans le NGF en milieu de croissance. Image de synthèse colorisée, montrant la pousse de nombreux axones (ombrés en violet) hors du ganglion.

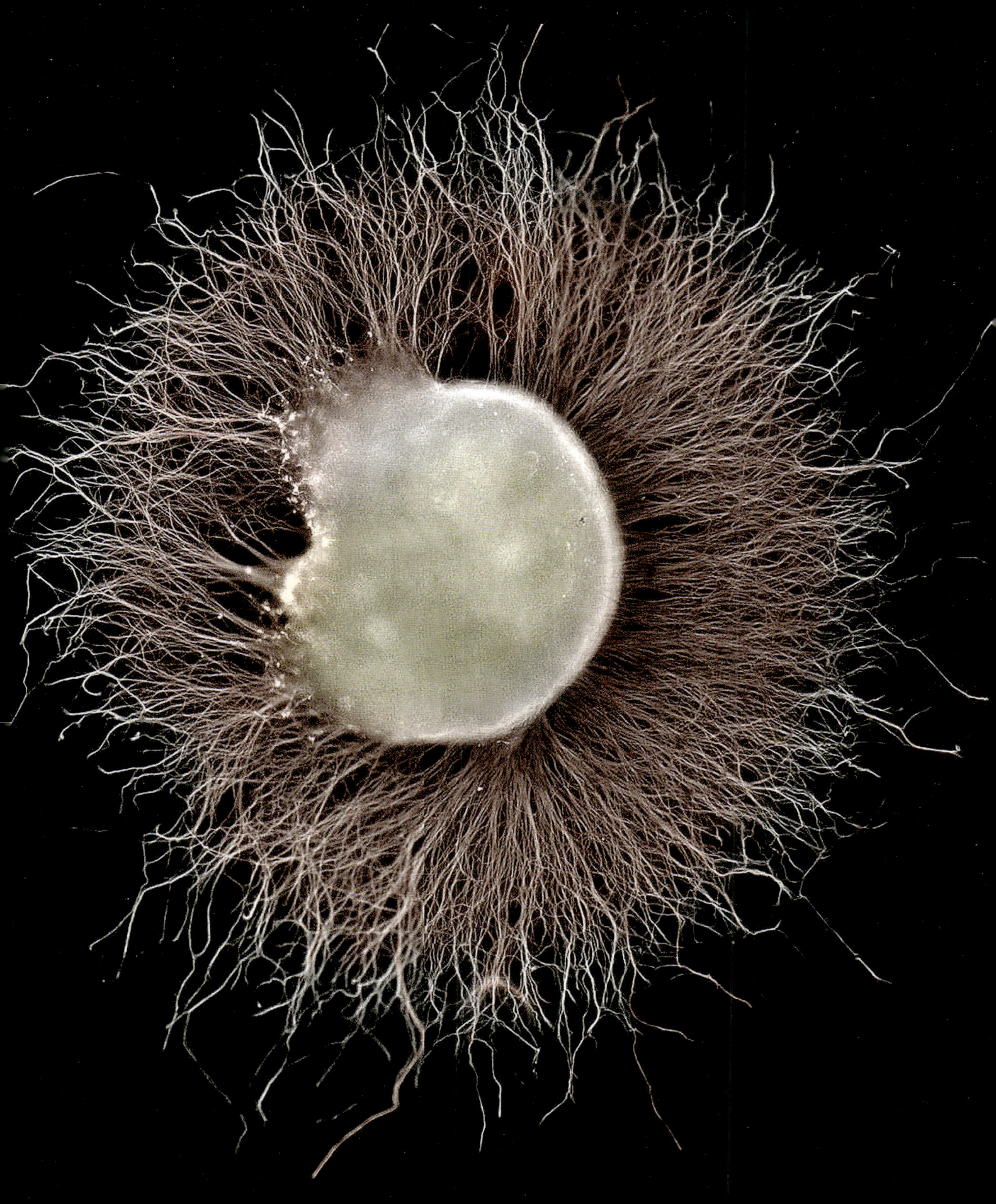

1948

Essais aléatoires contrôlés

Austin Bradford Hill (1897-1991)

La conception d'un essai pour déterminer l'efficacité d'un traitement médical est difficile pour diverses raisons. Les médecins et les sujets soumis à l'essai peuvent voir les résultats d'une façon biaisée et non objective. Les effets du traitement peuvent être subtils, et les patients peuvent répondre favorablement en raison du simple effet placebo (le patient pense que son état s'est amélioré après la prise d'un faux « traitement », par exemple une pilule contenant un sucre inerte, qu'il croit devoir être efficace).

L'une des approches les plus fiables est celle de l'essai aléatoire contrôlé. La nature du traitement doit être choisie au hasard, de sorte que chaque patient ait la même chance d'avoir chacun des traitements objets de l'étude. Par exemple, chaque participant doit être rangé au hasard dans l'un des deux groupes, celui qui reçoit le médicament X et celui du médicament Y. Les essais doivent en outre être en double aveugle, ce qui implique que ni les chercheurs ni les patients ne savent quels patients sont dans le groupe traité (recevant une nouvelle drogue) ou dans le groupe contrôle, recevant le traitement habituel.

La première étude clinique avec essai aléatoire contrôlé est celle du statisticien anglais Bradford Hill, sur le « Traitement de la tuberculose pulmonaire par la streptomycine » publiée en 1948 dans le *British Medical Journal*. Dans cette étude qui révéla de façon indiscutable l'efficacité de la streptomycine, les patients reçurent des enveloppes cachetées contenant une carte marquée S (antibiotique et repos au lit) ou C (contrôle, repos au lit seulement).

Cet essai est considéré comme ayant ouvert une ère nouvelle en médecine. Des centaines de milliers d'essais similaires sont devenus la base de ce qui est couramment appelé la « médecine fondée sur des preuves » (ou médecine factuelle). Le concept d'essai aléatoire contrôlé a été justement salué comme un changement de paradigme dans notre approche de la prise de décision clinique.

VOIR AUSSI Le Canon de la médecine d'Avicenne (1025), le Traité du scorbut (1753), Médecine alternative (1796), Conférence de Koch sur la tuberculose (1882), Consentement éclairé (1947) et Effet placebo (1955).

Affiche d'une campagne de santé publique pour lutter contre la tuberculose. En 1948, Bradford Hill publia une étude utilisant un essai aléatoire contrôlé démontrant l'efficacité de la streptomycine dans le traitement de la tuberculose.

PREVENT DISEASE

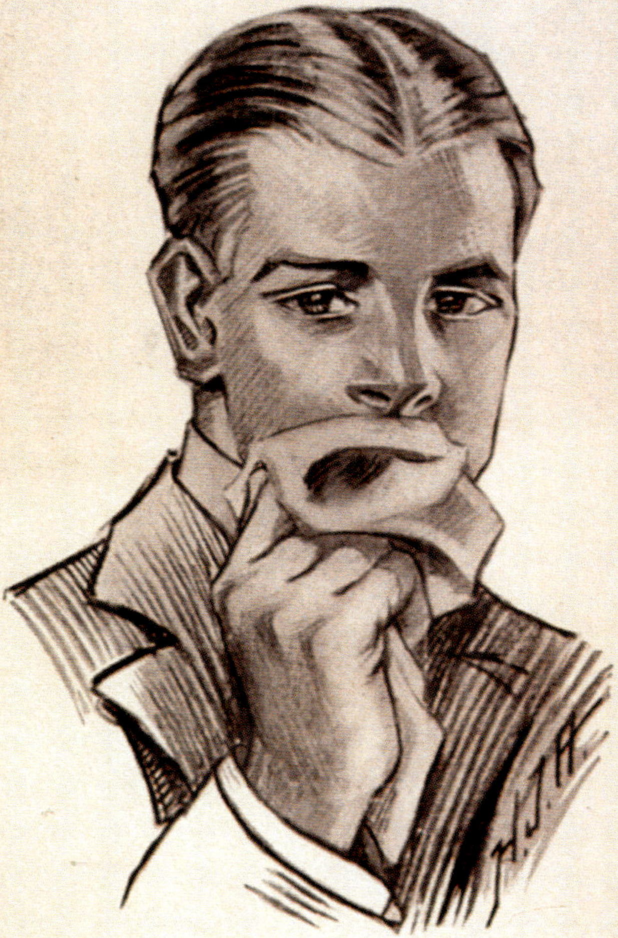

CARELESS
SPITTING, COUGHING, SNEEZING,
SPREAD INFLUENZA
and TUBERCULOSIS

RENSSELAER COUNTY TUBERCULOSIS ASSOCIATION, TROY, N. Y.

1949

Étiologie de la drépanocytose

James Bryan Herrick (1861-1954), **Ernest Edward Irons** (1877-1959), **Linus Carl Pauling** (1901-1994)

Les populations africaines ont souvent donné un nom à la drépanocytose, une maladie du sang douloureuse et mortelle pour les enfants qui en sont affligés. Dans une population d'Afrique de l'Ouest, ces enfants sont qualifiés de *ogbanjes*, ce qui peut se traduire « enfants qui viennent et s'en vont ». Selon des légendes locales, leur mort protège leurs familles des démons.

L'anémie à cellules falciformes, ou drépanocytose, est la première maladie due à une altération d'une protéine spécifique qui ait été détectée et la première maladie génétique dont la base moléculaire fut élucidée. Les sujets atteints d'anémie falciforme ont des globules rouges avec une hémoglobine (qui normalement transporte l'oxygène aux tissus) porteuse de molécules défectueuses. La drépanocytose s'exprime cliniquement chez l'enfant qui a hérité d'un gène d'hémoglobine défectueuse de chacun de ses parents (homozygote) ; l'enfant qui a hérité d'un gène normal et d'un gène pathologique (hétérozygote), est habituellement asymptomatique, bien qu'il ait le trait drépanocytaire. Cette maladie a conféré un avantage évolutif dans les régions où le paludisme est endémique car les sujets drépanocytaires sont résistants à l'infection malarique.

Dans la drépanocytose, les globules rouges du sang peuvent prendre une forme rigide en faucille (ou croissant) et obstruer les capillaires, ralentissant le courant sanguin. Les symptômes incluent douleur, élévation de la pression dans l'artère pulmonaire et insuffisance rénale. L'anémie (baisse du nombre de globules rouges) est causée par la destruction des globules falciformes dans la rate.

En 1910, le médecin américain James Herrick et son interne Ernest Irons décrivirent les globules rouges en forme de faux dans le sang d'un patient. En 1949, le chimiste américain Linus Pauling et ses collègues montrèrent que la drépanocytose résultait d'une molécule d'hémoglobine défectueuse. La drépanocytose peut être traitée par transfusion sanguine, transplantation de moelle osseuse et hydroxyurée, qui réactive la production d'une hémoglobine fœtale normale et fonctionnelle.

VOIR AUSSI Transfusion sanguine (1829), Génétique mendélienne (1865), Étiologie du paludisme (1897), Maladies métaboliques congénitales (1902), Traitement par le foie (1926), Amniocentèse (1952) et Thérapie génique (1990).

Globules rouges : normal (à gauche) et falciformé (à droite).

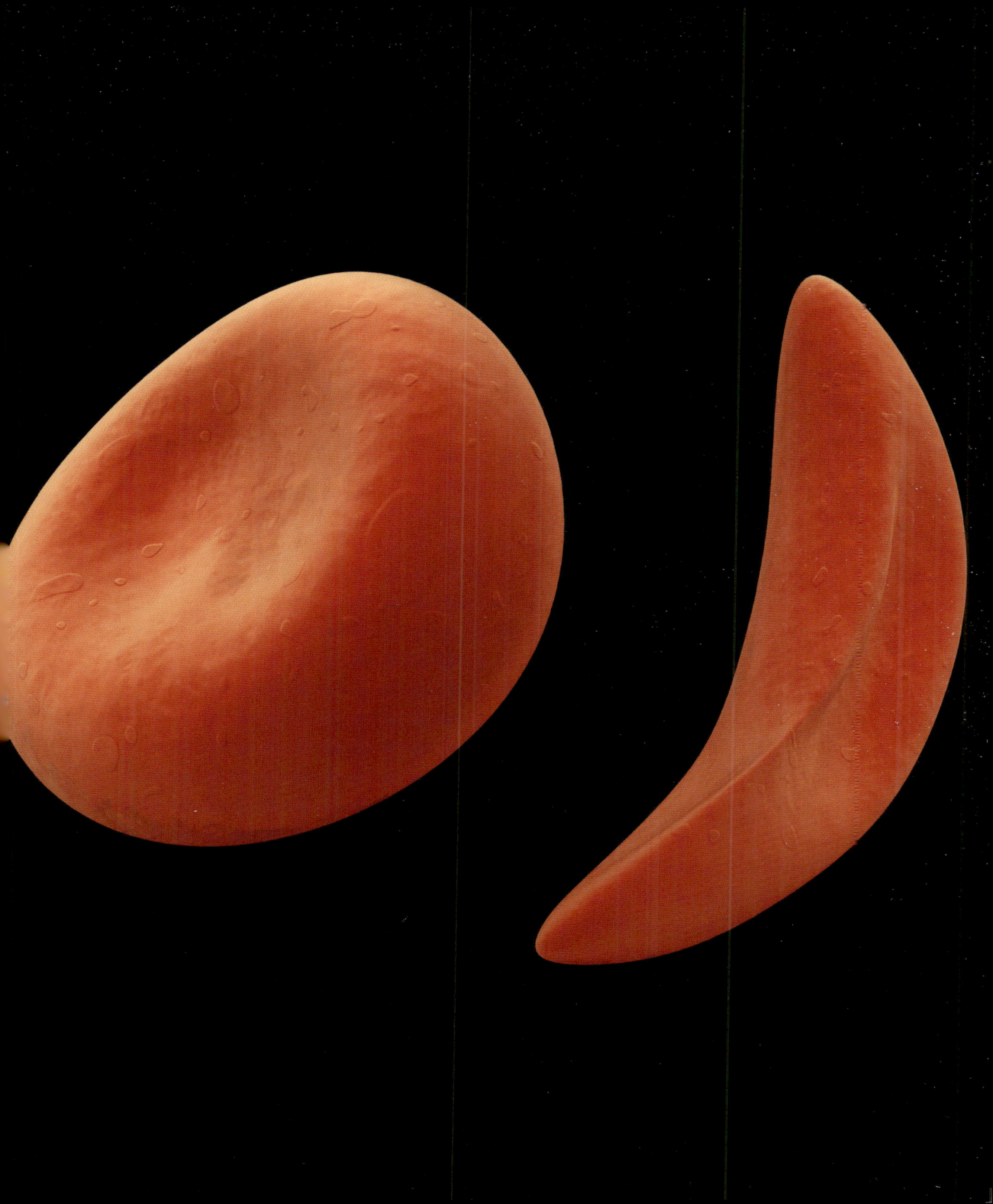

1949

Mammographie

Albert Salomon (1883-1976), **Raul Leborgne** (1907-1986)

En 1913, le chirurgien allemand Albert Salomon fut le premier à souligner l'utilité des rayons X dans le diagnostic du cancer du sein. Durant son impressionnante carrière, il étudia des milliers de spécimens de mastectomies, comparant images radiologiques et examens histologiques ; il fut le premier à observer à la radiographie les microcalcifications, très petits grains de calcium qui peuvent indiquer la présence de petits kystes bénins ou d'un cancer du sein à son début.

En 1949, le médecin uruguayen Raul Leborgne soulignait la nécessité de comprimer les seins entre les deux plaques du mammographe pour obtenir des images claires. Cette compression réduit l'épaisseur des tissus que les rayons X doivent traverser et abaisse la dose d'irradiation utilisée.

De nos jours, la mammographie numérique plein champ utilise des détecteurs électroniques digitaux à la place des traditionnelles cassettes de films. L'image numérique obtenue est facilement améliorée, amplifiée et stockée. L'échographie, la tomographie par émission de positons et l'imagerie par résonance magnétique peuvent être associées à la mammographie. Cette dernière peut ne pas détecter certains cancers, spécialement chez des femmes jeunes dont les tissus plus denses peuvent masquer des tissus cancéreux. Le diagnostic assisté par ordinateur emploie des logiciels de recherche des cancers possibles que le médecin pourrait ignorer.

En cas de suspicion de cancer du sein, une biopsie doit être réalisée pour permettre au pathologiste d'étudier le tissu de la partie suspecte. Hélas, les mammogrammes peuvent parfois suggérer des cancers qui n'existent pas, donnant lieu à des biopsies inutiles.

Les cancers peuvent résulter de mutations génétiques inhibant la capacité des cellules à cesser de se diviser. Le risque pour une femme de développer un cancer du sein augmente avec l'âge. Les femmes qui ont une mutation des gènes BRCAI1 ou BRCAI2 ont un risque augmenté de cancers du sein et de l'ovaire. Le traitement du cancer du sein comprend chirurgie, chimiothérapie, anticorps monoclonaux et radiothérapie. Certains cancers peuvent être traités en bloquant l'effet d'hormones comme les œstrogènes.

VOIR AUSSI Causes du cancer (1761), Génétique mendélienne (1865), Rayons X (1895), Radiothérapie (1903), Chimiothérapie anticancéreuse (1946), Échographie (1957), Tomographie par émission de positons (1973) et Imagerie par résonance magnétique (1977).

Images mammographiques d'un sein normal (à gauche) et d'un cancer du sein (à droite).

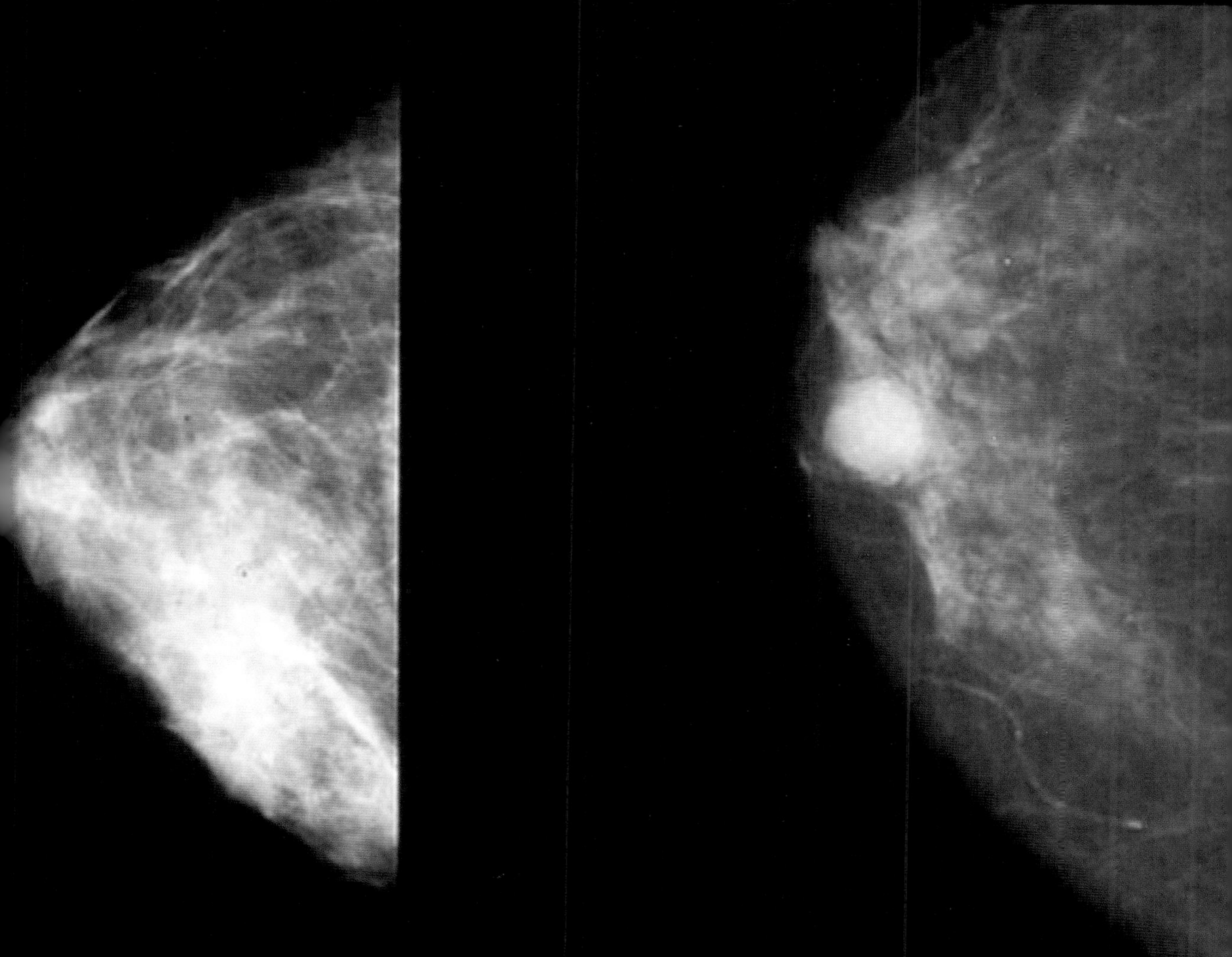

1950

Antipsychotiques

Jean Delay (1907-1987), **Henri Laborit** (1914-1995), **Pierre Deniker** (1917-1998)

La chlorpromazine, premier antispychotique, doit être considérée comme l'une des plus grandes découvertes de la médecine, une sorte de pénicilline du psychiatre. Elle a permis de sortir de l'époque de l'enfermement misérable en asile des malades mentaux et a rendu possible la communication entre patient et soignant.

Les antipsychotiques (ou neuroleptiques) sont des médicaments utilisés dans le traitement des psychoses, troubles mentaux qui peuvent comprendre délires et hallucinations rencontrés dans la schizophrénie et les épisodes maniaques intenses des troubles bipolaires. La découverte de la chlorpromazine fut presque accidentelle. Après sa synthèse en 1950 par le chimiste français Paul Charpentier, le chirurgien français Henri Laborit l'essaya comme anesthésique et constata qu'elle diminuait l'anxiété des patients avant la chirurgie. Les observations de Laborit attirèrent l'attention des psychiatres français Pierre Deniker et Jean Delay, qui essayèrent le médicament sur certains de leurs patients agités et incontrôlables. Beaucoup de patients avec délire et hallucinations virent leur état remarquablement amélioré. À partir de 1954, l'emploi de la chlorpromazine s'étendit en Europe puis aux États-Unis. Dix ans plus tard environ cinquante millions de personnes avaient pris ce médicament. Le nombre de personnes confinées dans les asiles psychiatriques commença à baisser fortement et les anciens traitements de la schizophrénie, comme les chocs à l'insuline et l'électro-convulsivothérapie, furent de moins en moins utilisés. Malheureusement certains patients recevant de la chlorpromazine présentent des troubles moteurs comme des tremblements musculaires. La clozapine, un antipsychotique plus récent, réduit ce risque, mais il peut dangereusement abaisser le nombre de cellules blanches du sang. Les antipsychotiques agissent au niveau du système nerveux central, en bloquant les récepteurs à la dopamine, un neurotransmetteur intervenant dans la motivation et le mouvement volontaire.

VOIR AUSSI Les aliénés libérés (1793), Psychanalyse (1899), Neurotransmetteurs (1914), Sérum de vérité (1922), Antihistaminiques (1937), Électro-convulsivothérapie (1938), Lobotomie transorbitale (1946) et Thérapie comportementale et cognitive (1963).

Peintures de chats, par l'artiste anglais Louis Wain (1860-1939). Certains psychologues suggèrent que la schizophrénie de Wain influençait certaines de ses illustrations les plus délirantes.

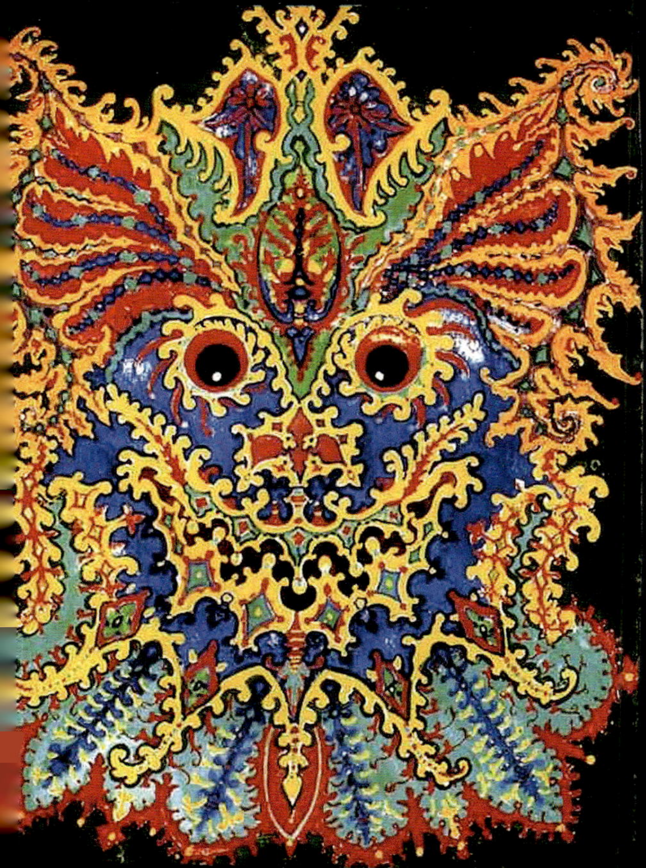

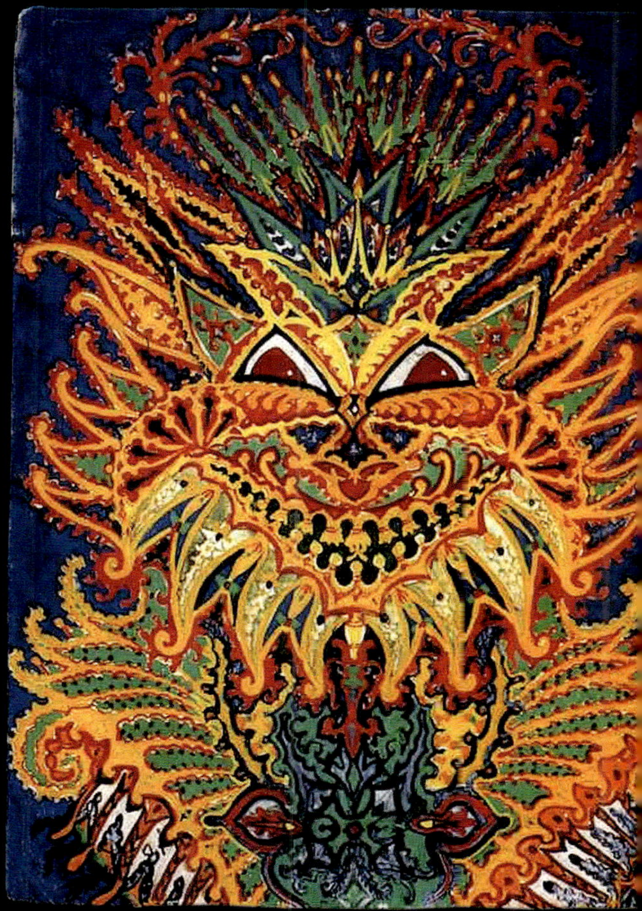

1951

Les cellules HeLa

George Otto Gey (1899-1970), **Henrietta Lacks** (1920-1951)

La recherche médicale utilise des cellules humaines cultivées au laboratoire pour étudier les fonctions cellulaires et développer des traitements de maladies. De telles cellules peuvent être congelées et partagées entre les chercheurs. Toutefois, la plupart des lignées cellulaires se divisent habituellement un nombre de fois limité et meurent ensuite. Or, en 1951, le biologiste américain George Gey créa la première lignée de cellules humaines immortelles en cultivant des cellules obtenues d'une tumeur cancéreuse du col utérin. Ces cellules HeLa, du nom du donneur involontaire, Henrietta Lacks, se multiplient encore aujourd'hui. Ces cellules, que Gey distribua gratuitement à tout scientifique qui les demandait, ont été impliquées dans des recherches ayant abouti à plus de 60 000 articles scientifiques publiés et 11 000 brevets déposés.

S'il était possible d'empiler toutes les cellules HeLa qui furent cultivées, nous obtiendrions une masse de cinquante millions de tonnes, soit cent Empire State Buildings. Les cellules HeLa jouèrent un rôle décisif dans le développement du vaccin antipoliomyélitique, la découverte des secrets du cancer et des virus et des effets de la bombe atomique ; elles permirent des avancées importantes dans les domaines de la fertilisation, du clonage et de la cartographie génique. Elles furent même envoyées dans l'espace pour évaluer les effets de la faible gravité.

Les cellules HeLa contiennent une enzyme, la télomérase, qui répare continuellement l'extrémité des chromosomes, qui normalement devraient être trop endommagée après de multiples divisions pour permettre aux cellules de continuer à se diviser. La composition génétique des cellules HeLa est peu ordinaire, car elles contiennent des gènes du papillomavirus humain 18 et des copies de plusieurs chromosomes surnuméraires humains. Comme les cellules HeLa sont très prolifiques et peuvent se répandre par voie aérienne, elles ont contaminé de très nombreuses autres lignées cellulaires de laboratoire.

Henrietta Lacks mourut à trente et un ans de la généralisation de son cancer et sa famille n'apprit son « immortalité » que bien plus tard.

VOIR AUSSI Causes du cancer (1761), La stérilisation de Carrie Buck (1927), Test de Papanicolaou (1928), Vaccin anti-poliomyélitique (1955), Oncogènes (1976), Télomérase (1984) et Clonage humain (2008).

Photographie en microscopie électronique à balayage de cellules HeLa en division.

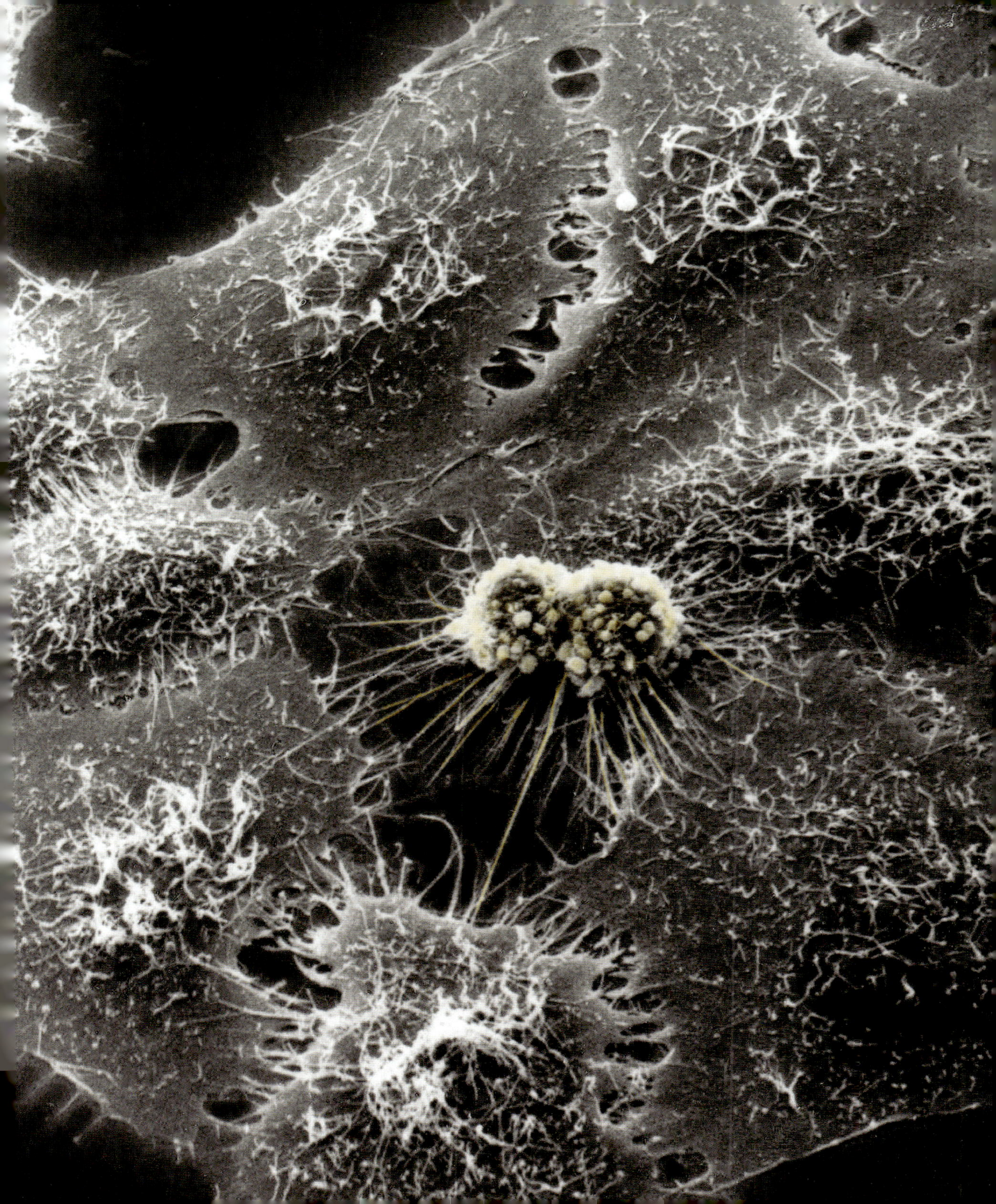

1951

Tabac et cancer

Austin Bradford Hill (1897-1991), **William Richard Shaboe Doll** (1912-2005)

Au début du XVIe siècle, le tabac fut introduit en Europe depuis le Nouveau Monde, où quelques-unes des populations originelles le cultivaient pour leur usage cérémoniel, sa fumée étant censée porter les prières jusqu'aux cieux. Le tabac était au début réputé pour ses vertus curatives de diverses affections, allant de la gonorrhée aux blessures par balles. À la fin du XVIe siècle, il était devenu une source populaire de plaisir.

La première étude établissant une relation entre la fumée du tabac et le cancer du poumon fut réalisée par deux Britanniques, le physiologiste Richard Doll et le statisticien Bradford Hill. Basée sur l'interrogatoire d'environ sept cents patients de vingt hôpitaux londoniens, elle fut publiée en 1951, et montrait que les gros fumeurs étaient cinquante fois plus exposés au cancer du poumon que les non-fumeurs. Doll trouva la corrélation si effrayante qu'il renonça à fumer au milieu de l'étude, dont l'extension à plus de 30 000 médecins, confirma la tendance.

De nos jours, le tabac est la cause des plus fréquents décès évitables. L'usage du tabac augmente le risque de cancer de nombreux organes (poumon, rein, larynx, cou, sein, vessie, œsophage, pancréas et estomac). Il favorise également l'infarctus du myocarde, l'accident vasculaire cérébral, la maladie pulmonaire chronique obstructive (emphysème et bronchite chronique), les fausses couches, les naissances prématurées, l'artériosclérose et l'hypertension artérielle. Au cours du XXe siècle seulement, l'usage du tabac a provoqué la mort d'environ cent millions de personnes.

La fumée du tabac contient plusieurs substances cancérigènes qui se lient à l'ADN des cellules, où elles peuvent produire des mutations, dont certaines inhibent la mort cellulaire programmée et rendent cancéreuses les cellules. Le tabac contient également de la nicotine, une substance source de dépendance qui augmente la libération de dopamine (un neurotransmetteur) dans le *noyau accumbens*, la zone du cerveau impliquée dans le plaisir, l'addiction et diverses émotions.

VOIR AUSSI Causes du cancer (1761), Spirométrie (1846), Neurotransmetteurs (1914), Stanley et l'invasion des cristaux (1935) et Structure de l'ADN (1953).

En 1881, James Bonsack (1859-1924) breveta la machine à rouler les cigarettes figurée ci-contre. Cette machine complexe et révolutionnaire pouvait produire 120 000 cigarettes en dix heures.

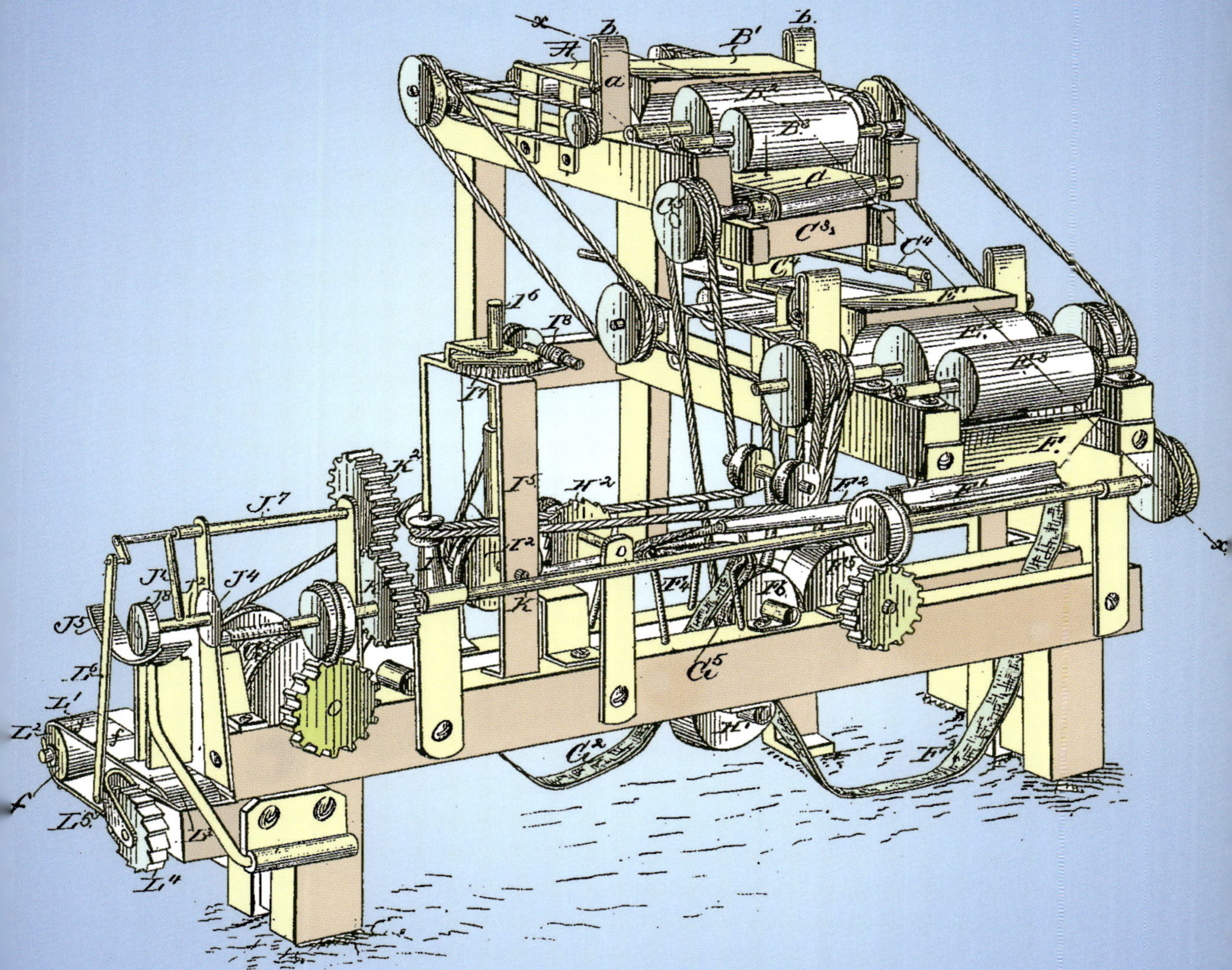

1952

Amniocentèse

Douglas Charles Aitchison Bevis (1919-1994)

Durant des milliers d'années, l'impossibilité de voir ou toucher le fœtus dans l'utérus fut un problème majeur pour la prise en charge obstétricale et la prévision de l'intégrité physique et mentale du futur bébé. Un début de solution apparut en 1952, lorsque la revue *The Lancet* publia l'article intitulé « Prédiction anténatale de la maladie hémolytique du nouveau-né ». Dans cette étude, l'obstétricien britannique Douglas Bevis décrivait l'emploi de l'amniocentèse pour détecter une éventuelle atteinte du fœtus par une affection sanguine fatale due à un facteur d'incompatibilité avec la mère.

L'amniocentèse est un acte médical, habituellement réalisé entre la quatorzième et la vingtième semaine de grossesse, au cours de laquelle une petite quantité de liquide amniotique est prélevée dans l'enveloppe entourant le fœtus en développement. Ce liquide contient des protéines et des cellules cutanées fœtales. Les chromosomes et l'ADN fœtaux sont examinés à la recherche de maladies héréditaires ou d'anomalies chromosomiques comme le syndrome de Down, causé par la présence de tout ou d'une partie, d'un chromosome 21 surnuméraire. Durant l'amniocentèse, l'échographie aide le médecin à diriger une longue aiguille à travers la paroi abdominale de la mère, l'utérus et le sac amniotique pour récolter du liquide. De possibles malformations du tube neural (comme le *spina bifida* résultant d'une fermeture incomplète du tube neural embryonnaire) peuvent également être recherchées par la mesure des taux d'alpha-foetoprotéine.

L'amniocentèse doit être réservée aux femmes qui ont un risque marqué de maladie génétique, comme une histoire familiale de naissances avec malformations, ou sont âgées de plus de trente-huit ans. Elle peut également être utilisée pour de diagnostic prénatal de diverses maladies (drépanocytose, fibrose kystique, dystrophie musculaire, maladie de Tay-Sachs), ou pour déterminer si les poumons d'un fœtus sont suffisamment matures pour la naissance. Une autre méthode de diagnostic fœtal, la biopsie chorionique, implique le prélèvement d'un petit morceau de placenta, l'organe temporaire qui relie la mère au fœtus.

VOIR AUSSI Avortement (70), Théorie chromosomique de l'hérédité (1902), Maladies métaboliques congénitales (1902), Étiologie de la drépanocytose (1949), Structure de l'ADN (1953), Monitorage fœtal (1957), Échographie (1957) et Chirurgie fœtale (1981).

Fœtus humain enveloppé par le sac amniotique.

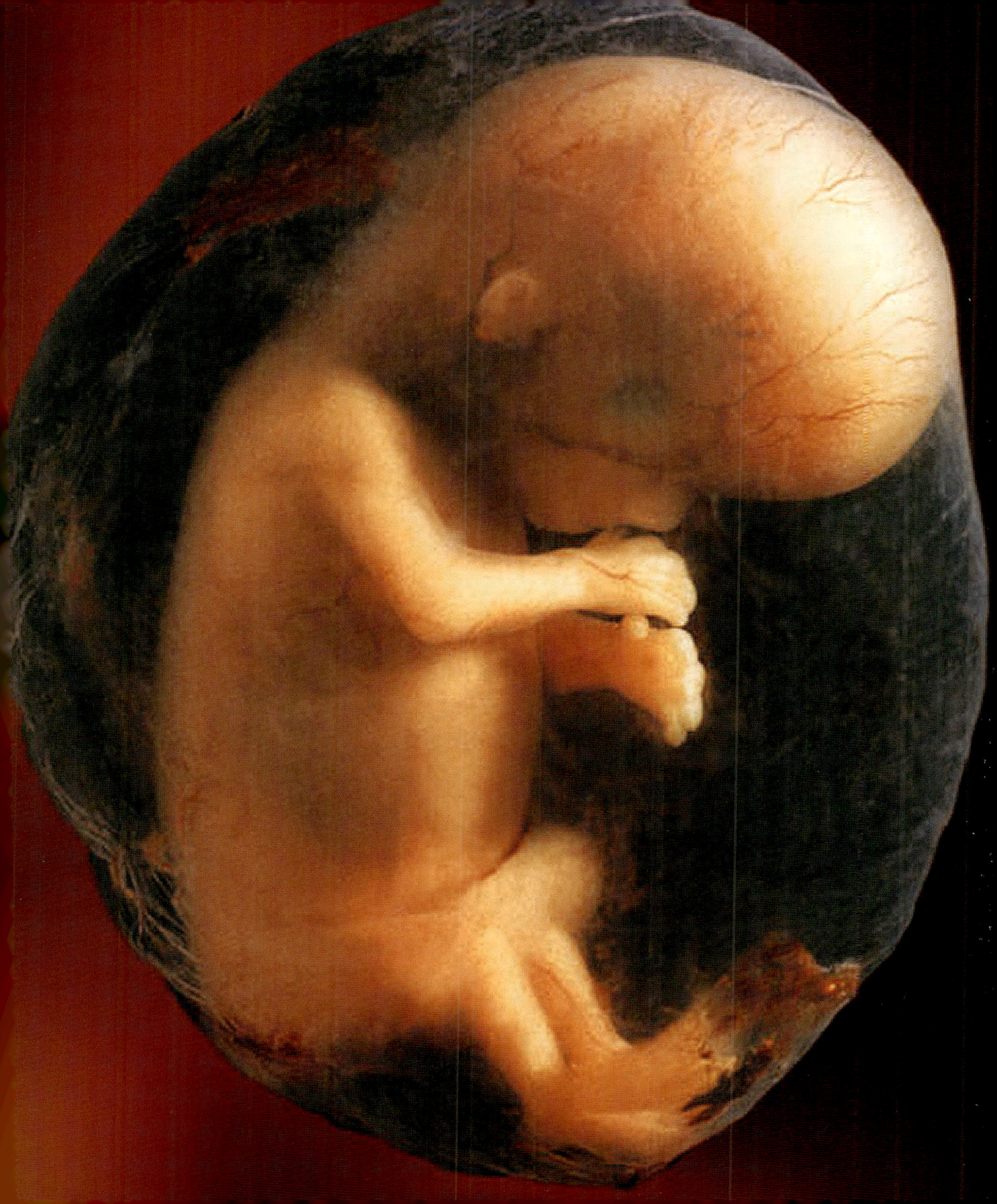

1952

Valves cardiaques artificielles

Miles Lowell Edwards (1898-1982), **Charles A. Hufnagel** (1916-1989) **Albert Starr** (né en 1926)

Le cœur humain possède quatre valves qui contrôlent la circulation du sang. Lorsqu'elles fonctionnent correctement, les valves assurent le flux sanguin dans une seule direction, sans reflux. Les valves mitrale et tricuspide séparent les oreillettes et les ventricules, alors que les valves aortiques et pulmonaires sont situées à la naissance des artères quittant le cœur. Les valves s'ouvrent et se ferment en fonction de la différence de la pression de chaque côté.

Les valves ne fonctionnant pas correctement (par exemple une valve mitrale épaissie suite à un rhumatisme articulaire aigu) peuvent être remplacées par des valves artificielles. La sténose est un rétrécissement de l'orifice d'une valve qui empêche le flux normal de sang et le défaut de fermeture complète (insuffisance) entraîne une fuite postérieure du sang à travers la valve. Les valves mécaniques modernes peuvent durer toute la vie du patient, mais elles nécessitent l'emploi d'anticoagulants. Les valves cardiaques faites à partir de tissus animaux (péricarde de porc ou de bovin) produisent moins de dommages et ne nécessitent pas d'anticoagulants, mais leur durée de vie est moins longue et elles doivent être remplacées.

La première valve artificielle était composée d'une petite balle de silicone à l'intérieur d'une cage métallique. La balle se déplaçait en avant et en arrière selon les changements de pression, agissant comme une valve unidirectionnelle. En 1952, le chirurgien américain Charles Hufnagel implanta une valve de ce type chez un patient souffrant d'une insuffisance aortique. Le chirurgien américain Albert Starr et l'ingénieur Lowell Edwards inventèrent une valve similaire, qui fut implantée en 1960. Plus tard, la balle mobile de la valve fut remplacée par un ou deux disques basculants et du carbone pyrolytique fut introduit pour réduire la formation de caillots sanguins. Lorsque des tissus animaux sont utilisés pour fabriquer des valves biologiques, leurs marqueurs biologiques doivent être supprimés pour éviter les phénomènes de rejet.

VOIR AUSSI Système circulatoire (1628), Digitale (1785), La dérivation de Blalock-Taussig (1944), Cœur-poumon artificiel (1953) et Transplantation cardiaque (1967).

Valve mitrale artificielle de Starr-Edwards avec sa balle mobile.

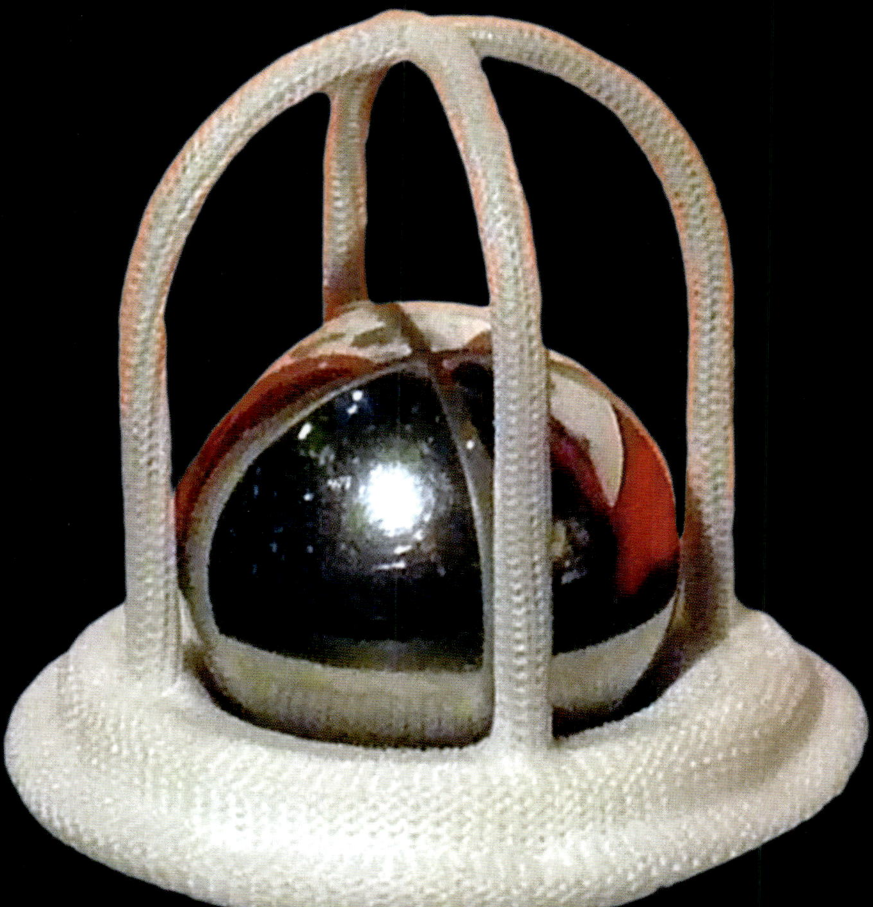

1953

Structure de l'ADN

Maurice Hugh Frederick Wilkins (1916-2004), **Francis Harry Compton Crick** (1916-2004), **Rosalind Elsie Franklin** (1920-1958), **James Dewey Watson** (né en 1928)

La molécule d'ADN (acide désoxyribonucléique) doit être imaginée comme un « programme » contenant l'information héréditaire. Elle contrôle également la production des protéines et le développement complexe des cellules à partir de l'œuf fécondé. Une erreur dans l'ADN, comme un changement dans sa séquence causé par un élément mutagène, conduit à une maladie. La compréhension du message de l'ADN peut aider à guérir des maladies et à développer de nouveaux médicaments.

Au niveau moléculaire, l'ADN ressemble à une échelle torsadée dont les différents barreaux (correspondant aux bases azotées) constituent un code pour la production des protéines. Le génome humain possède environ trois milliards de paires de bases dans son ADN, contenues dans vingt-trois chromosomes, dans chaque spermatozoïde et chaque ovule. D'une manière générale, un gène est une séquence d'ADN recélant un « paquet » d'information, codant, par exemple, pour une protéine particulière.

En 1953, les biologistes moléculaires James Watson et Francis Crick découvrirent la structure en double hélice de l'ADN en utilisant des méthodes de modélisation moléculaire, associées à l'étude aux rayons X et d'autres données obtenues par Maurice Wilkins et Rosalind Franklin. De nos jours, grâce à la technologie de l'ADN recombinant, des organismes génétiquement modifiés peuvent être créés en insérant de nouvelles séquences d'ADN dans un organisme, qui est ainsi amené à fabriquer le produit souhaité, comme cela a été fait avec des bactéries pour l'insuline à usage humain. La génétique médico-légale recherche l'ADN laissé sur la scène d'un crime pour aider à l'identification potentielle des criminels.

En décembre 1961, le *New York Times*, rendant compte des progrès dans la compréhension du code génétique de l'ADN, expliquait que « la biologie avait atteint une nouvelle frontière, et généré une révolution plus importante que celle de la bombe à hydrogène ».

VOIR AUSSI Génétique mendélienne (1865), Théorie chromosomique de l'hérédité (1902), Maladies métaboliques congénitales (1902), Gènes et détermination du sexe (1905), Commercialisation de l'insuline (1922), Épigénétique (1983), Réaction en chaîne de polymérase (1983), Interférence ARN (1998) et Projet génome humain (2003).

Modèle moléculaire d'une portion d'un brin d'ADN.

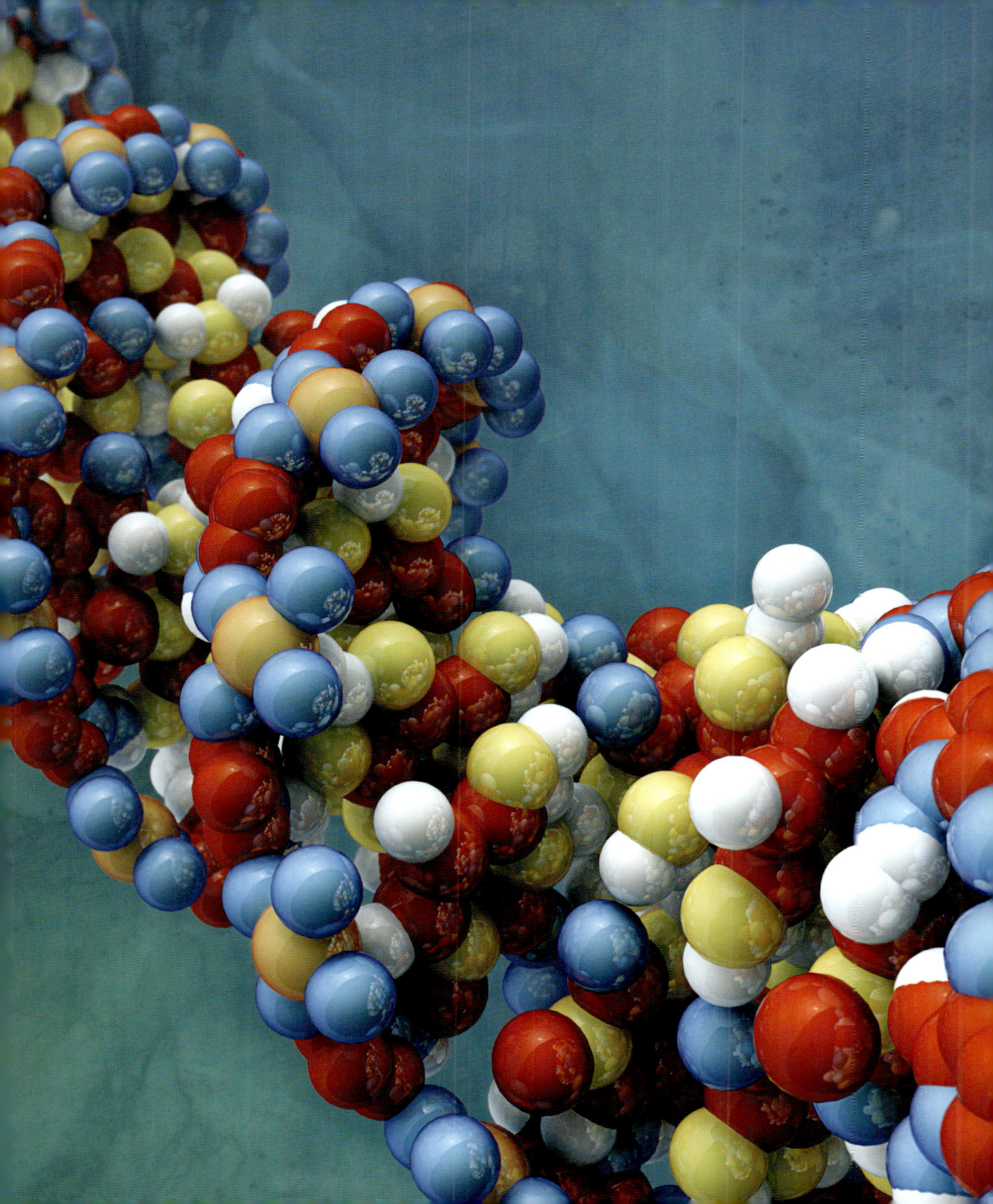

1953

Cœur-poumon artificiel

John Heysham Gibbon Jr. (1903-1973)

Le cœur-poumon artificiel est un appareil qui assure la circulation du sang et son oxygénation adéquate durant des opérations à cœur ouvert, permettant la pose de valves cardiaques ou la fermeture d'une communication de la cloison interne du cœur. Qualifié de dérivation extra-corporelle, ce processus met hors circuit le cœur et le poumon et permet d'arrêter momentanément le cœur, assurant au chirurgien un environnement relativement immobile et exsangue durant l'intervention. L'héparine permet d'éviter la coagulation du sang circulant, qui peut, en outre, être refroidi pour ralentir le métabolisme de l'organisme et diminuer ses besoins en oxygène.

En 1953, le chirurgien américain John Gibbon fut le premier à utiliser avec succès le cœur-poumon artificiel chez une jeune femme de dix-huit ans, dont le cœur et les poumons furent arrêtés vingt-sept minutes.

Des mises au point innovantes furent nécessaires pour éviter les dommages potentiels causés aux globules rouges par la pompe artificielle. Les scientifiques ont comparé les pompes à rouleaux qui poussent doucement le sang à travers des tubulures et les pompes centrifuges qui font tourner le sang pour créer une action d'aspiration. Mais, plus difficile que le remplacement transitoire des battements cardiaques, fut la suppléance de la fonction d'oxygénation des poumons. Différentes solutions furent trouvées, dont le bouillonnement de l'oxygène (suivi par la filtration des bulles) et l'emploi de membranes. Dans un poumon naturel, les surfaces d'échange de l'oxygène et du dioxyde de carbone représentent à peu près la superficie d'un demi-court de tennis ! Le projet initial de Gibbon développé avec IBM comportait un tambour rotatif avec une grille métallique pour créer des turbulences propices à l'oxygénation.

Le cœur-poumon artificiel a constitué une avancée remarquable de la médecine moderne, qui a rendu possible non seulement la chirurgie à cœur ouvert, mais aussi les transplantations de cœur et de poumon.

VOIR AUSSI La circulation pulmonaire d'al-Nafis (1242), Système circulatoire (1628), Héparine (1916), Dialyse (1943), La dérivation de Blalock-Taussig (1944), Réanimation cardio-pulmonaire (1956), Transplantation de poumon (1963) et Transplantation cardiaque (1967).

Reconstitution grandeur nature d'un bloc opératoire de chirurgie cardiaque dans les années 1980 ; au premier plan, un cœur-poumon artificiel. Modèle exposé au Musée des Sciences de Londres (photographie de Nina Recko).

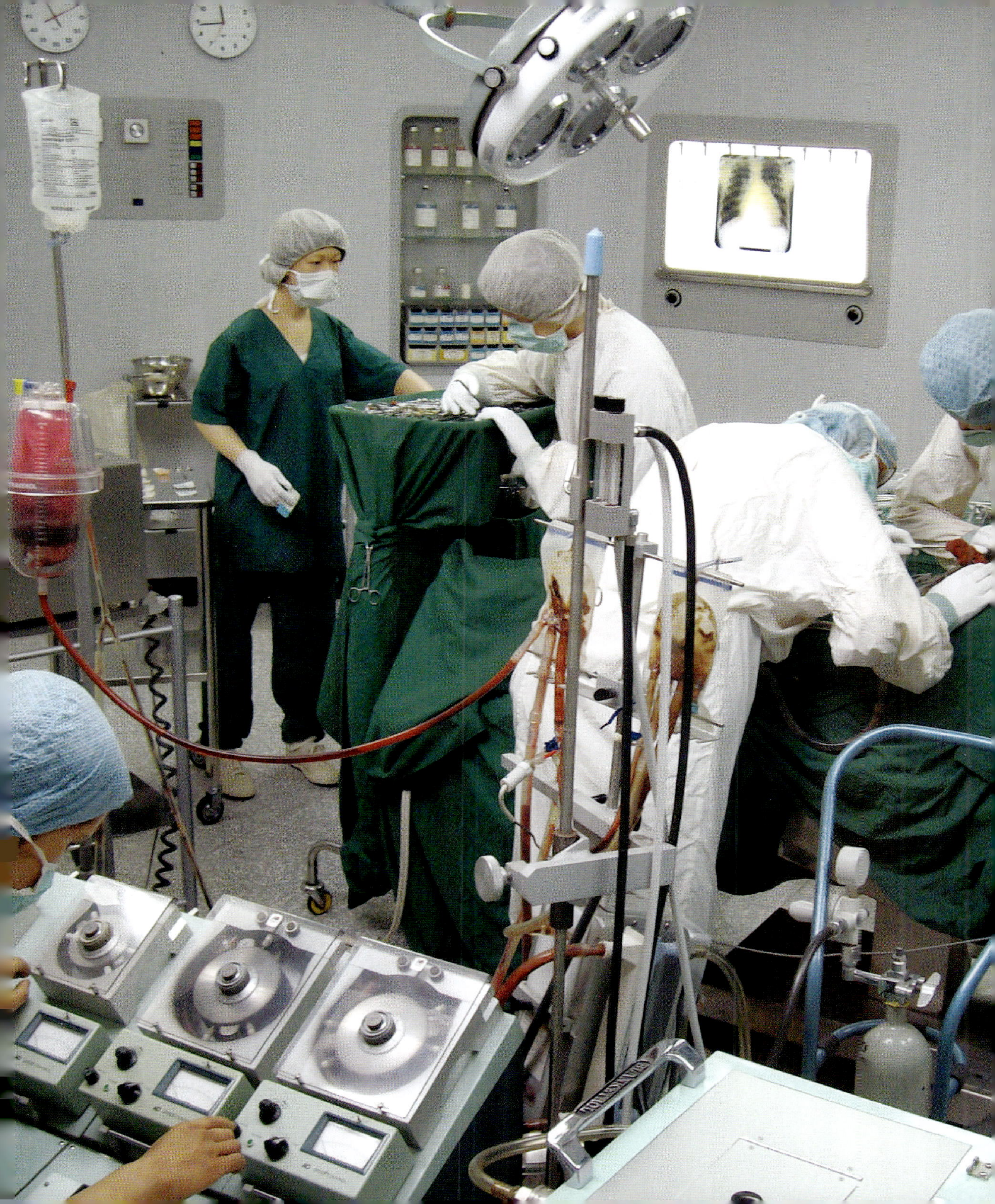

1954

Endoscope

Philipp Bozzini (1773-1809), **Harold Horace Hopkins** (1918-1994), **Basil Isaac Hirschowitz** (né en 1925)

L'endoscope est un appareil tubulaire utilisé par les médecins pour observer à l'intérieur du corps. Il comporte un système de fibre optique qui fournit une source lumineuse pour éclairer les tissus et transmet en retour l'image à l'observateur. Un autre canal du tube peut être utilisé pour introduire des instruments médicaux, coupant pour prélever un fragment de tissus, ou cautérisant pour arrêter le saignement.

Les endoscopes se sont spécialisés en coloscope (pour examiner le colon), bronchoscope (pour le tractus respiratoire bas), ou cystoscope (pour le tractus urinaire). Parfois, les endoscopes sont introduits dans le corps à travers de petites incisions au cours de laparoscopies ou d'arthroscopie, cette dernière pour l'exploration des articulations.

Vers 1806, le médecin allemand Philipp Bozzini mit au point un tube avec un miroir et un système de chandelle qui dirigeait la lumière à l'intérieur des canaux et cavités du corps (bouche ou rectum) et redirigeait la lumière vers son œil. Mais la Société médicale de Vienne le rappela à l'ordre pour « curiosité excessive ». En 1954, le physicien britannique Harold Hopkins conçut des endoscopes de fibre optique en utilisant un ensemble de fibres de verre flexibles pour transmettre la lumière. Le médecin sud-africain Basil Hirschowitz et son collaborateur Larry Curtiss améliorèrent l'illumination et la qualité d'image de cet appareil, qu'Hirschowitz essaya sur lui-même avant d'ausculter son premier patient atteint d'un ulcère duodénal. L'instrument de Hopkins permettait au médecin de voyager plus profondément que jamais dans des territoires jusqu'alors inexplorés.

De nos jours, les vidéoscopes utilisent de minuscules caméras digitales à l'extrémité de l'endoscope et affichent les images sur un écran de télévision. La lumière passe par les fibres optiques, mais les images sont transmises par voie électronique. Des capsules d'endoscopie peuvent être avalées et transmettent leurs images sans fil. L'échographie endoscopique utilise les ultrasons pour visualiser la structure des tissus.

VOIR AUSSI Échographie (1957), Angioplastie (1964), Chirurgie fœtale (1981), Chirurgie laparoscopique (1981), Chirurgie robotique (2000) et Téléchirurgie (2001).

Extrémité lumineuse d'un endoscope industriel pour mesures en solution.

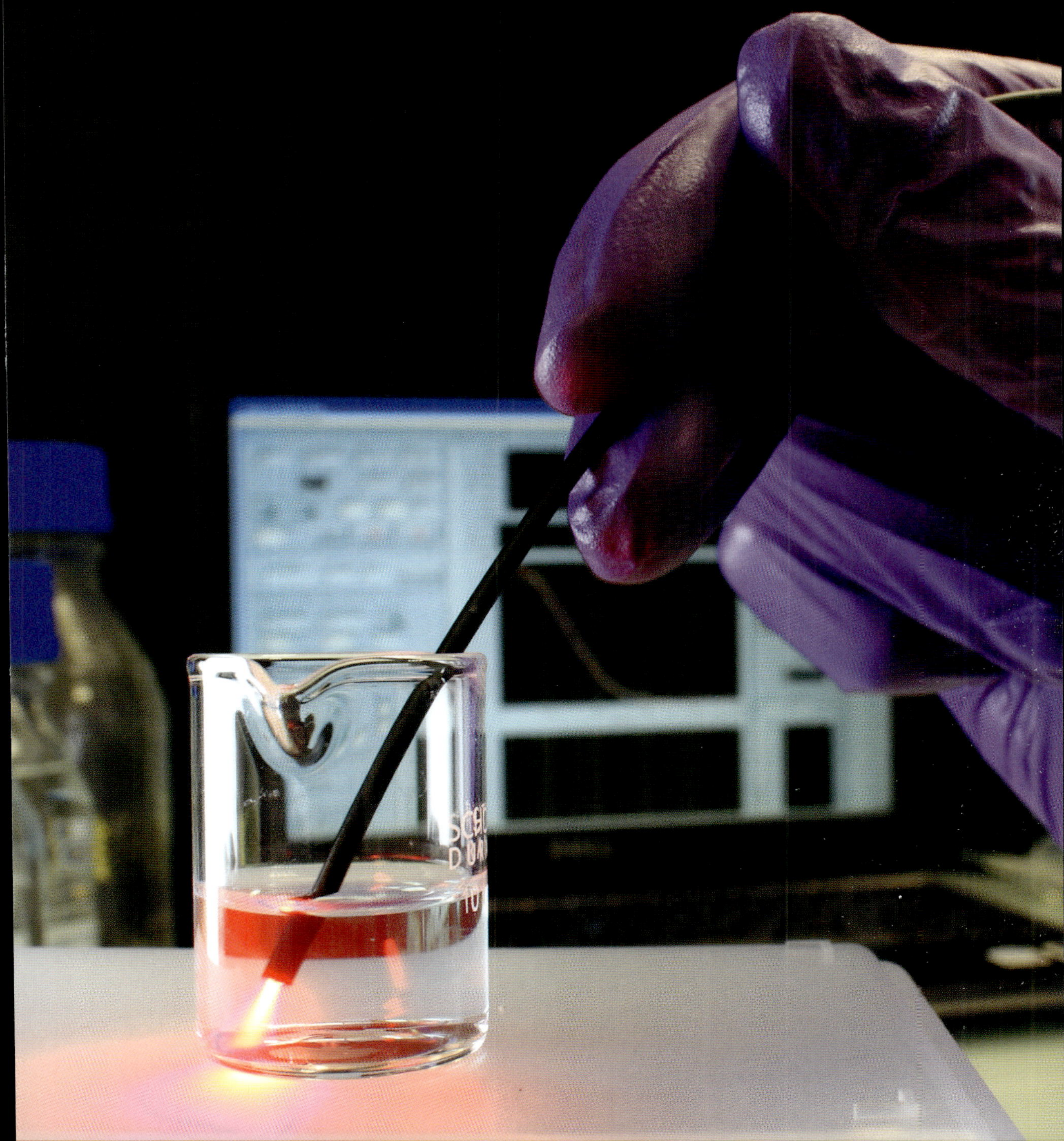

1954

Transplantation rénale

Alexis Carrel (1873-1944), **Peter Brian Medawar** (1915-1987), **Joseph Edward Murray** (né en 1919)

En 1954, le chirurgien américain Joseph Murray et ses collègues réalisèrent la première transplantation de rein vraiment réussie, chez des jumeaux, pour laquelle Murray reçut le prix Nobel en 1990. Et pourtant, avant cette réussite, on prétendait que la greffe rénale était impossible et Murray était accusé de se prendre pour Dieu.

Le succès éclatant des transplantations d'organes dans les années 1950 reposait sur les travaux antérieurs du chirurgien français Alexis Carrel, qui mit au point la suture vasculaire, et du chirurgien britannique Peter Medawar sur l'immunologie du rejet des greffes de peau. La réussite des transplantations d'organes entre individus non apparentés ne fut possible qu'avec l'arrivée des médicaments immunosuppresseurs, qui empêchaient le rejet de l'organe étranger par le système immunitaire du receveur (par exemple l'azathioprine et la ciclosporine).

Dans le cas de l'insuffisance rénale, dont les principales causes sont l'hypertension artérielle et le diabète, la dialyse peut être utilisée pour suppléer à la fonction rénale, mais les patients transplantés ont une durée de vie supérieure. Au cours de la transplantation, les reins originaux déficients sont souvent laissés en place. Le nouveau rein est implanté plus bas et rattaché à l'artère et à la veine iliaques.

Les reins sont impliqués dans l'élimination des déchets par l'urine qui s'écoule dans la vessie, mais aussi dans la régulation de la concentration des électrolytes sanguins. Les reins produisent également des hormones : l'érythropoïétine (stimulant la production des globules rouges par la moelle osseuse), la rénine (régulant la pression sanguine) et le calcitriol (forme active de la vitamine D qui maintient le taux de calcium).

VOIR AUSSI Greffe de tissus (1597), Suture vasculaire (1902), Greffe de cornée (1905), Dialyse (1943), Greffe de moelle osseuse (1956), Transplantation hépatique (1963), Transplantation de poumon (1963), Transplantation de la main (1964), Greffe de pancréas (1966), Transplantation cardiaque (1967), Ciclosporine (1972), Transplantation intestinale (1987), Greffe du visage (2005) et Faire de nouveaux organes (2006).

Planche anatomique de l'appareil urinaire (dissection de Gilis et dessin de F. Sounac, 1897). Au cours de la transplantation, le rein original, déficient, est souvent laissé en place, et le nouveau rein est implanté en position abdominale plus basse (Conservatoire d'anatomie de la faculté de médecine de Montpellier).

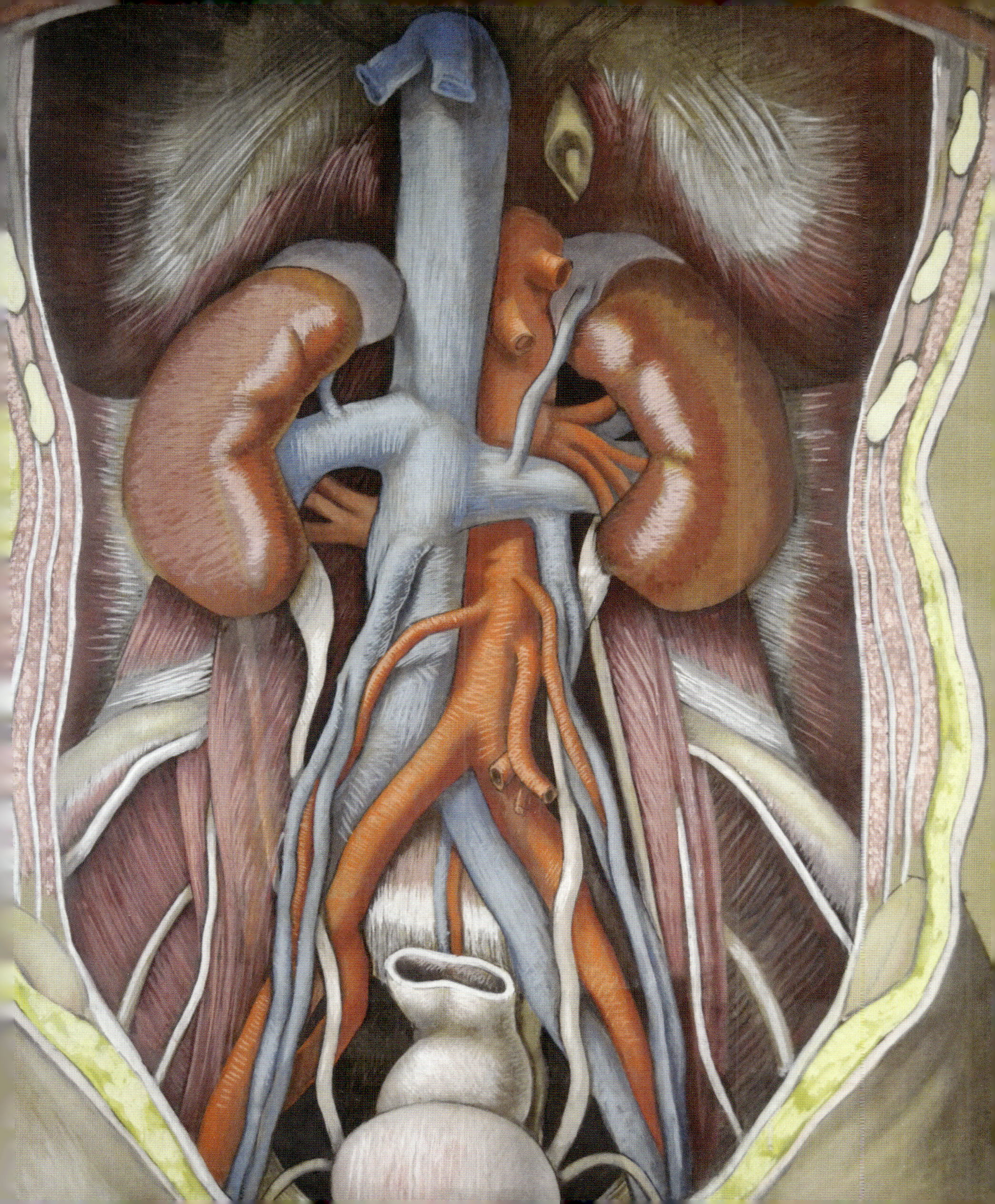

1955

Pilules contraceptives

Margaret Higgins Sanger Slee (1879-1966), **Pape Paul VI (Giovanni Montini,** 1897-1978), **Gregory Pincus** (1903-1967), **Franck Benjamin Colton** (1923-2003), **Carl Djerassi** (né en 1923)

Les contraceptifs oraux, ou pilules pour le contrôle des naissances, ont constitué l'avancée médicale la plus importante au plan social du XXe siècle. Disposant d'un moyen facile et efficace pour éviter d'être enceintes, davantage de femmes diplômées purent entrer sur le marché du travail. Dans les années 1930, on savait, en particulier d'après les travaux du biologiste américain Gregory Pincus, qu'une concentration élevée de progestérone, l'hormone présente durant la gestation, simulait une grossesse, bloquant ainsi l'ovulation. Au début des années 1950, les chimistes américains Carl Djerassi et Franck Colton découvrirent séparément des produits chimiques imitant la progestérone naturelle.

Margaret Sanger, célèbre militante du contrôle des naissances, aida Pincus à obtenir les fonds nécessaires au développement d'une pilule contraceptive humaine. Pincus annonça en 1955 les résultats d'un essai clinique démontrant l'efficacité de la pilule. Celle-ci non seulement inhibait l'ovulation, mais aussi modifiait le mucus cervical, empêchant la pénétration des spermatozoïdes dans l'utérus, et la muqueuse utérine, empêchant l'implantation de l'œuf. La pilule contraceptive fut approuvée par la *Food and Drug Administration* en 1960 pour la mise sur le marché.

La formulation originelle, contenant également des œstrogènes, avait des effets indésirables ; les suivantes, avec des doses d'hormones réduites, entraînèrent une diminution du nombre des cancers de l'ovaire, de l'endomètre et du colon. En revanche, la prise de la pilule par les fumeuses accroît le risque d'infarctus du myocarde et d'accident vasculaire cérébral. Aujourd'hui, différentes formulations sont disponibles (y compris des pilules contenant uniquement de la progestine, un type de progestérone) avec des doses d'hormones constantes ou variables suivant les semaines.

VOIR AUSSI Avortement (70), Préservatif (1564), Découverte des spermatozoïdes (1678), La stérilisation de Carrie Buck (1927), « La lapine est morte » (1928), Dispositif intra-utérin (1929) et Amniocentèse (1952).

Portrait psychédélique du « paradis après la pilule », nouvelle ère pour les femmes. Dans les années 1960, malgré la condamnation du contrôle des naissances par le pape Paul VI, beaucoup de femmes adoptèrent des méthodes contraceptives personnelles, ce qui contribua à la révolution sexuelle.

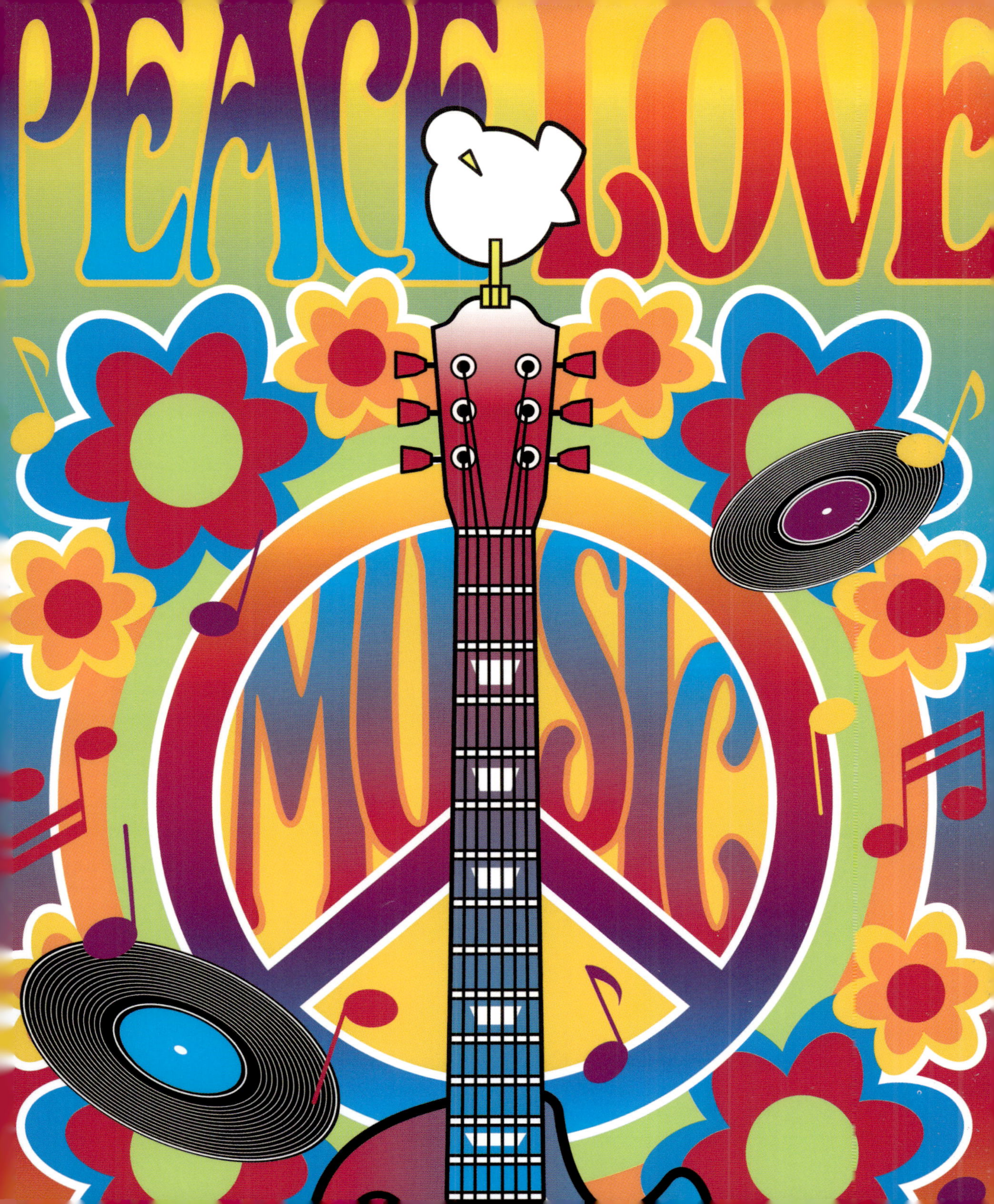
PEACE LOVE
MUSIC

1955

Effet placebo

Henry Knowles Beecher (1904-1976)

Le terme de *placebo* désigne un faux « médicament » (par exemple une pilule contenant du sucre) ou une intervention chirurgicale simulée (simple ouverture de la peau sans aller plus profond), qui toutefois produisent une amélioration ressentie ou effective chez des patients persuadés que le médicament ou l'acte médical devaient avoir un effet bénéfique. L'effet placebo suggère l'importance des espoirs du patient et du rôle du cerveau dans la santé physique, en particulier pour des états subjectifs comme les niveaux de douleur.

En 1955, le médecin américain Henry Beecher rapportait le célèbre cas de soldats, durant la Seconde Guerre mondiale, qui ressentaient un net soulagement de la douleur à la suite d'injections d'eau salée faites lorsque la morphine venait à manquer. L'un des mécanismes d'action de l'effet placebo paraît mettre en jeu les opioïdes endogènes (analgésiques naturels produits par le cerveau), ainsi que l'activité du neurotransmetteur dopamine.

Des souris, qui reçoivent un composé immunosuppresseur en même temps qu'un produit sucré, deviennent conditionnées avec le temps, de sorte qu'elles finissent par présenter une immunosuppression à la suite de la prise du seul produit sucré. Le conditionnement joue également un rôle dans les placebos humains. Un placebo administré comme stimulant peut produire une élévation de la tension artérielle et un placebo d'alcool une intoxication. La couleur et la forme des médicaments ont une grande influence dans la perception de leur efficacité. L'effet placebo tend aussi à varier selon la société et le pays concerné. Une réponse nocebo concerne une réponse négative à un placebo, comme par exemple le sentiment d'une douleur lorsque le patient croit que la drogue peut avoir des effets secondaires désagréables.

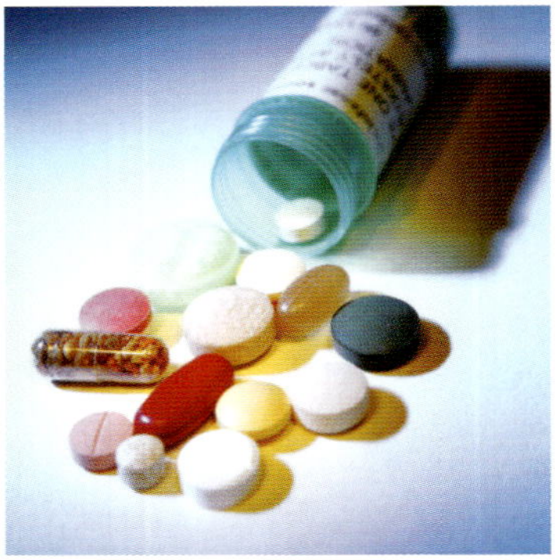

VOIR AUSSI Sorciers médecins (10 000 ans av. J.-C.), Mithridate et thériaque (100 ans av. J.-C.), Le *Compendium* de l'acupuncture (1601), Les remèdes de charlatans (1906), Consentement éclairé (1947) et Essais aléatoires contrôlés (1948).

Parce que les attentes du patient influent sur l'effet placebo, la couleur, la taille et la forme des pilules interviennent. Les pilules rouges sont de meilleurs stimulants, alors qu'une couleur « froide » est un meilleur calmant. Les gélules sont perçues comme plus efficaces que les comprimés.

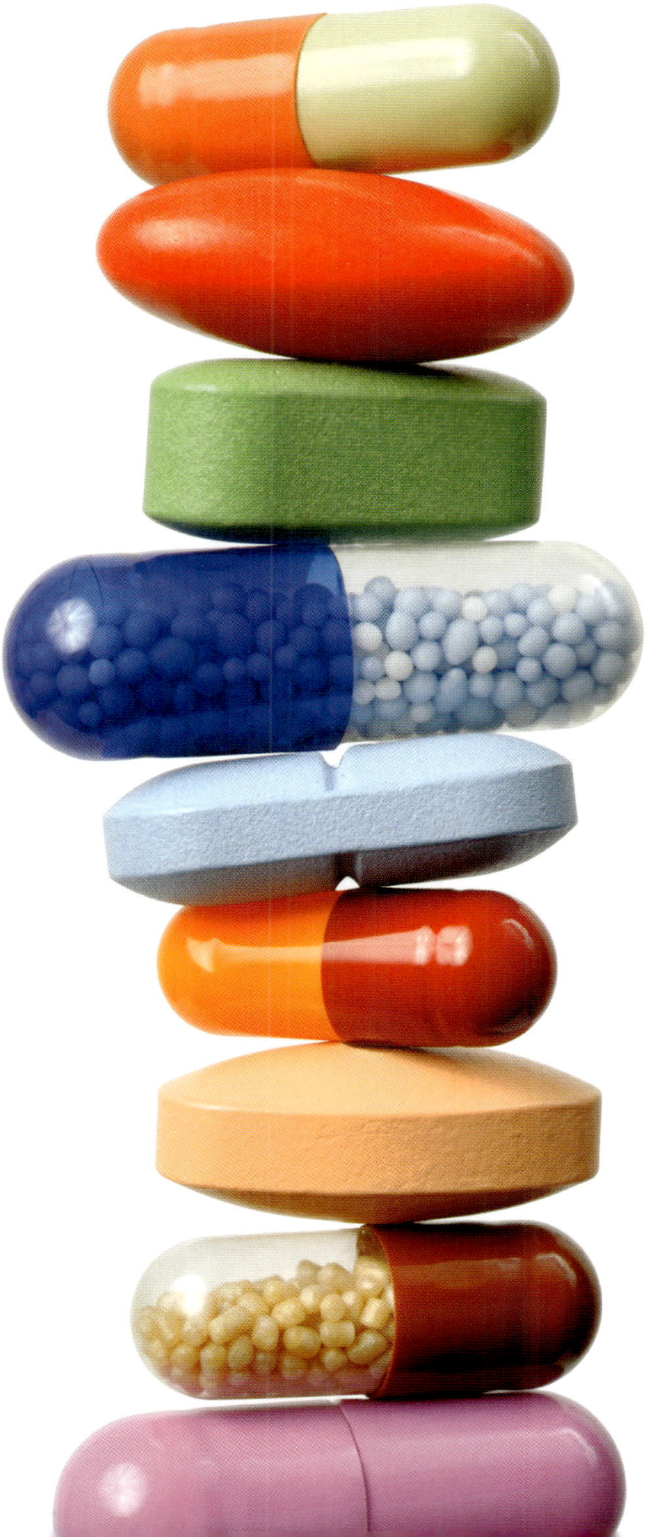

1955

Vaccin anti-poliomyélitique

Albert Bruce Sabin (1906-1993), **Jonas E. Salk** (1914-1995)

La poliomyélite est une maladie virale qui peut causer des paralysies musculaires invalidantes. En 1952, près de 58 000 cas furent rapportés aux États-Unis, avec 3 145 décès et 21 269 cas de paralysies légères à handicapantes. À cette époque, les Américains considéraient la polio comme leur pire cauchemar, juste après la bombe atomique. À l'annonce de la découverte d'un vaccin, le 12 avril 1955, « les cloches des églises sonnèrent et des réunions de prières furent organisées dans les synagogues et les églises ».

La polio a affecté l'humanité depuis les temps préhistoriques, comme le suggèrent sculptures et peintures égyptiennes montrant des enfants marchant avec des cannes sur leurs jambes atrophiées. Trois différentes variétés de virus polio peuvent coloniser le tube digestif, suite à une contamination par l'eau ou un aliment ; ils peuvent ensuite se propager au système nerveux central et causer des paralysies. Suivant les nerfs atteints, la paralysie est limitée aux jambes ou atteint le corps entier, empêchant même de respirer sans l'aide d'un poumon d'acier.

Deux types de vaccins sont utilisés pour prévenir la poliomyélite. L'un est basé sur le virus inactivé obtenu en 1952 par le médecin et chercheur américain Jonas Salk, qui cultiva le virus sur cellules de rein de singe et l'inactiva par le formol. Lorsque les trois variétés de virus inactivés sont injectées, le sujet produit des anticorps dirigés contre les trois formes de virus. À la suite de Salk, le médecin et chercheur américain Albert Sabin développa un vaccin anti-polio *oral* basé sur des formes « atténuées » des trois virus polio, qui se répliquent dans le tube digestif mais n'envahissent pas le système nerveux, et produisent une immunité similaire. De nos jours, de nombreux pays préfèrent utiliser le vaccin injectable, en raison de rares cas de réversion vers la forme paralysante des virus atténués utilisés dans le vaccin oral. La polio est devenue excessivement rare dans le monde occidental et une campagne d'éradication se poursuit au niveau mondial.

VOIR AUSSI Découverte des virus (1892), Poumon d'acier (1928), Cellules HeLa (1951) et Structure des anticorps (1959).

Modèle moléculaire du virus polio (en haut) s'attachant au CD 155, protéine réceptrice du virus polio sur les membranes cellulaires (en bas, colorée en violet).

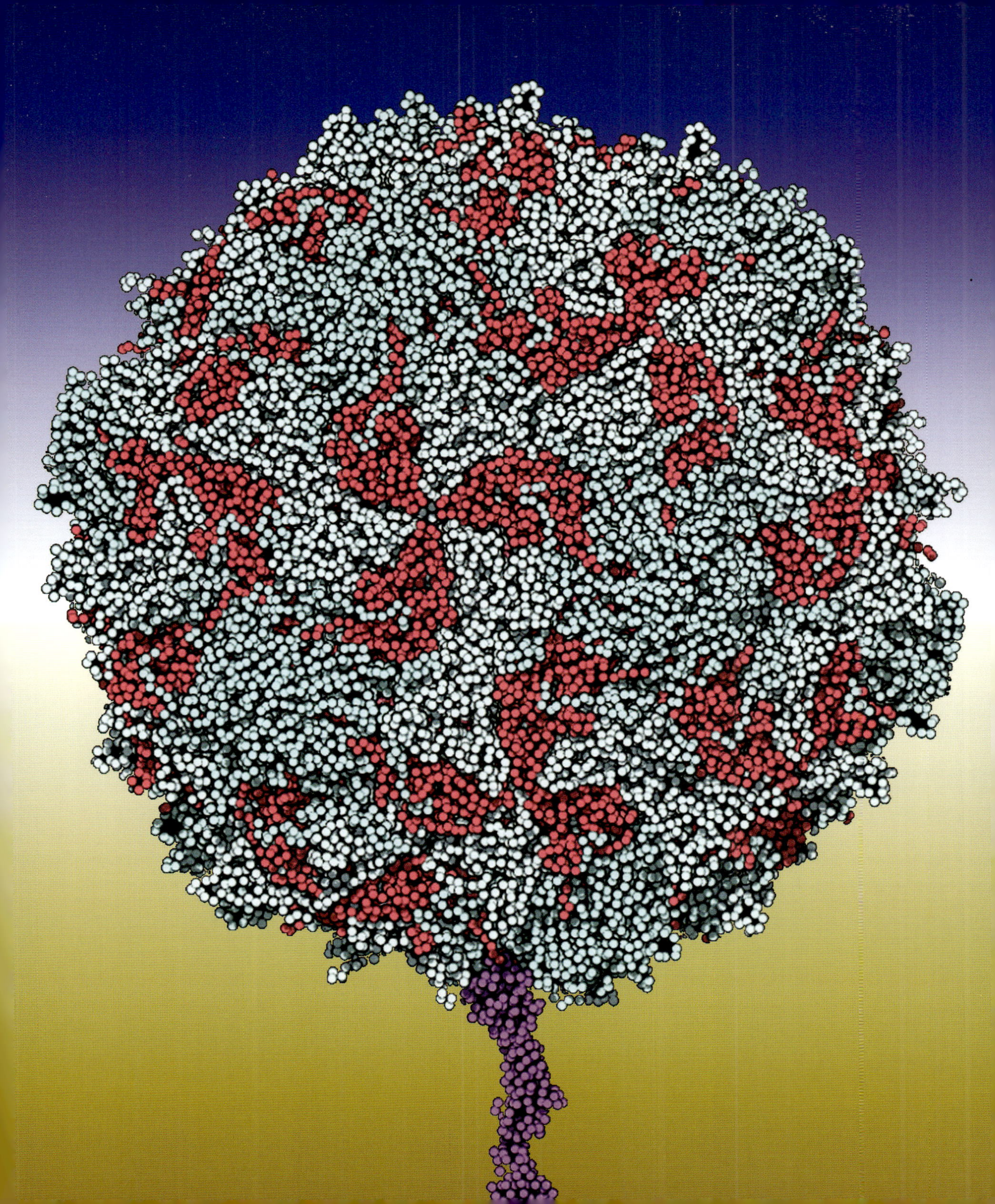

1956

Maladies auto-immunes

Hashimoto Hakaru (1881-1934), **Ernest Witebsky** (1901-1969), **Deborah Doniach** (1912-2004), **Peter Campbell** (1921-2005), **Ivan Maurice Roitt** (né en 1927), **Noel Richard Rose** (né en 1927)

Dans les maladies auto-immunes, le système immunitaire attaque et détruit des cellules et tissus sains de son propre corps, comme s'il ne les reconnaissait plus. En 1956, la thyroïdite de Hashimoto fut la première maladie endocrinienne dont la nature auto-immune était démontrée : les chercheurs britanniques Ivan Roitt, Deborah Doniach et Peter Campbell découvrirent des anticorps circulants anti-thyroglobuline (protéine de la glande thyroïde) chez des patients atteints de thyroïdite.

Presque simultanément, Noel Rose et Ernest Witebsky, chercheurs travaillant aux États-Unis, réussirent à induire une thyroïdite chez des lapins en injectant dans leurs pieds un mélange de portion de thyroïde de lapin avec des bactéries. Observant une inflammation de la thyroïde et l'apparition d'anticorps anti-thyroglobuline, Rose réalisa qu'il serait difficile de faire admettre ses résultats aux autres chercheurs, car pendant de nombreuses années on crut que les maladies auto-immunes n'existaient pas. Et pourtant, dès 1904, Julius Donath et Karl Landsteiner avaient montré que l'hémoglobinurie paroxystique *a frigore* (destruction brutale des globules rouges) avait une composante auto-immune.

Les maladies auto-immunes ont souvent une prédisposition génétique et sont parmi les plus fréquentes causes de maladies aux États-Unis. Parmi les plus fréquentes, signalons la polyarthrite rhumatoïde (inflammation et déformation des articulations), le lupus érythémateux disséminé (maladie systémique touchant de nombreux organes) et la sclérose en plaque (qui endommage les gaines entourant les fibres nerveuses). Les traitements des maladies auto-immunes reposent sur les corticoïdes (hormones contrôlant l'inflammation) et d'autres immunosuppresseurs. Dans certains cas, les maladies auto-immunes humaines peuvent être déclenchées par une infection qui stimule le système immunitaire de telle sorte qu'il commence à attaquer les propres tissus de son organisme.

VOIR AUSSI Chirurgie de la tyroïde (1872), Allergies (1906), Cortisone (1948), Structure des anticorps (1959), Cyclosporine (1972) et Thérapie génique (1990).

Radiographie de la main d'un patient atteint de polyarthrite rhumatoïde, maladie auto-immune caractérisée par une atteinte des cartilages articulaires et une destruction des articulations.

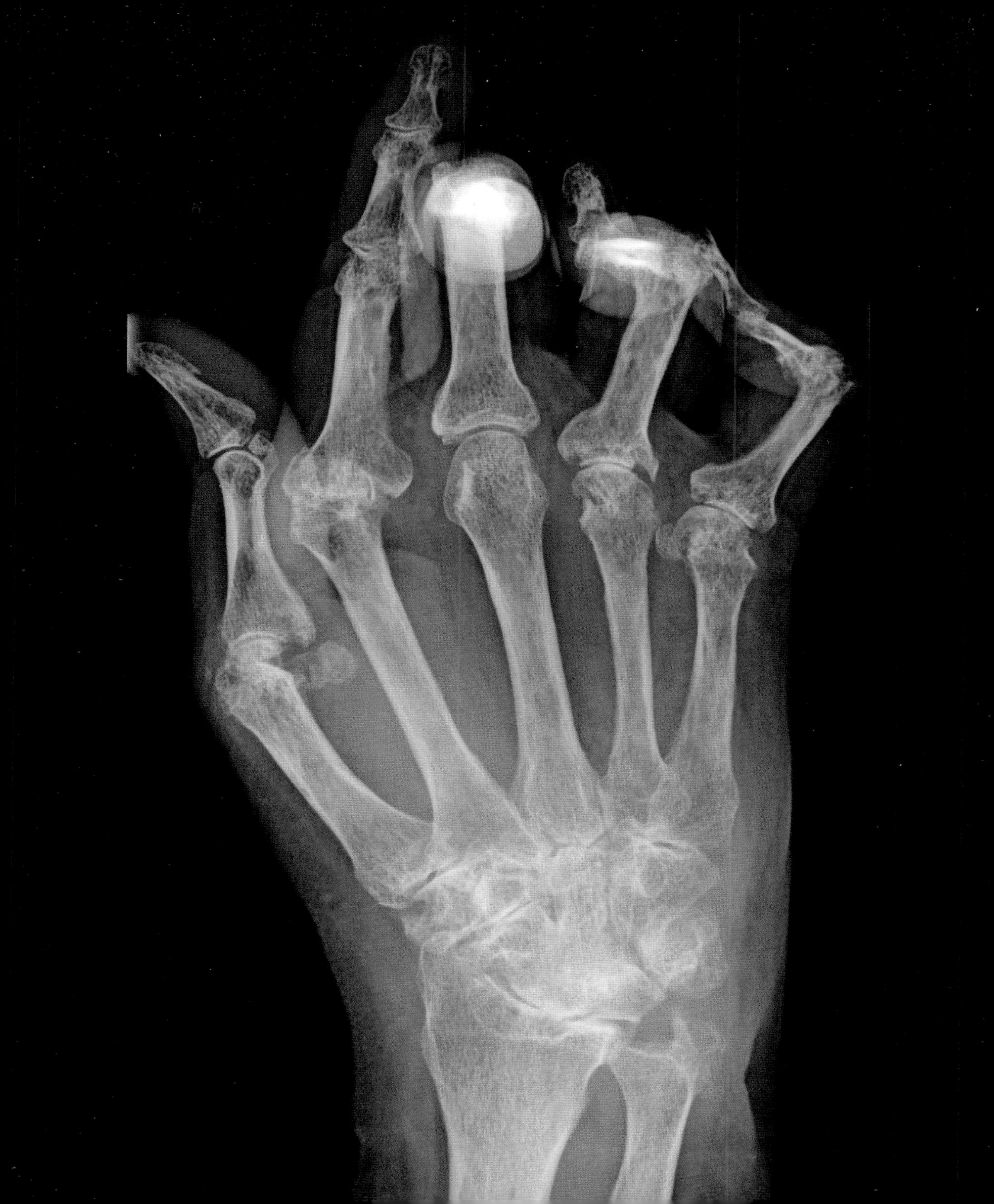

1956

Greffe de moelle osseuse

Edward Donnall Thomas (né en 1920)

Différentes sortes de cellules sanguines se développent à partir de « cellules immatures » appelées cellules souches hématopoïétiques (CSH), dont la plupart résident dans la moelle osseuse, un tissu spongieux localisé à l'intérieur des os.

Une cellule souche est une cellule qui peut se renouveler par division cellulaire et générer d'autres types de cellules spécialisées. Les cellules souches totipotentes (cellules de l'œuf fécondé) peuvent se diviser et produire toutes les cellules différenciées d'un organisme. Les cellules souches pluripotentes peuvent donner n'importe quel type de cellule fœtale ou adulte, mais ne sont pas capables de donner un fœtus ou un adulte car elles ne peuvent pas générer de tissu extra-embryonnaire, tel le placenta. Les cellules souches multipotentes (comme les CSH) donnent naissance à un nombre limité de types cellulaires. Par exemple, les CSH donnent naissance aux cellules du sang de la lignée blanche (cellules anti-infectieuses), aux globules rouges (transportant l'oxygène) et aux plaquettes (responsables de la coagulation). Divers organes, tel le foie, ont des cellules souches dormantes qui peuvent être activées en cas de dommage tissulaire.

Dans la leucémie, cancer du sang ou de la moelle osseuse, des cellules sanguines blanches anormales sont produites en nombre excessif. Dans la greffe de moelle osseuse (aussi appelée transplantation de cellules souches), le médecin « réinitialise » la moelle osseuse, en détruisant d'abord la moelle anormale par chimiothérapie ou irradiation et en injectant ensuite des CSH d'un donneur normal dans les vaisseaux sanguins du receveur, d'où elles gagneront sa moelle osseuse. Les CSH saines sont prises chez le patient, ou chez un autre donneur, et dans ce cas on doit prendre soin de trouver une bonne combinaison antigénique pour éviter la réaction du greffon contre l'hôte (cellules du donneur attaquant les tissus du receveur). En 1956, le médecin américain Donnall Thomas réalisa la première greffe de moelle osseuse réussie, en injectant à un patient leucémique la moelle osseuse saine de son vrai jumeau.

VOIR AUSSI Système lymphatique (1652), Radiothérapie (1903), Thymus (1961), Cyclosporine (1972) et Clonage humain (2008).

Frottis de moelle osseuse coloré. On reconnaît des granulocytes à noyau non segmenté (points bleu vert), un grand promyélocyte (point jaune) et des métamyélocytes (points rouges).

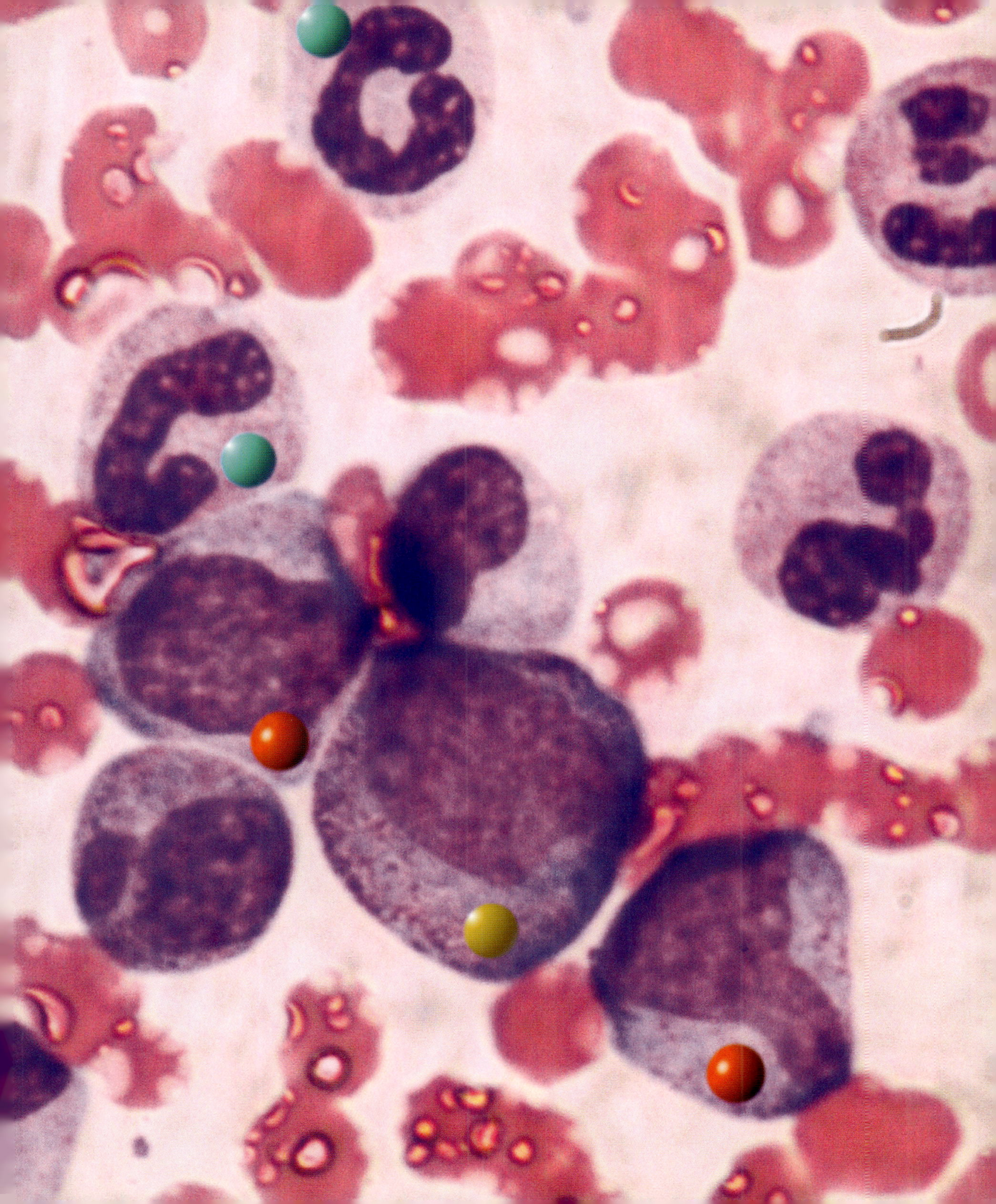

1956

Réanimation cardio-pulmonaire

James Otis Elam (1918-1995), **Peter Safar** (1924-2003)

La réanimation cardio-pulmonaire (RCP) est une technique d'urgence destinée à maintenir en vie une personne en arrêt cardiaque et ne respirant plus (ou très peu). Elle est généralement utilisée dans l'attente d'une assistance médicale. La RCP implique des compressions thoraciques répétées et régulières, pour favoriser la circulation du sang, et un bouche-à-bouche, ou l'utilisation d'un appareil, destinés à insuffler de l'air dans les poumons. La RCP peut également utiliser les chocs électriques pour relancer les battements du cœur. De nos jours, on favorise davantage les compressions thoraciques par rapport à la ventilation artificielle dans beaucoup de situations d'urgence, particulièrement pour les personnes non entraînées.

En 1956, le médecin autrichien Peter Safar entreprit des expérimentations humaines pour déterminer si la ventilation par bouche-à-bouche apportait suffisamment d'oxygène pour maintenir la victime vivante. Il administra du curare (un poison paralysant les muscles respiratoires) à trente et un volontaires. En mesurant les niveaux d'oxygène et de dioxyde de carbone sanguins durant plusieurs heures pendant qu'on insufflait de l'air expiré dans les poumons, il put démontrer que l'air expiré contenait suffisamment d'oxygène pour justifier la pratique de la ventilation par bouche-à-bouche. Grâce à ces résultats et aux recherches complémentaires d'autres médecins comme James Elam, Safar amena un fabricant norvégien de poupées à confectionner « Resusci-Anne », un mannequin pour la formation à la RCP. Dans son livre de 1957, *ABC de la réanimation*, Safar suggérait également une approche combinée au cours de laquelle le sauveteur vérifiait la libération des voies aériennes de la victime, facilitait la respiration et réalisait des compressions thoraciques. Ce livre est à la base de la diffusion mondiale de la RCP.

Les méthodes de RCP ont continuellement évolué. La bible mentionne le prophète Elie ressuscitant un enfant en posant sa bouche sur la sienne (Rois, 4, 34). Parmi d'autres méthodes, citons celle de coucher la victime sur un tonneau, face vers le bas, et de faire rouler le tonneau d'avant en arrière. On a également proposé de placer le sujet face vers le bas sur un cheval au trot.

VOIR AUSSI Système circulatoire (1628), Ambulance (1792), Défibrillateur (1899), Stimulateur cardiaque artificiel (1958) et Ne pas réanimer (1991).

Illustration du brevet déposé en 1996 décrivant un mannequin à utiliser pour pratiquer la partie respiratoire de la RCP. L'appareil simule une poitrine humaine gonflable qui monte et descend.

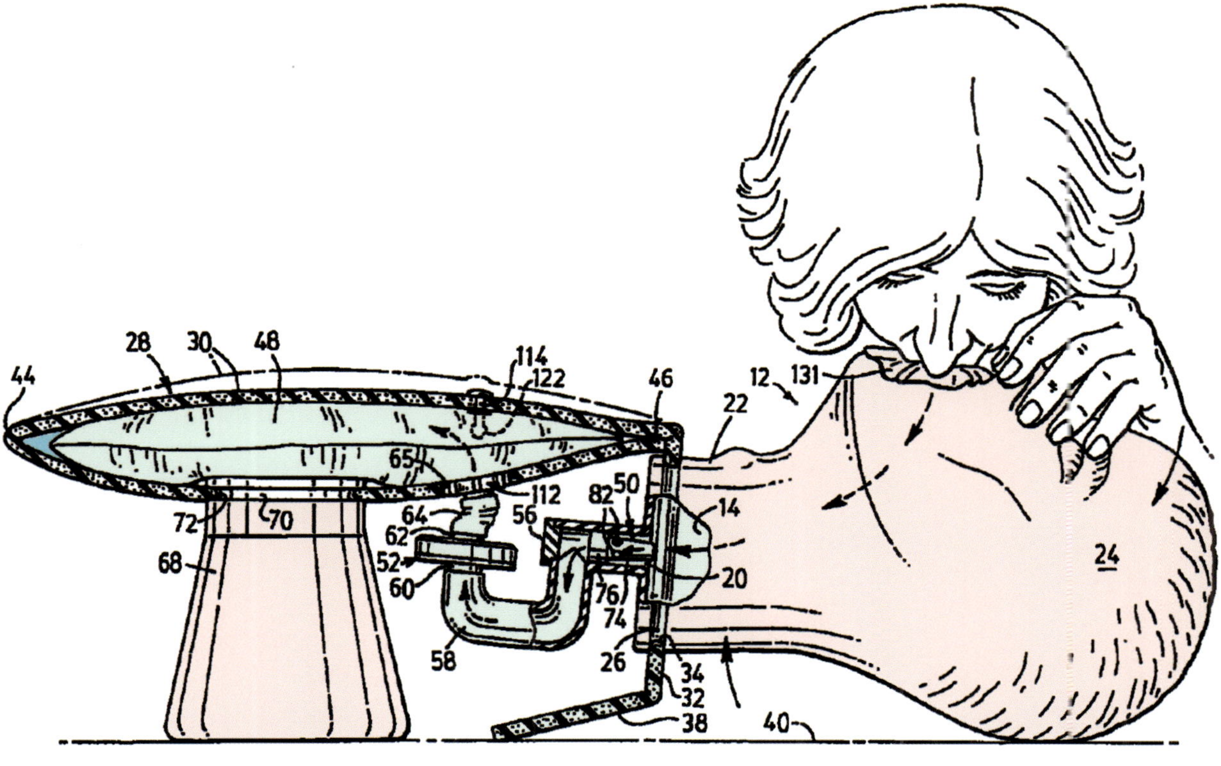

44
28
30
48
114
122
46
12
131
22
65
112
82
50
14
72
70
64
56
62
52
60
20
24
68
76
74
58
26
34
32
38
40

1957

Levodopa dans la maladie de Parkinson

James Parkinson (1755-1824), **Walther Birkmayer** (1910-1996), **Arvid Carlsson** (né en 1923), **Oleh Hornykiewicz** (né en 1926)

Les chercheurs autrichiens Oleh Hornykiewicz et Walther Birkmayer annoncèrent en 1961 un traitement miraculeux de la maladie de Parkinson, une maladie du système nerveux central qui diminue le contrôle des mouvements et d'autres fonctions cérébrales. « Des patients cloués au lit incapables de se redresser, d'autres incapables de s'asseoir et d'autres enfin hors d'état de marcher, réalisaient toutes ces activités facilement après injection de L-dopa. Ils pouvaient même courir et sauter. »

Les patients atteints de maladie de Parkinson ont des tremblements musculaires, une rigidité et un ralentissement des mouvements. Le Parkinson est dû à une insuffisance de production du neurotransmetteur dopamine, normalement produit par certains neurones du mésencéphale. Il est aussi associé à une accumulation anormale de la protéine alpha-synucléine dans le cerveau sous forme de corps de Lewy (agrégats de protéines). Un certain nombre de mutations génétiques sont liées à la maladie de Parkinson.

L'apothicaire anglais James Parkinson fit une description détaillée de la maladie dans un essai de 1817 sur la « paralysie tremblante ». En 1957, le scientifique suédois Arvid Carlsson découvrit la dopamine dans une région du cerveau importante pour le contrôle des mouvements. Il montra également qu'il était possible de produire les symptômes du Parkinson chez l'animal en réduisant son taux de dopamine et de les supprimer en lui donnant du levodopa, un produit psychoactif également appelé L-dopa.

Le levodopa peut traverser la barrière hémato-encéphalique et pénétrer dans le cerveau, où il est transformé en dopamine par certains neurones. Le levodopa a des effets secondaires comme nausées et mouvements saccadés. La stimulation électrique cérébrale profonde peut être utilisée lorsque le traitement médical n'est plus efficace et les chercheurs étudient la possibilité de greffe de cellules souches dans le cerveau.

VOIR AUSSI Théorie du neurone (1891), Maladie d'Alzheimer (1906), Neurotransmetteurs (1914) et Thérapie génique (1990).

Image célèbre d'un patient atteint de maladie de Parkinson, extraite du Manuel de maladies du système nerveux *(1886) du neurologue britannique William Richard Gowers.*

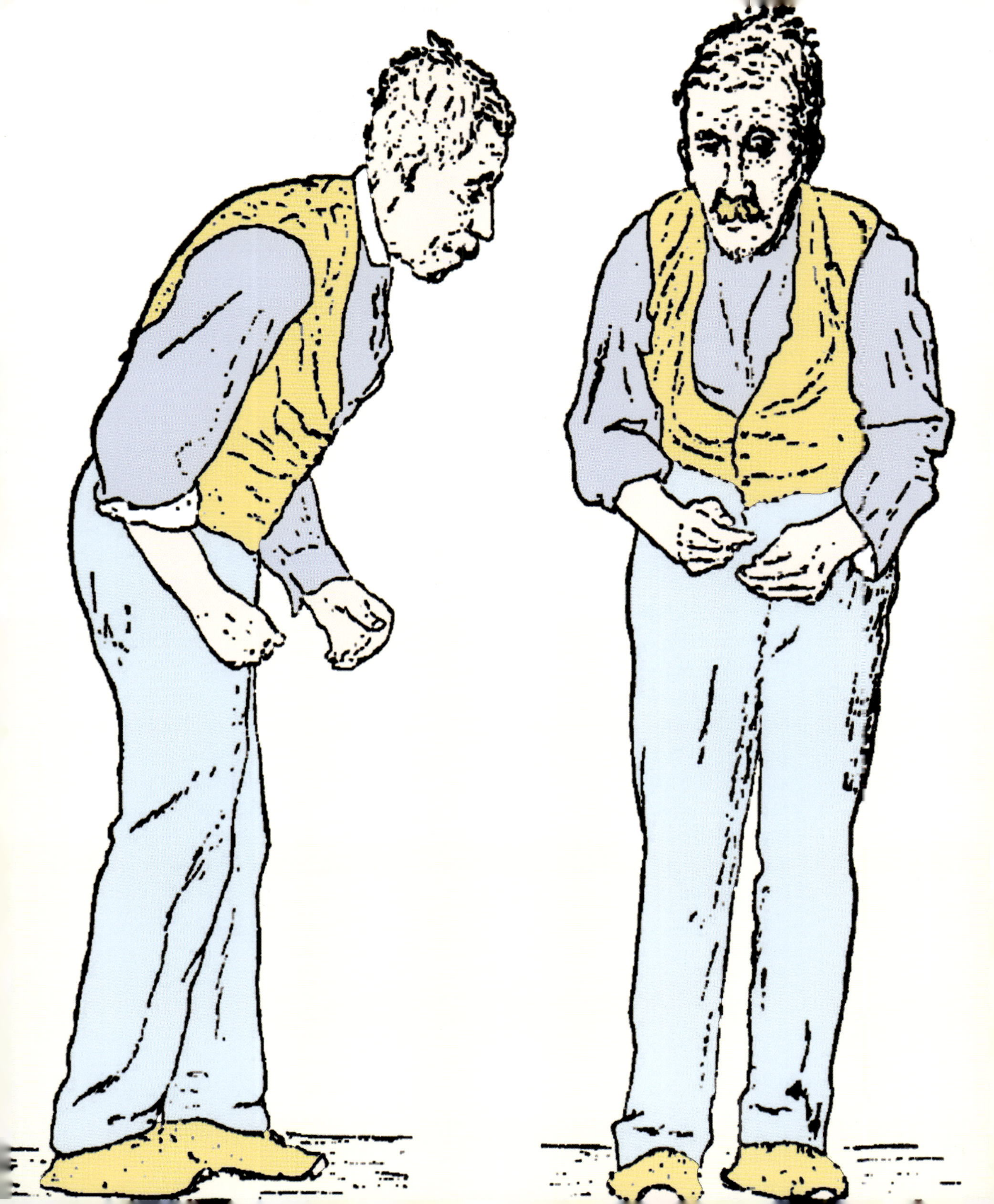

1957

Monitorage fœtal

Orvan Walter Hess (1906-2002), **Edward Hon** (1917-2001)

Le processus de la naissance est une des situations les plus éprouvantes que puisse supporter un être humain, mais le nouveau-né est merveilleusement adapté pour cette épreuve. Pourtant, des problèmes peuvent surgir qui requièrent l'attention des professionnels de santé aux signes de détresse fœtale. Avant l'invention du monitorage fœtal électronique, le médecin ne pouvait évaluer la santé du fœtus qu'en écoutant ses battements cardiaques avec un stéthoscope spécial, à travers l'abdomen de la mère. Mais il est impossible d'entendre le cœur du fœtus durant les contractions utérines, qui sont des moments à risque.

En 1957, le médecin américain Orvan Hess et son collègue Edward Hon inventèrent un moniteur cardiaque fœtal qui pouvait enregistrer les signaux électriques cardiaques du fœtus en continu. De nos jours, le cardiotocographe enregistre simultanément le rythme cardiaque fœtal et les contractions utérines. Ces mesures se font grâce à un capteur d'échographie externe qui détecte les battements du cœur fœtal, pendant qu'un capteur de pression mesure la tension de l'abdomen, marqueur indirect de la pression intra-utérine.

Une électrode, permettant d'obtenir des mesures électriques détaillées de l'activité du cœur fœtal, peut être insérée au travers du col utérin jusqu'au scalp fœtal. Un capteur de pression peut également être introduit dans la cavité utérine.

Grâce au cardiotocographe, la fréquence, la durée et l'intensité des contractions utérines sont suivies en continu. La fréquence cardiaque normale du fœtus est comprise entre 110 et 160 pulsations par minute. Le bien-être fœtal dépend d'une oxygénation adéquate et d'une élimination des déchets à travers le cordon ombilical et le placenta. Placenta en position anormale, tabagisme, asthme, diabète, pneumonie, hypertension artérielle ou anémie de la mère peuvent compromettre les besoins fœtaux. Le monitorage fœtal permet de détecter une hypoxie (oxygénation insuffisante) fœtale et de prévenir la souffrance fœtale.

VOIR AUSSI Stéthoscope (1816), Césarienne (1882), Amniocentèse (1952), Échographie (1957) et Chirurgie fœtale (1981).

Le cardiotocographe permet en cas de grossesse à haut risque une poursuite de la grossesse jusqu'à une plus grande maturité fœtale ; il permet aussi le diagnostic d'une compression du cordon ombilical.

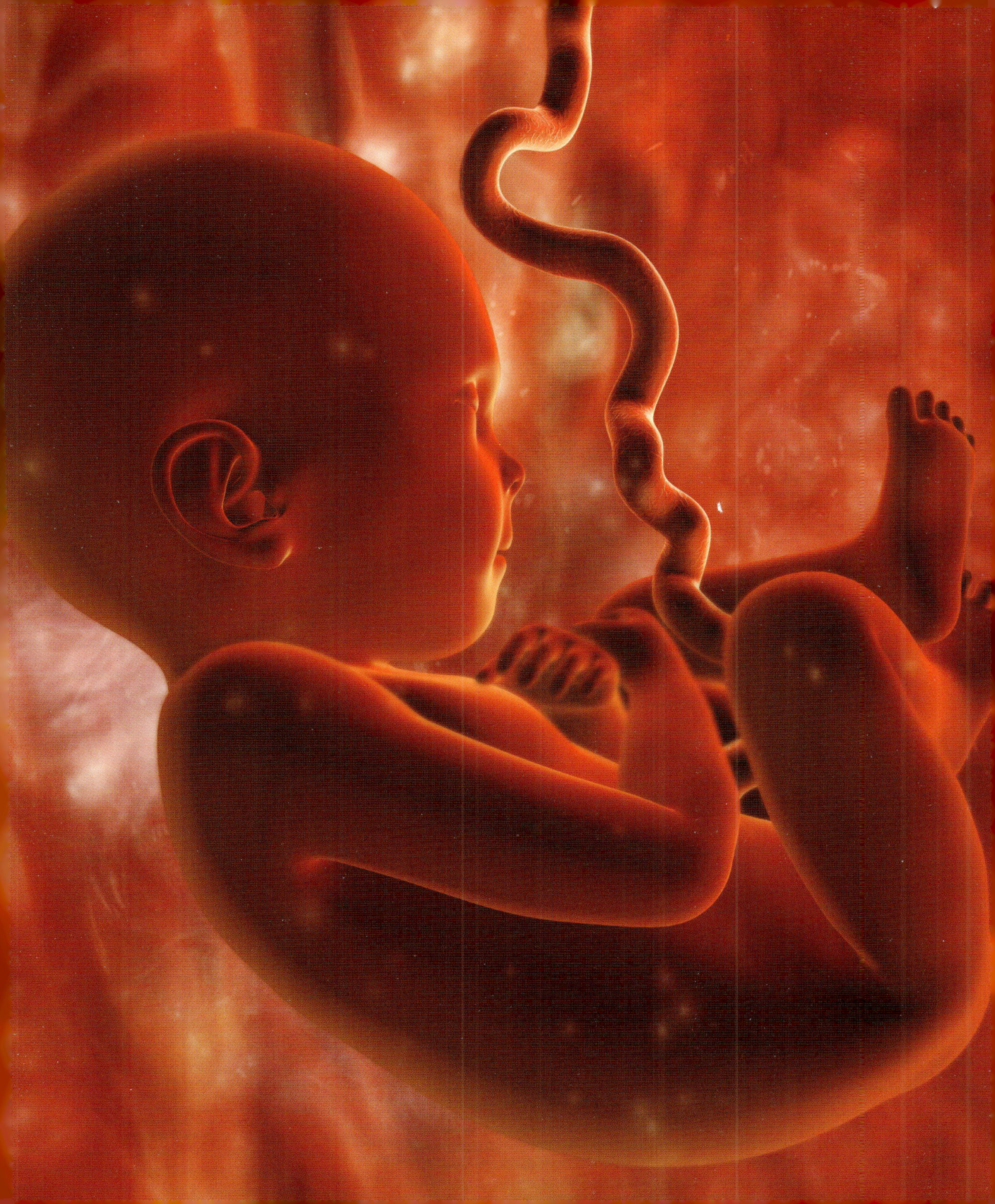

1957

Échographie

Paul Langevin (1872-1946), **Ian Donald** (1910-1987)

Les ultrasons, totalement intégrés à la pratique actuelle des médecins, sont loin des objectifs de détection des menaces de sous-marins qui motivèrent les travaux de Paul Langevin pour les Amirautés française et britannique durant la Première Guerre mondiale.

Les ultrasons correspondent à des ondes sonores de fréquence si élevée que les humains ne peuvent les entendre. En utilisant une source de signal et un détecteur appropriés, des personnes entraînées peuvent employer la réflexion de tels sons pour détecter des objets et obtenir des indications sur eux. Par exemple, des impulsions de sons de haute portée transmises par une sonde à ultrason s'accompagnent de la réflexion de certaines vibrations de l'organe, comme un écho sur la paroi d'un canyon. Le médecin écossais Ian Donald postulait que le fœtus dans l'utérus pouvait être détecté comme le sont des sous-marins ennemis dans la mer. En 1957, il utilisa les ultrasons pour examiner une femme suspectée d'avoir une tumeur trop avancée pour la chirurgie. Il diagnostiqua un kyste ovarien très facile à enlever, ce qui sauva la vie de cette femme. En 1959, Donald fut le premier à observer que la tête du fœtus produit une image visible à l'échographie, et les médecins commencèrent à réaliser le bénéfice que cet examen pouvait apporter pour savoir si le développement fœtal était normal, ou combien de fœtus se trouvaient à l'intérieur de l'utérus. L'âge fœtal, les malformations cardiaques et la position à l'accouchement peuvent également être déterminés par l'échographie, qui apparaît comme une alternative sûre aux rayons X.

Les échographes commencèrent à être disponibles dans le commerce au milieu des années 1960, et, au milieu des années 1970, la technologie informatique améliora la production des images. De nos jours, l'échographie est également utilisée pour visualiser muscles, tendons, organes et tumeurs, et pour créer des représentations tridimensionnelles. Elle permet aussi d'obtenir des échocardiogrammes de la structure cardiaque. L'échographie doppler étudie le flux sanguin dans les vaisseaux. Des ondes de choc ultrasonores peuvent détruire des calculs biliaires ou rénaux au cours de la lithotripsie.

VOIR AUSSI Rayons X (1895), Amniocentèse (1952), Endoscope (1954), Monitorage fœtal (1957), Le désastre de la thalidomide (1962) et Chirurgie fœtale (1981).

L'échographie tridimensionnelle peut fournir des images animées du fœtus dans l'utérus.

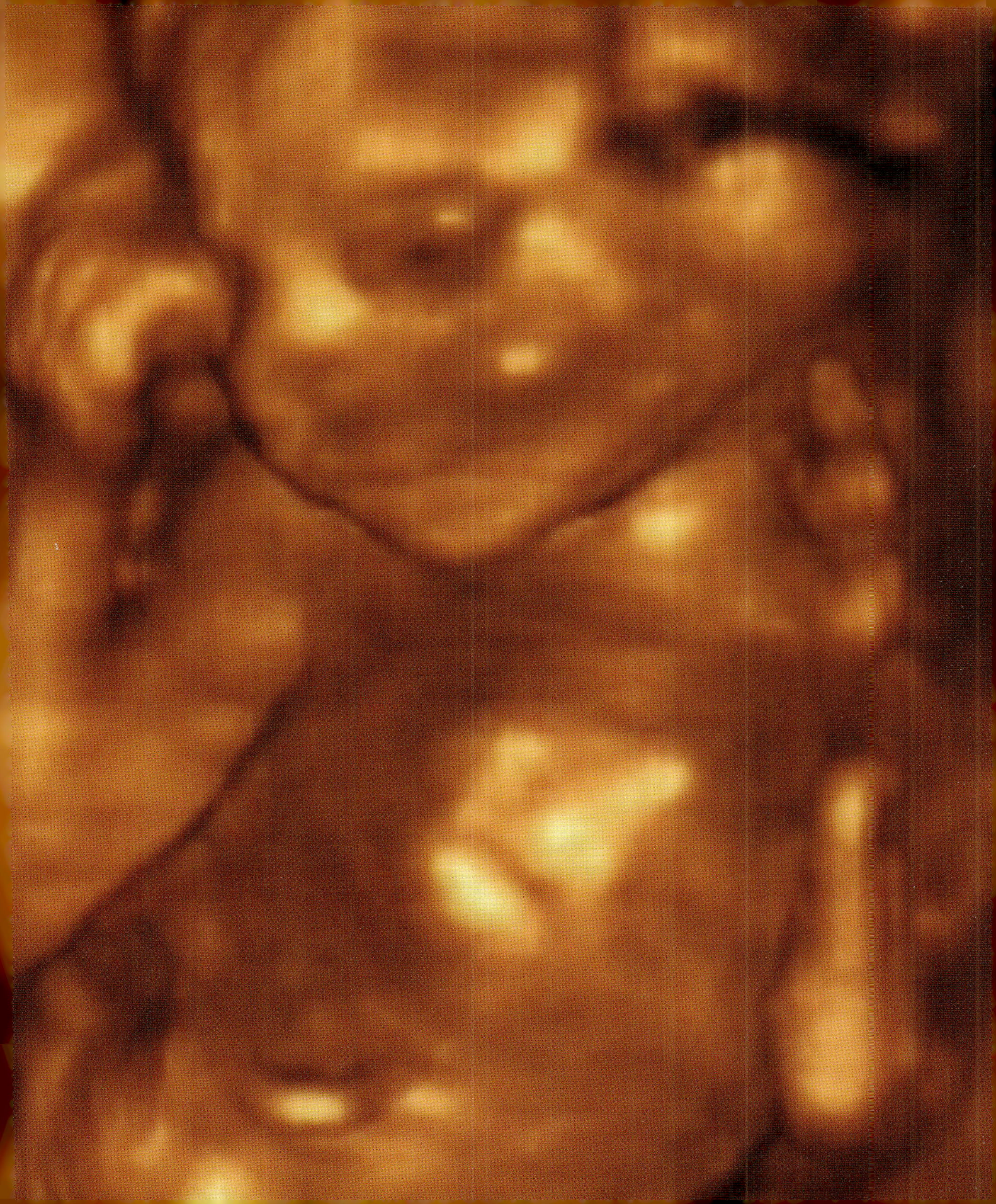

1958

Stimulateur cardiaque artificiel

Rune Elmqvist (1906-1996), **Paul Maurice Zoll** (1911-1999), **Wilson Greatbatch** (1919-2011)

Le stimulateur (ou *pacemaker*) cardiaque artificiel est un appareil qui délivre des impulsions électriques pour conserver le rythme normal du cœur. Un cœur sain a son propre système électrique : à chaque battement, un signal électrique diffuse du sommet vers la base du cœur, commandant la contraction et le pompage du sang. Le signal électrique débute dans un groupe de cellules appelé nœud sinusal, localisé au niveau de l'oreillette droite. Un défaut dans ce système électrique entraîne des arythmies, avec un cœur qui bat trop rapidement (tachycardie), trop lentement (bradycardie), ou de façon irrégulière.

En quelques années, le stimulateur cardiaque artificiel est passé d'une grosse machine encombrante à un petit appareil à batteries, implantable dans le corps. En 1952, le cardiologue américain Paul Zoll conçut un stimulateur externe qui délivrait des impulsions électriques douloureuses à la surface de la poitrine. Vers 1958, des inventeurs, comme l'Américain Wilson Greatbatch et la Suédoise Rune Elmqvist, développèrent des stimulateurs implantables à transistors. À partir du moment où les électrodes furent placées dans les parois du cœur, il devint possible d'utiliser de plus faibles voltage et d'équiper les unités de batteries. Au milieu des années 1960, les électrodes purent être amenées au cœur par les vaisseaux sanguins et positionnées dans les cavités. Dans les années 1970, grâce aux batteries au lithium et à l'emploi de circuits de faibles potentiels, les appareils acquirent des durées de vie de plusieurs années.

De nos jours, le stimulateur peut ne délivrer d'impulsions que si cela est nécessaire au rétablissement d'un rythme normal. Dans le stimulateur double chambre, une sonde contrôle l'oreillette et une autre le ventricule. Avec le stimulateur dynamique, la fréquence des impulsions délivrées change en fonction des besoins du corps, par exemple si le stimulateur détecte les modifications de l'activité physique, de la température ou des niveaux d'oxygène. Le stimulateur peut également suivre l'activité cardiaque et stoker ces informations, accessibles au médecin durant sa consultation.

VOIR AUSSI Digitale (1785), Défibrillateur (1899), Électrocardiographe (1903) et Bêta-bloquants (1964).

Image radiographique montrant un stimulateur en place avec ses fils de transmission.

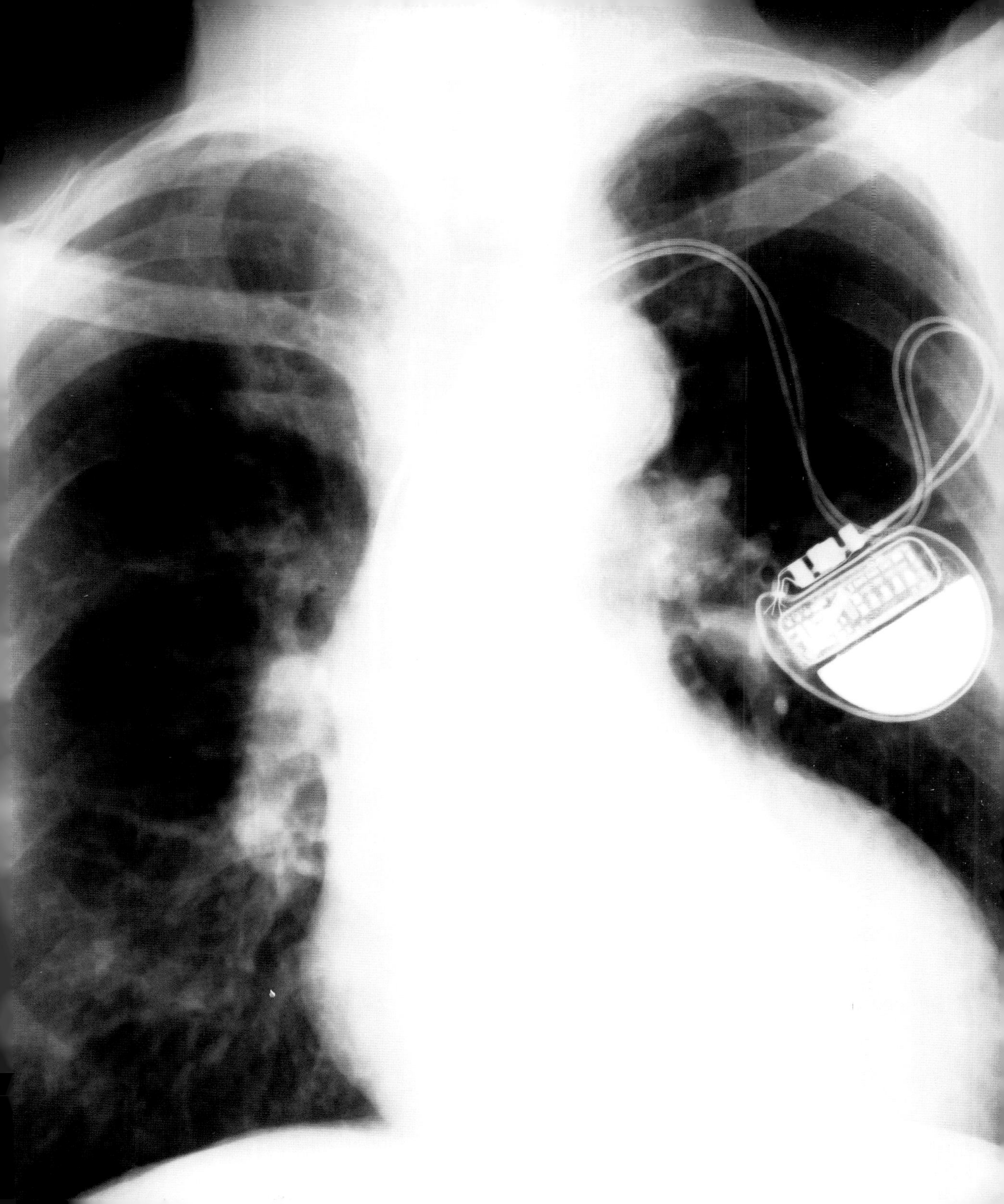

1958

Prothèse de hanche

Sir John Charnley (1911-1982)

Étape marquante de la chirurgie du XXe siècle, le remplacement total de la hanche est à l'heure actuelle l'intervention chirurgicale la plus pratiquée au monde. Depuis les années 1960, elle soulage la douleur et redonne la mobilité à des millions d'arthritiques. Sa mise au point fut liée à de fortes innovations dans les matériaux, les instruments et les procédés opératoires, dont beaucoup ont été depuis adaptés au traitement d'autres articulations et appliqués à d'autres spécialités chirurgicales.

Le remplacement (ou arthroplastie) total de la hanche consiste à enlever l'acétabulum (cavité du bassin en forme de coupe) et la tête du fémur, et à les remplacer par une nouvelle articulation faite de matériaux artificiels. En 1958, le chirurgien orthopédiste britannique John Charnley aida à créer une articulation artificielle de la hanche faite d'une tige fémorale en acier inoxydable, avec une tête en forme de balle, et un acétabulum en Téflon, tous deux fixés à l'os par un ciment acrylique osseux. En 1962, il remplaça le Téflon par un plastique polyéthylène plus résistant. Charnley demandait aux patients qu'il opérait s'il pouvait récupérer leur hanche après leur mort afin de voir comment l'articulation artificielle avait résisté ; et beaucoup de patients acceptaient.

Le ciment est remplacé, de nos jours, par des revêtements poreux mis sur les parties artificielles, pour former un « enduit de friction » ajusté, qui devient encore plus ajusté à mesure que l'os pousse autour ou dans le revêtement poreux. Autour d'une hanche normale, la tête fémorale est maintenue dans l'acétabulum par de puissants ligaments. La chirurgie orthopédique assistée par ordinateur offre des possibilités précieuses d'aide aux chirurgiens.

Avant le développement de la chirurgie de remplacement de la hanche, peu de solutions s'offraient à ceux qui se fracturaient la hanche et beaucoup de personnes âgées, au-delà de soixante ans, mourraient des suites de ces fractures.

VOIR AUSSI Plâtre chirurgical (1851), Greffe de moelle osseuse (1956) et Implants cochléaires (1977).

Image radiologique d'une arthroplastie totale de hanche. L'acétabulum et la tête fémorale ont été tous deux enlevés et remplacés par du matériel artificiel pour créer une nouvelle articulation.

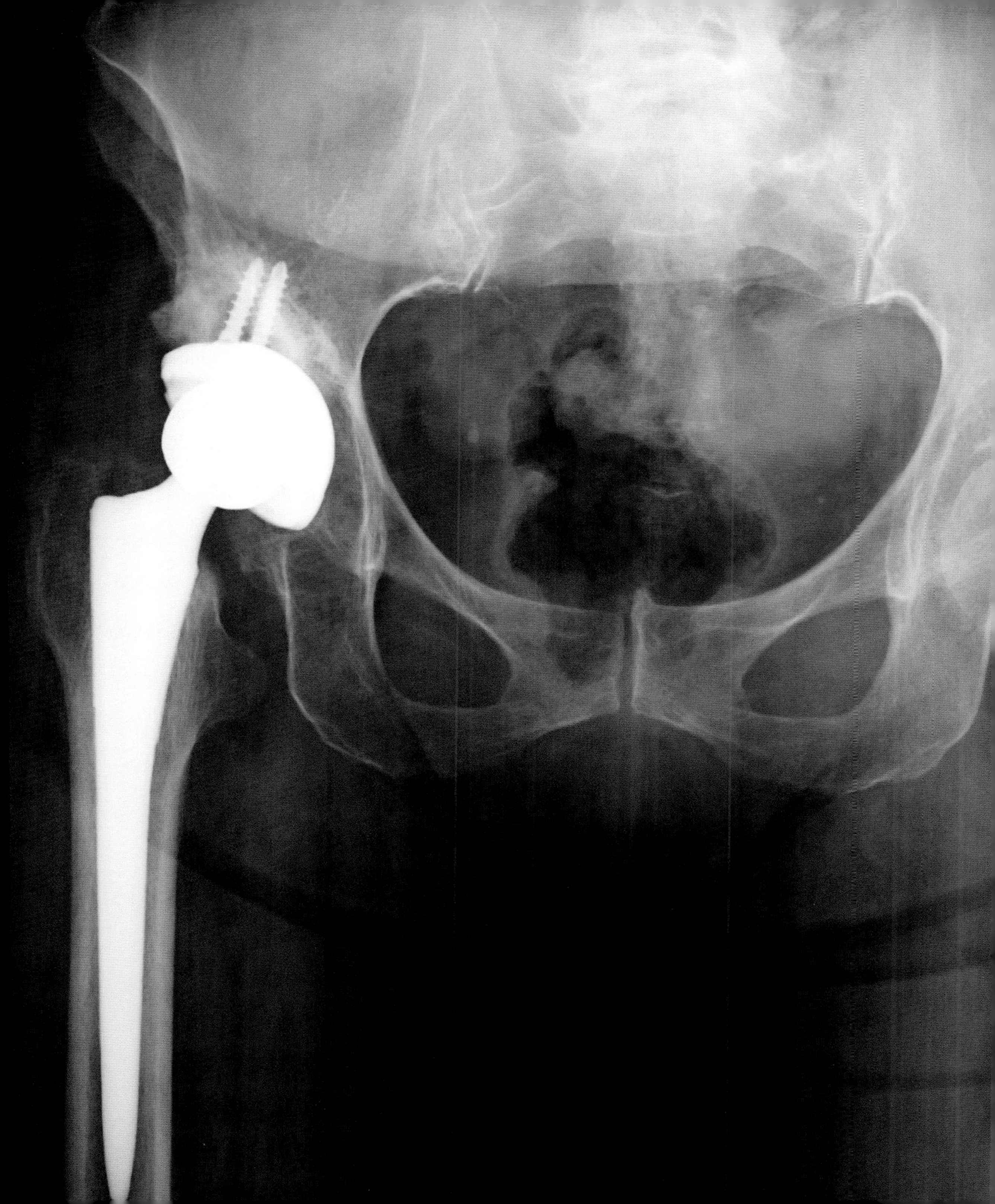

1958

Glande pinéale

René Descartes (1596-1650), **Johann Otto Leonhard Heubner** (1843-1926), **Nils Frithiof Holmgren** (1877-1954), **Aaron Bunsen Lerner** (1920-2007), **Rick Strassman** (né en 1952)

Durant des siècles, le rôle de la glande pinéale (ou épiphyse) est resté mystérieux. En 1640, le philosophe français René Descartes supposait qu'elle était le siège de l'âme et l'intermédiaire entre la pensée et le corps. Il notait qu'à la différence de beaucoup d'éléments du cerveau, qui ont deux lobes séparés et symétriques, la glande pinéale était unique. Sa position centrale entre les hémisphères cérébraux suggérait qu'elle avait une importance particulière.

Il fallut attendre 1898 pour qu'une observation scientifique du pédiatre allemand Otto Heubner indiquât que la glande pinéale secrétait une hormone : une puberté précoce chez un garçon porteur d'une tumeur pinéale. En 1918, l'anatomiste suédois Nils Holmgren montra que les glandes pinéales de grenouilles et de requins avaient des cellules semblables aux cellules réceptrices photosensibles de la rétine de l'œil ; il postula que leur glande pinéale fonctionnait comme un « troisième œil ». En 1958, le médecin américain Aaron Lerner et ses collègues ont extrait la mélatonine de la glande pinéale de vache.

La glande pinéale humaine, de la taille d'un grain de riz, produit la mélatonine, ou hormone du sommeil. Sa sécrétion est stimulée par l'obscurité, et diminuée à la lumière, par l'intermédiaire d'un groupe de cellules nerveuses du noyau supra-chiasmatique, localisé au-dessus du nerf optique.

L'épiphyse régule les rythmes circadiens (quotidiens), comme le sommeil et la veille. La mélatonine, produite en quantité plus élevée chez l'enfant, peut également jouer un rôle dans la régulation du développement sexuel et le fonctionnement du système immunitaire. En 2001, le médecin américain Rick Strassman supposa que l'épiphyse secrétait de petites quantités de la substance psychotrope diméthyltryptamine (DMT), et pouvait ainsi influer sur « la méditation profonde, les psychoses et les expériences de mort imminente ».

VOIR AUSSI Localisation cérébrale (1861), Recherche de l'âme (1907), Hormone de croissance humaine (1921) et Expériences de mort imminente (1975).

Diagramme de René Descartes montrant la glande pinéale (en forme de larme). Il écrivait « ma conviction est que cette glande est le siège principal de l'âme, et l'endroit où toutes nos pensées se forment ».

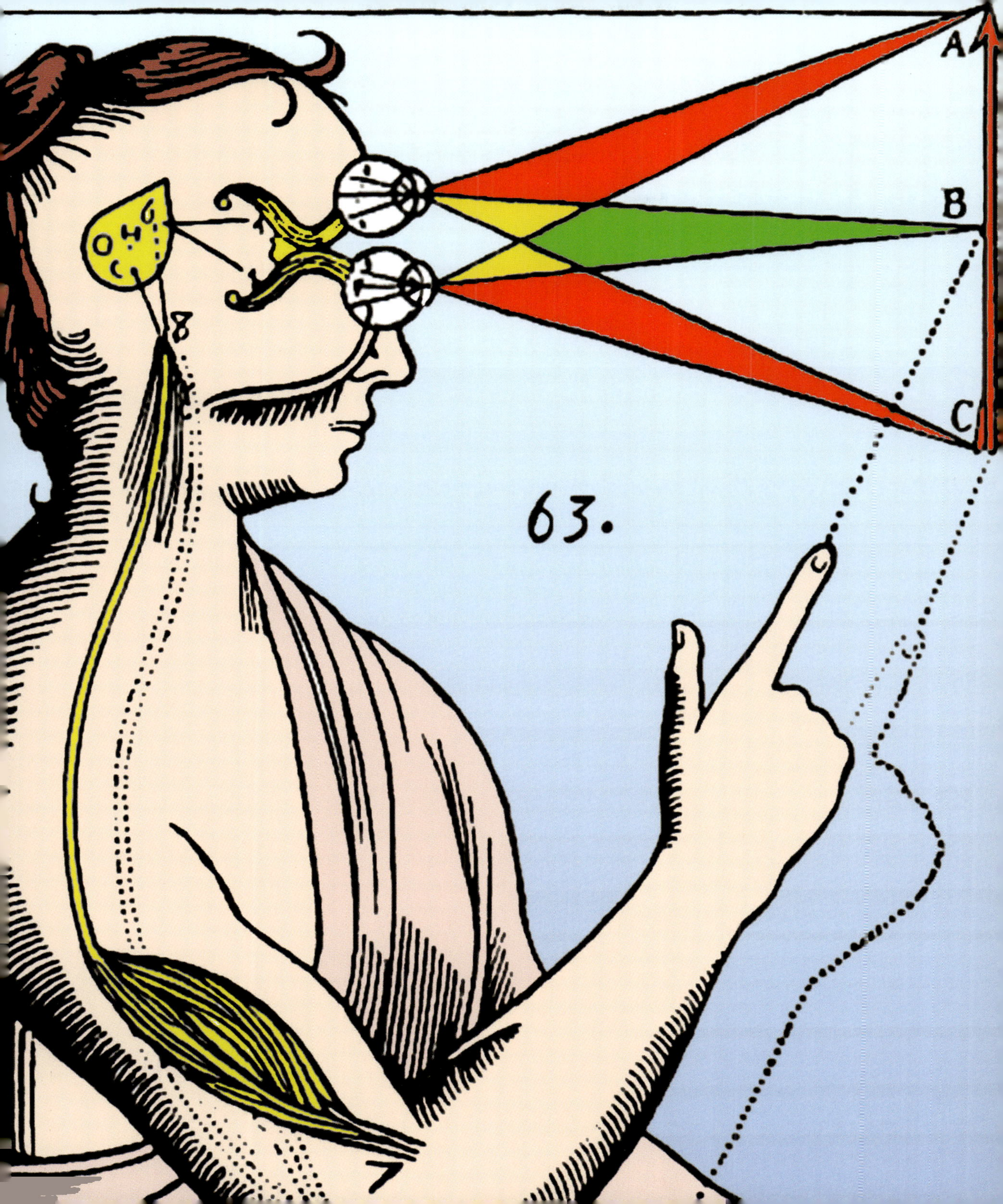
A
B
C
63.
8
7

1959

Nanomédecine

Richard Phillips Feynman (1918-1988), **John S. Kanzius** (1944-2009), **Kim Eric Drexler** (né en 1955)

Au cours de l'histoire de la médecine, les chercheurs ont développé des outils de plus en plus raffinés pour étudier et manipuler le corps humain toujours plus en détail. À la pointe de cette évolution se trouvent aujourd'hui les nanotechnologies qui manipulent des structures de taille comprise entre un et cent nanomètres (nm). Pour donner une idée, le diamètre d'un cheveu humain est de 10 000 nm, alors que celui de la double hélice d'ADN est d'environ deux nanomètres.

Le concept de nanotechnologie fut lancé en 1959 par le physicien américain Richard Feynman, au cours d'une conférence intitulée « Il y a beaucoup d'opportunités en bas », soulignant l'intérêt des outils pour manipuler les atomes et les molécules. L'ingénieur Eric Drexler attira l'attention sur le vaste potentiel des nanotechnologies, dans son livre « moteurs de création » (1986).

La nanomédecine (application des nanotechnologies à la médecine) en est encore à ses débuts. L'une de ses orientations concerne les modes d'administration des médicaments et l'emploi de nanoparticules pour transporter le médicament à l'intérieur d'une cellule particulière. Les nanoparticules sont aussi utilisées pour produire des images à fort contraste et marquer visuellement les cancers. Avec la thérapie Kanzius RF (radio-fréquence), créée par l'inventeur américain John Kanzius et testée en 2005, des nanoparticules métalliques sont attachées aux cellules cancéreuses, qu'elles détruisent lorsqu'elles sont chauffées par les ondes radio. La bio-ingénieur américaine Jennifer West et ses collègues ont travaillé sur des « nanocoquilles » enrobées d'or et porteuses d'anticorps dont les cibles sont les cellules cancéreuses ; les lasers infrarouges en chauffant l'or détruisent les cellules. Le médecin américain James Baker expérimenta les dendrimères (structures moléculaires avec des centaines de branches) qui transportent des drogues anticancéreuses jusqu'aux cellules cancéreuses. La recherche se poursuit également afin de produire un échafaudage moléculaire pour la régénération des nerfs.

VOIR AUSSI Structure de l'ADN (1953), Cryogénisation (1962), Thérapie génique (1990), Interférence ARN (1998) et Faire de nouveaux organes (2006).

Dans l'avenir, de petites « machines moléculaires » seront utilisées pour réparer les tissus et combattre les maladies. On voit ici une représentation artistique d'un « nanorobot » réparant des cellules sanguines.

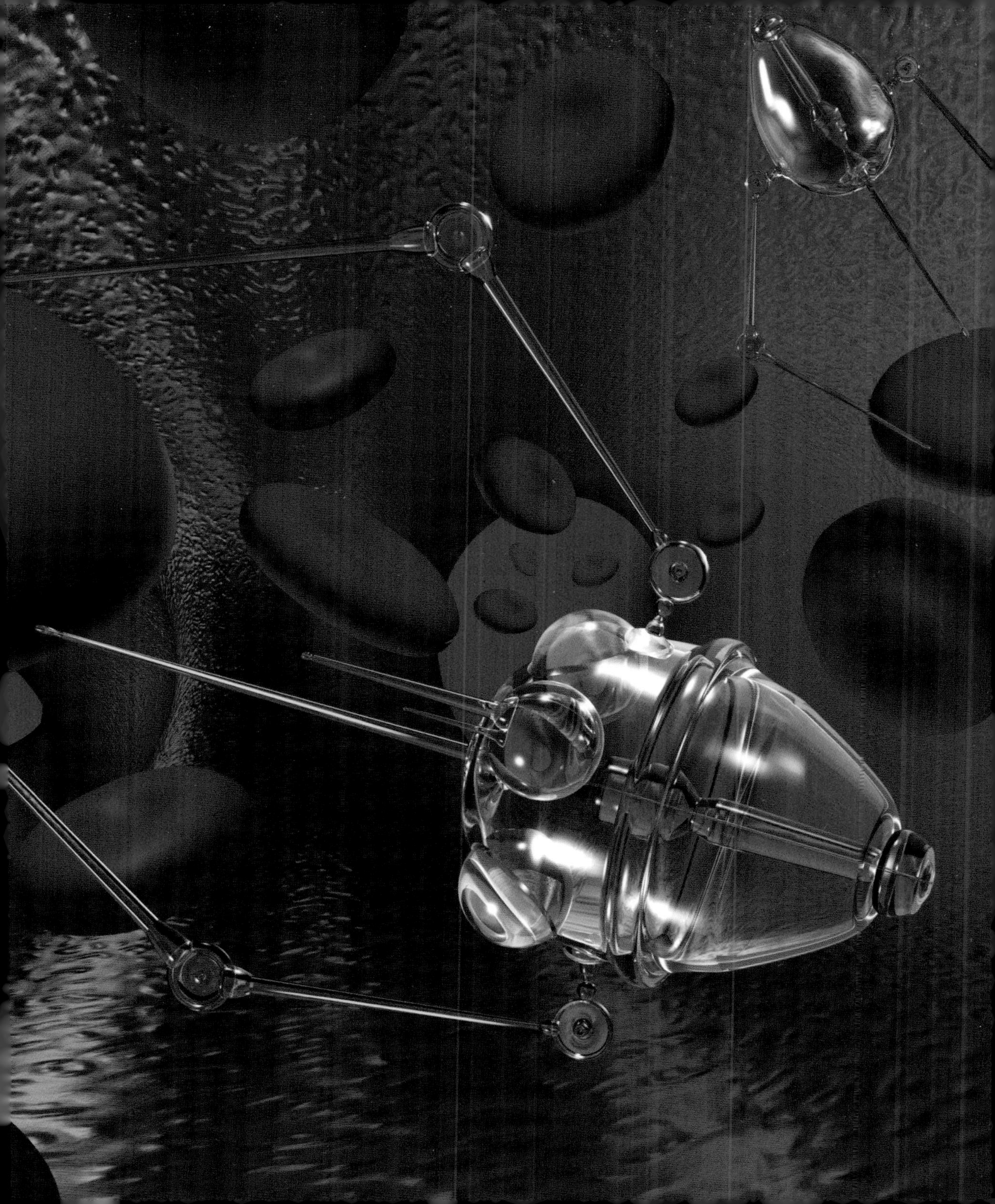

1959

Dosage radioimmunologique

Solomon Aaron Berson (1918-1972) **Rosalyn Sussman Yalow** (1921-2011)

L'invention du dosage radio-immunologique (ou radioimmunoassay, RIA) par la physicienne et médecin américaine Rosalyn Yalow « constitue une révolution dans la recherche biologique et médicale », selon le Comité du prix Nobel de 1977. On imaginera l'extrême sensibilité de la méthode si l'on sait qu'elle peut détecter des traces d'un demi-morceau de sucre dilué dans un lac de « cent kilomètres de long et de large, et neuf mètres de profondeur ».

Découvert par Yalow et son collègue Solomon Berson, médecin américain, le RAI fut utilisé pour mesurer de très faibles quantités d'insuline et d'autres hormones, de toxines, de virus, de neurotransmetteurs, de certains cancers et de drogues illicites.

Pour réaliser un RIA, une quantité connue d'un antigène rendu radioactif est mélangée à une quantité connue d'anticorps. Les antigènes et les anticorps se lient spécifiquement. Lorsque la substance à tester, qui contient une infime partie de l'antigène, est ajoutée à la solution, certains des antigènes du test déplacent les substances radioactives qui étaient liées aux anticorps. On mesure alors la quantité d'antigènes radioactifs libres pour connaître la petite quantité d'antigène de l'échantillon étudié.

De nos jours, des méthodes voisines de liaison antigène-anticorps, comme l'ELISA (*Enzyme-Linked Immunosorbent Assay*), détectent des traces d'une substance grâce aux changements de couleur observables, approche qui permet de s'affranchir de la radioactivité.

Au vu des obstacles rencontrés par les femmes en science, le doctorat en physique nucléaire obtenu en 1945 par Rosalyn Yalow est particulièrement remarquable. Elle fut la seconde femme à recevoir le prix Nobel de physiologie et médecine, la première avait été la biochimiste américaine Gerty Theresa Cori, également juive. Berson et Yalow refusèrent de breveter le RIA, qui aurait pu les rendre riches, parce qu'ils voulaient que l'humanité puisse bénéficier directement de cette technique.

VOIR AUSSI Découverte des virus (1892), Neurotransmetteurs (1914), Commercialisation de l'insuline (1922), Structure des anticorps (1959) et Tomographie par émission de positons (1973).

Acariens des poussières de maison sur une taie d'oreiller. Le RAST (radioallergosorbent test) *est un dosage radioimmunologique permettant de détecter dans le sang la présence d'anticorps, dirigés contre des antigènes potentiels, comme les protéines de ces acariens.*

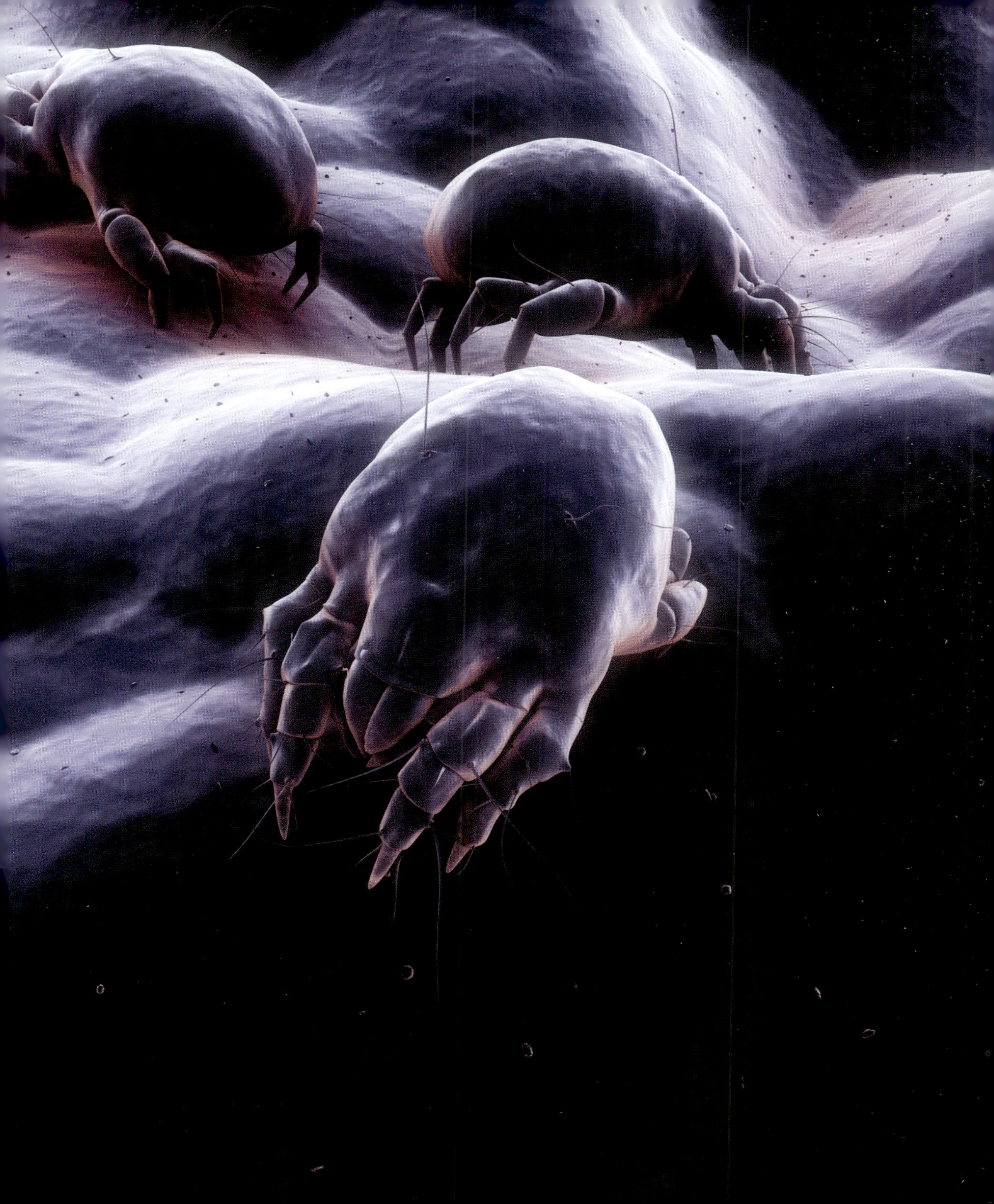

1959

Structure des anticorps

Paul Ehrlich (1854-1915), **Rodney Robert Porter** (1917-1985), **Gerald Maurice Edelman** (né en 1929)

Dès que l'origine microbienne des maladies fut établie, au milieu du XIXe siècle, se posa la question des moyens existants pour se défendre contre ces microbes envahisseurs. On sait aujourd'hui que les anticorps (ou immunoglobulines) sont de protéines protectrices qui circulent dans notre organisme, identifiant et neutralisant les substances étrangères appelées antigènes (bactéries, virus, parasites, tissus étrangers transplantés et venins). Les anticorps sont produits par les lymphocytes B (une catégorie de globules blancs du sang).

Chaque molécule d'anticorps est composée de quatre chaînes d'acides aminés, deux lourdes et deux légères, agencées ensemble en forme d'Y. Les régions variables au sommet des deux branches de l'Y se lient aux antigènes, les marquant ainsi pour que d'autres éléments du système immunitaire puissent les détruire. Des millions d'anticorps différents existent, avec de légères différences dans leurs structures variables. Les anticorps peuvent également neutraliser les antigènes directement en se liant à eux et les empêchent d'entrer dans les cellules ou de les endommager.

Paul Ehrlich inventa le mot anticorps (*antikörper* en Allemand) vers 1891 et proposa un mécanisme dans lequel les récepteurs des cellules s'attachaient aux toxines selon un système sélectif de verrou serré. Le biochimiste anglais Rodney Porter et le biologiste américain Gerald Edelman reçurent le prix Nobel 1972 pour leurs recherches indépendantes qui permirent d'établir la structure en Y des anticorps et d'identifier les chaînes lourdes et légères.

Des techniques de détection d'anticorps particuliers ont été mises au point pour aider le médecin à confirmer, ou éliminer, le diagnostic de certaines maladies. Les maladies auto-immunes sont provoquées par des anticorps qui se lient aux propres cellules saines du corps. Un antisérum obtenu en injectant un antigène à un animal, peut être passivement transféré à l'homme pour le protéger (sérothérapie).

VOIR AUSSI Système lymphatique (1652), Origine microbienne des maladies (1862), Antitoxines (1890), Maladies auto-immunes (1956), Dosage radio-immunologique (1959) et Thymus (1961).

Figuration artistique des anticorps en Y circulant dans le courant sanguin.

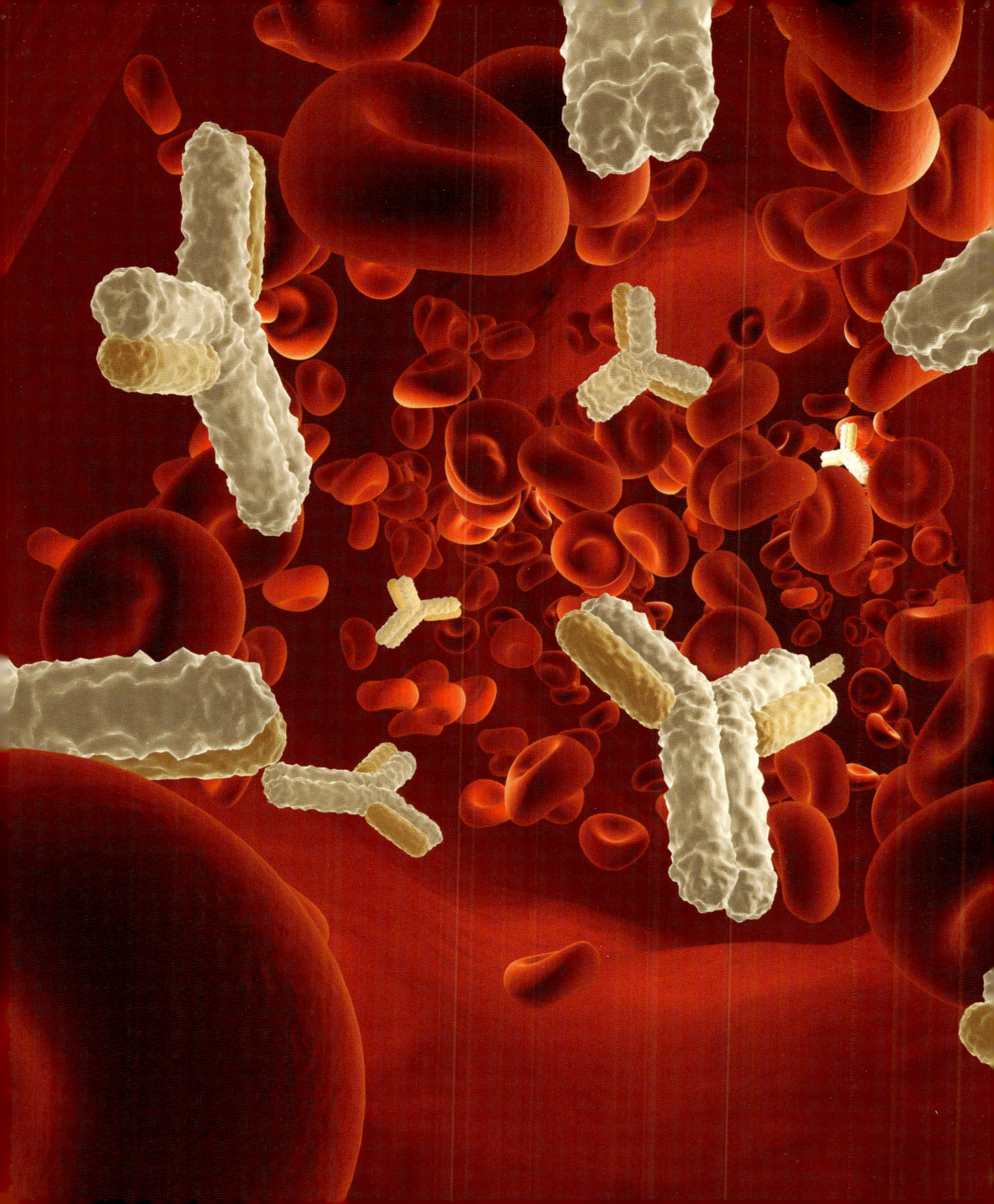

1960

Laser

Albert Einstein (1879-1955), **Leon Goldman** (1905-1997), **Charles Hard Townes** (né en 1915), **Theodore Harold Maiman** (1927-2007)

La technologie laser a un large éventail d'applications pratiques, allant de la médecine et l'électronique aux télécommunications et à la technologie militaire. Dix-huit prix Nobel ont couronné des recherches en relation avec le laser.

Le *laser*, acronyme de « *light amplification by stimulated emission of radiation* » (amplification de la lumière par émission stimulée de rayonnement), utilise le processus subatomique de l'émission stimulée, étudié en premier par Albert Einstein en 1917, et dans lequel un photon (particule de lumière) d'énergie appropriée provoque le passage d'un électron à un niveau d'énergie plus bas, entraînant la création d'un autre photon. Ce second photon est dit « cohérent » avec le premier, dont il possède des phase, fréquence, polarisation et direction de déplacement identiques. Si les photons sont réfléchis et qu'ils traversent plusieurs fois les mêmes atomes, une amplification peut se produire et un intense faisceau de rayonnement est émis. Des lasers peuvent être créés de façon à émettre des radiations électromagnétiques de différentes fréquences.

En 1953, le physicien Charles Townes et ses élèves produisirent le premier laser micro-onde (maser), et Théodore Maiman créa, en 1960, le premier laser d'utilisation pratique. En 1961, le dermatologue Leon Goldman fut le premier à utiliser le laser pour traiter un cancer de la peau, le mélanome, et des méthodes voisines furent utilisées ensuite pour enlever des taches de naissance et des tatouages avec des cicatrices minimales. À cause de leur vitesse et de leur précision, les lasers sont largement utilisés en ophtalmologie, stomatologie et dans d'autres spécialités chirurgicales. Dans la chirurgie Lasik, un faisceau laser permet de modifier la forme de la cornée et corrige myopie et hypermétropie. Dans la chirurgie de la prostate, le laser peut être utilisé pour vaporiser les tumeurs. Un faisceau chaud de laser chirurgical peut être utilisé pour cautériser, coaguler, ou ouvrir les vaisseaux sanguins.

VOIR AUSSI Sutures (3 000 ans av. J.-C.), Chirurgie de l'œil (600 ans av. J.-C.), Chirurgie de Halsted (1904) et Greffe de cornée (1905).

Ingénieur étudiant l'interaction de plusieurs lasers utilisés dans un système d'armes lasers développé pour la défense contre les attaques de missiles balistiques. Le Directorat américain pour les énergies dirigées poursuit des recherches sur les technologies de contrôle des faisceaux.

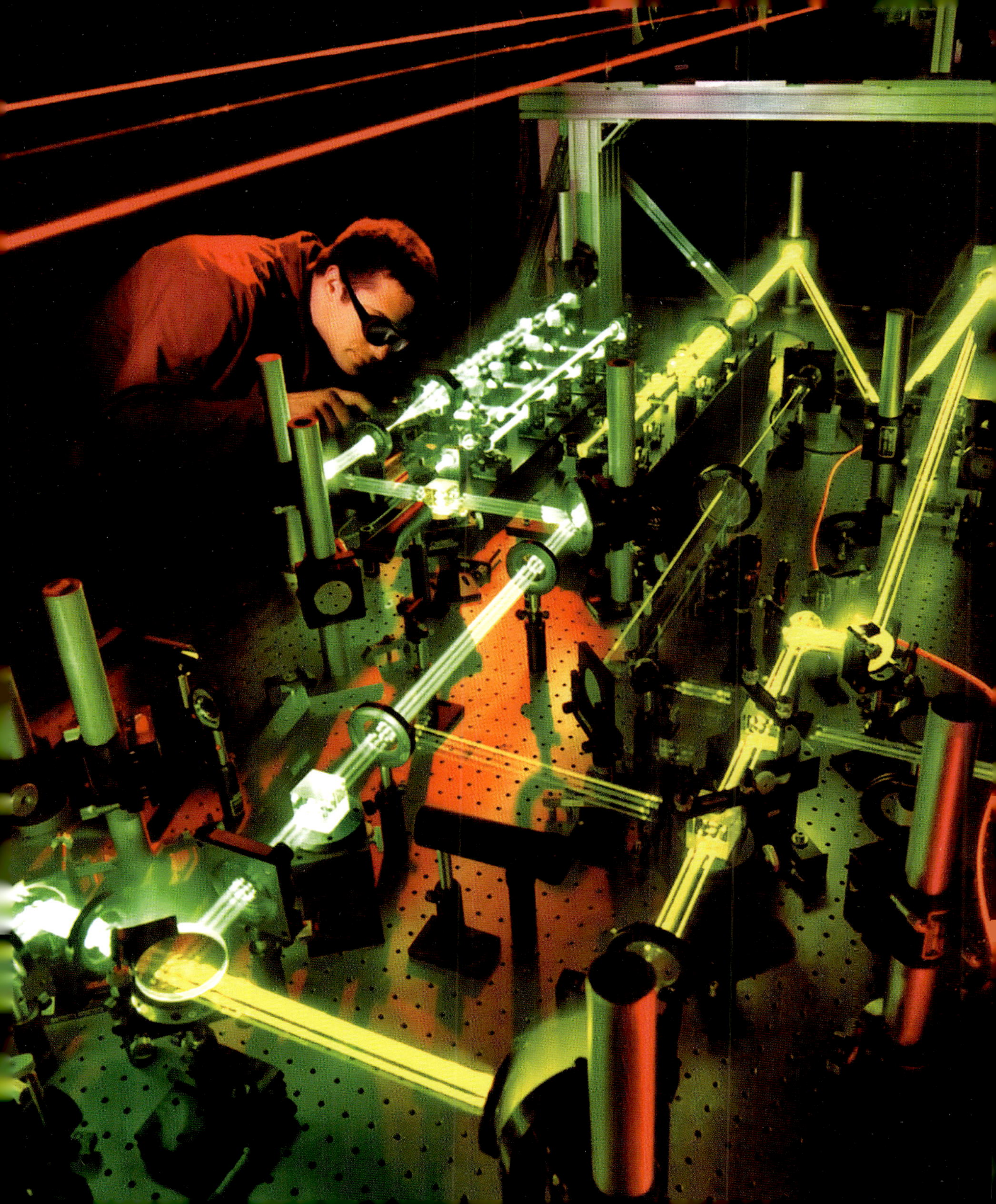

1961

Auto-chirurgie

Evan O'Neill Kane (1861-1932), **Leonid Ivanovich Rogozov** (1934-2000), **Jerri Lin Nielsen (née Cahill** ; 1952-2009), **Inés Ramirez Pérez** (née en 1960)

Lors de l'auto-chirurgie, le patient doit à la fois subir et effectuer l'opération. Ce sont, le plus souvent, des médecins héroïques qui furent réduits à pratiquer cet acte par la force des choses, dans des circonstances extrêmes. Par exemple, le 30 avril 1961, le médecin russe Leonid Rogozov enleva son propre appendice à la station de recherche soviétique Novolazarevskaya, en Antarctique. Ce fut probablement la première auto-appendicectomie réussie en dehors d'une installation hospitalière, sans possibilité d'assistance extérieure, et sans autre personnel médical présent. Avant de s'opérer, Rogozov rapporte dans son journal : « Je n'ai pas dormi la nuit dernière. Ça fait diablement mal ! Il faut que je pense à l'unique possibilité : m'opérer moi-même… C'est pratiquement impossible… mais je ne peux pas rester les bras croisés. »

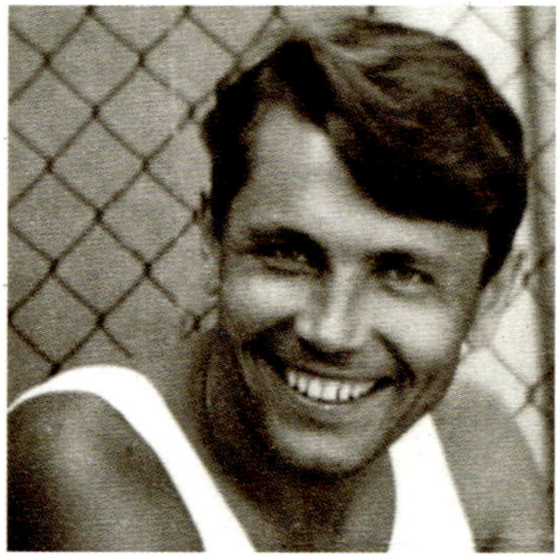

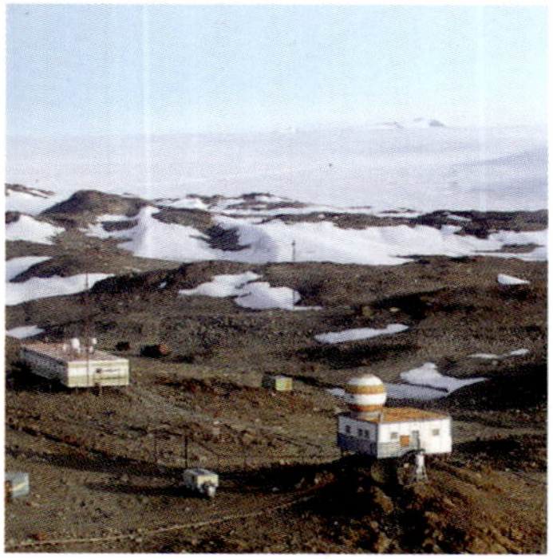

Avant de pratiquer l'incision, Rogozov injecta de la procaïne (un anesthésique local) autour du site et utilisa un miroir pour guider l'opération qui dura presque deux heures. Rogozov fut totalement guéri.

Un autre cas célèbre d'auto-appendicectomie avait eu lieu en 1921, lorsque le chirurgien américain Evan O'Neill Kane s'enleva lui-même l'appendice, en partie pour mieux comprendre l'efficacité de l'anesthésie locale ; mais l'opération avait été terminée pas son assistant.

En 1999, la médecin américaine Jerri Nielsen fut obligée de pratiquer une biopsie sur une grosseur suspecte d'un de ses seins, alors qu'elle était en service à la station de recherche Amundsen-Scott, au Pôle Sud. La grosseur était cancéreuse et elle dut se mettre sous chimiothérapie.

En 2000, Inés Ramirez, mexicaine sans formation médicale, pratiqua sur elle-même une césarienne, avec un couteau de cuisine. Après douze heures de douleurs continues, elle eut peur que le fœtus soit en état de souffrance, car durant sa grossesse précédente l'accouchement s'était terminé par la mort du fœtus durant le travail. La mère et l'enfant survécurent à l'auto-opération.

VOIR AUSSI Appendicectomie (1848), Césarienne (1882) et Auto-expérimentation médicale (1929).

À GAUCHE (en haut) : Leonid Rogozov, qui pratiqua une auto-appendicectomie ; (en bas) : une partie de la station de recherche de Novalazarevskaya, en Antarctique. À DROITE : la station Amundsen-Scott, au pôle Sud.

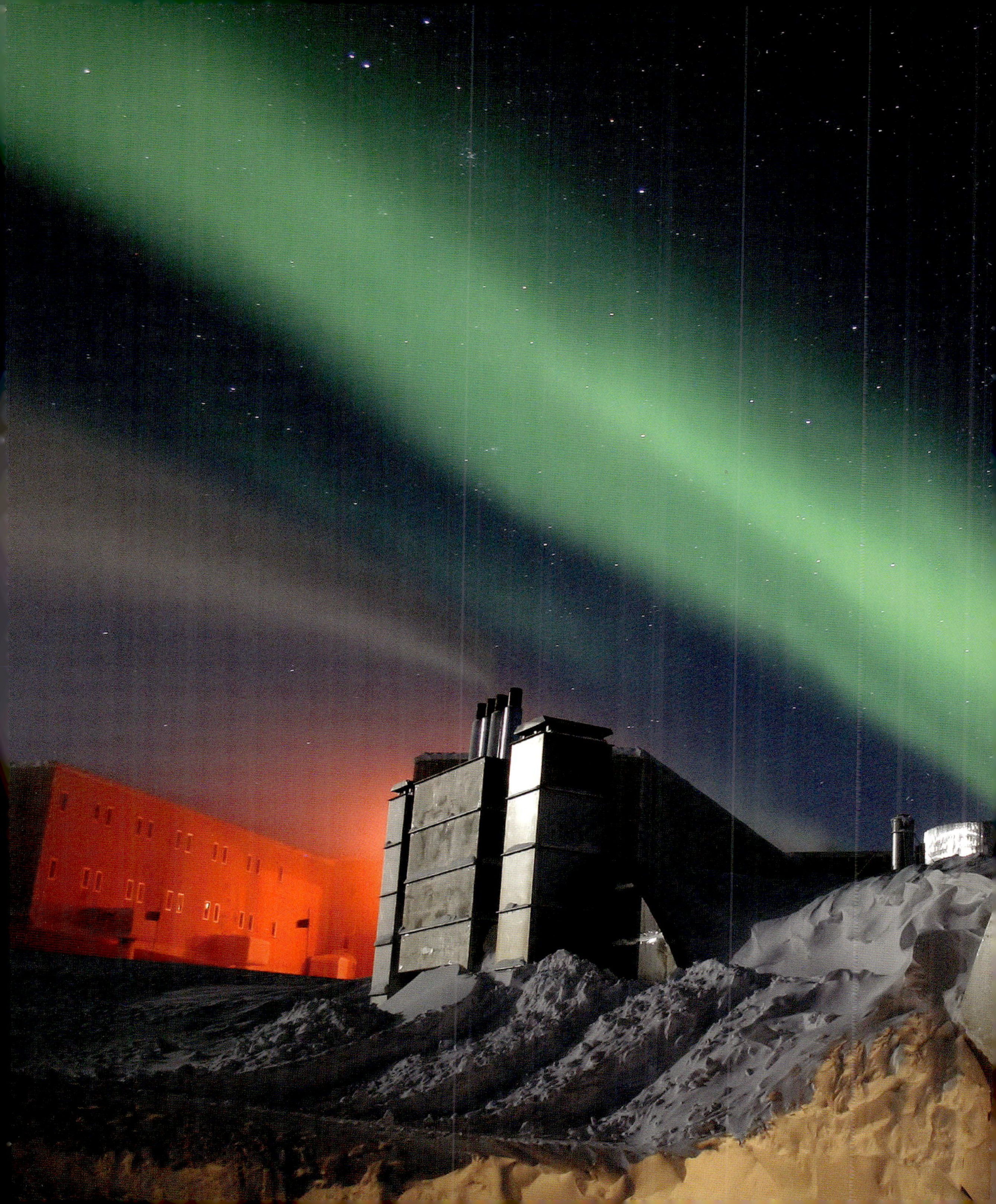

1961

Thymus

Galien de Pergame (129-199), **Jacques Miller** (né en 1931)

Même si le médecin gréco-romain Galien avait vu que le thymus, glande bilobée localisée juste derrière le sternum, changeait de taille durant la vie d'une personne, la fonction de ce mystérieux organe demeura méconnue jusque dans les années 1960. L'énigme du thymus, toutefois, n'empêcha pas les gens de consommer avec délectation le thymus (appelé ris) des jeunes bovins.

En 1961, le scientifique français Jacques Miller pratiqua l'ablation chirurgicale du thymus de souris de trois jours et observa ensuite un défaut de certaines cellules blanches du sang, les lymphocytes qui furent plus tard qualifiés de cellules T, selon la glande d'où elles étaient issues. Miller observa aussi que des souris privées de thymus devenaient fortement sensibles aux infections et ne rejetaient pas les greffes de peau d'autres souris, rejet qui est la règle chez les souris avec un système immunitaire normal.

Aujourd'hui, nous savons que le thymus a deux régions, le cortex externe et la *medulla* centrale. Les cellules T primitives, d'origine médullaire, gagnent le thymus par la circulation sanguine. Elles y subissent une différenciation qui les amène à reconnaître les antigènes étrangers, de sorte qu'elles pourront détruire les cellules infectées par des microbes. Durant cette maturation, les cellules T apprennent à connaître les composants tissulaires normaux de l'organisme. Les cellules T matures retournent dans le sang circulant, où elles vont protéger l'organisme d'agents potentiellement nuisibles. Le processus de la maturation des cellules T est contrôlé par les hormones produites par le thymus.

Le thymus atteint sa taille maximale à la puberté et ensuite commence à régresser. Chez l'homme de soixante-quinze ans, le thymus est difficile à distinguer des tissus graisseux environnants. La perte plus précoce du thymus s'accompagne d'un déficit en cellules T, correspondant à une immunodéficience sévère et à une fréquence élevée d'infections.

VOIR AUSSI Greffe de tissus (1597), Système lymphatique (1652), Théorie de la phagocytose (1882), Maladies auto-immunes (1956) et Transcriptase inverse et SIDA (1970).

Image de synthèse d'un lymphocyte T attaquant une cellule cancéreuse. Les cellules T peuvent tuer certaines cellules cancéreuses et certaines cellules infectées par des virus ; elles doivent leur nom au thymus, l'organe responsable de leur maturation.

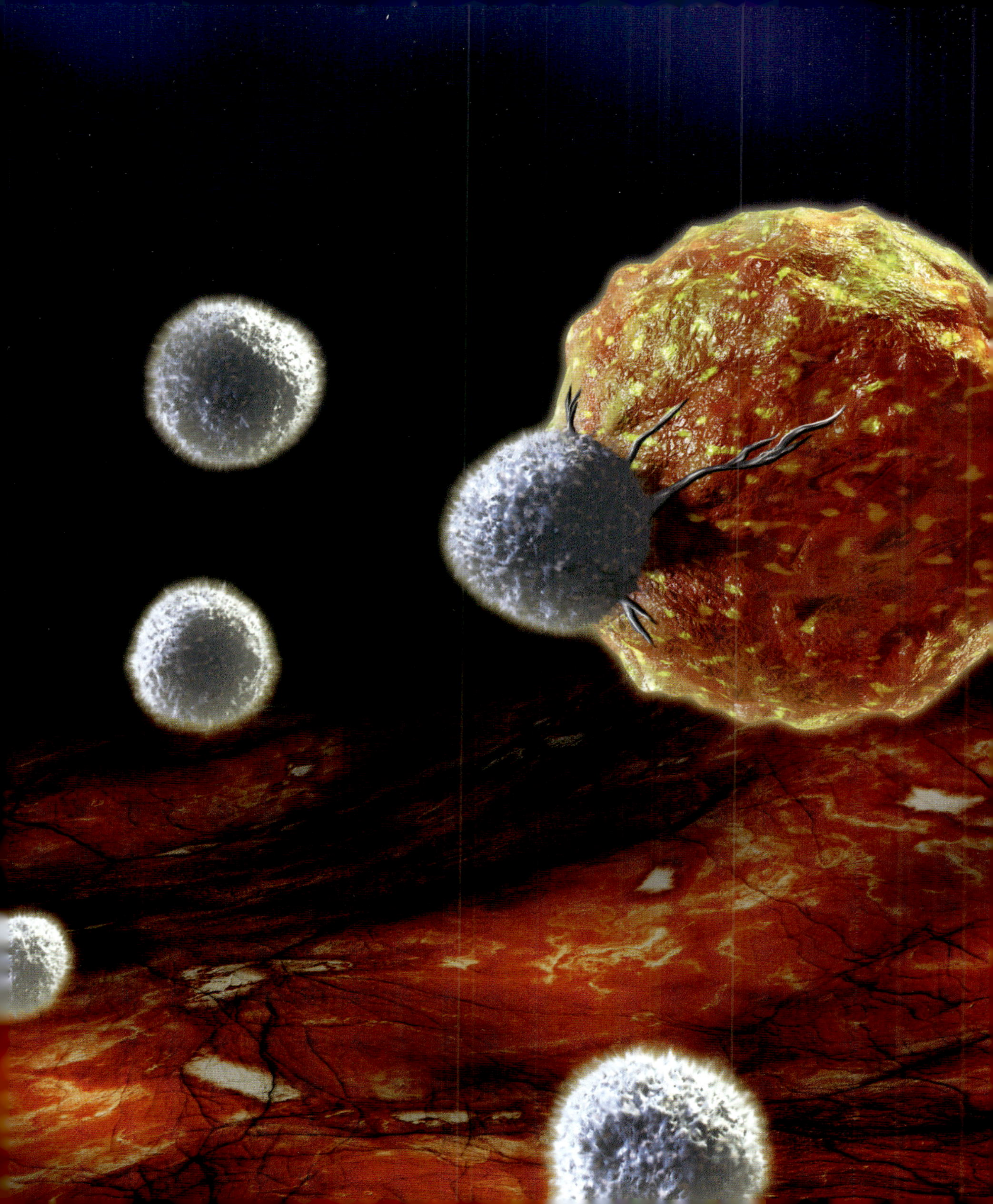

1962

Cryogénisation

Robert Chester Wilson Ettinger (1918-2011)

En 1773, l'homme d'État américain Benjamin Franklin regrettait de vivre « en un siècle trop peu avancé dans le domaine scientifique » de sorte qu'il ne pourrait pas être préservé et ne pourrait pas revivre un siècle plus tard pour satisfaire son « ardent désir de voir dans quel état serait son pays ». Peut-être Franklin aurait-il choisi de bénéficier des possibilités actuelles de la cryogénisation (ou cryonie), qui permet de conserver sur une longue durée des personnes, dont la mort a été légalement prononcée, en refroidissant leur corps et en remplaçant leur sang par des liquides protecteurs, qui évitent la formation de cristaux de glace susceptibles d'endommager les tissus. Les cryonistes espèrent que les technologies du futur seront suffisamment avancées pour faire revivre les patients et pouvoir guérir les maladies dont ils souffraient.

Si la résurrection cryogénique semble être un concept fantaisiste, souvenons-nous que des embryons congelés sont régulièrement remis en vie et produisent des enfants en parfaite santé. L'ère moderne de la cryogénie fut déclenchée par l'ouvrage de Robert Ettinger, *Perspectives d'immortalité*, publié en 1962, portant sur les possibilités de conserver les humains. De nos jours, l'azote liquide est utilisé pour préserver les organismes à une température d'environ –196 °C. Pour les lecteurs religieux, si les scientifiques étaient capables de congeler votre cerveau désincarné, puis de vous faire revivre un siècle plus tard, penseriez-vous avoir passé dans l'au-delà le temps intermédiaire d'activité cérébrale nulle ?

En 2006, le chirurgien Hasan Alam plaça des porcs en état d'hibernation : ses porcs refroidis n'avaient ni pouls, ni sang, ni activité électrique dans le cerveau, et leurs tissus ne consommaient aucun oxygène. Quelques heures plus tard, Alam infusait du sang tiède dans les animaux, qui revenaient d'un coup à la vie. Selon Alam, « dès que le cœur recommence à battre et le sang à être pompé, c'est un autre animal qui revient de l'au-delà… Techniquement je pense que nous pouvons faire cela pour les hommes ».

VOIR AUSSI Autopsie (1761), Recherche de l'âme (1907), Accompagnement de fin de vie (1967), Expériences de mort imminente (1975) et Premier bébé éprouvette (1978).

Aux États-Unis, plusieurs instituts et fondations offrent leurs services pour la cryogénisation des corps. Après avoir, en quelque sorte, arrêté le temps pour eux, ils espèrent pouvoir les faire revivre ultérieurement.

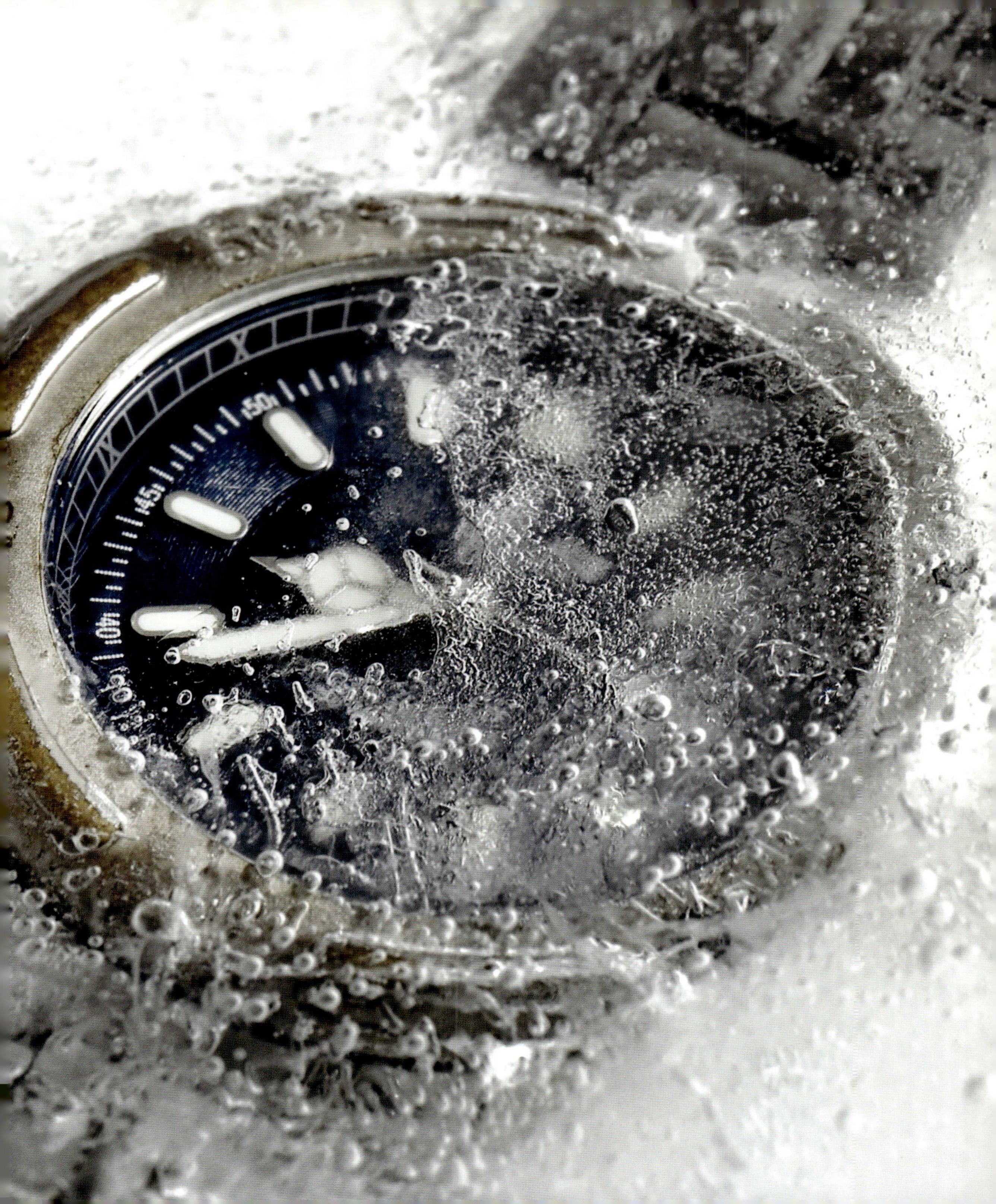
50
45
40

1962

Maladies mitochondriales

Rolf Luft (1914-2007)

Les mitochondries sont des restes de bactéries, contenues dans la majorité des cellules de notre corps, où elles sont entrées depuis plus d'un milliard d'années, facilitant l'émergence de formes de vie complexes. Ces usines miniatures que sont les mitochondries sont les sources de l'adénosine triphosphate (ATP), molécule nécessaire à la production de l'énergie cellulaire. Elles interviennent également dans les processus de vieillissement du corps, et dans diverses fonctions spécialisées des cellules qui les contiennent. Une seule cellule du corps peut avoir des centaines de mitochondries, chacune avec plusieurs copies de son propre ADN circulaire double brin contenant trente-sept gènes.

Les maladies mitochondriales (MM) sont dues à un dysfonctionnement des mitochondries, causé par des mutations de l'ADN mitochondrial, ou de l'ADN nucléaire qui contribue à la structure et à la fonction de la mitochondrie. La distribution des mitochondries anormales peut varier d'un organe à un autre, d'où la diversité des tableaux cliniques des MM. Les MM deviennent cliniquement patentes lorsque le nombre de mitochondries défectueuses excède un certain seuil dans les cellules. Contrairement à beaucoup d'autres maladies génétiques au cours desquelles le père et la mère transmettent les gènes défectueux, l'ADN mitochondrial provient seulement de l'ovule, et est ainsi hérité uniquement de la mère.

Les MM sont extrêmement diverses, et leurs symptômes hétérogènes (pertes de fonctions musculaires, problèmes visuels et auditifs, retard mental, cécité, déficit de croissance). Les MM sont souvent liées au vieillissement, comme la démence, le diabète de type 2, la maladie de Parkinson, le cancer et les maladies cardiaques.

En 1962, l'endocrinologue suédois Rolf Luft et ses collègues firent le lien entre le tableau clinique d'une femme présentant perte de poids et faiblesse musculaire, transpiration et sensation de chaleur permanente, avec un trouble mitochondrial conduisant à une déperdition d'énergie à la chaleur.

VOIR AUSSI Lavoisier et la respiration (1784), Génétique mendélienne (1865), Théorie chromosomique de l'hérédité (1902), Maladies métaboliques congénitales (1902), Structure de l'ADN (1953) et Levodopa dans la maladie de Parkinson (1957).

Grosse mitochondrie à l'intérieur d'une cellule utérine. On peut voir les compartiments formés par les plis de sa membrane interne. Ceux-ci contiennent des enzymes (non représentés ici), impliqués dans la production d'ATP, la molécule de transport de l'énergie (Microphotographie colorisée).

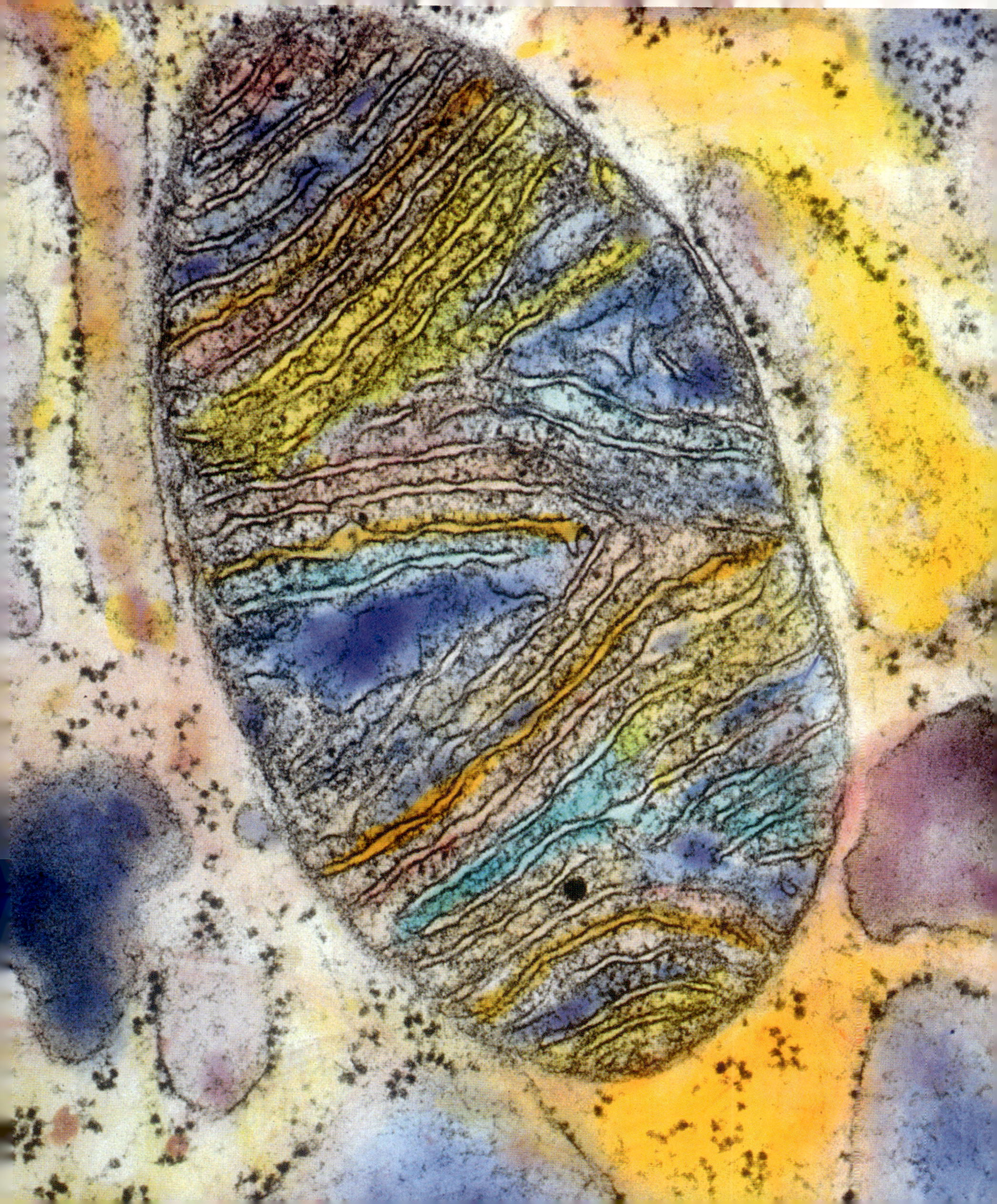

1962

Le désastre de la thalidomide

Frances Kathleen Oldham Kelsey (née 1914), **Widukind Lenz** (1919-1995), **William Griffith McBride** (né en 1927)

La parution du *Time* du 10 août 1962 reflétait la panique générale à propos de bébés qui naissaient avec une phocomélie, c'est-à-dire avec un ou plusieurs « membres de phoques » semblables à des nageoires. « Des informations épouvantables… Jusqu'à présent près de 8 000 bébés sont nés malformés parce que leurs mères ont utilisé durant leur grossesse un tranquillisant appelé thalidomide… le plus grand désastre médical… » Le développement des os longs des bras de ces bébés avait été arrêté, et parfois leurs mains étaient implantées directement sur leurs épaules.

En 1957, la thalidomide était lancée par Grünenthal, une compagnie pharmaceutique allemande, pour des prescriptions en tant que tranquillisant, antalgique, somnifère et anti-nauséeux. Les femmes enceintes l'utilisèrent pour atténuer leurs nausées matinales. Mais, en 1961, l'obstétricien australien William McBride et le pédiatre allemand Widukind Lenz attirèrent l'attention sur le nombre croissant de bébés naissant avec des membres de phoques et incriminèrent la thalidomide.

Alors que la thalidomide était utilisée dans le monde entier, les Américains bénéficièrent du fait que le docteur Frances Kelsey de la *Food and Drug Administration* (FDA) ait rejeté plusieurs demandes de mise sur le marché américain de ce produit, estimant qu'il n'avait pas été suffisamment évalué chez la femme enceinte, et que son efficacité n'avait pas été prouvée. D'ailleurs, suite au désastre de la thalidomide, les États-Unis promulguèrent des lois obligeant de vérifier l'innocuité d'un produit durant la grossesse, avant approbation.

Malgré le drame des enfants malformés, les effets anti-inflammatoires et d'inhibition de l'angiogenèse rendent la thalidomide utile dans le traitement de diverses maladies : réaction lépreuse, myélome multiple ou cancer du sang. Les femmes qui doivent être traitées aujourd'hui par la thalidomide doivent pratiquer un test de grossesse et éviter d'être enceintes.

VOIR AUSSI Avortement (70), Séparation des frères siamois (1689), Étiologie de la lèpre (1873), Amniocentèse (1952) et Monitorage fœtal (1957).

Le Dr Frances Kelsey, inspecteur de la FDA, reçut une distinction des Services civils fédéraux des mains du président John F. Kennedy, en 1962, pour n'avoir pas autorisé la vente de thalidomide aux États-Unis.

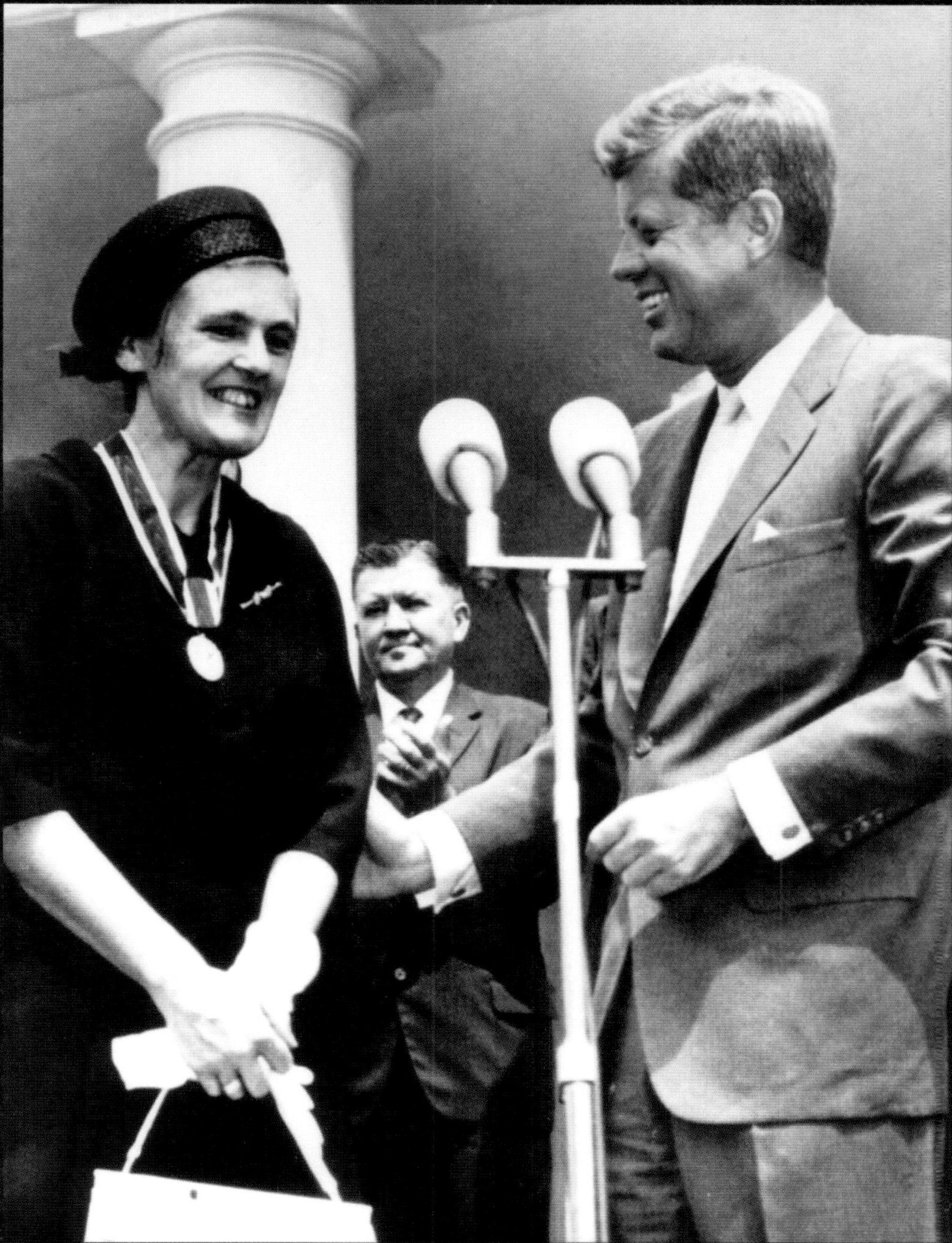

1963

Thérapie comportementale et cognitive

Épictète (55-135), **Albert Ellis** (1913-2007), **Aaron Temkin Beck** (né en 1921)

La thérapie comportementale et cognitive (TCC), qui insiste sur l'impact des émotions négatives résultant d'erreurs de jugement, a des racines anciennes. Le philosophe stoïcien grec Épictète écrivait dans l'*Enchiridion* : « Les hommes sont troublés non par les choses, mais par la vue qu'ils en ont. » Dans la TCC, le psychothérapeute aide le patient à envisager les situations et les circonstances d'une façon nouvelle, pour l'amener à changer ses réactions et ses sentiments. Si le patient prend conscience que ses pensées sont mal adaptées ou irrationnelles, il peut les remettre en question. Les comportements ainsi améliorés permettent de favoriser une manière de penser plus productive. La plupart du temps, le patient tient un journal des événements et de ses pensées et sentiments associés.

Dans les années 1950, le psychanalyste américain Albert Ellis développa la TCC, en réaction à la psychanalyse classique dont il désapprouvait l'apparente inefficacité et la nature indirecte. Ellis souhaitait que le thérapeute soit plus profondément impliqué et aide le patient à modifier les dispositions inefficaces de sa pensée. Dans les années 1960, le psychiatre et psychanalyste américain Aaron Beck s'affirma comme le chef de file de la TCC moderne.

La TCC a montré son efficacité dans de nombreux cas : dépression, insomnies, anxiété, troubles obsessionnels compulsifs, stress post-traumatique, troubles du comportement alimentaire, douleurs chroniques et schizophrénie. Lorsqu'il voit le thérapeute, le patient est sollicité pour reformuler sa pensée en une hypothèse à tester. Ainsi, le patient prend du recul par rapport à ses croyances, et un examen plus objectif l'amène à un point de vue différent. Par exemple, le thérapeute demande à un déprimé de se programmer de petites activités agréables, comme prendre le café avec un ami, non seulement pour modifier son comportement, mais aussi pour démentir sa croyance que « personne ne prend plaisir à ma compagnie ». La TCC peut aussi être utilisée en association avec la prise de médicaments dans le cas de troubles psychologiques très sérieux.

VOIR AUSSI *De praestigiis daemonum* (1563), Psychanalyse (1899), Psychologie analytique de Jung (1933), Électro-convulsivothérapie (1938) et Antipsychotiques (1950).

En TCC le thérapeute traite l'arachnophobie par une exposition contrôlée graduelle aux araignées.

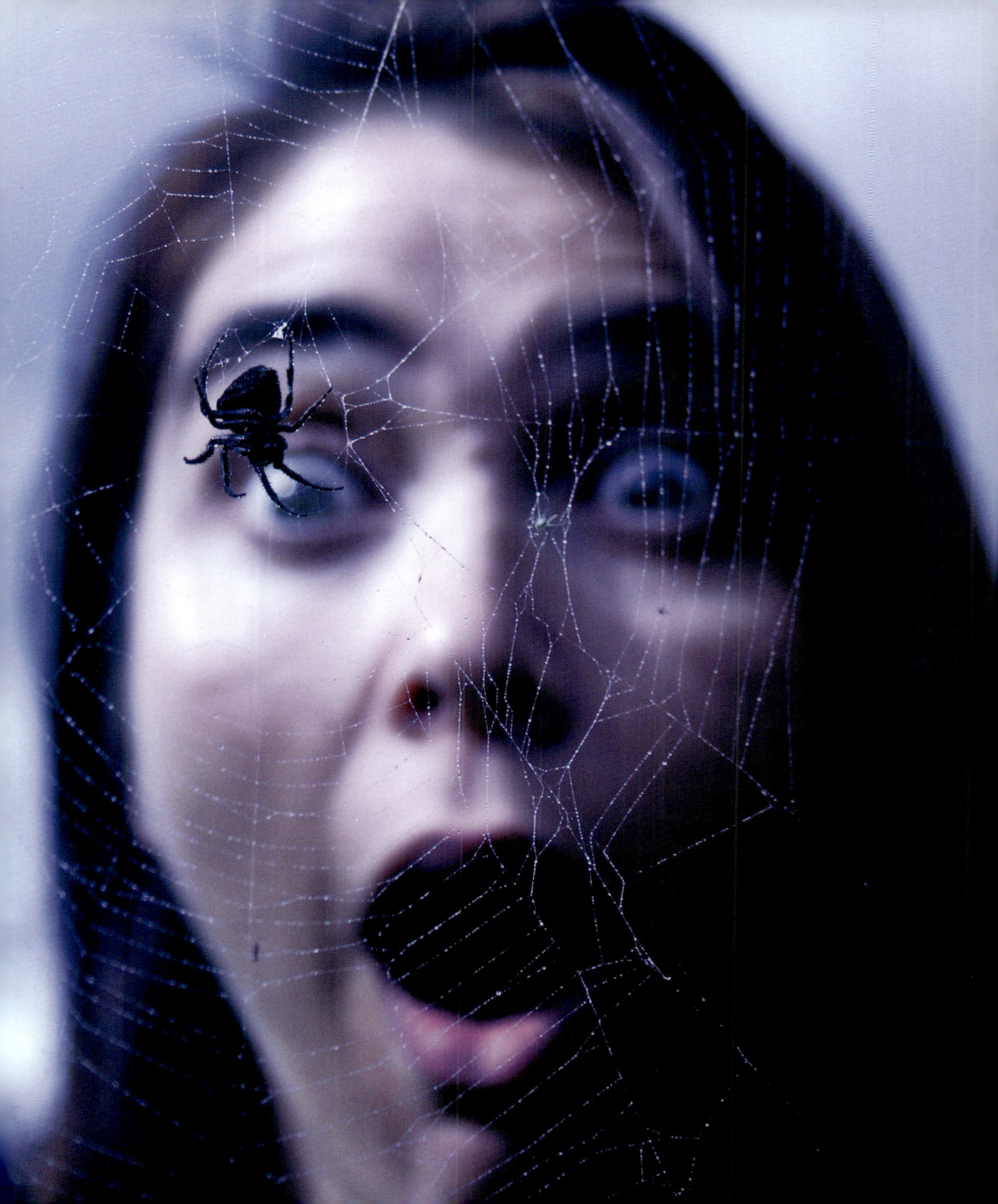

1963

Transplantation hépatique

Thomas E. Starzl (né en 1926)

Dans la mythologie grecque, Prométhée était attaché à un rocher pendant qu'un aigle lui dévorait le foie, qui chaque jour se régénérait, et était à nouveau dévoré le jour suivant. Nous savons aujourd'hui que le foie possède un remarquable pouvoir de régénération et peut retrouver sa taille normale même après que plus de la moitié en ait été enlevée.

L'individu dont le foie est gravement endommagé a besoin d'un foie de remplacement. Chez l'adulte, l'hépatite virale chronique et la cirrhose alcoolique sont les causes habituelles de destruction hépatique. Chez l'enfant, c'est l'atrésie biliaire (blocage du canal cholédoque responsable de dommages hépatiques) qui motive le plus fréquemment une transplantation. Durant la transplantation hépatique, le foie du sujet est enlevé et remplacé par celui d'un donneur décédé. Toutefois, la transplantation peut également se faire en utilisant une portion du foie d'un donneur vivant.

Le chirurgien américain Thomas Starzl réalisa la première transplantation de foie en 1963. Dans les années 1980, l'emploi de drogues immunosuppressives de plus en plus efficaces pour réduire le rejet du greffon, comme la cyclosporine, se généralisa. Durant la transplantation, de nombreux vaisseaux nécessitent d'être reconnectés, y compris la veine cave inférieure (qui reçoit le sang du foie), la veine porte (qui amène au foie le sang riche en nutriments du tractus gastro-intestinal), l'artère hépatique (fournissant au foie le sang oxygéné) et le canal cholédoque.

Le foie a de nombreuses fonctions : détoxification du sang, synthèse et dégradation des protéines, production de bile utile à la digestion, production d'hormones impliquées dans la croissance et la régulation de la pression sanguine, dégradation des médicaments et maintien du niveau de sucre sanguin (par stockage du glucose sous forme de glycogène, et transformation du glycogène en glucose lorsque nécessaire). Le foie contient également différentes vitamines, convertit l'ammoniaque en urée (excrétée par l'urine) et fabrique le fibrinogène nécessaire à la coagulation du sang.

VOIR AUSSI Greffe de tissus (1597), Suture vasculaire (1902), Cyclosporine (1972), Faire de nouveaux organes (2006) et Clonage humain (2008).

Localisation du foie par rapport aux autres organes principaux. La vésicule biliaire est l'organe en forme de larme positionné près du foie.

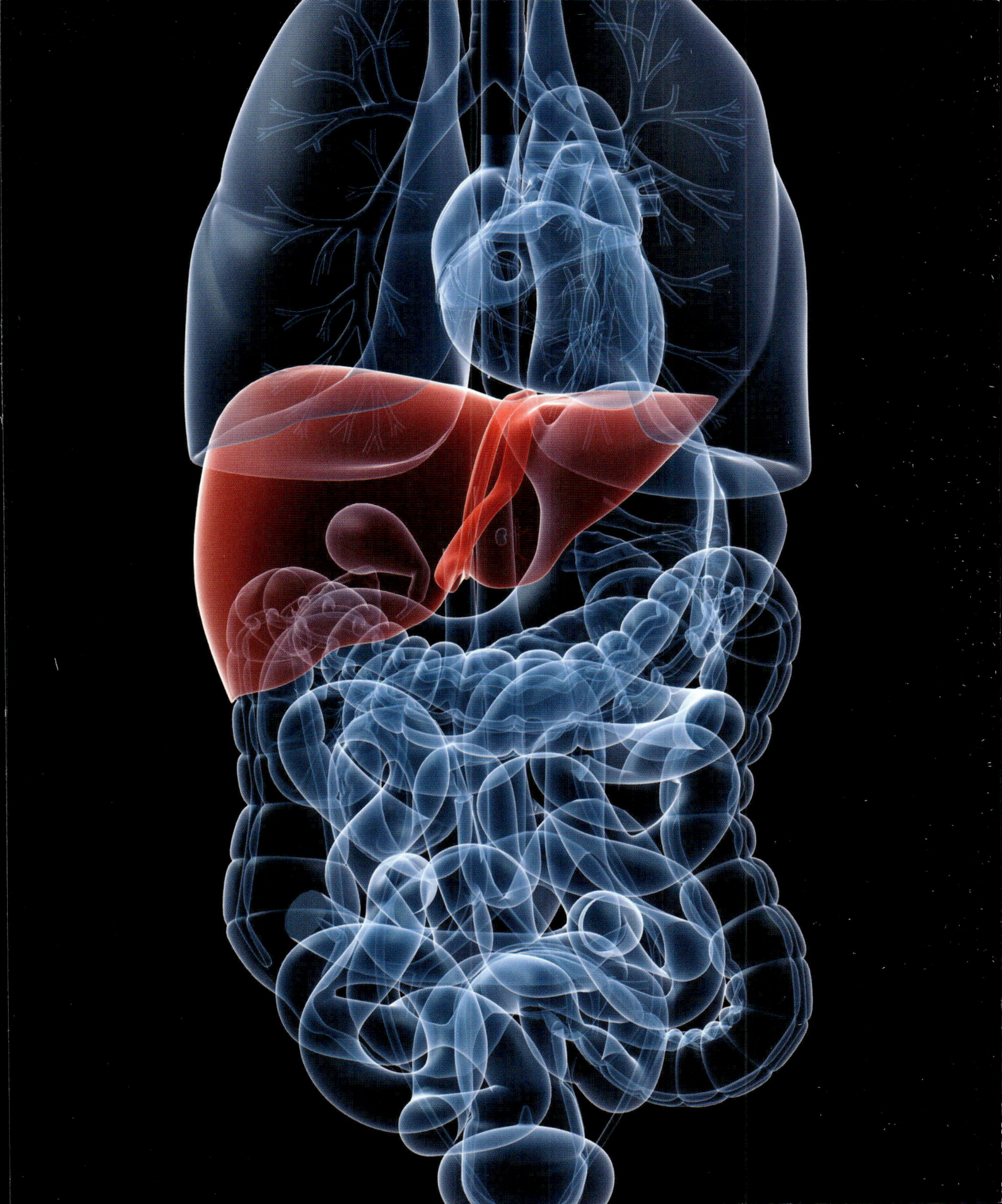

1963

Transplantation de poumon

James D. Hardy (1918-2003)

Les poumons sont des organes pairs, spongieux et remplis d'air où s'effectue l'échange de l'oxygène atmosphérique avec le dioxyde de carbone du sang circulant. L'air pénètre dans les poumons à travers la trachée, qui conduit aux bronches. Celles-ci se divisent en bronchioles de plus en plus petites, et finissent par déboucher dans des sacs d'air microscopiques, les alvéoles, où ont lieu les échanges gazeux. Le sang chargé de dioxyde de carbone est envoyé du cœur au poumon par les artères pulmonaires, celui enrichi en oxygène retourne aux poumons par les veines pulmonaires.

Certaines maladies pulmonaires nécessitent le remplacement des poumons lésés par ceux d'un donneur, en particulier les broncho-pneumopathies chroniques obstructives, qui incluent l'emphysème (destruction du tissu pulmonaire souvent liée au tabagisme), la fibrose kystique (maladie génétique aboutissant à l'accumulation de mucus épais et collant) et l'hypertension pulmonaire (augmentation de la pression dans le réseau vasculaire pulmonaire).

En 1963, le chirurgien américain James Hardy réalisa la première transplantation de poumon chez un homme qui ne survécut que dix-huit jours. En 1981, le chirurgien américain Bruce Reitz réalisa une transplantation combinée cœur-poumon, implantant les deux organes à la fois. Le chirurgien américain Joel Cooper réalisa la première transplantation réussie d'un seul poumon en 1983 (le patient vécut sept ans), puis la première transplantation réussie des deux poumons en 1986. En 1989, les chirurgiens déterminèrent qu'une transplantation séquentielle, chaque poumon étant enlevé et le nouveau greffé séparément, donnait de meilleurs résultats.

La transplantation de lobe (le poumon endommagé du receveur est remplacé par un fragment, ou lobe, du poumon d'un donneur vivant) nécessite deux donneurs pour remplacer un seul poumon. Dans les transplantations « en domino », le receveur d'un nouveau bloc cœur-poumons offre son cœur sain à un autre receveur. Dans toutes les transplantations d'organes, la prise d'immunosuppresseurs est nécessaire pour éviter le rejet du greffon.

VOIR AUSSI Spirométrie (1846), Suture vasculaire (1902), Poumon d'acier (1928), Cyclosporine (1972) et Faire de nouveaux organes (2006).

Planche anatomique hollandaise du XVIIe siècle (auteur anonyme) du tractus trachéo-broncho-pulmonaire.

XI

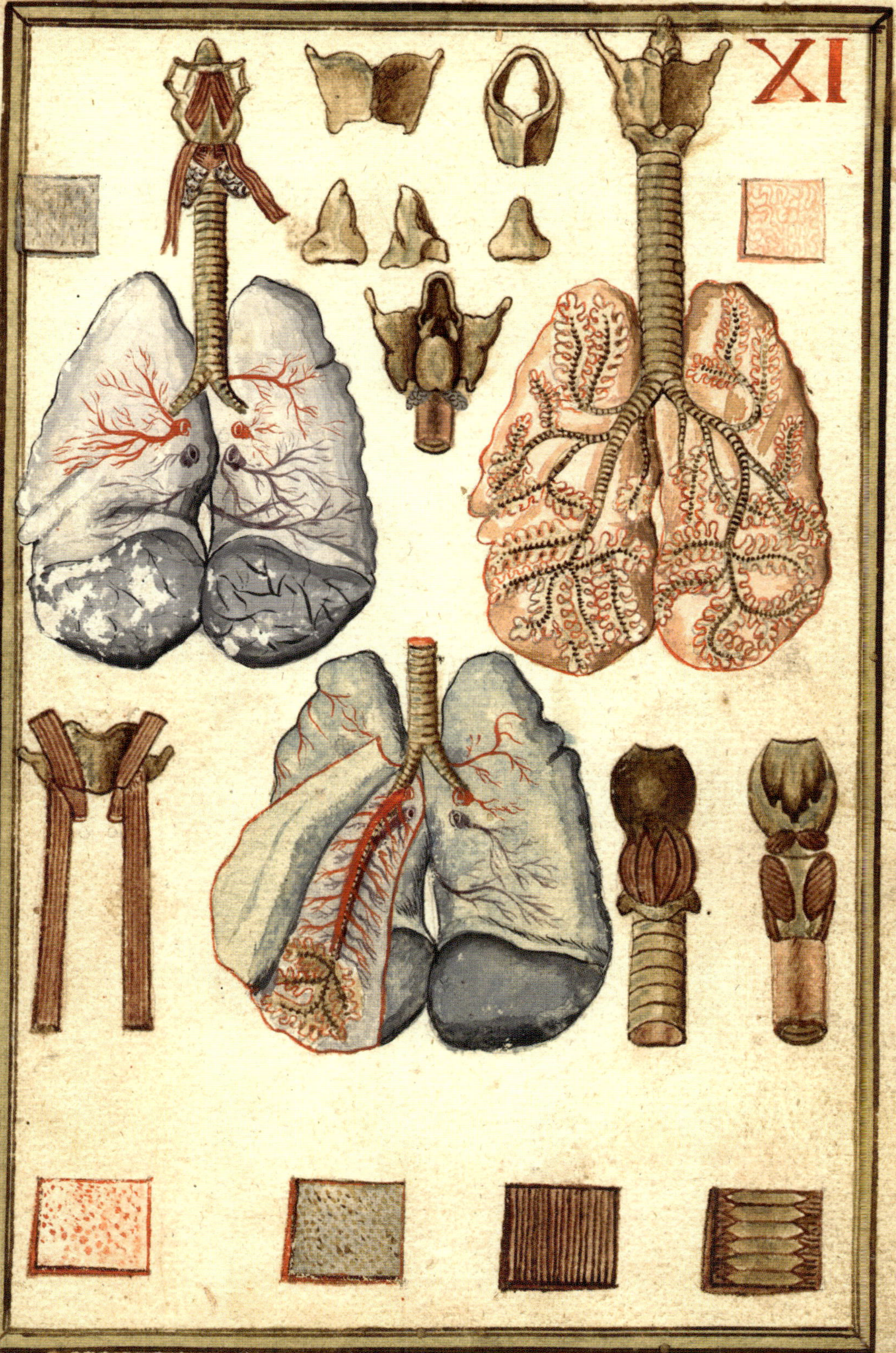

1964

Angioplastie

Charles Theodore Dotter (1920-1985), **Melvin P. Judkins** (1922-1985), **Andreas Roland Grüntzig** (1939-1985)

L'angioplastie est une technique médicale consistant à élargir un vaisseau sanguin obstrué ou rétréci par l'athérosclérose (épaississement des parois des artères par accumulation de calcium et de corps gras, comme le cholestérol). Le médecin fait remonter un ballon vide par une sonde jusque dans le vaisseau rétréci et gonfle ensuite le ballon, écrasant une partie des dépôts graisseux et ouvrant le vaisseau, ce qui facilite le passage du sang. Le ballon est ensuite dégonflé et enlevé. De nos jours, des *stents* (sortes de ressorts métalliques) sont souvent insérés après angioplastie pour éviter que les vaisseaux ne se rétrécissent à nouveau. Des *stents* recouverts de médicaments empêchent une prolifération tissulaire et diminuent la réponse inflammatoire. Les patients avec *stents* prennent des fluidifiants sanguins pour prévenir la coagulation.

L'angioplastie coronaire (AC, ou angioplastie coronaire transluminale percutanée) concerne la dilatation des artères coronaires, vaisseaux apportant le sang riche en oxygène au muscle cardiaque. L'angioplastie peut également être pratiquée sur les artères rénales, carotides, cérébrales et sur des artères périphériques, au niveau des jambes par exemple.

En 1964, les radiologues américains Charles Dotter et Melvin Judkins placèrent des ballons d'angioplastie pour traiter l'athérosclérose d'une artère de jambe. En 1977, le cardiologue allemand Andreas Grüntzig réussit l'angioplastie par ballon des artères coronaires. Dotter et ses collègues réussirent à mettre en place le premier *stent* dans les artères coronaires en 1986.

Bien que l'AC réduise la douleur de l'angine de poitrine et améliore la qualité de vie, les études épidémiologiques n'ont toujours pas établi son bénéfice dans le risque de mort des divers sous-groupes. Le pontage aorto-coronarien, qui évite les artères rétrécies par dérivation vers d'autres vaisseaux, est aujourd'hui plus efficace que l'AC pour réduire les décès par crise cardiaque.

VOIR AUSSI Système circulatoire (1628), Ligature de l'aorte abdominale (1817), Cœur-poumon artificiel (1953), Endoscope (1954), Bêta-bloquants (1964) et Statines (1973).

Lorsque le médecin a placé un ballon dans un vaisseau rétréci et l'a gonflé pour dilater le vaisseau, un stent *est souvent inséré et laissé en place pour éviter que le vaisseau ne se rétrécisse à nouveau.*

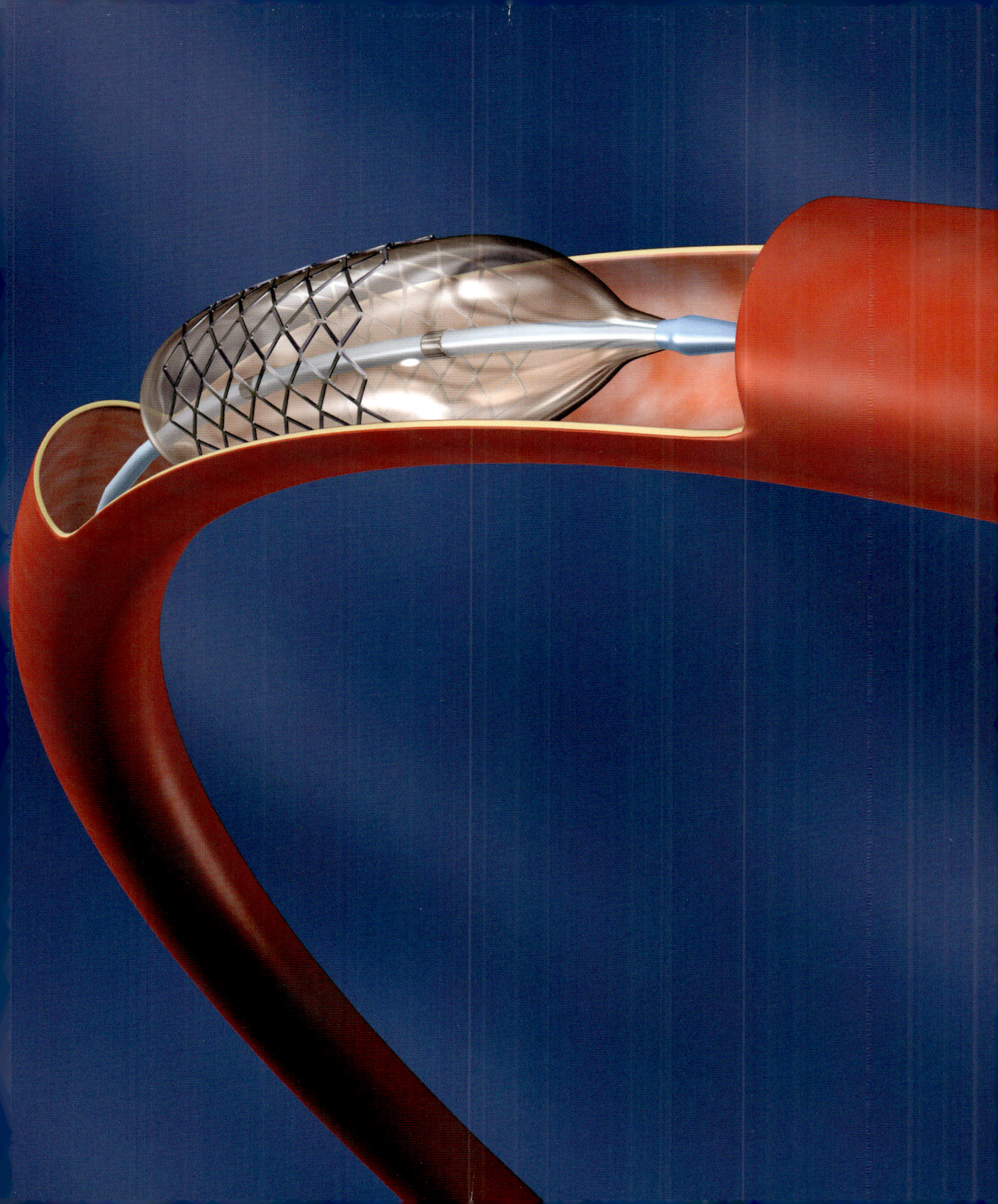

1964

Bêtabloquants

Sir James Whyte Black (1924-2010)

Le médecin écossais James Black révolutionna l'industrie pharmaceutique et sauva des millions de vies grâce à son approche rationnelle dans la recherche des médicaments.

Black étudia l'adrénaline, une hormone aussi appelée épinéphrine, secrétée en quantité au moment du stress, et qui augmente la fréquence et la force des contractions cardiaques. Il comprit que réduire le stress pourrait être bénéfique aux sujets atteints d'insuffisance cardiaque.

Black s'intéressa aux bêtarécepteurs, des sites sur le muscle cardiaque sur lesquels se liait l'adrénaline pour accélérer le rythme cardiaque. Il rechercha une molécule qui ait une structure voisine de l'adrénaline, c'est-à-dire qui pourrait se lier au récepteur et bloquer l'adrénaline, exactement comme un bouchon de gomme enfoncé dans une serrure empêche la clé d'ouvrir la porte. Black et ses collègues utilisèrent une approche dite rationnelle, c'est-à-dire basée sur la compréhension des mécanismes physiologiques et moléculaires et sur les cibles biologiques. Celle-ci s'opposait à la méthode antérieure qui étudiait les utilisations possibles des molécules naturelles.

Au début des années 1960, Black découvrit le premier bêtabloquant efficace, le propanolol. Depuis, les bêtabloquants ont joué un rôle important dans la protection du cœur après une crise cardiaque et dans le traitement de l'angine de poitrine (douleur due à une insuffisance de sang et d'oxygène arrivant au cœur), de l'hypertension artérielle, des arythmies cardiaques, des migraines, du trac des artistes et du glaucome. Les bêtabloquants sont utilisés par les chirurgiens, les tireurs d'élite et les archers pour réduire les tremblements et augmenter leurs performances, bien que ces drogues soient interdites par le Comité Olympique international.

Black reçut le prix Nobel en 1988 pour ses recherches sur la conception de médicaments. À l'annonce de son élection, Black eut ce trait d'humour : « Je m'y attendais, j'avais mes bêtabloquants à portée de main. »

VOIR AUSSI Découverte de l'adrénaline (1893), Stimulateur cardiaque artificiel (1958), Angioplastie (1964) et Statines (1973).

Le célèbre violoncelliste Pablo Casals avait souvent des symptômes du trac : palpitations, dyspnée et tremblements avant et pendant les représentations. De nos jours, les musiciens peuvent utiliser des bêtabloquants pour accroître leurs performances.

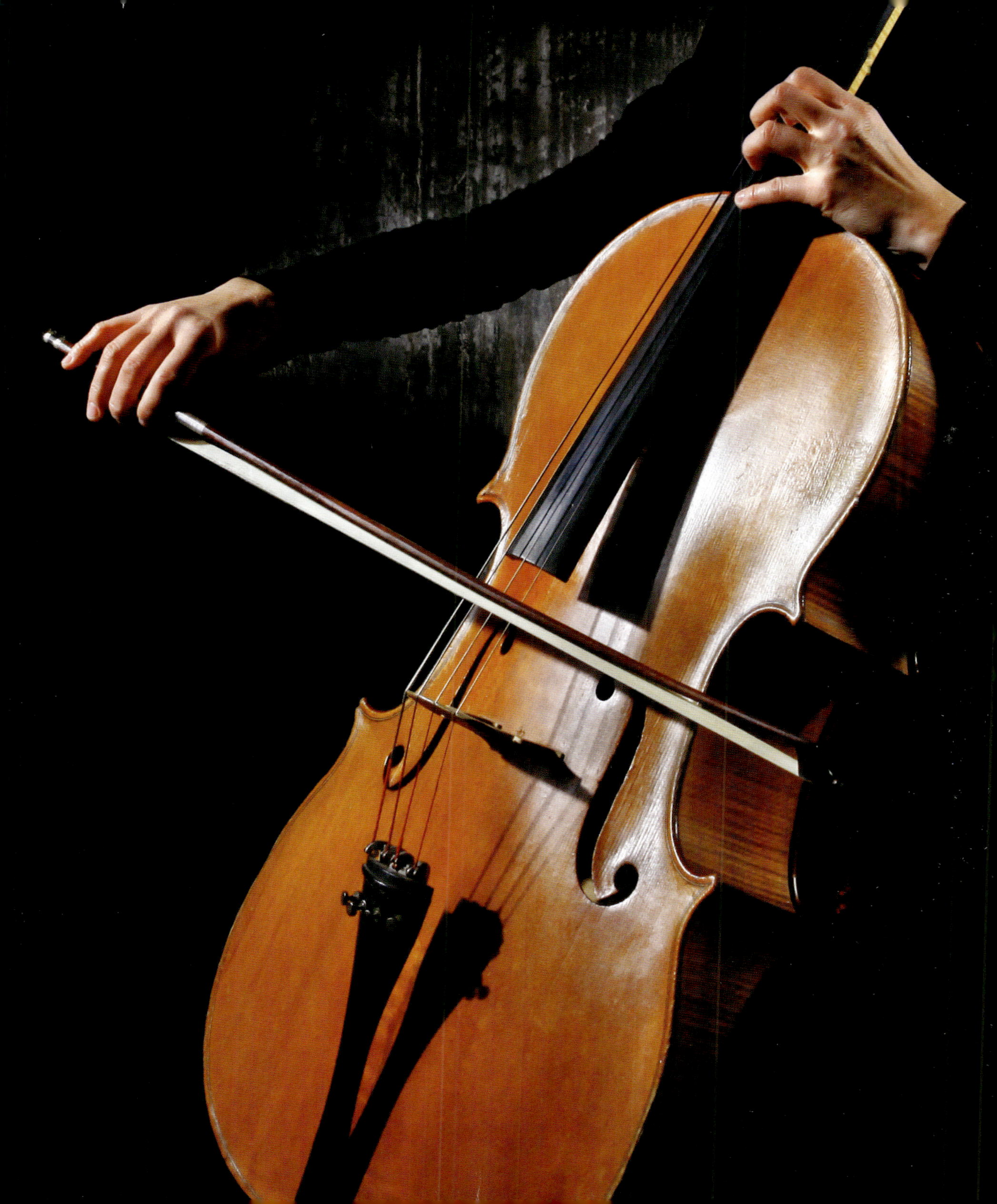

1964

Transplantation de la main

Roberto Gilbert Elizalde (1917-1999), **Jean-Michel Dubernard** (né 1941)

En 1803, le médecin anglais Erasmus Darwin qualifiait la main de l'homme de « premier don du Ciel », et en 1833, l'anatomiste écossait Charles Bell, écrivait, admiratif : « Ce système d'os, de muscles et de nerfs s'adapte à chaque forme et à chaque action… nous devons reconnaître que la main de l'homme est d'une perfection absolue. »

Malheureusement, les mains sont parfois perdues, dans des accidents en particulier, ce qui a justifié le besoin d'en greffer de nouvelles. En 1964, le chirurgien équatorien Roberto Elizalde réalisa une transplantation de main chez un marin blessé par explosion, mais l'organisme du patient rejeta les tissus étrangers après seulement deux semaines, car les immunosuppresseurs de l'époque étaient peu efficaces. En 1998, le chirurgien australien Earl Owen et le chirurgien français Jean-Michel Dubernard réussirent une transplantation sur Clint Hallam, qui s'était sectionné la main avec une scie circulaire. Durant l'intervention, les chirurgiens avaient commencé par raccorder les deux os de l'avant-bras du donneur aux os de Hallam. Tendons, artères, nerfs et veines avaient ensuite été connectés. Enfin, les peaux avaient été cousues ensemble.

Après une période de succès de deux ans, au cours de laquelle Hallam apprit à faire fonctionner ses nouveaux doigts, il décida d'arrêter de prendre ses médicaments immunosuppresseurs qui empêchaient le rejet de sa greffe. Il commença par ressentir comme si la main du donneur n'appartenait plus à son corps. Lentement elle commença à se décomposer et il perdit toute sensation. Il demanda aux chirurgiens d'enlever la main, ce qu'ils firent en 2001. Le cas de Hallam illustre la nécessité que les receveurs de transplantations soient psychologiquement motivés afin qu'ils prennent leur traitement longtemps après la transplantation.

En 2009, Jeff Kepner réalisa la première transplantation des deux mains aux Etats-Unis, et en 2010, un soldat polonais qui avait perdu les mains dans une explosion reçut celles d'une donneuse.

VOIR AUSSI Greffe de tissus (1597), Suture vasculaire (1902), Greffe de cornée (1905), Transplantation rénale (1954), Cyclosporine (1972), Greffe du visage (2005), Faire de nouveaux organes (2006) et Clonage humain (2008)

Le pouvoir de la main de Dieu suggéré par Michel-Ange sur la fresque du plafond de la Chapelle Sixtine à Rome.

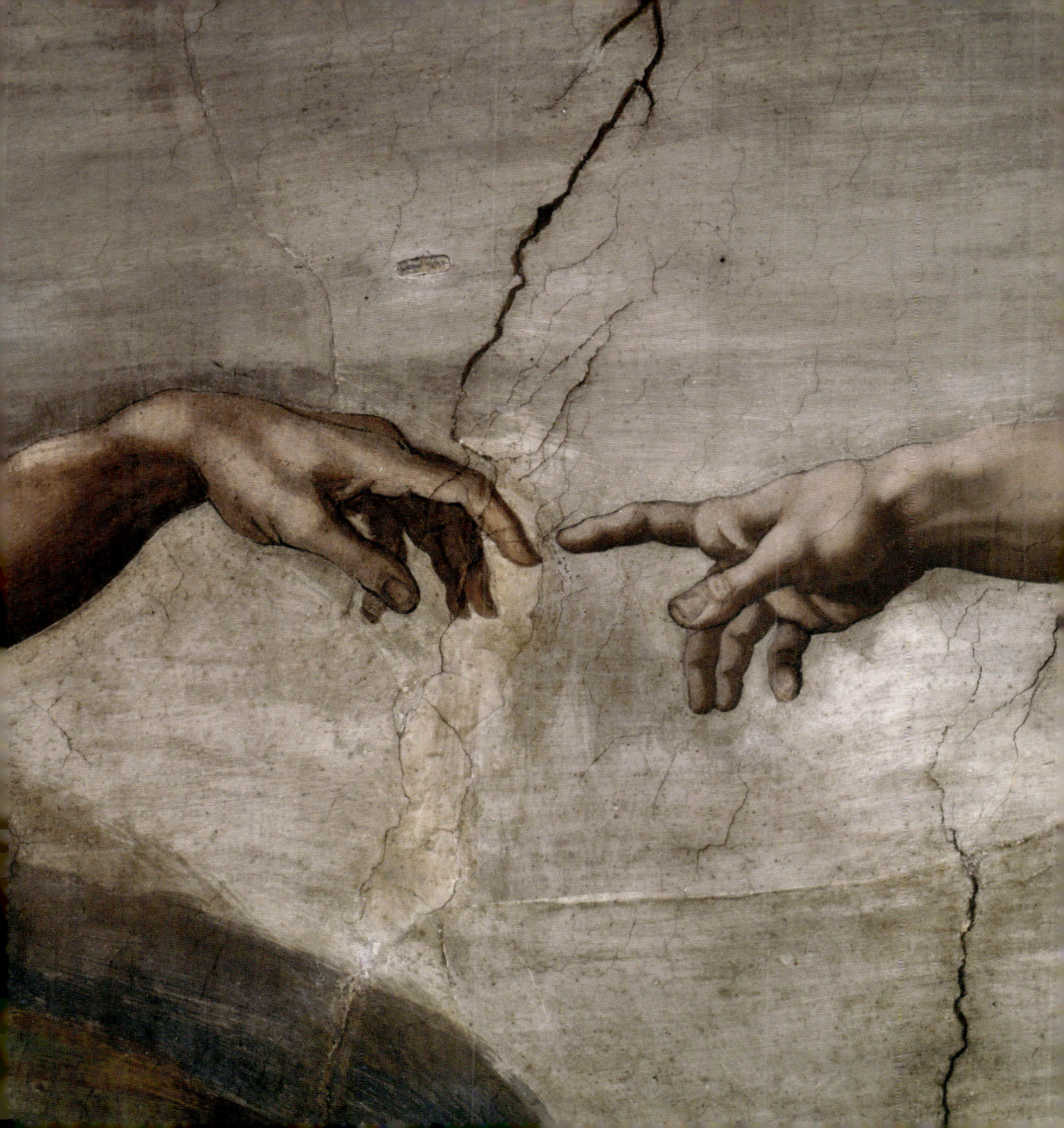

1966

Greffe de pancréas

Hérophile de Chalcédoine (335-280 av. J.-C.), **Richard C. Lillehei** (1927-1981)

Le pancréas est un organe allongé, de couleur claire, d'environ dix-huit centimètres en longueur sur quatre en largeur, situé sous l'estomac et connecté à l'intestin grêle au niveau du duodénum. Le pancréas fut décrit pour la première fois par l'anatomiste grec Hérophile de Chalcédoine, vers 300 avant Jésus-Christ, mais ce ne fut que dans les années 1890 que les scientifiques démontrèrent que l'ablation du pancréas chez le chien provoquait le diabète. De nos jours, on sait que le pancréas est une glande, à la fois endocrine (libérant ses hormones dans le sang) et exocrine (éliminant ses substances par un conduit). Le pancréas secrète des enzymes digestives qui sont déversées dans l'intestin grêle où elles dégradent les aliments. Parmi les hormones produites par les îlots de Langerhans du pancréas, figure l'insuline, qui diminue la quantité de glucose du sang. Une destruction des cellules sécrétrices d'insuline par le système immunitaire conduit au diabète sucré de type 1, dont le traitement est la prise d'insuline en injections. Même si le taux de sucre sanguin peut être stabilisé par des injections régulières d'insuline, les résultats ne sont pas aussi bons qu'avec un pancréas normal. Le diabète de type 1 a des complications graves comme l'insuffisance rénale, l'atteinte cardiovasculaire et les lésions de la rétine.

La greffe de pancréas est indiquée chez un individu ne répondant plus à l'insuline. Durant cette greffe, le pancréas du receveur est laissé en place, où il continue à intervenir dans la digestion, et le pancréas du donneur (muni de cellules productrices d'insuline fonctionnelles) est connecté aux vaisseaux sanguins dans la partie basse de l'abdomen droit.

La transplantation pancréatique la plus courante est la transplantation simultanée du pancréas et du rein, en particulier dans les cas d'insuffisance rénale induite par le diabète. La première greffe de pancréas fut réalisée en 1966 par les chirurgiens américains Richard Lillehei, William Kelly et leurs collègues.

VOIR AUSSI Greffe de tissus (1597), Meurtre et canal de Wirsung (1642), Suture vasculaire (1902), Greffe de cornée (1905), Commercialisation de l'insuline (1922), Transplantation rénale (1954), Cyclosporine (1972), Faire de nouveaux organes (2006) et Clonage humain (2008).

Illustration montrant la forme et la position du pancréas par rapport aux autres organes.

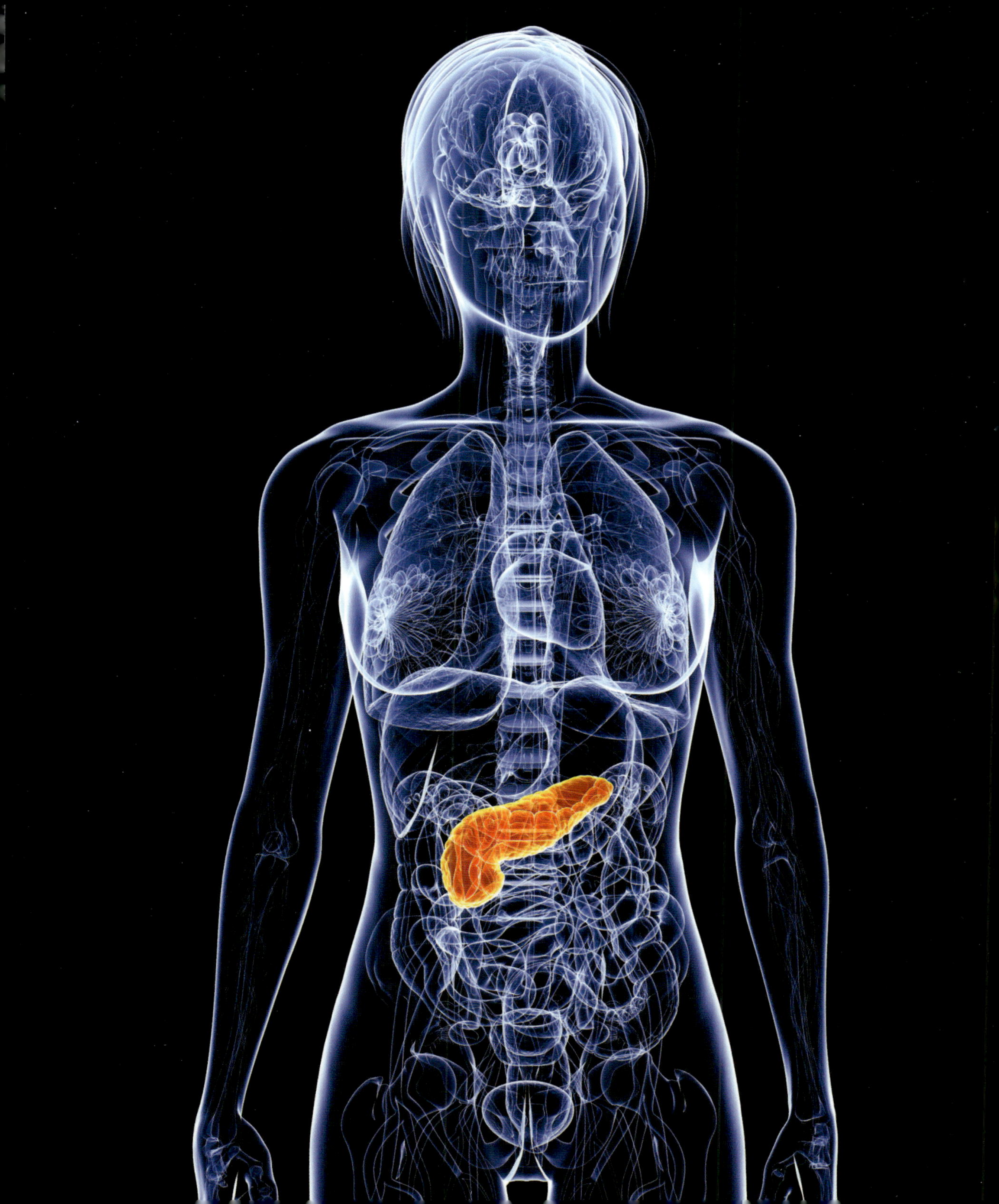

1967

Tomodensitométrie (scanner)

Sir Godfrey Newbold Hounsfield (1919-2004), **Allan Mac Leod Cormack** (1924-1998)

Dès la découverte des rayons X par le physicien Wilhelm Röntgen en 1895, des appareils permirent de visualiser l'intérieur du corps humain. Mais aussi important que fût son apport, la radiologie était limitée. Les très nombreuses structures anatomiques de densités voisines que traversent les rayons X produisent des images d'organes superposés ne pouvant être distingués clairement. Ces défauts furent corrigés avec l'invention de la tomodensitométrie (TDM), (du mot grec *tomos* signifiant « tranche ») ou scanner, ou encore tomographie axiale calculée par ordinateur (CAT scan des Anglo-Saxons). Par exemple, là où une radiographie conventionnelle de la tête montre le crâne, un scanner montre le crâne et le cerveau en détail.

Grâce à l'ordinateur, le scanner visualise des coupes du corps humain en associant de nombreuses images radiologiques. Les vues peuvent être combinées et créer des reconstructions tridimensionnelles des organes. Les TDM hélicoïdales ont un anneau d'émetteurs envoyant des rayons X à travers le corps, vers des capteurs, sous de nombreux angles différents. La TDM représente l'un des premiers usages majeurs de la technologie informatique appliquée à la biologie.

L'ingénieur électricien anglais Godfrey Hounsfield et le physicien Allan Cormack partagèrent le prix Nobel pour leurs travaux sur la théorie et les méthodes de la TDM. En 1967, Hounsfield développa le premier scanner commercialement viable alors qu'il travaillait pour la compagnie de musique et divertissement EMI. En 1971, un prototype de Scanner EMI permit de détecter la tumeur cérébrale d'un patient.

La TDM est utilisée pour détecter des tumeurs, éliminer les maladies des coronaires et diagnostiquer les obstructions intestinales, les fractures complexes et les atteintes des disques intervertébraux. En chirurgie reconstructrice, elle aide par exemple à planifier le remplacement d'une hanche. En angiographie pulmonaire, elle permet de visualiser les embolies pulmonaires grâce à des colorants qui augmentent le contraste.

VOIR AUSSI Rayons X (1895), Radiothérapie (1903), Mammographie (1949), Échographie (1957) et Imagerie par résonance magnétique (1977).

Une « coupe » de scanner à travers la tête et le cerveau. La section de l'œil droit est visible à la partie supérieure droite.

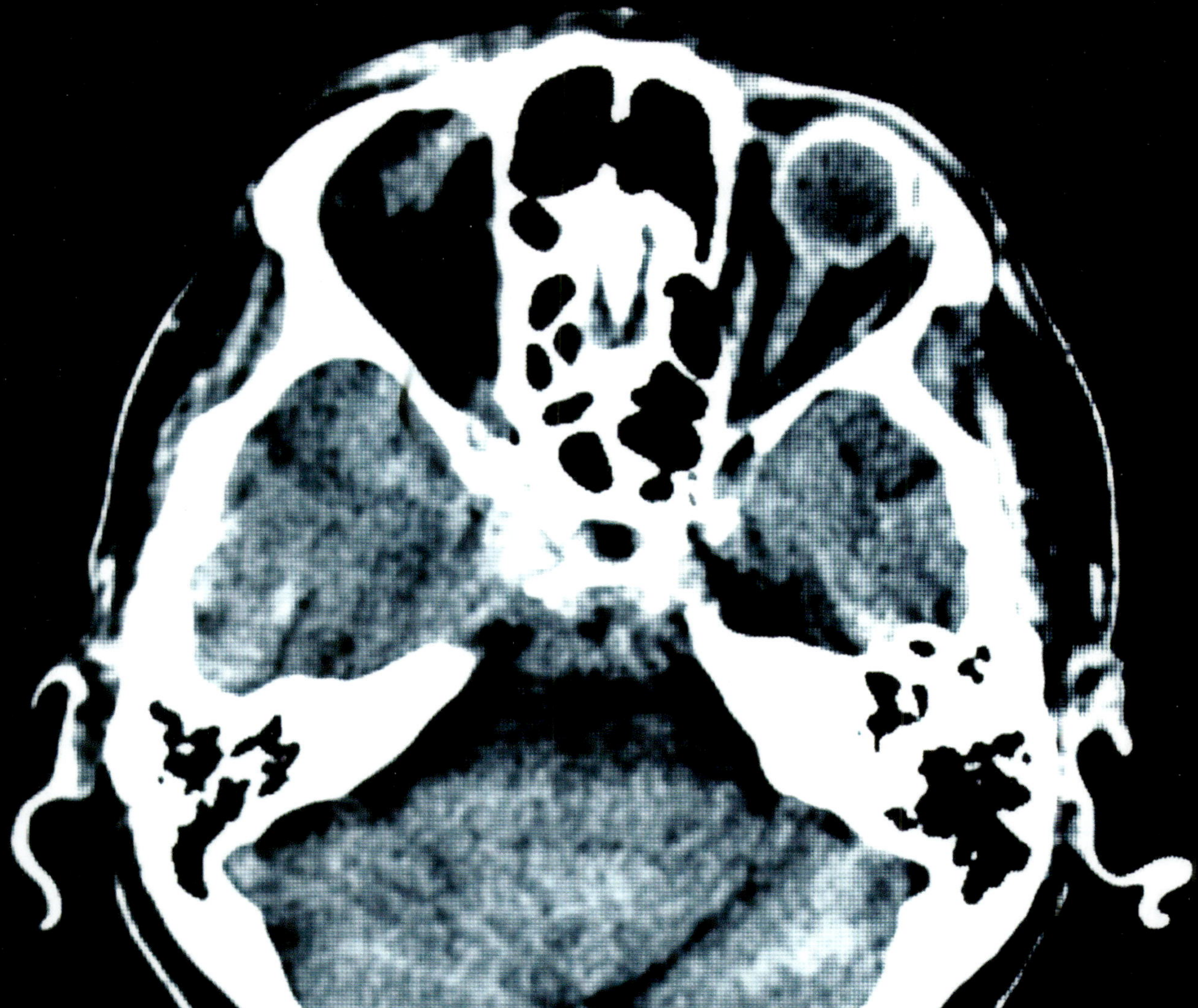

1967

Transplantation cardiaque

James D. Hardy (1918-2003), **Christiaan Neethling Barnard** (1922-2001), **Robert Koffler Jarvik** (né en 1946)

De nombreux médecins, à travers l'histoire, ont placé le siège énigmatique et palpitant de l'âme dans le cœur humain, rendant cet organe trop délicat pour être touché. Pourtant, la possibilité de transplantation cardiaque (remplacement d'un cœur lésé par le cœur sain d'un donneur décédé) devint envisageable après l'invention, en 1953, du cœur-poumon artificiel, un appareil qui assurait la circulation du sang et son oxygénation adéquate durant les opérations.

En 1964, le chirurgien américain James Hardy réalisa la première transplantation cardiaque. En l'absence de cœur humain disponible, il transféra le cœur d'un chimpanzé dans le thorax d'un homme mourant ; le cœur de l'animal battit chez le malade mais était trop petit pour assurer la survie de l'homme qui mourut quatre-vingt-dix minutes plus tard. La première transplantation réussie d'un cœur d'homme à l'homme fut celle pratiquée en 1967 par le chirurgien sud-africain Christiaan Barnard, qui préleva le cœur d'une jeune femme tuée dans un accident de voiture. Le receveur était Louis Washkansky, un homme de cinquante-quatre ans atteint d'insuffisance cardiaque. Il survécut dix-huit jours avant de succomber à une pneumonie causée par le traitement immunosuppresseur qu'il prenait pour éviter le rejet de la greffe.

Les transplantations d'organes eurent davantage de succès à partir de 1972, avec la découverte de la cyclosporine, un composé extrait d'un champignon du sol, qui empêchait le rejet de l'organe greffé, tout en conservant une partie significative du système immunitaire, permettant une fonction anti-infectieuse proche de la normale. Le pronostic des greffés du cœur ne fut plus dès lors aussi rigoureux. Par exemple, bien que ce soit un cas extrême, l'américain Tony Huesman survécut trente et un ans avec un cœur greffé. En 1982, le chercheur américain Robert Jarvik implanta le premier cœur artificiel permanent.

VOIR AUSSI Greffe de tissus (1597), Suture vasculaire (1902), Valves cardiaques artificielles (1952), Cœur-poumon artificiel (1953), Transplantation rénale (1954), Cyclosporine (1972) et Faire de nouveaux organes (2006).

Considéré longtemps comme le siège de l'âme, le cœur humain fut considéré jusqu'au milieu du XXe siècle comme si précieux et délicat qu'il ne pouvait être touché par le chirurgien.

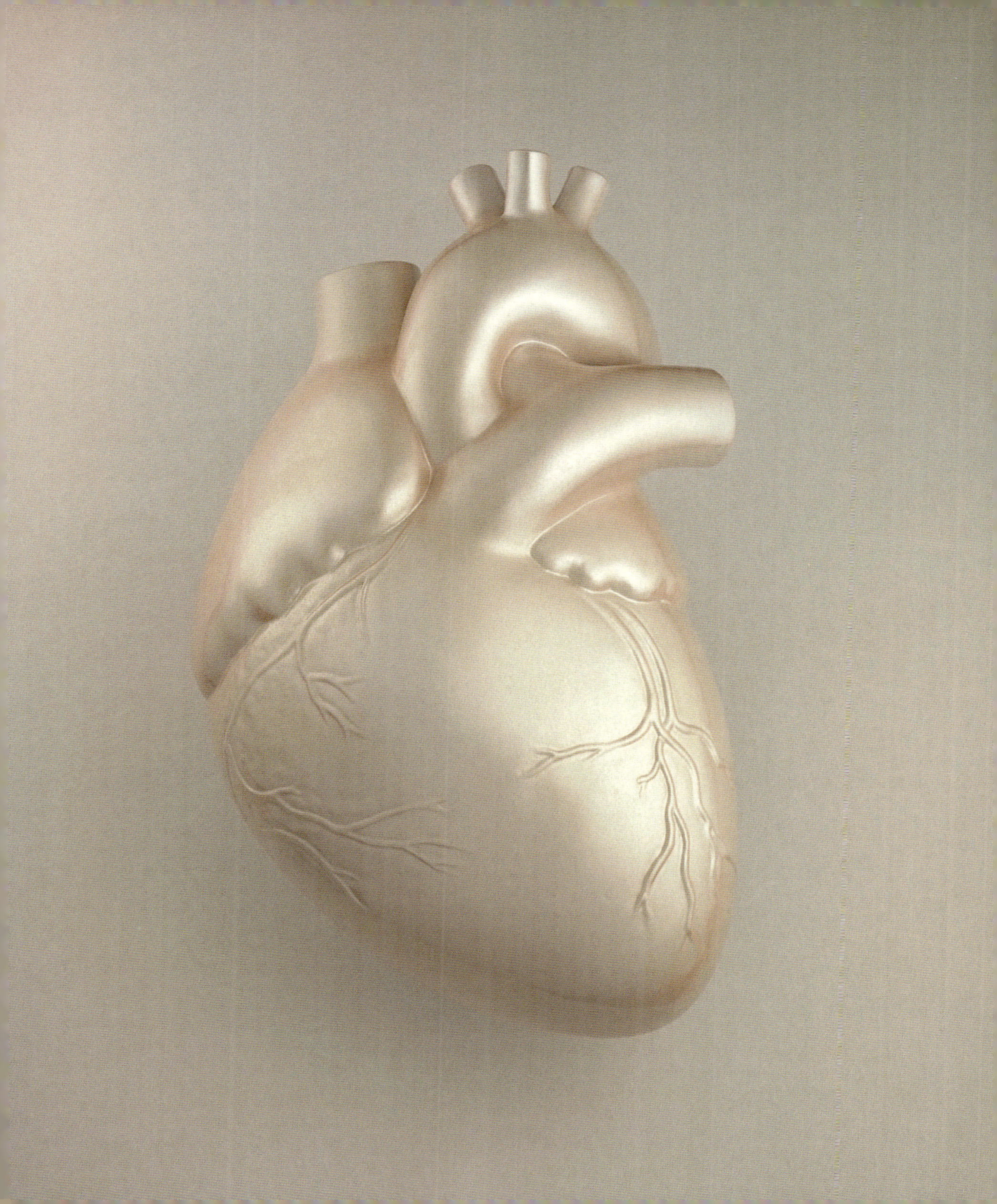

1967

Accompagnement de fin de vie

Jeanne Garnier (1811-1853), **Cicely Mary Saunders** (1918-2005) **Elisabeth Kübler-Ross** (1926-2004)

L'accompagnement de fin de vie fait référence à la fois à une philosophie et à une approche dans la prise en charge de la phase terminale de la vie. Il comporte la réduction de la douleur et la réponse aux attentes psychologiques et spirituelles du mourant. Une telle prise en charge peut se faire dans les hôpitaux, les centres de soins ou au domicile du patient. Au XIVe siècle, les Chevaliers hospitaliers de l'Ordre de Saint Jean de Jérusalem (un ordre chrétien militaire) ouvrirent, sur l'île grecque de Rhodes, un hospice pour les malades et les mourants. En 1842, Jeanne Garnier, veuve ayant perdu ses deux enfants, fonda l'hospice de l'Association des Dames du Calvaire à Lyon.

La plus importante fondatrice des soins palliatifs modernes fut Cicely Saunders, d'abord infirmière, puis médecin. Elle ouvrit en 1967 l'hospice Saint Christophe dans le sud de Londres, dans lequel elle mourut à quatre-vingt-sept ans. Elle écrivait « Vous avez de l'importance pour ce que vous êtes. Vous avez de l'importance jusqu'au dernier moment de votre vie, et nous ferons tout ce que nous pourrons non seulement pour vous aider à mourir paisiblement, mais aussi à vivre jusqu'à votre mort. »

À peu près à la même période où Saunders lançait les soins palliatifs en Angleterre et aux États-Unis, la psychiatre d'origine suisse Elisabeth Kübler-Ross analysait la façon dont les hôpitaux et la société répondaient à la phase terminale de la vie. Dans son témoignage devant le Comité spécial sur le vieillissement du Sénat américain, en 1972, elle déclarait : « Nous vivons dans une société qui refuse la mort. Nous isolons à la fois le mourant et le vieillard, parce qu'ils nous rappellent que nous sommes mortels. Nous ne devrions pas les placer en institution, mais donner davantage d'aide aux familles pour les soins à domicile, des infirmières visiteuses et une aide spirituelle, émotionnelle et financière, afin de faciliter les soins de fin de vie à domicile. »

VOIR AUSSI Hôpitaux (1784), Ambulance (1792), Consentement éclairé (1947), Cryogénisation (1962), Expériences de mort imminente (1975) et Ne pas réanimer (1991).

Siège de Saint Jean d'Acre défendu par l'Ordre des Chevaliers hospitaliers de Saint Jean de Jérusalem (1291). La peinture de D. Papety, (1815-1849) montre le Maître hospitalier Mathieu de Clermont défendant les murs de la ville.

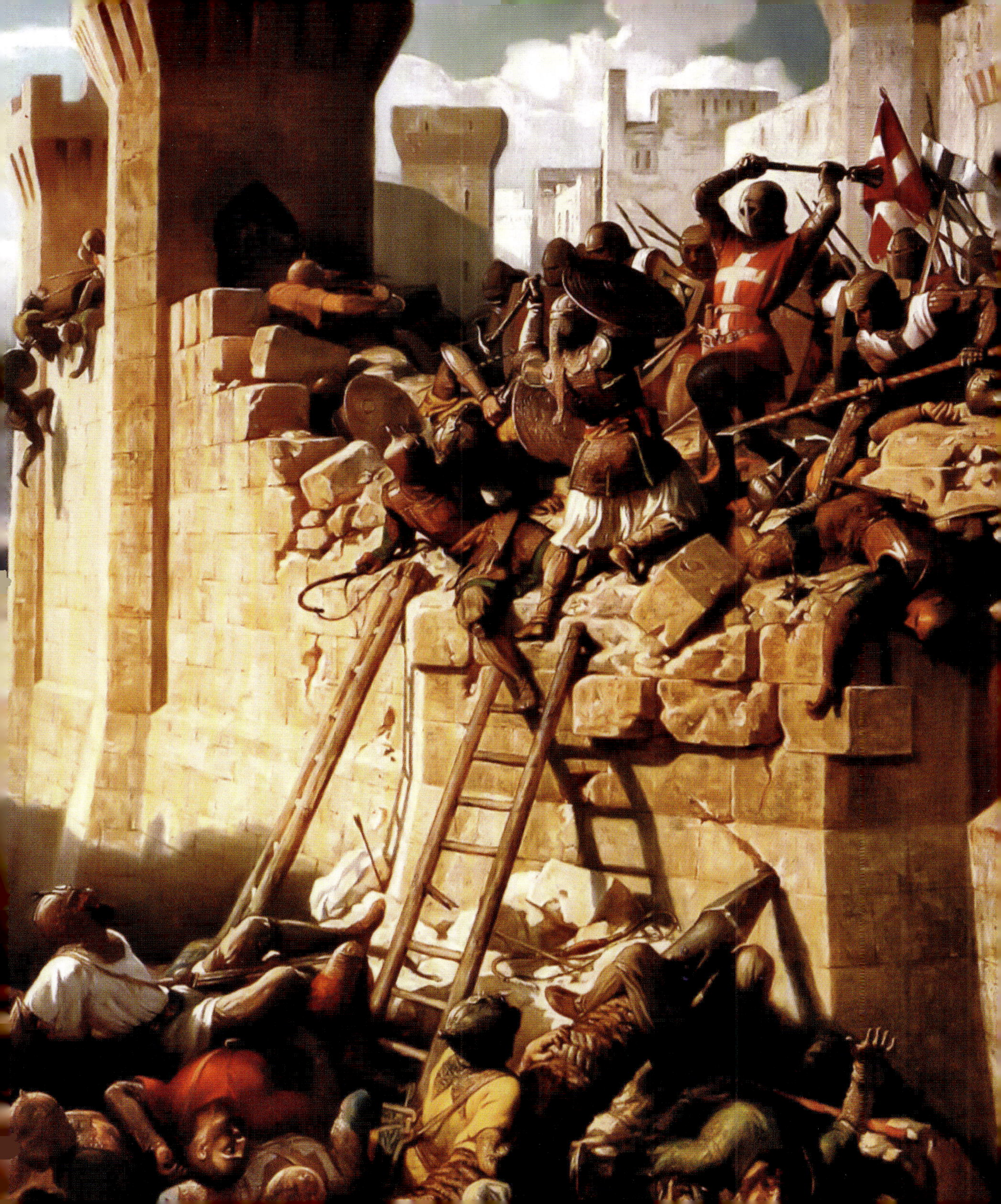

1970

Transcriptase inverse et SIDA

Howard Martin Temin (1934-1994), **David Baltimore** (né en 1938)

Selon l'un des dogmes majeurs de la biologie, l'information contenue dans les séquences d'ADN de nos cellules est transcrite dans les molécules d'ARN, qui à leur tour la transcrivent dans les protéines. Pourtant, en 1970, les biologistes américains Howard Temin et David Baltimore découvrirent, indépendamment l'un de l'autre, la transcriptase inverse (TI), enzyme capable de transcrire un ARN simple brin en ADN double brin. Cette découverte assura une meilleure connaissance des rétrovirus, comme le virus de l'immunodéficience humaine (VIH) responsable du syndrome d'immunodéficience acquise (SIDA).

Schématiquement, un rétrovirus comporte une enveloppe externe (membrane lipidique et protéines de surface) et une partie centrale (nucléocapside) avec des protéines de structure (dont la TI) et deux molécules identiques d'ARN simple brin. Lorsqu'un rétrovirus envahit une cellule, ses protéines d'enveloppe se fixent aux récepteurs de la surface cellulaire (les lymphocytes T pour le VIH-1). À l'intérieur de la cellule hôte, la TI synthétise des copies ADN de l'ARN viral. Cet ADN viral entre dans le noyau des cellules, où l'intégrase (autre enzyme virale) l'insère dans l'ADN cellulaire.

Ces inserts sont transcrits par les propres enzymes de l'hôte en nouvelles molécules d'ARN, qui sont traduites par la cellule hôte en protéines de capside, TI et protéines d'enveloppe. L'ensemble de ces éléments constituent de nouvelles particules virales formées par la cellule hôte.

Les médicaments antirétroviraux comprennent des inhibiteurs de la TI, des inhibiteurs de protéase (qui bloquent l'action d'une enzyme protéasique dont le rétrovirus a besoin pour sa maturation complète), des inhibiteurs de la fusion (qui interfèrent avec l'entrée du VIH dans la cellule humaine) et des inhibiteurs de l'intégrase. À noter que différents types de rétrovirus peuvent causer des cancers lorsque l'ADN viral nouvellement formé est inséré dans l'ADN de l'hôte.

VOIR AUSSI Préservatif (1564), Découverte des virus (1892), Stanley et l'invasion des cristaux (1935), Structure de l'ADN (1953), Thymus (1961), Oncogènes (1976) et Interférence ARN (1998).

Photographie en microscopie électronique à balayage colorisée du VIH-1 (en vert) bourgeonnant dans une culture de lymphocytes. Les bosses arrondies à la surface cellulaire représentent des sites d'assemblage et de bourgeonnement des virions.

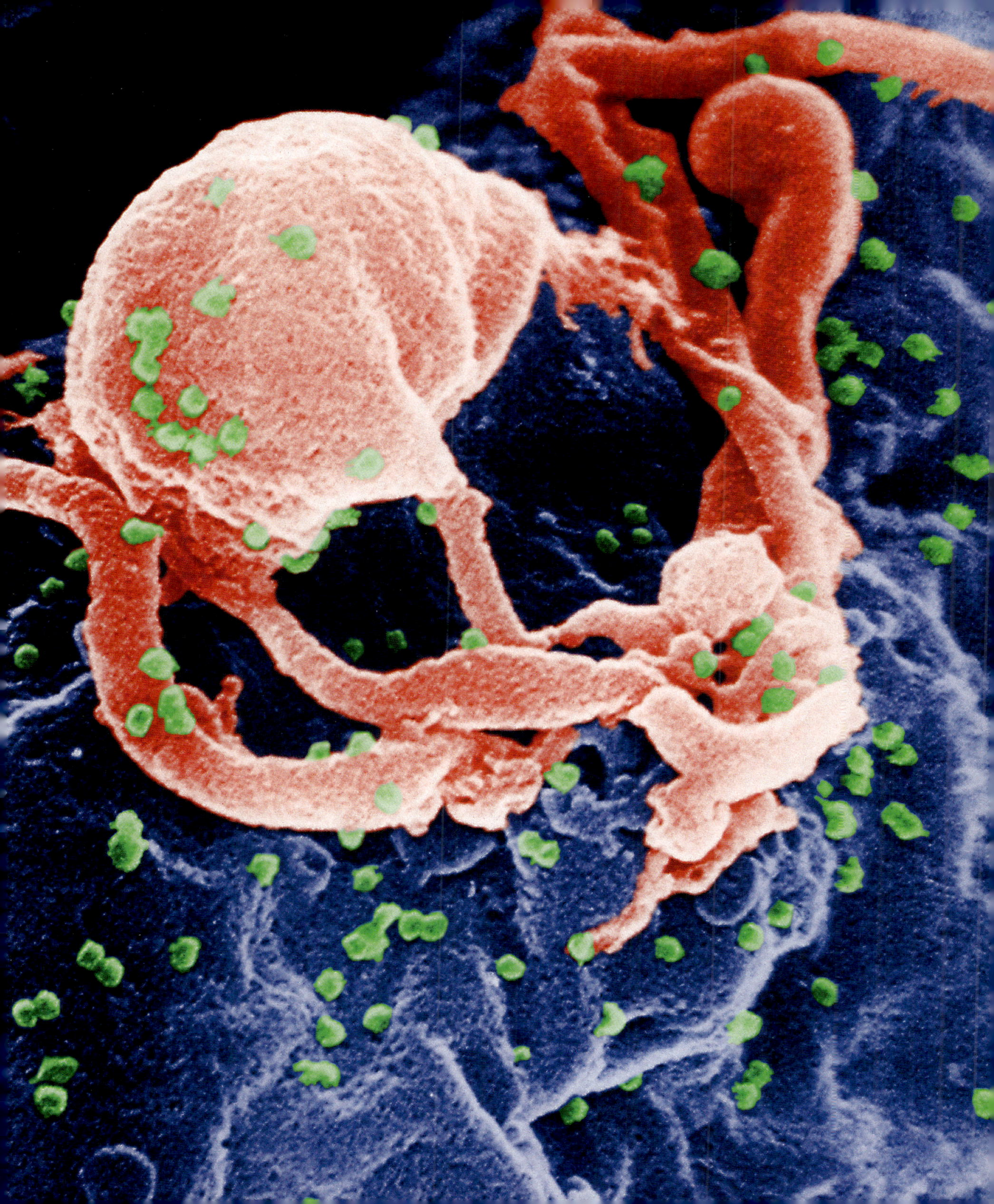

1972

Cyclosporine

Hartmann F. Stähelin (né en 1925), **Thomas E. Starzl** (né en 1926), **Roy Yorke Calne** (né en 1930)

Dans les années 1960, les chances de survie à une transplantation d'organe augmentaient, mais l'organisme rejetait habituellement le tissu étranger. La transplantation était perçue comme une activité désespérée d'une branche désespérante de la chirurgie. Et c'est fortuitement que les chirurgiens reçurent une alliée de poids dans leurs efforts pour sauver des vies.

En 1972, des chercheurs de Sandoz, une compagnie pharmaceutique suisse, effectuant un test de criblage conçu par le médecin Hartmann Stähelin, découvrirent les effets immunosuppresseurs de la cyclosporine (également orthographiée ciclosporine), un composé extrait d'un champignon. Le chirurgien britannique Roy Calne et ses collègues démontrèrent l'efficacité de la cyclosporine dans les transplantations rénales, et, en 1983, le produit fut approuvé aux États-Unis pour usage dans toutes les transplantations.

Le médecin américain Thomas Starzl montra que la cyclosporine avait une efficacité accrue en association avec les stéroïdes ; il démontra son efficacité dans la transplantation hépatique et devint le plus célèbre et influent transplanteur au monde. En 1984, il remplaça en même temps le cœur et le foie d'une fillette de six ans, qui deux semaines après sautait à la corde dans l'hôpital.

La cyclosporine était le premier produit immunosuppresseur qui provoquait une inhibition sélective des lymphocytes T, sans toxicité excessive et en préservant une partie importante du système immunitaire permettant de lutter contre les infections. Toutefois, le produit n'est pas parfait : il ne prévient pas le rejet de tous les organes ; il doit être pris à vie par les transplantés, il peut causer une atteinte rénale, et augmente le risque de cancer. Vingt-cinq ans après sa découverte, environ 200 000 personnes bénéficient de la cyclosporine pour leur transplantation.

VOIR AUSSI Greffe de tissu (1597), Greffe de cornée (1905), Transplantation rénale (1954), Greffe de moelle osseuse (1956), Transplantation hépatique (1963), Transplantation de poumon (1963), Transplantation de la main (1964), Greffe de pancréas (1966), Transplantation cardiaque (1967), Transplantation intestinale (1987) et Greffe du visage (2005).

Modélisation 3D de la molécule de cyclosporine. Complexée avec la cyclophiline A, cette substance arrête, par inhibition d'enzyme, la production de molécules pro-inflammatoires et prévient le rejet des greffes.

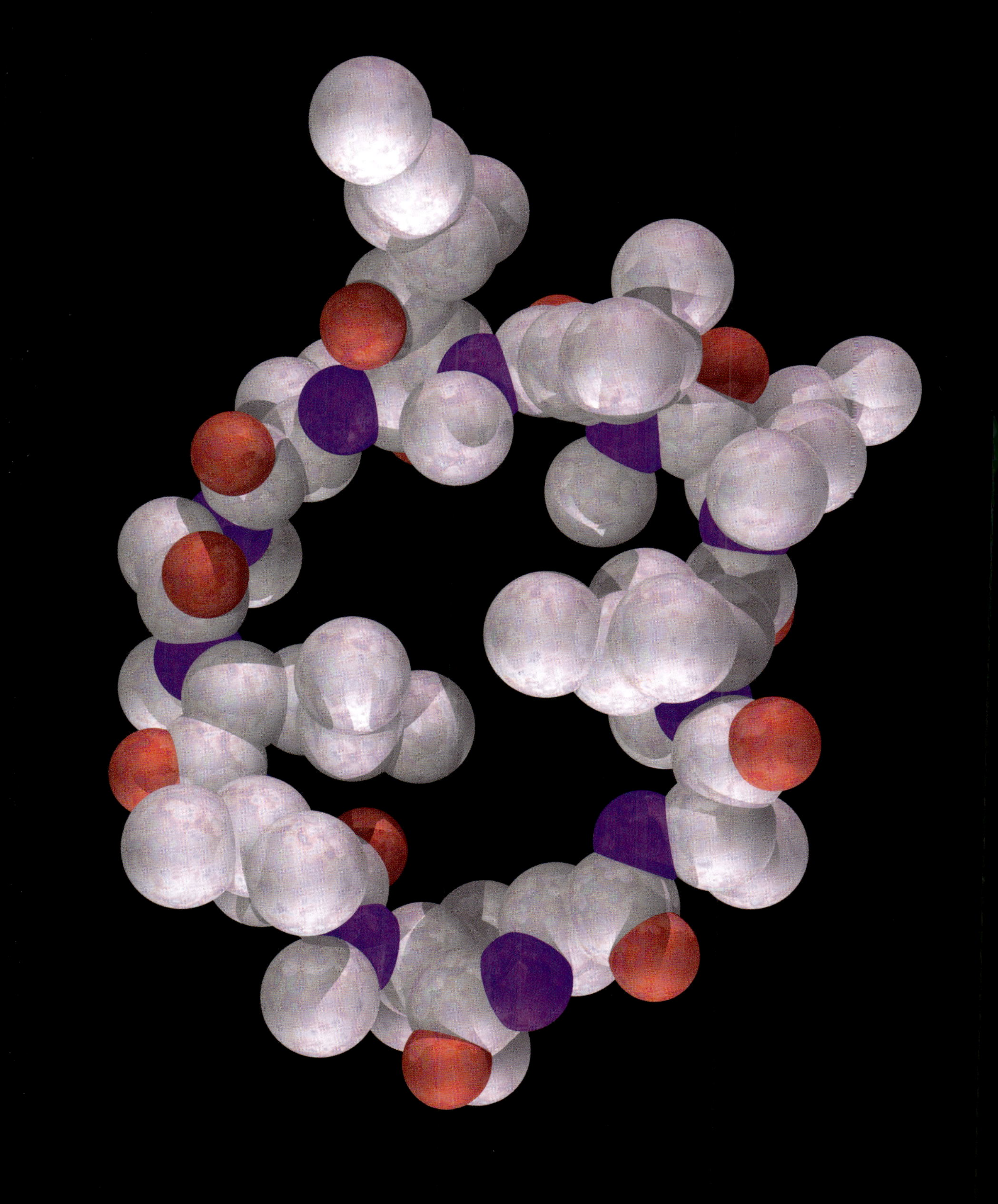

1973

Tomographie par émission de positons

Gordon L. Brownell (1922-2008), **Michael E. Phelps** (né en 1939)

Les réactions matière-antimatière ont déjà une application pratique en imagerie médicale tridimensionnelle, dans la tomographie par émission de positons (ou TEP scan). À l'inverse d'autres types de scanners, comme la tomodensitométrie ou l'imagerie par résonance magnétique, qui utilisent respectivement les rayons X et le champ magnétique, le TEP scan fournit une information détaillée sur le *fonctionnement* du corps ou des tissus.

Avant un TEP scan, le patient reçoit une injection d'un traceur radioactif comme le déoxyfluoroglucose (DFG), dont la molécule contient un atome de fluor radioactif. Les cellules métaboliquement actives, comme les cellules cancéreuses, absorbent plus de DFG que des cellules et tissus moins actifs. Quand l'atome de fluor se désintègre, il émet un positon (antiparticule de l'électron avec une charge électrique positive). Si le positon entre en collision avec un électron ordinaire, il provoque une libération d'énergie sous forme de rayons gamma, qui sont captés par des détecteurs circulaires entourant le patient et aident à identifier la localisation des hautes concentrations de DFG. Le fluor radioactif ayant une période de vie courte, la dose de radiation reçue par le patient est faible.

De nombreux scientifiques ont contribué au développement du TEP scan. En 1953, le physicien américain Gordon Brownell réalisa les essais d'utilisation des positons en imagerie médicale du cerveau. En 1973, le biophysicien américain Michael E. Phelps inventa un premier appareil, puis travailla sur d'autres générations de TEP qui servent de prototypes aux systèmes actuels.

Bien que peu précis, le TEP scan permet néanmoins de détecter des tumeurs et la diffusion des cancers, de déterminer l'efficacité d'un traitement anticancéreux, d'étudier le flux sanguin dans le cœur, d'évaluer les attaques cérébrales et l'épilepsie, de dépister une maladie d'Alzheimer et de la différencier d'autres affections neurologiques comme la maladie de Parkinson, la chorée de Huntington ou la démence vasculaire.

VOIR AUSSI Rayons X (1895), Radiothérapie (1903), Mammographie (1949), Échographie (1957), Dosage radioimmunologique (1959), Tomodensitométrie (1967) et Imagerie par résonance magnétique (1977).

Coupe de cerveau obtenue par tomographie à émission de positons chez un patient ayant reçu le traceur DFG. Les zones des fortes concentrations de DFG sont en rouge, et en bleu celles de faibles concentrations.

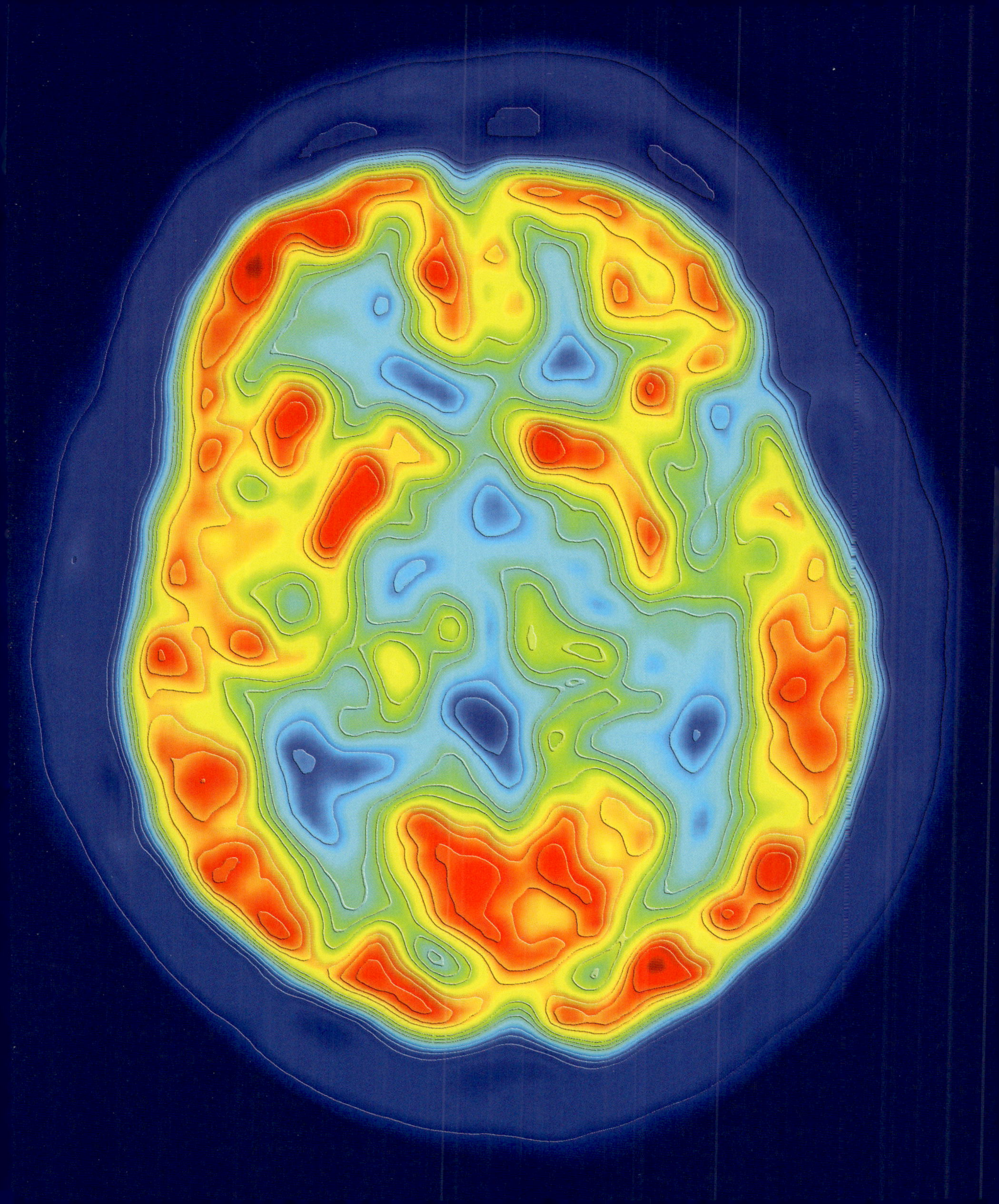

1973

Statines

Akira Endo (né en 1933)

Le cholestérol est un composé essentiel au bon fonctionnement de chaque cellule de notre organisme, mais il contribue également à l'athérosclérose, au cours de laquelle il se dépose à la partie interne des parois artérielles. Ces dépôts, ou plaques, peuvent se détacher et entraîner la formation d'un caillot sanguin. Il en résulte une réduction du courant sanguin responsable d'angine de poitrine (douleur) ou d'infarctus du myocarde si les coronaires sont bloquées. L'athérosclérose est également associée à une inflammation des parois artérielles.

Les statines sont une classe de médicaments utilisées pour faire baisser le taux de cholestérol en inhibant l'enzyme HMG-CoA réductase que le foie utilise pour produire le cholestérol. Le biochimiste japonais Akira Endo mit deux ans pour découvrir, en 1973, la première statine anticholestérolémique (la mévastatine), isolée à partir du champignon *Penicillium citrinum*, une banale moisissure comme celle que l'on trouve sur les fruits. La compagnie pharmaceutique américaine Merck & Co fut stimulée par le travail d'Endo et, en 1978, elle isola une autre statine à partir d'un autre champignon, *Aspergillus terreus*, commercialisée en 1987 sous le nom de mévacor. Les statines ont rapporté aux compagnies pharmaceutiques quelque vingt-cinq milliards de dollars en 2006.

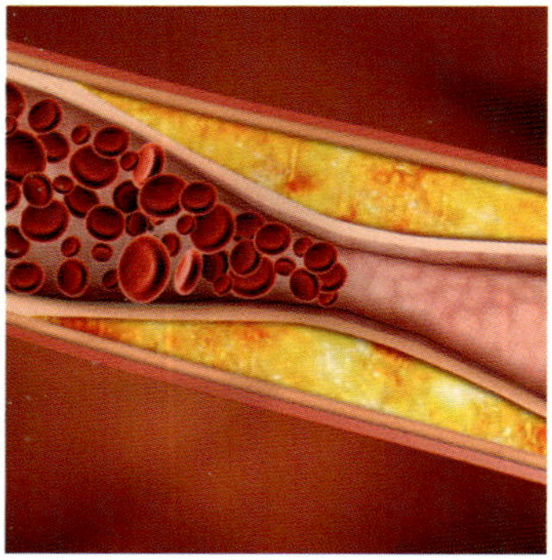

Les statines ont plusieurs effets bénéfiques. Par exemple, elles réduisent le taux de cholestérol LDL (lipoprotéines de faible densité, le « mauvais cholestérol » qui participe à la formation des plaques dans les artères), diminuent l'inflammation, tout en maintenant la stabilité de la plaque. Les statines sont généralement créditées de diminuer la mortalité des personnes ayant une maladie cardiovasculaire préexistante et des personnes à haut risque, mais elles ont des effets collatéraux comprenant une élévation anormale des enzymes hépatiques et une toxicité pour les muscles du squelette, avec libération dans le courant sanguin de produits nuisibles pour le rein pouvant aboutir à une insuffisance rénale.

VOIR AUSSI La prise du pouls (1707), Ligature de l'aorte abdominale (1817), Cortisone (1948), Angioplastie (1964) et Bêtabloquants (1964).

À GAUCHE : *plaque dans une artère réduisant le courant sanguin.* À DROITE : *le pleurote en huître,* Pleurotus ostreatus, *champignon comestible, contenant la lovastatine.*

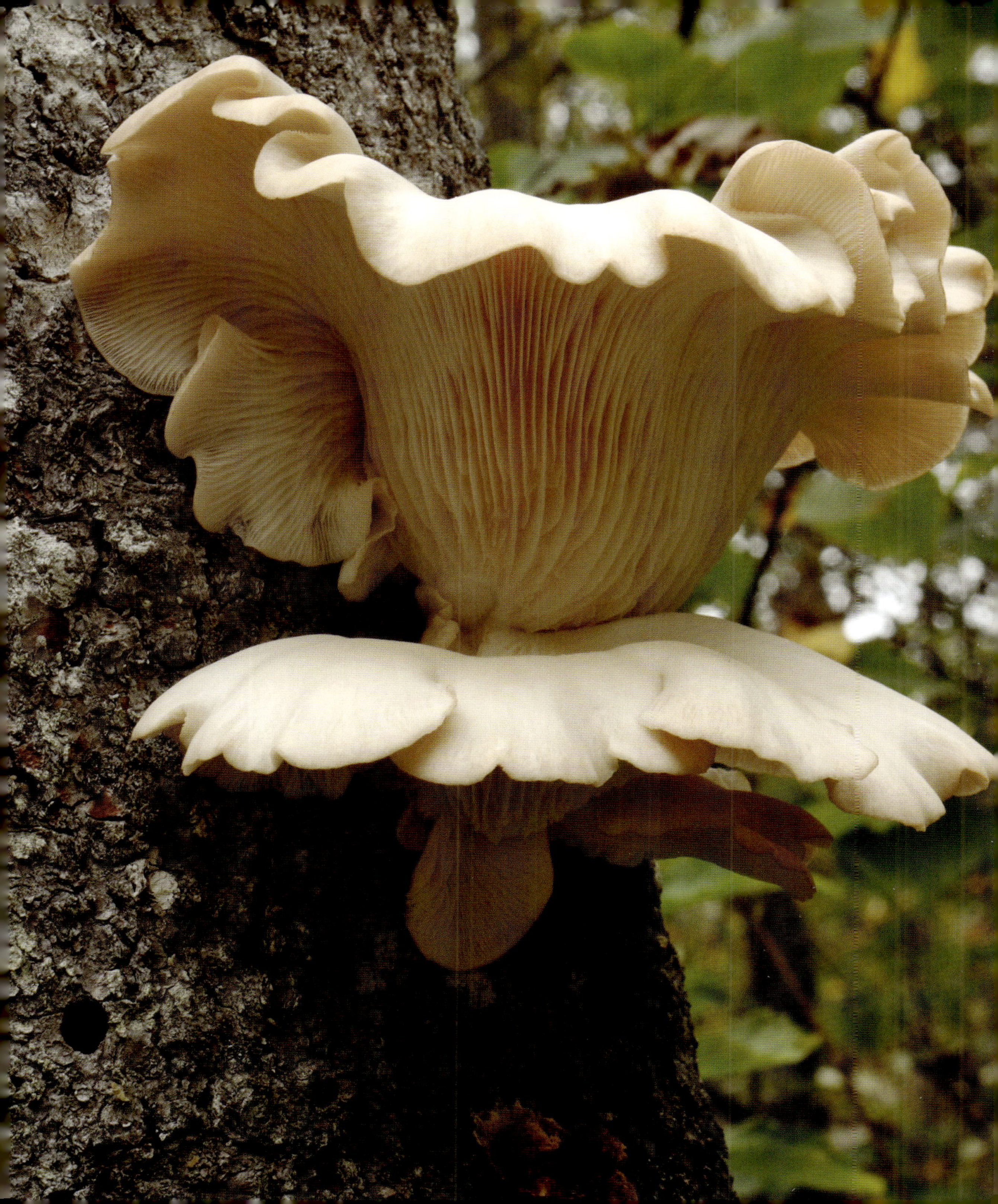

1975

Expériences de mort imminente

Platon (428-348 av. J.-C.), **Hieronymus Bosch** (1450-1516), **Raymond Moody** (né en 1944)

Selon le poète bengali Rabindranath Tagore, « La mort ce n'est pas éteindre la lumière, mais éteindre la lampe parce que l'aube est venue. » Les scientifiques et les mystiques s'interrogent depuis longtemps sur les phénomènes physiques et mentaux survenant au seuil de la mort. En 1975, le médecin Raymond Moody publia un livre à succès, *Vie après la vie*, dans lequel il rapportait des cas de personnes sans signes vitaux, certaines déclarées mortes par leurs médecins, qui reprenaient ensuite connaissance. Certaines d'entre elles avaient eu des expériences de mort imminente (EMI), un terme créé par Moody, au cours desquelles elles se sentaient quitter leur corps et flotter vers le ciel. Durant les EMI, beaucoup voient une lumière au bout d'un tunnel et ressentent de la sérénité. Certains disent avoir vu les médecins les réanimer.

Si pour les uns les EMI prouvent l'existence d'une vie après la mort, ou au moins d'un état de conscience en dehors du corps, d'autres expliquent ces phénomènes en termes purement biologiques, suggérant que ces expériences correspondent à des hallucinations causées par un cerveau privé d'oxygène (hypoxie) ou par un excès de dioxyde de carbone dans le sang (hypercapnie). D'autres enfin émettent l'hypothèse que ce sont des endorphines (substances chimiques du cerveau) qui créent la sensation d'euphorie rencontrée dans les EMI. Des chercheurs ont pu reproduire un état d'altération de la conscience ressemblant à celui de l'EMI en utilisant la kétamine, substance, entre autre, hallucinogène. Les EMI ont une profonde et durable répercussion psychologique sur les personnes les ayant vécues, c'est pourquoi les médecins les étudient pour mieux comprendre leur mécanisme.

La connaissance des EMI n'est pas nouvelle. Dans la *République*, Platon raconte l'histoire d'un soldat tué qui voyage vers « une lumière droite comme un pilier, ressemblant à un arc-en-ciel, mais plus brillante et pure », et qui revient plus tard à la vie pour répandre la nouvelle d'un autre monde.

VOIR AUSSI Défibrillateur (1899), Recherche de l'âme (1907), Psychologie analytique de Jung (1933), Épiphyse (1958), Cryogénisation (1962) et Accompagnement de fin de vie (1967).

Ascension des Bienheureux *(vers 1500) peinture surprenante de l'artiste hollandais Hieronymus Bosch montrant des âmes montant vers la lumière.*

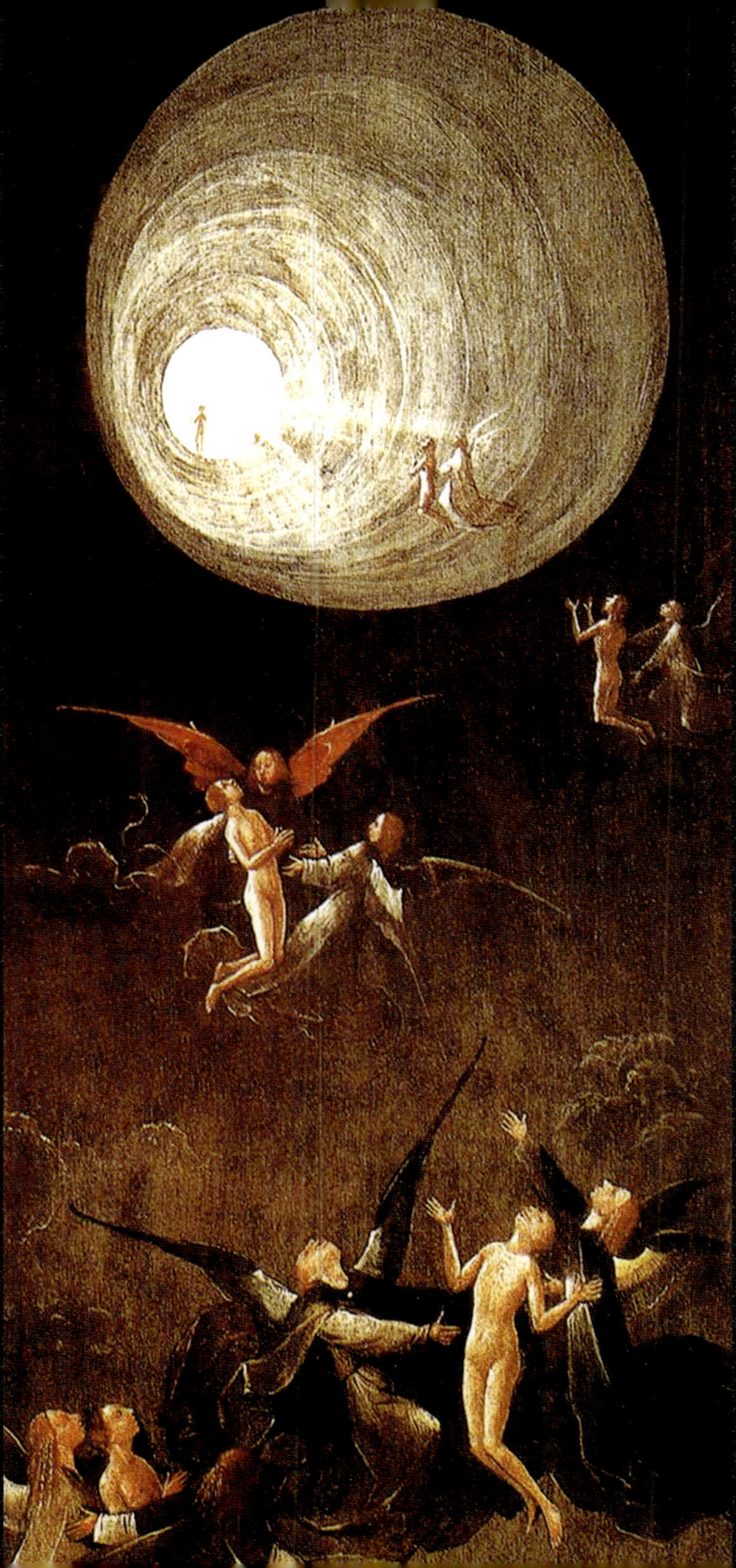

1976

Oncogènes

John Michael Bishop (né en 1936), **Harold Elliot Varmus** (né en 1939)

La division cellulaire repose sur une séquence spécifique d'événements qui implique un traitement correct de l'information contenue dans nos gènes. Lorsque ce mécanisme fonctionne mal, une croissance cellulaire non régulée, c'est-à-dire un cancer, peut survenir. Parmi les mécanismes généraux facilitant le passage des cellules vers l'état de cancer figurent les proto-oncogènes, dont l'activité normale est de promouvoir la prolifération des cellules saines. Sous forme altérée, comme une mutation de leur séquence génétique, le proto-oncogène peut se transformer en oncogène, qui favorise une croissance cellulaire excessive. Cette mutation peut être déclenchée par des radiations, des produits chimiques ou d'autres facteurs. D'autre part, les gènes suppresseurs de tumeurs (ST) inhibent les éléments favorisant un état cancéreux ; par exemple quelques produits des gènes ST peuvent conduire à l'apoptose (mort cellulaire programmée) des cellules anormales.

En 1976, les biologistes américains J. Micheal Bishop et Harold E. Varmus montrèrent que les oncogènes étaient des proto-oncogènes défectueux trouvés dans beaucoup d'organismes, y compris chez l'homme.

Des gènes causant le cancer furent d'abord découverts chez les virus et montrèrent qu'ils étaient en fait des copies de gènes cellulaires normaux. En bref, les oncogènes viraux sont des proto-oncogènes incorporés dans les virus sous une forme légèrement altérée. Quand le virus envahit une cellule hôte, il introduit des oncogènes viraux additionnels, qui peuvent accroître dangereusement l'activité des proto-oncogènes existants. Certains cancers produits par ces oncovirus peuvent faire l'objet d'une prévention par la vaccination contre le virus, et certaines protéines cancérigènes peuvent être ciblées par des anticorps monoclonaux. Enfin, l'expression des oncogènes peut parfois être supprimée par de petites molécules d'ARN appelées micro-ARN. Mais des mutations de ces micro-ARN peuvent activer des oncogènes.

VOIR AUSSI Causes du cancer (1761), Division cellulaire (1855), Génétique mendélienne (1865), Découverte des virus (1892), Stanley et l'invasion des cristaux (1935), Transcriptase inverse et SIDA (1970), Épigénétique (1983), Thérapie génique (1990) et Interférence ARN (1998).

Modèle moléculaire de la protéine suppresseur de tumeur p53 liées à un brin d'ADN. Des cancers peuvent être causés par des mutations qui inactivent cette protéine, qui normalement se comporte comme « gardien du génome ».

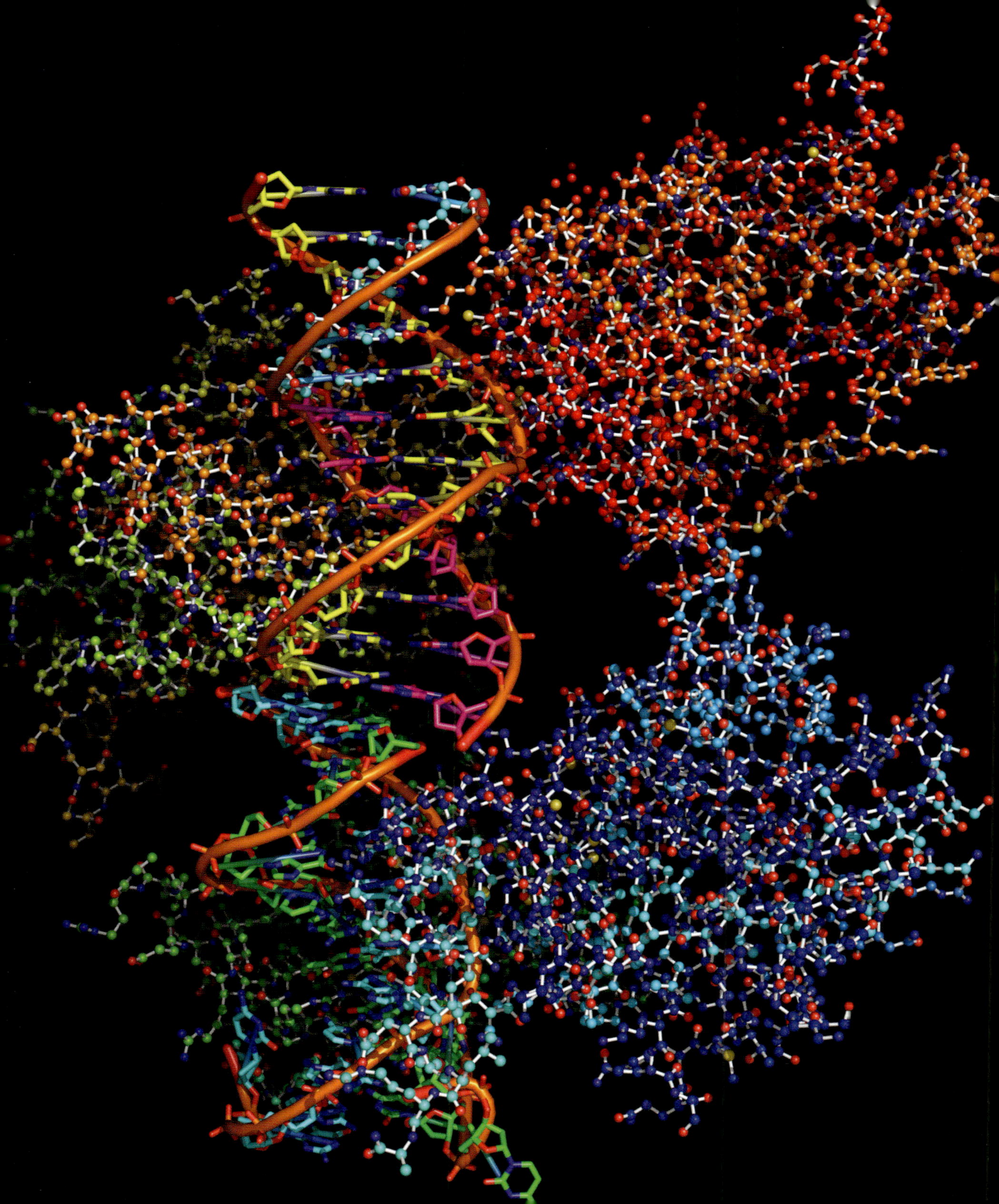

1977

Implants cochléaires

André Djourno (1904-1996), **Charles Eyriès** (1908-1996), **Adam M. Kissiah Jr** (né en 1947)

Malgré la prévision du prophète Isaïe, qui disait un jour viendra où « les yeux des aveugles s'ouvriront et les oreilles des sourds se déboucheront », les sourds ont été maltraités ou considérés comme des parias tout au long de l'histoire.

Chez l'homme, les sons atteignent la cochlée, un organe de l'oreille interne, spiralé et rempli de liquide. Des cils microscopiques flottant dans le liquide, vibrent en réponse aux ondes des sons qu'ils convertissent en influx nerveux envoyé au cerveau par le nerf auditif. Toute absence ou lésion de cellules ciliées, suite à une malformation, un traumatisme ou une maladie, a pour conséquence une diminution de l'audition d'origine neurosensorielle.

Un implant cochléaire (IC) est un appareil électronique qui produit la sensation de son chez le sourd. Il comprend une partie externe faisant office de microphone, un processeur de paroles qui transforme le son en canaux de fréquences différentes et un transmetteur qui envoie le son transformé (par induction électromagnétique) au récepteur situé sous la peau. Les signaux sont alors envoyés à un groupe d'électrodes disposées dans la spirale cochléaire. Les IC sont en général efficaces chez les sourds récents ou chez l'enfant sourd s'ils sont précocement implantés (moins de deux ans). Pour les personnes sourdes depuis longtemps ou qui n'ont jamais entendu, le cerveau a de grandes difficultés à s'adapter à cette nouvelle impulsion sensorielle.

La recherche dans le domaine des IC fut initiée en 1957 par les travaux des Français André Djourno et Charles Eyriès, qui placèrent une bobine d'induction sur le nerf auditif d'un patient sourd durant une intervention chirurgicale, lui permettant d'entendre des sons du type « grincement de roulette » ou « crissements de grillons » lorsque le courant était appliqué. Les premiers appareils ne permettaient pas de comprendre la parole, mais aidaient à la lecture sur les lèvres. En 1977, l'ingénieur américain Adam Kissiah reçut un prix institutionnel américain pour son appareil miniaturisé de stimulation électronique du nerf acoustique humain.

VOIR AUSSI Classement des nerfs crâniens (1664), Découverte du labyrinthe (1772) et Aides auditives (1899).

Caricature de R. Sayer, (1786) : « Faire sonner des pièces dans une bourse en cuir serait plus efficace que crier d'une voix de stentor. »

FRIENDS BY THE EARS.

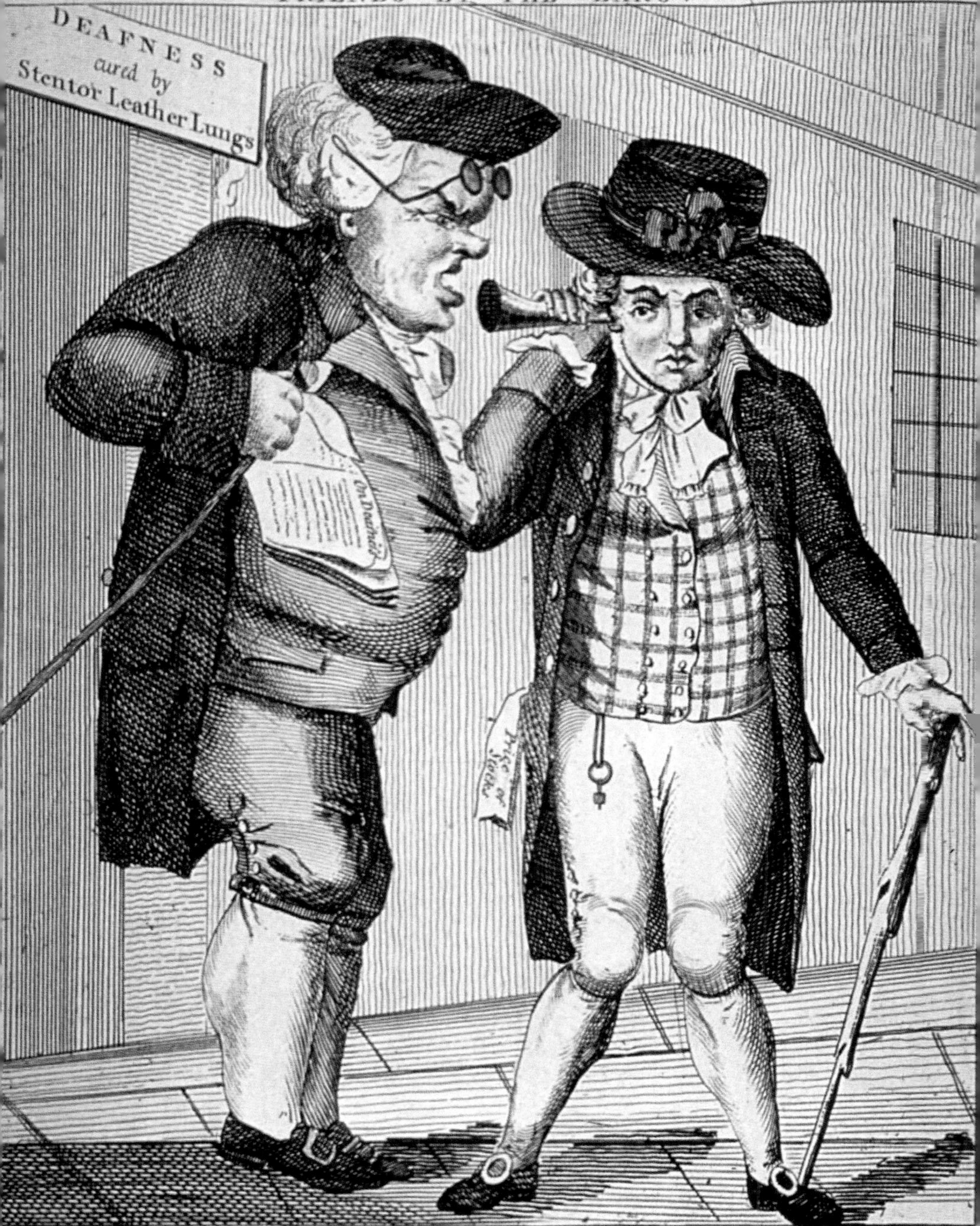

tor in vain through Mammon's Trumpet raves,
talks of Sett'ling, and his Ballance craves;
f as an Adder, when the Charm is try'd,
cannot hear! his Drum is petrify'd!

Should he next time a better Method take,
And talk of Stocks, a Bag of Guineas shake,
Instant the Cure, a pleasing Change appeers,
The Drum vibrates, and the glad Broker hears.

London. Pub.d as the Act directs, by R. Sayer, Printseller, No. 53, Fleet Street, October 2nd 1786

1977

Imagerie par résonance magnétique

Paul Christian Lauterbur (1929-2007), **Peter Mansfield** (né en 1933), **Raymond Vahan Damadian** (né en 1936)

L'imagerie par résonance magnétique (IRM) utilise le champ magnétique, les ondes radio et l'ordinateur pour visualiser les structures internes du corps, avec un plus grand contraste entre les tissus mous que celui fourni par les images radiologiques ou les scanners. Pour l'IRM, le patient est placé à l'intérieur d'un grand tube circulaire qui crée un champ magnétique fort.

Si un noyau atomique a au moins un neutron ou proton impair, il peut être magnétisé. Le champ magnétique exerce une force qui fait osciller le noyau comme une toupie (spin). La différence d'énergie entre les états de spin nucléaire peut être accrue en augmentant le champ magnétique externe. Une fois le champ magnétique établi, des ondes radio induisent des transitions entre les états de spin, plaçant certains dans un état de plus haute énergie. Si l'onde radio est arrêtée, les spins reviennent à un état plus bas et produisent un signal détectable par radio à la fréquence de résonance du spin.

En 1971, le médecin américain Raymond Damadian montra que la vitesse de relaxation de l'hydrogène pouvait être différente dans les cellules tumorales par rapport aux cellules normales, offrant la possibilité d'appliquer l'IRM au diagnostic médical. En 1977, il réalisa une IRM du corps humain entier. Le chimiste américain Paul Lauterbur participa à la production d'images d'IRM utilisant des gradients de champ magnétique, et le physicien britannique Peter Mansfield améliora les images efficientes grâce à des modèles mathématiques.

L'IRM permet de détecter les tissus contenant de nombreux noyaux hydrogène (c'est-à-dire des molécules d'eau), comme le cerveau, la moelle épinière, les disques intervertébraux et le cœur. L'IRM peut donner une information sur la composition chimique d'un tissu. L'injection de solutions contenant du gadolinium permet d'accroître le contraste visuel. L'IRM de diffusion est employée pour mesurer la diffusion de l'eau dans les tissus. L'IRM fonctionnelle rend possible l'étude de l'activité cérébrale en temps réel.

VOIR AUSSI Rayons X (1895), Radiothérapie (1903), Mammographie (1949), Échographie (1957), Tomodensitométrie (1967) et Tomographie par émission de positions (1973).

Coupes sériées sagittales d'un cerveau en IRM.

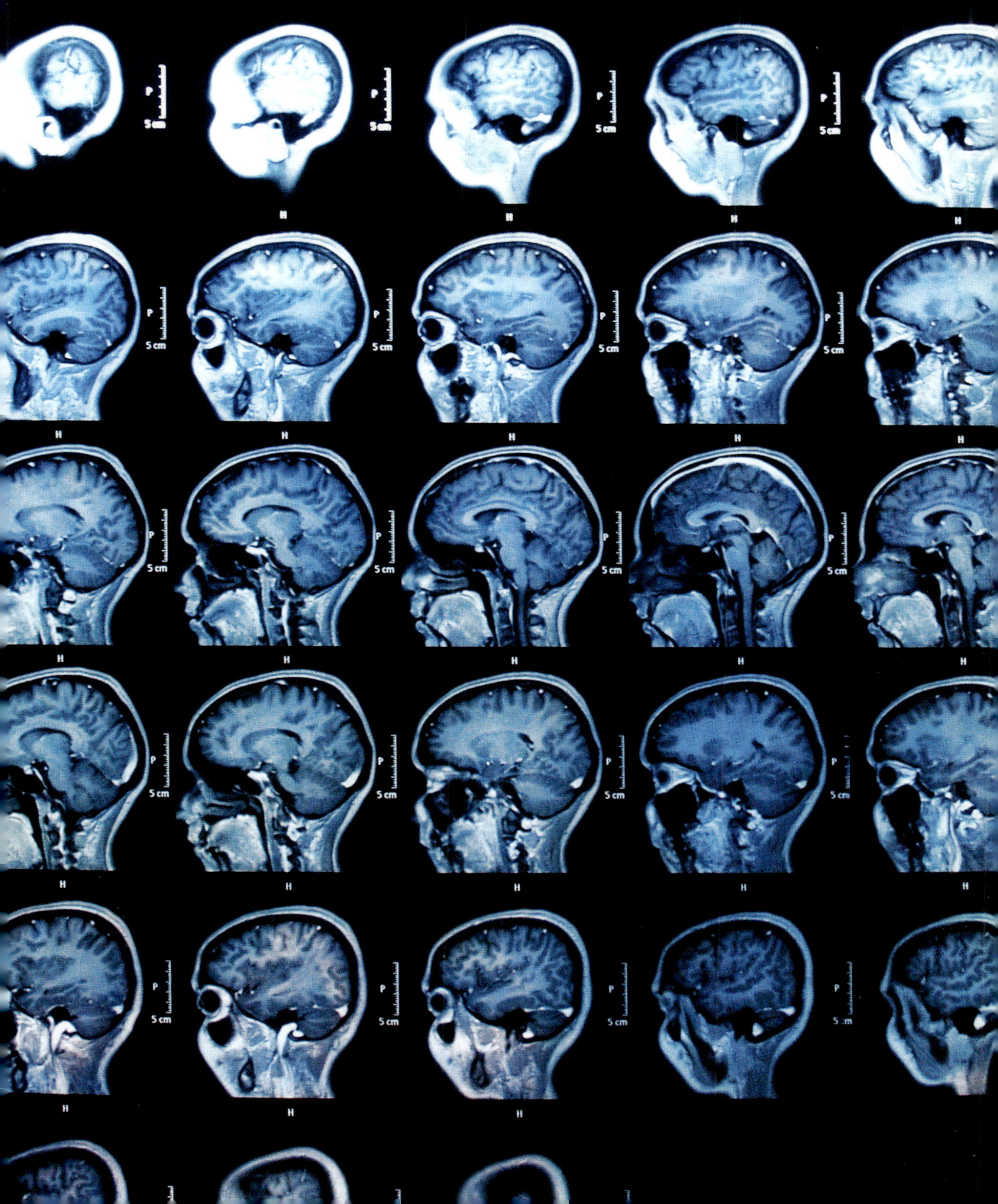
P
5 cm
H

1978

Premier bébé-éprouvette

Patrick Christopher Steptoe (1913-1988), **Robert Geoffrey Edwards** (né en 1925), **Louise Joy Brown** (née en 1978)

La fécondation *in vitro* (FIV) désigne le procédé au cours duquel l'ovule est fécondé par le spermatozoïde en dehors du corps. Après stimulation hormonale, le médecin récolte plusieurs ovules, grâce à une seringue passée à travers le vagin et l'utérus jusque dans les ovaires. Spermatozoïdes et ovules sont mélangés dans une boîte de Pétri contenant un milieu nutritif pour préserver les œufs. Après deux ou trois jours, le médecin transfère les embryons très précoces (au stade de huit cellules) dans l'utérus de la femme, à laquelle sont données de la progestérone pour développer la muqueuse utérine et faciliter la nidation de l'œuf. Les bébés résultant de la FIV sont parfois qualifiés de « bébés-éprouvette ».

En cas de stérilité (par exemple, si les trompes de Fallope de la femme ne permettent pas la migration de l'œuf des ovaires vers l'utérus), le couple peut choisir la FIV pour obtenir une grossesse. L'injection directe de spermatozoïdes dans un ovule peut être utilisée dans certains cas de stérilité masculine.

Plusieurs embryons sont classiquement transférés dans l'utérus pour augmenter les chances d'implantation d'un entre eux. Le diagnostic biologique préimplantatoire (DPI) permet de rechercher des anomalies chromosomiques chez l'embryon avant son implantation. Les embryons peuvent également être congelés et conservés pour utilisation ultérieure.

Le 25 juillet 1978, Louise Brown, premier bébé-éprouvette, naquit grâce aux travaux innovants sur la FIV du médecin Patrick Steptoe et du physiologiste Robert Edwards, tous deux britanniques. Elle fut saluée par le *Time* comme « un miracle de la science moderne, comparable aux premières transplantations de rein et de cœur ». Aujourd'hui, plus d'un million de bébés sont nés grâce à la FIV, à laquelle l'Église catholique romaine continue de s'opposer parce qu'elle dissocie l'acte sexuel de celui de la procréation.

VOIR AUSSI Avortement (70), Découverte des spermatozoïdes (1678), Séparation des frères siamois (1689), Salpingectomie (1883), Amniocentèse (1952), Cryogénisation (1962) et Clonage humain (2008).

Bien que les « bébés-éprouvette » actuels résultent du transfert d'embryons très précoces dans l'utérus maternel par le médecin, dans les premiers temps de la FIV, certains pensaient que les bébés étaient formés hors de l'utérus, comme figuré allégoriquement ici.

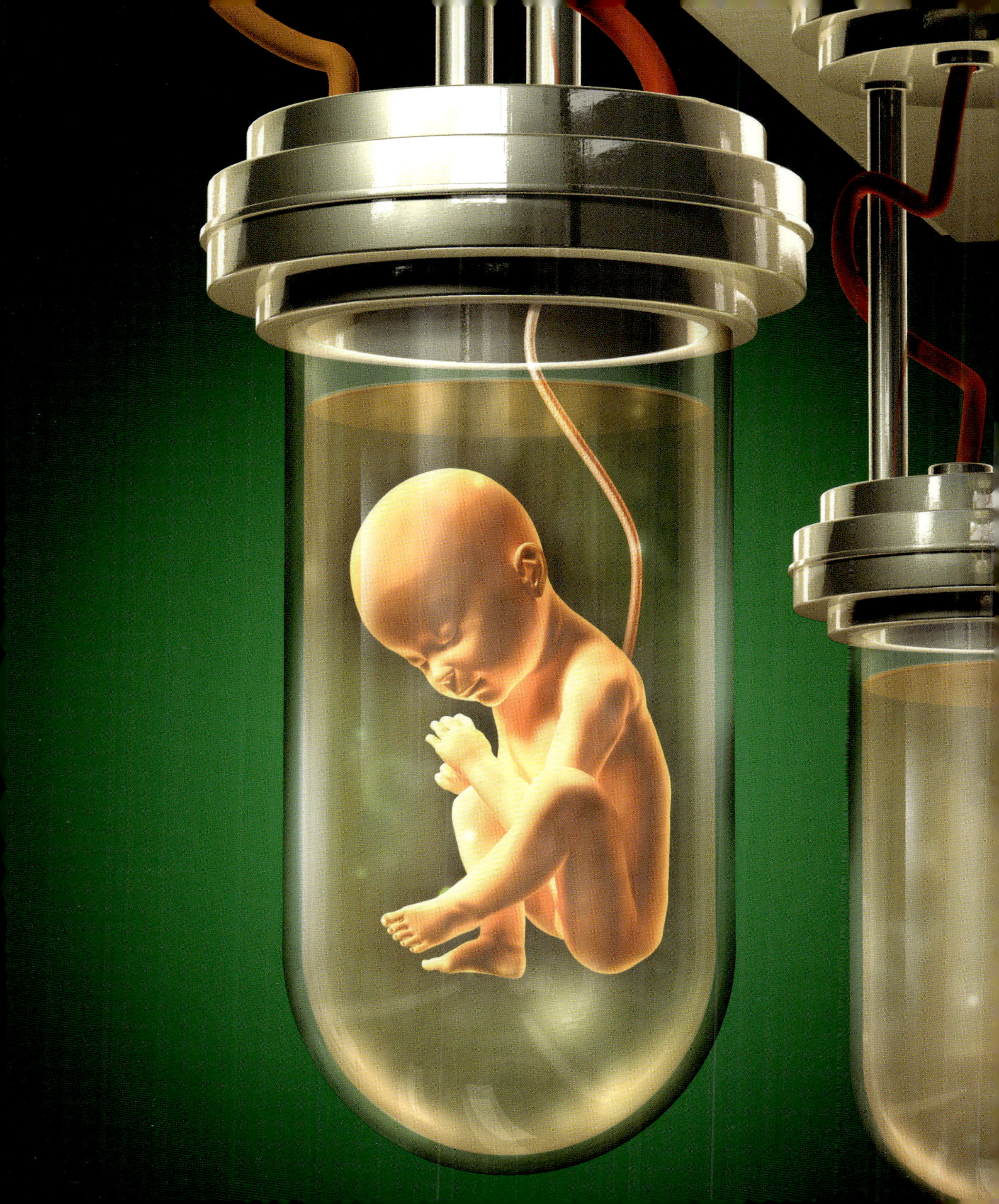

1981

Chirurgie fœtale

Michael R. Harrison (né en 1943)

La chirurgie fœtale consiste à pratiquer des opérations sur le fœtus avant sa naissance, alors qu'il est encore dans l'utérus. Réalisée habituellement quand la vie du fœtus est compromise, la chirurgie fœtale se pratique de différentes façons. Lors d'une telle intervention, le chirurgien ouvre l'abdomen et l'utérus de la mère pour opérer le fœtus qui reste connecté à elle par le cordon ombilical et le placenta. Le fœtus est ensuite remis dans l'utérus qui est recousu ainsi que l'abdomen de la mère. Une césarienne est pratiquée au moment de la naissance. L'une des difficultés de cette chirurgie est d'empêcher la mère d'entrer prématurément en travail, en raison du dommage causé à l'utérus par la chirurgie. La chirurgie fœtoscopique peu invasive (appelée parfois Fetendo du fait de sa ressemblance avec le jeu vidéo Nintendo) utilise une vidéo en temps réel, et un endoscope (fœtoscope) guide les petits instruments chirurgicaux jusqu'au site de la chirurgie.

En 1981, le chirurgien pédiatrique Michael Harrison réalisa la première opération chirurgicale fœtale ouverte, à l'université de Californie à San Francisco, pour sauver un fœtus dont la vessie était dangereusement distendue suite à un blocage de l'arbre urinaire. Harrison inséra un cathéter pour draîner l'urine et le bébé survécut.

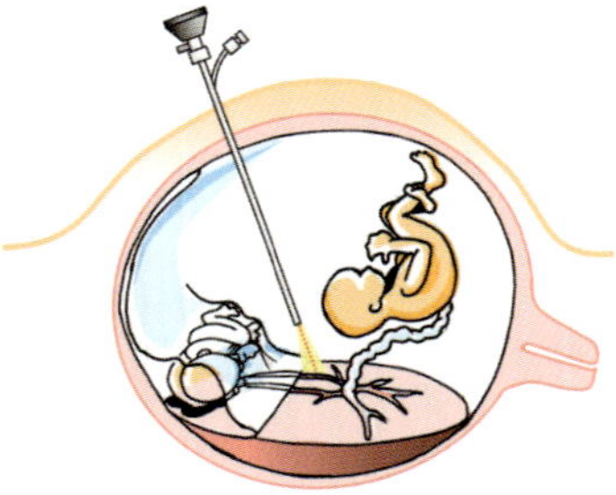

La chirurgie fœtale peut corriger diverses malformations fœtales détectées par l'échographie. Elle peut ouvrir les valves du cœur fœtal, réparer une hernie diaphragmatique, enlever des tumeurs malignes de l'appendice caudal du fœtus (tératome sacro-coccygien), et réparer la fermeture incomplète du tube neural embryonnaire, associée avec la malformation néonatale du *spina bifida*. La photo-coagulation au laser est utilisée pour clore des vaisseaux sanguins assurant des flux sanguins impropres et dangereux entre deux fœtus jumeaux.

VOIR AUSSI Séparation de frères siamois (1689), Césarienne (1882), Amniocentèse (1952), Endoscope (1954), Monitorage fœtal (1957), Échographie (1957) et Le désastre de la thalidomide (1962).

À GAUCHE : *La chirurgie fœtoscopique peu invasive peut être utilisée pour traiter le syndrome de transfuseur-transfusé, au cours duquel l'un des jumeaux reçoit une quantité disproportionnée de sang.* À DROITE : De Wikkellkinderen *(1617), toile d'un artiste anonyme, montrant un jumeau pâle, peut-être représentation d'un syndrome transfuseur-transfusé.*

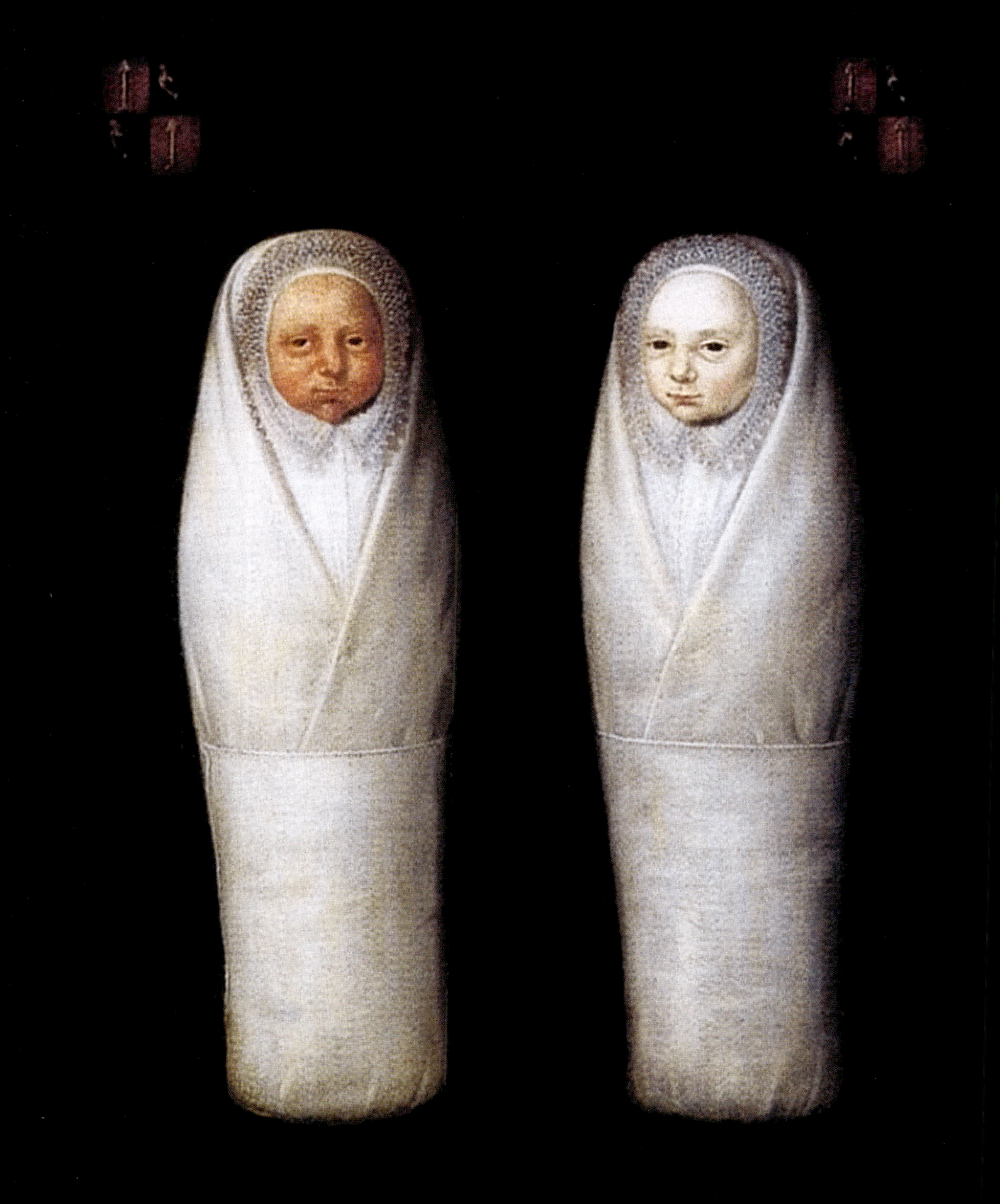

1981

Chirurgie laparoscopique

Georg Kelling (1866-1945), **Hans Jacobaeus** (1879-1937), **Kurt Semm** (1927-2003), **Philippe Mouret** (1938-2008), **Erich Mühe** (1938-2005)

La chirurgie laparoscopique est une technique chirurgicale très peu invasive réalisée à travers de petites incisions de l'abdomen. L'endoscope est un appareil tubulaire utilisé pour regarder à l'intérieur du corps, en passant en général par un orifice naturel, comme la bouche. Dans la chirurgie abdominale ou pelvienne, on utilise souvent un laparoscope muni d'un équipement électronique de capture d'images vidéo, avec un système de fibre optique permettant l'éclairage de l'intérieur du corps. En endoscopie, des instruments sont passés à travers de petits canaux de l'endoscope lui-même, mais la chirurgie laparoscopique nécessite d'introduire les instruments à travers des trocarts (sortes de tuyaux pointus utilisés comme porte d'entrée dans le corps) qui offrent différentes voies pour la manipulation des instruments. La chirurgie laparoscopique a plusieurs avantages potentiels sur la chirurgie traditionnelle, incluant une perte de sang réduite, une guérison du patient plus rapide, moins de douleur et moins de cicatrice, et une diminution des infections.

Certains travaux précurseurs de la laparoscopie ont été réalisés à partir de 1910 par le médecin suédois Hans Jacobaeus. En 1981, le chirurgien allemand Kurt Semm réalisa la première appendicectomie sous laparoscopie. Les chirurgiens allemands Erich Mühe (en 1985) et français Philippe Mouret (en 1987) réalisèrent les premières ablations de la vésicule biliaire sous laparoscopie. Depuis 1986, la laparoscopie chirurgicale fait partie intégrante de la chirurgie générale, grâce au développement des coprocesseurs graphiques qui permettent la visualisation des images sur un écran de télévision. L'acceptation de la chirurgie laparoscopique dans la population générale a été remarquablement rapide.

VOIR AUSSI Sutures (3 000 ans av. J.-C.), Hystérectomie (1813), Anesthésie générale (1842), Appendicectomie (1848), Salpingectomie (1883), Endoscope (1954), Laser (1960), Chirurgie robotique (2000) et Téléchirurgie (2001).

Dans le film Le Voyage fantastique *(de Richard Fleischer, 1966) cinq savants miniaturisés font un voyage fantastique à travers le corps humain.*

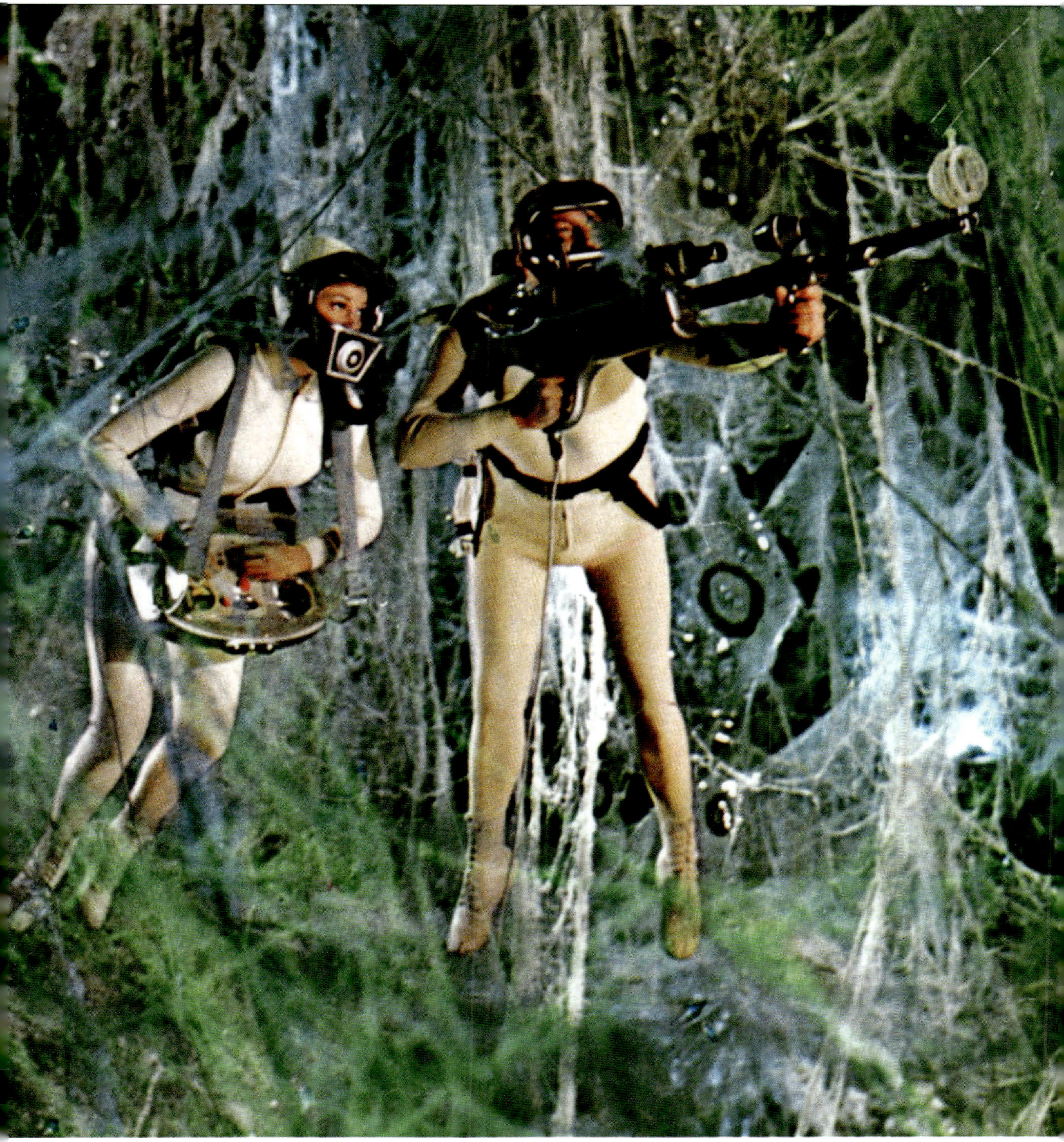

1982

Prions

Stanley Ben Prusiner (né en 1942), **Daniel Carleton Gajdusek** (1923-2008)

En 1982, le neurologiste et biochimiste américain Stanley Prusiner inventa le terme *prion* pour désigner l'agent responsable d'une maladie qui apparaissait seulement constitué d'une protéine, au contraire des agents infectieux conventionnels qui contiennent de l'ADN ou de l'ARN, en plus de protéines.

La petite protéine prion (PrP) existe sous au moins deux conformations tridimensionnelles. Sous sa forme cellulaire normale (PrP-C), la protéine a plusieurs fonctions, en particulier celle de faciliter le déplacement du signal électrique le long des fibres nerveuses. Sous sa forme mortelle (PrP-Sc, Sc pour scrapie, une maladie à prions du mouton), la protéine cause la destruction du cerveau. Dans la famille des maladies à prions, certaines, comme la maladie de Creutzfeldt-Jakob, sont acquises génétiquement par mutation du gène codant pour la PrP. D'autres peuvent être acquises en mangeant de la viande de bovins infectés par le prion. Chez ces animaux, la maladie est nommée encéphalopathie spongiforme bovine (ESB), ou maladie de la « vache folle ». Le kuru est un autre exemple de maladie à prion acquise ; il fut découvert par le médecin américain Daniel Gajdusek dans la tribu des Foré, en Nouvelle-Guinée, et résulte de la consommation rituelle du cerveau infecté des morts.

Les chercheurs ignorent toujours comment la PrP-Sc mortelle peut convertir la PrP-C en d'autres PrP-Sc. En s'accumulant dans le cerveau, la protéine anormale forme des amas et détruit les cellules cérébrales, produisant des trous dans le cerveau, menant à la perte du contrôle moteur, à la démence puis à la mort. Malheureusement, la PrP-Sc est très stable et résiste à la destruction par les produits chimiques et les agents physiques. Elle n'entraîne pas d'inflammation et le système nerveux n'est pas sollicité pour combattre cet agent. Des souris génétiquement modifiées à ne pas produire de PrP ne peuvent pas être infectées par la maladie du prion.

VOIR AUSSI Génétique mendélienne (1865), Découverte des virus (1892), Maladie d'Alzheimer (1906) et L'acte d'inspection des viandes (1906).

Une épidémie d'ESB se produisit en Grande-Bretagne, lorsque les bovins furent nourris de farines animales. La maladie peut se transmettre aux personnes qui consomment des morceaux d'animaux infectés. Aujourd'hui, la loi interdit l'emploi de suppléments protéiques dérivés de ruminants pour l'alimentation du bétail.

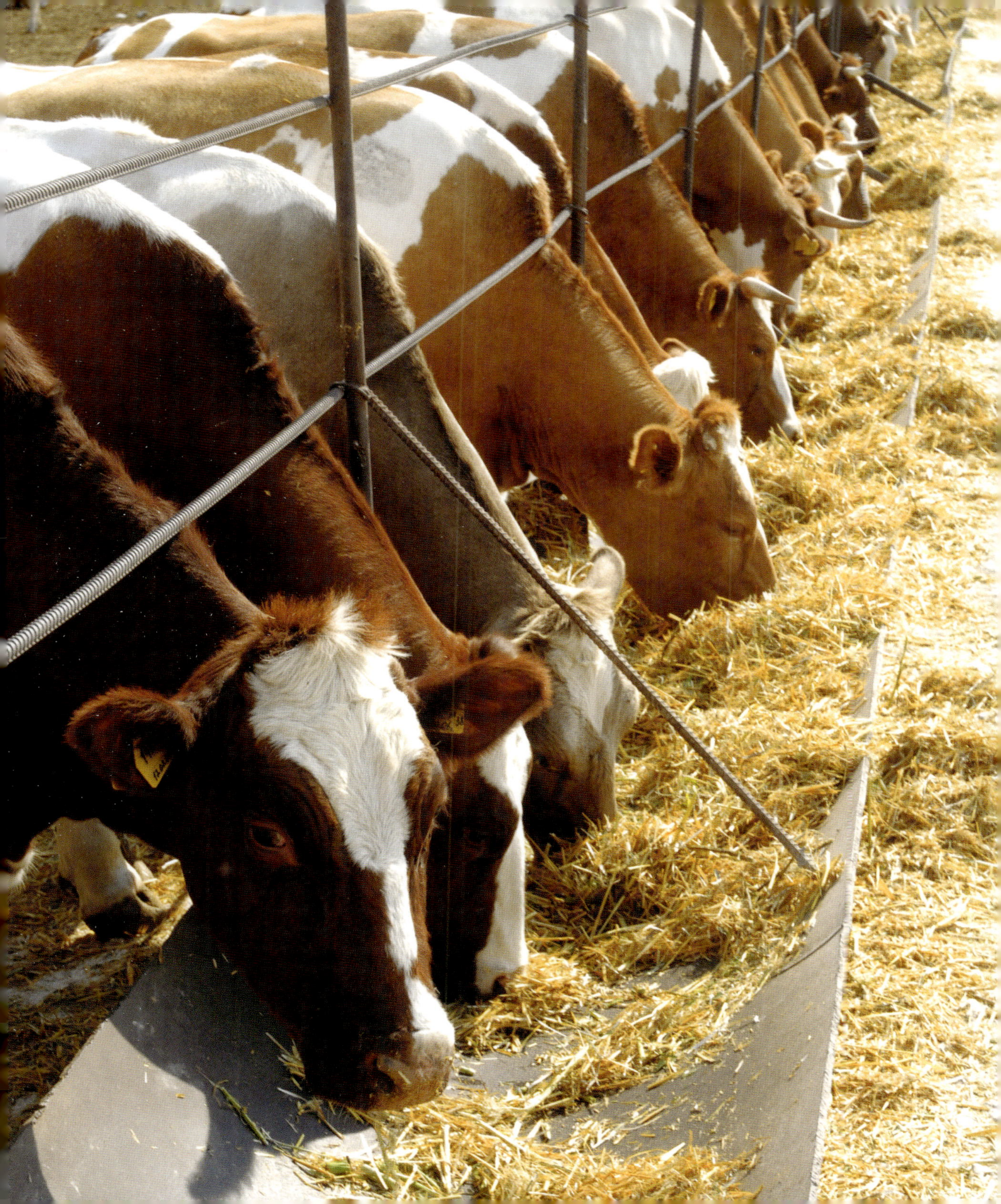

1983

Épigénétique

Bert Vogelstein (né en 1949)

Comme le pianiste interprète les notes d'une partition, contrôlant le volume et le tempo, l'épigénétique correspond à l'interprétation des gènes de l'ADN dans les cellules. Elle concerne l'étude de caractères hérités qui n'impliquent pas de changement dans les séquences nucléotidiques sous-jacentes.

L'expression des gènes peut être contrôlée par l'addition d'un groupe méthyl à l'une des bases de l'ADN, rendant cette zone de l'ADN moins active et aboutissant potentiellement à un défaut de production d'une protéine particulière. L'expression des gènes peut aussi être modifiée par les histones, des protéines qui se lient à la molécule d'ADN.

Dans les années 1980, le chercheur suédois Lars Olov Bygren découvrit qu'à Norrbotten, en Suède, les enfants et petits-enfants d'hommes qui avaient subi une famine durant une saison, avaient des durées de vie réduites. Selon une hypothèse, la responsabilité en incombait à des facteurs épigénétiques hérités. D'autres études suggèrent que des facteurs environnementaux (stress, régime alimentaire, consommation de tabac et alimentation prénatale) pouvaient mettre une empreinte sur nos gènes qui se transmettait à travers les générations. Selon cette hypothèse, l'air que vos grands-parents ont respiré et la nourriture qu'ils ont consommés des décennies plus tôt peuvent affecter votre santé.

En 1983, les chercheurs américains Bert Vogelstein et Andrew P. Feinberg décrivaient le premier exemple de mécanisme épigénétique dans une maladie humaine. Ils observèrent en effet que la perte de la méthylation de l'ADN était très répandue chez les sujets atteints de cancer colorectal.

À la réflexion, le concept général de l'épigénétique n'est pas surprenant. Après tout, une cellule cérébrale et une cellule hépatique ont la même séquence d'ADN, mais elles ont des gènes différents qui sont activés par épigénétique. Celle-ci peut également expliquer pourquoi chez deux vrais jumeaux l'un développe un asthme ou un trouble bipolaire et l'autre pas.

VOIR AUSSI Causes du cancer (1761), Génétique mendélienne (1865), Théorie chromosomique de l'hérédité (1902), Structure de l'ADN (1953), Oncogènes (1976), Thérapie génique (1990), Interférence ARN (1998) et Projet génome humain (2003).

La perte de méthylation de l'ADN est marquée au cours du cancer colorectal, comme dans les polypes (montrés ici). Cette désactivation de tous les gènes méthylés peut aboutir à une activation anormale des gènes durant le cancer ; elle peut aussi empêcher l'action des gènes suppresseurs de tumeurs.

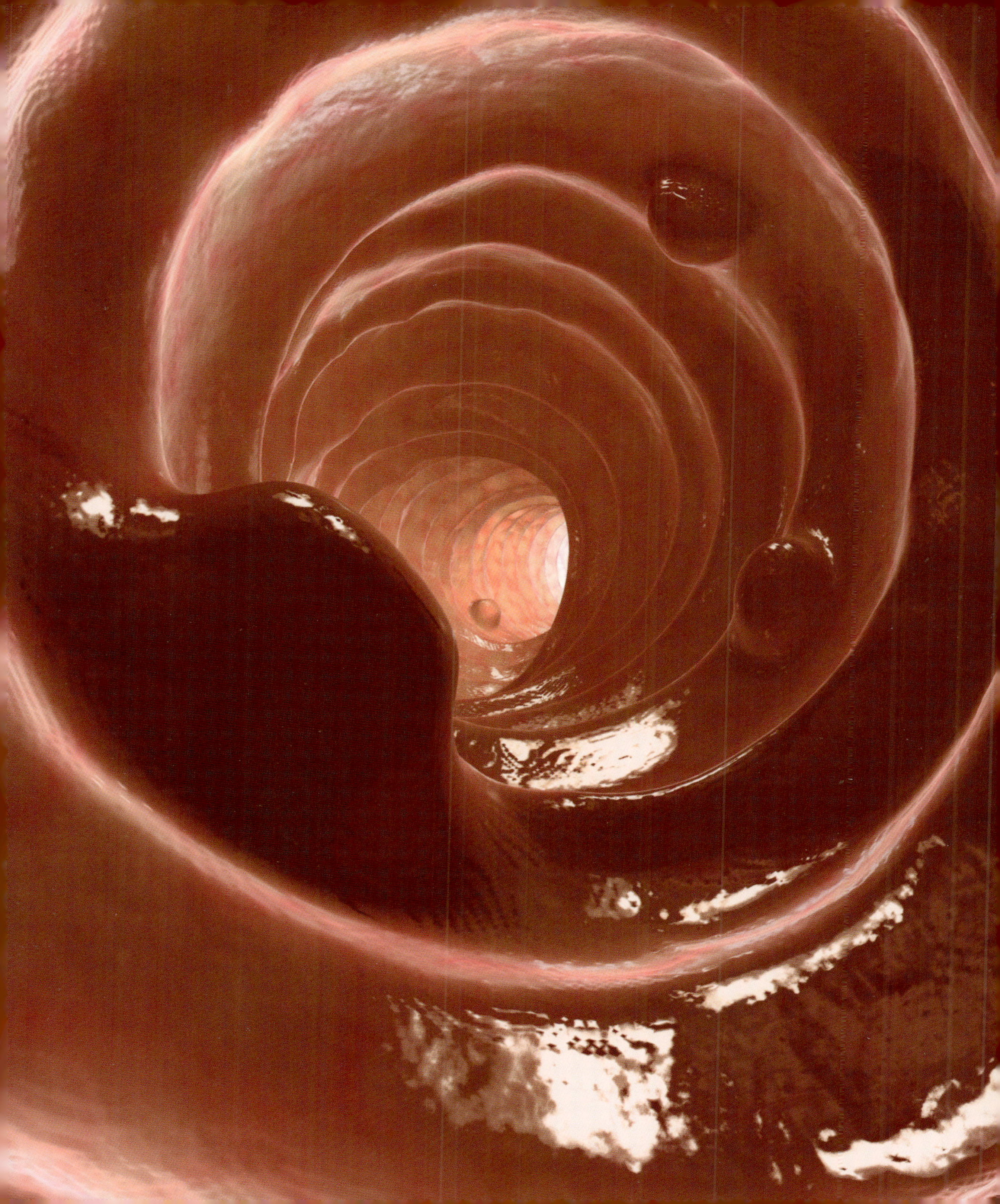

1983

Réaction en chaîne par polymérase (PCR)

Kary Banks Mullis (né en 1944)

En 1983, alors qu'il conduisait sur une autoroute de Californie, le biochimiste Kary Mullis imagina comment copier un brin microscopique de matériel génétique des millions de fois en quelques heures. Bien que sa découverte de l'amplification en chaîne par polymérisation (en anglais *Polymerase Chain Reaction*, ou PCR) ait déjà eu de multiples applications en médecine et rapporté un milliard de dollars à l'industrie, Mullis reçut seulement de son employeur une prime de 10 000 dollars. Sans doute, le prix Nobel qu'il obtint dix ans plus tard peut être considéré comme un lot de consolation conséquent. Selon le *New York Times*, l'invention de Mullis « a divisé la biologie en deux époques, l'avant et l'après PCR ».

Les biologistes moléculaires ont besoin de disposer de quantités importantes de séquences génétiques particulières d'ADN pour pouvoir les étudier. C'est ce que permet la technique de PCR à partir d'une simple molécule d'ADN en solution et avec l'aide de la Taq-polymérase, une enzyme qui copie l'ADN et se maintient active même si la solution est chauffée. (La Taq-polymérase fut à l'origine isolée d'une bactérie vivant dans une source thermale du parc national de Yellowstone, aux États-Unis.) On ajoute également à la suspension des *primers*, courts segments d'ADN qui se lient avant et après la séquence de l'échantillon d'ADN à étudier. Durant des cycles répétés de chauffage et refroidissement, la polymérase produit rapidement de plus en plus de copies du fragment d'ADN compris entre les *primers*. Les cycles thermiques permettent aux brins d'ADN de se séparer puis de se réunir de façon répétée, étapes nécessaires au processus de copie. La PCR est utilisée pour détecter des agents pathogènes dans les aliments, diagnostiquer des maladies génétiques, évaluer le taux de VIH chez les patients atteints du SIDA, déterminer la paternité de bébés, trouver des traces d'ADN sur la scène d'un crime et étudier les ADN des fossiles. La PCR fut déterminante dans la réalisation du Projet génome humain.

VOIR AUSSI Structure de l'ADN (1953), Transcriptase inverse et SIDA (1970) et Projet génome humain (2003).

La PCR a été utilisée pour amplifier l'ADN d'os de fossiles de tigres à dents de sabre préservés depuis 14 000 ans dans l'asphalte. De telles études aident les scientifiques à comparer ces animaux disparus aux différentes espèces actuelles pour en comprendre l'évolution.

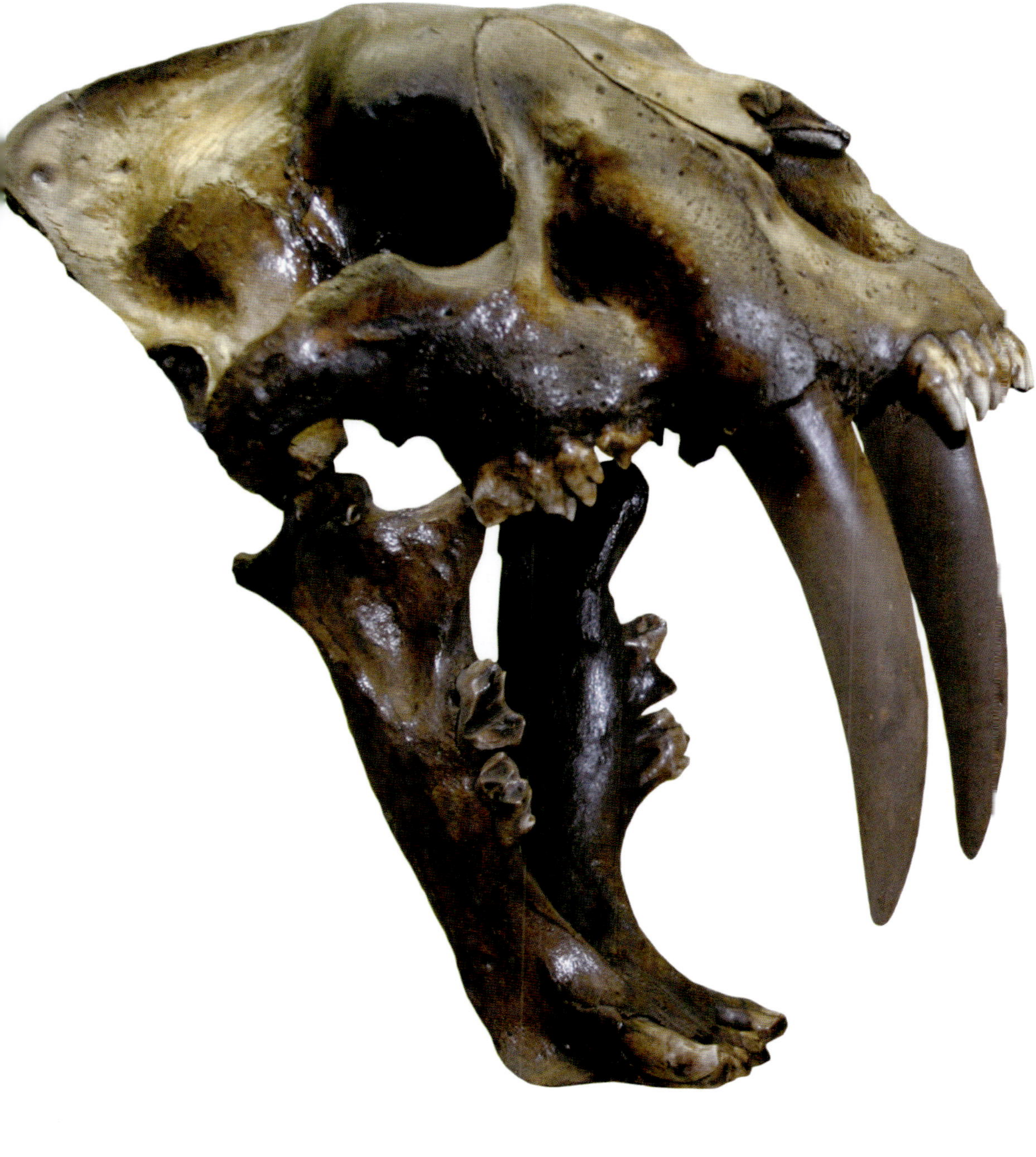

1984

Ulcère peptique et bactérie

Marcellus Donatus de Mantoue (1538-1602), **John Robin Warren** (né en 1937), **Barry James Marshall** (né en 1951)

En 1586, le médecin italien Marcellus Donatus de Mantoue fut le premier à décrire, dans sa pratique des autopsies, des ulcérations de la paroi de l'estomac. Jusqu'à récemment, les ulcères peptiques de l'estomac et du duodénum voisin, étaient attribués au stress et à l'alimentation. Nous savons aujourd'hui que la majorité d'entre eux est causée par *Helicobacter pylori*, une bactérie spiralée qui se développe dans le milieu acide de l'estomac. La découverte de cette origine bactérienne de l'ulcère est due à des chercheurs australiens Robin Warren et Barry Marshall. En 1984, pour vaincre le scepticisme de ses collègues, Marshall avala le contenu d'une boîte de Pétri d'*H. pylori*, et déclara cinq jours plus tard une gastrite (inflammation de la muqueuse stomacale).

Les ulcères peuvent causer douleur abdominale et vomissement de sang. La perforation d'un ulcère gastrique ou duodénal peut mettre la vie en danger. Lorsque *H. pylori* colonise l'estomac, il provoque une inflammation chronique et perturbe la sécrétion de gastrine qui régule le taux d'acidité de l'estomac. Le diagnostic d'ulcère peptique peut se faire par détection d'*H. pylori* dans des cultures de liquide stomacal ou duodénal, ou par la recherche d'anticorps dans le sang ou d'antigènes dans les selles, ou par un test respiratoire à l'urée, dans lequel le patient ingère de l'urée radioactive. La détection de dioxyde de carbone radioactif dans l'air expiré par le patient est signe que *H. pylori* est présent et a digéré l'urée contenant le carbone radioactif.

H. pylori est sans doute transmis par les aliments, l'eau et la salive humaine. Toutefois, seule une minorité de porteurs d'*H. pylori* développent des ulcères, pour des raisons tenant à une prédisposition génétique et à une variation de virulence des souches d'*H. pylori*.

Le traitement des ulcères associe les antibiotiques, les composés bismuthés et les inhibiteurs de la pompe à protons, réduisant l'acidité de l'estomac. Les ulcères peptiques peuvent également être causés par l'usage des anti-inflammatoires non stéroïdiens, par diminution de la production des prostaglandines qui normalement stimulent la production de mucus protecteur dans l'estomac.

VOIR AUSSI Glandes de Brunner (1679), Autopsie (1761), Observations sur l'estomac de Saint Martin (1833) et Pénicilline (1928).

*Représentation artistique d'*H. pylori *avec ses flagelles (petites queues en fouet, au nombre de quatre ou six), qui permettent à la bactérie de se déplacer à travers le mucus et d'atteindre l'épithélium de l'estomac.*

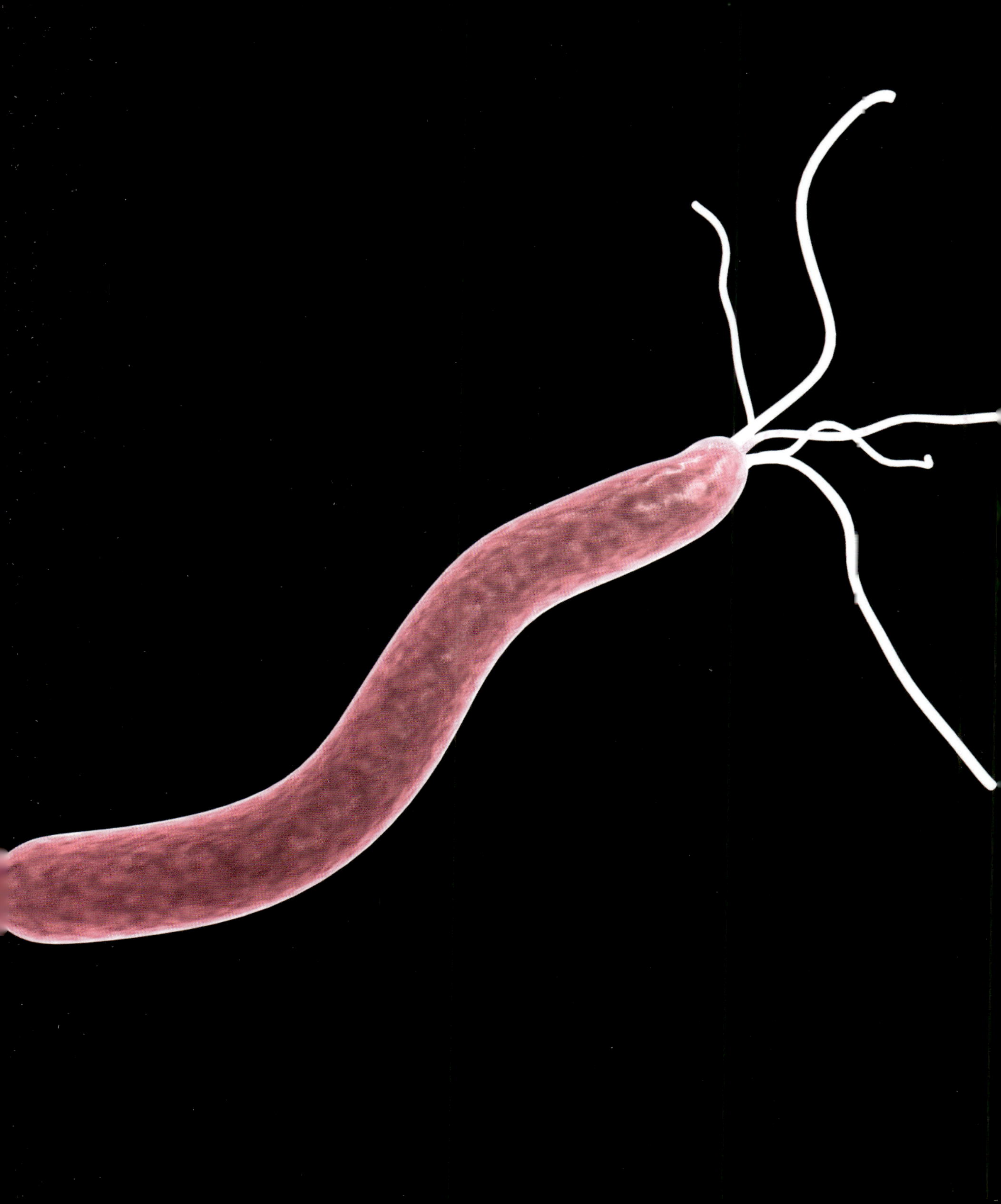

1984

Télomérase

Elizabeth Helen Blackburn (née en 1948), **Carolyn Widney « Carol » Greider** (née en 1961)

Les chromosomes de nos cellules sont tous faits d'une longue molécule d'ADN enroulée en spirale, emballée autour d'une protéine de soutien. À l'extrémité de chaque chromosome, une zone spéciale de protection appelée télomère contient une séquence non codante de bases TTAGGG. Bien que l'enzyme qui copie l'ADN à chaque division ne puisse effectuer la copie complète jusqu'à l'extrémité du chromosome, le télomère compense cette perte potentielle parce que les séquences terminales TTAGGG sont répétées plus de mille fois. Toutefois, comme à chaque division cellulaire une portion du télomère est perdue, ce lent processus d'érosion fait que les chromosomes deviennent trop courts, et ne peuvent plus être répliqués dans les cellules « âgées ». En culture *in vitro*, beaucoup de cellules du corps entrent en état de sénescence (incapacité à se diviser) après environ cinquante divisions cellulaires.

Alors qu'elles étudiaient le protozoaire microscopique *Tetrahymena*, les biologistes Carol Greider et Elisabeth Blackburn découvrirent, en 1984, la télomérase, une enzyme composée d'ARN, qui contrecarre l'érosion des chromosomes et les allonges en ajoutant des séquences TTAGGG à leurs extrémités. L'activité de la télomérase est faible dans les cellules somatiques (non reproductrices), mais élevée dans toutes les cellules se divisant activement : cellules fœtales, cellules germinales des adultes (qui produisent spermatozoïdes et ovules), cellules du système immunitaire et cellules tumorales. Ces phénomènes suggèrent l'existence d'une relation entre activité de la télomérase d'une part et vieillissement et cancer d'autre part. Ainsi, des expériences sont réalisées pour vérifier que l'activation de la télomérase peut augmenter l'espérance de vie (en rendant les cellules immortelles), ou que son inactivation inhibe les cancers (en transformant des cellules immortelles à divisions continues en cellules mortelles). Certains syndromes de vieillissement précoce sont associés à des télomères raccourcis. Une activation de la télomérase a été signalée dans la majorité des tumeurs humaines.

VOIR AUSSI Causes du cancer (1761), Théorie chromosomique de l'hérédité (1902), Chimiothérapie anticancéreuse (1946), Cellules HeLa (1951) et Structure de l'ADN (1953).

Les souris ayant un déficit en télomérase vieillissent prématurément mais reviennent à la santé quand l'enzyme est ajoutée. Les chercheurs utilisent certaines souches pour étudier le développement et la dégénérescence de l'os et du cartilage de la souris.

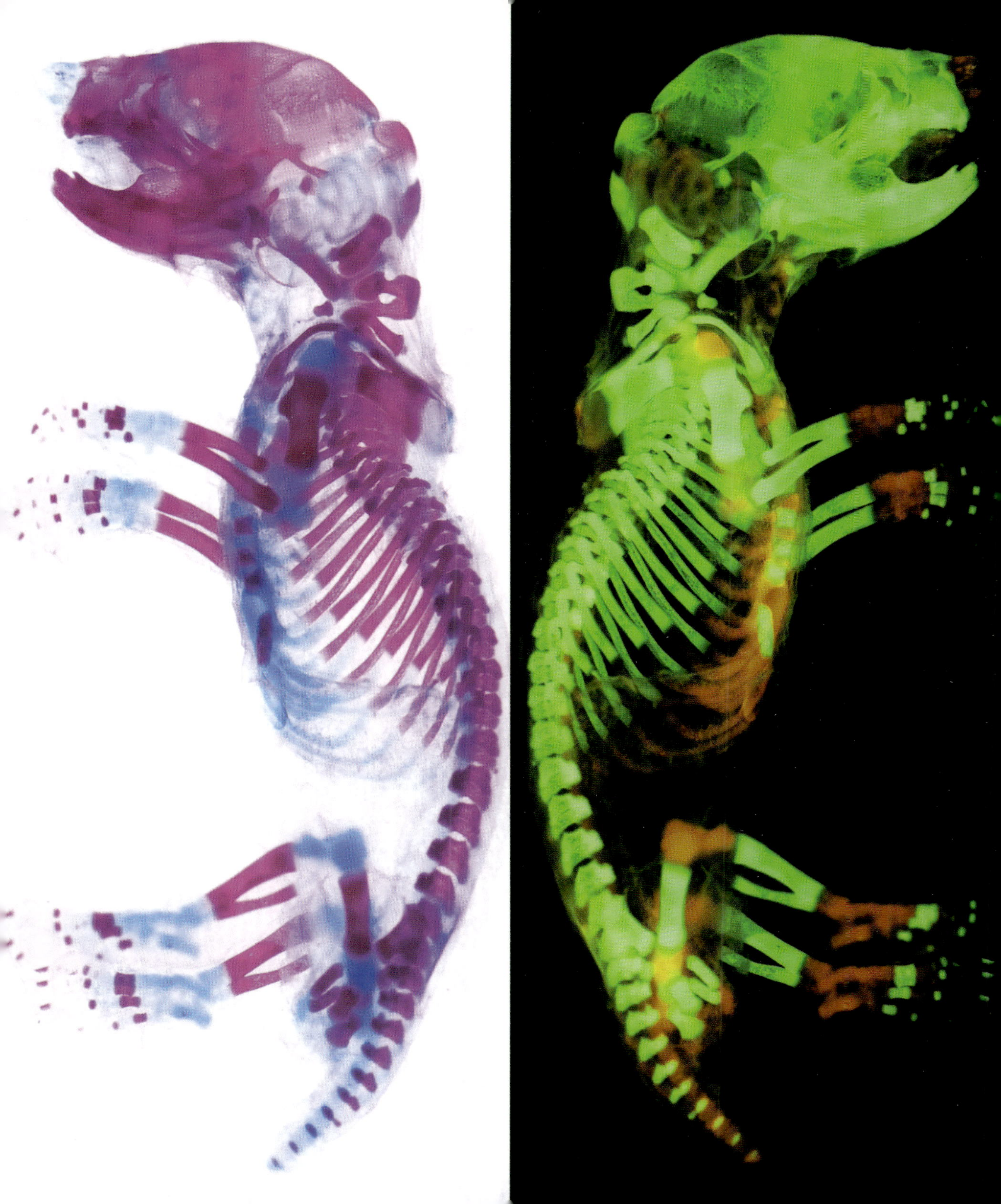

1987

Transplantation intestinale

L'intestin grêle est un long tube flexible reliant l'estomac au gros intestin. D'environ six mètres de long, il est le siège de la plus grande partie des phénomènes de digestion et d'absorption des aliments. Les cellules de sa muqueuse secrètent diverses enzymes, mais la plupart des enzymes digestives proviennent du pancréas et se déversent dans l'intestin par le canal pancréatique. Les cellules des villosités (replis de la paroi interne de l'intestin) transportent les nutriments de la lumière intestinale vers les capillaires et les vaisseaux sanguins, qui les distribuent aux organes du corps.

Des transplantations intestinales ont été tentées à partir des années 1960, avec des résultats décourageants en raison du rejet constant des tissus étrangers. En 1987, des chercheurs japonais annoncèrent la découverte du Tacrolimus (également appelé FK-506), un nouvel immunosuppresseur obtenu de la bactérie du sol *Streptomyces tsukubaensis*. Dès l'emploi du Tacrolimus, les taux de réussite des transplantations s'accrurent fortement. Puis le taux de survie des sujets greffés s'allongea avec les améliorations thérapeutiques.

L'intestin grêle est l'un des organes des plus difficiles à transplanter en raison de sa forte concentration en microorganismes, de la présence de nombreux antigènes et d'un grand nombre de cellules blanches du sang. Avant de tenter une transplantation pour insuffisance intestinale, les médecins essaient d'abord une nutrition parentérale totale, au cours de laquelle le liquide nutritif est injecté directement dans la veine par un cathéter. Malheureusement, la nutrition parentérale de longue durée peut être responsable de complications, comme une insuffisance hépatique, des troubles osseux, des infections et des thromboses veineuses liées au cathéter.

Parmi les insuffisances intestinales pouvant justifier une transplantation, figurent la maladie de Crohn, l'entérocolite ulcéro-nécrosante et la maladie de Hischsprung. Les intestins transplantés proviennent d'individus décédés, bien que des segments intestinaux puissent être pris chez des parents du receveur. Les transplantations d'intestin grêle sont parfois pratiquées en même temps que la transplantation d'autres organes, en particulier le foie.

VOIR AUSSI Greffe de tissus (1597), Glandes de Brunner (1679), Suture vasculaire (1902), Greffe de cornée (1905), Transplantation hépatique (1.963), Greffe de pancréas (1966), Cyclosporine (1972), et Fabriquer de nouveaux organes (2006).

Gravure de l'anatomiste flamand Adriaan van der Spieghel, encore nommé Spidelius (1578-1625) montrant la cavité abdominale ouverte, le sujet disséqué levant son grand epiploon pour dévoiler l'intestin grêle (Conservatoire d'anatomie, faculté de médecine de Montpellier).

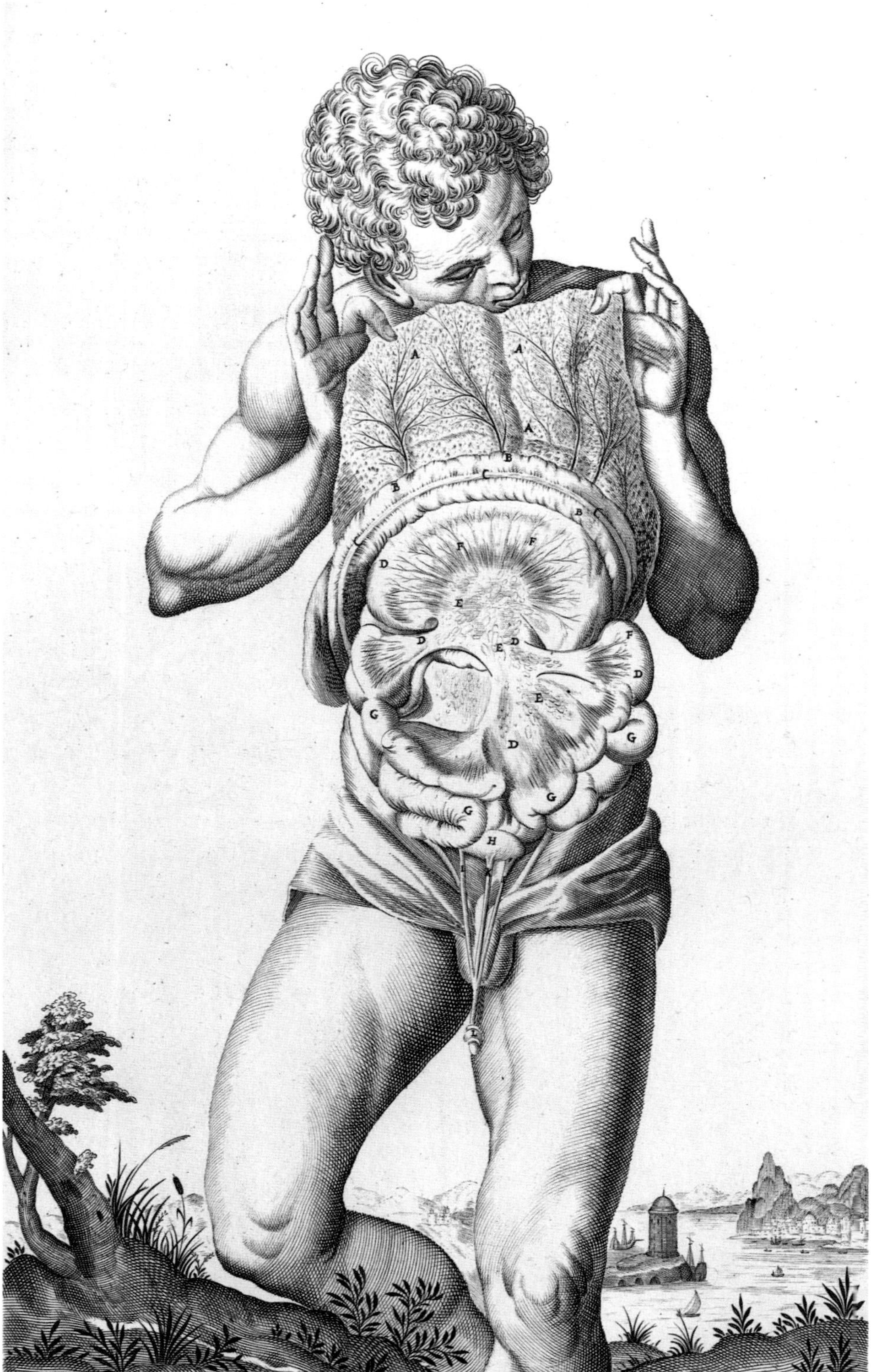
A
A
A
B
B
B
C
C
C
D
D
D
D
D
E
E
E
E
F
F
F
G
G
G
G
H
I

1990

Thérapie génique

William French Anderson (né en 1936)

De nombreuses maladies résultent de défauts de nos gènes, qui sont les unités d'hérédité contrôlant nos caractères, depuis la couleur de nos yeux jusqu'à notre susceptibilité au cancer ou à l'asthme.

La thérapie génique, une discipline jeune, envisage l'insertion, l'altération ou le remplacement de gènes dans des cellules humaines afin de traiter une maladie. Une stratégie de la thérapie génique comporte l'emploi d'un virus dans lequel a été introduit un gène utile à l'homme. Ce virus insère le gène dans l'ADN de la cellule humaine défectueuse (avec une localisation aléatoire) et ce nouveau gène produit la protéine correspondante fonctionnant correctement. Si la cellule modifiée est un spermatozoïde ou un ovule, le nouveau caractère passera dans la descendance, ce qui comporte de profondes implications éthiques.

La première utilisation de la thérapie génique fut approuvée aux États-Unis en 1990. Elle concernait une fillette de quatre ans souffrant d'un trouble immunologique rare, le déficit en adénosine désaminase (ADA) qui rend le sujet vulnérable aux infections. Le chercheur américain W. French Anderson et ses collègues prélevèrent des cellules blanches à la patiente, les traitèrent avec le gène dont elles étaient dépourvues, puis réinjectèrent les cellules traitées dans son organisme. Bien que ces cellules aient effectivement produit l'enzyme, elles ne donnèrent pas de nouvelles cellules saines. La thérapie génique fut ensuite utilisée pour traiter avec succès d'autres formes de déficiences immunitaires combinées sévères (par exemple la maladie de « l'enfant-bulle »), le SIDA (en modifiant génétiquement les cellules T pour les rendre résistantes au VIH) et la maladie de Parkinson. Toutefois la thérapie génique peut comporter des risques. Plusieurs enfants traités pour déficience immunitaire développèrent une leucémie, car le virus utilisé pour l'insertion de gènes dans une cellule hôte peut parfois perturber le fonctionnement de gènes normaux. De même, les virus vecteurs de gènes (ou les cellules ayant reçu le gène nouvellement implanté) peuvent être attaqués par le système immunitaire de l'hôte, rendant le traitement inefficace. Dans le pire des cas, une forte attaque immunitaire peut tuer le patient.

VOIR AUSSI Génétique mendélienne (1865), Maladies métaboliques congénitales (1902), Structure de l'ADN (1953), Maladies auto-immunes (1956), Oncogènes (1976) et Épigénétique (1983).

L'hémophilie est causée par la mutation d'un gène du chromosome X. Les hémophiles présentent des hémorragies à la moindre coupure. La Reine Victoria (1819-1901), représentée ici, a transmis cette mutation à nombre de ses descendants royaux.

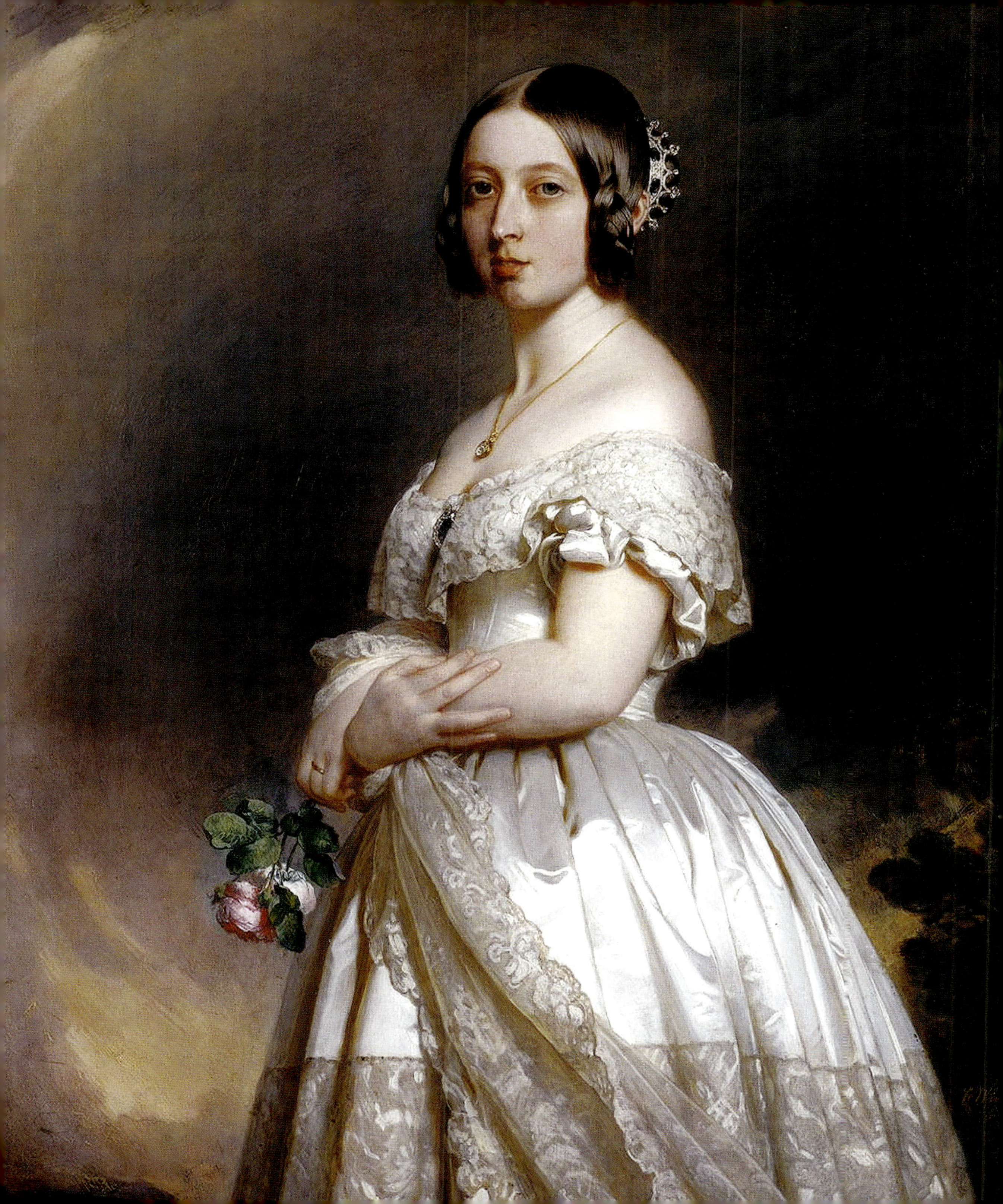

1961

« Ne pas réanimer »

Karen Ann Quinlan (1954-1985)

Le leader des droits civiques Martin Luther King a dit un jour : « Ce qui est important, c'est la qualité de vie, et pas tant la longévité. » Au cours de ces dernières décennies, des débats animés ont eu lieu à propos du moment où le médecin pouvait laisser mourir un patient comateux ou en phase terminale. Avec les progrès de la médecine, les fonctions vitales du patient peuvent être maintenues pratiquement indéfiniment, mais on peut s'interroger sur la valeur de ces avancées : à quoi sert de maintenir indéfiniment un patient sans interaction avec son environnement et dénué de la moindre fonction cognitive élémentaire ?

Ce type de question a conduit à l'établissement, aux États-Unis et dans d'autres pays, des recommandations à « ne pas réanimer ». Ces documents légaux permettent aux patients (ou à leurs proches) de faire connaître leur volonté de ne pas être réanimés en cas de souffrance cardiaque ou d'arrêt respiratoire. Une étape importante vers les recommandations « ne pas réanimer » aux États-Unis a été franchie en 1975 avec la décision légale de la Cour Suprême du New Jersey de faire respecter le droit du père de la comateuse Karen Quinlan de faire arrêter la ventilation artificielle grâce à laquelle elle survivait. Toujours aux États-Unis, depuis 1991, l'Acte d'auto-détermination des patients oblige les hôpitaux à honorer leur décision sur leur prise en charge, et les patients conscients ont le droit de refuser un traitement. Ainsi, s'il existe une recommandation à « ne pas réanimer », la réanimation cardio-pulmonaire ne sera pas tentée.

Évidemment, cette législation a généré certaines difficultés dans les systèmes de soins. Par exemple, depuis l'arrivée des recommandations à « ne pas réanimer », si un patient est réanimé contre son gré dans un hôpital, une action en justice pour « vie abusive » peut être introduite. Dans l'affaire *Payne contre Hôpital général Marion* (1990), une cour se prononça contre un médecin qui avait fait signer une recommandation à « ne pas réanimer » aux proches d'un patient. La cour jugea que ce dernier était capable quelques minutes avant sa mort de s'exprimer, et aurait dû être consulté.

VOIR AUSSI Hôpitaux (1784), Infirmières (1854), Consentement éclairé (1947), Réanimation cardio-pulmonaire (1956), Accompagnement de fin de vie (1967) et Expériences de mort imminente (1975).

Électrocardiogramme de fin de vie : apparition d'un tracé plat.

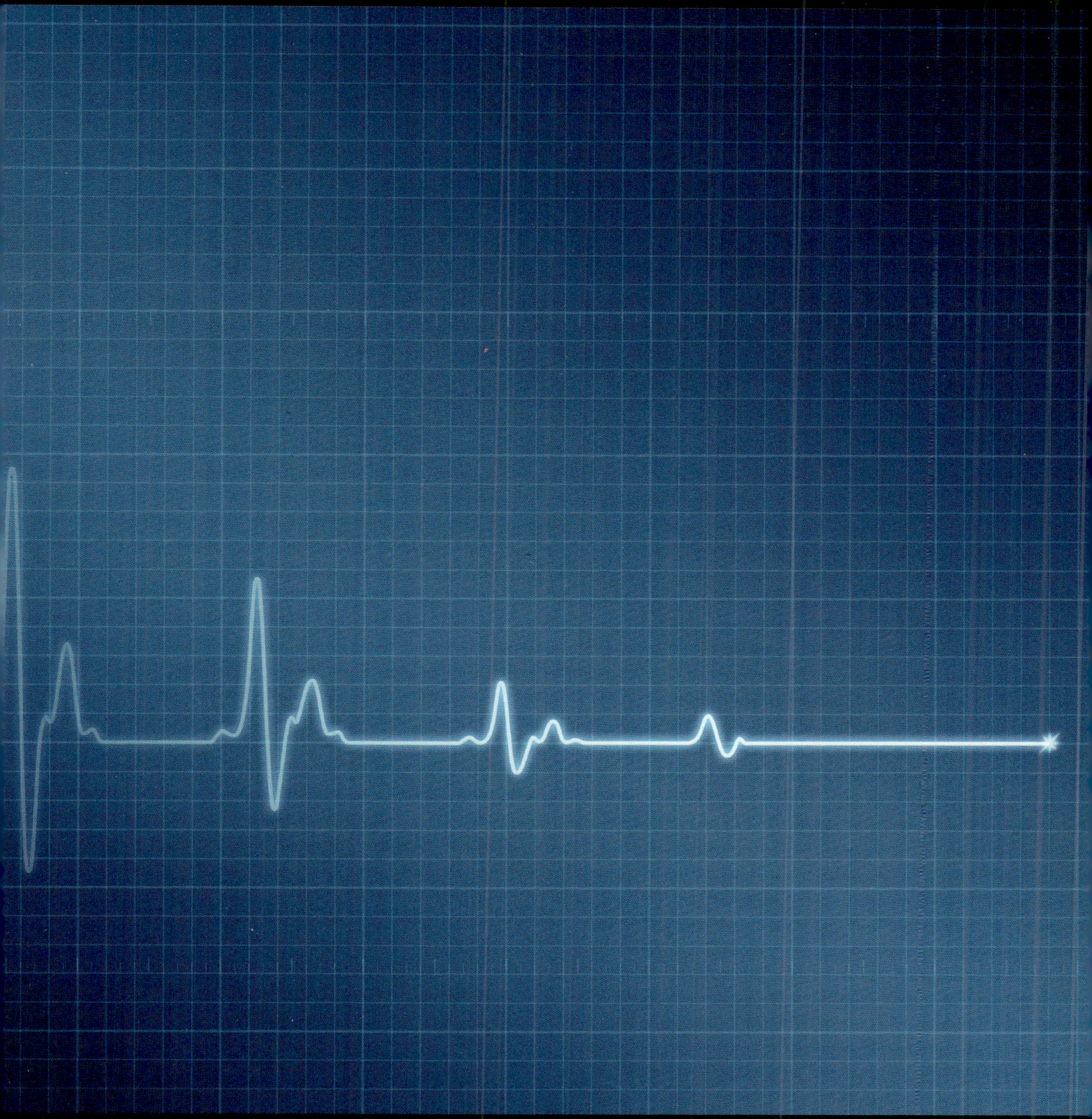

1998

Interférence par ARN

Andrew Zachary Fire (né en 1959), **Craig Cameron Mello** (né en 1960)

Sans le petit ver transparent, que les scientifiques connaissent sous le nom de *Caenorhabditis elegans*, les biologistes américains Andrew Fire et Craig Mello n'auraient pas décroché le prix Nobel de médecine en 2006.

Dans nos cellules, les gènes sont portés par l'ADN des chromosomes ; l'information génétique est ensuite copiée dans les acides ribonucléiques messagers (ARNm), aboutissant à la synthèse des protéines grâce à l'information fournie. En 1998, Fire, Mello et leurs collègues décrivirent chez *Caenorhabditis elegans* une méthode permettant de supprimer sélectivement l'activité d'un gène spécifique en l'exposant aux séquences correspondantes de l'ARN, selon un mécanisme appelé interférence par ARN (iARN).

Dans des plantes, des drosophiles ou des vers, l'iARN peut être initiée au laboratoire en utilisant de longs ARN double brins (ARNdb) qui correspondent au gène cible à inactiver. Une fois à l'intérieur des cellules, les ARNdb sont découpés en plus petits ARN interférents par une enzyme appelée Dicer présente dans les cellules. Les ARN interférents se réunissent dans des complexes ARN inducteurs de silence (CAIS, un complexe de protéines comprenant la protéine Argonaute). Avec l'aide de cette protéine Argonaute, les CAIS peuvent attaquer, cliver et détruire les ARNm qui correspondent aux séquences des ARN interférents, bloquant ainsi l'expression du gène ciblé. Chez les mammifères, les longs ARNdb ne peuvent être utilisés car ils seraient perçus comme du matériel génétique étranger et déclencheraient une forte réponse immunitaire. Toutefois, les scientifiques ont contourné cette difficulté en utilisant des séquences plus courtes d'ARN interférents.

Les cellules humaines normales utilisent vraisemblablement l'iARN pour se défendre contre les virus, comme cela a été démontré chez les plantes et les invertébrés, et pour orienter l'expression des gènes et le développement des cellules. Les micro-ARN sont de courts fragments d'ARN générés par les cellules. L'iARN devrait pouvoir être utilisée en thérapie génique, pour le contrôle du cancer (en rendant silencieux les gènes des tumeurs cérébrales), et dans le traitement des maladies neurodégénératives et virales.

VOIR AUSSI Causes du cancer (1761), Génétique mendélienne (1865), Structure de l'ADN (1953), Transcriptase inverse et SIDA (1970), Oncogènes (1976), Épigénétique (1983) et Réaction en chaîne par polymérase (1983).

Les chercheurs ont décrit l'utilisation de l'interférence par ARN pour supprimer sélectivement l'activité spécifique de gènes chez le ver Caenorhabditis elegans, *montré ici en microscopie confocale en fluorescence pour souligner la présence de deux protéines dans un exemplaire vivant.*

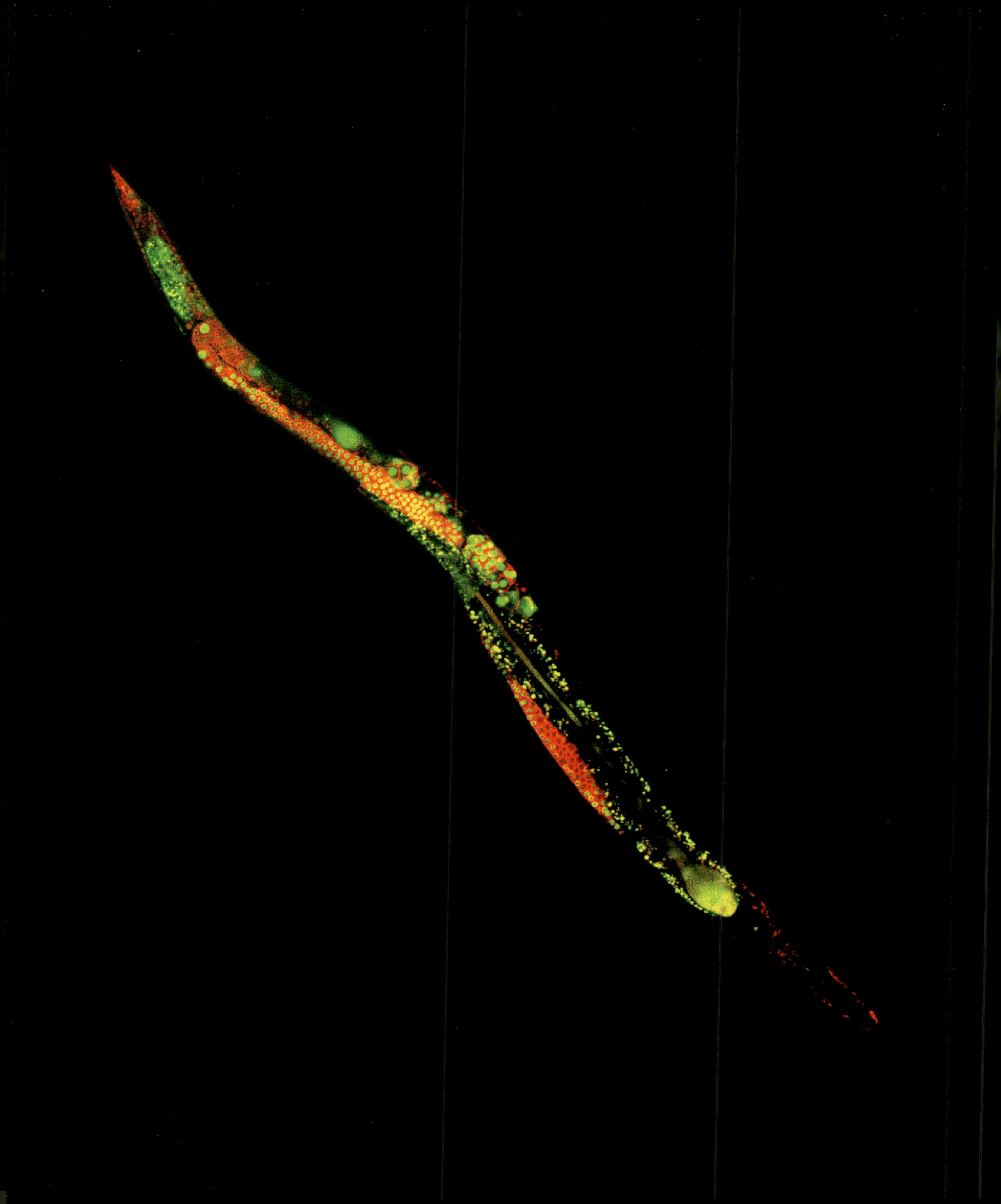

2000

Chirurgie robotique

Mani Menon (né en 1948)

Le journaliste David Von Drehle présente de façon éloquente la chirurgie robotique comme « une chirurgie révolutionnaire en plein développement, où vous ne verrez ni le patient, ni le chirurgien. Il doit bien y avoir un bistouri quelque part, mais tout ce que vous pourrez deviner ce sont des gens assis à des machines dans une quasi obscurité. Le plus grand des appareils est un étrange monstre à forme d'araignée, au milieu de la pièce… ».

L'une des pratiques courantes de la chirurgie robotique se rapproche de la chirurgie laparoscopique, également qualifiée de chirurgie minimalement invasive. Toutefois, au lieu du chirurgien placé au-dessus du patient et manipulant directement les appareils insérés dans de petites incisions dans la paroi abdominale du patient, la chirurgie robotique permet au chirurgien d'être assis confortablement devant une console et de manipuler les instruments rattachés à plusieurs bras robotisés, cependant qu'il suit les actions grâce aux images en trois dimensions transmises depuis l'intérieur du corps de l'opéré. La chirurgie robotique présente des avantages supplémentaires à ceux de la chirurgie laparoscopique, qui déjà minimise la perte de sang et la douleur, et accélère le temps de guérison du patient. La chirurgie robotique permet en outre au chirurgien de s'affranchir du tremblement des mains. Les amples mouvements de mains sont remplacés par de petits gestes plus précis. Comme indiqué dans l'article sur la téléchirurgie, la chirurgie robotique permet également à un chirurgien de réaliser une opération sur un patient situé à distance, grâce à l'emploi d'une connexion internet à haut débit.

En 2000, le chirurgien américain Mani Menon fut le premier aux États-Unis à utiliser un robot pour pratiquer l'ablation d'une prostate cancéreuse et il fonda, la même année, le premier centre de prostatectomie robotique du pays. À l'heure actuelle, la laparoscopie assistée par robot est utilisée, entre autres, pour pratiquer des hystérectomies, réparer les valves mitrales du cœur, resserrer les orifices herniaires et enlever la vésicule biliaire. La chirurgie abdominale est particulièrement propice à une approche robotique, car les chirurgiens peuvent gonfler l'abdomen au dioxyde de carbone, comme un ballon, et ensuite éclairer l'espace créé comme un studio de cinéma.

VOIR AUSSI Sutures (3 000 ans av. J.-C.), Chirurgie de Halsted (1904), Endoscope (1954), Chirurgie laparoscopique (1981) et Téléchirurgie (2001).

Le Système chirurgical da Vinci utilise des robots pour aider à pratiquer des opérations complexes en utilisant une approche minimalement invasive (2012, Intuitive Surgical, Inc.)

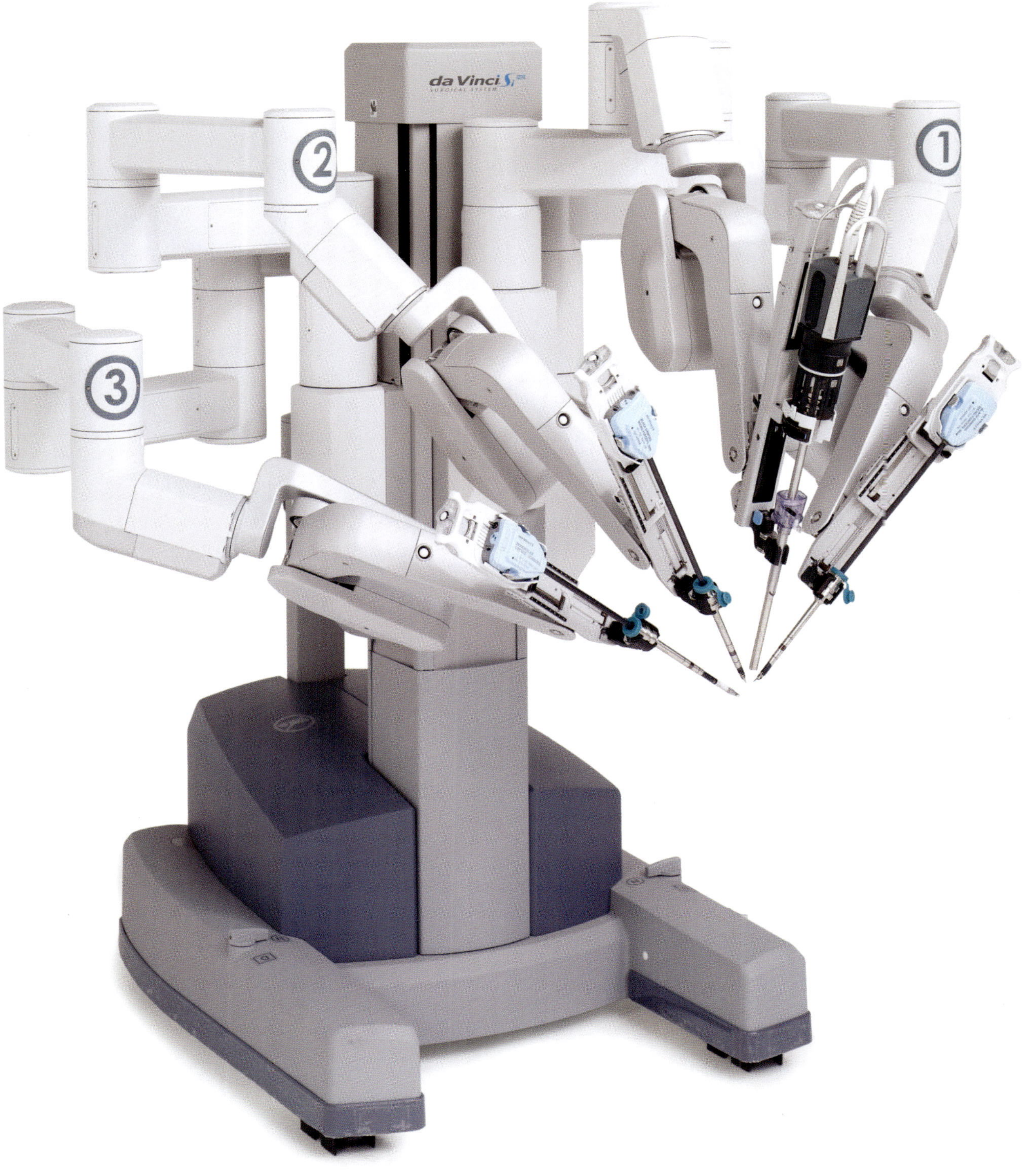
da Vinci Si
SURGICAL SYSTEM
2
1
3

2001

Téléchirurgie

Jacques Marescaux (né en 1948), **Mehran Anvari** (né en 1959)

La téléchirurgie permet au chirurgien de réaliser une opération sur un patient situé à distance, en utilisant les télécommunications à haut débit et des robots à plusieurs bras. Le 7 septembre 2001, la première intervention chirurgicale transatlantique fut réalisée entre New York et Strasbourg, à 7 000 km de distance. Le chirurgien français Jacques Marescaux pratiqua une ablation de la vésicule biliaire par chirurgie laparoscopique à New York, sur une patiente de soixante-neuf ans placée dans un bloc opératoire en France. Grâce aux communications par fibre optique entre les deux pays, les mouvements des mains de Marescaux étaient transmis au robot chirurgical dont les instruments équipés de caméras endoscopiques retournaient leurs images à Marescaux. Le délai moyen de transmission dans les deux directions, de 150 millisecondes, était suffisamment réduit pour permettre un acte chirurgical efficace.

En 2003, le chirurgien laparoscopique canadien d'origine iranienne Mehran Anvari participa à la première opération assistée par télérobotique au monde entre hôpitaux du Canada. Les mouvements des mains, des poignets et des doigts d'Anvari étaient transmis d'une console à la caméra de contrôle endoscopique et aux instruments chirurgicaux situés dans l'abdomen du patient à 400 km de distance, permettant de réaliser une fundoplicature de Nissen, pour traiter un reflux acide chronique.

La téléchirurgie peut être rendue difficile dans certaines occasions, en raison du temps de latence entre le mouvement des mains du chirurgien et la réponse lointaine des bras du robot. Mais elle peut fournir l'expertise d'un chirurgien spécialisé au patient qui n'a pas besoin de quitter son hôpital local. Elle peut également être utile sur un champ de bataille.

Les robots chirurgicaux ont été utilisés à plusieurs reprises pour des ablations de la prostate et la résolution d'obstructions entre le rein et l'uretère. Les robots sont en cours d'amélioration pour fournir une force de retour plus élaborée, qui fasse mieux « sentir » au chirurgien les tissus lointains.

VOIR AUSSI Sutures (3 000 ans av. J.-C.), Chirurgie de Halsted (1904), Endoscope (1954), Chirurgie laparoscopique (1981) et Chirurgie robotique (2000).

Les communications par fibre optique permettent de réaliser des interventions chirurgicales à distance.

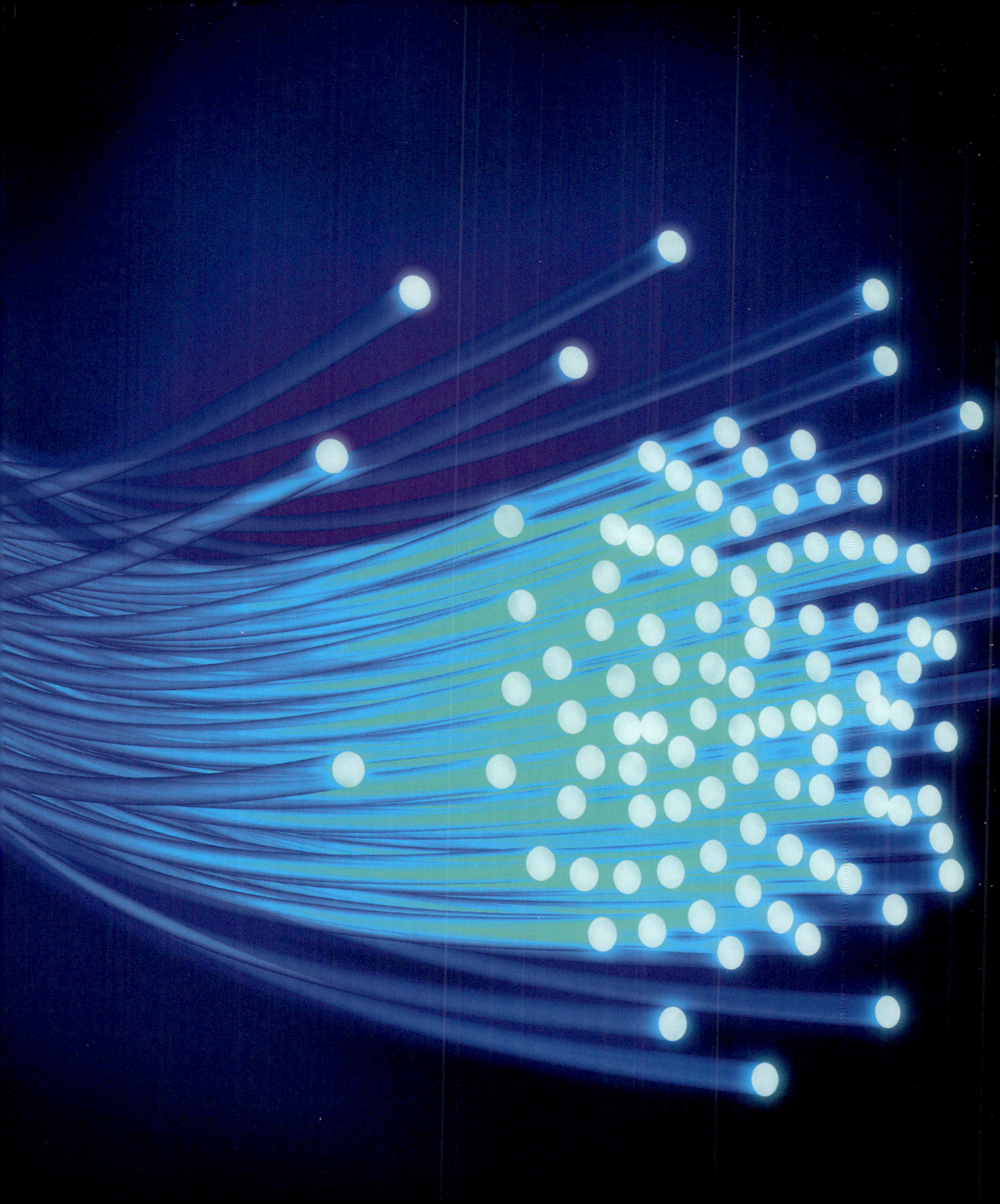

Projet génome humain

James Dewey Watson (né en 1928), **John Craig Venter** (né en 1946), **Francis Sellers Collins** (né en 1950)

Le Projet génome humain (PGH) est un programme international destiné à déterminer la séquence génétique d'approximativement trois milliards de paires de bases de l'ADN humain et à donner un aperçu de ses quelque 20 000 gènes. Les gènes sont les unités d'hérédité constituées de séquences d'ADN, qui codent pour une protéine ou une molécule d'ARN fonctionnel. Le PGH a débuté en 1990 sous la direction du biologiste moléculaire américain James Watson, puis du généticien américain Francis Collins. Un projet parallèle fut réalisé par le biologiste américain Craig Venter, fondateur de la société *Celera Genomics*.

À propos du génome humain, Collins disait en 2001 : « C'est un livre d'histoire, le récit du voyage de notre espèce à travers les âges ; c'est un plan détaillé pour construire chaque cellule humaine ; c'est un livre de médecine prometteur, qui ouvre d'immenses perspectives pour la prévention, le traitement et la guérison des maladies. » L'achèvement du séquençage complet en 2003 est considéré comme un grand tournant dans l'histoire de la civilisation.

La réalisation du séquençage du génome humain nécessita d'abord de le réduire en petits fragments, qui furent insérés dans des bactéries pour en produire un grand nombre de copies et créer ainsi un répertoire stable, ou librairie, de clones d'ADN. L'assemblage des séquences les plus longues à partir des fragments a nécessité des analyses informatiques sophistiquées.

À l'exception des vrais jumeaux, les génomes des individus diffèrent, et la comparaison des séquences d'individus différents devrait aider à mieux comprendre le rôle de la génétique dans les maladies et les différences entre les humains. Seulement près d'un pour cent des séquences du génome humain codent pour des protéines. Le nombre de gènes chez l'homme se situe entre celui de la vigne (environ 30 400 gènes) et celui des poulets (environ 16 700 gènes). Fait intéressant, près de la moitié du génome humain est composée d'éléments transposables, fragments d'ADN qui peuvent se déplacer à l'intérieur et entre les chromosomes.

VOIR AUSSI Théorie chromosomique de l'hérédité (1902), Structure de l'ADN (1953), Épigénétique (1983) et Réaction en chaîne par polymérase (1983).

Au-delà du PGH, les résultats du Projet Génome Néanderthal permettent aux chercheurs de comparer le génome humain aux séquences des hommes de Néanderthal, nos proches parents dans l'évolution, disparus il y a environ 30 000 ans.

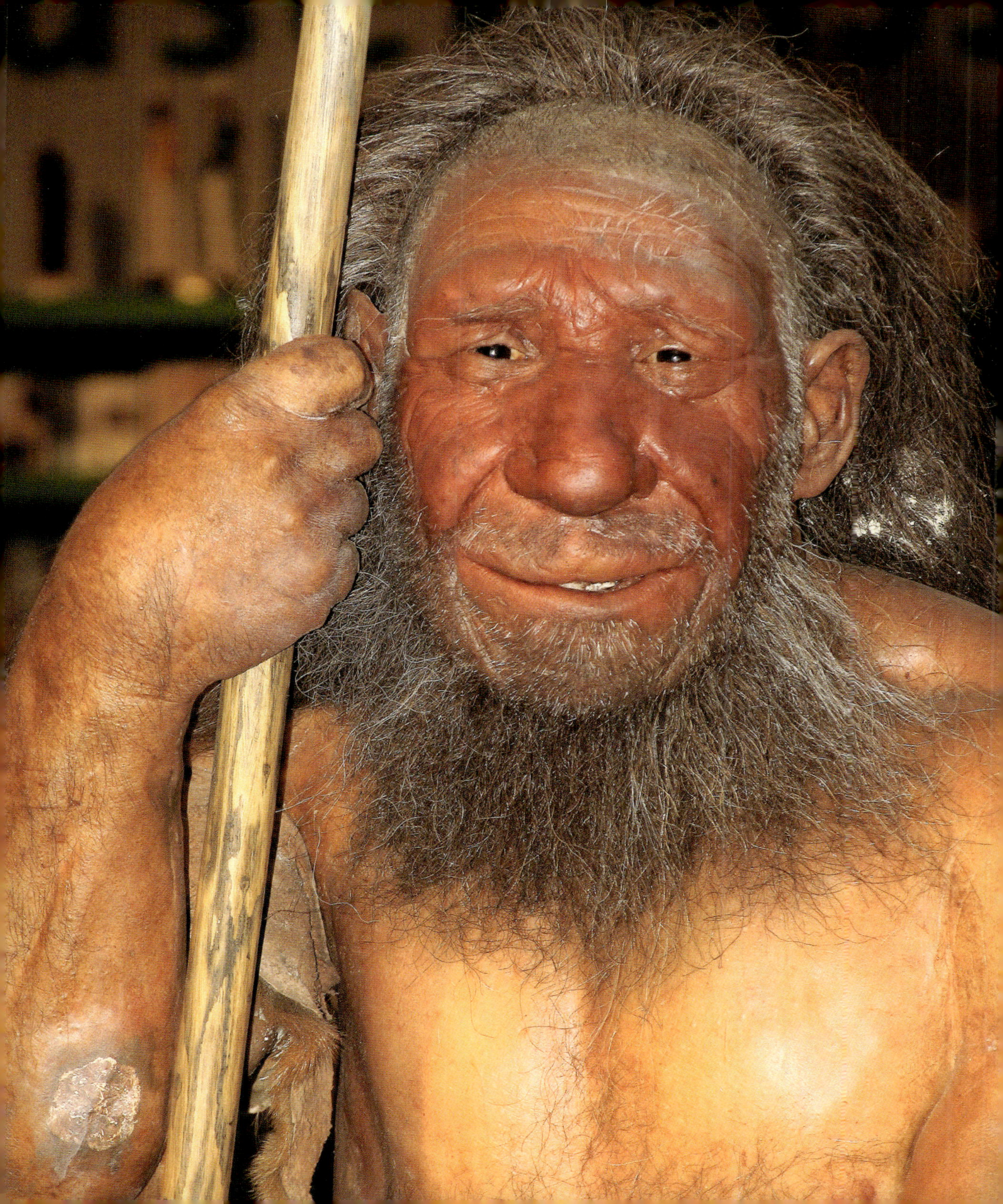

2005

Greffe du visage

Jean-Michel Dubernard (né en 1941), **Bernard Devauchelle** (né en 1950)

En mai 2005, Isabelle Dinoire, sous l'emprise de sédatifs, s'effondra sur le plancher. Son chien lui arracha le visage. « Lorsque je m'éveillais, j'essayais d'allumer une cigarette et ne compris pas pourquoi je ne pouvais pas tenir la cigarette entre mes lèvres. C'est alors que je vis la mare de sang et le chien à côté ! Je me regardais dans un miroir : c'était horrible. »

Une équipe de chirurgiens français conduite par Bernard Devauchelle et Jean-Michel Dubernard entreprit de donner un nouveau visage à Isabelle Dinoire. Ils lui transplantèrent le nez, les lèvres et le menton d'une femme suicidée quelques heures plus tôt. C'était la première greffe partielle de visage

Peu de temps avant, l'idée de transplanter des visages entiers ou des mains entre des personnes génétiquement différentes aurait paru irréaliste. Ces allotransplantations de tissus composites (selon la terminologie spécialisée) nécessitent l'emploi des immunosuppresseurs modernes, afin que les tissus du receveur ne rejettent pas les tissus du donneur ; et elles demandent également le raccordement de nombreux nerfs et vaisseaux sanguins. À la différence d'une allogreffe d'organe solide, comme la transplantation hépatique, une transplantation du visage implique des tissus divers (muscles, tendons, nerfs, os, vaisseaux et peau) qui compliquent le rejet de greffe.

Depuis celle de Dinoire, d'autres greffes de visages ont été réalisées, certaines avec un plus grand nombre de parties du visage, dont les canaux lacrymaux et les paupières. Aux États-Unis, une transplantation totale fut réalisée, en 2008, sur Connie Culp, une femme défigurée par le coup de fusil infligé par son mari. La greffe comprenait la plus grande partie des sinus nasaux, la mâchoire supérieure et même les dents d'un donneur en état de mort cérébrale. Les personnes ayant reçu une greffe du visage doivent prendre à vie des immunosuppresseurs pour éviter le rejet de la greffe. Elles peuvent retrouver le mouvement des muscles faciaux ainsi que la sensation de la peau. Les visages greffés ne ressemblent pas à ceux du donneur, à cause des différences entre les structures osseuses sous-jacentes entre les deux personnes.

VOIR AUSSI Greffe de tissus (1597), Classement des nerfs crâniens (1664), Greffe de cornée (1905), Prosopagnosie (1947), Transplantation hépatique (1963), Transplantation de la main (1964), Cyclosporine (1972) et Clonage humain (2008).

Modèle de quelques-unes des structures faciales principales, muscles, lèvres et os, impliquées dans cette allotransplantation complexe qu'est une greffe de visage.

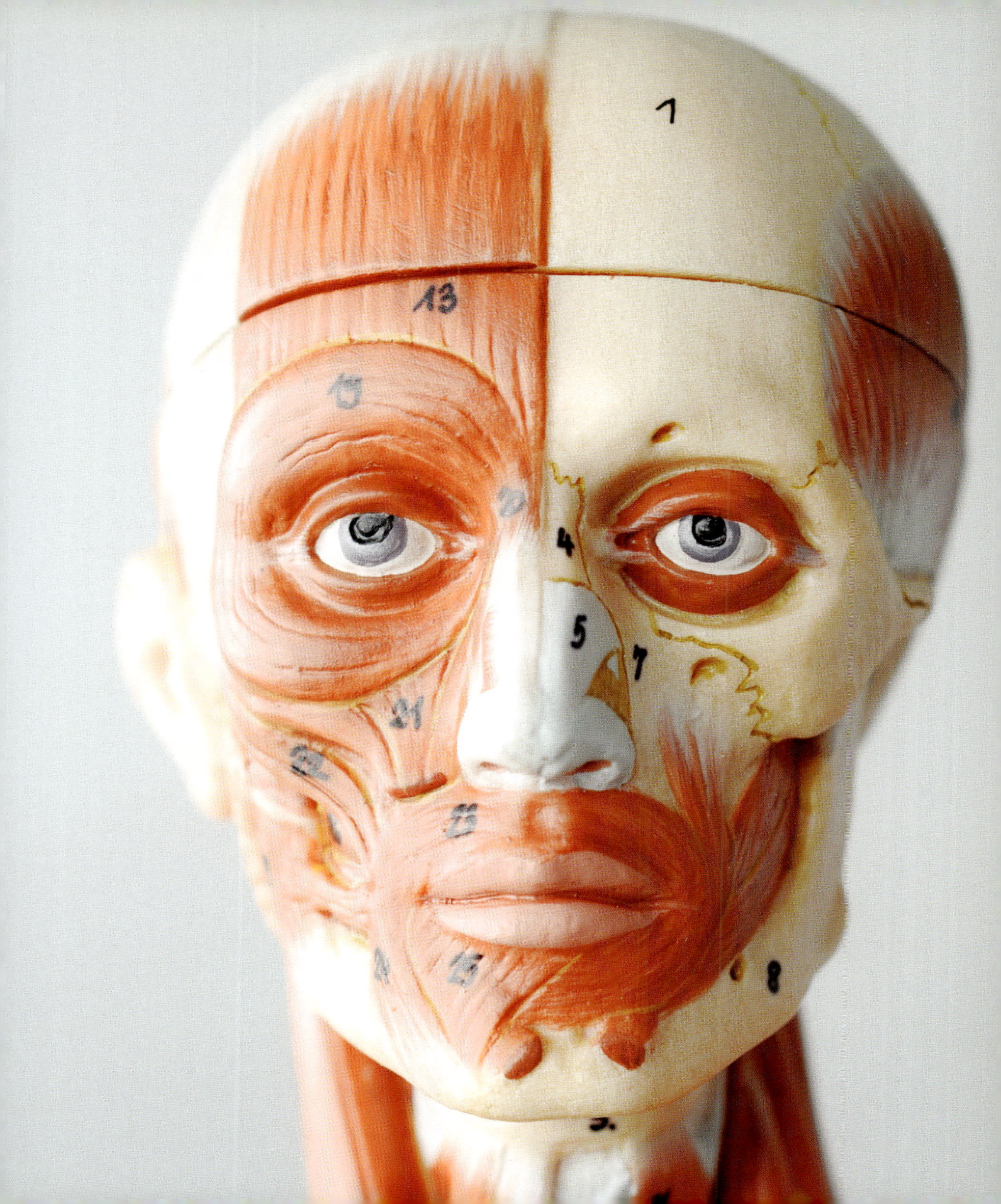
1
13
4
5
7
8

2006

Fabriquer de nouveaux organes

Anthony Atala (né en 1958)

L'idée de fabriquer au laboratoire un organe qui pourrait être transplanté chez un patient sans risque de rejet, peut sembler digne de la science-fiction, mais c'est l'objectif de la médecine régénératrice en plein essor. Les scientifiques exploitent la capacité du corps à se régénérer lui-même pour construire des tissus et organes vivants fonctionnels pouvant être placés dans le corps humain.

En 2006, une équipe de chercheurs conduite par le médecin Anthony Atala, à l'École de médecine de l'Université de Wake Forest en Caroline du Nord, fabriqua le premier organe au monde généré en laboratoire, une vessie, qui fut transplantée avec succès chez un enfant. Une vessie normale est composée d'une couche musculaire externe, d'une couche moyenne de collagène, et d'une couche interne de cellules urothéliales, imperméable à l'urine. Les enfants atteints de *spina bifida* ont, outre une malformation de la moelle épinière, une vessie défectueuse, de petite taille et rigide, qui entraine des reflux d'urine vers les reins, générateurs d'atteintes rénales ultérieures. Les vessies de remplacement étaient jusqu'à présent construites avec des portions d'intestin grêle de l'enfant. Malheureusement, les tissus intestinaux ayant pour fonction l'absorption chimique, leur utilisation pour en faire des vessies exposait les patients à un risque accru de cancer et à des taux anormalement élevés de calcium.

Pour ces jeunes patients, Atala a mis au point la fabrication au laboratoire de vessies artificielles pouvant être implantées. Il préleva quelques cellules musculaires et urothéliales sur une vessie d'enfant ; les fit pousser hors du corps, dans des boîtes de Pétri ; il « enduisit » ensuite de cellules musculaires la surface externe de l'échafaudage en forme de vessie fait de collagène ; il ajouta enfin à la paroi interne de l'échafaudage des cellules urothéliales. Cette vessie artificielle fut placée dans un milieu nutritif durant dix jours, puis elle put être attachée avec succès aux uretères de l'enfant en haut et à ses sphincters en bas. Les scientifiques cherchent actuellement à créer d'autres organes et tubes artificiels, en utilisant la même méthodologie. En 2011, un patient a reçu une trachée artificielle produite au laboratoire à partir des propres cellules souches du patient.

VOIR AUSSI Greffe de tissus (1597), Greffe de cornée (1905), Transplantation rénale (1954), Nanomédecine (1959), Transplantation hépatique (1963), Transplantation de la main (1964), Cyclosporine (1972) et Clonage humain (2008)

Depuis le XVIIe siècle, le Manneken-pis de Bruxelles célèbre le caractère vital de la fonction urinaire. La vessie est le premier organe artificiel à avoir été fabriqué en laboratoire.

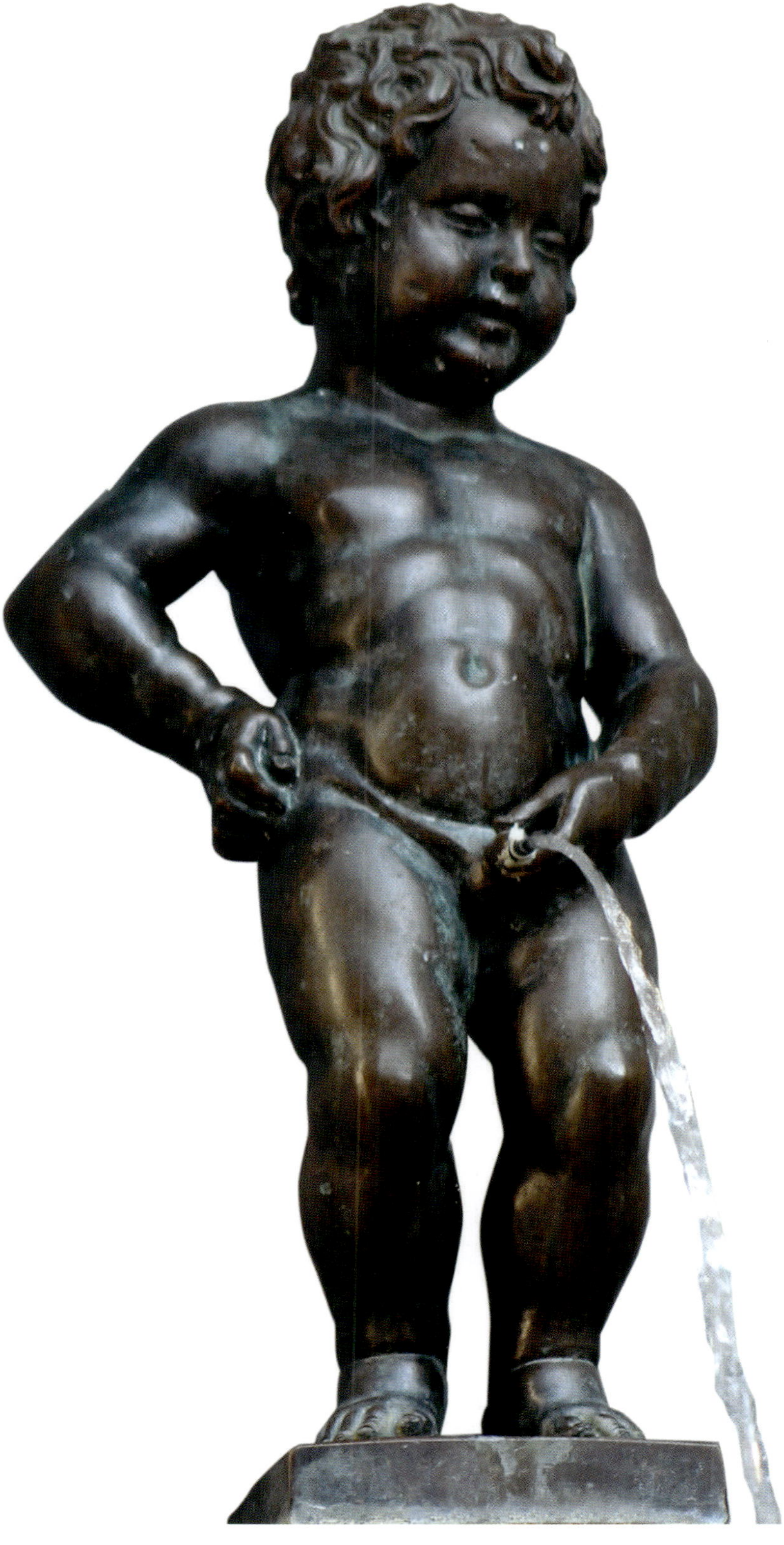

2008

Clonage humain

L'enseignante de sciences Regina Bailey écrivait : « Dans un monde où des cellules sont créées afin de traiter certaines maladies, où des organes complets sont fabriqués pour la transplantation, les humains vont pouvoir se dupliquer eux-mêmes, et créer des copies exactes de leurs chers disparus. » Le clonage et les biotechnologies marqueront en effet notre époque aux yeux des générations futures. Pourtant, une polémique éthique s'éleva lorsqu'en 2008 le scientifique américain Samuel Wood fut le premier à se cloner lui-même.

Le clonage humain reproductif consiste dans la production d'une personne génétiquement identique à une autre. Ceci peut être réalisé par le transfert du noyau d'une cellule somatique, un processus au cours duquel le noyau d'une cellule d'un donneur adulte est inséré dans un ovule dont le noyau a été retiré, avec pour résultat l'obtention d'un embryon capable de se développer dans un utérus. Un nouvel organisme peut également être cloné par division d'un embryon précoce, de sorte que chaque moitié devient un organisme séparé, comme cela se passe pour les vrais jumeaux. Dans le cas du clonage humain thérapeutique, le clone n'est pas implanté dans l'utérus, mais ses cellules sont utilisées dans un but utile, par exemple pour produire de nouveaux tissus pour la transplantation. Ces tissus spécifiques au patient ne déclenchent pas de réponse immunitaire.

En 1996, le mouton Dolly, fut le premier mammifère cloné avec succès, à partir d'une cellule adulte. En 2008, Wood réussit à créer cinq embryons, à partir de ses propres cellules de peau. Ils auraient pu être source de cellules souches embryonnaires et utilisés pour réparer les blessures et guérir des maladies. Mais, pour des raisons légales et éthiques, les cinq embryons furent détruits. À cette époque, le représentant du Vatican condamna le clonage humain comme « l'acte le plus moralement illicite ». D'autres méthodes de récolte des cellules souches ne demandent pas le clonage d'embryons. Par exemple des cellules de peau peuvent être reprogrammées pour induire des cellules souches pluripotentes, sans avoir besoin d'embryon.

VOIR AUSSI Avortement (70), Greffe de tissus (1597), Séparation des frères siamois (1689), Recherche de l'âme (1907), Structure de l'ADN (1953), Greffe de moelle osseuse (1956), Premier bébé-éprouvette (1978) et Fabriquer de nouveaux organes (2006).

Souvent évoqué dans la science-fiction, le clonage humain peut devenir relativement facile à réaliser dans le futur. Un représentant du Vatican condamna les premières expériences en les qualifiant « d'actes les plus moralement illicites ».

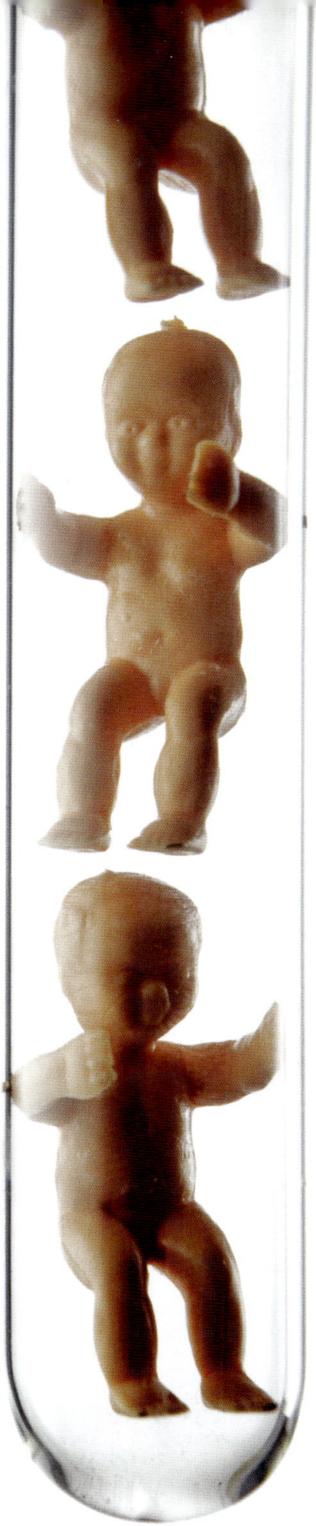

Notes et bibliographie

La liste ci-dessous regroupe les références des travaux que j'ai consultés pour ma recherche et l'écriture de cet ouvrage, ainsi que les sources de mes nombreuses citations. Comme beaucoup de lecteurs le savent, les sites internet sont souvent éphémères. Ils changent parfois d'adresse ou disparaissent complètement. Les sites internet dont les adresses figurent dans la liste ci-dessous m'ont apporté des informations valables au moment où j'écrivais ce livre.

Si vous pensez que j'ai minoré ou omis un événement intéressant, voire capital, dans l'histoire de la médecine, je vous prie de me le faire savoir. Allez donc sur mon site pickover.com et envoyez-moi un courriel m'expliquant de quel événement il s'agit et l'influence déterminante que, selon vous, il a eue.

Lectures générales

Adler, R., Medical Firsts, Hoboken, NJ: Wiley, 2004.

Craft, N., The Little Book of Medical Breakthroughs, NY: Metro Books, 2010.

DeJauregui, R., 100 Medical Milestones that Shaped World History, San Mateo, CA: Blue Wood Books, 1998.

Ellis, H., Operations that Made History, London: Greenwich Medical Media, 1996.

Loudon, I., Western Medicine, NY: Oxford University Press, 1997.

Porter, R., ed., Cambridge Illustrated History of Medicine, NY: Cambridge University Press, 2009.

Porter, R., Timetables of Medicine, NY: Black Dog & Leventhal, 2000.

Simmons, J., Doctors & Discoveries, Boston: Houghton Mifflin, 2002.

Straus, E., Straus, A., Medical Marvels, Amherst, NY: Prometheus, 2006.

Wikipedia Encyclopedia, wikipedia.org.

Introduction

Cunningham, A., The Anatomist Anatomis'd, Surrey, UK: Ashgate, 2010.

Kemp, M., Wallace, M., Spectacular Bodies, Berkeley, CA: University of California Press, 2000.

Lenzer, J., Brownlee, S., tinyurl.com/5wbnlsw.

Simmons, J., Doctors & Discoveries, Boston: Houghton Mifflin, 2002.

The Great Courses, tinyurl.com/4f5asmc.

Sorciers médecins, 10 000 ans av. J.-C.

Adler, R., Medical Firsts, Hoboken, NJ: Wiley, 2004.

Krippner, S., in The Complete Idiot's Guide to Shamanism, Scott, G., NY: Alpha, 2002.

Porter, R., ed., Cambridge Illustrated History of Medicine, NY: Cambridge University Press, 2009.

Trépanation, 6 500 ans av. J.-C.

Finger, S., Origins of Neuroscience, NY: Oxford University Press, 1994.

Mirage des urines, 4 000 ans av. J.-C.

Armstrong, J., Kidney Intl. 71:384; 2007.

Sutures, 3 000 ans av. J.-C.

Kirkup, J. The Evolution of Surgical Instruments, Novato, CA: Norman, 2006.

Circoncision, 2 400 ans av. J.-C.

Bryk, F., Circumcision in Man and Woman, Honolulu, HI: University Press, 2001.

Gollaher, D., Circumcision, NY: Basic Books, 2001.

Médecine ayurvédique, 2 000 ans av. J.-C.

Magner, L., A History of Medicine, NY: Marcel Dekker, 1992.

Saignée, 1 500 ans av. J.-C.

Dans les années1800, d'étranges « sangsues mécaniques » étaient parfois utilisées. Ces appareils à ressort simulaient la morsure des sangsues.

Le gros orteil de Greville Chester, 1 000 ans av. J.-C.

Poland, H., tinyurl.com/47g7avl.

Chirurgie de l'oeil, 600 ans av. J.-C.

Le Manuscrit Bower (IVe siècle ans av. J.-C.) est le plus ancien document écrit encore existant qui contienne des écrits de Sushruta.

James, P., Thorpe, N., Ancient Inventions, NY: Ballantine, 1995.

Koelbing, M., Klin. Monatsbl. Augenheilkd. 168:103; 1976.

Systèmes d'égouts, 600 ans av. J.-C.

IN.gov, tinyurl.com/482p73f.

Serment d'Hippocrate, 400 ans av. J.-C.

Adler, R., Medical Firsts, Hoboken, NJ: Wiley, 2004.

***Huangdi Neijing*, 300 ans av. J.-C.**

Unschuld, P., Huang Di Nei Jing Su Wen, Berkeley, CA: University of California Press, 2003.

Mithridate et Thériaque, 100 ans av. J.-C.

Griffin, J., Br. J. Clin. Pharmacol. 58:317; 2004.

Avortement, 70

Guenin, L., Science 292:1659; 2001.

Le *De Materia Medica* de Dioscoride, 70

Mann, J., Murder, Magic, and Medicine, NY: Oxford University Press, 2000.

***Le Canon de la Médecine* d'Avicenne, 1025**

Conrad, L., in Companion Encyclopedia of the History of Medicine, vol. 1, Bynum, W., Porter, R., eds., NY: Routledge, 1997.

Persécution des médecins juifs, 1161

Lerner, B., tinyurl.com/qq67hz.

Prager, D., Telushkin, J., Why the Jews?, NY: Touchtone, 2003.

TIME, tinyurl.com/y9ej6dw.

La circulation pulmonaire d'al-Nafis, 1242

M. Servetus et R. Columbus (ou Colombo) travaillèrent plus tard sur la circulation pulmonaire.

Lunettes, 1284

Magner, L., A History of the Life Sciences, NY: Marcel Dekker, 1979.

Armes biologiques, 1346

World Medical Association, tinyurl.com/4gvudq8.

Les dessins anatomiques de Léonard de Vinci, 1510

Lambert, K., tinyurl.com/4rhujfg.

Museum of Science, tinyurl.com/4zyjzw4.

Paracelse brûle les livres médicaux, 1527

Ball, P., The Devil's Doctor, NY: Farrar, Straus and Giroux, 2006.

Crone, H., Paracelsus, Melbourne: Albarello, 2004.

***De Humani Corporis Fabrica*, 1543**

Adler, R., Medical Firsts, Hoboken, NJ: Wiley, 2004.

Saunders, J., O'Malley, C., The Illustrations from the Works of Andreas Vesalius of Brussels, NY: Dover, 1973.

Chirurgie « raisonnable » de Paré, 1545

Keynes, G., The Apologie and Treatise of Ambroise Paré, London: Falcon, 1951.

Les chefs-d'oeuvre d'Eustache retrouvés, 1552
Cunningham, A., The Anatomist Anatomis'd, Surrey, UK: Ashgate, 2010.
Enersen, O., tinyurl.com/4l47wdf.

***De Praestigiis Daemonum*, 1563**
Adler, R., Medical Firsts, Hoboken, NJ: Wiley, 2004.
Mora, G., in History of Psychiatry and Medical Psychology, Wallace, E., Gach, J., eds., NY: Springer; 2008.

Forceps, 1580
Epstein, R., Get Me Out, Norton, 2010.
Vickers, R., Medicine, Chicago: Heinemann Raintree, 2010.

Les dessins de Pietro da Cortona, 1618
Norman, J., in The Anatomical Plates of Pietro da Cortona, NY: Dover, 1986.

Système circulatoire, 1628
Adler, R., Medical Firsts, Hoboken, NJ: Wiley, 2004.

Meurtre et canal de Wirsung, 1642
Howard, J., Hess, W., History of the Pancreas, NY: Springer, 2002.

Système lymphatique, 1652
Weissmann, D., tinyurl.com/4s8a9x5.

***Micrographia*, 1665**
Westfall, R., Dictionary of Scientific Biography, Gillispie, C., ed., NY: Scribner, 1970.

Découverte du Sarcopte de la gale, 1687
Ramos-e-Silva, M., Intl. J. Dermatology 37:625; 1998.

Séparation des frères siamois, 1689
Overall, C., in Feminist Ethics and Social and Political Philosophy, Tessman, L., ed., NY: Springer, 2009.

La prise du pouls, 1707
Clendening, L., Source Book of Medical History, NY: Dover, 1960.
Gibbs, D., Med. Hist. 15:187; 1971.

Les lapins de Mary Toft, 1726
Pickover, C., The Girl Who Gave Birth to Rabbits, Amherst, NY: Prometheus, 2000.

L'*Osteographie* de Cheselden, 1733
Kemp, M., Wallace, M., Spectacular Bodies, Berkeley, CA: University of California Press, 2000.
Neher, A., Med. Hist. 54:517; 2010.

Les planches anatomiques d'Albinus, 1747
Cunningham, A., The Anatomist Anatomis'd, Surrey, UK: Ashgate, 2010.
Schiebinger, L., in The Making of the Modern Body, Gallagher, C., Laqueur, T., eds., Berkeley, CA: University of California Press, 1987.

Le traité du scorbut, 1753
Bown, S., Scurvy, NY: St. Martin's, 2005.

Causes du cancer, 1761
Bloom, J., Texas Monthly 6:175; 1978.

Le « cri de souffrance des organes » de Morgagni, 1761
Simmons, J., Doctors & Discoveries, Boston: Houghton Mifflin, 2002.

Découverte du labyrinthe, 1772
Bainbridge, D., Beyond the Zonules of Zinn, Cambridge, MA: Harvard University Press, 2010.

Hôpitaux, 1784
Selzer, R., Taking the World in for Repairs, East Lansing, MI: Michigan State University Press, 1994.

Lavoisier et la respiration, 1784
Minet, C., Nature 86:95; 1911.

Digitale, 1785
Major, R., Classic Descriptions of Disease, Springfield, IL: Charles C. Thomas, 1978.
Panda, H., Hand Book on Herbal Drugs and Its Plant Sources, Delhi: National Institute of Industrial Research, 2004.

Ambulance, 1792
Bell, R., The Ambulance, Jefferson, NC: McFarland, 2008.

Médecine alternative, 1796
Rosenfield, A., foreword to Traditional, Complementary and Alternative Medicine, Bodeker, G., Burford, G., eds., Hackensack, NJ: World Scientific, 2006.

Vaccination antivariolique, 1798
Mulcahy, R., Diseases, Minneapolis, MN: Oliver Press, 1996.
Riedel, S., Proc. Bayl. Univ. Med. Cent. 18:21; 2005.

Stéthoscope, 1816
Constant, J., Bedside Cardiology, NY: Lippincott Williams & Wilkins, 1999.
Porter, R., The Greatest Benefit to Mankind, NY: Norton, 1999.

Transfusion sanguine, 1829
Hurt, R., The History of Cardiothoracic Surgery, Pearl River, NY: Parthenon, 1996.

Spécialisation médicale, 1830
Asimov, I., I. Asimov, NY: Bantam, 1995.
Weisz, G., Divide and Conquer, NY: Oxford University Press, 2006.

L'Acte d'anatomie de 1832, 1832
Pour son crime, Burke fut condamné, pendu et disséqué.

Solutions salines intraveineuses, 1832
Une solution saline « normale » a neuf grammes de chlorure de sodium par litre d'eau, c'est-à-dire la même osmolarité que le sang.

Anesthésie générale, 1842
En 1842, un étudiant, W. Clarke, utilisa l'éther pour faciliter une extraction dentaire. L'action moléculaire précise de l'anesthésique est encore en cours d'étude, et il semble que les anesthésiques agissent sur la moelle épinière et le cerveau.

Les conditions sanitaires de la population ouvrière en Grande-Bretagne, 1842
Winslow, C., Science 51:23; 1920.

Panum et la rougeole aux Iles Féroé, 1846
L'épidémie des îles Féroé fut déclenchée par un ébéniste atteint de rougeole et venant de Copenhague.

Semmelweis et le lavage des mains, 1847
La bactérie *Streptococcus* responsable de la septicémie envahissait l'utérus, rendu vulnérable par l'accouchement. Semmelweis incriminait les particules de cadavres. Le médecin américain O. W. Holmes Sr. pense que la fièvre puerpérale se transmettait également de patiente à patiente par les médecins, et suggérait que les médecins devaient nettoyer leurs instruments.
Carter, K., Carter, B., Childbed Fever, New Brunswick, NJ: Transaction Publishers, 2005.

Appendicectomie, 1848
Craft, N., The Little Book of Medical Breakthroughs, NY: Metro Books, 2010.

Ophthalmoscope, 1850
En 1847, l'inventeur anglais C. Babbage mit au point un ophtalmoscope similaire à celui développé par von Helmholtz. Des atteintes de la rétine se voient dans le diabète sucré, la syphilis, la leucémie, et au cours des maladies cérébrales et rénales.
McKendrick, J., Hermann Ludwig Ferdinand Von Helmholtz, NY: Longmans, 1899.

Seringue hypodermique, 1853
Duce, A., Hernández, F., Hernia 3:103; 1999.

La poignée de la pompe de Broad Street, 1854
Guynup, S., tinyurl.com/2fu6z.

Infirmières, 1854
Henderson, V., ICN Basic Principles of Nursing Care, Geneva, Switzerland: International Council of Nurses, 2004

Division cellulaire, 1855
Simmons, J., The Scientific 100, NY: Kensington, 1996.

Traitement de l'épilepsie, 1857
Un magnétoencephalogramme peut aussi être utilisé pour évaluer l'épilepsie. J. Jackson apporta une contribution majeure à la compréhension de l'épilepsie.

L'Anatomie de Gray, 1858
Ses dernières éditions comportaient des radiographies et des microphotographies, et étaient organisées en régions du corps plutôt qu'en systèmes.

Localisation Cérébrale, 1861
Chez plus de quatre-vingt-quinze pour cent des droitiers, le langage et la parole sont sous la dépendance de l'hémisphère gauche du cerveau. D. Ferrier réalisa des tests sur les cerveaux de différents animaux pour localiser les zones sensorielles et motrices. Les autres noms importants dans l'histoire de la localisation cérébrale sont F. du Petit, J. Jackson, et C. Wernicke.

Origine microbienne des maladies, 1862
Les vaccins de Pasteur concernaient des microorganismes vivants atténués. Ce n'était pas le cas pour celui d'Edward Jenner qui utilisait le virus de la vaccine pour conférer une immunité croisée avec la variole. Les travaux de Pasteur influencèrent J. Lister dans sa quête pour réduire les infections chirurgicales par la méthode antiseptique.

Antiseptiques, 1865
Un bain de bouche fut nommé Listerine en hommage à Lister. Vers 1862, le médecin G. Tichenor utilisa l'alcool comme antiseptique pour les blessures.
Clark, F., Med. Libr. & Hist. J. 5:145; 1907.

Thermomètre médical, 1866
En 1654, Ferdinand II de Medicis fabriqua des tubes fermés qui pouvaient être utilisés comme thermomètres, et n'étaient pas perturbés par les changements de pression atmosphérique. Les thermomètres médicaux n'étaient pas adaptés à l'Ouest américain, car trop fragiles pour résister dans les sacoches des médecins.

Étiologie de la lèpre, 1873
Mycobacterium lepromatosis peut aussi causer la lèpre.

Neurochirurgie moderne, 1879
Fox, M., Lucky Man, NY: Hyperion, 2002.

Césarienne, 1882
Sewell, J., tinyurl.com/4plwedj.

Conférence de Koch sur la tuberculose, 1882
Des atteintes osseuses suggèrent que la tuberculose a existé depuis les temps préhistoriques. En 2008, la tuberculose fit environ 1,3 million de morts.
Nobelprize.org, tinyurl.com/4rv5vak.

Salpingectomie, 1883
Ellis, H., in Schein's Common Sense Emergency Abdominal Surgery, Schein, M., Rogers, P., Assalia, A., eds., NY: Springer, 2010.

La cocaïne comme anesthésique local, 1884
Hardy, T., Hardy, F., Thomas Hardy, Hertfordshire, UK: Wordsworth, 2007 (initialement publié en 1928).

Antitoxines, 1890
Linton, D., Emil von Behring, Philadelphia: American Philosophical Society, 2005.

Théorie du neurone, 1891
Shepherd, G., Foundations of the Neuron Doctrine, NY: Oxford University Press, 1991.

Découverte des virus, 1892
En 1901, W. Reed et ses collègues décrivirent le premier virus humain, celui de la fièvre jaune.
Adler, R., Medical Firsts, Hoboken, NJ: Wiley, 2004.

Découverte de l'adrénaline, 1893
J. Abel isola un dérivé benzolique de l'adrénaline avant la découverte de Takamine. Plus tard, il fut établi que l'adrénaline de Takamine était probablement un mélange d'adrénaline et de noradrénaline (norépinephrine). Le système nerveux sympathique provoquait la synthèse des précurseurs de l'adrénaline. Vers 1904, F. Stolz synthétisa l'adrénaline sans employer d'extraits animaux, faisant de l'adrénaline la première hormone à être synthétisée artificiellement.
Carmichael, S., tinyurl.com/64v45a4.

Étiologie de la peste bubonique, 1894
La première épidémie de peste se produisit en Chine au début des années 1930. La peste fut signalée à Constantinople en 1347.
Cantor, N., In the Wake of the Plague, NY: Free Press, 2001.
Marriott, E., Plague, NY: Holt, 2003.
Moote, L., Moote, D., The Great Plague, Baltimore, MD: Johns Hopkins University Press, 2004.

D. D. Palmer et la chiropraxie, 1895
Schneider, E., Hirschman, L., What Your Doctor Hasn't Told You and the Health-Store Clerk Doesn't Know, NY: Penguin, 2006.

Rayons X, 1895
Avant les travaux de Röntgen, N. Tesla commença ses observations sur les rayons X (inconnus et non nommés à cette époque).
Haven, K., 100 Greatest Science Inventions of All Time, Westport, CT: Libraries Unlimited, 2005.

Étiologie du paludisme, 1897
G. Grassi et ses collègues démontrèrent que seulement les moustiques *Anopheles* transmettaient la maladie à l'homme. La chloroquine est également utilisée dans le traitement et la prévention du paludisme.
Poser, C., Bruyn, G., An Illustrated History of Malaria, Pearl River, NY: Parthenon, 1999.
Rosenberg, C., foreword to The Making of a Tropical Disease, Packard, R., Baltimore, MD: Johns Hopkins University Press, 2007.

Aspirine, 1899
Shorter, E., in Cambridge Illustrated History of Medicine, Porter, R., ed., NY: Cambridge University Press, 2009.

Défibrillateur, 1899
En 1956, P. Zoll démontra que la défibrillation peut être obtenue par application à travers la paroi thoracique. M. Mirowski et ses collègues développèrent les premiers défibrillateurs implantables. Parmi les autres chercheurs importants dans ce domaine, citons C. Kite, N. Gurvich, B. Lown, C. Wiggers, et W. Kouwenhoven.

Aides auditives, 1899
Des chaises acoustiques furent parfois utilisées dans les années 1700. Elles avaient des accoudoirs creux qui conduisaient les sons à des ouvertures proches des oreilles.

Psychanalyse, 1899
C. Jung, A. Adler, et S. Freud sont considérés comme les principaux fondateurs de la psychologie moderne. Le philosophe K. Popper prétendait que la psychanalyse était une pseudoscience, et diverses études suggèrent que les résultats de la psychothérapie ne sont pas différents des contrôles placebo. Le mot psychanalyse apparut pour la première fois en 1896. Freud développa ses idées initiales dans son ouvrage *Études sur l'hystérie*, co-écrit avec J. Breuer.
Hart, M., The 100, NY: Kensington, 1992.
Reef, C., Sigmund Freud, NY: Clarion Books, 2001.
Storr, A., Feet of Clay, NY: The Free Press, 1996.

Théorie chromosomique de l'hérédité, 1902
Nous savons aujourd'hui que le nombre de chromosomes des êtres vivants est variable : les hommes en ont 46, les chimpanzés 48, les chevaux 64, et les bombyx 62.

Étiologie de la maladie du sommeil, 1902
Petersen, M., Our Daily Meds, NY: Farrar, Straus and Giroux, 2008.

Suture vasculaire, 1902
Carrel perdit l'estime de certains de ses pairs lorsqu'il témoigna d'une guérison au pèlerinage religieux de Lourdes et suggéra que certaines guérisons médicales ne pouvaient être expliquées par la science. Ses idées sur l'eugénisme étaient également controversées.

Radiothérapie, 1903
Le photographe français A. Saint Victor découvrit également la radioactivité. En augmentant la présence d'oxygène dans une tumeur, un grand nombre de radicaux libres sont produits. La radiochirurgie stéréotactique utilise des méthodes précises pour diriger les faisceaux de radiations. En général, plusieurs faisceaux sont employés pour attaquer un cancer sous différents angles. Les faisceaux de protons peuvent épargner les tissus sains avoisinants parce que les protons concentrent la plupart de leur énergie à la fin de leur trajet. Les rayons gamma sont parfois utilisés en radiothérapie et sont produits par une source de cobalt 60 ou d'autres éléments, ou par des accélérateurs linéaires.

Greffe de cornée, 1905
V. Filatov généralisa l'emploi de cornées de cadavres pour la transplantation.

Découverte des vitamines, 1906
Eijkman pensait que la coque du riz brun guérissait le béribéri et non pas que le béribéri était dû à l'absence d'un composé chimique. En 1912, C. Funk identifia la vitamine B1 comme étant la substance qui manquait. Les Chinois, Grecs et Égyptiens anciens savaient que certains aliments guérissaient certaines maladies. Par exemple, le foie était recommandé par plusieurs cultures anciennes pour guérir l'héméralopie.
Combs, G., The Vitamins, Burlington, MA: Elsevier Academic Press, 2007.
Haven, K., 100 Greatest Science Discoveries of All Time, Westport, CT: Libraries Unlimited, 2007.

Maladie d'Alzheimer, 1906
Environ la moitié des patients souffrant de la maladie d'Alzheimer précoce possèdent une mutation génétique transmise. Le gène pour la protéine précurseur AB est localisé sur le chromosome 21, et les sujets avec le syndrome de Down qui ont une copie surnuméraire de ce gène, déclarent à peu près tous la maladie vers 40 ans. Les études indiquent que les personnes buvant beaucoup de café ont un risque réduit de déclarer une démence en vieillissant. De même la marijuana semble retarder la maladie. D'autres découvreurs de la maladie d'Alzheimer sont O. Fischer, F. Bonfiglio, G. Perusini et S. Fuller.

La quarantaine de Marie Typhoïde, 1907
Parce que les médecins croyaient par erreur qu'enlever la vésicule biliaire pouvait éliminer les bacilles de la typhoïde, ils proposèrent à Mallon de la lui enlever. Elle refusa, pensant qu'ils essaieraient alors de la tuer.

Chloration de l'eau, 1910
Darnall Army Medical Center, tinyurl.com/48evjwo.

Les balles magiques d'Ehrlich, 1910
Simmons, J., The Scientific 100, NY: Kensington, 1996.

Dentifrice fluoré, 1914
Une coloration brune de la peau apparut chez des jeunes enfants (un à deux ans), qui avaient consommé trop de fluor.

Neurotransmetteurs, 1914
Un neurone peut libérer plus d'une sorte de neurotransmetteur. Une seule sorte de neurotransmetteur peut produire une inhibition ou une excitation selon le récepteur présent.

Hormone de croissance humaine, 1921
La glande pituitaire produit l'HGH lorsqu'elle reçoit un signal de l'hypothalamus par l'intermédiaire de l'hormone de libération de l' HGH. Sa production peut aussi être déclenchée par le stress. L'HGH régule également d'autres hormones dans le corps. Malheureusement certains lots de glandes pituitaires humaines ont été responsables de la transmission de l'encéphalopathie de Creutzfeldt-Jakob à certains receveurs.
Angier, N., tinyurl.com/4mafjag.

Éradication du rachitisme, 1922
Certaines études suggèrent que trop ou trop peu de vitamine D peuvent causer le vieillissement prématuré. La vitamine D agit en régulant la croissance cellulaire et ralentit la progression de certaines maladies auto-immunes et de certains cancers.

Commercialisation de l'insuline, 1922
N. Paulescu fut le premier à isoler la molécule d'insuline, mais son insuline n'était pas pure et ne fut jamais utilisée chez les patients. L'histoire de la découverte de l'insuline est associée à certaines jalousies et contestations. Lorsque Banting et J. J. R. Macleod reçurent le prix Nobel pour leurs travaux sur l'insuline, Banting reconnut la participation de Best dans sa découverte, qu'il pensa avoir été injustement écarté. J. Collip avait aidé à purifier les extraits d'insuline. Le diabète peut provoquer des maladies cardiovasculaires et endommager la rétine. Les maladies auto-immunes sont la cause principale du diabète de type 1, aussi appelé diabète juvénile.
Welbourn, R., in Companion Encyclopedia of the History of Medicine, vol. 1, Bynum, W., Porter, R., eds., NY: Routledge, 1997.

Sérum de vérité, 1922
Rejali, D., Torture and Democracy, Princeton, NJ: Princeton University Press, 2007.

Électroencéphalogramme, 1924
Bear, M., Connors, B., Paradiso, M., Neuroscience, NY: Lippincott, 2006.

Maïeutique moderne, 1925
Hanson, K., in Images of Pastoral Care, Dykstra, R., ed., St. Louis, MO: Chalice Press, 2005.
Sullivan, N., tinyurl.com/4gf6qvt.

Traitement par le foie, 1926
L'anémie pernicieuse est une cause possible de la présence de volumineux globules rouges immatures. Son traitement nécessite une supplémentation par la vitamine B12. Lorsque les globules rouges vieillissent, ils sont détruits par la rate et le fer retourne par le sang à la moelle osseuse qui l'utilise pour la fabrication de nouveaux globules rouges.

Poumon d'acier, 1928
DeJauregui, R., 100 Medical Milestones that Shaped World History, San Mateo, CA: Blue Wood Books, 1998.
Eiben, R., in Polio, Daniel, T., Robbins, F., Rochester, NY: University of Rochester Press, 1999.

Pénicilline, 1928
Bien qu'on ait prétendu que les antibiotiques servaient naturellement aux bactéries et aux champignons à mieux se défendre contre les bactéries du sol, le biochimiste américain S. Waksman estimait que les produits d'origine microbienne étaient des « phénomènes purement fortuits et accidentels ».

Dispositif intra-utérin, 1929
Certains dispositifs implantables sont irritants pour la muqueuse utérine et rendent difficile l'implantation de l'embryon. Le fil descendant depuis le dispositif jusque dans le vagin permet à la porteuse ou à son médecin de vérifier que l'appareil est toujours en place. Les dispositifs intra-utérins ne protègent pas contre les maladies sexuellement transmissibles.

Auto-expérimentation médicale, 1929
Freed, D., Lancet 330:746; 1987.

Stanley et l'invasion des cristaux, 1935
Creager, A., The Life of a Virus, Chicago: University of Chicago Press, 2001.

Sulfamides, 1935
Bien que la pénicilline ait été découverte avant les sulfamides, son application n'est intervenue qu'après que les sulfamides aient commencé à être employés.
Grundmann, E., Gerhard Domagk, Münster: Lit Verlag, 2005.

Antihistaminiques, 1937
Les récepteurs H2 sont utilisés par des produits comme la cimétidine (Tagamet) qui inhibe la sécrétion gastrique acide. Les antihistaminiques H1 peuvent être employés contre les nausées et le mal des transports.
Healy, D., The Creation of Psychopharmacology, Cambridge, MA: Harvard University Press, 2002.

Étiologie de la fièvre jaune, 1937
Crosby, M., The American Plague, NY: Berkley, 2007.

Électro-convulsivothérapie, 1938
Cody, B., tinyurl.com/4hv3kh4.
Hartmann, C., Psychiatr. Serv. 53: 413; 2002.

Dialyse, 1943
Lors de la dialyse péritonéale, le dialysat est envoyé vers la cavité naturelle péritonéale (dans l'abdomen), et les toxines diffusent à travers la membrane péritonéale vers le dialysat, qui est ensuite éliminé du corps.
Maher, J., Replacement of Renal Function by Dialysis, Dordrecht, Netherlands: Editor Kluwer, 1989.

Dérivation de Blalock-Taussig Shunt, 1944
Nuland, S., Doctors, NY: Black Dog & Leventhal, 2008.

Lobotomie transorbitale, 1946
Freeman utilisait souvent les électrochocs pour anesthésier les patients lobotomisés. Les femmes eurent deux fois plus de lobotomies que les hommes
Enersen, O., tinyurl.com/4gk77wa.

Consentement éclairé, 1947
La déclaration d'Helsinki faisait la différence entre recherche thérapeutique (qui peut avoir un bénéfice pour le patient) et recherche non thérapeutique (qui fait avancer la connaissance, mais sans bénéfice direct pour le patient).

Essais aléatoires contrôlés, 1948
La recherche d'efficacité comparée peut parfois être utile lors de l'utilisation d'enregistrements électroniques médicaux dans de vastes réseaux de santé.
Enkin, M., preface to Randomized Controlled Trials, Jadad, A., Enkin, M., Malden, MA: BMJ Books, 2007.

Étiologie de la drépanocytose, 1949
La drépanocytose est fréquente en Afrique de l'Ouest où elle représente un avantage sélectif contre le paludisme. L'étude de souris avec drépanocytose suggère que les taux d'hème (un composant de l'hémoglobine) dans le plasma sanguin interfère sur la possibilité du parasite à jouer un rôle pathogène. De même chez ces souris, l'augmentation de concentration de monoxyde de carbone stabilise l'hémoglobine, réduisant l'effet pathologique.

Mammographie, 1949
La chimiothérapie endommage l'ADN des cellules cancéreuses, mais aussi, malheureusement celui des cellules à croissance rapide. Les autres chercheurs ayant joué un rôle notable dans l'histoire de la mammographie sont S. Warren et J. Gershon-Cohen.

Antipsychotiques, 1950
Avec les antipsychotiques, les voix dans la tête des patients sont sans doute présentes, mais n'occupent plus la première place et sont moins angoissantes. Les nouvelles drogues sont souvent qualifiées de drogues atypiques. La clozapine favorise une forte prise de poids. Tous les antipsychotiques peuvent provoquer également des crises. J. Hamon a également réalisé des études aux débuts de la chlorpromazine.
Graedon, J., Graedon, T., tinyurl.com/4f3z6b7.
Turner, T., Brit. Med. J. 334:7; 2007.

Cellules HeLa, 1951
Skloot, R., The Immortal Life of Henrietta Lacks, NY: Crown, 2010.
Skloot, R., tinyurl.com/y8h5trq.

Tabac et cancer, 1951
D'autres importantes études précoces sur le thème tabac et cancer ont été menées par les Américains E. L. Wynder et E. A. Graham. Il y eut également une étude en Allemagne en 1939.
Wolfson, M., The Fight Against Big Tobacco, Hawthorne, NY: Aldine Transaction, 2001.

Amniocentèse, 1952
Avec les progrès de la médecine, cette technique est de plus en plus utilisée pour détecter les maladies de l'embryon en développement, et permet ainsi de réduire les indications des avortements. Une prise de sang du fœtus est parfois réalisée pour étudier les cellules du cordon ombilical.
Magill, F., Great Events from History, Hackensack, NJ: Salem Press, 1991.

Valves cardiaques artificielles, 1952
Les autres personnes importantes dans l'histoire des valves cardiaques artificielles sont : A. Carpentier, N. Starr-Braunwald et D. Harken.

Structure de l'ADN, 1953
L'étude de l'ADN peut permettre d'évaluer le risque pour certaines maladies. La thérapie génique, au cours de laquelle des gènes sains sont insérés dans des cellules humaines, est toujours en plein développement. La compréhension de la régulation des gènes, c'est-à-dire de la façon dont les gènes sont actifs ou inactifs, est fondamentale pour comprendre le fonctionnement des gènes.
Ridley, M., jacket flap for DNA, Krude, T., ed., NY: Cambridge University Press, 2004.

Coeur-poumon artificiel, 1953
Stanley, A., Mothers and Daughters of Invention, Piscataway, NJ: Rutgers University Press, 1995.

Endoscope, 1954
Fanu, J., The Rise and Fall of Modern Medicine, NY: Carroll & Graf, 2000.

Pilules contraceptives, 1955
Les pilules de microdosages ont été introduites au début des années 1970, et contiennent seulement de la progestine. Elles empêchent la grossesse uniquement par leur action sur le col et l'utérus. Les autres scientifiques importants impliqués dans le développement de la pilule contraceptive sont J. Rock et M. C. Chang.

Effet Placebo, 1955
L'endoscopie stomacale a confirmé que les traitements placebo de l'ulcère gastrique étaient aussi efficaces que les inhibiteurs de sécrétion acide. Plusieurs essais cliniques récents ont montré que les pilules de sucres avaient la même efficacité que les antidépresseurs

Shapiro, A., Shapiro, E., in The Placebo Effect, Harrington, A., ed., Cambridge, MA: Harvard University Press, 1999.

Vaccin anti-poliomyélitique, 1955
H. Koprowski fut aussi une importante figure de l'histoire de la recherche sur la polio. Les divers vaccins demandent plus d'une dose. En 1955, les Laboratoires Cutter ont produit des lots de vaccins contaminés par du virus polio vivant, causant environ 260 cas de poliomyélite.
Offit, P., The Cutter Incident, New Haven, CT: Yale University Press, 2005.

Greffe de moelle osseuse, 1956
Les autres maladies qui peuvent être traitées par greffe de moelle osseuse sont la drépanocytose, le lymphome et le myélome multiple. Les cellules souches ont des antigènes à leur superficie qui peuvent les amener à être rejetées exactement comme tout organe transplanté. Les receveurs de cellules souches doivent recevoir des immunosuppresseurs pour réduire la maladie de la greffe contre l'hôte. Les cellules du donneur proviennent de la moelle osseuse, du sang périphérique, ou sang du cordon ombilical. Les cellules prélevées sur un donneur doivent être « purgées » de toute cellule maligne résiduelle avant d'être injectées au receveur.
Carrier, E., Ledingham, G., 100 Questions & Answers about Bone Marrow and Stem Cell Transplantation, Sudbury, MA: Jones & Bartlett Learning, 2004.

Réanimation cardio-pulmonaire, 1956
La réanimation avec massage cardiaque seulement est moins efficace chez l'enfant que chez l'adulte.

Levodopa dans la maladie de Parkinson, 1957
La dopamine ne franchit pas la barrière méningée. G. Cotzias développa des traitements efficaces par levodopa en 1967.

Échographie, 1957
De plus hautes fréquences assurent des images de plus forte clarté, mais ne pénètrent pas aussi profondément dans le corps que les ultrasons de basse fréquence. Du matériel piézoélectrique est utilisé pour produire des ultrasons. De nombreux autres médecins et techniciens ont contribué au développement de l'échographie médicale.
Khurana, A., in Donald's Practical Obstetric Problem, Misra, R., ed., New Delhi: Edward Arnold Publishers, 2009.

Prothèse de hanche, 1958
En 1960, S. Baw proposa l'emploi d'ivoire dans les prosthèses de hanche.
Neary cité par Elliott, J., tinyurl.com/4d3nrqw.

Épiphyse, 1958
Strassman, R., DMT, Rochester, VT: Park Street Press, 2000.

Structure des anticorps, 1959
Certains anticorps monoclonaux, dérivant d'une unique cellule immunitaire, reconnaissent certaines cellules cancéreuses humaines.

Laser, 1960
Hecht, J., Understanding Lasers, Piscataway, NJ: IEEE Press, 2008.

Thymus, 1961
Marks, G., Encyclopedia of Jewish Food, Hackensack, NJ: Wiley, 2010.

Cryogénisation, 1962
Dans les années 1970, des chercheurs ont démontré l'existence d'une certaine activité électrique sur le cerveau de chats conservés plusieurs années à −20 °C.
Alam, H., tinyurl.com/4h3kku2.

Le désastre de la thalidomide, 1962
TIME, tinyurl.com/yg5y8m7.

Thérapie comportementale et cognitive, 1963
Le mathématicien J. Nash est célèbre pour avoir déclaré qu'il était capable de dominer sa schizophrénie par un processus de raisonnement, en se persuadant de l'improbabilité des conclusions qu'il tirait. En ajustant son raisonnement sur son délire et les voix qu'il entendait, il était capable de diminuer leur emprise sur lui.

Bêtabloquants, 1964
Le propranolol fut commercialisé sous le nom d'Inderal.

Transplantation de la main, 1964
Certains receveurs de mains, reçurent également des cellules de moelle osseuse du donneur pour les aider à « rééduquer » leur système immunitaire, afin de diminuer la possibilité de rejet du greffon.

Greffe de pancréas, 1966
Les enzymes digestives produites par le pancréas du donneur doivent être drainées dans l'intestin ou la vessie du patient. Le greffon élimine le besoin d'injection d'insuline et diminue les problèmes secondaires du diabète.

Tomodensitométrie (scanner), 1967
Le mathématicien J. Radon formula les algorithmes fondamentaux utilisés dans la reconstruction des images de tomodensitométrie.

Transplantation cardiaque, 1967
Fitzpatrick, L., tinyurl.com/ylrlnmp.

Transcriptase inverse et SIDA, 1970
Une fois la copie d'ADN de l'ARN du rétrovirus insérée dans l'ADN de la cellule hôte, ce « provirus » devient une partie permanente du génome de la cellule infectée. Malheureusement les drogues inhibitrices deviennent souvent inefficaces parce que les rétrovirus mutent rapidement, rendant les protéases et la transcriptase inverse difficiles à attaquer. Les antirétroviraux doivent être pris associés. Le premier rétrovirus intensivement étudié fut l'agent d'une tumeur des oiseaux, en 1911, par P. Rous. En 1979, R. Gallo découvrit le premier rétrovirus humain, le HTLV-1.

Cyclosporine, 1972
Le microbiologiste J. F. Borel joua également un rôle important dans la découverte de la cyclosporine alors qu'il était chez Sandoz. Bien que le monde se soit enthousiasmé à l'occasion de la première transplantation cardiaque, en 1967, ce patient survécut à peine dix-huit jours.
Hollingham, R., Blood and Guts, NY: Thomas Dunne Books, 2009.
Werth, B., The Billion-Dollar Molecule, NY: Simon & Schuster, 1995.

Statines, 1973
La plupart du cholestérol du sang circulant provient plus de la synthèse hépatique que de l'alimentation. Le cholestérol est un constituant important des membranes et intervient également dans la synthèse des hormones. Le HDL ramène le cholestérol au foie. Endo pensait que les champignons produisaient vraisemblablement des inhibiteurs des enzymes produisant le cholestérol, comme moyen de les défendre contre les bactéries, qui ont du cholestérol dans leur membrane. Paradoxalement, des personnes dont les taux de cholestérol sanguins ne sont pas élevés, peuvent avoir des plaques d'athérosclérose.
Landers, P., tinyurl.com/4drujob.

Oncogènes, 1976
Habituellement, un cancer subit un processus en plusieurs étapes, au cours duquel les cellules acquièrent plusieurs mutations qui

conduisent ensemble à élever la fonction des proto-oncogènes et/ou à diminuer la fonction des gènes suppresseurs de tumeurs.

Implants cochléaires, 1977
Les implants cochléaires ne restaurent pas une audition normale, et, après une implantation, les patients doivent suivre une rééducation pour apprendre à adapter les nouveaux sons. W. House a également joué un rôle important dans l'histoire des implants cochléaires.

Imagerie par résonance magnétique, 1977
La résonance magnétique nucléaire a d'abord été décrite en 1937 par le physicien I. Rabi. En 1945, les physiciens F. Bloch et E. Purcell affinèrent la technique. En 1966 R. Ernst développa plus avant la spectroscopie transformée par Fourier et montra comment les impulsions de radiofréquence pouvaient créer un spectre de signaux RMN en tant que fonction de fréquence.

Premier bébé-éprouvette, 1978
TIME, tinyurl.com/ye3zju7.

Chirurgie foetale, 1981
Camosy, P., cite dans The Making of the Unborn Patient, Caspar, M., Piscataway, NJ: Rutgers University Press, 1998.

Chirurgie laparoscopique, 1981
Le terme de thorascopie est parfois utilisé pour désigner la chirurgie laparoscopique pratiquée dans le thorax. C. Nezhat a occupé également une place importante dans le développement de la laparoscopie vidéo.
Spaner S., Warnock, G., J. Laparoendosc. Adv. Surg. Tech. A., 7:369; 1997.

Prions, 1982
Gajdusek réussit à transmettre le kuru à des primates et montra que la maladie avait une durée d'incubation de plusieurs années. Dans les années 1980, les « vaches folles » avaient mangé des morceaux de moutons atteints de scrapie. À noter que dans certains cas, la PrP-Sc pathologique semble arriver fortuitement, comme un événement naturel dans le corps.

Télomérase, 1984
La télomérase est une transcriptase inverse qui crée un ADN simple brin à partir d'un ARN simple brin. J. Szostak intervint également dans la découverte de la télomérase. Des télomères raccourcis sont associés avec la maladie d'Alzheimer, des maladies cardiovasculaires, le diabète, le cancer, les traumatismes de l'enfant et une dépression prolongée.
Greider, C., Blackburn, E., Scien. Amer. 274:92; 1996.

Ne pas réanimer, 1991
Woodruff, W., The Army Lawyer, 4: 6; 1989.

Interférence par ARN, 1998
L'interférence par ARN joue également un rôle protecteur des cellules contre les transposons, pièces du matériel génétique sauteuses, qui peuvent endommager l'ADN des cellules. L'un des défis de l'emploi de l'ARNi en thérapeutique comprend des effets « hors-cible » inattendus au cours desquels les ARN interférents inhibent des parties non ciblées des ARN messagers. L'interférence par ARN peut aussi être impliquée dans l'altération de la structure de la chromatine et la promotion de la méthylation de l'ADN.
Arney, K., in Defining Moments in Science, Steer, M., Birch, H., Impney, A., eds., NY: Sterling, 2008.

Chirurgie robotique, 2000
D'autres usages de la chirurgie robotique impliquent le moulage assisté par ordinateur de certaines pièces des prothèses, par exemple de l'articulation de la hanche.
Drehle, D., tinyurl.com/2ee7njs.

Téléchirurgie, 2001
Grâce au télédiagnostic, des IRM pratiqués aux États-Unis peuvent être envoyés électroniquement à une radiologue n'importe où dans le monde et l'interprétation renvoyée rapidement.

Projet génome humain, 2003
Donovan, A., Green, R., The Human Genome Project in College Curriculum, Lebanon, NH: Dartmouth, 2008.

Greffe du visage, 2005
Les greffes de visage n'ont pas seulement un objectif esthétique, mais le plus souvent utilitaire : aider une personne à manger et boire grâce à sa bouche, ce qui n'aurait pas été possible avant la greffe.

Fabriquer de nouveaux organes, 2006
Les échafaudages peuvent être faits de plus d'un matériau, certains pouvant être biodégradables et se dissoudre ultérieurement. Des urètres artificiels ont été créés en ajoutant des cellules de muscles à l'intérieur d'un tube à mailles et des cellules endothéliales à l'extérieur. Les cellules provenaient de la vessie du patient.
Andrews, W., tinyurl.com/37z4wf.

Clonage humain, 2008
Dans le clonage reproductif, le clone n'est pas réellement identique, puisque la cellule somatique peut contenir des mutations des l'ADN, ainsi que des profils de méthylation spécifiques. L'ADN mitochondrial vient du donneur de l'œuf. L'environnement dans l'utérus et dans l'œuf joue un rôle dans le développement d'un embryon et contribue à structurer certains de ses caractères. Chez les plantes, des clones peuvent être faits simplement en coupant la plante.
Bailey, R., foreword to Gralla, J., Gralla, P., Complete Idiot's Guide to Understanding Cloning, NY: Alpha, 2004.

Index

Crédits photographiques

Comme il a été difficile de se procurer sous une forme claire et lisible plusieurs des illustrations aussi anciennes que rares proposées dans cet ouvrage, j'ai parfois pris la liberté d'appliquer des techniques de retouche d'image pour supprimer saletés et rayures, rehausser les parties jaunies, et au besoin ajouter une légère coloration à des illustrations en noir et blanc pour souligner des détails ou rendre une image plus convaincante. J'espère que les puristes pardonneront ces légères modifications artistiques et comprendront que mon but était de créer un ouvrage esthétiquement attractif et séduisant pour un large public. Ma passion pour la diversité des sujets de médecine et d'histoire doit se refléter dans le choix des photographies et dessins présentés.

Autorisations de l'Institut national de la santé (États-Unis) : pp. 45, 47, 77, 115, 117, 123, 159, 161, 175, 185, 187 Bibliothèque nationale de médecine (États-Unis) ; p. 207 Rocky Mountain Laboratories, NIAID ; p. 223, 227, 277 BNM ; p. 279 Institut national du cancer (États-Unis)/université de Stanford ; pp. 311, 375, 379 BNM ; p. 383 Institut national du cancer ; p. 387 NIH ; p. 391 Institut national des services de santé environnementale (États-Unis) ; p. 443, 449, 477 BNM
Autorisations de la Division impression et photographies, Bibliothèque du Congrès (États-Unis) : p. 27 LC-DIG-ppmsca-12206 ; p. 81 LC-USZ62-48784 ; p. 147 LC-USZC4-3147 ; p. 171 LC-USZC4-9858 ; p. 247 LC-USZ62-111668 ; p. 293 LC-USZ62-55730 ; p. 295 LC-USZC4-1260
Autorisations du Conservatoire d'anatomie de la faculté de médecine de Montpellier : pp. 23, 73, 151, 173, 219, 249, 267, 401
Sous licence Shutterstock.com : p. 5 © ZF ; p. 59 © Dec Hogan ; p. 61 © Sebastian Kaulitzki ; p. 63 © Tom Grundy ; p. 65 © Andreas Gradin ; p. 87 © riekephotos ; p. 91 © Sebastian Kaulitzki ; p. 95 © Sebastian Kaulitzki ; p. 100 © Sebastian Kaulitzki ; p. 101 © Juan Gaertner ; p. 103 © Sebastian Kaulitzki ; p. 119 © Triff ; p. 137 © Imageman ; p. 143 © JinYoung Lee ; p. 149 © CLIPAREA Custom media ; p. 157 © Sebastian Kaulitzki ; p. 163 © Tatiana Belova ; p. 169 © Vladimir Wrangel ; p. 177 © Wade H. Massie ; p. 179 © Christian Noval ; p. 183 © Michael Bann ; p. 189 © Tim Mainiero ; p. 199 © Knorre ; p. 205 © YAKOBCHUK VASYL ; p. 211 © Jeremys78 ; p. 215 © SunnyS ; p. 221 © pcruciatti ; p. 225 © Paul Reid ; p. 239 © Sebastian Kaulitzki ; p. 243 © Renjith Krishnan ; p. 245 © mathagraphics ; p. 251 © ancroft ; p. 253 © BioMedical ; p. 255 © Lee Torrens ; p. 268 © Knorre ; p. 269 © Iculig ; p. 275 © OPIS ; p. 283 © Tatiana Makotra ; p. 287 © bluecrayola ; p. 297 © Melinda Fawver ; p. 302 © Juan Carlos Zamora ; p. 305 © BioMedical ; p. 309 © Mark Lorch ; p. 325 © Zywucki Boguslaw Jan ; p. 327 © Oleg Senkov ; p. 341 © Christopher Meade ; p. 344 © fsfx ; p. 348 © Mopic ; p. 349 © Liliya Kulianionak ; p. 353 © Sebastian Kaulitzki ; p. 355 © Tischenko Irina ; p. 361 © Sim Kay Seng ; p. 371 © 1973kla ; p. 373 © Chris Harvey ; p. 381 © Sebastian Kaulitzki ; p. 395 © Mopic ; p. 403 © Lisa Fischer ; p. 404 © STILLFX ; p. 405 © ajt ; p. 417 © ancroft ; p. 419 © Jovannig ; p. 421 © Dario Sabijak ; p. 423 © Serdar Tibet ; p. 427 © Fotocrisis ; p. 429 © Sebastian Kaulitzki ; p. 431 © Sebastian Kaulitzki ; p. 437 © Andrea Danti ; p. 447 © Sebastian Kaulitzki ; p. 451 © BioMedical ; p. 453 © eAlisa ; p. 457 © Sebastian Kaulitzki ; p. 459 © xpixel ; p. 470 © BioMedical ; p. 471 © Michael J Thompson ; p. 475 © Iculig ; p. 481 © Andrea Danti ; p. 484 © Reflekta ; p. 487 © Mikhail Malyshev ; p. 489 © Sebastian Kaulitzki ; p. 491 © mikeledray ; p. 493 © 3drenderings ; p. 511 © Tinydevil ; p. 515 © Monkey Business Images
Autres images : p. 17 CDC PHIL #1322 ; p. 19 Wikimedia/Rama ; p. 21 Wikimedia ; p. 25 Wikimedia/Klaus D. Peter ; p. 29 © iStockphoto.com/melhi ; p. 31 Wikimedia/Jeff Dahl ; p. 33 Wikimedia/User : Peter Isotalo ; p. 35 Jon Bodsworth/egyptarchive.co.uk ; p. 37 Wikimedia/Zereshk ; p. 39 Wikimedia/Steven Fruitsmaak ; p. 41 Wikimedia/UCLA Library ; p. 43 Wikimedia/Belgrade18 ; p. 49 Wikimedia ; p. 51 Wikimedia ; p. 53 Wikimedia ; p. 57 Wikimedia/User : Claude TRUONG-NGOC ; p. 79 Wikimedia/User : Historiograf ; p. 83 Wikimedia/User : McLeod ; p. 85 Wikimedia ; p. 105 Photo by Eric Erbe/USDA, ARS, EMU ; p. 107 Erbe, Pooley : USDA, ARS, EMU ; p. 111 Wikimedia/User : Mattis ; p. 121 Wikimedia ; p. 129 © iStockphoto.com/ilbusca ; p. 131 Wikimedia/User : Kaldari ; p. 133 Wikimedia/User : Benh Lieu Song ; p. 135 Wikimedia ; p. 139 © BnF ; p. 141 Wikimedia/User : Daderot ; p. 145 Wikimedia ; p. 153 Wikimedia ; p. 155 Wikimedia/HWS ARCHIVES ; p. 167 Wikimedia ; p. 181 © iStockphoto.com/Fyodor_Telkov ; p. 191 Wikimedia/D45-416-78B (MAMAS)/Otis Historical Archives Nat'l Museum of Health & Medicine ; p. 193 © iStockphoto.com/Luso ; p. 195 © ScienceSource/BSIP ; p. 197 U.S. Navy ; p. 209 © Hachette Livre ; p. 213 Wikimedia/Avenue ; p. 217 © iStockphoto.com/HultoArchive ; p. 222 Teja Krašek ; p. 229 Wikimedia/CDC/Elizabeth "Libby" White (PHIL #8433) ; p. 231 Wikimedia/PLoS/Volker Brinkmann ; p. 233 Wikimedia/Studio Lévy and Sons ; p. 235 Wikimedia/Ed Uthman, MD ; p. 237 Wikimedia/H. Zell ; p. 241 ©iStockphoto.com/styf22 ; p. 242 Wikimedia ; p. 257 CDC/James Gathany ; p. 259 Wikimedia/Kurt Stueber ; p. 261 © iStockphoto.com/KeithBishop ; p. 263 Wikimedia/Carl Gunnar Rosborn ; p. 265 Wikimedia/Konstantin Binder ; p. 271 ©vichie81 - Fotolia.com ; p. 273 CDC/Blaine Mathison ; p. 281 Class album Manuscripts & Archives, Yale University ; p. 285 © aquariagirl1970 - Fotolia.com ; p. 289 Dartmouth Electron Microscope Facility ; p. 291 © Media for Medical/Doc-Stock/P. Loenicker ; p. 299 Otis Historical Archives Nat'l Museum of Health & Medicine ; p. 301 Wikimedia/Dinkum ; p. 303 Wikimedia/Orientalist ; p. 307 Wikimedia/Jeffrey M. Vinocur ; p. 313 © Don W. Fawcett/BSIP ; p. 315 ©iStockphoto.com/theasis ; p. 317 Wikimedia ; p. 319 ©iStockphoto.com/Martin McCarthy ; p. 321 Wikimedia/Michael L. Richardson, M.D. ; p. 323 © iStockphoto.com/KathyDewar ; p. 329 Wikimedia/User : Dauster ; p. 331 Inserm/CEIV/Roche ; p. 333 Wikimedia/User : Fastfission ; p. 335 Wikimedia/User : Kyd ; p. 337 Wikimedia/FDA ; p. 339 Wikimedia/User : Nephron ; p. 343 Wikimedia ; p. 345 Wikimedia/User : Calibas ; p. 347 Wikimedia/Patrick J. Lynch, medical illustrator, C. Carl Jaffe, MD, cardiologist ; p. 351 Wikimedia/BARC/USDA ; p. 359 Ernest Hemingway Photograph Collection, John F. Kennedy Presidential Library ; p. 363 © iStockphoto.com/MedicalArtInc ; p. 365 Wikimedia/Frank Gaillard ; p. 367 Wikimedia/Ulhaspa ; p. 369 Wikimedia ; p. 377 Wikimedia/Damir Parisa ; p. 385 Wikimedia ; p. 393 Wikimedia/Mirko Junge ; p. 397 © Nina Recko, London Science Museum ; p. 399 © CNRS Photothèque/Institut Fresnel/Patrick Ferrand ; p. 407 Wikimedia/fvasconcellos/PDB 1 DGI ; p. 409 Wikimedia/Bernd Brägelmann ; p. 411 Wikimedia/Bobigalindo ; p. 425 Wikimedia/David Ludwig ; p. 433 The Air Force Research Laboratory's Directed Energy Directorate ; p. 434 (upper) Wikimedia/V. Rogozov ; p. 434 (lower) Wikimedia/Irina Solovyanova ; p. 435 Wikimedia/Chris Danals, National Science Foundation ; p. 439 © iStockphoto.com/espion ; p. 441 © Inserm/Claude Le Goascogne ; p. 455 Vatican, Chapelle Sixtine © 2013. Photo Scala, Florence ; p. 461 © Media for Medical/Phototake/John Gotman ; p. 463 Wikimedia ; p. 465 Wikimedia/CDC/C. Goldsmith, P. Feorino, E.L. Palmer, W.R. McManus ; p. 467 © Media for Medical / Phototake / Scott Camazine ; p. 469 Wikimedia/Jens Langner ; p. 473 Wikimedia ; p. 479 ©Bunyos - Fotolia.com ; p. 482 Wikimedia/Francois I. Luks, M.D. ; p. 483 Wikimedia/User : Nandesuka ; p. 485 © Mary Evans/Rue des Archives ; p. 495 © iStockphoto.com/Christian Riedel ; p. 499 Wikimedia ; p. 501 © iStockphoto.com/Kativ ; p. 503 Chin-Sang Lab, Queen's University ; p. 505 Intuitive Surgical, Inc. ; p. 507 © iStockphoto.com/Henrik5000 ; p. 509 Wikimedia/Stefan Scheer (photographe)/Stefanie Krull, Neanderthal Museum ; p. 513 © Brad Pict - Fotolia.com